1992년 기독교대한감리회
종교재판 백서 III

1992년 기독교대한감리회 종교재판 백서 III
— 전3권

2023년 8월 15일 처음 찍음

기 획 | 변선환아키브
엮은이 | 역사와종교아카데미 기초자료연구팀
펴낸이 | 김영호
펴낸곳 | 도서출판 동연
등 록 | 제1-1383호(1992년 6월 12일)
주 소 | 서울시 마포구 월드컵로 163-3
전 화 | (02) 335-2630
팩 스 | (02) 335-2640
이메일 | yh4321@gmail.com
S N S | https://www.instagram.com/dongyeon_press

ISBN 978-89-6447-943-8 94060
ISBN 978-89-6447-940-7 (종교재판 백서)

종교재판 백서

1992년 기독교대한감리회 종교재판 백서 III

변선환아카이브 기획

역사와종교아카데미 기초자료연구팀 엮음

동연

머 리 말

종교재판 30년 백서를 출간하며

아직도 30년 전 종교재판(1992년)에 대한 기억이 선명하다. 교리수호라는 이름으로 종교적 광기를 교계와 세상에 힘껏 표출한 사건이었다. 격식 갖춘 신학토론회 한번 없이 종교다원주의, 포스트모더니즘 등의 신학 사조를 가르쳤던 동료이자 스승이었던 교수를 여론몰이 희생자로 만들었다. 근대 이후 서구 기독교 문화권에서조차 없었던 사건이 한국 땅 감리교단에서 발생했으니 기상천외한 일이 되고 말았다. 서구 기독교 신학자들 수십 명이 종교재판의 부당함을 알리는 서한을 보냈던 것도 이런 연유에서였을 것이다.

1

주지하듯 모든 신학은 시대와 호흡하며 시대정신을 반영하는 법이다. 시대가 달라지면 신학도 달라질 수 있다는 것을 2천 년 서구 기독교 역사가 여실히 보여주었다. 중세 가톨릭 신학과 근대 개신교 신학의 차이를 가늠해 봐도 좋겠다. 서구 신학이 서로 다른 5~6개의 패러다임(세계관) 속에서 전개되었음을 밝힌 학자(H. Kueng)도 있었다. 새로운 패러다임으로 등장한 이들 현대 신학 사조는 논쟁과 토론 거리가 될지언정 정죄될 사안은 결코 아니었다. 그리스도 복음이 진리라면 신학은 도전받을수록 사실 적합한 체계로 발전될 수 있다. 감리교 창시자 웨슬리 역시 당대를 지배하던 '예정론' 신학에 이의를 제기했고 자유의지의 소중함을 가르치지 않았던가? 이로써 누구든 예수 그리스도를 사랑하는 사람이라면 교리로 정죄할 수 없다는 것이 감리교신학의 정체성이 되었다. 교리가 화석화되면 신명기 사관으로 욥의 고통을 정죄한 친구들처럼 그렇게 사람을 죽일 수 있는 무기가 됨을 알았던 까닭이다.

2

그렇다면 도대체 왜 당시 부흥사 집단과 일부 종교 권력이 합세하여 역사에 부끄러운 종교재판을 강행했을까? 더구나 공개적이며 정당한 신학 토론 한번 없이 평신도를 동원한 여론몰이

방식으로 말이다. 물론 감리교단 전체 분위기가 그러했던 것은 아니다. 목사님들 중에서 자기 신분을 드러내고 종교재판을 공식적으로 반대하는 분들도 상당수 계셨다. 이분들을 중심으로 대책위가 꾸려졌고 그 힘으로 '교리수호대책위'(회장 김홍도 목사)를 비롯한 교단 여론에 맞설 수 있었다. 신분을 감춘 채로 대책위 활동을 물질적, 정신적으로 후원했던 현직 감독님들을 비롯한 성직자들, 평신도들 숫자도 적지 않았음을 이제서야 밝힌다. 그럼에도 "불교에도 구원이 있다", "부활은 없다"는 등 자극적 언어로 평신도를 선동한 '교리수호 대책위'는 우리의 스승들을 서울연회에 고발했고 급기야 금란교회에서 열린 종교재판을 통해 두 분 교수를 출교했다. 당시 서울연회 나원용 감독이 최종 역할을 했다. 학창 시절 故 변선환 학장과 한 기숙사에서 호형호제하던 사이였지만 감리교를 지키는 마음에서 그리했다는 문서를 남겼다. 금란교회 단상에 좌정했던 종교재판관들 역시도 같은 이유로 판결했겠으나 그것이 전리(全理)일 수 없다. 기독교 역사 속에서 교리 문제는 예외 없이 정치적 사안과 결부되었던 탓이다.

3

감리교 역사상 치욕적인 종교재판이 있은 지도 벌써 30년이 지났다. 이제는 당시를 회고하며 그 시절 그 사건을 신학적 판단을 담은 객관적 시각에서 재조명할 때가 되었다고 생각한다. 변선환 학장 사후 유족들과 제자들의 힘으로 변선환아키브가 만들어졌고 이곳에서 의미 있는 신학적 활동이 지속되었다. 그 내용을 간략하게 소개하면 다음과 같다. 海天 윤성범 학장님 전집(전 6권)과 一雅 변선환 학장의 전집(전 7권)을 출간했으며 『인생은 살만한가?』라는 변선환 설교집을 비롯하여 그의 신학 사상을 조명하는 연구서 몇 권을 세상에 내놓았다. 그중 한 권 『올꾼이 선생님』은 문광부 우수학술 도서로 선정되었다. 미국 UMC 감독인 정희수 목사는 미국 드류(*Drew*) 대학에서 종교 간 대화를 주제로 변선환 학장의 사상을 토론할 수 있는 국제적 場을 만들어 주었고 변선환 아키브에서는 감사 뜻으로 장학금을 전달했다. 종교재판 30년을 기억하는 심포지엄이 2022년 10월 말 종교개혁 날에 <프레스센터>에서 성황리에 개최되었다. 당시 발표된 자료를 토대로 2023년 5월 『그때도, 지금도 그가 옳다』는 제목으로 종교재판 30년 역사를 회고, 분석하는 책자가 출판되었다. 감리교는 물론 기독교 안팎에서 활동하는 학자들, 목회자들 40여 분의 글이 실렸다. 그의 탄생 100주년(2027)을 염두에 두고 다소 긴 일정으로 변선환 평전을 준비 중이다. 최근 몇 년은 예외지만 선생님 사후 제자들은 해를 거르지 않고 기일(8월 8일)을 맞아 유족들과 용인 묘소를 찾았다. 올해도 그리할 것이다. 특별히 이번에는 새롭게 편집된 종교재판 30년 백서를 선생님 묘소에 바치고자 한다. 종교재판 이후 그분이 당했던 수모와 절망 그리고 끝까지 간직했던 기독교(감리교)에 대한 애정을 기억하면서 말이다. 이하 글에서는 「백서」가 탄생한 일련의 과정을 언급하며 수고한 이들에게 감사하고 「백서」에 대한 소견과 함께 변선환아키브의 입장을 서술할 생각이다.

4

종교재판 30년 행사를 1년 앞두고 제자들이 수차 모였다. 여러 계획 중에서 종교재판 '백서' 출판을 무게 있게 논의했다. 사방에 걸쳐 흩어진 자료들을 모았고 당시를 기억하는 분들을 찾았다. 윤병상 목사님께서 많은 자료를 보관하고 있었고 이정배 교수 역시 변선환 학장으로부터 받아 간직했던 핵심 자료를 제출했다. 그 와중에 감리 교단 차원에서 종교재판 20주년에 맞춰 보고서를 자료집 형태로 낸 사실을 알게 되었다. 다행스럽게 여겨 자료를 살핀 결과 발표 시점이 많이 늦은 것도 문제였으나 자료의 불충분함은 물론 담긴 내용의 편향성에 경악하지 않을 수 없었다. 당시 '교리수호 대책위'의 입장에 맞춰 의도된 결론을 도출한 듯 보였다. 몇몇 감리교 역사학자들도 이런 우리의 판단에 동의했고 새로운 「백서」가 출간되길 함께 소망했다. 이렇듯 의견의 일치 하에서 아키브 소속 제자들은 「백서」 출간을 2022년 5월 감리교 역사학자로 활동 중인 하희정 교수와 그 연구팀에게 부탁했다. 이후 1년 남짓한 시간에 걸쳐 교단 측 보고서에 없는 뭇 자료를 발굴했고 복사했으며 색인을 만들어 900쪽에 이르는 엄청난 양의 「백서」를 만들어 냈다. 발로 뛰고 손으로 작업하며 「백서」 출판을 위해 긴 시간 노력해 준 하희정 교수 연구팀에게 갚을 수 없는 빚을 졌다. 후일 이 자료를 갖고 종교재판 역사를 공부하는 연구자들마다 이들의 공헌을 거듭 느끼며 감사할 것이다. 이 자료를 통해 감리교의 지난 역사가 옳게 평가될 수 있기를 바랄 뿐이다.

5

처음 이야기를 시작할 때는 「백서」를 출간하기로 했으나 최종 전달된 자료집에는 <보고서>라 쓰여있었다. 「백서」가 「보고서」로 바뀐 타당한 이유가 없지 않았으나 최종단계에 이르는 과정에서 충분한 대화가 부족한 탓이 컸다. 「백서」에 대한 상호 이해와 기대치가 달라서였겠으나 감리교단에 소속된 현직 학자, 목회자들인 까닭에 평가하는 일 자체가 쉽지 않을 수도 있었을 법하다. 30년 세월이 지났음에도 교단 분위기는 아직도, 여전히 혹은 더욱더 보수화되고 있기에 자료 모으고 평가하는 일에 어려움이 있었을 것이다. 보고서 앞쪽에 10여 페이지에 걸쳐 '감리교 교리적 선언'의 생성 및 변화 역사를 서술했던바, 그로써 감리교의 정체성을 적시했고 종교재판에 대한 신학적 판단을 우회적으로 들어냈다고 본다. 이런 연유로 아키브에서는 자료집으로 제출된 것을 「백서」로 고쳐 부르기로 했다. 하여 몇몇 중요한 자료를 찾아 첨가했고 당시 종교재판이 무리하게 이뤄진 배경에 대해서 보충하는 글을 써야만 했다. 아키브 소속 교수들 대다수가 당시 종교재판을 경험했기에 자료를 뛰어넘어 직접 듣고 봤던 경험상의 지식을 덧붙이기로 한 것이다. 이하 글에서 종교재판이 여론몰이 식 광풍에 휩싸여 진행된 이유를 아키브 측 관점에서 밝히고자 한다. 당시 교계 및 학내에 회자 되던 이야기에 근거한 것으로서 객관적 사실로 입증된 것이 다수겠지만 합리적 의심 차원에서 서술하는 것도 있는 만큼 논쟁 여지가 있을 수 있겠다.

6

'백서' 팀도 밝혔듯이 종교재판은 광의의 차원에서 보면 신학과 목회, 두 영역 간의 갈등에서 비롯했다. 본디 '목회적으로 아무리 정당해도 신학적으로 오류가 있을 수 있고 신학적으로 정당해도 목회적으로 당장 수용키 어려운' 부분이 있다. 상호 간의 차이점을 성급하게 무화(無化), 폐지 시키는 과정에서 갈등이 불거질 수 있다. 상대 영역을 존중하며 점차적 수렴과정을 겪을 때 신학도, 교회도 건강할 수 있는 법이다. 하지만 30년 전 종교재판(1992년)에 앞서 윤성범, 유동식 등 선배 토착화 신학자들이 목회자들에 의해 '종교 혼합 주의자'로 매도된 적이 누차 있었다. 교회 모임에 불려가 자신의 신학을 변호하는 일도 반복되었다. 최초 신학자이자 정동교회 목회자인 최병헌이 유교와 기독교의 연속성을 강조했음에도 말이다. 그래도 당시는 교회가 신학의 권위를 존중하던 때였다. 하지만 70년대 이후 교회 성장으로 부흥사들이 실세가 된 현실에서 신학대학은 일개 교회보다 적은 예산을 지닌 '작은 곳'이 되고 말았다. 신학대학 역시 교회에 손 벌리는 일을 버릇처럼 해오다가 급기야 교회 권력의 하부구조로 전락하는 수모를 겪었다. 부흥사들이 신학대학 학장이 되려고 넘보는 일도 생겨났다. 교수들 역시도 교회 권력의 눈치를 보는 일에 능숙해졌다. 초대형교회들이 경쟁하듯 생겼고 급기야 그들 입김이 신학 교육을 좌지우지하는 일이 발생했다. 그들은 신학, 특히 이론 신학 영역을 무용지물로 여겼다. 종교다원주의, 포스트모더니즘 그리고 페미니즘 등을 교회 성장에 있어서 백해무익하다 본 것이다. 광의(廣義)로 볼 때 당시 종교재판은 이런 분위기 속에서 강행되었다. 물론 교회 성장을 이룬 부흥사들의 권력 요구도 이에 덧붙여졌다. 교회를 키운 이들이 신학교마저 자신들 권력 구조 속에 편입시키고자 한 것이다. 당시 적지 않은 부흥사들, 그리고 대형교회 목사들이 몇몇 보수 신학대학에서 박사학위를 받은 일이 비일비재했다. 예정론을 주제로 논문을 썼던 이들도 상당수였던 것으로 안다. 대형교회 목사들이 취득한 박사학위, 그 내용이 신학 정체성을 달리한 것이었기에 모교 감리교신학대학을 흔드는 변수가 되었을 것으로 추정한다. 대형교회 목사들의 박사학위까지 얻었으니 자신의 입지를 신학 대학교 안에서도 굳히고 싶었을 것이다.

7

여기에 감리교 내의 정치적 파벌도 크게 한 역할 했다. 당시까지 감리교신학대학은 이북에서 내려온 성화(聖化)파 소속 학자들로 주 교수진이 구성되었다. 이들은 미국 십자군 장학금을 받고 대물려 유학을 다녀와서 교수로 재직했다. 당시로선 의도된 것은 결코 아니었다. 북쪽에서 신학을 접했던 우수 인재들이 대거 남으로 내려왔던 결과였다. 상당 기간 이런 경향성이 농후했으나 강화된 분단체제로 인해 북의 인맥이 감소, 마침내 끊겼고 대신 경기, 충청도 지역의 기독교인들이 양산되었다. 상대적으로 성화파 세력이 약화 되었고 세를 얻은 소위 호헌(護憲)파로 불리는 정치집단이 교단을 지배하게 되었다. 부흥사들 또한 이 지역을 연고로 대거 배출되었던바 신학 문제를 쟁점화시켜 신학대학 이사진을 물갈이하여 학교 경영을 책임지려 했던 것으로 생각한다. 따라서 교단의 현실 정치, 곧 교회 권력이 주인 없는 무주공산 상태의 신학대학에 영향력을 행사하여 대학구조 자체를 바꾸려 했던 점도 종교재판의 한 이유가 되었다. 물론 이 역시 일리(一理)일 뿐 전리(全理)일 수는 없을 것이다. 이런 상황에서 평소 보수 성직자들 눈 밖에 났던 진보적 성향의 변선환 학장과 홍정수 교수가 유동식, 윤성범 선생에 이어 결정적인 희생타가 된 것이다. 이들 두 분 외에 몇몇 교수들 이름이 퇴출 리스트에 더 있었던 것도 사실이다.

8

또 다른 변수도 있었다. 조심스럽게 말할 대목이지만 당시 종교재판 찬반 논의 과정에서 공개적으로 회자 되던 내용이다. 교회가 대형화되고 부흥 목사들에게 힘이 집중되는 현실에서, 이곳저곳에서 교회 재정 비리를 비롯한 목회자들 일탈 소식이 연이어 생겨났다. '절대권력은 절대 타락한다'는 말이 있듯이 교회에 돈과 힘이 집중되자 성직자들의 윤리의식은 흐릿해졌고 그로써 기독(감리)교 몰락의 길을 자초했다. 당시 최소한 몇몇 부흥사들에게 교회 안에서 제기된 이런 비판을 무마할 구실이 필요했을 것이다. 교회 성장의 주역이었으나 정작 그 반대급부로 인한 비난에 직면하자 이들은 자신들을 향한 윤리적 성찰 대신 밖의 적(?)을 만들었고 이들을 희생양 삼아 자신들 정당성을 입증코자 했다. 자신들에 대한 교계의 관심을 신학비판 및 신학자 출교로 돌린 경우라 할 것이다. 가진 돈으로 세를 불렸고 여러 인맥을 동원하여 여론몰이를 시도했다. 종교다원주의, 포스트 모던 사조를 정죄하며 종교재판을 통해 감리 교단과 신학교를 구한다는 명분을 앞세웠다. 하지만 세계 곳곳에서 이런 신학 사조들의 논의, 연구되는 상황에서 이렇듯 광기 어린 종교재판은 상식 밖의 일이었다. 거듭 토론하며 이해를 구하는 지난한 과정이 요청되었음에도 이들은 신학을 의도적으로 곡해했고 과장하여 교우들을 자극했다. 이들 재력을 지닌 소수의 부흥 목사들에게 있어 답은 이미 정해졌던 탓이다. 물론 신학을 모르는 순수한 평신도들의 경우 걱정과 염려가 적지 않았을 것이다. 이들이 전한 말만 듣고 판단했기에 안타까운 일이었다. 평신도들에게도 신학 공부가 필요함을 여실히 깨닫게 한 계기가 되었다.

9

종교재판이 있은 지 30년 세월이 지났다. 이제는 누군가가 당시 상황을 정직하게 고백할 시점이 되었다. '교리수호 대책위'를 이끌었던 분들, 당시 법정(금란교회)에서 재판석에 섰던 분들 거의 모두가 세상을 떠났다. 그래도 당시를 기억하는 분들의 입에서 진실이 말해질 때가 올 것이다. 하느님이 숨겨놓은 남은 자가 있을 것인바, 그날, 그 사람의 증언을 기대한다. 이 글 속에서 사실을 말하고자 했으나 일정부분 들었던 이야기에 근거한 추측도 담겼다. 어느 순간 추정이 벗겨지고 온전히 사실이 밝혀져야만 비로소 회개가 가능할 것이며 미래를 기대할 수 있을 것이다. 종교재판을 통해 이단(?) 신학 타도하면 교단과 대학이 더 부흥할 것처럼 선전했으나 현실은 그 반대가 되었다. 성직자들의 윤리적 타락이 기독교를 망가트리는 이단의 괴수임이 드러난 것이다. 돈의 욕망에 굴복한 성직자들, 거룩하게 포장된 성직매매(세습) 등으로 기독교에 대한 세인의 호감도가 일제 강점기 이후 자신을 '학문'으로 규정한 '유교'보다도 못한 상태가 되었다. 이렇듯 변선환 학장 종교재판 이후 감리교신학대학의 학문성은 날로 쇠퇴했고 마치 목사 양성 기술학교처럼 변하고 있다. 신학이 죽으면 교회도 같은 운명을 겪는 법이다. 신학은 교회를 달리 만들 책임이 있다. 신학자들 역시 더 큰 책임을 느끼며 수행자의 삶을 살아야 할 것이다.

10

종교재판 당시를 회억하며 그때 변선환 학장님과 나눴고 봤던 이야기를 끄집어내 본다. 그 시절 변선환 학장을 아끼던 동료 목회자들이 무수히 그분을 찾았다. 그를 종교재판의 법정에 세우지 않고자 타협안을 제시한 분도 있었다. 혹자는 변선환, 홍정수 두 분을 별개의 경우로 다루자는 의견도 냈다. 교계의 불순한 의도를 간파한 소장 목사들 몇몇은 세상 법정에 호소할 것을 간곡히 요청했다. 하지만 변선환 학장은 타협도 분리도 거부했고 세상 법정에도 서지 않았다. 기억 방식이 다들 수도 있겠으나 여하튼 변선환 학장은 키에르케고어를 생각하며 자신을 순교자로서 역사 앞에 내맡겼다. 그의 제자 중 한 사람이었던 이현주 목사의 말 '선생님 그냥 죽으시라'는 말에 힘을 얻었다는 설(說)도 있다. 여하튼 변선환 사후 그의 제자들은 교계에서 큰 멍에를 지고 살아야 했다. 하지만 누구도 그것을 짐이라 여기지 않았고 명예라 생각했다. 그렇기에 우리는 스승이 걸었던 길을 피하지 않고 30년 세월을 애써 살았다. 이제라도 감리교단은 초심(初心)을 회복하여 정도(正道)를 걸어야 한다. 과거의 오류를 정직하게 인정하고 웨슬리 정신을 따라 누구도 교리로 정죄하는 일을 그쳐야 미래를 얻을 수 있다. 하지만 지금도 여전히 종교재판의 망령을 벗지 못한 채 젊은 목회자를 힘겹게 하는바 걱정이 크다. 누가 누구를 정죄하려는가? 종교의 이름으로 행했던 지난 과오(차별)에 용서를 구해도 부족할 터인데 말이다.

의논 끝에 본 '백서'를 전자책으로 만들자고 했다. 누구든지 자유롭게 값없이 연구할 수 있도록 도울 목적에서였다. 동시에 20권 정도를 자료집 형태로 제작하기로 했다. 국회 도서관, 감리교단, 서울연회, 감리교신학대학 등 주요 신학대학교 도서관에 비치하기 위해서이다. 이 자료를 갖고서 종교 간 대화의 선구자, 종교해방 신학을 말했고 누구보다 존 웨슬리를 잘 해석했던 신학자, 변선환을 더 많이 연구했으면 좋겠다. 종교 권력과 금력이 결탁한 종교재판의 광기가 더 이상 한국 기독교 내에 재현되지 않기를 바라는 소망도 담겼다. 다시 한번 「백서」를 편집해준 하희정 교수팀에게 감사하며 전자책 출판에 선뜻 동의한 동연출판사 김영호 장로에게도 고마움을 전한다. 무엇보다 30여 년 세월 동안 '스승 없이 스승과 함께' 살아왔던 아키브 소속 동료 교수들 노고에 깊이 머리 숙인다. 종교재판의 희생양 되신 스승을 기렸던 노력을 알기 때문이다. 현직을 떠났음에도 함께 「백서」를 구상했고 발문까지 더불어 썼으니 감사할 뿐이다. 조만간 『변선환 평전』이 출판되면 그의 제자 된 우리 역할도 마무리될 것이다.

2023년 8월 첫날에

김정숙, 송순재, 이은선, 이정배, 장왕식, 한인철 함께 씀

차 례

종교재판 백서 I, II권 차례

I권 차례

II권 차례

해 제

'1992년 기독교대한감리회 종교재판'의 역사적 의미와 과제

:『1992년 기독교대한감리회 종교재판 사료집』 발간에 즈음하여

1. 여는 글

1992년은 한국 감리교회에서 중세 교회의 화석화된 언어쯤으로 치부해 왔던 '종교재판'이라는 이름의 광기가 재현된 비상하고도 역사적인 해였다. 세계교회사의 흐름 속에서도 '92년'은 남다른 쓰린 기억과 의미가 깃든 해이다.

500년 전인 1492년에는 스페인의 종교재판에서 유대인을 비롯한 이교도들을 잡아들여 종교재판을 시행했으며, 개종하지 않는 이들을 거주지로부터 추방하는 일들이 자행되었다. 공교롭게도 같은 해 콜럼버스는 신대륙을 발견해 기독교 이외의 문화와 종교 전통에 대해 악마시하고 배타적 개종 선교를 전개하는 제국주의 시대의 물꼬를 텄다.

종교개혁과 대항해 시대를 맞아 세계선교를 단행한 예수회 선교사들은 극동의 일본에까지 가톨릭을 전교했으며, 이들이 일본에 전한 것은 그리스도교뿐 아니라 제국주의 강권과 폭력의 상징인 총이었다. 그러한 선교의 결과는 400년 전인 1592년 임진왜란으로 이어져, 조총으로 무장한 왜군은 수많은 조선인을 학살했으며, 이러한 전란 와중에 예수회 신부 세스페데스가 조선에 상륙함으로써, 조선과 가톨릭의 첫 만남은 타자에 대한 혐오와 배타의 태도로 점철된 임진왜란의 비극 속에서 이루어졌다.

1992년으로부터 300년 전인 1692년에는 영국의 북미 식민지 뉴잉글랜드 세일럼(Salem Village)에서 광기의 종교재판이 거행되었다. 연초부터 시작된 마녀재판은 연중 지속되었으며, 반지성적 집단광기와 공포 속에서 결국 여자 13명, 남자 6명이 교수형에 처했고, 남자 한 명은 압살 되는 비극으로 끝났다. 이러한 역사적 참사의 원인으로 "서로 다름에 대한 불관용, 신앙 공동체 이상과 현실과의 갈등, 집단과 집단 간의 갈등, 여성에 대한 편견에서 비롯된 마녀 미신"[1]이 복합적으로 작용했으며, 300년 전의 집단광기와 공포, 혐오에 기반한 마녀사냥은 현대 냉전과 전쟁의 역사 속에서도 비슷한 양상을 띠며 수많은 비극을 양산해 왔다. 이러한

---

1 양정호, "1692년 세일럼 마녀재판을 통해서 본 17세기 뉴잉글랜드의 종교문화", 「젠더와 문화」, 제8권 제2호, 2015, 27-28.

17세기 세일럼 사건의 20세기 말 재현 중 하나가 바로 한국 감리교회에서 1992년 벌어지고 말았던 것이다.

1992년에 벌어진 기독교대한감리회 종교재판은 이후의 한국교회와 신학계에 지대한 영향을 미쳤다. 지난 30여 년 동안 한국의 신학계는 신학 주제에 대한 다양성과 연구의 자율성을 스스로 제한하고 감리교의 개방적이고 관용적인 신앙 전통을 무색케 했다. 경직된 신학과 교회와의 관계는 장기간의 침체기를 열었다고 평가받는다.[2]

이 사료집은 30여 년 전 촉발된 감리회의 비극적 종교재판 사건에 대한 보다 객관적이고 엄정한 학술적 연구와 분석을 모색하기 위해, 그 당시의 종교재판 전개 과정과 상황, 관련 인물의 면면과 주요 반응과 대응 등에 대해 보다 실재적으로 접근하기 위한 사료 수집과 사료집 제작을 시도했다. 그 결과물이 바로 이 사료집이다.

2. 1992년의 시대적 상황과 감리회 종교재판의 배경

1992년은 기성세대의 권위주의와 보수적, 냉전적 사고에 저항하는 새로운 도전이 사회의 다방면에서 펼쳐진 해였다. 1991년 소련이 붕괴되며 냉전 시대의 종식을 고했으며, 남북한이 UN에 동시 가입했다. 1992년에는 '서태지와 아이들'이 등장해 이른바 X세대의 등장을 알리며 기성세대에 대한 저항과 자유를 추구하는 사회적 욕구가 분출하던 때였다. 뉴에이지 운동으로 대변되는 새로운 대중문화의 출현에 대해서 한국의 개신교회는 강한 거부감과 경계[3]를 드러내며 「낮은울타리」와 같은 근본주의적 문화선교 언론단체가 출현(1990년 창간)했으며, 같은 해 사단법인 인가를 받은 한국창조과학회 같은 단체들의 보다 적극적이고 공격적인 활동이 전개되며 근본주의에 입각한 보수기독교의 적극적 결집과 목소리가 부상하던 때였다. 아울러 기독교계 신흥종교들의 활동도 활발한 가운데, 이장림이 이끄는 다미선교회가 1992년 10월 28일에 예수 재림과 휴거가 일어날 것으로 예언하는 시한부종말론[4]이 한국사회와 교회에 큰 내홍과 소란을 일으켰다.

1990년대 초부터 이주 노동자들의 급증에 따른 희년선교회 등 많은 선교단체의 활동이 전개되었으며, NCCK에서는 '한국교회외국인노동자선교위원회'를 1992년 설립했다. 이 조직은

---

2 이러한 평가는 이후에 소개하는 주요 한국교회사 통사서에서 일반적으로 나타나는 분석이다.

3 「낮은울타리」 대표 신상언의 책 표지에는 서태지와 아이들이 장식되어 있었다. 새로운 대중문화는 교회의 선교와 존립을 위협하는 사탄의 음모로 해석되었다. 신상언, 『사탄은 마침내 대중문화를 선택했습니다』, 낮은울타리, 1992; 최광신, 『(대중음악에 나타난) 사탄의 영』, 두돌비, 1992.

4 이장림, 『다가올 미래를 대비하라 : 우리 시대를 위한 충격적인 하늘의 메시지』, 다미선교회출판부, 1988.

이후 ‘한국교회외국인노동자선교협의회’로 확대(1993)되어 기독교 단체와 교회들이 이주노동자 문제에 대처하는 데 영향을 미쳤다.[5] 아울러 1990년대에 이르러 가속화된 농촌인구의 급감[6]으로 농촌교회의 존립이 위기에 처했으며, 우루과이라운드 농업협상은 이러한 농촌교회의 어려움에 더 큰 충격이 아닐 수 없었다. 1993년 12월 9일, 기독교 대한감리회를 비롯한 11개 교단[7]이 공동으로 대책위원회(쌀 및 기초농산물 수입개방 문제 해결 기독교대책 추진위원회)를 구성하여 “쌀 및 기초농산물 수입 개방 반대 대책 예배”[8]를 드렸고, 기독교대한감리회는 1993년 12월에 우루과이라운드 협상이 대한민국 농업과 농촌에 끼칠 치명적인 위기에 대해 우려와 비판의 내용을 담은 성명을 발표하기도 했다.[9]

1988년 “민족의 통일과 평화에 대한 한국기독교회 선언”(88선언)이 NCCK 총회에서 만장일치로 채택되고, 같은 해 11월에는 제2차 글리온회의로 남북기독교 대표자들이 만났으며, 이들은 1995년을 희년으로 선포하고 평화적 통일에 앞장설 것을 결의했다.[10] 또 1989년 3월에는 문익환 목사가 방북하여 김일성과 남북의 통일방안에 대해 의견을 나눴다. 이러한 과정을 통해 마침내 1992년 1월에 NCCK 권호경 총무와 남한교회 대표들이 조선기독교도련맹의 초청으로 방북하여 김일성을 면담[11]하고, 1993년에는 NCCK 주최로 “8.15남북인간띠잇기대회”를 개최하기도 했다.[12] 남북민간교류도 활성화 되어 사랑의 쌀 나누기 운동(1990)과 사랑의 의약품 보내기 운동(1991)이 전개되었으며, 1993년 4월에는 ‘평화와 통일을 위한 남북나눔운동’이 정동제일교회에서 창립 대회를 갖고, 교계가 북한돕기운동에 적극 나섰다.[13] 이렇게 1990년대 초반의 활발한 남북 교회의 민간교류와 통일논의는 남북대화의 새로운 전기를 마련하고 정신적 토대를 제공하는 전환기적 사건이 아닐 수 없었다.

---

5 한국기독교역사학회, 『한국기독교의 역사 III: 해방이후 20세기 말까지』, 한국기독교역사연구소, 2009, 255.

6 농촌사회의 고령화로 인한 공동화 현상을 통해 농촌교회의 선교 현실은 점점 열악해져 갔다. 미래목회포럼에서 주요 교파의 농어촌교회를 분석한 2012년 자료에 의하면 전국 8,162개 교회 중 36.6%인 2,988개 교회가 농촌교회이고 그중 966개가 미자립교회로 나타났다. 또 목회자의 상당수가 5년 이내에 교회가 자립할 가능성이 없다는 부정적 인식을 지니고 있었으며, 농촌교회의 54%는 교역자의 최저 생계비에 못 미치는 처우에 머물고 있었다. 김동훈, 「21세기 농촌교회 활성화 방안과 선교 : 영주지역교회를 중심으로」, 총신대학교 선교대학원, 2014, 14.

7 예장통합, 기장, 구세군, 성공회, 복음교회, 대신, 고신, 개혁, 합동, 성결교, 침례교

8 “쌀 및 기초농산물 수입개방 반대 대책 예배”, 「기독교세계」, 1994년 1월호.

9 “성명서 – 쌀 및 기초농산물 수입개방 확정에 대한 우리의 입장”, 「기독교세계」, 1994년 1월호.

10 이유나, “1980년대 방북자들과 기독교 남북대화”, 「기독교사상」, 2020년 7월호, 26.

11 한국기독교역사학회, 『한국기독교의 역사 III』, 253.

12 이 행사는 서울 독립문에서 임진각으로 이어지는 통일로에서 22개 교파, 890개 교회와 55개 사회단체에서 6만 5천여 명의 시민인 참여한 가운데, 실시되었으며, 평화통일에 대한 대중의 열망을 보여주는 행사이자 민중을 통일의 주체로 내세운 기독교 통일운동의 상징적 행사였다. 한국기독교역사학회, 『한국기독교의 역사 III』, 253; 정병준, “한국기독교와 민주화운동”, 김흥수·서정민 편, 『한국기독교사탐구』, 대한기독교서회, 2011, 272-273.

13 한국기독교역사학회, 『한국기독교의 역사 III: 해방이후 20세기 말까지』, 256.

하지만 이러한 90년대에 접어들어 가속화된 다종교적 상황과 더욱 심화하는 다문화 사회, 신자유주의 국제질서와 경제체제로의 전환, 남북교류와 탈냉전적 한반도 정세 속에서, 그동안 반공이데올로기와 배타적 선교신학을 내재화해 온 한국의 극단적 보수기독교 일각에서는 이러한 시대 분위기에 대한 공포와 경계, 부정적 반응이 구체적으로 나타나기에 이르렀다. NCCK의 "88선언" 이후 반공주의와 보수신학 노선의 성향을 띤 교단과 교회 지도자들이 중심이 되어 1989년 한경직 목사를 준비위원장으로 한 '한국기독교총연합회(한기총)'가 설립되었다. 한기총은 "그동안 한국교회가 한편으로는 '지나치리만큼' 정치에 참여하고, 또 한편으로는 '부패한 정권과 야합'하는 등 '교회 본연의 궤도에서 좌우로 이탈하였던 것'을 자성"해야 한다는 창립취지문을 채택했으며,[14] 이리하여 1990년대에 접어들면서 한국교회는 기존의 전통적 연합기구인 '한국기독교교회협의회(NCCK)' 외에 새롭게 결집한 '한국기독교총연합회(한기총)'으로 양분되었다.[15] 이 즈음, 기독교대한감리회는 1989년 총회에서 결의된 "7천교회2백만신도운동"[16]의 지속적인 전개와 1990년 "기독교대한감리회 자치 60주년"[17]을 통해 감리교회의 교세 확장과 정체성 강화에 대한 정책적 노력과 의지가 정점에 이른 때이기도 했다.

이러한 교회연합운동 기구의 분열, 감리교회의 양적 팽창에 대한 제도적, 정책적 지원은 그동안 감리회 내에서 반공주의와 근본주의적 보수신학으로 무장하여 양적, 물적 성장을 이루며 교단 내 하나의 세력으로 부상하게 된 감리회 부흥단이 존재감과 힘을 과시할 수 있는 결집의 기회가 되었다. 당시 신학대에서 논의되고 있던 대안적 신학 작업과 새로운 담론이야말로 교회 성장과 전도 사업의 가장 큰 걸림돌이 된다고 규정하고, 강력한 행동과 대응을 하기에 이르렀다. 그 결과, 감신대의 두 학자 변선환과 홍정수가 학문적으로 천착하고 있던 '종교다원주의 신학'과 '포스트모던신학'이 공격의 대상이 되었고, 결국 종교재판으로 이어지게 된 것이다.

3. '1992년 기독교대한감리회 종교재판'에 대한 역사적 서술과 평가들

1992년 이후 한국교회사 혹은 역사신학 문헌에서 기독교대한감리회 종교재판에 대해 어떻게 서술하고 평가해왔는지 살펴보는 것은 향후 1992년 종교재판에 대한 역사적인 연구를 수행함에 있어 기초작업이 될 것이다. 따라서 이 사료집의 해제를 겸하여 그동안 1992년 종교재판에

14 당시 NCCK 회원교단 가운데 한기총 창립총회에 참석한 교단은 예장통합 측뿐이었다.

15 한국기독교역사학회, 『한국기독교의 역사 III: 해방이후 20세기 말까지』, 174.

16 「7천교회2백만신도운동사업계획안」, 기독교대한감리회 본부선교국, 1991, 17-22.

17 「자치60주년 기념대회 및 성회」, 기독교대한감리회 자치60주년기념사업위원회, 1990년 10월 29일, 4-7.

대한 역사적 평가가 어떻게 이루어졌는지 개관해 보고자 한다.

1) 유동식의 『한국감리교회의 역사 II: 1884-1992』(1994)

한국교회사 역사서 혹은 교회사 논문 중에서 1992년 종교재판 사건에 대해 처음으로 목차에 다룬 책은 유동식의 『한국감리교회의 역사 II: 1884-1992』(1994)였다. 유동식은 한국감리교회의 역사를 두 권의 통사로 저술하면서, 1992년의 종교재판 사건을 책의 가장 마지막 순서에 배치했다. 2권 "Ⅲ. 감리교회의 과제와 전망"에서 제1장으로 "1. 이단시비와 감리교 신학 정립의 과제"를 배치해 종교재판 사건을 한국감리교회사의 주요 사건으로 서술했다. 하지만 전체적인 내용이 종교재판의 전개 과정에 대한 사실들을 시간순으로 나열하며 중간중간에 관련된 주요 판결문과 성명서 등의 원자료들만을 배치하고 있으며, 사건에 대한 저자 개인의 개인적 분석이나 역사적 평가는 구체적으로 드러내지 않았다.[18] 다만 책 후미의 "IV. 각종 문서 자료"에서 종교재판과 관련한 주요 문서 5건을 소개함으로써, 후대에 이 사건에 대한 평가와 판단을 맡기는 형식을 띠고 있다. 이는 감리회에서 공식적으로 간행하는 역사서인 만큼 어느 한 편에 치우치지 않은 역사 서술과 편집 방향을 설정했던 것으로 미루어 짐작된다.

2) 감신대 제10대 양대학원학생회의 『감리교회와 감리교신학대학의 어제와 오늘』(1995)

이러한 교단 본부에서의 공식적인 역사서와 대비되는 역사 정리 작업이 1995년 감리교신학대학교 대학원학생회를 통해 착수되었다. 임용웅, 황기수, 하희정, 윤상호, 강종식(이상 5인)이 공동 집필한 『감리교회와 감리교신학대학의 어제와 오늘: 감리교회와 감신정체성 회복을 위하여』(1995)는 감신대에서 최근 수년간 겪은 교권 세력과 신학교 간의 갈등과 충돌과정 속에서 훼손된 감리교회와 감신대의 신앙 전통과 신학 유산을 새롭게 돌아봄으로써 역사적 정체성을 새롭게 세워나가고자 하는 동기에서 작성되었다.

> 계속되는 감신 사태를 겪으면서 비로소 우리는 우리를 낳아 준 감리교회와 감신의 학문성에 구체적인 관심을 가지게 되었다. 오늘날 우리들이 공통적으로 느끼는 위기는 다름 아닌 감리교회와 감리교신학대학의 정체성의 위기다. … 우리는 역사와 신학을 찾아가는 작업을 통해 우리가 안고 있는 문제에 보다 근본적으로 접근하고자 한다.[19]

---

18 유동식, 『한국감리교회사 II: 1884-1992』, 기독교대한감리회, 1994, 995-1010.

19 임용웅 · 황기수 · 하희정 · 윤상호 · 강종식, 『감리교회와 감리교신학대학의 어제와 오늘 : 감리교회와 감신정체성 회복을 위하여』, 감리교신학대학교제10대양대학원학생회, 1995, 8.

이 책은 1부에서는 '감신의 역사와 신학'을 여섯 시기로 나누어 서술하고, 2부에서는 '교단정치와 학교'라는 주제로 여섯 시기로 구분해 서술하고 있다. 1부에서는 "3) 감리교의 이단시비"와 "4) 변홍교수 사건"이라는 두 챕터가 배치되어 있으며, 2부에서는 "2. 교단의 움직임 — 1) 부흥사들의 정치적 부상"에서 92년 종교재판의 주요한 동인이 되었던 부흥단 세력에 대해 서술하고 있다. 이 책에서는 1992년 종교재판 사건을 두 가지의 성격으로 정의했다. 첫째 이 사건은 교회의 양적 성장만을 추구해온 부흥사들의 신학적 한계를 드러내 준 사건이며, 둘째 한국감리교회의 신학을 이끌어 온 감리교신학대학의 신학이 교회와 유리되어 발전했다는 점을 여실히 보여준 사건이라는 것이다.[20]

제2부에서는 감리회 교단 정치의 흐름을 소개하면서 1990년대 교회의 성장과 부흥운동의 영향으로 성장한 부흥사들이 중심이 되어 교리사수운동을 전개하게 된 과정을 서술하며, 다음과 같이 결론을 내리고 있다.

> 냉천동과 이 땅 한반도에 뿌리고 일구어진 우리 선배들의 이야기 속에는 너무도 좋은 씨와 열매들이 가득 차 있다. 그곳에는 특히 "개방과 포용, 화해와 일치"라는 정신이 때로는 씨앗으로 때로는 열매로 일구어지고 있었다. 이 정신은 속 좁은 어린아이의 정신이 아니라 한 세기가 넘는 성숙한 전통이었다. 그러나 애석하게도 이 작업을 통해서 우리는 현재 감리교단과 감신의 모습이 이러한 성숙한 정신에서 상당히 멀어지고 있음을 볼 수 있었다. 더불어 지금 겪고 있는 감신의 아픔이 결코 우연이 아닌 역사의 산물임도 알게 되었다.[21]

이 책은 비매품으로 제작되었으나 배포되지 못했다.[22] 공식 출판에 이르지는 못했지만, 대학원생들의 입장에서 현재의 난맥상을 역사적으로 더듬어 보고자 한 열정과 순수함이 깃든 소중한 역사 정리 작업이 아닐 수 없다. 이 책도 후미에 감신대와 감리교회에 대한 주요 자료들을 27건 수록하고 있는데, 1992년 종교재판 자료를 비롯해 1995년까지 전개된 학교의 각종 사태 관련 기록들이 수록되어 사료적 가치도 지닌다.

3) 이덕주의 『한국 토착교회 형성사 연구』(2001, 수정판)

이덕주가 자신의 감신대 박사학위 논문을 정리해 발간한 단행본 『한국 토착교회 형성사

---

20 『감리교회와 감리교신학대학의 어제와 오늘』, 1995, 38.

21 『감리교회와 감리교신학대학의 어제와 오늘』, 1995, 87.

22 감리교신학대학교 당국의 방해로 배포가 무산되었으며, 전량 폐기되었다. 다행히 그중 일부가 헌책방으로 유입되었고, 개인이 소장한 몇 권을 '역사와종교아카데미'에서 입수하였다.

연구: '한국적 기독교'의 뿌리를 찾아서』(2001, 수정판)는 감리교신학대학의 신학 전통인 '토착화 신학'을 한국교회사 연구에 접목한 본격적인 시도의 결과였다. 그는 이 책에서 그동안 '선교사관', '민족교회사관', '민중교회사관' 등에 의해 서술된 한국교회사 서술의 한계를 극복하고, 한국교회사는 서구교회가 한국이라는 선교 현장에서 토착화하는 과정이라는 인식하에 '토착교회사관'을 주창하며, 이 사관에 입각한 한국교회사 서술의 가능성을 모색하고자 했다.

그는 자신이 이 책을 쓰게 된 결정적인 이유에 대해 "뒤늦게 학위 공부를 하도록 동기를 부여해" 준 사건이 1992년 감리회 종교재판이었음을 고백하며, "(변선환) 선생은 교회로부터 거듭 노선 변경을, 노선 변경이 안되면 침묵을, 침묵이 안 되면 언어 순화라도 하도록 요구받았으나, 어느 누구도 그분의 고집스런 외침을 막을 수 없었다. 어쩌면 선생은 스스로 종교재판이란 문을 통해 '교회 밖으로' 나가는 길을 택하셨는지도 모른다. … 요즘 감리교회 일각에서 선생의 복권과 명예 회복을 위한 서명 움직임이 있으나 나는 큰 의미가 없다고 본다. '쫓겨난 것'으로 그분은 한국 감리교회에 큰 공을 세웠기 때문이다. 기독교 역사에 교회 밖으로 쫓겨난 선각자가 어디 하나 둘인가?"라고 말했다.[23]

이덕주는 자신의 연구가 "1980년대 중반 이후부터 변선환 교수가 주창한 '종교해방론'과 '타종교의 신학'을 한국교회사에 접목을 시도한 것"이라고 말한다.[24] 이는 자칫 사변적 담론으로 전개될 수 있는 종교신학과 토착화신학의 학문적 접근을 보다 실재적인 역사적 콘텐츠와 콘텍스트에 투영하고 탐색함으로써 그 학문적 한계를 극복하고, 역사적 전거들을 통해 변선환 교수의 학문작업에 설득력을 부여하려 했던 것으로 보인다.

4) 김효성의 『현대교회문제 자료집』 (2004)

계약신학대학원 교수이자 합정동교회 목사인 김효성은 『자유주의 신학의 이단성』(2008), 『에큐메니칼운동 비평』(2012), 『천주교회비평』(2019)과 같은 근본주의적 관점에서의 책들을 꾸준히 간행해 오고 있다. 1992년 감리회 종교재판을 다루고 있는 『현대교회문제 자료집』의 간행목적도 머리말에 다음과 같이 나타나고 있다.

> 기독교의 바른길은 자유주의신학과 에큐메니칼 운동, 즉 교회연합운동과 윤리적 부패와 은사운동, 신복음주의를 배격하고, 성경 말씀 곧 하나님의 말씀의 순수한 교훈을 그대로 믿고 지키고 경건하고 거룩하고 의롭고 선한 삶을 실천하는 것이다. 하나님의 신실한 종들과 성도들은 바른 생각을 가지고

23 이덕주, 『한국 토착교회 형성사 연구』, 한국기독교역사연구소, 2001(수정판), 406-407.

24 이덕주, 『한국 토착교회 형성사 연구』, 406.

일어나 이 시대의 잘못된 풍조들을 분별하고 배격하고 좌우로 치우침 없이 신앙의 바르고 선한 옛길을 추구해야 한다.[25]

그는 "홍정수 교수의 이단사상들"에서 그의 부활 신학을 간단히 소개한 후 "이것은 성경이 증거하는 예수님에 대한 기본적 사실을 부정하는 명백한 이단"이라고 규정하고 있으며,[26] "변선환 학장의 종교다원주의"에서는 "[변선환의] 사상은 비평할 가치조차 없는 명백한 이단"[27]이라는 더욱 강도 높은 비판을 가하며 학문적인 대화와 논쟁을 포기하고 있다.

5) 서울연회 재판위원회의 『교리사건 재판자료: 정리·서술집』 (2005)

1992년 종교재판이 종료된 지 6년 후인 1998년에 최홍석이 정리한 『교리사건 재판자료 정리·서술집 : 변선환·홍정수의 교리사건』이라는 제목의 자료집이 서울연회 재판위원회 명의로 발행되었다.[28] 이 책을 다시 월간 「온세상 위하여」에서 재편집하여 CD와 함께 2005년 재발간[29]함으로써 보다 널리 배포될 수 있었다.

이 책은 하나의 역사서라기보다는 1992년 종교재판의 전개 과정을 당시 재판을 주관했던 서울연회 재판위원회의 관점에서 사료를 재구성, 재배열, 정리함으로써 이 역사적 사건에 대한 당위성과 명분을 획득하고, 후대에 교훈으로 삼고자 하는 주관적 의도가 반영된 측면이 강했다. 당시 서울연회 고재영 재판장은 편찬사에서 본인이 2001년 심장질환으로 수술을 받게 되었을 때 마취상태에서 천국을 경험하게 되었으며, 그곳에서 "여기에는 포스트모던 신학이나 다원주의 신학이나 세상 어떤 신학 사상이나 어떤 교리적 선언을 가지고는 여기에 올 수 없다. 오직 여기 올 수 있는 사람은 하나님의 자녀들로 예수 그리스도를 믿고 구원받은 사람만이 여기 오는 것이다"라는 음성을 들었고, 은퇴를 앞두고 "이 사명 때문에 주님이 나를 보내셨구나 깨달음을 얻었"으며, "(종교재판 이후) 13년이 지난 요즘 출교된 그들을 영웅시하고 기념하며 복권운동을 전개하려 한다는 풍문이 돌고 있어", "이때에 13년 전 교리신학 논쟁과 교리재판 전 과정의 찬반 여론을 모두 모아서 정리하여 책으로 펴냄으로써 교리 문제에 대해 좋은 자료가 될 것으로 기대"한다는 입장을 게재했다.[30]

---

25 김효성, 『현대교회문제 자료집』, 옛신앙, 2004, 3.

26 김효성, 『현대교회문제 자료집』, 옛신앙, 2004, 67.

27 김효성, 『현대교회문제 자료집』, 옛신앙, 2004, 85.

28 최홍석, 『교리사건 재판자료 정리·서술집 : 변선환·홍정수의 교리사건』, 서울연회재판위원회, 1998.

29 기독교대한감리회 서울연회 재판위원회, 『교리사건 재판자료 정리·서술집 : 변선환·홍정수의 교리사건』, 月刊온세상위하여, 2005.

당시 기독교교리수호대책위원회 회장 김홍도 목사도 "출교된 저들의 신학 사상을 추종하는 사람들이 작금에 이르기까지 수그러들지 않고 오히려 기승한다는 소식을 접하여 당혹하던 차에 교리재판 자료 서술집을 펴내게 되어 다행"이라면서, "이 사명을 믿는 자라면 누구나 정신을 차려서 지켜야 하고 바르게 가르치려는 신학자, 특히 바른 목회자라면 이단사상을 부단히 경계하며 사명의 본분을 충심으로 수행해야"한다며, 자료집 간행의 목적과 의미를 밝혔다.[31]

본 자료집은 1992년 종교재판 이후, 이 사건에 대해 재판위원회가 수집하고 보관하던 주요 자료들을 공식적으로 재구성, 편집하여 종교재판에 대한 찬성과 반대 양측의 입장을 비교적 균등하게 배치, 구성하였다. 이 책은 1992년 종교재판을 "교리사건"이라고 명명함으로써 기독교의 정통교리를 수호하기 위한 역사적 소명과 당위를 사건의 명명과 책 제목에서부터 부각하고자 한 의도가 엿보인다.

"제1장 교리사건 발단의 경위"에서는 협성대 이동주 교수의 변선환 비판논문에서부터 변선환, 박아론, 김행식, 홍정수 등의 주요 논쟁 글을 '종교다원주의'와 '포스트모더니즘' 두 절로 나누어 배치했다. "제2장 총회와 연회의 결의"에서는 이 사건에 대한 기독교대한감리회 총회와 연회의 관련 기록과 성명서, 결의문 등을 배치했다. "제3장 소송사건으로 비화"에서는 서울연회에서의 전개된 소송과 심의, 기소 등의 과정과 문서들을 소개하고 있다. "제4장 각계의 찬반여론"에서는 이 사건에 대한 "자유주의 진영과 복음주의 진영"의 주요 찬반 글과 여러 단체들의 성명서들을 소개했다. 또 사건과 관련해 출간된 소책자들(6권)과 신문 기사들(45건)도 소개했다. "제5장 재판위원회의 공판"에서는 실제적인 재판과정에서의 주요 쟁점과 논쟁글, 선고공판 기록과 증거자료, 판결문 등이 수록되었다. "제6장 출교 선고 이후 동향"에서는 판결이후의 행정절차들, 판결에 대한 비판적 반응들(기고, 성명, 칼럼 등), 이에 대한 해명과 답변 등이 수록되었다.

이 자료집은 재판을 수행한 재판위원회가 원활한 재판의 진행을 위해 수집하고 정리한 자료들을 수년이 지난 후에 백서의 형태로 작성한 것이다. 비교적 시간 순서대로 사건의 흐름을 따라가며 추이를 살펴볼 수 있도록 체계적으로 정리되어 있어 사료적 가치가 높다. 다만, 애초의 편집과 간행 목적이 재판위원회의 결정과 정당성을 변증하고자 하는 의도를 반영하여 작성된 것이므로 편집 과정 속에서 의도적인 편집이나 누락 되거나 배제된 자료들은 없는지, 교차검증과 사료 비평이 함께 수반되어야 할 것이다. 더불어 제한된 시간과 인력으로 인해 누락된 자료들의 추가적인 수집과 비평이 후속 과제로 남았음도 주지의 사실이다.

---

30 고재영, "편찬사", 『교리사건 재판자료 정리·서술집 : 변선환·홍정수의 교리사건』, 2005, 2.

31 김홍도, "교리수호의 사명을 위하여", 『교리사건 재판자료 정리·서술집 : 변선환·홍정수의 교리사건』, 2005, 4.

6) 민경배의 『한국기독교회사: 한국 민족교회 형성 과정사』(2007)

대한예수교장로회 통합 측의 대표적인 원로 교회사학자 민경배 교수는 그의 대표 저작인 『한국기독교회사: 한국 민족교회 형성 과정사』(2007)에서 한국현대교회사 부분을 보강하면서 "23.3. 한국적 신학형성의 모색"을 서술했다. 그는 이 챕터에서 1960년대 이후 한국 현대신학사를 개관하면서도 1992년 감리회 종교재판에 대한 언급은 누락함으로써, 본 사건에 대한 평가와 서술을 회피[32]했다. 다만 그는 2002년에 「기독공보」에 "변선환 교수의 종교다원주의"라는 글을 기고함으로써 1992년 종교재판에 대한 개인적 입장을 다음과 같이 표명했다.

> 1991년 10월 감리교 특별총회에서 두 교수에 대한 심사를 시작하고, 그것이 6개월 계속되다가 마침내 1992년 5월, 이들의 출교와 목사직 면직을 판결한다. 그리고 그 판결이 서울연회에 하달된 것이다. 하지만 두 교수는 그 기소 이유를 강력하게 부인하였다. 이 재판 과정에서 감리교 신학대학생들의 격렬한 항의가 있었다. 그것이 중세 종교재판을 방불하게 한다는 주장이었다. 또 안병무 박사를 비롯한 전국의 신학대학 교수들 45명이 그 판결의 철회를 요구하는 공개 질의서를 냈다. 학문의 자유가 유린된다는 것이었다.
>
> 그[변선환]는 1990년 3월에 감리교신학대학 학장직에 이르고 있었다. 하지만 이 판결 후 곧 1992년에 그 자리를 떠난다. 그리고 2년 반 후, 1995년 8월에 타계(他界)한다. 그 어간의 심신의 아픔이 컸기 때문이었을 것이다. 변선환 교수가 종합대의 종교학 교수였다면 문제가 전혀 없었을 것이다. 하지만 교단 목사 양성의 신학대학 학장이었다는 데에 문제가 있었을 것이다.
>
> 그는 부드럽고 이해심이 깊은 조직신학자였다. 그는 가톨릭과 동방정교회의 화해, 그리고 이슬람과 기독교와의 화해, 이런 역사적 과제의 시대가 다가오고 있는 것을 알고 있었다. 여러 종교의 전통을 가지고 있는 한국사회 안에서의 교회의 역할은 더욱 그러하리라는 것을 절감(切感)하고 있었다. 하지만 공존의 논리에 그리스도의 구원론이 병행 못할 이유는 없었다.[33]

변선환과 홍정수 교수가 모색한 신학적 도전과 시도에 대해 당시 교회가 "가톨릭과 동방정교회의 화해", "이슬람과 기독교와의 화해"라는 역사적 과제의 시대 앞에서 "여러 종교의 전통을 갖고 있는 한국교회 사회에 안에서… [그러한] 공존의 논리에 그리스도의 구원론이 병행 못할 이유는 없었다"라는 진술이 눈에 띈다. 이는 훗날 1992년 종교재판 사건이 역사적으로 재평가

32 민경배, 『한국기독교회사 : 한국 민족교회 형성 과정사』, 연세대학교출판부, 2007, 595-605.

33 민경배, "변선환 교수의 종교다원주의", 「기독공보」, 2002년 1월 5일. ; 민경배, "이야기교회사(85) 변선환 교수의 종교다원주의" http://pckworld.com/article.php?aid=12569858

될 수 있는 여지가 있음을 보여주는 전향적인 서술이기에 주목된다.

7) 김주덕의 "한국교회 분쟁의 요인 분석 : 1992년 감리교회의 '종교재판'을 중심으로" (2007)

1992년 종교재판 이후 15년 만에, 이 사건에 대한 공개적인 학술행사에서 연구주제가 처음으로 발표되었다. 목원대학교에서 교회사 강사로 활동하는 김주덕은 2006년 9월 2일 제246회 한국기독교역사학회 학술발표회에서 "한국교회의 분쟁 : 1992년 감리교회의 종교재판을 중심으로"라는 제목으로 연구논문을 발표했다.[34] 그의 발표는 1992년 종교재판에 대한 역사학계에서의 첫 연구발표이자 1992년 종교재판이 비로소 역사적 연구와 평가대상으로 상정되는 공식적인 자리이기도 했다. 그는 학회 발표논문을 1년 후인 2007년에 한국기독교역사연구소에서 간행하는 학술지 「한국기독교와 역사」(제27호)에 게재했다.[35]

김주덕의 연구는 역사적인 방법과 신학적인 방법을 병행하여 사건에 대한 분석과 평가를 시도했다고 주장한다. 그러나 소논문에서 두 방법을 구사하여 이 큰 규모의 사건을 종합적으로 분석, 평가한다는 것은 다소 무리한 시도처럼 보이기도 했다. 하지만 리스크가 큰 주제를 천착하여 한 편의 연구논문을 작성한 것은 그 시도만으로도 역사적 의미가 있다.

본 연구에서 가장 먼저 주목되는 지점은 이 사건의 성격 규정에 있어 "분쟁"이라는 용어를 사용했다는 점이다. 김주덕은 이 사건을 두 세력 간의 갈등과 분쟁으로 접근했다. 즉 "신학교와 교회 현장", "진보세력과 보수세력", "자유주의 신학과 복음주의 신학" 등 상호 대립적인 구도를 설정하고 "양자 간의 분쟁"이라는 개념으로 서술하는 경향을 보인다. 이는 사건의 성격과 윤곽을 선명하게 파악하는 데 도움이 될 수 있다. 하지만, 다른 한편으로는 일방적 강권과 힘의 논리로 전개된 사건의 본질을 왜곡하거나 오도하는 우를 범하고, 역사적 사실과 괴리되는 결과를 낳는다.

김주덕은 1992년 이후 축적된 여러 자료들을 인용하며 "사건의 발생과 개요"를 정리했다. 특히 그는 종교재판 사건의 원인을 1980년 감신대에서 발생했던 양창식, 이규철 사건에서부터 찾으며, 통일교와의 관련설에 대해 초점을 맞춰 사건의 발단을 풀어나간다.[36] 1992년 종교재판 사건에서 논란과 시비의 여지가 많은 "통일교 학생 비호설"을 통해 이 사건의 이야기를 풀어내는

34 김주덕, "한국교회의 분쟁: 1992년 감리교회의 종교재판을 중심으로" 「한국기독교역사연구소소식」, 제76호, (2006. 10.)

35 김주덕, "한국교회 분쟁의 요인 분석: 1992년 감리교회의 '종교재판'을 중심으로", 「한국기독교와 역사」, 제27호, 2007.

36 김주덕, "한국교회 분쟁의 요인 분석", 「한국기독교와 역사」, 제27호, 2007, 226.

것은, 사건 전체에 대한 이해가 부족하거나 특정 이슈에 대한 개인적 관심이 강하게 반영된 것으로 보인다. 아울러 본 개요의 말미에서 1992년 종교재판이 한국교회와 신학계에 미친 영향력과 결과를 분석하고 있다.

> 이로써 보수적인 신앙 형태의 교회가 자유주의 신학을 정죄하는 형국이 다시 한번 재현되게 되었다. 이 재판은 감리교회뿐만이 아니라 한국 교계 및 신학자들에게 이루 말할 수 없는 큰 충격으로 다가왔으며, 이로 인하여 종교다원주의와 포스트모던 신학을 하기 위한 학문적 연구는 이제 더 이상 한국 개신교에서 공개적으로 연구하기를 꺼리게 되는 결과를 낳게 되었다.[37]

이 논문에서 특별히 아쉬운 지점은 "3. 분석과 평가"에서 이 사건의 성격을 "보수주의적 신앙과 자유주의 신학의 대립"이라고 규정한 것이다. 사실 '보수'의 대립적 용어는 '진보'이다. 그리고 '보수'와 '진보'라는 용어는 시대와 역사적 상황에 따라 그 성격이 "보수에서 진보로" 또는 "진보에서 보수로" 변이하는 유동적 용어이다. 그러므로 '보수주의적 신앙'이라는 실체가 명확하지 않은 표현보다는 보다 구체적인 집합이나 조직(예를 들어 '부흥단', '기독교교리수호대책위원회' 등) 혹은 특정 신학사조(근본주의, 복음주의 등)로 개념 규정하는 것이 적절해 보인다.

아울러 이 사건의 피고 측 신학 정체성을 '자유주의 신학'이라고 규정한 점도 논란의 여지가 많다. 변선환과 홍정수의 신학을 '자유주의 신학'이라고 규정하는 것은 지극히 몰역사적이고 반역사적이다. 19세기에 발흥했으며, 한국교회에서는 제대로 수용된 바 없는 유럽의 자유주의 신학이 20세기말 한국의 신학 강단에서 횡행했다는 주장을 하기 위해서는, 변선환과 홍정수의 신학이 '자유주의 신학'과 어떠한 역사적 연결고리와 실체적 정체성을 지니는지에 대한 논증이 수반되었어야 한다. 1930년대 이후 한국의 반지성적 장로교 교권주의자들은 당대 신정통주의적 신신학의 시도와 모색을 모두 자유주의 신학으로 매도하는 촌극을 벌인 바 있다. 한국교회는 아직까지도 이러한 1930년대 교권주의자들의 신학적 맹신과 반지성적 태도에 안주하고 있으며, 이 논문에서 그러한 몰역사적 관점을 그대로 투영하여 1992년 종교재판 사건을 바라보는 프레임으로 활용하고 있다는 점은 크게 아쉬운 지점이 아닐 수 없다.

그는 결론에서 "신학자들은 연구의 취지와 목적에 더 신중하여야 하고, 일선 선교 현장에 겪는 문제들을 해결하기 위한 진지한 노력"이 요청된다고 말하며, "교회 현장도 당장의 교회의 수적 성장과 부흥에만 천착하지 말고, 신학자들의 신학 연구의 자유를 최대한 보장해 주어야 할 것"이라는 신학교와 교회 현장 양자의 바람직한 역할론을 제시한다. 그리고 "이처럼 교회와

---

37 김주덕, "한국교회 분쟁의 요인 분석", 2007, 231.

신학이 모두 상호 인정되고 신뢰하며 협력하게 될 때 한국교회는 건강한 교회와 한국적 신학을 세울 수 있을 것"[38]이라는 결론에 도달한다. 저자는 최대한 균형감 있게 객관적 태도를 견지하며 본 연구를 수행하고자 노력한 흔적이 엿보인다. 다만 이러한 결론에 도달하기 전에 사건의 실체적 진실과 상황에 대한 보다 충실한 사료 수집과 객관적 분석이 수반되어야 한다. 김주덕의 연구는, 이후에 보다 객관적이고 치밀한 사료 구사와 비평, 엄정한 역사적 검토와 성찰이 필요함을 보여준다.

8) 한국기독교역사학회의 『한국기독교의 역사 III: 해방 이후 20세기 말까지』(2009)

한국기독교역사학회에서 간행한 통사 시리즈의 마지막 권인 『한국기독교의 역사 III: 해방이후 20세기 말까지』(2009)에서는 "제16장 새로운 신학의 모색"에서 토착화신학을 소개하면서 "변선환은 종교 간 대화를 강조하는 과정에서 타종교의 구원 가능성을 인정함으로써 보수적인 교단 지도부에 의해 희생되는 아픔을 겪었다. 그는 1992년 종교다원주의를 용납했다는 이유로 교수직과 목사직을 동시에 박탈당했다. 이후 한국 신학계에서 종교다원주의를 정죄하는 분위기가 지배하게 되면서 토착화신학을 위한 기반은 더욱 협소하게 되었다"고 평가했다.[39] 비교적 간명하고 객관적으로 1992년 종교재판에 대해 서술하고 있다. 하지만, 이 사건을 통해 변선환 학장만이 출교당한 것으로 서술된 점은 이후 보완할 지점이다.

9) 이덕주·서영석·김흥수의 『한국 감리교회 역사』(2017)

2017년 이덕주, 서영석, 김흥수 교수가 공동 집필한 『한국 감리교회 역사』(2017)에서는 해방이후 현대사 부분은 김흥수가 집필했으며, 제3부 14장의 "2. 신학의 갈등"에서 1980년 이후부터 촉발된 감리회 내부의 주요 신학적 갈등과 이단시비 문제에 대해 서술하고 있다.

이 챕터에서는 1992년 종교재판에 대해 5쪽에 걸쳐 할애하고 있는데, 비교적 사실 관계에 입각해 전체적인 흐름을 시간순으로 서술하며 후미에서 간단한 결론을 도출하고 있다. 눈에 띄는 대목은 1992년 종교재판의 두 교수 출교 처분 이후 4년째 되는 해에 "이들의 출교를 주도했던 금란교회 김홍도 목사를 감독회장으로 선출함으로써 감리교 총회의 면직 권고안과 서울연회 재판위원회의 출교 판결을 인정하는 모습을 보여주었다"고 평가함으로써 이 사안의 정치적 해석 가능성을 열어 보여주었다.[40] 아울러 "한 세기 동안 이어져 온 감리교회의 종교신학적

38 김주덕, "한국교회 분쟁의 요인 분석", 2007, 245.

39 한국기독교역사학회, 『한국기독교의 역사 III: 해방이후 20세기 말까지』, 한국기독교역사연구소, 2009, 204.

진술과 토착화신학이 감리회 내에서 첫 종교재판의 대상이 된 점"의 역사적 의미를 주목하면서, "이 재판이, 비판자들의 눈에는 한국 감리교회 내 근본주의 성향을 가진 교역자들의 신학적 다양성의 파괴행위로 보였지만, 지지자들은 감리교회의 교리 수호로 이해하였다"고 분석하고 있다. 이는 현재까지 진행 중인 감리회 내의 진보와 보수의 평행적 입장을 반영한 것이라고 볼 수 있다.

10) 박용규의 『한국기독교회사 III: 1960-2010』(2018)

총신대에서 한국교회사를 가르치는 박용규는 2018년에 『한국기독교회사 III: 1960-2010』을 출간하면서 "제21장 한국교회의 신학사상 논쟁"에서 "3. 종교다원주의와 포스트모더니즘 논쟁" 절을 10쪽에 걸쳐 서술하면서 주요한 관심을 보이고 있다. 그는 "변선환 교수와 홍정수 교수가 출교당한 후 감리회는 물론 여타 다른 개신교 교파 안에서도 종교다원주의와 포스트모더니즘 신학을 공개적으로 옹호하는 분위기가 현격하게 줄어들었다. 유동식도 한층 더 조심스런 행동을 보였고, 감리교 안에는 종교다원주의를 노골적으로 지지하는 학자들은 없었다. 그런 사상을 가진 이들이 없어진 것이 아니라 조심하기 시작했다는 표현이 정확할 것"이라고 분석했다.[41] 박용규의 연구에서도 1992년 종교재판 사건은 이후 30년 동안의 한국기독교 신학계의 아젠더 설정과 연구의 자율성에 심대한 영향을 미쳤다고 평가하고 있음을 알 수 있다.

11) 1992년 종교재판 이후 변선환 교수 관련 주요 연구와 출판물

1992년 출교 직후, 변선환 학장은 같은 해 10월 15일 감리교신학대학에서 은퇴식을 가졌다. 그로부터 1995년 별세 전까지 꾸준한 학문적 활동과 기고를 통해 자신의 사상적 노력을 기울였다. 그의 출교 이후의 집필 경향을 살펴보면, 종교다원주의에 대한 지속적인 관심 이외에 탁사 최병헌 목사, 지구윤리, 어머니, 불교적 그리스도론, 과학기술과 기독교윤리, 유교와 기독교 등의 주제에 대해 관심을 경주한 것으로 보인다.

---

40 이덕주·서영석·김홍수, 『한국 감리교회 역사』, kmc, 2017, 399-400.

41 박용규, 『한국기독교회사 Ⅲ : 1960-2010』, 한국기독교사연구소, 2018, 958.

[표-1] 출교 이후 변선환의 기고문 목록

분류	기고문(논문) 제목과 저널명
잡지	"신학적 다원주의의 여명,"「기독교사상」, 1992년 4월호. "종교다원주의와 한국적 신학,"「기독교사상」, 1993년 1월호. "탁사 최병헌 목사의 토착화 사상,"「기독교사상」, 1993년 6월호. "탁사 최병헌 목사의 토착화 사상(2),"「기독교사상」, 1993년 7월호. "만국 종교 대회와 지구 윤리,"「기독교사상」, 1993년 11월호. "[우리 어머니] 평범하고 고귀한 진리 일깨워 주신 분,"「새가정」, 1993년 12월호.
학술지	변선환, 길희성, 정병조, 김승혜. "예수, 보살, 자비의 하느님: 불교적 관점에서 본 그리스도론,"「종교 · 신학 연구」, 제6호, 1993년 12월. "민중해방을 지향하는 민중불교와 민중신학: 미륵신앙을 중심하여서,"「한국사상사학회」, 제6권, 1994. "한일 양국의 근대화와 종교,"「한국종교」, 제12호, 1995. "과학기술과 기독교윤리,"「과학사상」, 1995년 12월호. 변선환, 줄리아 칭, "유교와 기독교,"「세계의 신학」, 제29호, 1995년 12월.

1995년 별세 이후에는 변선환 학장과 관련한 책과 연구가 다수 출판, 발표되었다. 그 현황을 보면 다음과 같다.

([표-2] 출교 이후 변선환 학장 관련 연구서와 출판물)

분류	서적
추모 및 논문집	변선환학장은퇴기념논문집출판위원회 편,『종교다원주의와 한국적 신학』, 한국신학연구소, 1992. 고일아변선환학장20주기추모학술문화제준비위원회,『선생님, 그리운 변선환 선생님』, 신앙과지성사, 2015.
전집	변선환,『변선환 전집 1: 종교간 대화와 아시아 신학』, 한국신학연구소, 1997. 변선환,『변선환 전집 2: 불교와 기독교의 만남』, 한국신학연구소, 1997. 변선환,『변선환 전집 3: 한국적 신학의 모색』, 한국신학연구소, 1997. 변선환,『변선환 전집 4: 요한 웨슬리 신학과 선교』, 한국신학연구소, 1998. 변선환,『변선환 전집 5: 그리스도론과 신론』, 한국신학연구소, 1998. 변선환,『변선환 전집 6: 현대 신학과 문학』, 한국신학연구소, 1999. 변선환,『변선환 전집 7: 현대 문명과 기독교 신앙』, 한국신학연구소, 1999.
번역서	변선환 역, 줄리아 칭 저,『유교와 기독교』, 분도출판사, 1994. 변선환 역, 아베 마사오 저,『선과 현대철학』, 대원정사, 1996. 변선환 역, 아베 마사오 저,『선과 종교신학』, 대원정사, 1996. 변선환 역, 아베 마사오 저,『선과 종교철학』, 대원정사, 1996.
개인저작	변선환,『종교간 대화와 아시아신학』, 한국신학연구소, 1996. 변선환,『인생은 살만한가: 변선환 박사 설교 모음집』, 한들출판사, 2002.
변선환 연구서	변선환아키브,『변선환 종교신학』, 한국신학연구소, 1996. 변선환아키브, 동서신학연구소 편,『변선환 신학 새로보기』, 대한기독교서회, 2005. 박성용 · 신익상 · 최대광 · 박일준,『(올꾼이 선생님) 변선환: 그의 삶과 신학을 중심하여』, 신앙과지성사, 2010. 신익상,『변선환 신학 연구: 불이적 종교해방신학을 향하여』, 모시는사람들, 2012.

변선환 교수의 사후에 나름의 학문적 성과는 위 표에 열거된바 다수의 출판물이 확인된다. 다만 변선환의 신학과 사상에 대한 연구가 주를 이루며, 인간 변선환의 생애와 1992년 종교재판에

대한 역사적 검토와 접근은 상대적으로 취약하다. 향후 인물 연구로서의 변선환에 대한 조명과 사료 수집이 주요 과제로 상정될 필요가 있겠다.

아울러 변선환 교수 별세 이후 추모글과 그의 신학에 대한 주요 기고와 연구논문들도 다음과 같이 확인된다.

[표-3] 별세 이후 변선환 학장에 대한 추모글과 연구논문

분류	제목
추모 글	안병무, "아음 변선환 박사," 「기독교사상」」, 1995년 9월호. 유동식, "앞서간 변선환 목사를 그리며," 「기독교사상」, 1995년 9월호.
각종 기고	이지수, "[이 책을 말한다] 변선환의 『불교와 기독교의 만남』," 「오늘의 동양사상」, 제1호(창간호), 1998년 11월. 정희수, "변선환 선생님의 목양적 삶과 신학적 열정: 우주적 치유와 해방을 위한 종교간의 대화(1)," 「기독교사상」, 2005년 11월호. 정희수, "변선환 선생님의 목양적 삶과 신학적 열정: 우주적 치유와 해방을 위한 종교간의 대화(2)," 「기독교사상」, 2005년 12월호.
연구논문	최준규, 「변선환 토착화신학의 해석학적 고찰」, 가톨릭대 석사논문, 1993. 정동욱, 「변선환 신학사상에 대한 비판적 연구」, 장신대 석사논문, 1997. 박도현, 「변선환의 대화 신학 연구: '종교간의 대화'를 중심으로」, 서강대 석사논문, 1997. 박용남, 「변선환 종교신학의 형성과 다원적 기독론 이해」, 감신대 석사논문, 1999. 김종일, 「변선환의 종교신학에 대한 비평적 고찰」, 아세아연합신대 석사논문, 1999. 이기백, 「변선환의 종교신학에 대한 비판적 고찰」, 한신대 석사논문, 2000. 한숭홍, "변선환의 신학사상," 「장신논단」, 제19호, 2003. 전현식, "조화와 모색 1: 생태신학과 여성신학 ; 변선환의 종교 신학 안에 나타난 생태여성학적 영성 및 비전," 「한국조직신학논총」, 제13호, 2005년 9월. 심광섭, "일아 변선환 신학사상의 체계," 「한국문화신학회 논문집」, 제4호, 2006. 김훈, 「변선화 신학을 통해서 본 선교」, 호남신대 석사논문, 2006. 이한영, "토착화 신학의 흐름과 재고: 윤성범, 변선환, 이정배를 중심으로," 「신학사상」, 제12호, 2009. 전종배, 「한국적 기독론 모색: 일아 변선환을 중심으로」, 감신대 대학원 석사논문, 2009. 김진희, "제3세대의 토착화 신학에 있어서의 종교간 대화의 과제와 전망: 변선환의 종교간 대화를 중심으로," 「신학사상」, 제150호, 2010. 최태관, "변선환의 신중심적 비규범적 그리스도론 연구," 「한국조직신학논총」, 제12호, 2010. 신익상, 「실존론적 사유와 대승불교의 불이적(advaya) 사유를 통한 변선환 신학 연구」, 감신대 박사논문, 2012. 박일준, "Liberation Theology of Religion as a gesture of resistance —Rereading of Byun, Sun-Hwan's Theology in the Age of Global Market-Based Capitalism," 「한국기독교신학논총」, 제89호, 2013년 9월. 안수강, "변선환의 '타종교와 신학' 소고," 「신학과 복음」, 제2호, 2016. 김광현, "변선환 신학의 세 가지 특징과 그 의의: 그의 '신론'을 중심으로," 「신학과 학문」, 제4호, 2018.

12) 1992년 종교재판 이후 홍정수 교수 관련 주요 연구와 출판물

홍정수 교수는 1992년 당시 40대 중반의 소장학자였다. 1992년 종교재판과 출교사건은 그가 제자와 후학을 충분히 양성할 수 있는 기회를 박탈했다. 이에 그는 학문연구와 신학교육의 길을 개인적 차원에서 모색해야 했다. 1994년 도미한 그는 한인교회에서의 목회와 갈릴리신학원의 설립과 운영을 통해 꾸준한 학문적 활동과 기고를 이어갔다.

[표-4] 출교 이후 홍정수 교수의 기고문 목록

분류	기고문(논문) 제목 및 저널명
「세계의 신학」	"감리교 신학의 바른 이해", 제14호, 1992년 3월. "포스트 통일 신학: 6.25와 오순절을 기억하며", 제15호, 1992년 6월. "근본주의 복음주의 신학은 무엇을 '수호'하는가", 제16호, 1992년 9월. "'부활'은 무엇에 답하는가", 제18호, 1993년 3월. "문자주의란 문자적으로 무엇을 뜻하는가", 제19호, 1993년 6월. "'영적 해석'이란 이름의 폭력?", 제20호, 1993년 9월. "'복' 받아도 좋을까요", 제21호, 1993년 12월. "한글 '사도신경'(1)", 제22호, 1994년 3월. "한글 '사도신경' 제2강좌", 제23호, 1994년 6월. "한글 '사도신경'", 제24호, 1994년 9월. "처음 교회의 신앙 이야기", 제27호, 1995년 6월. "하느님 나라의 계절 설교(2)", 제28호, 1995년 9월. "하느님 나라의 계절 설교(2)", 제29호, 1995년 12월. "예수 찾기 제3운동 속의 '부활'", 제30호, 1996년 3월. "하느님의 위로와 신앙의 힘", 제30호, 1996년 3월. "인생의 고난과 신앙의 길", 제31호, 1996년 6월. "예수와 우리 시대의 신학과 목회", 제31호, 1996년 6월. "영성을 위한 작은 모임 대회 보고", 제32호, 1996년 9월. "2중예정론의 허와 실", 제32호, 1996년 9월. "안병무 선생님을 추모하면서", 제33호, 1996년 12월. "소그룹을 통한 교회 활성화 방안(1)", 제34호, 1997년 2월. "하느님이 계시냐고요", 제34호, 1997년 2월. "부활 신앙의 비밀(1)", 제35호, 1997년 5월. "부활 신앙의 비밀(2)", 제36호, 1997년 8월. "98년 목회 구상: 삶의 탄력, 존엄성, 공신력", 제37호, 1997년 11월. "기도하게 하소서",, 제38호, 1998년 3월. "너희가 청하는 게 무엇인지나 아느냐?", 제39호, 1998년 6월. "왜 선을 행하려 애쓰는가", 제40호, 1998년 12월. "옥에 갇힌 자의 감사",, 제41호, 1998년 12월. "다음 세기 기독교 신학의 한 실천적 과제: '하나님'의 무게와 예수", 제43호, 1999년 6월. "'온 믿음'의 시대를 연다: 다시 생각해 보는 나의 유민 목회 5년", 제44호, 1999년 9월.
기타 저널	홍정수, "다종교 상황에서의 예수의 유일성," 「종교신학연구」, 제5호, 1992. 윤영해, 길희성, 김승혜, 김탁, 정양모, 홍정수, 차옥숭, 심종혁, "「한국 신종교에서 보는 그리스도교」에 대하여," 「종교신학연구」, 제6호, 1993. 홍정수 "포스트모던 신학과 한국 기독교," 「기독교사상」, 1994년 7월호.

그의 출교 이후 기고와 집필활동을 살펴보면 종교재판 직후에는 자신의 신학적 입장을 변증하고 학문적 관심을 심화하는 경향을 보였으며, 도미 이후 목회 활동을 병행하는 과정에서 목회적 성격의 글들도 다수 작성하고 있음을 알 수 있다. 1992년 이후 홍정수 교수가 추가로 저술한 서적의 출판 현황을 보면 다음과 같다.

[표-5] 출교 이후 홍정수 교수의 저술 목록

분류	제목
신학 저술	홍정수, 『포스트모던 예수: 감리교회 종교재판의 진상』, 조명문화사, 1992. 홍정수, 『읽을거리: 포스트모던 신학』, 조명문화사, 1993. 홍정수, 『다원종교 시대와 예수』, 조명문화사, 1994. 홍정수, 『베짜는 하느님: 풀어쓴 기독교 신학』, 한국기독교연구소, 2002. 홍정수, 『개벽과 부활』, 한국기독교연구소, 2013.
설 교 집	홍정수, 『사도신경 살아내기』, 한국기독교연구소, 2009.

홍정수의 경우, 변선환 교수가 1995년에 별세한 것과 달리 현재까지 생존해 있으며, 국내에서의 활동이나 추가적인 학술적 연구성과가 제한적이기에 홍정수 개인에 대한 기념논문집을 비롯한 그의 신학사상을 정리한 홍정수에 대한 관련 학계에서의 후속 연구작업은 크게 눈에 띄지 않는다. 다만 종교재판 직후 자신의 종교재판에 대한 변증서인 『포스트모던 예수』(1992)와 『읽을거리: 포스트모던 신학』(1993), 『다원종교 시대와 예수』(1994)를 간행한 바 있으며, 종교재판 10년을 맞아 1992년 당시 논란이 되었던 저작 『베짜는 하나님』(1991)[42]의 개정판 『베짜는 하느님』(2002)을 재출간했다.[43] 그로부터 10여 년 후에 자신의 부활신학을 새롭게 정리한 『개벽과 부활』(2013)도 간행했다. 아울러 2009년에는 그동안 목회를 하며 집필한 설교문들을 모아 『사도신경 살아내기』라는 제목의 설교집을 간행하기도 했다. 이 모든 저술활동은 1992년 종교재판에 대한 응답 차원의 성격이 적지 않아 보인다.

홍정수 교수는 저술 활동보다는 각종 세미나와 강연회에서 국내의 목회자, 신자들과 소통하고 있으며, 2004년부터는 한국기독교연구소에서 주관하는 <예수목회세미나>를 매년 개최해서 강연자로 참여하고 있다. 지난 2023년 2월 13-15일까지 제17회 예수목회세미나가 마리스타교육수사회 교육관에서 "대전환시대 함께 여는 예수목회"라는 주제로 개최된 바 있다.[44]

42 홍정수, 『(이단자를 위한 한국신학) 베짜는 하나님』, 조명문화사, 1991.

43 홍정수, 『베짜는 하느님 : 풀어쓴 기독교 신학』, 한국기독교연구소, 2002.

44 "예수목회세미나 '대전환시대 함께 여는 예수목회' 주제로 열려: 발제와 토론 방식으로 심도 있게 한국교회의 미래적 대안 논의", 「당당뉴스」, 2023년 2월 18일. http://www.dangdangnews.com/news/articleView.html?idxno=38998

4. 본 사건의 '명명'(命名)에 대해

1992년 기독교대한감리회에서 일어난 종교재판사건은 아직 역사학계에서 구체적인 명명 작업이 이루어지지 못했다. 따라서 "1992년 변·홍 교수사건", "1992년 감리교 교리사건", "1992년 감리교 종교재판" 등 다양한 용어로 불리고 있다.

"1992년 변·홍 교수사건"은 이 사건이 단순히 변선환과 홍정수라는 두 신학자의 신학적, 학문적 일탈 사건으로 보는 측면이 강하며, "1992년 교리사건"은 원고(原告) 측의 관점이 강하게 반영된 측면이 있어 보인다. 아마도 "정통교리를 수호"하고자 했던 자신들의 활동과 정체성을 부각시키고자 한 의도가 엿보이는 명칭이다. "1992년 감리교 종교재판"은 특정 인물이나 관점에 국한되지 않고 비교적 중립적, 객관적인 입장에서 널리 쓰이는 표현이다. 따라서 본 자료집에서는 『1992년 기독교대한감리회 종교재판 사료집』이라는 제목을 사용하기로 한다. 본 사건이 일어난 시기인 "1992년"을 맨 앞에 두고, 사건의 무대이자 공간이 된 "기독교대한감리회"를, 사건의 성격을 명확히 규정하는 "종교재판"이라는 명칭을 조합해 "1992년 기독교대한감리회 종교재판"으로 부르도록 하겠다.

5. 한국감리교회사 진보·보수 갈등의 정점
: 「교리」를 둘러싼 역사의 퇴행인가, 본질의 회복인가?

본 연구팀은 1992년 종교재판을 일회적 사건으로만이 아니라 감리교회의 역사와 정체성 형성 과정 속에서 겪은 유기적이고 복합적인 통사적(通史的) 관점으로 바라보며 사료에 접근하고 검토하고자 했다.

한국감리교회는 1930년 기독교조선감리회의 출범 단계에서부터 개방적이고 관용적인 신학 전통을 수립하고, 「교리적 선언」과 「사회신경」에 이러한 정체성과 신앙 전통을 담아냈다.[45]

그러나 이러한 초기의 감리회 전통에 대한 감리교회 내 보수적 이견 또한 존재했으며, 특히 1930년대 중반을 거치면서 감리회의 신학 전통에 대한 장로교회의 부정적 입장은 노골화(여권논쟁, 모세의 창세기저작 부인논쟁[1934][46], 아빙돈단권성경주석사건[1935]) 되었다. 문제는

45 1930년 출범한 '기독교조선감리회'의 캐치프레이즈는 "진정한 기독교회, 진정한 감리교회, 진정한 조선적교회"였다. 이는 한국감리교회가 지향해야 할 목표이자 방향이었으며, 「교리적 선언」의 근본 토대였다. 이덕주는 초기 한국감리교회의 정체성을 '사회구원의 복음', '진보적 에큐메니즘', '토착화신학과 교회'라고 보았다. 이덕주, "한국 감리교회 신앙과 신학 원리에 대하여", 「신학과 세계」, 제44집, 2002년 6월, 111.

46 1934년 조선예수교장로회 총회에서 논란이 된 여권논쟁의 당사자인 김춘배 목사와 남대문교회 김영주 목사는 두 사람

이러한 장로교회의 감리교회에 대한 몰이해와 비판적 관점이 적잖은 기간 동안 감리회 내 일부 보수적 목회자와 신학자들에게도 수용, 내재화되었고, 감리교회 신앙 전통에 대한 오해와 몰이해로 인해 감리회 신앙 전통에 대한 의심과 부정으로까지 나아가게 된 것으로 보인다.

이러한 감리회 내의 「교리적 선언」에 대한 비판적(혹은 부정적) 입장은 1930년 12월 기독교조선감리회 총회 둘째 날인 12월 3일부터 다음 날까지 격렬한 토론이 전개되었던 사실[47]에서부터 기인했다. 이러한 내홍을 관통해 선포된 한국 감리교회의 「교리적 선언」은 이후 한국 감리교회의 진보적이고 실천적인 선교의 신앙적 근간이자 명분을 제공해 주었다. 아울러 미국감리교회에서도 반향을 일으켜, 미국교회 예식서나 찬송가 뒤에도 부록으로 실려 예배에서 사용되었으며, 뉴욕시 인근의 뉴로셸감리교회에서는 예배당의 스테인드글라스에 한국감리교의 「교리적 선언」을 창 하나에 한 조항씩 새겨 넣어 영구토록 기념[48]하고자 했다.

그러나 「교리적 선언」에 대한 부정적 견해와 시비는 1950년대 감리회 내에서도 존재했다. 1954년 제5회 중부·동부연합연회에서 「교리적 선언」에 대한 시비가 청취되자, 유형기 감독은 "감독의 보고와 제의"에서 다음과 같이 「교리적 선언」의 가치를 변증했다.

> 미국 모교회들의 합동은 1939년 곧 우리보다 9년이 늦게 실현되었습니다. 그리고 우리보다 22년을 뒤져 지난 1952년 총회에서 비로소 "우리 감리교인들은 무엇을 믿는가"라는 감리교회의 신조를 감독회의 "메시지" 중에 발표했습니다.
>
> "선지자가 제 고향과 집 밖에서는 존경을 받지 아님이 없느니라" 하신 주님의 말씀대로 우리 대한감리회의 <교리적선언>을 미국 모교회에서는 <한국교회의신경>이라 하여 <사도신경>, <니케아신경>과 함께 『예배서』에 편입시켰으며, 그것을 읽는 교회도 많습니다.
>
> 그런데 우리나라에서는 그 교리가 선언되는 때부터 일부 신도들 특히 타교파의 사람들이 이것을 "인본주의적"이니 "현세적"이니 하며 비난하여 왔습니다.
>
> 그러나 1952년에 선언한 (미국) 모교회의 교리신경도 우리 것과 흡사한데, 여러분이 놀라실 것입니다. 그 전문을 소개할 수는 없으나 그 대지(大旨)는 다음 열두 조목입니다.

모두 장로교 목사이나, 일본의 남감리교 계통 미션스쿨인 관서학원 신학부에서 신학 과정을 이수한 학력을 가지고 있었다. 1935년 촉발된 아빙돈단권성경주석 사건도 감리교의 유형기 목사가 장로교의 김재준, 채필근, 한경직 등을 공동 역자로 위촉하여 장로교 내에서 신학적 시비가 된 것이다. 이러한 일련의 과정을 거치면서 장로교 내에서는 감리교 신학에 대한 비판적 기조가 지배적으로 형성되었다.

47 신홍식 목사는 「교리적 선언」에 "(그리스도의) 성신(聖神)의 잉태와 십자가의 유혈속죄(流血贖罪)와 부활 승천(昇天)과 최후심판이라"는 내용으로 1조를 더 첨가하자 제안하고, 이후 다음날까지 찬반 토론이 격렬히 진행되었다. 墨峯, "기독교조선감리회 창립총회 참관기", 「종교교육」, 2권 4호, 1931년 1월, 37.

48 홍현설, "기독교대한감리회의 교리적 선언과 한국교회", 「기독교사상」, 1981년 1월, 20.

1. 우리는 하나님을 믿는다. / 2. 우리는 예수 그리스도를 믿는다. / 3. 우리는 성신을 믿는다. / 4. 우리는 성경을 믿는다. / 5. 우리는 사람을 믿는다. / 6. 우리는 죄에서 구원함을 믿는다. / 7. 우리는 그리스도인의 경험을 믿는다. / 8. 우리는 그리스도인의 완성을 믿는다. / 9. 우리는 교회를 믿는다. / 10. 우리는 하나님의 나라를 믿는다. / 11. 우리는 하나님의 심판을 믿는다. / 12. 우리는 영생을 믿는다.

위의 제10은 우리 교회의 제7 곧 "우리는 하나님의 뜻이 실현된 인류사회가 천국임을 믿으며"에 해당한 것입니다. 우리 교리 여덟 가지 가운데 이 조문이 제일 비평을 많이 받는 듯합니다. 우리 제7과 비교해 보시기 위해 미국 감리교회의 제10을 초역합니다.

"10. 우리는 천국을 믿는다. 이것은 인간 사회의 모든 부문을 하나님께서 다스리시는 것이니, 모든 개인, 국가, 단체가 신적 가치 표준에 준하는 것이다. 기독적 완성이 개인 생활의 목적인 것 같이 인간사회의 목적은 천국인 것이다. 이 천국의 창조는 하나님과 사람의 협력을 요한다. 구원 얻은 사회의 구감(構瞰)은 하나님의 생각(thought)이다. 천국의 성취는 하나님의 신이 인간의 마음속에 넣어 주신 정신적 협력으로 될 것이다. 그 최후의 완성은 새로운 신적 질서를 창조하여 그 뜻이 하늘에서 이룬 것같이 땅에서도 이루어지기 위한 하나님과 인간의 밀접한 공동노력으로 서서히 실현될 것이다."

우리 <교리적선언>을 예배당마다 한 달에 한 번 이상 읽자고 제2차 총회에서 결의했습니다.[49]

이후로도 「교리적 선언」에 대한 우호적, 긍정적 입장들은 감리회의 여러 공식 문헌에서 확인되고 있다.[50] 그러나 1982년 즈음부터는 「교리적 선언」에 대한 재검토 논의가 다시 불거지기 시작했다.[51] 1986년부터는 「교리적 선언」을 비롯한 감리회 교리교육에 대한 강화 정책이 모색되었다.[52] 1988년 제18회 총회에서는 "각종 이단 종파에 대한 규제 조치 건의안"이 올라오기에 이르는데, 이때에 김기동의 베뢰아 귀신론, 통일교 등 사이비 종파들에 대한 언급과 더불어 신학교의 신학교육이 함께 도마에 오르고 있다.

"특히 이를 묵과하는 신학교, 이는 감리교 신학교육의 부재와 소산인 것으로 막대한 선교에 지장을

49 "감독의 보고와 제의", 『기독교대한감리회 제5회 중부·동부연합연회 회록』, 1954, 118-119.

50 "기독교대한감리회 선교에 대한 우리의 천명서", 『기독교대한감리회 제13회 총회록』, 별지, 1978.

51 『기독교대한감리회 제15회 총회록』, 1982, 90.

52 "교리적 선언 교육 강화", 『기독교대한감리회 제17회 총회록』, 1986, 123. ; "여름성경학교 교재를 교리적 선언과 감리교 교리를 주제로", 『기독교대한감리회 제18회 총회록』, 1988, 195.

주고 있는 실정입니다. 감독회장님! 우리 교단의 앞날이 심히 염려됩니다. 우리교단의 바른 신학, 교리 정립이 되어야 되겠습니다. 우선 각 신학교마다 철저 조사하고, 차제에 이단사이비 종교 종파에 대한 교단적인 차원의 대책을 강구해 줄 것을 건의합니다."[53]

위 건의안의 내용에서 1988년 즈음부터 당시 신학대학의 신학교육과 그 내용에 대한 경계와 시비가 시작되고 있었음을 알 수 있다. 1990년에는 "교리적 선언 연구위원회"가 조직(위원장 김우영, 서기 김익수) 되어 연구에 착수했다. 그 결과로 「교리적 선언」 제5항 "하나님의 말씀이 신앙과 실행의 충분한 표준이 됨"이라는 대목에서 "'충분한'이라는 단어가 석연치 않다"는 의견이 제출되었다. 이는 성서의 무오류나 축자영감설에 보다 무게중심을 싣는 근본주의 신학에 입각한 수정주의적 인식이었다.[54] 이때까지 근본주의 신학은 한국 장로교의 주류신학으로 받아들여지고 있었다. 따라서 "교리적 선언 연구위원회"의 보고서는 감리교회가 한국장로교회의 근본주의적 분위기에 적극적으로 편승한 결과였다. 이와 더불어 1990년 19회 총회에서는 "『교리와 장정』에 나오는 서문의 역사 편과 교리적 선언 및 사회신경을 오늘의 현실에 맞는 것으로 새로 제정하는 모임을 몇 차례 개최하여, 금년 총회에 상정되도록 연구 검토 작업을 하였"다는 선교국의 보고도 있었다.[55]

결국 이러한 분위기 속에서 1992년 김홍도 목사를 필두로 "기독교교리수호대책위원회가"가 "교리의 수호"를 전면에 내걸고 감리교회의 종교재판을 촉발시켰으며, 이들의 영향력 하에 기독교대한감리회 본부(곽전태 감독회장)와 서울연회(나원용 감독)가 제휴하여 초유의 종교재판 사건이 전개될 수 있었다. 이러한 맥락에서 살펴보았을 때, 1992년 종교재판은 단순히 감리교신학대학교의 두 교수를 출교시키는 것에만 초점이 맞춰진 사건이 아니었다.

1992년 종교재판 직후 기감웨슬리복음주의협회에서 개최한 제12회 신학강좌에서 연사로 나선 김문희 목사(대신교회)는 "웨슬리 전통이 자유주의 신학으로 변질되어 그것이 마치 감리교 신학인 것처럼 대변되는 것은 큰 오류"라며, "비웨슬리적인 내용으로 가득찬 감리교 교리를 개정, 복음주의로 되돌아 갈 것"을 주장했다.[56] 이들 '기감웨슬리복음주의협회' 멤버들은 그해 10월에 "21세기를 향한 기독교대한감리회의 명백한 교리적 표명을 건의함"이라는 제목의 건의안을 총회에 제출했다.[57] 그리고 1993년 기독교대한감리회 특별총회에서 보수적인 관점이 적극

53 당시 건의안을 올린 건의자는 강병진, 박원찬, 박진원, 이내강, 배선극, 김영웅 6명이었다. "<건의안 제12호 : 각종 이단 종파에 대한 규제조치 건의안", 『기독교대한감리회 제18회 총회록』, 1988, 338.

54 "제1분과 헌법과 본 교회와 관계되는 문제 연구위원 보고", 『기독교대한감리회 제19회 총회록』, 1990, 513.

55 "국내선교부 사업보고", 『기독교대한감리회 제19회 총회록』, 1990, 296.

56 "복음주의식 교리개정 움직임: 기감웨슬리복음주의협 제12회 신학강좌", 「복음신문」, 1992년 9월 6일.

57 "건의안 제10호 — 21세기를 향한 기독교대한감리회의 명백한 교리적 표명을 건의함(1992. 10. 28.)", 『기독교대한감리회

반영된 「교리적 선언」의 개정안이 상정되었다.

> "교리적 선언과 사회신경은 지금까지 감리교의 신앙노선을 표명한 것이서 이것의 개정을 놓고 파란이 예상된다. 교리적 선언 개정 초안은 총 6항으로 기존 교리적 선언 제1항 하나님을 한 하나님으로 바꾸었으며, 제2항 예수 그리스도에 대해서는 기존의 스승과 모범의 어구를 빼고 부활을 강조했다. 또한 개정 초안은 기존의 성신을 성령으로 변침했으며, 성서, 교회, 하나님 나라와 영생을 강조했다. 특히 개정 초안은 기존의 교리적 선언 제8항 중 '의의 최후 승리'를 삭제했으며, 제7항 중 '하나님의 뜻이 실현된 인류사회가 천국임을 믿으며'를 '하나님 나라의 도래'로 개정함으로써 상당히 보수적인 측면을 띠었다. 이번 초안은 목원대 박봉배 학장이 작성한 것으로 알려졌다.[58]

이러한 「교리적 선언」의 개정작업은 1992년 종교재판의 최종적 목적지이며, 하나의 패키지로서 연동된 측면이 있다. 1997년 제22회 기독교대한감리회 입법총회는 그동안 논의된 보수적 입장이 충실하게 반영된 「감리회 신앙고백」을 공식적으로 채택, 가결하였다.[59] 이때 감독회장은 김홍도 목사였으며, 그는 1992년 종교재판 당시 '기독교교리수호대책위원회' 공동회장이었다.

이를 통해 1992년의 종교재판은 1997년에 그 대단원의 막을 내렸다고 역사적으로 평가할 수 있을 것이다. 이러한 공식적이고 입법적인 결론은 한국 감리교회가 신학적으로는 보다 경직되고 교회의 교권과 선교 현장의 보수화를 촉진하는 결과를 낳았다.[60]

감리교신학대학교에서는 더 이상 토착화신학이나 종교신학 등 새로운 신학적 담론이 논구되거나 토론되는 것이 쉽지 않아졌으며, 1907년 평양대부흥 100주년을 맞아 그동안의 감신 신학교육을 반성하고 복음으로 회귀하자는 운동이 전개되기도 했다.[61]

> 영성회복을 강조한 김외식 총장의 일성은 수십 년간 이어온 감신대의 자유주의적 학풍을 성경중심의 복음주의로 바꾸는 신호탄이었다. 2007년 1월 첫 주 수요일 아침, 감신대 교수들의 기도모임이 시작됐고, 지금도 10명 이상의 교수들이 동참하고 있다.[62]

第20회 총회록』, 1992.

58 "감리교 교리선언 보수회귀? : 오는 10월 25일 특별총회에서 최종 결정", 「복음신문」, 1993년 8월 15일; "교단 특별총회, 「새 교리적 선언」 제정심의 예정: 자유주의적 신학사조 수정한 복음주의적 교리 강좌" 「감신대학보」, 1993년 10월 14일.

59 『기독교대한감리회 제22회 입법총회 회록』, 1997년 10월 27일.

60 앞서 소개한 1992년 이후 간행된 다수의 한국교회사 통사서와 연구서에서 1992년 종교재판의 교회사적 영향과 역사적 평가에서 이러한 언급은 일반적으로 드러난다.

61 "신학을 '성경중심'으로 재정향하자: 성경을 통한 재정향 대회 진행", 「목회와 신학」, 2008년 5월 29일.

62 "감신대 대변화 : 자유·진보 전당에서 복음주의로 회귀중", 「국민일보」, 2008년 6월 13일.

6. 사료집 간행의 취지와 의미

지난 2022년은 "1992년 기독교대한감리회 종교재판"의 30년을 맞는 역사적인 시기였다. 한 세대가 지나는 동안 한국의 신학계는 경직되어 급변하는 시대의 다양한 이슈와 아젠다에 충분히 응답하거나 신학적 대응을 하지 못한 측면이 있다. 이는 지난 1992년의 교권세력에 의한 신학교에 대한 철퇴와 폭력이 낳은 역사적 퇴행이자 비극이 아닐수 없다. 이제 한 세대가 지난 시점이지만, 1992년 종교재판에 대한 객관적이고 냉정한 역사적, 학문적 평가를 시도하기 위해서라도, 사건과 관련한 체계적인 사료수집과 연구환경을 조성하는 것이 필요한 시점이다.

이에 <변선환아키브>에서는 2022년 <역사와종교아카데미>에 종교재판 자료의 수집과 사료집 간행에 대한 일체의 작업을 요청하였으며, <역사와종교아카데미>에서는 "1992년 기독교대한감리회 종교재판 사료집 편찬"을 위한 기초자료연구팀을 구성했다. 연구팀은 1992년 종교재판 당시 관련된 원로목회자들과 현직 목회자, 신학자 등을 접촉하여 종교재판 관련 문서와 자료들의 기증을 요청했다. 이에 한국기독교연구소와 변선환아키브에서 소장하고 있는 종교재판 관련 자료들에 더하여 강종식, 김영명, 윤병상, 윤형순, 조이제, 한인철 목사가 소장하고 있던 개인자료들이 <역사와종교아카데미> 연구소에 답지하였다. 아울러 종교재판과 관련된 생존 관련자 중에서 홍정수 교수, 이면주, 정영구 목사, 곽노흥 장로 네 명에 대한 인터뷰를 2022년 11월부터 2023년 2월까지 진행했다.

연구팀은 감리회의 주요 정기간행물(「기독교세계」, 「감리회 총회록」, 「감리회 연회록」, 「감리회 지방회록」, 「장로연감」, 교계 신문과 잡지들)에서 종교재판 관련 보도와 주요 기록들을 리서치하였으며, 종교재판 당시의 주요 자료들을 문서, 서적, 사진, 영상, 음원, 유품 등의 자료들을 중심으로 광범위한 조사에 착수했다. 아울러 기증된 문서철과 파일들을 엑셀 파일로 분류하여 약 1,300여 건의 문서목록으로 정리하여 데이터 베이스화를 완료했다.[63]

본 사료 수집과 리서치 과정을 통해 확인된 몇 가지 차별성과 특징은 다음과 같다.

첫째, 본 사료 수집을 통해 기독교대한감리회의 교리와 신앙 정체성의 특징을 통시적, 거시적 관점에서 재조명하고자 했다. 그리고 이러한 관점을 통해 1992년 종교재판 사건이 단순한 일회적 해프닝이나 이벤트가 아니라 한국 감리교회의 유구한 역사와 신앙 전통 속에서 복잡다단하게 전개된 갈등과 분쟁의 요소가 1992년에 폭발한 것임을 확인할 수 있었다. 또한 이후로도 1992년의 후속적인 역사적 노정이 전개되었음을 확인할 수 있다.

둘째, 종교재판의 촉발 시점부터 관여했던 다양한 인물들의 면면을 조사하여 그들의 인적

---

63 수증 자료들은 각 기증자별 파일을 별도로 목록화하고, 자료의 유형에 따라 파일 번호를 설정했으며, 전체 파일을 종합적으로 검색할 수 있도록 엑셀에 입력하는 과정을 거쳤다.

사항을 정리했다. 이들의 출신과 경력, 신앙 배경 등을 구체적으로 살펴봄으로써, 종교재판을 기획하고 수행한 이들에 대한 보다 구체적인 역사적 분석과 평가가 가능할 수 있게 되었다.

셋째, 종교재판과 관련해 방만하게 흩어져 있던 자료들을 한곳에 모아 자료의 성격별로 재배열, 데이터베이스화했다. 이러한 아카이빙(archiving) 작업을 통해 향후 본 주제와 관련된 연구의 접근성과 효율성, 수월성 등을 담보하고 후학들이 다양한 방식과 관점으로 본 주제에 대해 역사적, 신학적으로 탐구할 수 있는 토대를 구축했다.

넷째, 종교재판과 관련한 당사자나 관련자들을 직접 찾아 인터뷰를 수행했으며, 귀중한 녹취파일을 확보했다. 문서 자료뿐 아니라 증언과 구술자료의 확보를 통해 향후 연구에 있어 미시사적 접근도 시도할 수 있게 되었다.

다섯째, 본 사료집 제작을 통해 종교재판에 대한 다양한 관점과 입장들에 접근할 수 있고 종교재판 주역들의 동기와 목적에 대해 보다 구체적으로 파악할 수 있는 근거들이 마련됐다.

7. 사료집의 목차와 구성

본 사료집은 총 3권의 분량으로 편집되었으며, 그 목차와 구성은 다음과 같다.

제1권 목차

분류	내용
1. 1992년 종교재판 판결문	본 사건의 피고인 변선환과 홍정수의 최종 판결문
2. 종교재판의 전개 과정과 일지	그동안 수집된 자료들을 토대로 1992년 종교재판의 전개과정을 일지의 형식으로 정리. 종교재판 사건의 흐름을 한눈에 파악할 수 있다.
3. 감리회 교리 관련 문서들	감리회의 교리 형성과 신앙 정체성을 살펴볼 수 있도록 선교 초기부터의 교리관련 문헌들을 선별해 정리했다.
4. 1992년 종교재판 이전 주요 논쟁들	1970년대부터 촉발되어 1990년대 초반까지 전개되었던 종교다원주의와 포스트모던신학 관련 지상논쟁 글들을 시간대별로 정리해 수록했다.
5. 1992년 종교재판 관련 주요 인물들	종교재판에 관련된 인물들의 약력과 인적사항을 정리했다. 출교판정을 받은 변선환과 홍정수 외에 서울연회 재판위원 15명, 교리수호대책위원회 관련자 13명, 최초의 문제제기를 송파지방의 4인, 변-홍 교수의 신학에 논쟁을 주도한 이동주 교수, 변-홍 교수의 신학을 비판한 감독 7인이 수록되었다.
6. 1992년 종교재판 관련 주요 사건 및 공판 심사 자료	종교재판 과정에서 제출되거나 생산된 공판 관련 문서들

제1권은 1992년 종교재판이 전개되는 과정을 전체적으로 조망할 수 있도록 판결문과 일지, 한국 감리교회의 교리사, 재판 이전의 논쟁들, 재판관련자들, 공판자료 등을 정리하였다.

제2권 목차

분류	내용
1992년 종교재판 관련 언론 보도 및 성명서 모음 (1990-1993)	종교재판의 전개 과정 속에서 관련된 내용으로 발표된 주요 언론보도와 찬성과 반대 양측의 주요 관련 단체들의 성명서들을 시간 순서 대로 정리 배열하였다.

제2권은 1992년 종교재판이 전개되는 과정에서 논란이 야기된 1990년경부터 사건이 외형상 종료되는 1993년까지의 언론 보도들을 시간순으로 정리했다. 다만 수집된 모든 언론보도를 모두 수록할 경우 사료집의 분량이 크게 비대해질 수밖에 없어 연구팀의 검토를 거쳐 주로 사건 당사자나 관련자들의 입장이나 주장이 반영된 보도를 중심으로 선별해 배열했다. 언론보도의 배열과 더불어 찬반 양측의 주요 단체들이 사건의 전개 과정 속에서 대응하며 발표한 주요 성명서들도 함께 배치했다.

본 자료를 통해 종교재판이 전개되는 과정 속에서 교계와 일반 언론에서 이 사건을 어떻게 주목하고 평가했으며, 주요 관련자들은 언론을 통해 어떠한 입장들을 개진하고 이후 사건의 양상이 어떻게 전개되어 갔는지 시간순으로 파악할 수 있게 편집했다.

제3권 목차

분류	내용
"감리교를 염려하는 모임" 등 각 단체 주요 대응	1992년 종교재판이 전개되는 과정 속에서 조직된 "감리교를 염려하는 모임"을 비롯한 주요 단체들의 성격을 파악할 수 있도록 종교재판에 대한 각 단체가 생산한 문서와 관련 자료들을 정리했다.
2. 변선환 학장	종교재판 당시와 그 이후의 변선환 학장 관련된 문서와 자료들. 종교재판이 변선환 학장에게 미친 영향과 후속 조치 등에 대해 파악할 수 있는 자료들이다.
3. 홍정수 교수	종교재판 당시와 그 이후의 홍성수 교수 관련한 문서와 자료들. 종교재판이 홍정수 교수에게 미친 영향과 후속 조치 등에 대해 파악할 수 있는 자료들이다.
4. 새로운 감리회 신앙고백의 채택	1992년 종교재판 전후 기독교대한감리회 내에서의 교리 문제에 대한 정책적 대응과 흐름을 엿 볼 수 있는 자료들이다. 「교리적 선언」을 비롯한 「사회신경」과 『교리와 장정』에 대한 개정작업

	과정을 알수 있으며, 1997년 감리회 신앙고백의 채택까지 흐름을 파악할 수 있다.
5. 사료 목록	1992년 종교재판 관련 수집 사료들의 데이터 리스트

제3권에서는 1992년 종교재판의 과정 중에 조직되거나 발생한 주요 단체들("감리교를 염려하는 모임" 등)의 대응 차원에서 생산된 문서들과 자료들을 정리 소개했다. 본 자료들을 통해 당시 종교재판을 둘러싼 찬반 양측의 주요 입장과 조직의 성격 등을 파악하는 데 도움이 될 것이다. 아울러 종교재판 과정과 출교 이후에 변선환과 홍정수 두 개인과 관련한 주요 후속 조치와 활동 관련 문서들을 개별적으로 정리해 배치했다. 이는 종교재판 노정 속에서의 개인 변선환과 개인 홍정수의 입장과 이후 행보를 파악하는 데 도움이 되는 정보들이다.

끝으로 1992년 종교재판 이후 가속화된 「교리적 선언」의 개정작업과 그 과정을 엿볼 수 있는 자료들을 정리했다. 1992년 이후 신학적 시비의 대상이 되었던 「교리적 선언」이 보수화 관점이 반영된 「감리회 신앙고백」(1997)으로 채택되는 과정을 살펴볼 수 있다.

이외에 사료집에는 수록하지 못했지만 그동안 자료수집 작업과 동시에 병행한 주요 인사들의 인터뷰 녹취파일을 보유하고 있으며, 언젠가는 녹취파일을 정리한 추가 사료집 발간도 구상해 볼 수 있을 것으로 기대된다.

[표-6] 1992년 종교재판 관련 녹음파일과 인터뷰 목록

녹음 일시	내용
1992년 2월 24일	변선환 재판 녹음자료 / 홍정수 재판 녹음자료
1992년 4월 29일	판결문(변선환) / 판결문(홍정수)
1992년 10월 22일	제3차 공동설명회 대학원 보고서: 통일교 관련설에 대해서 (양창식에 대한 방석종, 이기춘 증언)
1992년 10월 25일	홍정수 교수 징계 철회에 대한 비대위와 총학생회의 입장
2022년 11월 23일	이면주 목사 인터뷰
2022년 12월 1일	정영구 목사 인터뷰
2023년 2월 12일	홍정수 교수 인터뷰
2023년 2월 20일	곽노흥 장로 인터뷰

8. 닫는 글

4세기 교부 락탄티우스(Lactantius)는 다음과 같이 말했다.

> 종교 안에서만은 자유는 참다운 진리를 갖는다. 우리는 그리스도교를 지키지 않으면 안 된다. 타인을 죽임으로써가 아닌, 우리 자신이 죽음으로써. 만약 당신들이 피와 고문과 못된 짓으로 그리스도교를 지키고 있다고 생각한다면 그것은 이미 그리스도교를 지키는 것이 아니라 그것을 더럽히고 해치는 것이다.[64]

한국 감리교회는 "진정한 기독교회, 진정한 감리교회, 진정한 조선적교회"라는 모토 아래, 기독교의 균형감 있고 건강한 신앙 정체성의 기반 위에 사회적 실천을 통한 성화와 한국과 아시의 선교 현장에서의 토착화를 통한 유연하고 개방적인 선교신학을 창출해온 전통이 있다. 그러나 분단과 냉전, 교회의 성장과 교권의 논리에 함몰되어 이전의 생동감과 다양성, 유연성과 개방성의 에큐메니컬 정신은 점점 침체되어 온 것 또한 사실이다. 이러한 한국감리교회의 전통과 정체성이 훼손되고 비극적 결말을 맞이한 정점의 사건에 1992년 종교재판이 있다.

우리는 오늘 교회의 위기를 맞고 있다. 두 신학자를 종교재판이라는 중세적 도구를 활용해 공개적으로 제거했으나, 한국교회의 사회적 신뢰는 더욱 꾸준히 추락하고 있다. 감리교회의 신자 수는 급감하고 있으며, 신학교는 더 이상 변화하는 시대 앞에 충실한 응답과 대안을 제시하지 못하고 있다. 이러한 위기를 극복하기 위해서는 우선 어디서부터 잘못된 것인지를 복기하고 굴절되고 왜곡된 길을 바로잡는 일부터 시작해야 한다.

우리가 1992년 종교재판 30년을 맞아 그동안 흩어져 있던 자료들을 모아 과거의 비극적 역사를 다시 꺼내 보는 이유가 바로 여기에 있다. 어디서부터 잘못된 것인지 이제는 냉정하고 엄정한 시선으로 역사의 평가를 모색해 보아야 할 때이다. 그러한 열린 마음과 겸손히 배우고 성찰하려는 태도야말로 늘 생동감 있게 변화하는 시대에 대응하는 에큐메니컬 정신을 강조한 존 웨슬리의 유산을 계승하는 길이 될 것이다.

> "나는 이른바 감리교인라는 사람들이 사라지는 것을 염려하지 않는다. 오히려 그들이 아무런 능력이 없는 종교의 형식 곧 죽은 분파로 존재하지 않을까 염려한다.

---

64 모리시바 쓰네오, 『마녀사냥: 중세 유럽을 강타한 인류 사회의 치욕의 문화사』, 현민시스템, 2000, 24; 森島恒雄(1970), 魔女狩り, 東京: 岩波書店.

그들이 처음에 가졌던 정신과 훈련을 지키지 않는다면 감리교는 틀림없이 죽은 종교로 전락할 것이다."[65]

2023년 5월 25일
역사와종교아카데미 나무와숲
기초자료연구팀

65 Luke Tyerman, *The Life and Time of the Reverend John Wesly III* (New York: Harper and Brothers, 1870), 519.

I.

“감리교를 염려하는 모임” 등 각 단체 주요 대응

J-2-0454

감리교 신학 대화모임

(설명회 자료)

(0344) 63-329560
62-910031(H)
박신진 목사님

1. 목적과 의미
   1) 무정부 상태인 감리교 신학 현상을 해명하고
   2) 요한 웨슬레의 전통에 선 감리교 신학의 본질을 회복하며
   3) 신학자와 현장 목회자가 함께 모색하는 새로운 방식의 신학운동을 전개한다.

   이를 위해 심포지움을 열어 감리교신학의 위기를 공동 진단하고 새로운 대안(신학하는 방식)을 마련하여, 요한 웨슬레 회심 254 주년 기념주일에 표준설교문, 연구자료, 회심주일 예배헌금을 나누어 신학과 교회의 대화를 넓히고 현실의 신학적 갈등을 좁히려 한다.

2. 전개과정
   1)집행부 제안-1992년 3월 20일에 감목협(추진위) 집행부 회의에서 제안되어 준비위원회(위원장:이화식 목사)를 구성
   2)1차 토론모임-신학자, 목회자, 대학원생 3자를 주체로 하여 첫번째 대화모임을 3월 24일에 갔다.(6인)
   3)2차 토론 모임-대화 창구를 확대하고 주체의 범위를 넓히기 위해 감신대 대학원 세미나실에서 각 3자의 발제를 통해 의견을 좁히고 심포지엄을 구체적으로 합의, 조직함.
   4)연구 및 실무 모임이 수차례 회의를 갖고 구체적으로 과정을 설치함.
   5)연구와 실무모임을 단일구조로하여 4월20일 현재의 기획안을 만듬.

3. 행사내용
   1)때: 1992년 5월 25일(월) 오후 4:00 - 11:00
   2)곳: 감리교 여선교회 회관 9층 회의실과 7층 숙소
   3)주최: 전국 감리교 목회자 협의회(추진위)
   4)주관: 감리교신학 대화모임 준비위원회
   5)프로그램
      ①기도회
      ②기조발제 - 이화식 목사
      ③주제강연 I. - 이정배교수
        " 선교 100년 역사속의 감리교신학의 위상"
      ④주제강연 II. - 대학원 학술부
        " 감리교회와 오늘의 현실"
      ⑤주제강연 III. - 김영호, 심광섭 박사
        " 최근 감리교교리문제에 대한 신학적 검토"
      ⑥그룹토론 - 진행: 박신진 목사
      ⑦결단예배 - 진행: 이종철 목사

4. 운영과 진행
   1)기획·홍보: 프로그램 기획, 준비자료집 기획, 편집, 언론홍보 선전.
   2)재정·섭외: 모금, 유관단체 협력, 선배 목회자 교섭.
   3)조직·초청: 설명회 및 동원
      * 지역 * 목회자 운동 조직(농목, 도목, 여목)과 청년 *감신 및 신대원 기별 동문회 *대학원 *서명자
   4)진행: 장소 및 시설, 인쇄 제작 및 발송, 재판 방청 연락

19920500_감리교신학대화모임(설명회 자료)_감리교신학대화모임_6(1)

두 교수의 통일교 관련설을 유포한 이규철을 폭로한다

변·홍교수에 대한 교리수호대책위원회의 공세는 18회 총회에서조차 전혀 언급이 없던 통일교 문제를 끌어들여 이 사건을 무리하게 충족시켜 교계 일반의 통일교 신도들을 이용하고 있다.

이 글은 교대위 간사직을 맡은 이규철 전도사에 대한 통일교 전력을 밝힌 글이다. 참고로 그는 85~6년경 청주대 재학 시절에 학우를 폭행치사케 한 혐의로 구속되었다가 정신병력 등의 이유를 든 탄원서를 재판부가 받아들여 가석방되었다.

이름 : 이 규 철
학력 : 감신대 신학과 87학번, 91년도 졸업
직위 : 현 금란교회(김홍도 목사) 교육전도사
교리수호대책위원회 간사

시작하면서

두 스승의 출교라는 종교재판을 지켜보면서 우리는 심히 착잡한 마음으로 이 글을 쓴다. "누가 누구에게 돌을 던지려 하는가?" 정죄받아 마땅하고 돌을 맞아 심판받아야 할 자들이 오히려 죄없는 자들에게 돌을 던지고 교권과 권력의 칼까지 마음껏 휘두르고 있는 현실을 우리는 이대로 묵과할 수 없다. 그리하여 89년에 제7대 총학생회로 활동한 집행부 임원들은 이 문제를 깊히 고민하게 되었다. 이것은 우리가 이 시대에 겪는 동시대적 아픔이며 신학과 교회현실의 심각한 분열이 가져 온 피할 수 없는 현실임을 직시하면서 그 아픔에 동참한 구체적 실천의 모색인 것이다. 두 교수에 대한 기소사실을 보면 크게 신학적인 부분(종교다원주의와 포스트모던 신학)과 통일교 관련부분으로 나눌 수 있다. 즉 감리교회에서 두 교수의 신학을 받아들일 수 없다는 것과 두 교수가 양창식이 통일교도임이 분

19920507_두교수의 통일교 관련설을 유포한 이규철을 폭로한다_89년 이규철 재학 당시 활동했던 감리교 신학대학제7대 총학생회 임원일동_감리교신학대화모임자료집_6(1)번_페이지_1

명한데도 "비호, 방조"하였다는 죄이다. 우리는 위의 기소사실 중 두 교수가 통일교에 관련되어 억울하게 정죄받는 사실에 분노하면서 진실규명 작업에 착수하게 되었다. 더욱이 통일교 관련설을 유포한 현 금란교회 교육전도사이자 교리수호대책위(이하 대책위) 간사인 이규철은 재학 당시 실제 모든 학우들로부터 통일교인으로 의심받았을 뿐만 아니라 의심받을 만한 충분한 학내 활동을 한 자이기 때문에 이러한 자의 증언은 그 신빙성에 중대한 결함을 가질 수밖에 없다.

이 글은 이규철의 재학 기간(87~91) 동안의 상황을 여러 증언자들의 증언에 기초하여 작성한 조사자료이다. 그러므로 이 글의 내용에 대한 전적인 책임은 7대 총학생회 집행부에게 있음을 미리 밝혀둔다.

1) 사건의 전개과정에 대한 의문

제 19차 임시총회의 두 교수에 관한 결의사항은 다음과 같다. "종교다원주의와 포스트모던 신학은 감리교 교리와 신앙에 위배됨으로 두 교수의 자격박탈 결의를 건의한다." 그런데 91년 12월 2일 교리수호대책위(김홍도 목사, 유상열 장로)가 서울연회에 두 교수를 고발할 때 위의 결의사항에 "통일교도 비호, 방조죄"가 특별히 추가된 사실에 주목한다. 이것은 교대위가 두 교수를 지금의 출교라는 상황으로까지 몰아가기 위한 치밀한 각본에 따라 계획적으로 조작되었음을 반증해 주는 것이라 하겠다. 또한 이것이 이규철이 금란교회 교육전도사로 임명되는 때와 비슷한 시기라는 점은 결코 우연의 일치가 아닐 것이다. 통일교 관련설이 분명한 조작임을 더욱 확신케 하는 것은 서울연회 심사위원회 제1, 2반 심사위원회가 심사위원 사표를 내면서 제출한 "사유"이다. 즉 "……통일교 관련설에 대한 구체적 혐의사실을 찾지 못했다"는 것이다. 오히려 제1반 심사위원회의 보고서는 "전 송길섭 학장에게 책임이 있음을 확인하였다"고 말하였다.

결국 두 교수의 통일교 관련 기소 사실은 구체적 증거를 전혀 확보하지 못한 가운데 파행적으로 진행된 조작극이자 완전 거짓임을 우리는 조금도 의심하지 않는다.

2) 양창식을 최초로 알게 된 경위에 대하여

이규철은 92년 2월 22일자 『크리스챤 신문』과의 인터뷰에서 다음과 같이 말하고 있다. "88년 감신대 재학중 기도하는 가운데 신대원 학적부를 뒤져보라는 성령의 음성을 듣고

19920507_두교수의 통일교 관련설을 유포한 이규철을 폭로한다_89년 이규철 재학 당시 활동했던 감리교 신학대학제7대 총학생회 임원일동_감리교신학대화모임자료집_6(1)번_페이지_2

신대원 학적부를 뒤져보니 단 한 번에 '양창식'이라는 이름이 나와 놀라움을 금치 못했다."

그러나 그의 이러한 인터뷰 내용은 금방 거짓임이 드러난다. 왜냐하면 그는 89년 제8대 총학생회 후보로 출마하면서 가진 공개 "정책토론회"에서 이렇게 밝힌 사실을 학우들은 분명히 기억하기 때문이다. "대학원에 양모라는 통일교 인사가 있다. 그가 나에게 찾아와서 통일교 일을 함께하자고 했는데 내가 거절하자 칼을 들이대면서 협박을 했다. 그러나 나는 거절했다. 그래서 양모가 나를 모함하기 위해 통일교 관련사실을 퍼뜨린 것 같다."

인터뷰의 내용과 그가 총학생회 정책토론회에서 밝힌 양창식을 알게 된 경위가 전혀 일치하지 않고 있다. 더욱이 그가 "닫힌 옥문도 성령의 기도로 열 수 있는" 기적을 창조하는 인간이 아닌 이상 성령의 음성을 듣고 신대원 학적부를 뒤져보았다는 것은 과학의 시대에 사는 대중을 철저히 모독하는 반이성적 반신앙적 작태이다. 성서가 성령을 훼방하는 자의 죄가 제일 크다고 말하는 사실을 그는 잊지 말아야 할 것이다. 또한 학교 당국은 학생의 기본적인 사생활의 권리를 보장하기 위해 일 개인에게 타인의 학적부를 공개하지 않을 책임이 있는 것과 당시의 교무 책임자들이 이규철에게 학적부를 공개하지 않았다는 사실을 믿는 한 그의 인터뷰 내용은 철저한 거짓이다. 즉 이규철이 양창식을 알게 된 최초의 경위에서 그는 수많은 양심있는 대중들을 기만하고 있으며 자기 합리화의 가면을 씌우기 위한 어쩔 수 없는 모순에 빠져 있는 것이다.

3) 자칭 "통일교에서 전향한" 이규철은 과연 회심한 감리교인인가?

변선환 학장과 홍정수 교수에 대한 기소사실 중 4항은 이규철의 회심을 이렇게 기록하고 있다. "82년 이후에는 이규철 전도사가 통일교 관련 그 어떤 단체에도 가담하거나 협조하지도 않고 완전히 탈퇴하여 순수한 복음주의적 신앙생활을 견지하며 충실한 기독교인으로 살아 왔음이 감리교 신학대학 조사위원회에 의해 밝혀졌음."

먼저 밝혀둘 것은 감리교 신학대학 조사위원회는 위의 사실에 대해 전혀 조사한 바가 없다. 진정으로 그는 통일교에서 모든 손을 끊고 기독인으로 전향하였는가? 우리는 여기에서 그의 전향에 대한 위의 내용을 아래의 몇 가지 이유에서 전혀 신뢰하지 않는다.

첫째, 그의 기독교로의 전향이 진정한 회심이었다면 그에게서 감신대의 입학은 하나님의 은혜를 체험한 인생의 중대한 사건일 수밖에 없다. 그렇다면 그는 그의 과거사실(청주대 재학 시절 살인 사건으로 복역한 것과 통일교 활동 사실)을 부끄럽게 여기지 않고 오히려 진정한 회개의 마음에서 밝혀야 함이 마땅하다 하겠다. 그러나 그가 감신대 입학 당시 제

19920507_두교수의 통일교 관련설을 유포한 이규철을 폭로한다_89년 이규철 재학 당시 활동했던 감리교 신학대학제7대 총학생회 임원일동_감리교신학대화모임자료집_6(1)번_페이지_3

출한 "신앙고백서"에서는 전혀 자신의 통일교 전향사실에 대해 고백하고 있지 않다는 사실이다. 그가 진정으로 회심하였다면 그래서 마치 사울이 믿는 자들을 탄압하기 위해 다마스커스로 가는 길에서 하나님의 은혜를 체험하고 바울이 된 것과 견줄 수 있다면, 감신대의 신학입문이 진정으로 그런 회심의 길이었다면 이규철은 "신앙고백서"를 가장 성의 없이 기록한 가치절하된 입학서류 중의 하나로 취급하지 않았을 것이다.

둘째, 「양창식을 최초로 알게 된 경위에 대하여」에서 밝힌 대로 이규철이 88년에 신대원의 학적부를 뒤져볼 수 없다는 것은 자명한 사실이다. 그렇다면 그는 "최소한" 88년 이전에 그가 87년부터 양창식의 재학 사실을 이미 알고 있었음을 그리 어렵지 않게 판단할 수 있다. 또한 이규철이 당시 1학년이던 87년부터 양창식이 신대원을 졸업한 89년 8월까지 전국에서 최소 규모의 대학인 감리교 신학대학 내에서 한번도 양창식과 마주치지 않았다는 것은 상식적으로 납득할 수 없다.

위의 정황을 종합해보면 이규철은 최소한 87년 입학 당시부터 양창식의 재학사실을 이미 알고 있으면서 학우들과 학교 당국에 알리지 않은 "불고지죄와 비호, 방조죄"를 피해갈 수 없다.

셋째, 우리는 그의 통일교 인물 '불고지죄와 비호, 방조죄'의 결론을 내리면서 또 하나 깊이 고민하게 되었다. 그것은 왜 이규철이 그 사실을 공개하지 않았는가이다. 우리는 이 해답을 찾기 위해 그가 87년 가을 학기부터 시작하여 88년 봄 학기에 "일본 선교회"를 동아리로 공식 등록하여 활동한 사실에 주목한다. 당시 이 동아리에 가입한 20여 명의 학우들은 순수한 신앙의 동기에서 시작하였음을 믿어 의심치 않는다. 그러나 이규철이 이 "일본 선교회"를 조직하면서 일본 유학보장 등과 같은 유혹의 미끼를 던진 것과 그가 총학생회 후보 출마시 개인으로서는 감당하기 어려운 자금유출 등에서 한 개인의 능력을 넘어선 든든한 숨겨진 뒷 배경을 읽어낼 수 있는 것이다. 또한 88년 당시 통일교가 일본인들과의 합숙 형태로 선교활동을 펼친 것과 보편적으로 생각하기에 쉽지 않은 특별히 '일본 선교'를 고집한 점, 여기에 89년 여름에 그가 일본을 직접 다녀온 사실을 함께 생각해 본다면 그의 흑막은 어렵지 않게 벗겨질 수 있을 것이다.

넷째, 88년 "일본 선교회"가 동아리로 등록한 것과 때를 같이 하여 감신대 웰치 옆에서 수차례에 걸쳐 통일교 산하 국제 기독학생연합회(I.C.S.A) 문건이 배포된 사실이다. 당시 6대 총학생회는 이 사실에 깊은 우려를 표하면서 내부조차에 착수, I.C.S.A가 통일교 산하 단체이며 여러 경로를 통해 이규철이 통일교의 전직 간부였으며 복역한 사실을 확인하게 되었다(양창식과의 활동 사실을 이후에 시인함). 이어 88년 가을 학기에 문제의 심각성을 인

19920507_두교수의 통일교 관련설을 유포한 이규철을 폭로한다_89년 이규철 재학 당시 활동했던 감리교 신학대학제7대 총학생회 임원일동_감리교신학대화모임자료집_6(1)번_페이지_4

식하고 당시 동아리 연합회는 "통일교의 학내 침투를 규탄한다"는 대보자를 붙이기도 하였고 총학생회는 가을 학기 중에 통일교의 실체를 폭로하는 대중강연회를 가지기도 하였다. 아울러 통일교의 의혹을 짙게 내포했던 "바람"이라는 익명의 유인물이 수차례 배포되었는데 조사 결과 이규철이 제작하였다는 사실을 확인하고는 충격을 금할 수 없었다.

위의 사실을 종합해 보면 이규철은 "최소한" 87년 입학당시부터 양창식을 알고 긴밀한 관계를 유지하였으며 학내에서 "일본 선교회"라는 정치적 기반을 확보하면서 통일교의 확산을 여러모로 도모하였음을 우리는 조금도 의심하지 않는다. 그러므로 기소장에서 나타난 82년 이후부터 통일교와 관계하지 않았다는 것은 명백한 거짓이며 오히려 긴밀한 관계 속에서 자신의 역할에 충실한 것으로 보인다. 즉 "통일교와 손을 끊고 회개하여 감신대에 입학했다"는 『크리스챤 신문』의 인터뷰 기사는 자신을 합리화하는 옹졸한 변명일 뿐이다.

4) 기소 사실에서 밝힌 "대학원위원회" 보고서는 전혀 존재하지 않는다

두 교수에게 공히 적용된 기소 사실에서는 "대학원위원회" 보고서가 단골 메뉴이자 재판의 중요한 판단근거로 작용하고 있다. 기소사실에서 "대학원위원회"가 양창식을 조사한 결과 그가 통일교인사임을 확실히 인지하였다고 했는데, 대학원 학사운영을 위해 기구로써 위원회가 존재하는 것은 사실이나 양창식의 문제로 "대학원위원회"가 안건으로 채택하여 논의한 바가 없기 때문에 보고서가 존재할 수가 없다. 오히려 1992년 초 5인 조사위원회는 이 문제를 재조사한 바 두 교수의 통일교 관련 혐의는 사실 무근임을 언론에 밝힌 바 있다(『새누리 신문』, 2월 15일자).

그러므로 기소장에서 인용한 "대학원위원회" 보고서는 전혀 존재하지 않는 누군가에 의해 허위 날조된 것이다. 과연 누가 이 문서를 위조하여 두 스승을 단죄하는 재판의 판단근거로 삼았는가? 마치 죄 없는 예수를 죄 있게 만들어 권력의 위력으로 심판했던 자들과 같이 오늘의 교회 현장에서 빌라도로 군림하는 자들이 누구이겠는가? 불을 보듯 뻔하다.

5) 양창식의 석사학위 논문에 대한 그의 해석은 철저히 자의적이다

양창식의 논문 「선교 과제로서의 민족분단과 통일전망」에 대해 이규철은 "통일교의 원리강론이 변증된 논문"이라고 제법 통일교도의 식견을 갖춘 듯한 평가를 내리고 있다(『크리스챤 신문』, 2월 22일자). 우리는 그의 논문의 "통일교성"에 관한 논란 이전에 통일교인이

19920507_두교수의 통일교 관련설을 유포한 이규철을 폭로한다_89년 이규철 재학 당시 활동했던 감리교 신학대학제7대 총학생회 임원일동_감리교신학대화모임자료집_6(1)번_페이지_5

기 때문에 덮어놓고 통일교의 원리강론이 변증되어 있다고 잽싸게 단정하는 그의 성급함을 지적하고자 한다. 오히려 그가 논문을 쓴 89년은 전국적으로 통일 논의가 활성화되었다는 점을 주목할 필요가 있다고 생각된다. 또 그는 논문의 끝에 인용한 심훈의 시 「그날이 오면」이 통일교의 냄새가 물씬 풍긴다고 주장하는데, 역시 이규철다운 "무지의 힘"을 유감없이 발휘하는 대목이라 하겠다. 「그날이 오면」이라는 시가 1930년대에 씌어졌다는 사실을 국어 교과서에서 한 번이라도 읽어보았다면 상식을 벗어나는 이러한 평가는 절제할 수 있었을 것이기 때문이다.

6) 당신이 칼을 갈았다는데……

"순교적 사명을 갖고 학교당국과 싸워왔던 이규철 전도사의 순수한 애교심과 진리수호의 열정은 단호히 묵살하여 버린 채……" 이규철! 당신의 의로운 행위는 기소장에서 이렇게 극찬되어 오욕의 역사 앞장 한 페이지에 굵은 활자로 선명히 남아 있으니 이제 그것은 영원할 것이고, 당신이 받을 하늘의 상이 크기에 더없이 감개무량 하겠군요.

기소장에 의하면 당신의 애교심과 열정이 묵살되었기에, 억울하기도 할테고 분노할 때도 있었겠고 남몰래 흘리는 통한의 눈물이 얼마이었겠습니까!

더욱이 당신의 억울한 사정을 호소할 때조차 없이 수원의 모 침례교회 목사한테까지 찾아가 당신의 고민을 토로할 정도였다면 그래서 그때부터 "감리교회에 칼을 갈아왔다"고 학교의 모 직원에게 찾아와 고백했다는 이야기를 듣고는, 인간으로서의 깊은 연민을 느낄 수 있었습니다. 하물며 "신문광고를 내는 일과 교대위의 정책기획, 그리고 변 사탄 홍 사탄이라는 지혜가 번득이는 신조어를 만들어내는 일에 이르기까지, 급기야 두 스승을 출교라는 극형에 처하는 일"까지 당신의 순수한 솜씨라는 말까지 듣고서는, 당신의 세심하고 치밀한 시나리오 창작 능력에 실로 감탄을 자제할 수 없었습니다.

이규철! 유다는 은 30에 자기의 스승을 팔았다는데, 당신은 수년 동안 밤낮으로 기도하면서 통한의 한이 서린 칼을 갈아오면서, 그 예리하게 세운 칼날로 두 스승을 처참하게 만들고 감리교회를 극도의 혼란과 분열 가운데 이르게 했으니, 당신의 기도는 응답받은 셈이고 유다보다는 몇 백배 더한 가치있는 상품 거래를 이룬 셈입니다. 물론 당신네들 편에서야 당신은 이미 의인의 반열에 확고히 선, 그래서 루터적(?) 개혁자로 혁혁한 공이 인정받았겠지요.

그러나 그것이 진실이 아니고 진리가 아닌 것은 양심 있는 진정으로 참 신앙의 빛을 쬐

19920507_두교수의 통일교 관련설을 유포한 이규철을 폭로한다_89년 이규철 재학 당시 활동했던 감리교 신학대학제7대 총학생회 임원일동_감리교신학대화모임자료집_6(1)번_페이지_6

고 있는 모든 이들에게서 당신의 거짓됨이 가려질 수 없기 때문입니다. 결코 어둠과 불의가 진리의 빛을 이겨 본 적이 없음을 우리는 분명히 확신합니다. 그리고 우리 모두는 스승을 배반한 유다가 선택한 마지막 길을 매우 인상 깊게 기억하고 있습니다.

7) 교리수호대책위원회는 '통일교 교리수호'를 하자는 것인가?

우리 모두는 현재 당신이 "교리수호대책위원회" 간사라는 사실에 경악을 금치 못했습니다. 때문에 우리는 "교리수호대책위원회"가 기독교 교리를 수호하자는 것인지 교권의 철저한 비호 아래 통일교의 교리 확산을 비호 방조하는 단체인지 분명히 구분지을 수 없습니다.

8) 결론에 대신하여

우리는 마지막으로 감리교단과 "교대위"에 다음과 같이 강력히 요구합니다.

첫째, 교리수호대책위 간사인 이규철을 즉각 소환하여 통일교 관련혐의를 철저히 조사하고 처벌하십시오.

둘째, 현재까지도 통일교 관련 의혹을 짙게 받고 있는 이규철을 철저한 조사 없이 "대책위" 간사에 임명한 "대책위" 회장인 김홍도 목사와 유상열 장로를 소환하여 응당한 책임을 물어야 할 것입니다.

셋째, 그러므로 우리는 이번 재판을 인정할 수 없으며 두 교수에 대한 비상식적이고 반인간적인 종교재판을 즉각 철회하여야 합니다.

"그래도 지구는 돈다"

이로써 갈릴레오 갈릴레이는 중세 교황청의 교권주의와 교황청의 사냥개 역할을 했던 신학에 도전, 굽히지 않는 학문적 양심의 사도가 되었습니다. 그러나 그의 학문적 양심이 교권으로부터 인정되기 위해서는 350년이 더 걸린 것을 우리가 기억합니다.

사랑하는 감리교인 여러분!!

어둠이 결코 진리의 빛을 이겨보지 못했으며 불의가 정의를 억누를 수 없음을 예수 그리스도의 삶과 역사가 증언하고 있습니다. 때문에 우리 모두는 이 고난의 아픈 현실 가운

19920507_두교수의 통일교 관련설을 유포한 이규철을 폭로한다_89년 이규철 재학 당시 활동했던 감리교 신학대학제7대 총학생회 임원일동_감리교신학대화모임자료집_6(1)번_페이지_7

데서 자기 십자가를 용기있게 짊어지고 척박하고 거친 대지를 희망과 생산의 땅으로 변화시킬 수 있어야 할 것입니다.

마지막으로 "드레퓌스" 사건의 진실을 규명하기 위해 일생 동안 싸웠던 에밀 졸라의 말이 우리 모두에게 각오와 결의가 되길 빌어봅니다. "나는 궁극적 승리에 대해 조금도 절망하지 않습니다. 더욱 강력한 신념으로 거듭 말합니다. 진실이 행군하고 있고 아무도 그 길을 막을 수 없음을! 진실이 지하에 묻히면 자라납니다. 그리고 무서운 폭발력을 축적합니다. 이것이 폭발하는 날에는 세상 모든 것을 휩쓸어버릴 것입니다. 우리는 이내 알게 될 것입니다."

1992년 5월 7일

89년 이규철 재학 당시 활동했던 감리교 신학대학 제7대 총학생회 임원 일동

19920507_두교수의 통일교 관련설을 유포한 이규철을 폭로한다_89년 이규철 재학 당시 활동했던 감리교 신학대학제7대 총학생회 임원일동_감리교신학대화모임자료집_6(1)번_페이지_8

J-2-049
J-2-082.

보 도 자 료

지난 5월 12일 연세대 구내 알렌관에서 박정오목사(서울연회 청파교회 담임)외 19명의 총대가 모여 감리교단의 현안문제에 대한 협의모임을 가졌다.

가칭「감리교를 염려하는 기도모임」을 결성키로 하고 1차로 우리의 입장을 밝히는 글을 발표하기로 합의하였다.

별지「감리교회의 화해를 위하여」는 전현직감독, 박대선, 김지길, 장기천, 김규태(현 남부연회감독)등 4명과 박순경교수외 108명의 전현직 교수, 황을성목사외 총대 9500명, 감리교목회자협의회 건설 준비위원 황호영목사외 부문대표 25명, 최종림장로외 1720명, 단체로는 감리교목회자협의(회장 정명기)외 6개단체 명의로 발표하기에 이르렀다.

1차 총 160 185명의 개인 또는 단체명의로 발표된「감리교회 화해를 위하여」는

1. 신학은 법으로 규정지어질 수 없습니다.
2. 신학은 다양하여 상대적인 것입니다.
3. 우리 모두 주체적인 참회를 바탕으로 화해의 노력을 기울릴때 입니다.

로 구분되어 있다.

「감리교를 염려하는 기도모임」은 5월 28일 오후 2:00시 아현감리교회(김지길감독시무)에서 기도회를 가질 예정이다.

이 기도회에서는 문제시된 신학부문에 대한 해외 신학자의 특강, 이단시비에 대한 해설, 재판과정에 대한 보고와 향후방향에 대한 토론을 가질 예정이다. 또한 1차 모임자 서명에 동참한 160명과 기도회에 참석하는 추가 참여자들과 함께 교단내외의 기도모임을 건설하고, 선한세력과 연대하여 교단의 현실문제를 해결해 갈 것이다.

1992. 5. 18

「감리교를 염려하는 기도모임」 준비위원회

박정오(서울연회)	김주협(서울남연회)	주복균(중부연회)
장태순(경기연회)	노정길(남부연회)	김준형(동부연회)
홍현표(삼남연회)	김민자(여 성)	윤병상(총 무)
신경하(재 정)	김동완(홍 보)	

19920518_보도자료(창립이전)_감리교를 염려하는 기도모임_6(1)번

감리교의 교리를 수호하기 위하여 순교를 각오한 자들의 기독교는 어떠한 모습의 기독교인가?

변·홍 교수를 둘러싼 진통의 와중에서 발표된 교리수호대책위 측의 문건들을 신학적으로 조명해 보았다.
참고로 미국 연합감리교회의 교리와 신학을 수록하였다.

김영호 박사(감신대 강사, 기독교교육학)

미국 연합 감리교회, 세계 감리교 지도자, WCC 산하 전체 교단들, 한국 감리교회의 신학교나 기관에 속한 사람들은 불신앙의 세력이며, 이들은 적그리스도의 종이요 사탄의 종이다.

미국의 연합감리교가……교세 퇴보의 진상을 보여 주고 있습니다. 왜냐하면 웨슬리의 가슴에 붙었던 기도의 불길과 성령의 불길이 꺼지니까, 영혼구원 전도 세미나에 참석해서 물어 보았더니 목사님들이 십일조하는 사람도 극히 보기 힘들었습니다. 우리 교회는 십일조 생활 안하면 집사 추천도 안되는데…… 이런 불신앙의 세력은 WCC 산하 전체 교단들 내부에 팽배하고 있어서(『교사의 벗』, 삭제함)……한국 감리 교회는……신학교나 기관에 속한 사람들은 WCC의 영향을 받아 교단과 신학교를 이단과 불신앙으로 몰아가려고 하고 있습니다…… 이들은 적그리스도의 종이요, 사탄의 종입니다…… 문선명 집단이나 여호와의 증인보다 더 악한 이단입니다.(『설교』 1991. 11. 10, 『교사의 벗』 1992. 4월호)

신학교는 큰 마귀가 작은 마귀 길러 내는 곳이며, 신학교 교수요 박사까지 된 분들, 그리고 이를 비호하는 증경 감독님들은 하나님의 심판을 받고 멸망할 것이다.

신학교 교수요 박사까지 된 분들이 영원한 하나님의 심판을 받고 멸망할 것을 생각할 때 불쌍하기 그지 없습니다(『교사

19920525_감리교의 교리를 수호하기 위하여 순교를 각오한 자들의 기독교는 어떠한 모습의 기독교인가_김영호박사_감리교신학대화모임자료집_6(1)번_페이지_1

의 벗』: "그들의 영이 사탄의 영에 사로잡힌 것이 참으로 불쌍합니다"로 수정함)…… 그러나 큰 마귀가 수많은 작은 마귀를 길러내도록 두어서는 결코 안됩니다…… 누구보다 교단을 수호해야 될 중경 감독님들 중에 이를 비호하고 살리려는 운동을 하고 다닌다니 통곡하고 싶은 심정입니다(『설교』, 91. 11. 10, 『교사의 벗』, 92. 4월호).

감리교 교리수호를 위해 순교를 각오하고 교단 분열을 불사하겠다. 감리교 신앙에 맞지 않는 신학과의 싸움은 사탄과의 싸움이다.

이단세력……교수가 사도신경과 감리교 교리에 나타난 기독교 진리를 부인했다(『복음신문』, 91. 12. 22, 『설교』)…… 작금 감리교단 내의 문제는 사탄과의 싸움 ……교단수호를 위해 목숨을 바치자(『한국교회신문』, 91. 12. 1, 대책위 결성 강연). ……교리수호를 위해서라면 순교할 각오가 되어 있다…… 교단분열도 불사하겠다…… 어떻게 감리교 신앙에 맞지 않는 신학을 수용해 가며 신앙생활을 할 수 있단 말인가…… 감신대 출신 신학생을 받아들이지 않겠다(『한국교회신문』, 91. 12. 1, 인터뷰)…… 학문의 자유는 있으나 교리의 자유는 없다(『신앙세계』, 92. 2월호). …… 이 총회에서 거의 만장일치로 가결된 것이 시행되지 않는다면 감리교는 무너지는 것……(『설교』, 91. 11. 10, 『교사의 벗』, 91. 4월호).

신학은 종교철학이며, 철학자들이 말하는 우주론 원리로서의 신에 관한 교리이다. 예수의 생애와 활동에 근거한 선교를 강조하면 인본주의이다.

신학은…… 종교의 포괄적인 종합, 또는 종교철학에서 결정에 이르는 학문으로 정의될 수 있습니다. 특히 신학이란 단어는 그 어원적 의미에서 "하나님에 관한 교리"를 말하고 있습니다. ……특히 역사적 예수의 생애와 활동에 근거한 기독교 선교론을 강조하고, 인간의 보편적인 종교 체험과 철학자들이 말하는 우주적 원리로서의 신은 부정하고 있습니다. 이러한 인본주의적이고 상대주의적인(『신앙세계』, 92. 2월호)……그러나 이동주(협성신대), 강사문(장신대), 전호진(고신대) 교수 등은 "기독교는 창조주를 믿음으로써 하나님의 은혜로 구원받는다"는 것을 분명히 했고 ……(『설교』, 91. 11. 10, 『교사의 벗』, 91. 4월호).

기독교는 구속의 종교, 피의 종교이다. 요한복음 3 : 16이 성경 전체의 요절이며, 성경을 믿고 받아들인 나라는 문명하고 복받은 나라이다.

기독교는 구속의 종교입니다. 요한복음 3장 16절에 "하나님의 세상을……"라고

19920525_감리교의 교리를 수호하기 위하여 순교를 각오한 자들의 기독교는 어떠한 모습의 기독교인가_김영호박사_감리교신학대화모임자료집_6(1)번_페이지_2

역사적 예수의 생애와 활동에 근거한
기독교 선교론을 강조하고,
인간의 보편적인 종교체험과 철학자들이 말하는
우주적 원리로서의 신은 부정하고 있습니다

성경 전체의 요절이 증거하고 있지 않습니까? ……성경에 "피"라는 말이 약 700번 나옵니다. ……기독교는 피의 종교인데……기독교 2000년 역사상 성경을 믿고 받아들인 나라들이 문명하고 복받은 나라가 되었고……(『설교』, 91. 11. 10, 『교사의 벗』, 91. 4월호).

* * *

하나님 중심의 기독교는 반기독적이다.

반기독적인 입장……그리스도 중심주의에서 벗어나 신 중심주의로……(『크리스챤 신문』, 91. 6. 5).

성서 속의 하나님은 3위 1체의 하나님이며, 하나님의 제2위와 제3위는 분리할 수 없다.

성서 속의 하나님, 3위 1체의 하나님 앞에서…… 하나님의 제2위와 제3위는 분리하여 생각할 수 없는 관계이다. 복음을 선포하시던 역사적 예수는 성령의 증거에 의해서 비로소 제자들이 전파한 주 그리스도와 동일함을 말할 수 있게 되는 것이다(『크리스챤 신문』, 91. 6. 5).

기독교는 일직선적인 세계관을 가지고 있으며, 하나님의 구원사역은 예수 그리스도 안에서만 나타났다. 이것이 구원의 유일성, 복음의 유일성, 그리스도의 유일성이다.

일직선적인 세계관을 가지고 있는 기독교는…… 부활의 속죄를 위한 사실성(『신앙세계』, 92. 3월호)…… 예수 그리스도의 부활과 성령강림은 선교의 시작이고 메시지의 핵심이다. ……십자가와 부활을 통한 유일한 구원의 길(『교사의 벗』, 92. 4월호)……세상의 문화는 다원적이지만 복음은 유일하고 절대적이다(고전 9 : 19-22)……그리스도의 유일성이든……(『신앙세계』, 92. 3월호)……하나님의 구원사역은 예수 그리스도 안에서만 나타났다(『크리스챤 신문』, 91. 6. 5).

한국 감리교회의 일원이 되려면 교리를 믿고 시인해야 하며, 신학교 교수는 신학을 교수하기 전에 세례문답이 요청된다.

그러므로 한국 감리교회의 교리적 기준에 비추어 볼 때에…… 이제부터라도 예수 그리스도의 양성과, 속죄의 죽음과, 몸의 부활을 믿고 시인해야 한국 감리교회 일원으로 볼 수 있겠다(『크리스챤 신문』, 91. 6. 15)…… 신학생들에게 신학을 교수하기 전에 다시 진실된 세례문답이 그에게 요청되지 않는가?(『교사의 벗』, 92. 4월호).

* * *

성경은 교리이며, 성경 교리와 감리교 교리를 믿는다. 신학으로 교리를 지키기 위해 순교를 각

19920525_감리교의 교리를 수호하기 위하여 순교를 각오한 자들의 기독교는 어떠한 모습의 기독교인가_김영호박사_감리교신학대화모임자료집_6(1)번_페이지_3

오하고 이를 하나님 앞에 맹세한다.

성경 교리와 감리교 교리에 절대 위반되는 이단자들이므로(『동아일보』, 92. 2. 2)……기독교 교리수호를 다짐하는 특별기도회를(특별기도회, 92. 3. 9)……성경과 교리를 믿고 교회와 교단에서 헌신하는 130만 우리 성도들(감리회 장로회 전국연합회, 91. 11. 30.)……신학적인 논리로부터 교리와 장정에 천명되어 있는 기독교 대한 감리교 교리를 사수하는데 모든 방법을 동원할 것(『크리스찬 신문』, 91. 6. 5, 송파 지방 실행위원)……신사상에는 순교적 각오로 단호하게 대처할 것을 하나님 앞에 굳게 맹세한다(특별기도회, 92. 3. 9.)

하나님의 선교 명령은 신도 부흥운동과 민족 복음화이며, 그리스도의 제자로 만드는 선교는 신도 확장운동이다. 신학대학은 이러한 선교에 역행하고 있는 암적 요소이다.

하나님의 지상 명령인 선교사명을 완수하기 위하여 7000 교회 200만 신도 부흥운동으로 민족 복음화 대성업을 가속화하고 있는 기독교대한감리회……선교와 교회확장에 막대한 장해 요인이 되고 있는 사실은(교회개척추진협의회, 91. 11. 26 ; 특별기도회, 92. 3. 9.)……우리는 감리교회가……발전하고 부흥하는 과정에……저해 요인이 되는 신학사상에는 순교적 각오로 단호하게 대처할 것을 하나님 앞에 굳게 맹세한다(특별기도회, 92. 3. 9.).……교회의 존재 목적은 선교에 있다.……우리는 이 지상과업을 완수하기 위해 온 천하를 찾아다니며 만민에게 복음을 전해야 한다.……모든 종족을 그리스도의 제자로 만드는 선교사업에 우리의 삶을 다 바칠 것을 다짐한다.……교단 신학대학은……신도 확장운동에 역행하고 있을 뿐 아니라 선교에 암적 요소가 되고 있다(『복음신문』, 91. 12. 29, 웨슬리복음주의협회).

복음주의 신학이 감리교회의 신학이며, 다른 신학은 신앙을 파괴하는 신학이다.

우리의 영광스런 소유인 복음주의 신학을 허물며 신앙을 파괴하는 신학의 가르침을 방관할 것인가?(기독교성화추진위, 91. 11. 1.)…… 장차 우리 감리교회의 사역자가 될 신학생들이 시대에 따라 변하는 잡다한 유행 신학에 감염되어서, 복음의 선포자가 아닌 현대 사상의 대변자가 되는 것을 결코 좌시할 수 없다(『복음신문』, 92. 12. 29, 웨슬리복음주의협회).

진보적 신학자들은 기독교 신학자들이 아니며, 하나님의 심판을 받을 모욕적인 궤변을 하는 자들이다.

신학자 성명에 서명한 학자들…… 귀하

19920525_감리교의 교리를 수호하기 위하여 순교를 각오한 자들의 기독교는 어떠한 모습의 기독교인가_김영호박사_감리교신학대화모임자료집_6(1)번_페이지_4

귀하들이야말로 기독교 신학자들인가?
궤도를 이탈한 자유주의자들인가?
귀하들은 누구이기에 우리 총회가
절대다수의 표결로 한 일을 왈가왈부하는가?

들이야 말로 기독교 신학자들인가? 궤도를 이탈한 자유주의자들인가?……귀하들이야말로 하나님의 심판을 받은 모욕적인 궤변을 하는자들이요……귀하들은 누구기에 우리 총회가 절대 다수의 표결로 한 일을 왈가 왈부 하는가? 귀하들이야 말로 자기들의 편협한 자유를 위해 남의 정당한 민주적 의사 표시를 무시하고……귀하들이야말로 자유 자유하는 자유의 노예가 된 궤변자들이요, 불성실한 학자들이다(『한국교회신문』, 91. 12. 15 ; 대책위, 장로연합 공개질의).

타 교파 목사님들께 드리는 말씀 : 감리교회는 이단이 아니다.

타 교파 목사님들께 드리는 말씀……감리교회는 복음주의, 경건주의 교단입니다. 감리교 전체가 이단인 것처럼 매도하는 일이 없기를 바랍니다. 이단이 아니므로……(『동아일보』, 92. 2. 2 ; 『조선일보』, 92. 1. 26).

우리도 타 종교들과의 대화나 협력을 거부하지 않는다.

우리는 결코 개방의 흐름과 다원화되는 사회에 몰이해한 사람들이 아니다. 우리는 타 종교들과의 대화나 협력을 거부하는 아집이 있지 않다(『한국교회신문』, 91. 12. 15, 대책위, 장로연합 공개질의).

19920525_감리교의 교리를 수호하기 위하여 순교를 각오한 자들의 기독교는 어떠한 모습의 기독교인가_김영호박사_감리교신학대화모임자료집_6(1)번_페이지_5

〈참고 : 미국 연합감리교회의 교리와 신학〉

THE BOOK OF DISCIPLINE 1984

—규율서(『교리와 장정』)—

미국 연합감리교회에는 종교의 강령들과 신앙고백, 그리고 모든 교리적 선언들은 출교에 해당한다는 감리교교인 자격심사의 동의를 요구하는 교리의 실증적이며 사법적인 기준으로 사용되지 못하게 되어 있다.

Part 1. The Constitution(헌법)

4. Article IV. Inclusiveness of the Church (교회의 포괄성)

——The United Methodist Church is a Part of the Church Universal, which is one Body in Christ.

연합감리교회는 세계 교회의 한 부분으로서 그리스도 안에서 한몸을 이룬다.)

5. Article V. Ecumenical Relations (교회 일치적 관계들)

As part of the Church Universal, The Unived Methodist Church believes that the Lord of the Church is calling Christians everywhere to strive toward unity; and therefore it will seek, and work for, unity at all levels of church life: through world relationships with other Methodist church-es …… through councils of churches ……

(세계 교회의 일원으로서 연합감리교회는 교회의 주님께서 모든 기독교인들이 하나됨을 위해 힘쓰도록 부르고 계심을 믿는다. 그러므로 연합감리교회는 다른 감리교회들과 가지는 세계적 유대관계들을 통하여 …… 교회협의회들을 통하여 …… 교회생활의 모든 면에서 일치를 추구하고 노력할 것이다.)

Part 11. Doctrine and Doctrinal Statements and the General Rules(교리와 교리적 선언과 총칙)

모든 교리적 선언들에 대한 역사적 해석의
이 원리는 과거나 현재에 있어서 결정적인 것이다.
이러한 선언들은 감리교 교인 자격의 법적 심사기준이
된 적도 없으며 또한 되어서도 안된다

67. Section 1. Historial Background (역사적 배경)

The pioneers in the traditions that flowed together in the United Methodist Church——the Wesleys, Albright, Otterbein, Boehm…… Their interest in dogma as such was minimal; thus they were able to insist on the integrity of Christian truth even while allowing for a decent latitude in its interpretation. This was the point to their familiar dictum: "As to all opinions which do not strike at the root of Christianity, we think and let think."……

They were very much aware, of course, that God's eternal Word never has been, nor can be, exhaustively expressed in any single form of words. They were also prepared, as a matter of course, to reaffirm the ancient creeds and confessions as valid summaries of Christian truth. But they were careful not invest them with final authority or to set them apart.as absolute standards for doctrinal truth and error.

(연합 감리교회에 함께 들어와 있는 전통들의 선구자들——웨슬리, 올브라이트, 오터바인, 보엠——그들은 교리에 대하여 매우 적은 관심을 가지고 있었다. 그리하여 그들은 기독교 진리에 대한 해석에 있어서 상당한 견해의 폭을 허락하였음에도 불구하고, 기독교 진리의 본래의 모습을 주장할 수 있었다. 다음은 그들이 천명한 요지이다: "기독교의 기초를 위태롭게 하지 않는 모든 견해들에 대하여서, 우리는 스스로 사색하며, 또한 다른 이들도 사색하도록 허락한다.……"

그들은 하나님의 영원하신 말씀이 결코 어떤 유일한 언어의 형태로 철저하게 다 표현된 적도 없으며 또한 그렇게 표현될 수도 없다는 것을 매우 잘 알고 있었다. 또한 그들은 당연히 옛 신경들과 고백들이 기독교 진리의 유효한 요약들로 재확인할 준비가 되어 있었다. 그러나 그들은 조심스럽게 옛 신경과 고백들을 교리적 진위를 가리는 최종적 권위로 만들거나 절대적 표준으로 삼지 않도록 하였다.)

Doctrinal Standards in The United Methodist Church Discipline(1968)(연합 감리교회 규율서의 교리적 기준, 1968)

There are, however, at least two general principles with respect to the discipline of doctirne in The United Methodist Church…… In the first place, the Articles(The Articles of Religion of the Methodist Church, 1784) and the Confession

19920525_감리교의 교리를 수호하기 위하여 순교를 각오한 자들의 기독교는 어떠한 모습의 기독교인가_김영호박사_감리교신학대화모임자료집_6(1)번_페이지_7

선교 100년 역사 속에 나타난 감리교신학의 위상

감리교신학 100년을 재조명하였다. 이 글은 5월 25일 열리게 될 감리교신학 대화모임에 발표될 논문의 초안이다.

이정배 교수(감신대 조직신학)

선교 2세기를 맞이하고 있는 한국 개신교회는 여러 면에서 심각한 위기를 맞이하고 있다. 자연증가율에도 미치지 못하는 교인 증가수, 사분오열되고 있는 교파들의 분열상, 그리고 더욱 보수, 혁신의 대결 구도로 이끌려가고 있는 개신교 내의 신앙의 이데올로기화 등이 바로 오늘의 모습인 것이다.

현재 개신교회 내에서는 크게 세 부류의 신앙 흐름이 있다고 보여진다. 즉 가부장적이며 부권적인 정신 풍토와의 연관 속에서 성부이신 하나님의 초월적 객관성 및 절대 타자성을 강조하는 장로교 중심의 보수주의적 입장, 그리고 휴머니즘의 강조 또는 역사적 현실 분석의 빛에서 초월적 신(神)의 역사적 수육을 비중있게 말하는 성자 예수 중심의 신학사조 및 신앙현실, 그리고 마지막으로 모성적 감성을 가지고 은혜 체험을 강조하면서 성령 중심의 신앙운동을 전개하는 카리스마적 경향이 그것이다. 그러나 실상 세번째 입장과 첫번째 입장은 보수성이라고 하는 점에서 같은 에토스를 지니고 있는 것이며 또한 오늘날 한국교회 대다수가 부흥회 중심의 성령운동을 근간으로 하고 있다는 점에서 크게 구별될 수 없다고 보여진다. 오히려 하나의 다른 시각을 말할 수 있다면, 그것은 크게 보아 두번째 입장과 맥을 같이 하고 있는 것으로서 복음과 문화를 배타적 관계로 이해하지 않고 오히려 한국의 문화적 주체성의 빛에서 기독교 복음을 수용하려는 토착적인 신앙 입장이라고 할 수 있겠다.

그러나 사실 이러한 개신교 내의 신앙적 양태들은 어제, 오늘 갑작스럽게 생겨난 것이 아니라 무엇보다도 구한말 선교 초기부터 복음 및 서구문명과 조우하는 한민족의 수용 태

19920525_감리교회와 신학의 과제와 전망_이화식목사_감리교신학대화모임자료집_6(1)번_페이지_1

네비우스 선교정책으로 인하여 한국교회 지도자들은
선교사들의 보수적 경건주의적 신학 및 인간의 개인적 죄성을 강조하는
신앙적 영향력을 그대로 전수받게 되었고 그것과 대치되는
모든 신앙적 태도들을 이단으로 정죄하는 배타성 역시 배우게 된 것이다

도 속에서 그 윤곽을 나타내 보이고 있다는 것이다. 즉 유교 정통성의 고수라는 원칙하에 기독교 서구문명을 배척하였던 위정척사파들의 입장과 동양 전통을 낡은 것으로 비판하고, 서구의 기(器)만을 급진적으로 수용하려고 했던 개화파(갑신정변)들의 태도, 그리고 마지막으로 동도서기(東道西器)의 태도를 넘어 서양의 기(器)뿐만 아니라, 그것의 정신적 기반이 되는 기독교까지 토착적 입장에서 수용해야 한다는 동도서법(東道西法 : 유길준)의 입장이 있었다는 사실이다.

이 점에서 우리는 기독교 복음 및 서양 문명 전반에 대해 이렇듯 배척, 급진적 수용 및 토착적 태도를 취했던 선교 초기의 세 입장들이 결국 오늘에 이르기까지 보수, 혁신 그리고 토착화 전통으로 이어져 나가고 있다고 말할 수 있는 것이다. 비록 위정척사파들이 당시 유교적 정통성(주체성)의 빛에서 기독교 복음을 거부하긴 했지만, 이들의 배타적인 정신적 유산은 오늘날 특히 유교적 가부장적 심성으로 기독교를 이해하는 보수적 신앙 현실 속에서 그 맥이 이어지고 있다는 것이다. 또한 이러한 보수 신앙의 현실과는 다르게 반종교, 반문화라는 신학적 전제 아래 역사적 예수의 정치적(성육신적) 삶을 강조하고 있는 급진적 신앙 현실 속에서 여전히 우리는 선교 초기의 극단적인 다른 한 시각을 읽어볼 수 있는 것이다.

이러한 선교 초기의 각기 다른 기독교 수용형태는 이제 선교 주제가 개화에서 독립으로 바뀌어져 나가는 시기, 곧 한일합방 이후 선교사들과 민족주의자들 사이의 갈등이 첨예화되어가는 과정 속에서 더욱 오늘날의 모습들에 근접한 형태로 고착화되어지게 된다. 즉 정교 분리를 주장하는 지도자들간의 마찰이 보수, 혁신의 대립적 신앙현상을 극명하게 드러내주었다는 것이다. 무엇보다 장로교 선교사들에 의해 주도되었던 네비우스 선교정책으로 인하여 한국 교회지도자들은 선교사들의 보수적 경건주의적 신학 및 인간의 개인적 죄성을 강조하는 신앙적 영향력(개인구원, 영적 구원) 그대로 전수받게 되었고 그것과 대치되는 모든 신앙적 태도들을 이단으로 정죄하는 배타성 역시 배우게 된 것이다. 이 점에서 1907년 평양에서 일어났던 한민족의 대부흥운동은 분명 한국교회에서 결코 이전에는 경험할 수 없었던 종교(은혜)체험의 중요성을 가르친 사건이기는 했지만, 그러나 여전히 민족구원보다는 개인구원, 즉 종교의 비정치화를 오늘날의 시점에 이르기까지 기독교의 본질로 이해하도록 만들고 말았던 것이다.

이러한 반발로 기독교 민족지성인들에 의해 조직된 신민회운동은 이러한 사건을 결국 진보적 기독교 민족지성인들을 교회로부터 이탈하게 만들었고 이들에 의해 조직된 신민회(상동파)가 105인 사건으로 해체될 때까지 민족구원을 목적하는 항일민족단체로서 활동하게 된

19920525_감리교회와 신학의 과제와
전망_이화식목사_감리교신학대화모임자료집_6(1)번_페이지_2

한국 개신교회는 신의 삼중적 존재방식의 회복은 물론 한국 종교문화와의 통전적 대화를 자신의 과제로 설정함으로써 지금까지 보여주었던 분파주의적 신앙 현실을 넘어서는 성숙함을 보여주어야

것이다. 바로 여기에서 우리는 진보적인 기독교 신앙의 정착된 모습을 보게 되는 것이다.

이런 와중에서 일부 "토착형"의 계승자(최병헌) 등은 네비우스 선교정책을 거부하는 신학운동을 통하여, 즉 서구 선교사들의 신앙적 보수성 및 그들의 지적 수준 이하에 머물러 있기를 거부하고 복음수령자로서의 문화적, 종교적 주체성 물음을 학문적으로 전개해 나가면서 그것을 민주 독립의지와 연결시켜 나가고 있었다. 즉 그는 "세상에서 가장 큰 죄는 살인자나 간음 및 도둑질보다도 천부의 자유권을 포기하는 것이며 타인의 자유를 박탈하는 일"이라고 말하고 있었다.

이렇듯 선교 초기 때부터 나타났던 개화에 대한 각기 상이한 입장은 일제 암흑기를 거치면서 더욱 구체적으로 보수, 진보, 토착형의 신앙 현실로 정착되게 되었다. 이 시기에 각기 박형룡을 중심으로 한 장로교 보수신학, 김재준을 중심으로한 진취적 개혁신앙(조선신학교) 그리고 정경옥을 중심으로 하는 신학적 자유주의(감리교) 등이 표명되었고 이것이 결국 오늘날까지의 개신교 신앙 현실의 다양성을 나타내주는 근거가 되었던 것이다.

그러나 이러한 세 가지 형태의 신학 및 현실은 선교 100년의 역사 속에서 각기 저마다의 공(功)과 화(禍)를 범해왔음을 인정하지 않을 수 없다. 주로 그들의 부족한 점에 대해서 말해본다면 먼저 보수계열의 신앙이 하나님에 대한 절대적 주권성(타자성)을 강조한 나머지 개인의 자유에 대한 약화 및 하느님의 활동을 교회 영역 안으로 제한시키는 오류를 범해왔다면, 진보적 신앙현실은 복음의 정치화를 통해서 개인의 영성 및 교회의 역사성을 간과하며, 신학적 영역을 정치사회적 영역으로 축소시킨 한계를 갖고 있으며 또한 토착형은 주체성의 자각에도 불구하고 때로 문화순응적인 형태로 변질됨으로써 쉽게 정치에 굴복하는 자기모순을 범해왔던 것이다. 그러나 이들 각자가 이러한 부정적 모습을 지니게 된 이유로서 우리는 보수신학이 가부장적이며 교리적으로 엄격성을 지닌 유교적 심성에 그 뿌리를 내렸다면, 반면에 진보신학은 반체계적인 전통 민중 종교들의 유산과 지평융합을 이루었으며, 그리고 자유주의적인 토착화 신앙 역시 중국과의 문화적 교류 속에서 수용된 유교, 불교 등의 고등종교 문화에 관심을 기울이며 그 속에 잠재된 종교적 힘을 긍정하려는 정신풍토를 말할 수 있는 것이다. 이것을 신학적인 용어로 바꿔 말한다면 신(神)의 초월성, 객관적 타자성(성부)를 강조하느냐, 그리고 신의 역사적 내재성(성자)에 비중을 두느냐 아니면 신의 중재성 역할(성령)에 그 중심점을 두느냐에 따라 한국 개신교 신앙이 각기 다른 역사적 형태로 발전해왔다고 하는 것이다. **그러므로 향후 한국 개신교회는 신(神)의 삼중적 존재방식의 회복은 물론 한국 종교문화와의 통전적 대화를 자신의 과제로 설정함으로써 지금까지 보여주었던 분파주의적 신앙 현실을 넘어서는 성숙함을 보여주어야만 할 것이다.**

19920525_감리교회와 신학의 과제와 전망_이화식목사_감리교신학대화모임자료집_6(1)번_페이지_3

기독교 대한감리회의 신학적 노선에 대한 우리의 견해

감리교 신학자협의회는 1991년 12월 25일 심포지움을 열고 아래 소개된 견해를 밝힌 바 있다. 아직 미발표된 것이며 장정과 선언 등에 나타난 감리교 신학의 특징을 잘 요약하고 있다.

(1) 한국 감리교회의 신학적 노선의 토대가 되는 것은 1930년에 형성된 기독교 대한(조선)감리회의 특성과 교리적 선언이다. 기독교 대한감리회의 형성 목적은 진정한 기독교회가 되게 하며, 진정한 감리교회가 되게 함과 동시에 한국적 교회가 되게 하는 데 있다.

교회의 본질은 살아 계신 그리스도와의 사귐(코이노니아)과 복음의 선교(케리그마), 그리고 마귀를 추방하는 사회적 봉사(디아코니아)로써 구성되어 있다(마가 3 : 14, 15). 그러나 그 구체적 이해에 있어서는 감리교적이어야 하며, 한국적이어야 한다.

(2) 그리스도와의 사귐은 그의 십자가와 부활에 동참하는 믿음을 통해 이루어진다. 믿음은 단순한 인식의 차원을 넘어선 영적 체험의 세계이다. 웨슬리의 회심을 초래한 올더스게잇 체험이 그것이다.

한국 감리교회의 초석은 실로 "이제는 내가 사는 것이 아니라 그리스도께서 내 안에 계셔서 사시는" 신생의 체험에 있다. 그러므로 감리교회는 제도적이거나 교리적인 기독교인, 기독교이기에 앞서 영적이며 도덕적인 생활에 기초한 인격적 종교이다. 따라서 한국 감리교회는 '교리적 시험'을 강요하지 않는다. "우리의 입회 조건은 신학적이기보다 도덕적이요, 영적이다." 중요한 것은 그리스도에게 충성과 그를 따르는 결심뿐이다. 그러므로 개인 신자의 '충분한 신앙의 자유'를 인정하는 것이다.

(3) 우리는 그리스도로부터 우리가 체험한 구원의 복음을 땅 끝까지 이르러 만민에게 전하도록 명령을 받았다. 이것은 '우리 아버지와 예수 그리스도와의 사귐'을 통해 모든 사람이 우리와 함께 자유와 평화와 사랑의 기쁨을 누리도록 하기 위해서이다.

웨슬리에게는 모든 세계가 그의 교구였다. 인간이 사는 모든 세계, 곧 '오이쿠메네'는 평

19920525_기독교대한감리회의 신학적 노선에 대한 우리의 견해_감리교신학대화모임 자료집_6(1)_페이지_1

면적인 땅의 넓이만을 지칭하는 것이 아니다. '세계'란 인간이 삶을 영위하는 모든 영역을 또한 포함한 개념이다. 정치, 경제, 문화, 사회와 함께 종교적 영역까지 포함하고 있다.

(4) 인간 구원의 복음을 전하는 선교는 또한 인간과 사회를 파멸로 이끌어 가는 악의 세력, 곧 마귀를 추방하지 않으면 안 된다. 그리하여 하나님의 정의와 사랑이 지배하는 사회적 성화를 달성하지 않으면 안 되는 것이다. 악의 세력은 시대의 사회를 따라 변모하는 존재이다. 따라서 교회의 봉사적 사명은 시대를 따라 양상을 달리 하게 된다. 일제 시대의 사명은 제국주의로부터 민족을 해방하는 것이었고, 해방 후에는 분단된 민족의 통일과 인격의 존엄성을 확보하는 민주주의의 실현이다.

(5) 교회의 본질과 사명을 감당하는 한국 감리교회의 신학적 특성은 '진보적'이며, '자유주의적'이며, '에큐메니칼'한 데 있다.

① "진정한 감리교회는 '진보적'임으로 생명이 있는 이의 특색을 가졌으니 곧 그 시대와 지방을 따라 자라, 기도하며 변하기도 할 것"이다. 살아 있는 교회는 굳어 버린 조직이나 냉철한 교리 속에 화석화되지 아니한다.

② 자유주의 신학은 신앙의 진리를 시대의 변천을 따라 항상 새롭게 재조명하여 새롭게 파악하는 것을 개신교의 기본 원리로 보고 있다. 진보적 신학은 자유주의 신학에 속한다. 한국 감리교회가 그 교리적 선언에 보수적 근본주의의 5원칙 삽입을 거부한 것은 바로 그 자유주의의 신학적 입장을 표명한 것이다.(『기독교 조선감리회 제 1회 총회 회록』, 1930, p. 29)

③ 한국 감리교회의 에큐메니칼 정신에 대하여 장정은 이렇게 말하고 있다.

> 감리교회의 규칙과 장정과 관례의 오직 하나의 목적은, 하나님의 맨 처음 명령대로 복음 전파와 모든 참된 혁신과 예수 그리스도의 단일한 교회의 분자인 여러 교파 사이에 친밀한 관계를 증진시키는 데 선봉자가 되며 또 하나님의 독생자를 위하여 세계를 천국화시키는 데 여러 교파로 더불어 협력하는 동역자인 본분을 완성하고자 함이다.

(6) 1985년, 기독교 대한감리회 100주년 기념대회 선언문은 우리의 신학적 노선에 대한 교단적 입장을 다시 규명하고 있다. 그 중 제1, 2, 6항은 다음과 같다.

> ① "우리는 감리교회의 자랑스런 신학적 전통, 즉 하나님의 선행적 은총과 만인구원, 믿음을 통한 의인과 성결을 통한 그리스도인의 완전, 개인구원과 사회구원의 합일성, 보편성에 입각한 그리스도의 지체로서의 교회의 일치성, 참된 제자직을 위한 교육과 훈련,

19920525_기독교대한감리회의 신학적 노선에 대한 우리의 견해_감리교신학대화모임 자료집_6(1)_페이지_2

영적 갱신을 통한 교회혁신, 사회선교를 통한 사회변혁 등을 토대로 하여 이 민족을 복음화하고 나아가서 아시아 복음화를 위해 총력을 기울일 것이다.

② 이러한 복음화는 하나님의 뜻이 실현된 인류사회 곧 신앙적, 정치적 자유가 보장된 국가, 공평한 분배를 통한 정의로운 사회, 갈등과 소외가 극복되고 화해와 평화 속에 번영하는 민족, 형제 우애 정신에 입각한 세계 공동체 등의 건설을 목표로 하는 것이며, 그 실현은 투쟁이나 봉사를 통해 이루어져야 한다.

③ 우리는 그리스도의 복음이 개인이나 사회나 사회적 또는 민족적 차원에서 참된 구원의 유일한 도리임을 확신하다. 그러나 아시아의 종교적 다원사회에 있어서 한편 예수 그리스도의 구원의 보편성을 견지하면서 다른 한편 타 종교와의 대화를 통해 협력할 것을 다짐한다. 우리는 어떠한 형태의 지나친 독선주의도 배격하며 모든 종교들이 진정한 하나님 나라를 이땅 위에 실현하기 위해 같이 협력할 것을 제안한다.

(7) 오늘날 한국 감리교회의 신학적 전통과 신학노선이 뜻하지도 않게 비감리교적인 사상들에 의해 도전받고 있다. 따라서 감리교회의 지도자와 신학자들인 우리는 부득이 우리의 신학노선과 신학적 전통을 재 천명하지 않으면 안 되게 된 것이다.

1991년 11월 25일

기독교 대한감리회 지도자와 신학자

19920525_기독교대한감리회의 신학적 노선에 대한 우리의 견해_감리교신학대화모임 자료집_6(1)_페이지_3

선교 100년 역사 속에 나타난 감리교신학의 위상

감리교신학 100년을 재조명하였다. 이 글은 5월 25일 열리게 될 감리교신학 대화모임에 발표될 논문의 초안이다.

이정배 교수(감신대 조직신학)

선교 2세기를 맞이하고 있는 한국 개신교회는 여러 면에서 심각한 위기를 맞이하고 있다. 자연증가율에도 미치지 못하는 교인 증가수, 사분오열되고 있는 교파들의 분열상, 그리고 더욱 보수, 혁신의 대결 구도로 이끌려가고 있는 개신교 내의 신앙의 이데올로기화 등이 바로 오늘의 모습인 것이다.

현재 개신교회 내에서는 크게 세 부류의 신앙 흐름이 있다고 보여진다. 즉 가부장적이며 부권적인 정신 풍토와의 연관 속에서 성부이신 하나님의 초월적 객관성 및 절대 타자성을 강조하는 장로교 중심의 보수주의적 입장, 그리고 휴머니즘의 강조 또는 역사적 현실 분석의 빛에서 초월적 신(神)의 역사적 수육을 비중있게 말하는 성자 예수 중심의 신학사조 및 신앙현실, 그리고 마지막으로 모성적 감성을 가지고 은혜 체험을 강조하면서 성령 중심의 신앙운동을 전개하는 카리스마적 경향이 그것이다. 그러나 실상 세번째 입장과 첫번째 입장은 보수성이라고 하는 점에서 같은 에토스를 지니고 있는 것이며 또한 오늘날 한국교회 대다수가 부흥회 중심의 성령운동을 근간으로 하고 있다는 점에서 크게 구별될 수 없다고 보여진다. 오히려 하나의 다른 시각을 말할 수 있다면, 그것은 크게 보아 두번째 입장과 맥을 같이 하고 있는 것으로서 복음과 문화를 배타적 관계로 이해하지 않고 오히려 한국의 문화적 주체성의 빛에서 기독교 복음을 수용하려는 토착적인 신앙 입장이라고 할 수 있겠다.

그러나 사실 이러한 개신교 내의 신앙적 양태들은 어제, 오늘 갑작스럽게 생겨난 것이 아니라 무엇보다도 구한말 선교 초기부터 복음 및 서구문명과 조우하는 한민족의 수용 태

19920525_선교100년 역사 속에 나타난 감리교신학의 위상_이정배교수_감리교신학대화모임 자료집_6(1)번_페이지_1

네비우스 선교정책으로 인하여 한국교회 지도자들은 선교사들의 보수적 경건주의적 신학 및 인간의 개인적 죄성을 강조하는 신앙적 영향력을 그대로 전수받게 되었고 그것과 대치되는 모든 신앙적 태도들을 이단으로 정죄하는 배타성 역시 배우게 된 것이다

도 속에서 그 윤곽을 나타내 보이고 있다는 것이다. 즉 유교 정통성의 고수라는 원칙하에 기독교 서구문명을 배척하였던 위정척사파들의 입장과 동양 전통을 낡은 것으로 비판하고, 서구의 기(器)만을 급진적으로 수용하려고 했던 개화파(갑신정변)들의 태도, 그리고 마지막으로 동도서기(東道西器)의 태도를 넘어 서양의 기(器)뿐만 아니라, 그것의 정신적 기반이 되는 기독교까지 토착적 입장에서 수용해야 한다는 동도서법(東道西法 : 유길준)의 입장이 있었다는 사실이다.

이 점에서 우리는 기독교 복음 및 서양 문명 전반에 대해 이렇듯 배척, 급진적 수용 및 토착적 태도를 취했던 선교 초기의 세 입장들이 결국 오늘에 이르기까지 보수, 혁신 그리고 토착화 전통으로 이어져 나가고 있다고 말할 수 있는 것이다. 비록 위정척사파들이 당시 유교적 정통성(주체성)의 빛에서 기독교 복음을 거부하긴 했지만, 이들의 배타적인 정신적 유산은 오늘날 특히 유교적 가부장적 심성으로 기독교를 이해하는 보수적 신앙 현실 속에서 그 맥이 이어지고 있다는 것이다. 또한 이러한 보수 신앙의 현실과는 다르게 반종교, 반문화라는 신학적 전제 아래 역사적 예수의 정치적(성육신적) 삶을 강조하고 있는 급진적 신앙 현실 속에서 여전히 우리는 선교 초기의 극단적인 다른 한 시각을 읽어볼 수 있는 것이다.

이러한 선교 초기의 각기 다른 기독교 수용형태는 이제 선교 주제가 개화에서 독립으로 바뀌어져 나가는 시기, 곧 한일합방 이후 선교사들과 민족주의자들 사이의 갈등이 첨예화되어가는 과정 속에서 더욱 오늘날의 모습들에 근접한 형태로 고착화되어지게 된다. 즉 정교 분리를 주장하는 지도자들간의 마찰이 보수, 혁신의 대립적 신앙현상을 극명하게 드러내주었다는 것이다. 무엇보다 장로교 선교사들에 의해 주도되었던 네비우스 선교정책으로 인하여 한국 교회지도자들은 선교사들의 보수적 경건주의적 신학 및 인간의 개인적 죄성을 강조하는 신앙적 영향력(개인구원, 영적 구원) 그대로 전수받게 되었고 그것과 대치되는 모든 신앙적 태도들을 이단으로 정죄하는 배타성 역시 배우게 된 것이다. 이 점에서 1907년 평양에서 일어났던 한민족의 대부흥운동은 분명 한국교회에서 결코 이전에는 경험할 수 없었던 종교(은혜)체험의 중요성을 가르친 사건이기는 했지만, 그러나 여전히 민족구원보다는 개인구원, 즉 종교의 비정치화를 오늘날의 시점에 이르기까지 기독교의 본질로 이해하도록 만들고 말았던 것이다.

이러한 반발로 기독교 민족지성인들에 의해 조직된 신민회운동은 이러한 사건을 결국 진보적 기독교 민족지성인들을 교회로부터 이탈하게 만들었고 이들에 의해 조직된 신민회(상동파)가 105인 사건으로 해체될 때까지 민족구원을 목적하는 항일민족단체로서 활동하게 된

19920525_선교100년 역사 속에 나타난 감리교신학의 위상_이정배교수_감리교신학대화모임 자료집_6(1)번_페이지_2

한국 개신교회는 신의 삼중적 존재방식의 회복은 물론
한국 종교문화와의 통전적 대화를 자신의 과제로 설정함으로써
지금까지 보여주었던 분파주의적 신앙 현실을 넘어서는
성숙함을 보여주어야

것이다. 바로 여기에서 우리는 진보적인 기독교 신앙의 정착된 모습을 보게 되는 것이다.

이런 와중에서 일부 "토착형"의 계승자(최병헌) 등은 네비우스 선교정책을 거부하는 신학운동을 통하여, 즉 서구 선교사들의 신앙적 보수성 및 그들의 지적 수준 이하에 머물러 있기를 거부하고 복음수령자로서의 문화적, 종교적 주체성 물음을 학문적으로 전개해 나가면서 그것을 민주 독립의지와 연결시켜 나가고 있었다. 즉 그는 "세상에서 가장 큰 죄는 살인자나 간음 및 도둑질보다도 천부의 자유권을 포기하는 것이며 타인의 자유를 박탈하는 일"이라고 말하고 있었다.

이렇듯 선교 초기 때부터 나타났던 개화에 대한 각기 상이한 입장은 일제 암흑기를 거치면서 더욱 구체적으로 보수, 진보, 토착형의 신앙 현실로 정착되게 되었다. 이 시기에 각기 박형룡을 중심으로 한 장로교 보수신학, 김재준을 중심으로한 진취적 개혁신앙(조선신학교) 그리고 정경옥을 중심으로 하는 신학적 자유주의(감리교) 등이 표명되었고 이것이 결국 오늘날까지의 개신교 신앙 현실의 다양성을 나타내주는 근거가 되었던 것이다.

그러나 이러한 세 가지 형태의 신학 및 현실은 선교 100년의 역사 속에서 각기 저마다의 공(功)과 화(禍)를 범해왔음을 인정하지 않을 수 없다. 주로 그들의 부족한 점에 대해서 말해본다면 먼저 보수계열의 신앙이 하나님에 대한 절대적 주권성(타자성)을 강조한 나머지 개인의 자유에 대한 약화 및 하느님의 활동을 교회 영역 안으로 제한시키는 오류를 범해왔다면, 진보적 신앙현실은 복음의 정치화를 통해서 개인의 영성 및 교회의 역사성을 간과하며, 신학적 영역을 정치사회적 영역으로 축소시킨 한계를 갖고 있으며 또한 토착형은 주체성의 자각에도 불구하고 때로 문화순응적인 형태로 변질됨으로써 쉽게 정치에 굴복하는 자기모순을 범해왔던 것이다. 그러나 이들 각자가 이러한 부정적 모습을 지니게 된 이유로서 우리는 보수신학이 가부장적이며 교리적으로 엄격성을 지닌 유교적 심성에 그 뿌리를 내렸다면, 반면에 진보신학은 반체계적인 전통 민중 종교들의 유산과 지평융합을 이루었으며, 그리고 자유주의적인 토착화 신앙 역시 중국과의 문화적 교류 속에서 수용된 유교, 불교 등의 고등종교 문화에 관심을 기울이며 그 속에 잠재된 종교적 힘을 긍정하려는 정신풍토를 말할 수 있는 것이다. 이것을 신학적인 용어로 바꿔 말한다면 신(神)의 초월성, 객관적 타자성(성부)를 강조하느냐, 그리고 신의 역사적 내재성(성자)에 비중을 두느냐 아니면 신의 중재성 역할(성령)에 그 중심점을 두느냐에 따라 한국 개신교 신앙이 각기 다른 역사적 형태로 발전해왔다고 하는 것이다. **그러므로 향후 한국 개신교회는 신(神)의 삼중적 존재방식의 회복은 물론 한국 종교문화와의 통전적 대화를 자신의 과제로 설정함으로써 지금까지 보여주었던 분파주의적 신앙 현실을 넘어서는 성숙함을 보여주어야만 할 것이다.**

19920525_선교100년 역사 속에 나타난 감리교신학의 위상_이정배교수_감리교신학대화모임 자료집_6(1)번_페이지_3

최근 감리교 신학논쟁에 대한 비평적 검토

—변선환 학장의 종교다원주의와 홍정수 교수의 포스트모던 신학을 중심으로—

문제가 된 변선환 학장과 홍정수 교수의 글을 분석하고 평가하였다

심광섭 박사(감신대 강사·조직신학)

Ⅰ. 들어가는 말

1992년 3월 4일 서울연회 나원용 감독은 2월 24일 결정된 변선환 박사와 홍정수 박사에 대한 재판위 기소를 승인하였다. 재판위는 기소장에서 두 교수의 신학이 "성경과 감리교 교리에 완전히 위배되는 이단사상"이라고 기소하였다. 소위 변박사의 "종교다원주의"와 홍교수의 "포스트모던 신학"이 성서와 기독교 신학 그리고 감리교 교리가 담을 수 없는 이단사상인가? 필자는 우선 20C 후반기의 전위신학인 변박사의 "종교다원주의"와 "포스트모던 신학"의 주제를 개괄하면서 감리교회의 미래를 위한 신학으로서의 타당성 여부를 검토하려고 한다.

Ⅱ. 몸말

1. 변선환 박사의 신중심적-다원적 종교해방신학

변선환 박사는 현대사상——실존철학, 현상학과 해석학, 과정철학, 현대문학과 심리학, 동양의 제종교——을 종횡무진으로 섭렵하면서 성서와 기독교 역사 속에 나타난 복음을 끊임없이 변모하는 정신적 세계의 지평 위에서 지성의 희생을 치르지 않고 자기 것으로 획득하며 해석해 왔다. 변박사의 신학은 신정통주의 신학으로부터 출발하였으며, 그의 신학적 핵심 관심사는 1975년 Basel대학에 제출한 박사학위 논문에서 잘 나타나 있듯이 기독론, 즉 그리스도의 궁극성의 문제에 모아진다. 2000년 전 유대땅에서 태어난 예수를 시

19920525_최근 감리교 신학논쟁에 대한 비평적 검토_심광섭박사_감리교신학대화모임 자료집_6(1)번_페이지_01

간과 공간의 차이를 극복하고 동시에 자기 자신을 현대인으로 그리고 동양인으로 이해하며 어떻게 그리스도, 즉 주님으로 고백할 수 있느냐는 문제를 변박사는 실존철학과 일본의 선불교사상에서 해석학적 열쇠를 발견한다.

이러한 그의 신학적 노력은 탁사 최병헌의 종교변증신학, 유동식과 윤성범의 토착화 신학의 전통 위에 서 있다. 한국의 전통종교와 문화 속에서 형성된 종교성과 함께 복음을 재해석하려고 한 토착화 신학의 전통 위에서 변박사는 70년대 이후 한국의 민중해방과 민주화 투쟁과정 그리고 산업화의 도전 속에서 복음에 응답하려는 한국적 해방신학(민중신학)에도 지극한 관심을 쏟는다. 토착화 신학과 민중신학은 세계 신학의 조류인 종교신학과 해방신학에 각각 상응한다. 변박사는 1984년 『기독교 사상』(1983. 4. 5. 6)에 아시아 신학을 소개한 3개의 글에서 자신이 지향할 "종교해방신학"(Liberation Theology of Religions)의 터전을 마련하고 있다. 예수 그리스도가 아시아에 전래되기 전에도 아시아인은 아시아의 종교 속에서 삶의 의미와 진리에 이르는 길을 발견하였기 때문에 서구신학은 축적된 아시아의 영성이라는 요단강에서 세례를 받고 사회적 소외, 정치적 억압, 경제적 착취, 문화적 주변화, 종교적 정죄를 당하는 아시아의 민중적 상황인 골고다의 죽음과 부활을 체험할 때 비로소 형성된다. 따라서 변박사에 의하면 "종교적, 문화적 해석학을 통해서 형성되는 토착화 신학은 아시아의 종교부흥과 아시아의 혁명의 소용돌이 속에서 결코 정치적, 사회적 해석학을 통해서 형성되는 상황화 신학과 분리되지 않는다" (『기상』, 1983. 4. 48) 토착화는 어느 면에서 상황화를 지향하는 출발점(Terminus a quo)이고 상황화는 토착화의 종착점(Terminus ad quem)이다.

변박사는 한편으로는 동양 종교의 부흥에 더 많은 초점을 두고 신학을 전개했던 파니카(힌두교), 킨 마웅딘(소승불교), 야기 세이찌(대승불교), 이정용(주역) 등과 다른 한편 아시아의 고난과 혁명의 와중속에서 신학을 수행했던 M.M. 토마스 일본의 태국 선교사 고시키 고야마, 새로운 필리핀 사람을 꿈꾸는 나시팔, 제3의 눈의 신학자 송성천 그리고 한국의 민중신학자 서남동 등을 예로 들고 있다. 그러나 이들 논문에서 변박사는 타종교에 대하여 기독론적 포괄주의 입장을 취하고 있다.

변박사는 1984년 선교백주년 기념 강연인 "타종교와 신학"(『신학사상』 49호, 1984, p. 687~717)에서 토착화 신학의 새로운 방향으로 타종교의 신학을 제창한다. 토착화 신학이 타종교-문화적 상황 속에서 그리스도 신앙의 적합한 진술을 찾는 자기 정체성의 문제에 초점을 놓고 있다고 한다면, 타종교의 신학은 비기독교 종교에 대한

19920525_최근 감리교 신학논쟁에 대한 비평적 검토_심광섭박사_감리교신학대화모임 자료집_6(1)번_페이지_02

2000년 전 유대땅에 태어난 예수를
시간과 공간의 차이를 극복하고 동시에
자기 자신을 현대인으로 그리고 동양인으로 이해하며
어떻게 그리스도, 즉 주님으로 고백할 수 있느냐

기독교의 관계 방식에 역점을 둔다. 타종교와 관계하는 방식은 크게 두 가지이다. 첫째는 전통적 서구 신학의 관점에서처럼 타종교를 신학의 수단이나 신학의 대상과 객체로 보는 경우이다. 이때 기독교 신학은 타종교를 악마시하거나 저주하는 배타주의적 태도를 취하거나 기껏해야 타종교를 복음으로의 준비(Praeparatio evagelica)로 보며 포교하고 변증하려는 성취설 혹은 기독교적 포괄주의적 태도를 갖게 된다.

둘째, 타종교는 신학의 수단이 아니라 목적이며 신학의 객체가 아니라 주체로 보는 "타종교의 신학"(주격적 2격)이다. 이때 기독교는 전적인 다원사회 속에서 과거의 "개종주의 입장을 깨끗이 버리고 타종교와 동등한 자리에서 대화하는 공명한 자세를 가져야 한다." 타종교는 선교의 대상이 아니라 대화의 주체가 된다. 여기서 기소자들도 기소 사실 1번에서 옳게 보고 있듯이 기독교는 타종교보다 조금도 낫지 않으며, 하나님의 계시나 구원이 타종교 속에도 기독교와 마찬가지로 나타나 있다는 종교다원주의로의 길이 열리게 된다. 다원주의 시대 속에서 살아 계신 하나님의 일에 참여하기 위하여 대담하게 포기하여야 할 것들은 변박사에 의하면 다음의 세 가지이다.

첫째, 비기독교 종교일반 특히 비기독교에 대한 서구적 편견——불신앙, 계시에 대한 모순, 민중의 아편, 유아적 욕망의 응집물, 시대 착오적인 것——에서 벗어나야 한다.

둘째, "교회 밖에는 구원이 없다"(Salus extra acclesia non est)는 교회 중심주의에서 탈피해야 한다. 이원론적-배타적 교회중심주의는 교회를 계시와 은총의 유일한 통로로 이해한다. Origenes와 Cyprian에서부터 프로렌스 회의(1441)를 거쳐 1870년 제1차 바티칸 공의회의 교황의 무오류성에 이르기까지 교회 중심적 배타주의는 계속되어 왔다. 그러나 에큐메니칼 교회는 교회의 선교(missio ealesiae) 개념을 극복하고 하나님이 주인이 되는 선교(Missio Dei)를 증강하였고 1968년 웁살라 회의에서는 "교회의 벽밖에 계신 그리스도(christus extra muros ecclesiae)"에 대하여 증거하고 있다.

셋째, 타종교에 대한 그리스도론적 배타적 절대성이다. 교회의 터전인 그리스도 사건, 복음의 사건으로 되돌아 가려 했던 종교개혁자들에게 싹이 터서 개신교 정통주의, 경건주의와 대각성 운동(K. Darth와 Donheoffer 그리고 H. Kraemer, Hegel, Troeltsch, R. Otto, G. Menschig)으로 보는 모델과 포괄적 이원론적 모델——logos sper matikos(변증가들), 완전한 가치——보통 가치(F. Heiler), 우주적 그리스도론(뉴델리 이후 1961년의 R. Panikkan, H. Bürkkle, U. Mann), 자연과 은총, 이성과 계

19920525_최근 감리교 신학논쟁에 대한 비평적 검토_심광섭박사_감리교신학대화모임 자료집_6(1)번_페이지_03

시, 율법과 복음(C.H. Ratschow), 일반계시와 특수계시, 명시적 기독교-익명의 기독교(K. Rahner), 구원의 길(H.R. Schlette), 제2차 바티칸 공의회의 양파(동심원 모델), 암묵적-명시적 교회(P. Tillich).

변선환 박사는 타종교의 신학, 즉 종교다원주의는 "타종교의 구원론과 만나서 대화하며 비그리스도교 구원론에서 출발"(신사 47, 635)해야 한다고 주장한다. 기독교와 타종교는 그 가치에 있어서 동등할 뿐 아니라 한걸음 더 나아가 타종교의 신학은 휴머니티의 전체적 동일성의 회복을 위하여 투쟁했던 비그리스도 구원론에서 출발해야만 한다는 것이다. 기독교 신학에서 기독론과 구원론은 분리해서 생각할 수 없다. 기독론은 구원론의 존재근거(ratio essendi)이며 구원론은 기독론의 인식근거(vatio cogniscendi)이다. 구원의 통로로서 교회와 그리스도만을 배타적으로 주창해 왔던 전통신학의 입장에서 변박사의 주장을 어떻게 이해해야 되는가?

변박사는 다원적 종교해방신학의 전단계로 전통적 로고스 그리스도론을 재해석한 이단사상으로 정죄된 파니카의 우주적 그리스도론을 잠정적으로 도입한다. 교리수호측에 의하여 이단사상으로 정리된 파니카의 우주적 기독론의 출발점은 그리스도는 역사적 예수보다 크고 위대하다는 사상이다. 따라서 "예수는 그리스도이다"라는 명제는 "그리스도는 예수이다"라는 명제로 전도될 수 없다. 신적인 logos가 예수의 인격 위에 완전히 나타났으나 그러나 역사적 예수 안에서만 완전히 출현된 것은 아니다.

J. Hick는 "예수는 그의 사랑이 순전히 지상에서 행한 하나님의 사랑"이라는 의미에서 전적인 하나님(totus Deus)이지만, 신의 사랑이 예수의 개별적인 행위 혹은 행위 전체 밖에서는 표현되지 않았다라는 의미에서의 신의 전체(totum Dei)는 아니다라고 한다.

totus Dei와 totum Dei를 구별하는 사상은 J. Calvin과 P. Lonbardus까지 거슬러 올라간다. Calvin은 신적 logos가 완전히 성육하지 않았다라고 말하며 이것은 그의 유명한 명제 Extra Calvinisticum으로 표현되어 있다. 유한은 무한을 받아들일 수 없다(Finitum capax non infiniti). 파니카의 logos 기독론의 특징은 logos와 예수 안에서의 logos의 성육신을 구별하는 데 있다는 것이 아니라 신적인 logos는 예수 이외의 다른 성육신을 생각할 수 있다는 것이다. 이러한 맥락에서 우주적 그리스도(신적인 logos)를 마리아의 아들 예수(역사적 예수)와 동일시할 수 없다는 것은 자명한 논리적 귀결이다. 그러나 동시에 파니카는 그리스도가 시간과 공간의 제약 속에서 사시며, 역사하신 마리아의 아들 나사렛 예수이기 때문에 한 분의 역사적 구속자라는 데서 그의 기독교적 사고를 출발한

19920525_최근 감리교 신학논쟁에 대한 비평적 검토_심광섭박사_감리교신학대화모임 자료집_6(1)번_페이지_04

기독교와 타종교는 그 가치에 있어서 동등할 뿐 아니라 한걸음 더 나아가 타종교의 신학은 휴머니티의 전체적 동일성의 회복을 위하여 투쟁했던 비그리스도 구원론에서 출발해야만 한다는 것이다

다(qinitum capax infiniti).

1961년 뉴델리에서의 힌두교와의 에큐메니칼 대화에서 Devanandan과 Sittler에 의하여 제기된 "우주적 그리스도론(kosmische Christologie)"는 많은 점에서 Logos-Spermatikos와 흡사하다. 이 이론이 모든 인간에게는 logos의 씨가 심겨져 있다는 철학적 인간학에서 출발하는 것과는 달리 우주적 그리스도론은 근본적으로 기독론(골1 : 15~20)에서 출발하고 있다. 이 본문에는 시간적으로 영원전부터 공간적으로 어디에서나 활동하시며 특정한 종교에 얽매이지 않고 모든 종교를 초월하여 활동하시는 우주적-보편적 그리스도 사상이 전개되어 있다. 변박사가 "Reymond Panikkar und Hindu-Christen Dialog"(『신학과 세계』, 1976)의 논문 결론에서 Panikkar를 비역사적이며 유럽-형이상학적이라고 비판하고 있듯이 우주적 그리스도론은 그리스도 복음이 구체성, 역사성과 삶과의 인접성을 상실하고 복음의 삶의 자리를 몰각한 채 사변으로 빠질 위험성을 안고 있다.

다른 종교와의 참된 대화를 가능케 하기 위한 아시아의 종교적 상황과 더불어 아시아의 정치-경제적 상황 속에서 살아있는 그리스도론적 고백을 찾으려는 변박사의 노력은 "아시아 그리스도론의 여명"(『신학사상』, 48/1985)이라는 신학수상에 잘 나타나 있다. 이 수상논문에서 변박사는 우주와 역사, 정치와 종교, 개인과 사회의 이원론적 분리를 담고 있는 아시아적, 우주적 그리스도론과 민중 그리스도론을 넘어서 민중 종교의 그리스도론으로 결론짓는다. 고난의 종교성은 아시아적 통전성이다. 구원론적 상대주의와 무관심주의에도 빠지지 않고 타종교와 참된 대화가 가능한 "예수의 유일무이성(the Uniquness of Jesus)은 변박사에 의하면 "예수가 하나님의 아들이었다는 형이상학적 사변론(기독론)에 있지 않고 예수는 죄인과 세리의 친구, 즉 민중의 친구였다는 실천(예수론)에 근거하고 있다(『신학과 세계』, Vol. 16, p. 234, "Buddhist-Christian Dialogue towards the Liberation of Minjung")." "사랑의 실천은 모든 종교가 대화하고 가르치고 배울 수 있는 열려진 광장이다. 한국에서의 불교인-기독교인 대화는 사건의 현장 속에서 실천 중심적, 해방신학적, 구원 중심적 대화이다(상동, p. 239)."

최근의 글에서 변박사는 종교간의 대화의 걸림돌을 완전히 제거하기 위해 J. Hick, P. Knitter, W.C. Smith, W. Ariarajah와의 만남을 통해 신중심적 종교신학의 Model을 제시한다. 종교에 대한 서구적 편견, 교회 중심적, 그리스도 중심적 종교신학은 참된 대화를 불가능하게 하기 때문이다. 달리 말해 이들은, 프톨레미우스적 세계관에서 지구를 중심으로 모든 위성이

19920525_최근 감리교 신학논쟁에 대한 비평적 검토_심광섭박사_감리교신학대화모임 자료집_6(1)번_페이지_05

선회하듯이 기독교를 모든 종교의 중심에 놓고 타종교를 기독교의 주변을 선회하는 위성으로 생각하거나, 혹은 기독교를 타종교가 귀향해야 할 최고점으로 전제하고 있기 때문이다. 그러나 J. Hick에 의하면 이러한 사고는 유아적 이기주의이며 자기 중심적이기 때문에 이들로부터 실재 중심, 즉 신 중심적 사고로 변화를 일으켜야 한다. 모든 인류를 사랑하는 하나님은 그리스도교 안에서뿐 아니라 그 밖에서도 현재 구원의 역사를 이룩하고 있다. 따라서 모든 종교의 중심은 기독교가 아니라 신이다. J. Hick은 이것은 놓고 세계상을 태양중심적 모형으로 전환시킨 코페르니쿠스의 혁명에 비유하며 "신학에서의 코페르니쿠스적 전환"(GMN, 41)이라고 말하면서 이 전환을 "그리스도가 중심이라는 교리에서 하나님이 바로 우리는 물론 모든 인류가 받들고 그 주변을 선회하는 중심이 된다는 생각으로서의 전이를 포함해야 한다"고 덧붙인다. 이러한 맥락에서 변교수는 "기독교 밖에 구원이 없다"는 교리는 신학적인 톨레미의 천동설에 지나지 않는다라고 말할 수 있었으며 "종교의 우주는 기독교도 다른 종교도 아니고 신을 중심하여서 돌고 있다는 것을 기독교도 인정해야 할 것"이라고 주장할 수 있었다. 여기서 J. Hick은 종교개념을 신학적 연역(K. Darth)에서 구하지 않고, 현상학과 역사에 정향된 경험적이고 귀납적인 종교이해를 갖고 있다는 사실을 잊어서는 안된다. 따라서 Hick의 신학의 "코페르니쿠스적 혁명"이란 말은 그 자신의 신학적이고 사변적 작업이라기보다도 현대인이면 피할 수 없는 정신사적 필연성이며 신학은 이 사실에 적절한 대답을 주어야 한다는 예언자적 선언이다.

변박사는 "신중심적 종교신학"으로 대화 이론을 제시한 후 기독론의 난제를 구원론에서 찾고 있다. 플라톤과 Aristoteles의 형이상학적 언어로 형성된 초기와 중세의 기독론이나 독일 관념론을 빌어서 형성한 근대신학의 기독론은 "예수를 절대화, 우상화시켰으며 다른 종교적 인물을 능가하는 일종의 제의 인물로 보게 되었다는 것이다. 기독론의 의미도 서구 형이상학적 사유와 언어의 오랜 포로에서 벗어나야 하며 이것은 구원론의 과제가 된다. 변박사는 따라서 오늘날 세계 종교의 과제는 "종교 상호간에 열려진 대화와 협력"이며 "모든 목표는 전 인류의 복지와 구원을 이루어 내는 것"이라고 주장하고 있다.

변박사는 서구 문화나 철학과는 전혀 다른 전통 위에 서 있는 아시아, 특히 한국이라는 땅 위에서 살아 있는 복음을 증언하기 위한 토착화 신학의 맥락 위에서 예수를 통해 나타난 하나님의 구원과 해방의 역사 속에서 그리스도의 궁극성, 유일무이성, 절대성을 찾았으며, 하나님의

예수를 통해 나타난 하나님의 구원과 해방의 역사 속에서
그리스도의 궁극성, 유일무이성, 절대성을 찾았으며
하나님의 구원과 해방의 역사는 타종교와
문화, 세속 이데올로기, 휴머니즘 속에도 동등하게 나타나

구원과 해방의 역사는 타종교와 문화, 세속 이데올로기, 휴머니즘 속에도 동등하게 나타나고 있으므로, 비그리스도인들과의 대화를 위한 이론적 모델로 신중심주의를 제시한다. 이로써 변박사의 신학은 신중심적 다원적 종교해방 신학임이 틀림없다.

이단 사상이라는 데 대한 비판적 답변

기소 사실은 크게 두 가지 신학적 문제 제기로 요약될 수 있다. 첫째는 기독교(그리스도) 밖에서도 구원이 일어날 수 있다고 인정한다는 것과 둘째, 파니카의 우주적 그리스도론이 이단이라는 것이다.

첫째, 기독교의 역사는 모든 유일신 종교의 경우처럼 하나님 체험을 배타적으로 기술하고 해석해 왔다. 그러나 오늘날 종교간의 공존과 대화는 피할 수 없는 시대적 요청이며 따라서 근원적 하나님 체험의 기록인 성서와 신앙의 시대적-역사적 표현인 신학과 교리를 문자와 언어 이전의 체험의 빛에서 다시 읽어내는 일은 대단히 중요하다. 이때 성서의 중심적 메시지는 심판이나 저주가 아닌 사랑과 화해 지향적인 대화적 말씀임을 발견하게 된다. W. Ariarajah는 "타종교인에 대한 우리의 태도가 성서의 중심적인 메시지에서가 아니고 아마도 주로 성서의 배타적인 모든 성경 귀절로부터 도출되었다는 것은 매우 불행한 일이다"라고 말하면서 "우리가 그리스도를 믿지 않고 기독교 공동체에 속하지 않는 자는 하나님의 구원의 섭리와 구원의 능력 밖에 있다고 한다면 우리는 예수 그리스도의 하나님이 아닌 신에게 대하여 말하는 것이 된다"고 못박았다(『성서와 종교간의 대화』, 70).

둘째, 파니카의 우주적 그리스도론은 그의 신학적 약점에도 불구하고(모든 신학적 이론은 강점과 약점이 있음) 전통적 logos 기독론의 인도적 창조임을 살펴 보았다. 성서는 그리스도를 마리아의 아들 예수와 동일시하는데 그것은 마태와 누가뿐이다. 한걸음 더 나아가 예수님 자신이 육적인 어머니 관계와 형제 관계에 의문을 제기했다. 예수의 어머니와 형제가 예수를 찾아 왔을 때 예수는 "내 어머니와 내 형제들이 누구냐?"라고 반문하면서 "누구든지 하나님의 뜻을 행하는 자가 곧 내 형제요, 자매요, 어머니다"라고 답하고 있다(막3 : 31~35 평행귀). 또한 logos 기독론은 변증가들 이전에 이미 요한복음에 전개된 사상임은 주지의 사실이다. "태초에 말씀이 있었다(*ευ αρχη ην ς*). 말씀이 육신이 되었다(*και ο λργος σαρξ ετενετο*)." 사도 바울도 "전에는 우리가 육적인 표준(*κατα σαρκα*)"을 따라 그리스도를 알았지만 이제는 그렇지 않다(고후 5 : 16)고 말하고 있다.

Logos 기독론을 이단이라고 정죄하는 것은 반신학적 전통일 뿐만 아니라 성서적 무지에서 나온 결과라고 말하지 않을

19920525_최근 감리교 신학논쟁에 대한 비평적 검토_심광섭박사_감리교신학대화모임 자료집_6(1)번_페이지_07

수 없다.

2. 홍정수 박사의 포스트모던 기독론?

제목을 이렇게 잡아보았지만 포스트 모더니즘의 정체를 누구도 것이다라고 밝히지 못하고 논쟁만 계속되어 가고 있는 마당에 세간에 나도는 홍교수의 "포스트모던 신학"의 특징과 얼거리만이라도 이미 발표된 문서를 통해 말해야 되는 과제를 안고 있다. 홍교수는 포스트 모더니즘을 새바람이라는 은유를 사용하여 표현한다. 바람이니 만큼 홍교수도 아니 아무도 포스트 모더니즘의 정태를 해부할 수 없다고 한다. 그러나 그는 John Cobb을 인용하여 이 새바람을 프랑스의 deconstructivism(해체주의, 탈구성주의, 철거주의)과 영미의 과정사상이 만나서 만들어내는 새바람이라고 정리하고 있고 홍교수 자신은 "과정철학"과 "후기 언어철학"의 통찰에 힘입어 전개하고 있다고 밝히고 있다. 그 특징을 약술하면,

첫째, 19세기 이후 줄곧 인간의 세계관과 진리관을 형성하고 있는 과학의 지배로부터의 해방이다. 과학의 언어는 유일한 언어가 아니라 다양한 언어놀이의 하나에 불과하다.

둘째, 언어는 정보를 전달하고 지시적이고 명제적 기능만 하는 것이 아니라 인간의 세계를 구성하는 창조적 기능을 가진다. 따라서 언어는 그때그때 쓰여지는 상황, 맥락, 양식을 염두에 두고 언어가 사용되는 규칙에 알맞는 문법을 찾아 해석되어야 한다. 이를테면 학술적 논문, 소설, 시, 종교언어, 상고문 등에는 이들에 알맞는 어법이 있고 이들은 각기 고유한 테두리 안에서 분석되고 판단되어야 한다. 성서언어(신앙의 언어)는 신앙인들의 고유한 경험과 사유 방식이 표현되어 있으므로 과학의 언어(객관적 사실만이 진리이다라는 문법의 언어)로 성서언어를 판단하게 될 때, 신앙의 본질은 은폐되고 왜곡되거나 비신앙적인 것이 된다.

셋째, 포스트모던 세계의 특징은 다원주의이다. 다원주의는 포스트모던 세계의 실재관이다. 필자는 홍교수의 포스트모던 신학의 논의를 기독론에 한정하려 한다. 왜냐하면 세간에 문제가 된 제목들(예수의 피, 속죄, 예수의 죽음과 부활 등)은 기독론에 속하기 때문이다. 그러나 홍교수를 고발한 기소장의 기소 사실을 읽어 보면 본인의 의도와는 전혀 무관하게 아니 오히려 의도와는 반대로 단편적이고, 왜곡된 채 홍교수의 글이 인용되고 있다. 홍교수는 해명서 "성서와 감리교 신학의 바른 이해"와 기소사실에 대한 자신의 변론인 "진실을 은폐시킬 수 있는 힘은 없다"에서 조목조목 상세하게 기소사실의 부당성을 지적하고 있는데 필자는 이 지적이 신학적으로 옳다고 생각한다. 그러므로 필자

19920525_최근 감리교 신학논쟁에 대한 비평적 검토_심광섭박사_감리교신학대화모임 자료집_6(1)번_페이지_08

신학이 기독교 신앙에 대한 그때 그때마다의 역사적 상황 속에서의 인간의 책임적 응답이라면, 신앙의 근거와 예수 그리스도, 즉 지상예수와 고양된 그리스도, 참된 인간과 참되신 역사적 예수와 신앙의 그리스도 사이의 통일성이 문제의 초점이 된다

는 기소사실의 신학적 부당성을 중복하여 따지지 않고 홍교수의 최근 저서 『베짜는 하나님』(조명문화사, 1991) 안에 있는 기독론 부분(pp. 87~221)을 현대 기록론의

저작들과의 관계

- 독일어권 신학자 : W. Pannenberg, J. Moltmann, G. Ebeling.
- 과정신학자 : J. Cobb, S. Ogden, D. Cniqfin
- 해방신학자 : J. Sobrino, L. Boff
- 카톨릭신학자 : K. Rahner, D. Welte, H. Kung, W. Kasper, E. Schillebeeckx, P. Schoouenberg, A. Grillmeier

저작들과의 관계 속에서 그 특징을 드러내 보이고 포스트모던적 기독론(?)의 가능성 여부를 묻고자 한다.

신학이 기독교 신앙에 대한 그때그때의 역사적 상항 속에서 인간의 책임적 응답이라면, 신앙의 근거와 예수 그리스도 즉 지상예수와 고양된 그리스도, 참된 인간과 참되신 역사적 예수와 신앙의 그리스도 사이의 통일성이 문제의 초점이 되게 된다. 전통적 기독론은 후자를 우선하여 전개되었는데 편의상 위로부터의 기독론(Theologie von oben)이라 칭하겠다. 이것에는 예수의 보냄과 영기독론, 지혜기록론, 화육, Logos 선재기독론 등이 있다. 내재적 삼위일체의 제2격으로부터 출발한 위로부터의 기독론에서 예수는 일반 그리스도인에게 지상에서 걸어다니는 신으로 여겨졌고 그의 인간성은 다만 외적인 현상에 지나지 않는 것으로 경시되었다. 그러나 사유의 인간학적 전환의 그늘 아래 있는 근대인에게 예수의 참된 인간성은 구원의 표시이며 원천일 뿐 아니라, 신체험의 입구이며, 수단이며 장소이다. 근대 자유주의 신학은 예수의 자의식과 삶으로부터 출발하고 아래로부터의 기독론을 전개하였다. 홍교수의 관심도 예수의 지상에서의 삶에 모아지고 있다. "별로 타당성도 없는 세계적 석학들의 진부한 서적들을 인용하지 않으려는"(『베짜는 하나님』, p. 1) 홍교수가 유일하게 인용하는 튜빙겐의 카톨릭 신학자 W. kasper가 『예수 그리스도』(분도 출판사, 1977)에서 지상 생애의 예수에 115쪽을, 부활한 그리스도, 현양된 그리스도에 71쪽을 할애하고 있는데 반해 홍교수는 지상의 예수의 생애에 107쪽(87~194), 부활에 27쪽(194~221)만을 할애하고 있다. "기독교 신앙에는 아무것도 신화적이거나 마술적인 것이 없다"라고 말하는 홍교수는 예수를 자칭 정결한 사람이 보기에는 더러운 사람으로 그러나 온유한 사람으로 기도하며 탄식하는 설교자로 하나님의 말씀과 자신의 삶이 일치했던 자로 그리고 있다. 예수의 죽음은 "신성한(신으로서의) 죽음"이 아니다. "하나님의 아들의 죽음이 아니라 특정한 메세지를

19920525_최근 감리교 신학논쟁에 대한 비평적 검토_심광섭박사_감리교신학대화모임 자료집_6(1)번_페이지_09

전하고 있던 한 설교자의 죽음을 증언하고 있을 뿐"(『베짜는 하나님』, p. 190)이다. 또한 "예수의 죽음과 부활 이전에 이미 예수라는 설교자의 말씀을 인간 우리를 해방시키는 위력을 지니고 있다"(p. 192). "인간은 예수의 활동을 통하여 구원(해방)을 체험하였다"(p. 193). "예수라는 설교자의 죽음은 억울한 희생이 아니라 '말하기 위한 최후의 수단'으로서의 선택된 죽음"(191)이라고 봄으로써 자유주의 신학의 예수의 종말론적 예언자 사상이 부각된다. 예수의 죽음 이전의 활동과 삶에서 구원과 해방을 체험할 수 있기 때문에 홍교수에게 예수의 "죽음은 비존재요, 비실체이다"(p. 192), 예수의 삶은 "다 이루었다(요19 : 20)"라고 십자가 상에서 말씀하신 것처럼 이제 완결적이고 완전한 것이 아닌가?

그러나 부활의 사건에 직면하여 홍교수는 "예수가 하나님에 의하여 되살아 났다고 하는 것은 그의 삶이 비완결의 죽음을 맞이했기" 때문이다(p. 195)라고 부활의 이유를 설명한다. 예수의 삶의 주체는 인간 예수처럼 그려졌지만 그러나 예수 부활의 주체는 철저히 하나님 한 분뿐이다(p. 197). 예수에게 자신의 삶과 부활은 어떻게 통일될 수 있는가 하는 문제가 여전히 남는다. 예수의 삶은 인간의 영역이고 부활은 이제 신의 영역인가? 신의 기적적 세계 개입은 부정하는 홍교수의 논리에 따르면 이러한 구분은 있을 수 없다. 따라서 홍교수는 부활에서 성육신의 확인을 읽는다. "저들(제자들)의 믿음에 의하면 예수 자신이 하나님의 말씀의 구체적 표현(성육신)임이 확인되었다는 것을 가리킨다"(p. 198). 위에서부터의 기독론에서 성육신론은 중심적 위치를 차지하고 있는 반면에 홍교수에게 성육신은 기독론의 부록이다. 왜냐하면, 홍교수에게 예수의 삶은 신의 아들의 삶이 아니라 한 인간의 삶이며 예수의 죽음은 신의 아들의 죽음이 아니라 한 인간의 죽음이기 때문에 홍교수의 예수의 삶으로서의 기독교론은 다음의 말에서 절정을 이룬다. "예수는 자신의 삶으로서 말했고, 그의 삶이 그의 말보다 더욱 진하고, 더욱 고차적이고 더욱 신성했던 것이다"(p. 193). 예수는 "상생의 선포자로 실천자"(p. 193)이기 때문에 그리스도(구주)이다. 여기서 예수의 신성은 예수의 삶의 완전성 이외의 다른 것을 의미하지 않는다.

근세의 주관성으로의 전환(die neuzeitliche Wende zur Subjektivität)과 함께 시작된 자유주의 신학의 기독론이 그리스도 존재론(Christusontologic)이라는 위로부터의 기독론을 거부하고 있으나 근세의 아래로부터의 기독론은 일종의 그리스도 심리학(Christuspsychologic)의 길 위에서 전개되고 있다. 지상의 인간 예수에게서 특별히 그의 내적인 삶속에서, 신성이 경험

19920525_최근 감리교 신학논쟁에 대한 비평적 검토_심광섭박사_감리교신학대화모임 자료집_6(1)번_페이지_10

예수는 자신의 삶으로 말했고, 그의 삶이 그의 말보다 더욱 진하고, 더욱 고차적이고 더욱 신성했던 것이다. 예수는 상생의 선포자이고 실천자이기 때문에 그리스도이다

되어야 하며 미적 행위 속에서 직관되어야 한다는 것이다. 이와 같은 동기를 가지고 A. Ritschl은 그리스도의 신성을 그의 업적(삶)에 계시하는 속성(술어)으로 이해한다. "우리가 그의 영원한 신성을 사고하기 전에 먼저 그리스도에게 계시하는 신성을 증명할 수 있어야만 한다"(Du christliche Lehre von der Rechtfertigung und Versöhnung, Bd. 3, Bonn 1985). 예수의 역사적 삶의 형태가 고양되거나 선재한 자로 말할 수 있는 척도이다. 그리스도의 신성과 세계 지배는 그의 시간적(역사적) 신론의 특성에서 파악되고 있다. Ritschl W. Herrmann의 경우도 이와 유사하다. "예수에게서 속죄를 찾으려고 하는 우리들은 속죄 받은 자인 예수의 제자가 예수를 믿었던 것처럼 예수에게서 동일한 어떤 지고의 것을 믿으려고 감행할 수 없다. 이것은 위로부터 시작하는 것이며 속죄의 열매를 속죄의 근거로 만드는 것이다. 우리는 위로 기어올라 가려고 하지 않는다. 우리는 당시의 제자들처럼 우리 자신을 알아야 하며 우리의 상황 속에서 무엇인가 의심할 수 없는 실재적인 것으로 나타나고 있는 것을 통해 높여져야 한다." 여기서 자유주의 신학의 기독론적 단초는 "예수의 생"이며 자유주의 신학은 예수의 생이 신학임이 들어난다. 이 신학적 구도에서는 인간적 삶의 모습이 단순한 신적인 것은 투영할 수 있는 것이 되며, 교회 전통 속에서 주장된 예수의 신성은 반대로 후기 공동체의 신앙으로 선언된다. 부활이 부정되지는 않지만 부활은 지상의 예수의 완전성을 위한 신의 보증이라는 형식적이며 적법적 의미만을 지닌다. 이러한 맥락에서 홍교수는 "저들(제자들)의 믿음에 의하면 예수 자신이 하나님의 말씀의 구체적 표현(성육신)임이 확인되었다는 것을 가리킨다"라고 말한다. 예수의 인성이 이상화되게 되며 예수의 신성의 인식근거는 일종의 예수의 인성에 대한 미적 직관이 된다. 이러한 논리 배후에는 관념론적 역사 철학의 요청, 아래의 것은 위의 것을 위하여 투시적이다라는 관념론적 역사 범신론이 전제되어 있음이 간과될 수 없다.

그러나 지상의 예수는 현재의 인간 우리를 위하여(pro nobis) 이상화하는 예수주의는 심장이 제거된 공허하고 얼빠진 기독교 신앙이 아닌가? 자유주의 신학자들에게 예수는 모든 인간 안에 가능적으로 내재해 있는 초월지향적인 것(성공한, 행복한, 완성을 향해 가는 인간)의 실현을 위한 암호, 상징, 은유, 모범이었듯이 홍교수에게 예수는 현실의 부조리 모순, 역설을 한 몸으로 살아가는 인간성의 원형 그 이상인가? 홍교수에게 기독론은 인간학의 부록에 지나지 않은 것이 아닌가? 기독론은 인간학에 없어도 되는 알파(A)를 첨가한 것인가? 방법론적으로 아래로부터 기

19920525_최근 감리교 신학논쟁에 대한 비평적 검토_심광섭박사_감리교신학대화모임 자료집_6(1)번_페이지_11

독론을 취하는 K. Rahner는 기독론을 선험적으로 인간학으로부터 추론하려는 시도를 결정적으로 거절했다. 그는 '신학적 인간학을 기독론으로부터 기획했다. 기독론은 그에게 신학적 인간학을 전개하기 위한 전제이며 기독론은 인간학의 끝이며 완성이 아니라 인간학의 시작이기 때문이다. 인간 존재는 그의 철저한 개방성 속에서 신이 그에게 말을 건내면 알아들을 수 있는 문법을 가지고 있다. 그러나 이 문법의 규칙으로부터 시가 만들어지는 것이 아닌 것처럼 인간학으로부터 기독론이 만들어지는 것이 아니다. 이 점에서 K. Darth의 정통주의의 위로부터의 기독론으로 자유주의 신학의 아래로부터의 기독론을 비판함은 옳다 : "정통주의 기독론은 높이 3000m 되는 곳에서 아래로 가파르게 흐르는 빙하수이다. 이것으로 인간은 무엇인가를 할 수 있다. 헤르만의 기독론은 보는 바와 같이 갯벌에 펌프질하여 3000m의 높이로 수위를 올리려고 하는 절망적 시도이다. 이것은 되지 않는다 (Du dogmatische Prinzipien lehre bei W. Herrmann, in. ZZ, 1925. 274). 오늘날 우리는 고대 기독론, 정통주의 기독론이나 Barth류의 위로부터의 기독론을 일방적으로 반복할 수 없다. 그러나 적절한 아래로부터의 기독론은 옳게 이해된 위로부터의 기독론은 제거하지 않고 포함한다. 위-아래는 우선상의 문제가 아닌 서로 상응해야 할 관계이다. 홍교수의 말대로 성육신, 처녀 마리아 탄생, 대리적 속죄의 죽음, 부활, 승천, 재림 등은 과거의 신화론적 세계상 속에서 형성된 잔존물이며, 오늘날 현대인의 과학 기술적으로 정향된 세계 속에서 단순히 그것들을 반복한다면 아무것도 시작할 수 없기 때문에 박물관의 골동품 취급을 할 것이 아니라 끊임없이 재해석되어야 할 것이다.

지금까지 필자는 홍교수의 기독론의 단초가 자유주의 신학의 아래로부터의 기독론과 유사함을 지적하였다. 물론 자유주의 신학자들이 예수에게서 당시의 세계관적 이상(진보, 발전, 행복, 완전한 인간)을 읽어내려고 했던 반면에, 홍교수는 인간 예수에게서 모순과 부조리, 억압과 왜곡된 현실을 하나님의 말씀을 선포하면서 몸으로 실천하는 모습을 그려낸다. 그러나 이 양자는 예수의 신성(신적인 예수)을 비신화화 하는 데는 성공했지만 사실상 예수는 궁극적으로 영원한 인간의 신화로 주장함으로써 인간을 재신화하고 있다.

위로부터의 기독론(고대-중세-정통주의 신학의 모델)과 아래로부터의 기독론(근대 자유주의 신학의 모델)은 양자택일의 문제가 아니다. 예수가 스스로 아들을 하나님의 아들이라는 칭호를 사용하지 않았다고 하더라도 아버지와의 그의 관계는 하나의 유일한 아들로서의 관계이며, 이 아들이 우리를 하나님의 아들들로 만들어

19920525_최근 감리교 신학논쟁에 대한 비평적 검토_심광섭박사_감리교신학대화모임 자료집_6(1)번_페이지_12

예수의 신성을 비신화화하는 데는 성공했지만
사실상 예수를 궁극적으로
영원한 인간의 신화로 주장함으로써
인간을 재신화화하고 있다

준다. 아들과 아버지의 관계는 아래로부터 위의 관계나, 위로부터 아래의 관계가 아니라 상호관계이다. "내 아버지께서 모든 것을 내게 맡겨 주셨습니다. 아버지 밖에는 아들을 아는 이가 없고 아들과 또 아버지를 계시하여 주시려고 아들이 택한 사람 밖에는 아버지를 아는 이가 없습니다"(마11 : 27). 여기에서 상호인식은 지적 사건이 아니다. 사랑 안에서 일어나고 상호간의 인격을 결합하는 포괄적 사건이다. 이러한 복종과 사랑의 관계 속에서 예수는 철저히 아버지로부터 나온 자이며, 또한 철저히 아버지께 내어 맡긴 자이다. 이러한 복종 속에서 예수는 자신의 것이 없으며, 모든 것은 하나님께로 나왔으며 하나님을 위해 있다. 바로 이 복종 속에서 예수는 스스로를 전달하는 하나님의 사랑의 존재이다. 예수의 철저한 아버지를 향한 헌신은 선행하여 일어나는 예수에게로의 아버지의 전향을 전제한다.

하향적 기독론이나 상향기독론은 고대에서부터 근대에 이르는 형이상학적 사유의 산물이다. 형이상학은 출발(αρχη)과 목표점(τελος)을 설정한다. 예수의 인성(지상의 삶)을 위하여 예수의 신성(고양된 존재)이 경시될 수 없으며 그 역도 마찬가지이다. "우리의 신학적 과제는 '다원주의' 시대를 맞아, 상생(相生)의 논리와 삶 방식이 기독교적이요, 포스트모던적이요, 또한 한국적임을 논증하고 그것을 실천하기 위한 교회의 과제를 천명하는 것"(p. 153) 이라고 홍교수가 선언하고 있듯이 홍교수는 기독론을 모던적(형이상학적 인간학적 전회)이 아니라 보다 철저히 포스트모던적(?)=(관계적 ; 언어적 전회)으로 전개하여야 한다. 홍교수는 이미 고가르텐 연구 속에서 관계적 존재론을 심도있게 연구하였다(『다종교와 기독론』, 조명, 1990, pp. 86~105). 이러한 맥락 속에서 그리스도의 인성과 신성의 통일을 "하나님의 말씀"(신적 logos)을 전하며 실천하는 행위(사건) 속에서 찾으려는 홍교수의 시도를 엿볼 수 있다.

예 : ① 예수의 죽음의 속죄의 의미는 "그가 '하나님의 말씀'을 증언했다는 뜻이요, 나아가 그가 전한 하나님의 말씀은 그의 삶의 구체적인 발자취와 하나였다는 고백의 말이다"(p. 193).

② 예수는 "자기의 생전체로서 설교했고, 따라서 예수의 생은 그가 전하는 말(하나님의 말씀)과 일치되었다"(p. 198). 하나님의 말씀을 전하고 실천하는 행위는 예수의 신성과 인성이 만나는 자리이면서도 섞이지 않고, 분리되지 않고 혼돈되지 않으면서 연합할 수 있는 열려진 광장이다.

19920525_최근 감리교 신학논쟁에 대한 비평적 검토_심광섭박사_감리교신학대화모임 자료집_6(1)번_페이지_13

이들은 모두 다원화된 사회 속에서 기독교적 게토화와
고립화를 막으며 기독교신학의 탈근대화를 통하여
서구 2000천 년 동안 하나님 말씀의 능력을
억압하지 말자는 신학적 시도이다

Ⅲ. 나오는 말

모든 신학적 진술은 기독교 신앙에 대해 교회와 세계 속에서 책임적으로 응답해야 한다는 과제를 안고 있다. 니케아와 칼케돈 회의 이후 형이상학적 사유와 언어는 기독론뿐만 아니라 이후의 기독교 신학을 전개하는 데 늘 함께 따라다니는 그림자가 되었다. Harnack은 초대 기독교의 신학을 기독교의 헬라화라고 비판하였다. 그러나 A. Grillmeier는 힘겹고 상세한 연구를 통해 니케아, 콘스탄티노플, 에베소, 칼케돈을 거친 기독교 신학의 전개는 전승된 기독교 신앙과 실천을 이단적 오도에 반대하여 분명히 천명하기 위하여 희랍철학의 언어를 사용하다였고 결론지었다. 교부 신학자들은 그들이 처한 상황 속에서 기독교 자신을 이해 가능하게 진술하기 위하여 헬라철학의 개념을 사용하였다고 한다. 따라서 니케아 칼레돈의 헬라화는 동시에 Arius와 Eutyches의 당면한 과도한 헬라적 침범에 대한 기독교의 탈헬라화를 의미한다.

종교다원주의나 포스트모던 신학이 기독교 신앙을 타종교와 일반철학사상 속으로 회석시키고자 하는 것이 아님은 분명하다. 이들은 모두 다원화된 사회 속에서 기독교의 종교적 게토화와 고립화를 막으며 기독교 신학의 탈근대화를 통하여 서구 2천 년 동안 하나님의 말씀이 능력을 억압하지 말자는 신학적 시도이다. 이때에 목회적 실천과의 병행 속에서 신학적 논의와 논쟁이 거할 점은 많으나 종교재판의 자리가 있을 수 없음은 거부할 수 없는 분명한 사실이다.

19920525_최근 감리교 신학논쟁에 대한 비평적 검토_심광섭박사_감리교신학대화모임 자료집_6(1)번_페이지_14

나원용 서울연회감독께 드리는 공개질의

연회와 감독님께 주님의 평안을 빕니다.

1991년 10월29일-31일에 열린 제19차 특별총회로부터 파행적인 길로 치달아온 변.홍교수 문제는 1992년 5월7일 서울연회 재판위원회가 불법적인 재판과정을 통해 출교를 선고함으로써 파문이 날로 확산되고 있습니다. 사태가 원만히 수습되기를 기다리던 우리 목회자들은 사태가 진행됨에 따라 교단의 무능과 불법,편의주의로 인하여 교단의 위신이 대외적으로 실추되고 감리교인이라는 자긍심이 훼손당하는 사태에 대한 책임이 이를 방관,묵인함으로써 그러한 행위를 조장한 교단지도부에 있음을 인식하고 이에 대한 책임있는 답변을 듣고자 공개질의를 합니다.

특히 나원용감독께서는 해당자들이 소속된 연회의 최고 책임자이자 감리교신학대학의 이사장으로서 책임이 막중하다고 할 수 있습니다. 우리 목회자들의 다음과 같은 질의에 감독님의 진실한 답변을 기대합니다.

1.이번 사태를 보면 서울연회의 최고 지도자로서 감독의 존재 이유를 의심케 하는 일들이 일어나고 있습니다. 즉,

①신학적인 문제를 종교재판으로 가기까지 방치함으로써 불필요한 소모를 초래하고, 급기야 감정적인 대립과 교단의 위신을 실추시킨 점,

②물량을 동원한 무모한 공격과 사실에 근거하지 않은 모함이 자행됨에도 전혀 이를 자제하도록 지도하지 못한 점은 교단의 책임자로서 역할을 방기한 탓이라고 생각됩니다.

이러한 사태에 당면하여 지금이라도 감독으로서의 권위와 책임감을 되찾고 이의 해결을 위하여 노력하실 생각은 없으십니까?

2.변.홍 두 교수에 대한 서울연회의 재판은 파행과 불법으로 얼룩져 있습니다. 즉,

①이 재판은 소위 「교리수호대책위」가 고소하고, 그들이 심사,기소하고, 「교리수호대책위」가 재판한 하늘 아래 둘도 없는 재판입니다.

②이 재판은 심사,재판 과정이 감리교회의 재판법과 일반적인 소송절차에 어긋나는 불법적인 재판이기 때문에 원천적으로 무효임을 면할 수 없도록 되어 있습니다. 또한 이 사안이 피고인들의 변론의 기회를 봉쇄해야 할 정도의 긴급한 사정을 찾아볼 수 없음에도 졸속과 파행으로 진행된 것은 명백한 불법입니다.

③특히 전혀 사실이 아닌 통일교 관련 등에 대한 사실확인과정이 전혀 없이 이를 출교선고의 근거로 삼은 점은 통탄할 일이 아닐 수 없습니다.

④이러한 졸속과 파행,불법 때문에 교단의 상처는 깊어만 가고 해결의 길은 멀어져감에도 불구하고 감독님의 책임있는 행동은 전혀 찾아볼 길이 없습니다.

19920526_나원용 서울연회 감독께 드리는 공개질의_(가칭) 전국감리교목회자협의회 건설추진위원회 변홍교수 출교사태 대책위원회_6(1)번_페이지_1

서울연회의 행정의 책임자로서 감독께서는 심사, 재판위원 등의 선출에 실질적인 영향력을 행사할 수 있고 심사, 재판절차를 감독, 지도할 위치에 있습니다. 그럼에도 재판의 공정성을 보장할 조치를 전혀 취하지 않은 것으로 보입니다. 감독께서는 이러한 불법적인 재판을 진행한 재판위원의 책임을 묻고, 재판의 무효를 선언하여 재심을 진행할 생각은 없으십니까?

3. 「교리수호대책위원회」(대표: 김홍도목사, 유상열장로)라는 단체와 그 책임자들은 교단의 위신을 추락시키고 불법을 일삼고 물의를 일으키고 있습니다. 즉,

①「교리수호대책위」는 변.홍 두 교수의 통일교 관련 등 허위사실을 날조하고 이를 일간신 문 등에 공표하여 해당되는 두 교수뿐 아니라 감리교회의 명예를 심각히 훼손하였고,

②교인들의 헌금으로 교회 내의 문제를 일간신문 등을 통하여 선전하는 등 물의를 야기하고,

③심사와 재판위원의 선정 및 변.홍 교수에 대한 심사와 재판에 개입하여 공정한 재판을 방해 또는 불법적인 재판을 유도하고,

④교인들을 사병화(私兵化)하여 재판장소에서 폭력을 행사하고,

⑤재판의 결과가 감독의 재가를 얻기도 전에 판결문을 사취하여 신문 등에 공개함으로써 교단의 체계와 권위를 무시하는 등 안하무인의 행동을 하고 있음에도 불구하고,

⑥감독으로서 아무런 조치를 취하지 않는 것은 감독의 직무를 포기할 뿐 아니라 그에 묵시적으로 동조하고 있다는 의혹을 지울 수 없습니다.

나원용 감독께서는 이러한 의혹을 불식하고 교단의 질서를 바로 잡기 위하여 「교리수호위」 관계자들을 견책하고 심사에 회부하여 그에 상응하는 징계를 가할 생각이 없으십니까?

우리 목회자들은 위와 같은 점들에 대한 감독님의 성의있는 답변을 기다립니다. 목회자들의 충정을 이해하시고 1992년 6월 5일까지 회답해주실 것을 기대합니다. 주님의 은혜안에 교단을 위한 기도와 노고를 빕니다.

1992 년 5 월 26 일

(가칭)전국감리교목회자협의회건설추진위원회 변.홍 교수 출교사태 대책위원회

정명기, 김창택, 현제호, 김정권, 이화식, 황호용, 차홍도, 이필완, 최혜자, 황문찬, 이종철, 김성복, 박화원, 조화순, 신철호 외 대책위원 일동.

19920526_나원용 서울연회 감독께 드리는 공개질의_(가칭) 전국감리교목회자협의회 건설추진위원회 변홍교수 출교사태 대책위원회_6(1)번_페이지_2

J-2-097

감리교단을 염려하는 기도모임 발족에 즈음하여 (안)

예수 그리스도의 십자가 보혈로 우리를 구속하시고 주님의 부활로 우리를 영원한 생명으로 인도하신 하나님께 감사와 영광을 돌립니다.

우리는 지난 회 총회에서 발단된 변선환, 홍정수 두 교수의 재판이 서울연회에서 "출교"라는 극형에 까지 이르는 과정을 직시하면서 감리교회의 앞날을 걱정하고 간절히 기도 드리지 않을 수 없었습니다. 과거를 돌이켜 보면 여러가지 우여곡절이 있었음에도 불구하고 우리 교회는 분열에서 화해로, 다양성속에서 일치를 추구하며 발전하여 왔습니다.

그러나 이번 사건은 한국감리교회의 전통과 웨슬리의 정신을 완전히 망각한 신학의 획일성과 신앙의 배타주의가 지배하였습니다. 그것도 교단이 주체가 되어 교리와 신학을 토론하고 검증하는 과정을 무시한 채 일부 임의단체의 힘이 교단 위에 군림하여 재판을 좌우하여 교단의 권위를 실추시켰음을 볼 때 통탄하지 않을 수 없습니다.

지금 우리는 소위 정보화와 국제화의 엄청난 시대적 도전과 함께 남북통일이란 난제를 앞에 놓고 독창적이고 포괄적이며 통전적인 선교를 위해 전력투구해도 역부족인 상황에 처해 있음에도 불구하고 이렇듯 과거지향적이고 단견적인 사건을 조작하여 선교에 막대한 지장을 초래하게된 것은 심히 유감이라 아니할 수 없습니다.

이제 우리는 오늘의 오도된 감리교회가 그 본래의 역할인 그리스도의 사랑과 화해를 통해 우리 교회가 하나가 되는 동시에 "세계는 나의 교구" 라는 선교적 사명에 충성하기 위해 참회와 함께 신앙적 결단과 헌신을 표명하는 바입니다.

끝으로 하나님의 뜻이 하늘에서 이루어진것과 같이 그 뜻이 우리 교회와 이 땅 위에 실현되기 바라며 감리교인 모두의 진정한 기도와 관심이 "감리교단을 염려하는 기도모임"과 함께 하기를 간곡히 당부하는 바입니다.

1992년 5월 28일

감리교단을 염려하는 기도모임 참가자 일동

－16－

19920528_감리교단을 염려하는 기도모임 발족에 즈음하여_기도모임 참가자 일동_감리교단을 염려하는 기도모임 자료집_6(1)번

기독교 공동체에 대한 도전

다원주의와 포스트 모더니즘 신학

마크 테일러 박사(프린스턴 대학)

오늘날 우리들 기독교인의 공동체는 또 하나의 도전을 맞고 있습니다. 그것은 "우리가 어떻게 그리스도의 몸이 될 수 있느냐?"하는 것입니다. 우리(교회)가 이 질문에 최선을 다해서 대답할 수 있는 길은 다음의 두 가지라고 믿습니다.

그 첫번째는 인간을 내적 외적으로 지배하고 정복하는 그 모든 것으로부터 해방시켜 주시는 그리스도를 믿고 따르는 것입니다. 예수 그리스도께서 우리를 해방시켜 주셨으니, 우리는 모든 면에서 해방된 자유로운 인간입니다. 다시 말해서 예수 그리스도의 복음의 핵심은 "자유"라는 것입니다.

두번째는 그리스도께서 우리를 하나되게 하심을 믿는 것입니다. 그리스도께서는 해방의 과정 가운데서 우리를 하나되게 하시는 분입니다. 그렇기 때문에 그리스도안에서 하나가 되어 사랑한다고 하는 것은 곧 서로 다른 사람들끼리 포용할 수 있는 큰 능력을 허락받은 것을 뜻합니다. (교회가 바로) 그리스도의 몸이라는 말은, 우리가 각각 다른 지체이지만 유기적으로는 하나임을 의미하기도 합니다. 우리를 하나되게 하시고 자유로 해방시켜 주시는 그리스도 안에서, 우리가 우리 속에 있는 것을 어떻게 최대한 선하게 활용하느냐 하는 질문이 바로 오늘 우리가 받고 있는 하나의 도전입니다. 전 세계가 해방을 향해서 성숙해 갈 때, 우리는 서로 인내를 가지고 서로 사랑하며, 서로가 서로를 용서해주는 그 일에 참여해야 하는 것입니다.

우리는 겸손한 자세로, 하나님께서 당신의 신비로운 일을 통해서 우리를 해방시켜 주시고 우리를 하나되게 하시는 것을 믿어야 합니다. 그러나 또 한편으로, 우리를 하나 속에 갇히지 아니하고 또한 다양해질 수 있게 하시는 것을 믿어야 합니다. 우리를 하나되게 하시는 하나님의 신비는 대단히 충만한 것입니다. 그러나 우리들 가운데 완전하게 이 신비를 이해할 수 있는 사람은 없기 때문에, 우리는 서로 각각 다른 가운데 인내로써 그것을 기다릴 뿐입니다. 우리는 다른 종교를 믿는 사람들을 통해서 그들이 가지고 있는 진리를 배우게 되고 또한 동시에 우리가 받은 진리를 그들에게 전달해 주어야 하는 것입니다.

저는 이같은 이해를 전제로 해서 변선환 교수님과 홍정수 교수님의 출교에 관한 결론을 내리고 싶습니다. (제가 다른 나라에서 왔기 때문에 여러분들이 어떻게 해야 할지에 대해서는 정확하게 말씀드릴 수 없다는 점을 먼저 고백합니다.)

첫번째로 이번 사건(갈등)은 오늘의 교회가 당면하고 해결해야 할 가장 중요한 많은 일들은 하지 않고, 그다지 중요하지 않은 일로 교회의 사명을 왜곡시키고 있다는 말입니다. "오늘 세계적으

19920528_기독교 공동체에 대한 도전_마크테일러박사_감리교단을 염려하는 기도모임_6(1)번_페이지_1

로 볼 때, 여러가지 형태의 고난을 당하는 사람들이 많이 있음에도 불구하고 교회가 사람을 출교시키는 데에만 관심을 쏟아야 되겠는가?"하고 묻고 싶습니다.

두번째로 기독교인들이 서로를 출교시키는 것은 성령께서 일하시는 것을 오히려 방해하는 것이라고 생각합니다. 교회가 어떤 이유로든 분열될 때, 세계는 그리스도의 교회를 통해서 하나되게 하시고 해방시켜 주시는 하나님을 만나기 어렵게 되는 것입니다. 세상에서 힘을 가지고 있는 사람들이 우리를 분열시키고 정복하려 하는 전쟁적인 행위에 우리가 말려 들어가서는 안될 것이며, 이번 사건에서도 이같은 교훈을 기억해야 합니다.

세번째로 말씀드릴 것은 '출교'라고 하는 행위는 '그리스도의 사랑을 배반하는 것'을 의미한다는 것입니다. 그리스도의 사랑은 공동체 속에서 서로 참고 하나가 되는데 있습니다. 물론 우리가 세상에 살면서 하는 모든 행동에 대해서 신학적으로 심판이 있을 수 있음을 저는 압니다. 그러나 기독교 공동체 안에서 어떤 사람을 추방할 때, 그리스도께서 보여주신 사랑을 악용하고 폭력적으로 다루려는 것은 잘못된 것입니다. 저는 이 두 교수님을 출교시키는 것을 보면서 그리스도의 사랑이 떠났다고 생각을 할 수 밖에 없습니다. 저는 그와 같은 결정을 할 수 있는 조건이 무엇인지 도저히 이해할 수가 없습니다.

그러나 다른 한편으로, 오늘 이 기도모임에 모이신 여러분들을 통해서 그리스도의 사랑과 성령의 움직임을 느끼게 되어 저는 이를 매우 기쁘게 생각합니다. 그리스도의 사랑을 악용하고 출교를 선언하는 사람들의 힘보다는 여러분들이 보여 주시는 사랑과 성령의 힘이 훨씬 더 크다는 것을 증언하고 싶습니다. 그리스도의 성령의 힘은 모든 억압보다 강한 것임을 저는 확신합니다. 감사합니다.

* 이 글은 지난 5월 28일 아현교회에서 열린 「감리교단을 염려하는 기도회」에서의 강연 내용 일부를 편집한 것입니다.

19920528_기독교 공동체에 대한 도전_마크테일러박사_감리교단을 염려하는 기도모임_6(1)번_페이지_2

J-2-092

변선환 학장·홍정수 교수 재판 참관기

박흥규목사(중부연회 김포지방 월곶교회)

오랜 가뭄을 해소하는 봄비가 종일 내리고 있었다. 감상적인 사람이라면 무슨 징조라도 읽어낼 수 있을 듯 싶었다. 길건너 우산들이 숲을 이룬 가운데 간헐적인 외침과 이에 호응하는 연호 소리가 길가는 사람들의 시선을 붙드는 곳에 금란교회가 있었다.

정문이 봉쇄되어 옆문을 통해 로비에 들어서려니 좁은 통로를 꽉 메운 사람들 사이로 금란교회 교인인듯한 사람이 노란색 리본을 나누어 주고 있었다. 장소가 장소인지라 방청권을 교부하는줄 알고 받아 왼쪽 가슴에 달았는데 나중에 보니 금란교회 교인임을 표시하는 비표였다. 로비 양쪽에 늘어선 기둥에 매달린 모니터에는 소리가 꺼진채 부목사인듯한 사람이 나와 무언가 열심히 말하고 있고 그 밑에는 오늘 나온 남선교회원들은 방명록에 서명을 하라는 고지가 붙어 있었다. 오늘 재판에 대비해서 조직적으로 교인들을 동원하는구나 하는 생각과 함께 무언지 모를 방법으로 강제하고 있다는 느낌이 강하게 들었다. 교수님들이 대기하는 방은 문 하나를 통해 로비와 연결되어 있었는데 손에 무전기를 든 두 사람과 또 다른 건장한 사람들에 의해 철저하게 통제되고 있어 재판전에 변교수님을 뵈려던 생각을 포기할 수 밖에 없었다. 감신대 교수와 직원 몇사람도 신분이 확인되지 않는다는 이유로 면담이 거부되었다. 잠시 후 감신대 학생들이 들어오려 하니 모든 남선교회원들은 통로 양쪽에 도열하라는 명령이 떨어지고 멋적은듯 쭈빗거리는 교인들을 향해 빨리빨리 하라는 고함소리를 뒤로 하며 윗층 예배당에 들어섰다.

온좌석을 여신도들이 메운채 모니터에 보이던 어느 목사의 인도에 따라 찬송하고 기도하는 소리와 줄마다 늘어선 노란색 리본 단 남자들의 이리 오라, 저리 가라, 명령하는 소리가 뒤섞여 무척이나 소란스러운 풍경을 연출하고 있었다. 뒷쪽 오른편 구석에 모니터가 매달린 기둥이 하나 서있고 그곳에 감리교 신학대학석이라는 팻말이 붙어 있었다. 넓은 예배당에 비해 너무 협소한 것은 그렇다 하더라도 앉은 자리에서는 기둥이 가려 재판석이 보이지도 않는 곳이었다. 그 자리 외에는 금란교회 교인이 아니면 들어갈 수 없었던지 취재기자들이 전부 그곳에 몰려있는 것 같았다.

기도회를 인도하는 목사는 금란교회의 교세와 활약상을 길게 열거하면서 대형교회가 비판받는 것은 부당한 것이며, 비판은 시기와 질투의 소산이라는 언뜻 오늘과는 별 관계없는듯한 이야기를 하고 있었는데 묘하게 이사건의 본질을 드러내고 있다는 생각이 들었다. 허기야 적은 교세로는 이 엄청난 일을 감행

감리교단 연대회 기도회 1992.05.28 [illegible]

19920528_변선환 학장 홍정수 교수 재판 참관기_박흥규목사_감리교단을 염려하는 기도모임 자료집(2)_6(1)번_페이지_1

할 업무를 내지 못할테니…

역사적 재판이라고들 하는데 의외로 목사들이나 교수들의 숫자가 손가락에 꼽을 정도 밖에는 눈에 띄지 않는 것은 무슨 까닭일까? 결과가 뻔한 일이기 때문일까? 아니면… 의아해 하는 나의 상념을 깨고 재판이 시작되겠다는 안내방송과 함께 재판위원들이 입장하여 좌정했을때 입구쪽이 소란해지더니 노란 리본 단 사람들의 발걸음이 부산해지면서 비에 젖은 학생들이 예배당으로 들어왔다. 자리에 앉히려는 교인들과 한바탕 실랑이를 하면서 예배당안은 재판위원들의 소리를 들을 수 없는 소란 가운데 빠져들었다. 일어서서 재판무효를 외치는 학생들과 이를 제지하려는 교인들 사이에 격렬한 몸싸움이 벌어지는 와중에 의자를 타고 넘어 학생들을 때리려던 교인에게 깔려 나는 몇일동안 목을 돌리지 못할 정도로 고생을 하게 되었다. 금란교회 교인들은 학생들의 시위를 초기에 완전히 진압하도록 지시를 받은 듯 했고 학생들은 숫적인 열세를 면치 못하고 마침내 스스로 퇴장하고 말았다. 학생들의 항의 과정에서 들은 이야기로는 교회 측에서 400명의 좌석을 준비한다고 했다가 그 약속을 어겼다는 것이었다.

어쨌든 그 소란 가운데서 재판위원들이 퇴장하는 것이 보였고 일순 재판이 끝났다는 허탈감이 학생들, 교인들 모두에게 스미는 것 같다가 곧이어 휴정했다는 소식이 전해졌다. 학생들이 퇴장한 가운데 10여분후 재판은 재개되고 홍교수에 대한 출교가 선고되자 교인들의 함성과 함께 박수 소리가 요란하게 터져 나왔다. 이 환호는 사전에 금지하도록 교육을 받은 듯 여기저기서 박수치지 말라는 외침이 있었고 재판장들도 이를 제지했다. 줄 사이에 서있던 남자 하나가 "이제 하나 척결됐다. 아직 끝난게 아니야" 상기된 목소리로 외쳤다.

이어서 변학장에 대한 재판이 진행되었다. 1시간이 넘는 피고측 최후진술이 끝나자 휴정이 선언되고 휴정하는 시간이 길어지자 혹시 변학장에 대해서는 처음과 다른 결과가 나오는게 아니냐는 우려(?)의 소리가 들리기도 했다. 그 사이에 변학장은 줄곧 자리를 지켜 앉아 있었고 몇몇 목회자들과 교수들이 변학장을 찾아 인사를 하자 무슨 일을 벌리는가 지레 짐작한 금란교회 남신도들이 긴장하는 모습이 보였다. 변학장의 최후 진술부터 따져도 거의 두시간 가까운 시간을 지루하게 보낸 여신도들이 하나 둘 자리를 뜨기 시작하여 군데 군데 빈 자리가 눈에 뜨이자 자리를 뜨지 못하게 제지하는 남선교회원들로 잠시 부산한 중에 재판이 속개되었다. 최홍석목사가 피고의 최후진술은 이전의 태도와 조금도 달라진게 없다는 요지의 반박(?)이 있은 후 재판장에 의해 다시 출교가 선고되었다. 재판위원들 사이에 역할분담이 이루어져 신학적인

19920528_변선환 학장 홍정수 교수 재판 참관기_박흥규목사_감리교단을 염려하는 기도모임 자료집(2)_6(1)번_페이지_2

문제에 대한 반론 부분은 최홍석목사가 전담하고 있는듯 했으나 준비해온 것 이외의 사항에 대한 반론을 펼 능력은 없는 듯 했으며, 변학장이 유죄라는 예단을 가지고 있다는 것을 분명히 드러내고 있었다. 재판장의 선고문도 피고의 최후 진술에서 지적된 사항과는 전혀 초점이 맞지 않은 채 이미 오래전에 준비된 것임을 훤히 알 수 있는, 재판의 모양을 갖추기 위한 형식에 지나지 않는 것이었다. 특히나 마지막 부분은 이 재판의 재량권을 벗어난 거의 공갈에 가까운 것으로 아직 있지도 않은 사실에 대해 이미 재판을 마친 격이 되었다. 어쨌거나 금란교회 교인들의 아멘소리, 박수 소리와 함께 재판이라고 불리는 것은 끝났다. 그러나 이것은 재판이 아니었다. 힘센 사람이 이기게 되어 있는 씨름판이었고 개판이었다. 거기 걸맞는 함성과 아우성이 있었을 뿐, 시비를 가리고 진실을 밝히는 자리는 아니었다.

재판위원들과 더불어 웃으며 악수하고 있는 변학장의 모습을 눈결으로 스치며 예배당을 나왔다. 무언가 한마디 하지 않고는 견딜 수 없는 심정으로 누구에게라 할 것도 없이 "금란교회 교인들은 사람을 죽이면서 박수를 치느냐?" 내뱉었더니 "누가 죽었어요?"하는 당찬 소리가 뒤에서 들려왔다. 돌아서 소리치고 싶은 마음을 눌러 달래면서 서둘러 현관문을 나섰다. 빗방울은 여전했으나 마음 속은 갈라진 논바닥 같이 답답하여 심한 갈증을 견딜 수 없었다.

5월 17일 금란교회에서 서울연회 재판선고공판 과정에서 금란교회 교인과 공판 방청객 사이에 있어서는 아니될 폭력의 장면

19920528_변선환 학장 홍정수 교수 재판 참관기_박흥규목사_감리교단을 염려하는 기도모임 자료집(2)_6(1)번_페이지_3

K-2-30X

변선환학장, 홍정수교수 종교재판

왜? 불법인가!

지난 제19회 임시총회 이후 감리교회는 역사상 초유의 종교재판으로 큰 진통을 겪고 있습니다. 이번 사건은 다양성 속의 일치와 포용성을 견지해온 그 동안의 감리교회의 전통을 크게 훼손하고 있습니다. 뿐만아니라 이번 사건을 주도하고 있는 교단집행부와 교리수호대책위원회는 이와 관련하여 온갖불법을 저지르고 있습니다. 본 (가칭) 기독교대한감리회 전국목회자협의회 건설추진위원회 변선환학장, 홍정수교수 출교사태 대책위원회는 두 교수의 출교사태를 목도하면서 큰 우려와 유감을 금할 수 없습니다. 더구나 이번 출교사태가 몇몇 교권주의자들의 횡포에 의하여 불법적으로 전개되었다는 사실에 분노하고 있습니다 따라서 본위원회는 이번 사태를 저지른 자들에 대하여 교회정화의 차원에서 응징해 나갈 것입니다.

본 백서는 이번 변, 홍교수의 출교사태가 일어나기까지 교단집행부와 이 사건과 관계한 자들이 저지른 불법을 사건일지별로 정리한 것입니다.

<1>사건의 출발 : 1991년10월29~31일 제19차 임시총회에서 종교다원주의와 포스트모던신학이 감리교회의 교리에 위배됨과 이를 주장하는 변, 홍교수의 목사 및 교수자격박탈을 건의하기로하는 결의안 채택.

불법

첫째 : 제19회 임시총회의 변, 홍 두교수와 관련한 결의는 감리교인이 되고자하는 자에게는 교리적 시험을 강요하지 않으며 입회 조건으로 신학적인 견해를 진술하라고 하지않으며 교인의 충분한 신앙의 자유를 인정한다는 교리장정의 선언을 무시한 불법적 결의임

둘째 : 총회의 결의는 장정의 법율 및 규칙 개정은 재적과반수의 찬성으로 의결한다는 규정에도 불구하고 일반 규칙의 개정보다 더 중요한 사안인 교리에 관한 사항을 재적 총회원 1600여명 가운데 불과 300명이 참석한 가운데 의결한 것은 불법임.

셋째 : 서울연회 재판위원회는 총회의 결의에 따라 이번 사건을 심사했다고하나 총회의 결의가 두교수의 목사직 면직을 요구한 것임에도 불구하고 출교라는 극형을 내리므로 정당성에 문제가 제기되고 있는 총회의 결의조차 무시하는 월권과 불법을 저지름.

19920528_변선환학장 홍정수 교수 종교재판 왜 불법인가!_(가칭) 전국감리교목회자협의회건설추진위원회 변,홍교수 출교사태 대책위원회_6(1)번_페이지_1

<2>교리수호대책위의 고소 : 1992년12월 2일 교리수호대책위원회의 김홍도, 유상열이 교리와 성경위배 및 통일교 비호 방조혐의로 두교수를 서울연회 심사위원회에 고소

(참조 : 변, 홍 두교수에 대한 제19회 임시총회의 결의에 따라 두교수의 목사직 심사를 서울연회 감독으로부터 의뢰받은 서울연회 심사위원회 제1 반 (김광덕목사, 박시원목사, 이택선장로) 은 총회의 결의안을 검토한 결과 총회의 결의가 두교수를 심사하기에는 법적으로 불가하며 두교수를 심사하기 위해서는 별도의 고소가 있어야 한다는 결론을 내고 이를 통보. 이에 따라 교리수호대책위원회가 두교수를 서울연회 심사위원회에 고소. 이후 두교수에 관한 심사는 이 고소장에 근거하여 이루어짐)

<3>심사 : 1992년12월28일 1차 심사 (심사위원 : 김광덕, 박시원, 이택선) 를 마치고 제1 반 심사위원회는 사퇴.

> **사퇴이유**
>
> (1) 심사를 위한 신학소양 부족 : "즉시 심사에 착수하여 . . . . 직접심사하였습니다. ....본 심사위원으로서는 이 문제를 심사할 만한 신학적 소양이 부족함을 말씀드리며 교단적인 차원의 신학연구위원회가 이 문제를 처리하든지 감독회에서 이 문제를해결함이 합당하다 사료됩니다.
>
> (3) 법적시한으로 : (해설) 1992년 1월22일이 법적시한이나 이 기간이 다돼 심사가 불가능하므로 사퇴함
> "본 위원들의 사의는 법적시한에 의한 것임을 말씀드립니다."
>
> **통일교 관련 심사결론**
>
> *통일교와 관련한 고소사실은 무고라는 심사결과를 보고함 :
> "두교수의 통일교 관련설은 충분히 조사하였으며, 전 송**학장에게 그 책임이 있음을 확인하였고 <감리교신학대학 자체 보고서>가 첨부되어 있습니다.

4>1992년 1월24일 심사 제2 반이 (심사위원 : 홍사본, 신경하, 임성익) 사건을 배당받고 제 2차 심사를 하고 보고서를 제출한 후 사퇴함.

> **사퇴이유**
>
> *신학적으로 쉽게 단정지을 수 없을뿐아니라 이를 심사할 신학적 이해가 부족함으로 이유로 사퇴 : "원고와 피고를 심사하였습니다....그러나 신학적으로 쉽게 단정지을 수 없는 사실을 발견하였습니다. 그

19920528_변선환학장 홍정수 교수 종교재판 왜 불법인가!_(가칭)
전국감리교목회자협의회건설추진위원회 변,홍교수 출교사태 대책위원회_6(1)번_페이지_2

러므로 본 심사위원으로서는 이 어려운 문제를 심사할 만한 해박한 신학적 이해가 부족함을 통감하면서 부득이 심사위원직을 사퇴하는 바입니다.

불법

네째: 교리장정 제 4절 제12조 (203) 2 항은 심사기간은 최고 50일을 초과지 못하게 되어있으나 심사 시작 94일만에 기소하므로 장정에 규정된 심사기기간을 어기는 불법을 자행함. 이것은 이미 심사 1반의 사퇴이유중의 하나였으며 1.22일 법적심사 시한이 끝남.

이 지적에 대하여 연회책임자들은 최고50일의 시한규정은 한 심사위원회의 심사기간을 의미하는 것이라고 해명하고 있으나 이 주장은 일반적인 "검사동일체" 원칙 조차도 이해하지 못한 무지에 의한 해명임. <검사동일체 원칙이란 검사가 바뀌더라도 피의자의 구속기간이나 수사과정에는 아무런 변동이 없는 것으로 간주한다는 것임>. 따라서 재판법에 검사의 격인 심사위원회가 사건의 심사도중에 바뀐다 하더라도 이 심사기간을 초과할 수 없는 것임.

5>1992년 2월24일 심사 제 3반 (심사위원 : 이천, 고재영, 지익표) 에 본 사이 배당되었으나 홍정수교수가 심사위원 기피신청서를 제출함.

*기피이유—심사위원이 고소인인 교리수호대책위원회 임원으로 고소인 김홍도와 유상열과 같은 생각을 가지고 있으며 같은 단체에 가담하고 있어 공정한 심사를 보장할 수 없다는 것임.

심사위는 기피신청을 심리하고 기피신청에 이유가 있다고 판단 이를 받아 들이기로 하고 심사종결

불법

다섯째: 심사횟수 위반 : 장정 206 단 제15조는 "세번심사는 못한다" 고 규정하고 있음에도 불구하고 이 사건을 세번에 걸쳐 심사하는 불법을 저지름. 제1 차 (박시원, 김광덕, 이맥선), 제 2차 (홍사본 신경하, 지익표), 제 3차 (나정희, 조창식, 이동우) —제3 반 심사위원회에서 두교수를 기소함. 이 문제에 관하여 연회당국은 두번은 스스로 사퇴했을 뿐 심사를 하지않았기 때문에 실질적으로 심사는 한번밖에 하지않았다고 주장하나 1 반 (김광덕, 박시원, 이맥선) 과 2반 (홍사본, 신경하, 지익표) 은 분명히 각각의 심사보고서에서 본 사건과 관련하여 심사했다고 보고하고있음.

19920528_변선환학장 홍정수 교수 종교재판 왜 불법인가!_(가칭)
전국감리교목회자협의회건설추진위원회 변,홍교수 출교사태 대책위원회_6(1)번_페이지_3

<6>1992년 3월 5일 새로구성된 심사 1반 (심사위원—나정희, 조창식, 이동우) 이 사건을 배당받고 단 한번의 심사를 거쳐 사건을 기소하여 서울연회 재판위원회에회부함.

불법

여섯째 : 심사횟수 재차 위반.

일곱째 : 심사위원 구성이 불법 : 새로구성되어 심사에 착수한 심사반 구성원중 나정희, 조창식은 교리수호대책위원회 임원으로 있는자로 교리수호대책위원회는 본 사건의 고소자이기 때문에 심사위원이 될 수 없으며 이 사실은 고소장의 고소자가 기독교대한감리회 기독교교리수호대책위원회 목사대표 김홍도 장로대표 유상열로 명기된 사실이 입증하며 이미 같은 이유의 심사위원 기피신청을 제 3반 심사위원회가 이유있다 판단하여 이를 받아들였음.

여덟째 : 무혐의 결론이 난 사안에 대한 기소—두교수의 통일교 관련 혐의는 이미 심사 제1 반에서 혐의가 없다고 결론 지었음에도 불구하고 새로운 증거의 제시 없이 기소함.

아홉째 : 더구나 두교수의 통일교 관련 혐의는 설사 사실이라 가정할 지라도 장정에 규정된 공소시효가 지난 것임에도 불구하고 불법적으로 기소함.

열번째 : 기소장은 피고인의 자기방어를 위하여 절대적으로 필요한 것으로 분명해야하나 본건의 경우 피고인에게 송달된 기소장과 공판정에서 낭독한 기소장의 내용이 전혀 다른 것이었음.
이것은 두개의 기소장을 가지고 하나는피고에게 보내어 이 기소장을 중심으로 변호를 준비하게 한 후 정작 재판에서는 엉뚱한 또하나의 다른 기소장을 중심으로 재판을 진행하므로 피고가 자기변호를 못하도록 고의적으로 조작한 것으로 이는 공정한 재판을 위한 피고의 변론권을 심각하게 침해한 것임.

열한번째. 형사소송법에 의하면 "기소장에는 죄명, 기소사실, 적용법조가 명기되어야하며 형사소송법 제254 조 4항은 "공소사실의 기재는 범죄의 시일과 장소와방법을 명시하여 사실을 특정할 수 있도록 하여야 한다" 고 되어있다. 그러나 본건 기소장은 죄명 적용법조는 물론 공소사실기재가 되어있지 않으므로, 형사소송법에 의한 공소사실 특정에 관한 요구를 위반한 것임. 이 것은 단순한위반이 아니라 공소사실의 특정이라는 요구가 효력 조항이기 때문에 소송사건자체를 무효로 만드는 중대한 절차의 하자인 것임.

19920528_변선환학장 홍정수 교수 종교재판 왜 불법인가!_(가칭)
전국감리교목회자협의회건설추진위원회 변,홍교수 출교사태 대책위원회_6(1)번_페이지_4

열두번째 : 장정의 재판법은 제16조에서 "심사위원이 기소할 때에는 심사위원회 서기가 반드시 고소장 등본 1통을 피고인에게 보내야 한다"고 규정하고 있으나 심사위원들은 이를 지키지 않았으며 피고가 강력하게 항의하자 보내온 고소장도 고소장의 일부였을뿐 등본을 피고에게 보내지 않음으로 장정의 규정을 위반하였음

열세번째 : 피고에게 보낸 기소장에는 교회 재판법 제1조 2.6항 및 8조 위반이라고 기재하고 심사위원장의 구두진술과 판결문에서는 여러가지 종교강령의 위반이라고 하므로 기소장의 내용과는 전혀 다른 엉뚱한 죄목으로 재판하였음. 더구나 웃지 못할 사실은 종교강령은 한국 감리교회의 법이 아니라미국 감리교회의 법이라는 사실임.

<7>1992년 3월23일 제1차 재판이 열려 본건을 심리하였으나 소송절차 및 기소근거가 불충분하다는 재판부의 문제제기로 진행하지 못하고 이를 보완한 후 심리를 재기키로하고 심리를 마침. (재판부—위원장 : 홍형순)

<8>1992년 3월26일 서울연회에서 재판위원이 재구성됨. 서울연회 공천위원회 (*위원장 : 고재영목사—새로구성된 재판위원회 위원장 본사건을 심사한 제3반 심사위원이었으며 홍정수교수가 교리수호대책위원회 임원이라는 이유로 기피를 제기 기피당했던 사람임)는 재판위원을 전원 교리수호대책위원회 임원으로 교체하여 공천하였으나 서울연회에서 이런 재판부의 구성으로는 본건에 대한 공정한 재판을 보장할 수 없다는 회원들의 항의에 따라 재공천하기로 하였으나 공천위원회는 고재영목사를 비롯한 대부분의 교리수호대책위원회 임원들을 그대로 둔채 홍형순목사와 박민수목사 두사람만 새로임명하는 것으로 끝내버림.

불법

열네번째 : 재판위원중 홍형순목사, 박민수목사를 제외한 13명 전원이 고소인인 교리수호대책위원회 임원으로 있는자로 이들에 의한 재판은 고소인이 자기가 고소한 사건을 재판하는 세상에 둘도없는 명백한 불법임.

열다섯번째 : 재판위원장 고재영은 교리수호대책위원회 임원일뿐아니라 본 사건의 심사위원으로 활동한 자로 일반 형사소송법의 "수사에 관여한 법관은 재판관이 될 수 없다"는 규정에 따라 재판위원장은 물론 그 위원도 될 수 없는 자임에도 불구하고 사건의 재판관으로 임명되었으며. 그는 또 총회의 재판위원이기도해 고소와 심사, 제1심재판과 그 상급심인 총회재판등 본 사건 어디에도 관여하지 않는 곳이 없는 불법을 계속하

19920528_변선환학장 홍정수 교수 종교재판 왜 불법인가!_(가칭)
전국감리교목회자협의회건설추진위원회 변,홍교수 출교사태 대책위원회_6(1)번_페이지_5

고 있음.· 더구나 피고인에 의해 심사위원을 기피당했던 그가 재판위원장은 물론 상급심 재판에 관여한다는 것은 명백한 불법임.

<9>1992년 3월26일– 4월13일–홍정수교수 두번에 걸쳐 재판부 기피를 신청.

*기피이유 : 재판위원 15명중 13명이 고소인인 교리수호대책위원회 (대표– 김홍도, 유상열) 의 임원으로 있는자로 이들에 의해서는 공정한 재판을 보장할 수 없다는 것임.

그러나 이 기피신청을 적법한 심사조차 하지않고 기각함

불법

열여섯번째 : 피고인 홍정수 교수의 재판부 기피신청을 재판부는 적법 심사의 과정조차 없이 기각한 것은 불법임.

열일곱번째 : 재판부에 대한 피고인의 기피신청의 심사는 당해 법관 스스로가 할 수 없는 것으로 총회 재판위원회나 연회 실행부가 하는 것이 법적 타당성을 갖는 것임에도 불구하고 해당 재판부 스스로가 이를 기각한 것은 불법임.

<10>1992년4 월22일–홍정수교수의 변호사 선임계와 공판기일 연기신청및 재판부 기피신청을 적법한 절차에 따라 심사하지 않은채 재판을 강행하는 것은 중대한 절차상 하자가 있다고 판단하고 형사소송법에 따라 소송정지신청을 냈으나 재판위원회는 이를 모두 묵살하고 첫번째 공판에서 정당한 심리절차를 거치지 않은채 출교를 구형함.

불법

열여덟번째 : 변호인 선임 기각과 관련한 불법 : 홍정수교수는 본건의 심리를 위하여 기독교인인 전문 법조인을 변호인으로 선임하여 선임계를 냈으나 재판부는 변호인이 교인이라는 증거가 없다는 이유로 변호인 선임마저 못하게 했는데 만약 변호인이 교인이라는 증명을 필요로 한다면 이를 증명할 수 있는서류의 보완을 요구해야 했음에도 불구하고 이를 빌미로 변호인 선임을 기각한 것은 법적으로 보장된 변호권을 중대하게 침해한 것으로 이는 불법임.

열아홉번째 : 피고인이 낸 소송중지 신청과 공판기일 연기신청을 적법한 심사의 과정 없이 일거에 기각한 것은 피고인의 방어권을 완전히 묵살한 불법임.

19920528_변선환학장 홍정수 교수 종교재판 왜 불법인가!_(가칭)
전국감리교목회자협의회건설추진위원회 변,홍교수 출교사태 대책위원회_6(1)번_페이지_6

<11>1992년 4월29일－선고공판이 열렸으나 감신대총학생회의 재판저지로 연기

<12>1992년5 월 7일 금란교회에서 2 차 선고공판 강행. 두교수에 대해 출교 선고함.

판결문에 나타난 불법성

불법

첫째 : 판결문은 본건을 1991년 총회의 의결에 근거하여 심리하고 이를 근거로 판결했다고 밝히고있으나 이미 심사1 반은 본건을 심리함에 있어 총회의 결의만으로는 심사가 불가하다고 결론을 내린바 있으며 이후 교리수호대책위원회의 고소에 근거하여 심사가 진행되었음. 따라서 재판위원회의 판결이 총회의 결의에 근자한 것이라면 이는 이전의 고소및 심사와는 전혀 다른 근거에 의한 것이므로 불법임.

둘째 : 심사위원회는 교리와 장정 제17단 9조, 제13단 5조, 제10단 2조, 제199 단 8조, 제231 단 제40조 1 항 다로 기소하고, 판결은 교리와 장정 제35단 서문 1 항, 2항, 제39단 제 3 제192 단 제1 조 8항, 제195 단 4 조 1항, 제199 단 제 8조 제231 단 제40조 1 항 다를 적용하여 판결하므로 기소내용과는 전혀 다른 근거에 의해 판결하는 불법을 저지름.

셋째 : 본건 판결문은 "그러므로 이후에 피고와 같은 주장에 동조, 지지, 옹호, 및 선전하는 자는 기독교 감리회내에서 동일한 범법자로 간주되어야 한다"고 하므로 본건과는 판계없는 선언을 하는등 서울연회 재판부가 마치 교단내 교리문제에 관하여 전권을 행사하고 있는양 착각하고 있는바 이는 교리와 장정은 물론 교단의 행정체계를 무시하는 불법적 처사임.

또 이를 표현함에 있어 기독교 감리회라고 표현하여 전세계의 감리교회 교리문제를 해당 재판부가 전권을 가지고 판결하는양 오해하도록 하므로 감리교회를 웃음거리로 만드는 결과를 가져왔음, 만약 이것이 기독교대한감리회를 잘못 표기한 것이라면 이는 이들이 소속교단의 정식명칭조차 제대로 알지 못하는 자들로서 본건을 재판할 소양조차 갖추고 있지 못한 자들임을 스스로 폭로하는 것임.

넷째 : 일반 소송절차에 의하면 재판을 맡은 자는 검사가 제출한 기소내용이 사실인지 여부를 판단할뿐 새로운 증거를 조사하여 이를 입증하는자가 아님에도 불구하고 기소장에

19920528_변선환학장 홍정수 교수 종교재판 왜 불법인가!_(가칭)
전국감리교목회자협의회건설추진위원회 변,홍교수 출교사태 대책위원회_6(1)번_페이지_7

적시된 증거와 내용이 아닌 새로운 근거에 의하여 판결하고 있는바 이는 일반적인 소송판례에 어긋나는 사례로 피고인들에게 유죄를 판결하고자하는 의도를 그들이 가지고 있음을 입증하는 것임.

위에서 살펴본바와 같이 이번 변, 홍교수 출교사태는 몇몇 부도덕한 교권주의자들과 자신들의 기득권을 유지하고자 음모적 집단들에 의해 저질러진 불법적 횡포로 규정할 수 있습니다.

그러나 이렇듯 부도덕하고 불법적인 집단들에 의해 저질러지는 불법적 횡포를 그대로 방치한다는 것은 새로운 죄악이라는 사실을 우리는 고백합니다.

따라서 본 위원회는 변, 홍교수에 대한 불법적인 종교재판의 무효화를 선언한 총대 및 삼남연회의 목회자등 이번의 불법적 사태에 깊은 우려와 관심을 가지고있는 모든 분들과 연대하여 적극 대응할 것입니다.

감리교회를 사랑하는 전국 감리교도와 선후배 동역자들의 기도와 동참을 부탁드립니다.

감리교회와 감리교회를 사랑하는 모든 분들에게 평화가 있기를......

1992년 5월 28일

(가칭) 전국감리교목회자협의회건설추진위원회
변, 홍교수 출교사태 대책위원회

19920528_변선환학장 홍정수 교수 종교재판 왜 불법인가!_(가칭) 전국감리교목회자협의회건설추진위원회 변,홍교수 출교사태 대책위원회_6(1)번_페이지_8

보도 자료

지난 5월 28일 오후 2시 아현 감리교회(김지길 감독 시무)에서 회집하였던, 『감리교단을 염려하는 기도 모임』은 약 500명이 참가하였다. 1차 서명자 194명과 모임에 참석하여 2차 서명자 348명, 총 542명이 참여하여 정식으로 모임을 발족하기로 하고 『감리교단을 염려하는 기도 모임에 즈음하여』(별지1)를 채택하였다. 기도모임은 김지길 감독의 개회 설교(별지2), 마크 테일러 교수의 특강(별지3), 유동식 교수의 강연(별지4)으로 진행되었다.

결의 사항과 향후 진행에 관한 결론은 다음과 같다.

— 다 음 —

결의사항

1. 공동의장단 (7명) 명단

박대선 (朴大善, 전 연세대 총장)
김지길 (金知吉, 증경감독, 아현교회 담임)
장기천 (張基天, 증경감독, 동대문교회 담임)
유동식 (柳東植, 감리교신학자협의회회장, 전연세대 교수)
김규태 (金奎泰, 현 남부연회 감독, 대전제일교회 담임)

앞으로 평신도 대표 2 명을 추대 예정

2. 임원 명단

회장	윤병상 (尹炳祥, 연세대 교수)
총무	조영민 (趙英敏, 궁정교회 담임목사)
재정	신경하 (申鏡夏, 우이교회 담임목사)
홍보	김동완 (金東完, 형제교회 담임목사)
여성	김민자 (金敏子, 부산 부녀복지관 관장, 여 교역자 협의회 회장)
서울연회	박정오 (청파교회 담임), 서울남연회 김주협 (혜은교회 담임)
중부연회	주복균 (청암교회 담임), 경기연회 장태순 (당산교회 담임)
남부연회	이내강 (남부교회 담임), 동부연회 김준형 (충주교회 담임)
삼남연회	홍형표 (순천제일교회 담임)

3. 향후 운동 계획과 방향

1) 지역별 『감리교회를 염려하는 기도회』 일정(확정된 것)

충남지역 -- 6월 8일 대전제일교회 (김규태 목사)
인천지역 -- 6월 11일 청암교회(주복균 목사)
수원지역 -- 6월 13일 동수원 교회(박영모 목사)
전남지역 -- 6월 16일 순천중앙교회(홍형표 목사)

19920601_보도자료(창립이후)_감리교를 염려하는 기도모임_6(1)번_페이지_01

2) 『감리교단을 바로 세우는 운동』을 위한 정책 협의회

때: 6월 18일 오후 2시
곳: 동대문교회(장기천 감독 시무)
내용: 1부 -- 감리교단을 염려하는 기도회
말씀: 장기천 감독
2부 -- 정책 세미나
* 감리교 신학과 선교 정책
이계준 교수(연세대 선교신학 전공)
* 감리교 윤리의 정체성
박원기 교수(이화여대 기독교윤리 전공)
3부 -- 분과토의와 종합토의
4부 -- 결단예배

3) 변선환 학장과 홍정수 교수의 재판 상고의 건
홍정수 교수의 상고는 5월 29일 오후 정식 접수되었고
변선환 학장의 상고는 6월 1일 오후 1시 30분 접수될 예정이다.

4) 『감리교단을 염려하는 기도 모임』과 향후 진행될 『감리교단을 바로 세우는 운동』 사무실

주소: 120-190 서대문구 북아현동 950 아현교회 구내 사회관 202호
전화: 393 - 6841
FAX : 564 - 5840

1992. 6. 1. 오전 11시 세실
감리교단을 염려하는 기도모임 홍보실

19920601_보도자료(창립이후)_감리교를 염려하는 기도모임_6(1)번_페이지_02

J-2-0117

上告狀

서울연회 재판위원장 귀하

被 告 人: 홍 정 수
죄 명 : 교리위배, 괘씸죄, 직권남용 및 이단동조
상신 연월일 : 1992년 5월 일
판 결 주 문 : 黜教

위 被告사건에 대한 판결은 不服이므로 상고를 제기합니다.

上告 理由

1. 처음의 제1반 심사위원들이 "審査 時限"(30일/ 20일 연장 가능)을 이유로 사퇴하였음에도 불구하고, 법정 시한을 44 일이나 초과한, 92년 3월 5일자로 본 피고인이 起訴되었습니다. 이같은 기소는 재판법 12조를 위반한 것입니다.

2. 피고인에게 송달된 "기소장"과 공판정에서 실제로 낭독된 "기소장"은 그 내용에 있어서 서로 전혀 다릅니다. 이것은 심사위원들이 피고인의 自己-防禦權을 중대하게 침해한 위법 사항이었습니다. 나아가 공판정에서 "낭독된 기소장"은 첫 공판(3월 23일)이 열리기 전, 이미 2월 24일자로 「재판위원들」에게 전달되었는데, 이것은 "公訴狀(기소장)一本主義"의 원칙을 위배한 중대한 불법 처사였습니다. 문제의 그 기소장은 피고인의 진술이 담긴 것도 아니었으며, 피고인에게 송달된 기소장도 아니었습니다. 그것은 단지 일방적으로 심사위원들이 작성한 '의견서'에 불과한 것으로서, 이런 문서는 재판위원들의 豫斷을 불러일으키기 때문에 법으로 엄히 금지되어 있습니다. 더 나아가, 그 기소장은 그것의 법률적 구성요건인 "범죄사실의 特定" 조건을 구비하지 못하였기에, 법률적 효력이 없는 문서였습니다.

<u>즉 起訴 자체가 成立될 수 없었습니다.</u>

3. 1심 재판위원들은 그 구성에 있어서 15 명 중 13 명이 "고발자" 집단인 "교리수호대책위" 사람들이었으며, 특히 재판위원장 고재영 목사는 (1) 이미 본 소송사건의 「심사」위원으로서 활동한 적이 있기 때문에, "수사에 관여한 법관은 재판관이 될 수 없다"는 일반형사소송법의 법규에 근거하여 재판위원장은 물론이요 그 위원도 될 수 없었으며, (2)이미 심사위원의 자격을 기피당한 적이 있는, 비중립적 위원이었기에, 「재판관 기피신청」을 2차(3.26, 4.13)에 걸쳐 제출하였으나, 이에 대한 적법한 심사(재판)를 하지 않았습니다. 물론 형식적으로 보면, 다른 재판위원들에 대한 기피신청은 고재영 위원장 자신이 법에 따라 "이의 없다"는 재판(결정)을 할 수 있었다손 치더라도, 재판위원장 자신에 대한 기피신청은 일반형사소송법에 따라 상급 법원, 즉 총회 재판위원장이 처리하든가, 교회 法理를 따라 연회 실행위원회가 처리했어야 했는데도 불구하고, 위원장 자신이 스스로에 대하여 "이의 없다"는 결정을 내렸습니다. 이것은 명명백백한 위법입니다. 즉 기피당한 법관은 자신의 기피 신청에 대한 심사를 할 수 없습니다.

이에 대하여 선고공판시에 "고발자가 총회이다"라는 논리로 재판위원 기피 신청을 기각하는 변증을 하였으나, 고발자는 '총회'가 아니라 어디까지나 "교리수호위"입니다. 이에 대한 증명은 이러합니다.

· <u>불법 재판의 책임을 총회에 轉嫁</u>시키기 위하여 고소인을 "총회"와 "교리수호위"라고 재판위가 사실을 조작하고 있습니다. 재판비용 예치자, 심사과정에서 搜査의 대상이 되었던 사항, 기소장 송달시에 보내온 "고소장" 및 "고소인"의 이름 등을 보건대, 처음부터 이 사건의 법률적 고발자는 "교리수호위"라는 사설 단체였었습니다. 그런데 재판장이 고재영 위원으로 바뀌면서부터 계속하여 "총회"를 물고들어오는데,

- 1 -

19920601_보도자료(창립이후)_감리교를 염려하는 기도모임_6(1)번_페이지_03

이것은 명백히 교단 질서 문란의 행위입니다. "총회"가 진정 고발자라면, 모든 총회원들은 그 재판의 공정성을 주시하면서 결과를 기다려야 하지 않았을까요?

교회법적으로 볼 때, 19차 총회는 그 구성상(총대 1,800 명 중 300명 출석) 특정인을 "심사" 대상으로 삼기로 "건의"할 수는 있었어도, 그 아무것에 대하여도 "결의"를 할 수는 없었습니다(결의의 정족수 = 在籍 과반수 출석/在席 과반수 찬성. 150단 10항). 이것은 당시의 총회록을 보아도 명백합니다. 거기에는 "건의안 제2호"라고 기재되어 있습니다. 물론 건의안의 내용에 들어가면, "결의"라는 말을 사용하고 있지만, 그것은 어디까지나 「건의를 결의하는 것일 뿐 건의안 사안 자체에 대하여 "결의"를 하는 결론일 수는 없었습니다.

따라서 "총회"가 고발자이기 때문에 「교리수호위」가 고발하고, 「교리수호위」가 심사하고, 다시 「교리수호위」가 재판을 하더라도 適法하다는 논리는 억지입니다.

4. 유죄판결은 반드시 (1)適法한 절차, (2) 客觀的인 證據, (3) 有效한 法條 適用의 3 요소로서 구성됩니다. 그런데 제1심 재판은 적법한 절차를 밟지 않았을 뿐 아니라, 事實, 證據를 確認하는 審理過程이 전혀 없었으므로, 불법입니다.

5. 5월 7일, 「선고공판정」에서 낭독된 판결문은 事前에, 누군가 제3의 인물, 곧 실제의 재판 과정을 전혀 주목하지 않은, 어쩌면 전적인 제3자에 의하여 작성된 것이라고 말할 수밖에 없습니다. 본래 재판관은 "기소"된 내용을 근거로, 그리고 그 범위내에서 판결을 내리는 법입니다. 그런데 5·7 재판 위원들은 새롭게 "자료 수집/수사"를 하여, 심사위원들이 기소하지도 않은 죄에까지 형을 내리고 있습니다. 이것은 위법입니다. 재판위들의 위법적 처사는 또한 판결문에서 공식적 「기소 날짜」조차도 잘못 기재하고 있음에서 다시 한번 드러납니다.

6. 적용법조의 위법적 측면

기소장의 법조항, 실제의 기소문의 법조항, 그리고 판결문의 법조항은 커다란 불일치를 드러내고 있습니다. 그리하여 판결문은 고소·기소 사실이 전혀 아닌, 소위 "괘씸죄", "직권남용의 죄"까지 만들어서 형을 내리고 있습니다. 이 모든 처사는 명백한 위법 사항입니다. 그러함에도 불구하고 각 조항에 저촉되는 범죄 사실이 구체적으로 무엇인지 適示되어 있지 않습니다. 결국 "5·7 재판"은 적법한 절차도 없었으며, "事實審理"를 한번도 거치지 않았으며, 또 그 주요 적용법조는 「종교강령」과 「교리적 선언」이었는데, 이 또한 위법입니다. 「종교강령」은 미국 감리교회의 법이지 한국 교회의 법이 아닙니다. 만일 한국 교회가 「종교강령」을 채택하였다면, 「종교강령」 제23조가 삽입될 수 없었을 것입니다. 그 조항은 "미국의 독립"을 인정한다는 고백입니다. 또 심사위가 한 번도 거론하지 않은 「敎理的 宣言」을 재판위는 법조항으로 인용하였는데, 누구나 알듯이 「교리적 선언」은 아주 명백하게 "종교재판용"이 아닙니다. 이 사실은 그 序文으로서 명백합니다.

7. 「기소장」에 나타나 있는 인용문들이나 「판결문」에 등장하는 인용문들은 그 내용에 있어서 전적으로 巨頭切尾 및 我田引水격 인용으로서, 전혀 근거가 없습니다. 眞實이 아닙니다.

즉 1심 판결은 3 요소에 있어서 모두 위법입니다.

8. 소위 "통일교"에 관한 사항은 (1)형식적으로 보면, 공소시효(3년)가 지난 사안 — 본 피고인은 "제보"를 받는 죄(?)밖에 없습니다 —이요, 내용적으로 보면 철저한 誣告行爲입니다. 그리하여 본 피고인은 당시 대학원 행정직에 있지 아니하였음을 증명하는 자료를 이미 제출하였으나, 재판위들은 이 자료를 전혀 참고하지 않았습니다.

9. 감리교회의 법과 신학적 전통은 "교리"에 관한 한 도무지 "재판" 자체를 일 수가 없습니다. 따라서 본 사건은 源泉的으로 不法的 處事요 反監理敎會的 처사입니다.

1992년 5월 일

위 上 告 人 홍 정 수

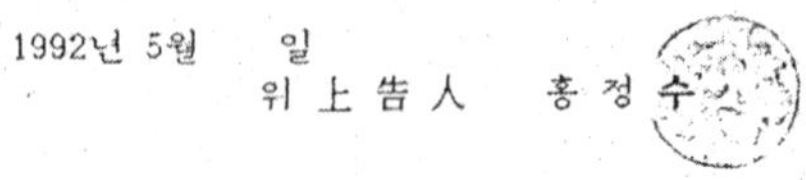

- 2 -

19920601_보도자료(창립이후)_감리교를 염려하는 기도모임_6(1)번_페이지_04

J-2-0178

감리교단을 염려하는 기도모임 발족에 즈음하여

예수 그리스도의 십자가 보혈로 우리를 구속하시고 주님의 부활로 우리를 영원한 생명으로 인도하신 하나님께 감사와 영광을 돌립니다.

우리는 지난 회 총회에서 발단된 변선환, 홍정수 두 교수의 재판이 서울연회에서 "출교"라는 극형에 까지 이르는 과정을 직시하면서 감리교회의 앞날을 걱정하고 간절히 기도 드리지 않을 수 없었습니다. 과거를 돌이켜 보면 여러가지 우여곡절이 있었음에도 불구하고 우리 교회는 분열에서 화해로, 다양성속에서 일치를 추구하며 발전하여 왔습니다.

그러나 이번 사건은 한국감리교회의 전통과 웨슬리의 정신을 완전히 망각한 신학의 획일성과 신앙의 배타주의가 지배하였습니다. 그것도 교단이 주체가 되어 교리와 신학을 토론하고 검증하는 과정을 무시한 채 일부 임의단체의 힘이 교단 위에 군림하여 재판을 좌우하여 교단의 권위를 실추시켰음을 볼 때 통탄하지 않을 수 없습니다.

지금 우리는 소위 정보화와 국제화의 엄청난 시대적 도전과 함께 남북통일이란 난제를 앞에 놓고 독창적이고 포괄적이며 통전적인 선교를 위해 전력투구해도 역부족인 상황에 처해 있음에도 불구하고 이렇듯 과거지향적이고 단견적인 사건을 조작하여 선교에 막대한 지장을 초래하게된 것은 심히 유감이라 아니할 수 없습니다.

이제 우리는 오늘의 오도된 감리교회가 그 본래의 역할인 그리스도의 사랑과 화해를 통해 우리 교회가 하나가 되는 동시에 "세계는 나의 교구" 라는 선교적 사명에 충성하기 위해 참회와 함께 신앙적 결단과 헌신을 표명하는 바입니다.

끝으로 하나님의 뜻이 하늘에서 이루어진것과 같이 그 뜻이 우리 교회와 이 땅 위에 실현되기 바라며 감리교인 모두의 진정한 기도와 관심이 "감리교단을 염려하는 기도모임"과 함께 하기를 간곡히 당부하는 바입니다.

1992년 5월 28일

감리교단을 염려하는 기도모임 참가자 일동

- 16 -

19920601_보도자료(창립이후)_감리교를 염려하는 기도모임_6(1)번_페이지_05

J-2-079

설교: 선한 데 지혜롭고, 악한 데 미련하라 (롬 16:17-20)

김지길 감독

오늘은 감리교를 염려하여 모이는 기도 모임입니다. 그래서 우리가 이 감리교 장래를 걱정하는 마음에서 같이 기도하고 그래서 하나님의 능력이 역사하시어 감리교가 분열 없이 은혜스럽게 수습이 됐으면 하는 그런 소망을 가지고 우리들이 다 모인줄 압니다. 저는 한 10분만 설교를 해달라는 부탁을 받았습니다. 이 예배 후에는 여기에 유명한 신학자의 특강이 있고, 또 강연이 있고, 보고도 있고 여러 순서가 많기에 저는 한 10분만 간단하게 오늘 본문의 말씀을 가지고 말씀을 드리려 합니다.

로마서 16장 17절 이하의 말씀에 나오는 "선한 데 지혜롭고 악한 데 미련하라"는 말씀을 그대로 제목으로 잡았습니다. 왜냐하면 우리가 이 교단 문제가 선한 데 지혜롭게 행동을 해서 교단에 아무런 상처가 없이 잘 마무리가 되어 발전하는 교단이 되기를 소망하기 때문입니다. 요즘 우리나라 현상을 보면 정치 권력이 부패하고 사회는 불안하며, 폭력이 난무하는 상황임을 볼 수 있습니다. 역사적으로 보면 민심이 불안할 때일수록 거짓 종교가 난무하여, 오늘날 말세의 종말론을 주장하는 다미 선교회와 같은 잘못된 종말론을 주장하는 거짓된 사람들이 많이 나타나 선량한 신자들을 미혹하고 있는 것을 볼 수가 있기 때문입니다. 이들은 하나님의 뜻을 거스리는 자들이라 하는 말씀을 했습니다. 거짓말로써 공동체를 분열시키고자 하는 자들이라는 것입니다. 뿐만 아니라 그 행동은 매사에 일을 그르치게 하는 사람들이라고 했습니다. 한 마디로 이런 자는 남을 해치고 공동체를 파괴하는 사람들이라는 얘기입니다. 바울 선생은 전자에게서 너희는 떠나가라고 했습니다. 이런 자들은 물량 공세로 상대방을 해치고 자기 이익만을 추구하는 사람들이기 때문에, 그 사람들에게서 떠나라고 하셨습니다. 이들은 간교로운, 유혹스러운 말로 성도의 마음을 흐리는 사탄의 무리라고 했습니다. 우리들은 늘 하나님의 말씀 위에 굳게 서서 자기를 통제하지 아니하면 자기만을 위하는 우를 범하는 죄인이 되기 쉬운 것입니다. 이것이 오늘 이 본문 말씀이 우리에게 주는 교훈인 줄 압니다.

요즘 보수 교단은 개인 구원에 치중하고 있는 것은 볼 수 있고, 진보 교단은 사회 구원에 치중하고 있는 것을 볼 수가 있어요. 그런데 이 두 가지를 연결 고리로 맺어준 것은 성령의 역사라고 믿고 있습니다. 그러기 때문에 오늘 이 시점에 감리교는 정말 성령의 역사가 일어나 이런 연결 고리를 잘 맺어 감리교가 건전한 복음주의적인 입장에서 발전을 해야 되지 않겠느냐 하는 것입니다. 교회라는 것이 그리스도를 머리로 하여 하나가 되어야 하는 성령의 코이노니아라면, 지금 가장 큰 문제는 공동체성의 결여라도 볼 수 있습니다. 이것은 한국 교회의 대형화와 물량주의적인 교회 정책이 교회의 구조적 모순을 유발시켰다고 보기 때문입니다. 이러한 시대에 믿는 자들의 공동체로서의 교회의 본질이 계속적으로 유실되어가는 모습을 우리가 보는 것입니다.

오늘 우리 감리교는 심히 위기 상황에 몰려 있다고 봅니다. 진리를 사수한다는 미명 아래 거짓과 사기 행위가 난무하고, 폭력과 시위가 난무하고 있는 것을 보게 되기 때문입니다. 교회와 교역자 간의 친교와 우정이 깨지고 불화만이 조성되고 있는 것입니다. 자기 힘을 과시하기 위해서는 정치적 술수를 써서 많은 사람들의 이름을 도용하다 보니까 죽은 사람의 이름까지 도용하게 된 것을 우리가 신문 지상에서 보았습니다. 두 신학자가 감리교에 끼친 피해보다는 일반 신문에 수천만 원씩 돈을 들여 광고한 것이 더 많은 피해를 준 것이라고 봅니다. 현직 감독은 자격 심사에 붙여 심사했어야 함에도 불구하고, 이것을 그냥 눈감아 버리는 것은 하나의 직무유기가 될 수도 있는 것입니다. 나는 감독에게 법으로 해결해선 안된다고 했습니다.

19920601_보도자료(창립이후)_감리교를 염려하는 기도모임_6(1)번_페이지_06

정치적으로 해결하는 것이 좋겠다고 말했습니다. 싸우려 하는 사람들의 싸움의 목적이 두 교수를 신학교에서 떠나 주기를 바라는 것이라면, 변 학장은 임기가 다 되어 가니 그런대로 지나갈 것이요, 홍 교수는 연구차 또는 안식년이라든지 무슨 명목을 붙이든지 간에 미국 신학교나 어디로 연구차 보내서 연구해서 새로운 지식을 도입할 수 있도록 하는 기회를 마련해주는 것이 좋지 않겠느냐고 저는 그렇게 권고도 해 보았습니다. 더불어 법으로 해결하자면 교단 손실이 더 크기 때문인 것입니다. 신문 광고로 세상에 소동을 폈고, 또 법으로 일반 법정에 가서 해결을 받아야 할 이 사건이, 한국 감리교회가 사회 법정에서 교리 판단을 받아야 할 비운에 빠진다고 하면, 또한 그거 신문지상에 떠들어 교단에 망신스러운 일이 아니겠느냐고, 그러니 이 문제를 법으로 해결하기보다는 정치적으로 해결하는 것이 좋겠다고 제가 여러 번 권고한 적이 있습니다. 우리가 재판 위원을 구성한 것 자체가 법대로 처리되었다고 보지 않기 때문입니다. 어떻게 총회 재판 위원이 연회 재판 위원을 겸할 수 있습니까? 고등 법원 판사가 지방 법원 판사 두 가지를 하겠다는 얘기와 똑같은 것인데, 그것도 근신 정도로 가볍게 처벌을 내렸으면 일반도 수긍할 수 있는 일인데, 출교라고 하는 엄청난 사형 선고를 하고 보니 문제가 커지는 것이라고 보는 것입니다. 여러분이 일반 사회 법정에서 사형 선고를 받는 것과 교단에서 출교라고 하는 것은 감리교 교인조차 될 수 없는 그런 사형 선고와 같은 것이 아닌가 하는 것입니다.

그런데 저는 이 문제는 앞으로 수습하고 화합적인 차원에서 대화를 해야 해결된다는 그러한 생각이 합니다. 오늘 우리가 기도 모임을 가져서 이 감리교회를 염려하며 기도하자고 하는 우리의 화합적인 차원에서 서로 대화를 나누는 일을 해야 될 줄 압니다. 장로교는 50년 대에 교리 싸움을 하다가 기장과 예장이 갈라졌습니다. 그런데 오늘 김재준 목사가 이단이라고 하는 사람은 하나도 없는 줄 압니다. 이제 우리 감리교단이 교리 싸움으로 교단이 분열되어서는 안되겠다는 얘기예요. 나는 두 교수가 옳다는 게 아닙니다. 교단에 불씨를 던진 책임이 있다고 봅니다. 하지만 교리 수호한다고 하는 사람들의 행동도 잘못된 것이 많다고 봅니다. 좌우간 이러한 일이 누가 잘했고 잘못한 것을 따지고 말하는 것이 아니라, 이 문제를 법으로 해결할려고 하는 생각을 버리고 서로 화합적인 차원에서 대화를 나누고 서로 좋은 일을 모색해 가자는 그런 얘기입니다. 우리가 쥐 한 마리를 잡자고 독을 깨는 그러한 불행을 가져와서는 안되겠다는 말입니다. 그런고로 선에는 지혜롭고 악에는 미련하자는 것입니다. 옛날 한무제라는 사람이 "선은 적다고 해서 하지 않지를 말고 악은 적다고 해도 하지를 말라"는 유명한 말을 했습니다. 우리가 아무리 적은 것이라도 선한 벙법이 있으면 선한 방법으로 우리가 힘을 모아가는 것이 교단의 장래를 위해서 유익한 것이라는 말씀입니다. 우리는 모든 것을 선하게 하는 것이 주님 앞에 영광이 되기 때문입니다. 돈과 폭력으로는 해결되지 않습니다. 사랑과 이해와 협력으로 풀어가야 될 줄로 믿는 것입니다. 그래서 우리 감리교회에 하나님의 축복이 이 교단을 은혜스럽게 수습하고 교단 발전에 이바지하는 그런 모임이 되어 정말 감리교를 염려하는 기도 모임이 되어, 말씀 그대로 우리의 기도가 하나님 앞에 상달되고, 이 교단의 앞날에 축복이 되는 계기가 되기를 소원해서 간단하게 말씀을 드렸습니다. 기도하십시다.

사랑이 많으신 하나님, 우리 감리교가 정말 어려운 상황에 놓여 있는데 우리가 이 교단을 위해서 하나님 앞에 뜻과 믿음을 같이 하고 기도하는 모임을 가졌습니다. 하나님 이 자리를 하나님께서 살피시고, 우리 모든 마음 속에 선한 데 지혜롭게 하시고 악한 데에는 미련한 자가 될 수 있도록 하나님 우리에게 더 큰 은혜를 주셔서 이 교단이 하나님 앞에 영광이 될 뿐만 아니라 우리 모두에게 큰 은혜가 될 수 있도록 축복해 주시옵소서. 예수 이름으로 감사 기도드립니다. 아멘.

19920601_보도자료(창립이후)_감리교를 염려하는 기도모임_6(1)번_페이지_07

J-2-080

특강: 다원주의와 포스트모더니즘 신학

마크 테일러 박사(프린스턴 대학)
통역: 노정선 박사(연세대)

감사합니다. 안녕하세요(한국 말로). 오늘 여기에 여러분과 함께 하게 된 것을 기쁘게 생각합니다. 저는 그리스도의 성령께서 우리 가운데 함께 역사하시고 우리와 함께 하신다는 말씀을 드리고 싶습니다. 오늘 제가 말씀드리려고 하는 것은 20분 정도의 분량이지만, 성령께서 제 이야기 외에도 여러분과 함께 하시도록 가급적 제 이야기는 간단히 하겠습니다. 미국에서도 여러분이 오늘 한국 감리교회에서 겪는 그와 같은 어려움들을 경험한 적이 있습니다. 저는 오늘 한국의 이 어려운 상황의 구체적인 내용을 다 알지는 못하지만, 미국에 있었던 그러한 사건들과 대단히 비슷하다는 생각이 듭니다. 하지만 이같은 위기를 당할 때마다 우리가 겪는 이 위기는 우리 자신을 다시 성찰하고 반성하게 해주며, 단순히 위기의 본질이 무엇이냐 보다는 교회가 무엇이며 근본적으로 기독교인이 된다고 하는 것이 무엇이냐 하는 것을 생각하게 도와줍니다. 따라서 저는 여러분들과 더불어 오늘의 기독교 선교와 그 목회의 그 맥락이 무엇인가 하는 그 질문을 던지고자 합니다.

오늘의 선교의 상황이라고 하는 것은 대단히 복잡하지만 국제적인 상황을 고려해 볼 때, 가진 자들과 힘있는 자들과, 착취하는 자들로 구성되어 전세계를 지배하는 3 나라의 구도가 오늘 우리 현실을 설명해 줄 수 있으리라고 생각합니다. 제가 북쪽에 있는 3 나라가 지금 전세계를 집합적으로 지배해 나가고 있다는 말을 할 때, 그 나라는 바로 서구 유럽과 미국과 아시아에 있어서 일본을 지칭합니다. 일반적으로 북쪽에 있는 부자 나라와 남쪽에 있는 가난한 나라 사이에는 근본적인 갈등이 있습니다. 북쪽에 사는 부자 나라의 인구는 전 세계 인구의 17%에 불과하지만, 이 17%이 사람들이 전세계 부의 82%를 차지하고 있습니다. 세계 은행의 자료도 지적하고 있지만, 세계의 자원들은 사실은 가난한 남쪽 나라로부터 북쪽의 부자 나라로 옮겨지고 있습니다. 미국에서도 지배 계층의 엘리트들과 그렇지 못한 사람들과의 간격은 더욱 증폭되고 있습니다. 1980년 미국의 통계는, 부자들 가운데 1%에 속하는 사람들이 그들의 재산을 75%나 증식시켰던 것에 반해서, 가난한 사람들 쪽에 있는 10%의 경우는 오히려 그들의 재산의 10%가 축소되는 현상을 잘 보여주고 있습니다. 여기에서 생산된 권한이라고 하는 것은 말할 수 없이 큰 것이었습니다.

저는 여러 해 동안 미국의 문전에 있는 중앙 아메리카를 위한 여러가지 일에 참석을 했었습니다. 중앙 아메리카는 미국의 문전에 있지만, 예방할 수 있는 질병임에도 불구하고 해마다 어린 아이들이 10만 명씩 죽어가고 있는 것을 볼 수가 있습니다. 이러한 고난이 얼마나 강렬한 것인가 하는 것은, 지금 성육신의 반대가 되는 현상이 일어나고 있다고 말하는 과테말라의 어느 여인의 말에 잘 나타나 있습니다. 곧 우리의 영혼 속에서 육체를 빼내버리는 그런 사실이 이 지구상 곳곳에서 일어나고 있습니다. 권력을 가진 자들은 우리를 분열시킴으로써 더 강력하게 우리를 지배하려고 하고 있습니다.

표면적으로는 LA 폭동사태가 소수 인종인 흑인이 같은 소수 인종인 한국인들을 공격하는 양태로 나타났지만, 이러한 현상은 바로 미국에서 지배하는 사람들이 그들의 인종 차별을 중단하기를 거부하는 데서 나타난 것으로써, 흑인과 한국 사람들은 사실상 미국의 백인들에 의한 인종 차별의 공통적인 피해자들인 것입니다. 저는 이러한 고난의 이야기를 고난 당하는 사람들의 이야기를 직접 들으면서 배웠지만, 동시에 성서에 근본적으로 나타나 있는 해방의 메시지를 통해서 제 자신이 각성하게 되었습니다. 저 자신이 수 많은 교훈을 받았지만, 특별히 라틴 아메리카의 해방신학과 그리고 여성해방신학, 한국의 민중 신학을 통해서 많은 깨달음을 얻은 것을 감사드립니다.

저는 오늘 "탈-현대주의"(post-modernism)에 대해서 길게 설명하고 싶지는 않습니다만, 간략히 말하자면 이것은 서구에서 일어난 하나의 운동으로서, 오늘날 바로 삼각 구도를 이루고 있는 부자 나라, 북쪽에 있는 나라들에 의해서 발생한 고난에 저항하기 위한 하나의 수단으로서 "탈-현대주의"를 이야기할 수 있을 것입니다. 이 탈현대주의의 뿌리는 인종 차별주의를 거부하고 이에 투쟁해 나가기 위해서, 미국에 있는 흑인들이 그들의 자유를 위한 투쟁 속에서 찾아낸 것이었습니다. 그렇기 때문에 탈현대주의는 곧 저항을 의미하고, 해방신학을 통해서나, 혹은 민중 전통에 나타난 '고난에 대한 저항'으로서 받아들여질 수 있을 것입니다. 그러나 제가 이화여자 대학교의 청중에게도 말씀드렸지만, 탈현대주의가 서구의 자본주의 논리에 묶여 있어서 서구의 이익을 위한 하나의 이념(ideology)으로 변질될 때는 오늘 고난의 현장 속에 있는 사람들에게는 별로 도움이 되지 못할 수도 있는 것입니다.

제가 첫번째 오늘 강연에서 말씀드리려는 것은 오늘날 선교의 맥락은 어디에 있는가 하는 것인데, 그것은 바로 '북쪽의 부자 나라들에 의해 발생한 고난에 대해서 우리가 어떻게 저항할 것인가' 입니다. 바로 이 고난에의 저항에 대하여 예수 그리스도의 교회가 최선을 다해서 어떻게 조력할 수 있느냐 하는 소명이 오늘 우리를 인도하고 있습니다.

오늘날 우리 기독교인들의 공동체는 또 하나의 새로운 도전을 맞고 있는데, 그것은 "우리가 어떻게 그리스도의 몸이 될 수 있느냐" 하는 것입니다. 오늘 이 순간에 교회로서 우리가 최선을 다해서 할 수 있는 것이 과연 무엇인가? 저는 다음 두 가지라고 믿습니다. 모든 인간을 내적 외적으로 지배하고 정복하는 그 모든 것으로부터 해방시켜 주시는 그리스도를 따르는 그것이 우리들의 첫번째 길입니다. 예수 그리스도께서 우리를 해방시켜 주셨으니, 우리는 모든 면에서 해방된 자유로운 인간인 것입니다. 그렇기 때문에 예수 그리스도의 복음의 핵심은 "자유"입니다. 두번째 점은 우리 앞에 있는 "신비"인데, 해방시켜 주시는 그리스도는 우리를 하나되게 하시는 분이라는 것입니다. 그리스도께서는 해방의 과정 가운데 우리를 하나되게 하십니다. 그렇기 때문에 저는 바로 이러한 우리를 하나되게 하는 교회의 행동이라고 하는 것은 하나되게 하는 것 때문에 신비로운 일이라고 말할 수 있는 것입니다. 그렇기 때문에 그리스도 안에서 하나가 되고 사랑한다고 하는 것은 우리들에게 큰 능력을 허락해 주셔서 서로 다른 사람들끼리 포용할 수 있고 서로 달라질 수 있게 하는 것입니다. 사도 바울의 그리스도의 몸이라는 말은 우리의 몸에 있어서 손이 있고 몸이 있고 머리가 있는 것처럼 각각 다른 지체를 의미하는 것이고, 유기적으로 하나가 되어 있지만 서로 달라질 수 있게 하는 것을 뜻하는 것입니다. 우리를 하나되게 하시고, 우리를 자유로 해방시켜 주시는 그리스도 안에서 우리가 우리 속에 있는 것을 어떻게 최대한으로 선하게 활용하느냐 하는 질문이 바로 오늘 우리가 받고 있는 하나의 도전입니다.

전 세계가 해방을 향해서 성숙해 갈 때, 우리가 서로 참을성을 가지고 서로 사랑하며 그 해방의 궁핍한 자들을 위해서 서로가 서로를 용서해 주는 그 일에 참여해야 되는 것입니다. 그러기 때문에 우리는 겸손하게 하나님께서 그 신비로운 일을 통해서 우리를 해방시켜 주시고 우리가 하나될 수 있게 하지만, 그러나 우리가 하나 속에 갇히지 아니하고 또한 다양해질 수 있게 하시는 하나님을 믿는 것입니다. 이 하나님의 신비는 대단히 충만한 것이어서 우리들 가운데 완전하게 이 신비를 이해하는 사람이 있을 수가 없으며, 서로 각각 다른 가운데 인내로써 이것을 기다릴 뿐입니다. 하나님의 신비라고 하는 것은 충만하기 때문에 우리는 다른 종교를 믿는 사람을 통해서 그들이 가지고 있는 진리를 배우게 되고, 또한 동시에 우리가 받은 진리

19920601_보도자료(창립이후)_감리교를 염려하는 기도모임_6(1)번_페이지_09

를 그들에게 전달해 줄 수 있게 되는 것입니다. 저는 북반부에 있는 세계 강대국들이 힘을 가지고 착취를 해 나가고 있는 이런 세계 속에서 그리스도께서 우리를 해방시켜 주시고, 하나가 되게 하는 그 일이 바로 신비한 일이라고 생각하는 것입니다.

저는 이러한 이해를 전제로 해서 세번째 말씀, 결론을 내리고 싶은데 이것은 변 교수님과 홍 교수님의 출교에 관한 것입니다. 저는 이러한 출교 결정에 대해서 대단히 가슴 아프게 생각하고, 또한 매우 당황하고 있습니다. 저는 다른 나라에서 왔다고 하는 사실을 여러분 앞에 고백을 하면서, 여러분이 어떻게 해야 할지에 대해서는 정확하게 말씀드릴수 있는 자리에 있지 않은 것을 말씀드릴 수밖에 없습니다. 그러나 여러분께서 저의 의견을 물어주시고 제 생각하는 바를 알고자 하시기 때문에 과감하게 제 의견을 말씀드리고자 합니다. 저는 첫번째로 바로 이러한 중요한 갈등 상황의 토론 내용이 사실 교회가 당면하고 해결해야 할 가장 중요한 문제를 우리가 다루지 않고 다른 문제로 방향을 전환시키는 효과를 가지고 있다는 것입니다. 지금 전세계에는 가난 때문에 고난을 당하는 사람이 많이 있음에도 불구하고, 교회가 지금 앉아서 사치스럽게 지성적인 토론을 하면서 출교하는 일에 관심을 쏟아야 되겠는가 하는 것입니다. 그것은 바로 그리스도께서 하시는 설교의 가장 중요한 일을 우리가 하지 아니하고, 중요하지 않은 일로 왜곡하고 있는 현실을 지적하고 싶은 것입니다. 우리는 이러한 두번째 점에 있어서 기독교인들을 출교하는 일들을 통해서 성령께서 일하시는 것을 오히려 완만하게 저지시키고 있지 않는가 생각을 하는 것입니다. 교회가 분열되고 분단되었을 때 전세계는 그리스도의 교회를 통해서 하나되게 하시고 해방시켜 주시는 하나님을 만나기가 어렵게 되는 것입니다. 바로 전세계의 힘을 가지고 있는 사람들이 우리를 분열시키고 정복하려 하는 그런 전쟁 행위에 우리가 말려 들어가게 되는 것입니다.

세번째로 말씀드리고 싶은 것은 이와 같은 출교라고 하는 것은 그리스도의 사랑의 배반을 의미한다는 것입니다. 그리스도의 사랑이라고 하는 것은 그리스도의 공동체 속에서 서로 참고 하나가 되는 데 있습니다. 우리가 세상에 살면서 하는 모든 행동에 대해서 신학적으로 심판이 있다는 것을 저는 압니다. 물론 또 하나의 심판을 통해서 우리는 기독교 공동체 속에서 어떤 사람을 추방할 때, 우리는 그리스도께서 보여주신 사랑을 악용하고 폭력적으로 이렇게 다루는 것이라고 생각하고, 저는 이 두 교수님을 출교시키는 곳에는 그리스도의 사랑이 떠났다고 생각을 하는 것입니다. 저는 그와 같은 결정을 할 수 있는 조건이 무엇인지 도저히 이해할 수가 없습니다. 저는 제가 살고 있는 미국을 포함한 다른 세계에서 있어서 기독교인들이 이러한 작은 지식적인 토론 속에서 출교를 선고는 하지만, 그러나 악을 통해서 인간을 고문하고 억압한 자들을 출교시키지 않는 일에 대해서는 이해할 수가 없는 것입니다. 저는 중앙 아메리카의 과테말라라고 하는 나라에서 기독교인들이 다른 기독교인들을 출교시킬 때 성경에 있는 어떤 특정한 교리를 수용하지 않았다고 해서 출교를 시키는 경우를 보았습니다. 그러나 이러한 기독교인들로서 재판을 하는 사람들을 살펴볼 것 같으면, 중앙 아메리카의 악한 군사 정부를 지지하는 사람들이 오히려 이러한 심판자가 되어 있는 것을 보게 됩니다. 그렇기 때문에 그들의 논리는 근본적으로 잘못된 것입니다. 따라서 우리가 지니고 있는 사랑의 인격적인 행동을 통해서 그들의 오류를 극복하고, 우리가 서로 사랑함을 보여줄 그런 근본적인 책임이 우리에게 있는 것입니다. 바로 전 세계에 있는 가난한 자들의 그 궁핍함에 올바르게 대응하기 위해서 그리스도의 성령과 사랑이 우리들에게 요청되는 것입니다.

저는 오늘 이 기도 모임에 모이신 여러분들을 통해서 그리스도의 사랑과 성령의 움직임을 느끼게 됨을 기쁘게 생각합니다. 그렇기 때문에 이런 출교를 선언하는 사람들의 힘보다는 여러분들이 보여주시는 사랑과 성령의 힘이 훨씬 더 큼을 증언하고 싶습니다. 오늘 전세계에 내적으로 존재하는 억압과 외적으로 존재하는 모든 억압보다도 더 강한 것이 그리스도의 성령의 힘이라고 저는 확신합 니다. 감사합니다.

19920601_보도자료(창립이후)_감리교를 염려하는 기도모임_6(1)번_페이지_10

16-2-308

비상학생총회를 열며

1. 기간 주요일정

- 5월 25일 : 감목협 주최, '감리교 신학 대화모임'이 있었음. 약 200여명 참여.
- 5월 27일 : 교수회의 이름으로 두 교수 출교선고에 대한 성명서 발표됨.
- 5월 28일 : '감리교단을 염려하는 기도모임' 아현교회에서 개최.
- 6월 1일 : 두 교수의 상고장이 총회 재판위로 송달됨.
- 6월 7일 : 창동교회 금성호 목사(교리수호대책위 지도위원)가 대예배 설교 중 변선환 학장이 술마시고 김모 목사에게 전화하여 "나만 통일교 돈 먹었느냐 다른 교수들도 다 먹었다."라고 망언, 또한 강남중앙교회에서는 담임목회자가 주일 낮 설교 도중 『기도모임』에 서명한 모든 사람들을 사탄의 종이라고 말하기도.
- 최근 예수교 장로회(통합) 산하 목회자 4인이 통일교 자금 수수설로 출교처분 당함.

두 교수의 상고절차가 마무리 된 지금, 교단문제는 총회 재판위 투쟁과 세력 확대전이라는 새로운 국면에 접어들고 있다. 김 홍도 목사측이 현 교단 문제를 신학 논쟁이 아닌 '감신대와 통일교'의 연루문제로 비약시켜 새로운 공격의 일타를 준비하고 있다는 예상조차 전해지는 상황에서, 학내는 기말고사와 방학이라는 학사행정이 눈앞에 있는 상태이다. 이에 총학생회는 이제까지의 투쟁을 반성적으로 평가하고 다방면으로 수집한 정보를 바탕으로 현재 학내외를 둘러싼 정세에 대해 면밀하게 분석하고 이후 긴박한 상황에 적합한 대응방침을 마련하고자 이 문건을 제출한다.

2. 교단내 목회자 그룹의 동향.

현재 진보적 목회자 그룹들은 뚜렷하게 부각된 쟁점을 중심으로 세력확대 사업을 전개하기 보다는 이제까지 재판과정에서 드러난 문제점들을 집중적으로 선전하는 가운데 당분간 **자체세력 확보**에 전력을 기울일 것으로 보인다.

1)「기도모임」

「기도모임」은 지난 5월 28일 「기도모임」의 발족에 즈음하여 아현교회에 참석한 300여 목회자, 장로들이 2차 서명에 다수 참가한 사실을 중시하여 현 교단문제의 파행성이 많은 이들로부터 지탄받고 있다고 분석하고 있으며, 앞으로 더욱 많은 총대급 인사들이 기도모임에 참여할 수 있을 것으로 예상하고 있다.

특히 「기도모임」은 6월 18일 오후 2시에 동대문 교회에서 집회를 가질 예정인데 이 집회를 통해 「기도모임」을 「감리교단을 바로 세우는 운동」으로 전환할 것을 결의할 것으로 알려졌다. 이는 단순히 정치적으로 이 사태를 해결하는 자세를 벗어나서 교단 전체의 개혁을 추진하는 범감리교적인 운동으로의 전환을 추진하겠다는 의지 표현이라고 볼 수 있다.

2)「감목협」

감목협은 산하 조직으로서 이미 교단문제 대책위를 구성한 상태이며, 앞으로 총회재판위 내의 과정과 절차에 대해 엄중한 감시활동을 하고 '기도모임'측과 함께 「교수대」와 김홍도 목사측에 대응하는 제 민주세력 규합에 힘을 기울일 것이다. 대부분 소장 목회자들(아직 총대가 아님)로 구성된 감목협은 10월 총회에서 직접적인 영향력 행사가 어렵기 때문에 「교수대」측의 전횡에 대해 폭로를 강화하고 교단의 개혁을 위한 구체적인 대안을 제기하면서 공정한 재판을 쟁취하는

19920609_비상 학생회를 열며_제 10대 총학생회_6(1)_페이지_1

데 투쟁의 촛점을 맞추어 활동할 것으로 예측된다.

3) 김홍도 목사측의 「교수대」

김 홍도 목사측은 「신학대화모임」과 「기도모임」에 대해 큰 부담감을 느끼고 있는 것으로 알려졌으며, 지난 20일 코리아나 호텔에 모여 대응책을 논의했던 사실은 김홍도 목사측의 초조감을 반영하고 있는 사례이다. 그는 서울연회 재판위원들과 「교수대」의 핵심인사들이 모인 자리에서 "감신대학의 모든 교수들이 통일교의 돈을 먹었다."고까지 고함을 질렀다고 한다. 저들의 이러한 망언 가운데 발생한 지난 6월 7일, 창동교회 금성호 목사의 '변 학장 만취상태에서 전화' 운운의 설교발언이 나온 것은 우리가 주시해야 할 부분이다. 이 발언의 제보를 듣고 총학생회가 자체조사한 바, 금성호 목사와 절친하다는 한 감신 출신 목회자(현재 강원도에서 목회중.)의 제보를 들을 수 있었다. "현재 교수대측은 교단문제의 쟁점을 신학논쟁에서 전환하여 두 교수의 통일교 관련설, 나아가서는 감신 교수들의 통일교 관련설로 집중시키려하고 있다. 그들은 조만간 이를 대대적으로 터뜨리려 하고 있다."고 전해왔다. 그는 금성호 목사의 발언도 교수대 내에서의 상당한 정치적 계산을 거친 후에 나온 것 같다는 조언도 첨가하였다.

4) 기독교계의 통일교 선풍.

두 교수에 대한 교수대측의 통일교 관련 공세가 예견되는 가운데, 최근 교계신문들은 일제히 다음과 같은 기사를 싣고 있다.

'예장(통합)의 목사4인 통일교 관련설로 기소당해!

6월 6일자 새누리 신문 기사를 보자.

예장 (통합)총회 사이비이단 관련조사처벌대책위원회가 조성국, 오원식목사등 4인을 통일교 관련 혐의로 총회 재판국에 기소. 오원식 목사는 80년 통일교의 해외여행단체를 통해 해외여행을 하였으며, 그 이후에도 계속 통일교 모임에 참석하였고, 황노은 목사는 통일교 모임에 수위 목회자들을 참가시켰다는 것. 이에대해 오원식 목사는 "80년 사건으로 정직을 당한 적이 있지만 그 이후로 통일교와 교류하였냐는 것은 전혀 근거없는 왜곡"이라며 명예훼손으로 일반법에의 소송등도 고려하고 있다고 밝혔다.

이러한 타 교단의 상황은 결코 감리교와 무관하지 않다. 유 상열 장로는'한국기독교 장로협의회'에서 활동하고 있으며, 이 단체에서 회장을 지내는 등 타 교단 장로들에 대한 영향력도 상당하다. 그리고 징계에 회부된 예장 인사들중 장로회 신학대학의 교수도 포함되어있다는 학내 모 교수의 첨언을 고려할 때 자칫 신학자들과의 교류가 활발한 학내 교수들도 '통일교 블랙홀'에 빠질 수 있는 것이다. 위의 사건이 유상열 장로의 작품이라는 소문도 나오는 바에야.

3. 학 내 동 향

1) 이 사 회

두 교수의 연회 재판을 끝내 피튀기는 살육전으로 끝낸 김홍도 목사는 앞으로 「교수대」의 '명예회장'이자 실질적인 실력자 감독회장 곽전태 이사를 앞세워 방학 기간중에 두 신학자의 교수직 파면을 공공연하게 시도할 것이다. 그러나 분명한 것은 나 이사장이 두 교수의 교수직을 당분간 보호(?)해야만 한다는 것이다. 상고가 됨에 따라 두 교수는 아직 목사직을 완전히 박탈당한 것이 아니며, 최소한 총회재판위의 판결이 내려지기전까지는 목사직 직위여부 판정이 확정된 것이 아니기 때문에 파면의 명분을 확보할 수 없다. 또한 두 교수의 신학적 입장에 대한 교단 내의 토론 및 검토과정조차 거치지 않은 상태에서 불충분한 근거의 이단매도 주장만으로 교수직을 위협하는 것은 명백한 감신 보수화의 음모이자 학문성 침해이다.

19920609_비상 학생회를 열며_제 10대 총학생회_6(1)_페이지_2

2) 교 수 회 의

교수회의의 문제는 「교수대」측의 감신대에 대한 대대적인 여론 공세와 억압적인 재판, 그리고 개인적인 압력 등으로 인해 위기감과 피해의식이 누적된 결과로 교수들 간의 감정대립과 입장차이가 노출되며 나타났던 것으로 보인다. 교수회의의 성명서를 통해 알 수 있듯이 '김 홍도 목사측의 폭거에 대한 통일적 대응의 원칙', '공정재판의 보장' 그리고 '두 교수의 교수직 처리가 불가'를 대다수의 교수들이 인정하고 있다는 것은 분명하다. 그러나 싸움의 강도와 방향에 있어서 입장차이가 있다는 것은 사실인 것 같으나 총학생회에서는 현시점에서 큰 비중을 두어 고려할 필요는 없다고 판단하고 있다. 6월 1일 두 교수의 상고과정을 거치면서 교수회의내 불안감과 긴장, 갈등의 완화와 화합 분위기가 조성되는데 적지 않게 작용했을 것으로 보인다. 참고로 6월 2일 오후에 열렸던 교수회의에서는 7월 말 교수회수회에서 차기학장을 선출하는 방안에 대해서 논의가 이루어진 것으로 알려졌다. 회의중 마찰은 없었으며 분위기는 상당히 안정되고 활기있었던 것으로 전해진다.

4. 향후 투쟁 과제와 전망.

이러한 일련의 과정을 종합하며 방학을 전후로 한 투쟁의 과제와 방향을 접검해 본다면 다음과 같다.

대전제는 교단문제의 전체구도가 변화하고 있다는 것이다. 목회자들의 조직적인 반발이 점차 가시화되고 있으며 이번 사태의 최대 피해자인 교수회의가 출교선고에 반하는 명확한 입장을 표명하였기 때문에 줄곧 수세적인 대응 이상을 넘어서지 못했던 우리 청년 신학생들은 이제 확고한 명분과 정당성을 바탕으로 김홍도 목사와 「교수대」측의 비도덕적인 참주선동과 통일교관련설등 왜곡주장, 그리고 서울연회 재판위의 폭력성과 불법성을 전면에 부각시키는 투쟁과 함께 공정한 재판을 쟁취하기 위한 투쟁을 힘있게 벌여나가야 할 것이다. 두 교수도 총회재판위로 상고해 싸움은 다시 법정투쟁으로 돌입하였다. 학내에서는 학생들이 두 교수의 면직 처리불가를 계속 주장하고 있고 재판 무효화를 공식 선언한 교수회의도 이를 거스르지 않을 것으로 보인다.

현시기 우리의 투쟁 과제를 요약하면 '과거지사'로 묻혀버릴 수도 있는 「교수대」와 서울연회 재판위의 폭력성과 불법성을 전면적으로 폭로하여 아직도 '중도'임을 가장하여 수수방관하고 있는 대다수의 목회자들을 우리편으로 끌어들임과 동시에 「교수대」측의 비도덕성을 최대한 폭로하여 앞으로 예상되는 그들의 활동과 주장에 대한 신뢰도를 약화시키는 것, 그리고 총회재판위의 공정성을 확보하는 것이 과제로서 남아있는 것이다.

학우 여러분들이 이전에는 상상도 못할 만큼 호전되는 상황들을 지켜 보면서 다소 해이해진 모습을 보이고 있는 것을 발견할 수 있는바, 이는 「교수대」측이 자행한 감리교 신학대학에 대한 심대한 명예실추의 심각성과 아직도 막강한 보수 반동적 세력에 대해 단지 표면적인 현상들에 집착하여 과소평가하는데 기인하는 것이다. 그러나, 「교수대」측의 흑색 선전에 현혹되어 두 교수님과 감리교 신학 대학을 백안시하는 많은 평신도들이 존재 한다는 사실을 잊어서는 안된다. 특히 앞으로 있을 두 교수님에 대한 재판을 승리로 이끌고 제19차 총회 결의안을 완전 무효화 하기 위해서 총대급 목회자들과 평신도 대표들에게 현 사태의 진상을 알려내는 작업은 절대적인 중요성을 지닌다는 것을 명심해야 하겠다.

19920609_비상 학생회를 열며_제 10대 총학생회_6(1)_페이지_3

안 건

현재의 상황은 매우 복잡하다. '기도모임'과 '감목협'의 활동으로 아측 세력이 확대과정을 거치고 있고 이에 대한 교리수호대책위의 악선전이 통일교 관련을 중심으로 쉴새없이 진행되고 있다. 교리수호대책위는 '학생들마저 두 교수를 외면하기 시작했다'는 근거없는 발언을 서슴지 않으며 자신들의 승리를 기정사실화하고 감리교회에서 가장 민감한 문제인 통일교 연루설을 조직력을 총동원하여 선전하고 있다. 이를 통하여 아측을 지지, 지원하는 '기도모임'이나 '감목협'도 통일교 비호세력으로 몰아 우리의 세력확대를 최대한 저지하려는 것이다. 현재의 세력판도에 변화가 없는 이상 자신들의 승리는 확실하다고 믿고 있기 때문이다.

이러한 상황에서 우리의 할 일은 분명하다. 교리수호대책위의 집중적인 여론조작을 무력화시키고 아측 세력이 대세를 이루도록 하는 것, 바로 그것이다. 이는 서울연회 재판의 파행과 불법을 적극 여론화하여 총회재판의 공정성을 확보하는 것, 이사회에 방중 두 교수의 교수직 처리불가를 요구하는 것, 교단에 교리수호대책위의 금품살포 행위에 대한 철저한 진상조사를 요구하는 것으로 가능할 것이다. 즉 교리수호대책위의 악질적인 선전이 결코 사실이 아니라는 것과 오히려 부도덕한 비감리교적 행위의 주범은 교리수호대책위라는 것을 가장 강위력하게 알려내야 한다는 것이다. 이것은 현재 거론되고 있지 않은 문제를 적극 이슈화하는 것을 의미한다. 지금은 정해진 법정투쟁 일정에 산발적으로 결합하거나 교리수호대책위의 흑색선동에 뒤늦게 소극적으로 맞대응하는 방식으로는 도저히 사태를 낙관할 수 없는 상황이다. 우리의 침묵은 아측의 세력확대를 위해 최선을 다하고 있는 교단내 뜻있는 목회자들에게 결코 도움이 되지 않는다. 이를 역으로 말하면 우리의 강력한 투쟁만이 세력확대의 발판이 될 수 있다는 것이다.

그러나 우리에게는 많은 난제가 놓여 있다. '기말고사'를 눈앞에 두고 있고 학우들은 오랜 싸움에 지쳐 있으며(?)....

제 10대 총학생회는 투쟁의 당위성과 학우들의 상태를 고려하며 긴 시간 고뇌하였다. 우리의 고뇌에 대한 속시원한 결론은 학우들의 열띤 토론과 결의로 가능하리라 확신하며 아래와 같이 안건을 제출한다.

하나. 총회재판의 공정성 확보, 이사회의 교수직 보호, 교리수호대책위 금품매수 사건 조사 요구 등을 내걸고 강위력한 항의 농성을 전개한다. 이를 통해 교리수호대책위의 몰지각한 감신대 매도행위를 효과적으로 차단, 저들의 세력을 최대한 약화시키고 실추된 감신대의 명예를 회복하며 정의롭게 아측세력의 확대를 꾀한다.

하나. 전술한 투쟁을 실행하기 위하여 '기말고사'는 무기한 연기한다. 이로 인한 학우들의 '성적피해'가 없도록 총학생회는 레포트 제출, 시험 일정 조정 등을 교수회의에 요구한다. 아울러 기숙사 사생 거취 문제등에 대한 대책도 총학생회는 필히 마련한다.

하나. 항의 농성 기간 중 농성 참가자 전원은 가능한한 '금식'한다. 이는 우리의 확고한 투쟁의지를 내외에 알리고 이로 인한 효과를 극대화하기 위함이다. 또한 농성 프로그램은 학우들의 의견을 종합, 결의에 따라 시행한다.

하나. 절대적 소수의 항의 농성 참가 등 총회 결의의 실행화가 현실적으로 불가능하거나 무의미할 경우 전술한 결의만을 완전 무효화한다. 총학생회는 그러한 경우, 신속하게 그 원인과 추후 일정을 홍보한다.

1992년 6월 9일

제 10 대 총학생회

19920609_비상 학생회를 열며_제 10대 총학생회_6(1)_페이지_4

가장 정의로운 방법으로 현 교단사태가 해결되길 바라며 무기한 단식농성에 돌입한 16-2-30

우리의 요구

수 신: 기독교 대한감리회 곽전태 감독회장님, 서울연회 나원용 감독님
내 용: 교리수호 대책위의 망언 및 금품 매수 사건에 대한 조사, 서울연회재판의 파행성 사과와 총회재판의 공정성 보장에 관한 요구건

존경하는 곽전태 감독회장님과 나원용 감독님
주님의 이름으로 문안드립니다.

선교 2세기를 맞은 한국감리교회가 지금 변선환 학장님과 홍정수 교수님에 대한 이단시비로 심각한 위기상황에 봉착하였습니다. 분열과 대립을 치유하는 시대의 파숫군으로 화해와 일치의 모범이었던 감리교는 이제 독선적 교리 사수의 기치 아래 폭력마저도 정당화되는 현실 속에서 웨슬리의 순전한 정신과 선교 전통을 잃어가고 있습니다. 이처럼 안타까운 현실을 목도하며 감신대 일천 학우들은 긴시간 이 문제의 합리적 해결을 위해 기도와 실천을 아끼지 않았습니다. 또한 우리와 뜻을 같이하시는 많은 신학자와 교수님, 목회자들이 수차례 우려와 해결 방안을 표하신 바 있습니다.

그러나 아직까지 사태의 원만한 해결은 요원하기만 합니다. 재판위원 구성에서부터 이미 부당함과 파행을 예고했던 서울연회 재판이 불법과 편파적 진행으로 종결되고 두 교수님의 상소로 총회재판이 열릴 예정이지만 이의 공정성은 물론 교리수호대책위의 고의적인 악선전과 부도덕한 불법행위에 대해 우려와 항의가 끊이지 않고 있습니다. 최근 교리수호대책위는 설교시간(6월 7일 주일낮, 창동교회 금성호목사)을 통해 "감신대 변선환학장이 술에 만취한 상태에서 모목사에게 전화를 걸어 자신만이 아니라 감신대 전 교수가 통일교로부터 모두 돈을 먹었다고 고백했다"는 등 인신공격적 망언을 서슴없이 감리교인들에게 사실인 양 선전하고 있습니다(변선환학장님이 전화를 걸어 이러한 사실을 확인하려 하자 금목사님은 '나도 들은 이야기'라며 책임을 회피했다). 이 뿐만이 아닙니다. 교리수호대책위 공동회장인 김홍도 목사님은 5월 20일 코리아나 호텔에서 있은 재판위원 회합에서 "전 교수가 통일교로부터 돈을 먹었다"는 사실 무근의 이야기를 떠벌인 이후 기회있을 때마다 감신대에 대한 비방행위를 일삼고 있습니다. 심지어 서울연회 재판위원 중의 한사람이었던 교리수호대책위원은 자신이 섬기는 교회에서 "감신대는 폐교시켜야 한다"고까지 했습니다. 또한 현 사태를 염려하시며 감리교회의 화해를 촉구하는 성명을 발표한 '감리교를 염려하는 기도모임'의 활동에 대해 '사탄의 역사'라고 호언하며(강남중앙교회, 조 모목사) 오로지 선한 이는 자신들 뿐이라는 자가당착에 교리수호대책위는 빠져 있습니다. 사실이 이러할진대 누가 누구에게 '사탄'이라는 치욕스런 멍에를 씌운단 말입니까? 교리수호대책위에 대한 깊은 우려와 항의를 표하는 지각있는 감리교인들이 늘어나는 것은 그나마 다행한 일이라 생각합니다. 감리교 신학대학 총학생회는 이러한 우려와 항의가 진실로 감리교를 사랑하는 정의로운 외침임을 굳게 믿으며 사태의 올

19920611_우리의 요구(단식농성 돌입과 함께)_감리교신학대학 10대 총학생화_6(1)번_페이지_1

바른 해결을 촉구하며 무기한 단식농성에 돌입한 감신인들의 의지를 모아 다음과 같은 요구안을 마련하였습니다.

하나, 감신대 이사장인 나원용 감독님은 이 문제가 공정하고 정당하게 마무리될 때까지 두 교수님의 교수직을 분명하게 보장, 보호하여야 합니다. 일각에서 이 문제가 마치 종결된 것처럼 왜곡, 선전하는 것을 우리는 결코 이해할 수 없습니다. 따라서 두 교수님의 교수 직위에 대한 거론이나 위협은 상황을 곡해하는 행위로 간주되어야 마땅합니다.

하나, 교리수호대책위의 무분별한 언행을 숙고하고 특별히 서울연회 심사위원 및 재판위원 금품 매수설에 대해 서울연회와 교단은 그 진상을 철저하게 조사한 후, 그것이 사실이라면 엄중 처벌하여야 합니다. 우리는 심사위원들이 사퇴 당시 '금품 유혹'에 대해 밝혔던 사실을 기억합니다. 서울연회와 교단은 교리수호 대책위의 불법적 일간지 광고 등에 대해 응분의 처벌을 가하고 즉각 금품 매수설에 대한 조사작업에 착수하여야 합니다. 피고인의 재심 청구나 상소 여부나 확정되지 않은 상태에서 연회 감독의 확인이 있기도 전에 판결내용을 일간지를 통해 알린 것은 교단의 체계와 조직을 무시한 처사로 규탄받아 마땅하며 더더구나 금품을 통한 재판위원 매수는 용서할 수 없는 죄악이기 때문입니다. 또 교리수호대책위 공동회장인 김홍도 목사는 최근 감신대 전 교수가 통일교로 부터 돈을 먹었다는 등 흑색선전을 계속하고 있는데 이에 대한 교단의 책임있는 조사와 응분의 처벌이 가해져야 할 것입니다.

하나, 총회 재판의 공정성이 보장되지 않는한 우리는 총회재판을 인정할 수 없습니다. 서울연회 재판은 공정재판을 바라는 많은 이들의 기대를 져버린 파행재판의 전형이었습니다. 기소 과정에서 법정 심사기한과 심사 회수를 무시한 것에서 부터 출발하여 심사위원과 재판위원의 상당수가 교리수호대책위원인 점, 변호인 승인거부와 최후진술 서면 제출, 피고인에 대한 단답형 답변 강요, 고소인측 교회에서의 재판 진행과 폭력 묵인 등에 이르기까지 그 파행성은 이루다 헤아릴 수 없을 정도입니다. 또다시 이러한 불법과 파행이 총회재판 과정에서 드러난다면 우리는 감리교단을 바로 세우기 위해 비장한 각오로 의로운 투쟁을 전개할 것입니다. 따라서 총회 재판위원 중 교리수호대책위원 등 비중도적 인물은 즉각 교체되어야 합니다. 뿐만 아니라 이 문제가 적어도 두 교수님의 신학과 관련한 문제라면 교단내 신학위원회나 범교단적 공청회를 통해 심화된 토론의 과정이 반드시 실현되어야 합니다.

존경하는 감독회장님과 감독님.

이번 사건이 목회현장과 신학의 뿌리깊은 괴리를 극복하고 감리교단을 은혜롭게 갱신하는 겨자씨가 되길 바라는 저희들의 충정을 헤아려 주시고 감리교단의 지도자로서 책임있는 태도를 부탁드립니다.

주님의 평강이 두분께 넘치시기를 기원합니다.

주후 1992년 6월 11일

감리교 신학대학 제10대 총학생회

19920611_우리의 요구(단식농성 돌입과 함께)_감리교신학대학 10대 총학생회_6(1)번_페이지_2

K-2-313

김홍도 목사님과 교리수호대책위에 보내는 공개해명 요구서

최근 본교 변선환 학장과 홍정수 교수에 대한 신학적인 문제가 사건의 합리적이고 건전한 해결보다는 파행적인 모습으로 치달아감을 유감스럽게 생각하는 바입니다. 감신대 총학생회와 1천 감신인은 이번 사건이 단순한 신학적인 문제를 뛰어넘어 화해와 일치를 자랑으로 하는 감리교단을 분열과 혼란으로 몰아가고 있음을 보며 안타까운 마음과 분노를 금할 길이 없습니다. 이에 우리는 파행적인 모습으로 변한 현사태가 김홍도 목사님과 교리수호대책위의 무분별한 행동에 기인하는 것으로 판단하며, 공개해명서를 작성하는 바입니다.

1. 김홍도 목사님과 교리수호대책위는 한강제일교회 김광석목사(재판심사1반 반장)에게 기소를 요구하며 "은퇴이후의 생활비로 500만원을 주겠다"라는 제의를 함으로써 재판을 금품수수로 조작했다는 일각의 증언에 대해 명확한 해명을 바랍니다. 또한 서울연회는 재판의 공정성을 파괴한 이러한 행위들이 자행되었는지 정확하게 조사를 착수하고, 만일 이것이 사실이라면 책임자를 처벌해야만 합니다.

2. 같은 재판심사1반의 박시원(보문제일)목사에게 기소하면 1000만원을 주겠다고 제의한 것을 박목사님이 올림피아 호텔에서 열렸던 『장기천 감독 박사 학위 취득 기념출판대회』에서 폭로하셨는데 이에 대한 해명도 바랍니다. 이것이 사실이라면 서울연회는 1과 동일한 조치를 하여야만 합니다.

3. 나원용 서울연회 감독님에게 "항소를 포기하면 생활비로 3000만원을 제공"하겠다는 제의를 김홍도 목사님과 교리수호대책위에서 하셨다는 이야기는 기정사실화될 만큼 무성합니다. 이에 대해 김목사님의 해명을 바랍니다. 또한 나원용 감독님은 사건의 진상을 밝혀 주시기 바랍니다.

1·2·3항에서 저희들은 이번 서울연회 재판이 철저하게 금권으로 조작되어진 재판이었음을 분노하며 사건의 진상에 대한 서울연회의 책임있는 조사와 관련자에 대한 처벌을 요구합니다. 또한 이러한 일들이 사실로 인정되었을시 5월 7일의 서울연회재판의 무효를 요구합니다.

4. 김홍도 목사님과 교리수호대책위는 일간지에 3000만원 상당의 일방적 광고를 지금까지 10여회 공고해 감리교의 정신을 해치고, 감리교인들이 분열과 실족하는 일을 하고야 말았습니다. 여론을 조작하기 위한 김목사님의 이러한 행동에 심히 유감을 표하며 이같은 많은 돈이 어디에서 나왔는지를 밝혀 주시기 바랍니다. 또한 곽전태 감독회장님은 감리교의 분열을 조장하는 교리수호대책위의 명예회장직을 사임하시고 교수대를 해체하시기 바랍니다.

5. 지난 87년 대통령 선거 당시 주일 대예배 시간에 김홍도 목사님은 자신이 계시를 받았는데 "노태우를 찍어라!"라는 발언을 하셨다고 합니다. 이에 일부 교인들이 반발하자 "나가라"고 저녁설교에서 공격까지 하셨다고 합니다. 이 당시 현심사위원중 한사람인 신경하 목사는 김홍도 목사님에게 직접 전화하기도 하셨다고 하는데, 계시라는 것이 특정한 후보를 지정해 준다고 생각하시는 목사님의 신학적인 견해를 해명해 주셨으면 합니다.

저회 감신대 총학생회와 1천 감신인은 변선환 학장과 홍정수 교수의 신학적인 문제가 감리교의 정신과 선교를 위해 신학적 토론의 과정을 통해 합리적이고 건전한 방식으로 해결될 수 있기를 바랍니다. 파행적이고 무력적인 방식으로서는 이 문제가 결코 원만한 사건의 해결이 될 수 없음을 밝히며, 김홍도 목사님과 교리수호대책위의 5개항에 대한 성실한 대답을 바랍니다.

1992년 6월 15일

감리교 신학대학 총학생회

19920615_김홍도 목사님과 교리수호대책위에 보내는 공개해명 요구서_감리교 신학대학 총학생회_6(1)번

J-2-115

자 료 3

공정재판에 대한 의견서

수신 : 감독회장
참조 : 총회재판위원회 위원장

서울연회재판위원회에서 〔출교〕를 선고한 감리교신학대학 변선환 학장과 홍정수 교수에 대한 적법하고 공정한 재판을 위해 다음과 같은 의견을 제출합니다. 재판위원회에서는 이를 참고하시어 감리교회의 역사에 부끄럽지 않은 재판이 되도록 신중하게 처리해 주실 것을 요청합니다.

1. 총회재판위원회의 구성을 보면 이 사건에 예단(豫斷)을 갖고 있는 위원들이 있습니다.

먼저 1심인 서울연회재판위원회 위원장(고재영 목사)을 비롯한 3명의 재판위원이 상소심인 총회재판위원회의 위원을 겸하고 있습니다. 이는 복심(複審)제도를 규정한 교회법의 정신에 위배되는 것으로 중복된 재판위원들이 배제되지 않는다면 상소심을 보장하고 있는 법규정은 사문화(死文化)되고, 1심과는 다른 재판부에 의하여 신중하고 공정한 재판을 받을 피고인의 권리는 돌이킬 수 없는 침해를 받게 됩니다.

다음으로 총회재판위원 중 변·홍교수를 서울연회에 고소한 〔교리수호대책위원회〕의 임원이 다수 있습니다. 〔교리수호대책위원회〕는 두 교수에 대해 고소를 제기한 당사자일 뿐 아니라 일간신문 등을 통한 광고를 통하여 두 교수를 비난하였고, 특히 서울연회재판위원회의 선고가 있은 후에는 상소심인 총회재판위원회에서 두 교수의 상소를 기각할 것이 명백하다는 광고를 통해 상소심 재판의 공정한 진행에 영향을 주려는 의도를 분명히 하고 있습니다. 이러한 〔교리수호대책위원회〕의 구성원과 임원들인 재판위원들은 피고인에 대하여 예단(豫斷)을 갖고 있는 것은 명백한 사실이며 재판위원 기피사유가 됩니다.

따라서 총회재판위원회의 재판이 적법하고 공정한 재판이 되기 위해서는 위와 같은 기피사유가 있는 재판위원들의 재판관여가 허용되어서는 안됩니다.

2. 두 교수에 대한 고소와 유죄선고의 한 이유인 통일교 관련문제는 사실인정과 법적용 절차에 있어서 중대한 잘못이 있으므로 바로 잡아야 합니다.

첫째로 이 사건은 1987년 발생한 일로 재판법의 공소시효인 3년이 경과하였으므로 재판의 대상이 되지 않습니다. 공소시효를 일반법보다 짧게 규정한 교회법의 정신은 범과를 처리하는데 있어서 처벌이 능사가 아니라는 것입니다. 그럼에도 공소기각이 되어야 할 사안을 출교 선고의 이유로 삼은 서울연회재판위원회의 재판은 잘못된 것입니다.

19920617_공정재판에 대한 의견서_감리교단을 염려하는 기도모임_감리교단을 염려하는 기도모임 자료집(3)_6(1)번_페이지_1

둘째로 사실인정에 있어서도 잘못을 범하고 있습니다. 1심재판에서의 변론과 상소이유등 소명자료와 심사반의 심사보고서에 의하면 변선환 학장은 당시 미국 뜨류대학 교환교수로 해외에 체류하고 있었고, 홍정수 교수는 제보를 대학원에 알려 이를 자체 조사토록 하였다는 것은 명백한 사실입니다. 또한 두 교수는 대학원 학생의 입학, 퇴학, 졸업에 대해 책임을 질 직책에 있지도 않았습니다(변선환 교수는 해외 체류, 홍정수 교수는 학부 학생처장). 사실이 이러함에도 불구하고 1심재판이 〔고의성(故意性)〕이 전제로 되는 통일교 비호 방조로 벌하는 것은 부당한 것입니다.

3. 보다 근원적으로는 신학적 문제에 대한 재판은 바람직하지 않고 신학적 토론을 통해 해결해야 할 것입니다.

그러나 재판진행이 불가피한 현실이라면 재판진행과정에서 충분한 신학적 검토가 있어야 할 것입니다. 변·홍 두 교수에 대한 재판은 신학적 저작과 강연 기고문을 문제삼고 있습니다. 이러한 자료물은 성격상 신학적일 수밖에 없고 이에 대한 신학적인 검토가 없다는 것은 본질에 대한 검토가 없이 정죄하였다는 비판을 면할 수 없습니다. 따라서 불가피하게 재판이라는 형식을 피할 수 없더라도 신학자들에 의한 자문과 참고의견 청취를 통해서 졸속재판으로 인한 폐단을 최대한 피해야 할 것입니다.

4. 총회재판위원장께서는 위와 같은 의견들을 충분히 검토 반영하시어 공정하고 적법한 재판이 되도록 해 주시기를 바랍니다.

1992. 6. 17

감리교단을 염려하는 기도모임

공동대표 : 박대선, 김지길, 장기천, 김규태, 유동식

19920617_공정재판에 대한 의견서_감리교단을 염려하는 기도모임_감리교단을 염려하는 기도모임 자료집(3)_6(1)번_페이지_2

자료집(5)
4년2 하나되기 회심기

J-2-176

자 료 4

변·홍교수 재판 관련 규칙 해석 요청

수신 : 감독회장
참조 : 총회규칙해석위원장

1. 총회재판위원 자격의 문제
   (1) 총회재판위원중 일부가 변·홍교수에 대한 1심을 담당한 서울연회재판위원이기도 합니다. 이는 복심(複審)에 의하여 신중한 재판을 할 것을 규정하고 있는 재판법에 위배되는 것이라고 생각됩니다.
   (2) [교리수호대책위원회]는 변·홍교수에 대한 고소를 제기한 당사자입니다. 이러한 단체의 임원이 재판위원이 된다는 것은 법 정신상 허용될 수 없다고 생각됩니다.
   (3) 총회규칙해석위원회에서 이에 대한 해석을 내려 공정한 재판을 보장하고 있는 재판법의 정신을 살려 주시기를 바랍니다.

2. 제19회 특별총회 결의의 효력에 대한 해석
   (1) 제19회 특별총회는 1990년 개최된 19회 총회의 결의로 입법문제를 다루기 위하여 소집된 [입법총회]입니다.
   (2) 동 특별총회에서 결의한 [변·홍교수 면직권고]는 인사(人事)에 관한 사항으로 전형적인 행정사항입니다.
   (3) 따라서 특별총회의 결의는 위임된 권한을 벗어나는 사항에 대한 결의로 권한이 없기 때문에 당연무효라고 생각됩니다.
   (4) 뿐만 아니라 이 결의는 전체 총대 1,800여명중 1/6에 못미치는 300명이 모여서 한 결의입니다. 인사문제에 대한 결의는 다른 결의보다 엄격한 절차와 정족수를 요구하는 것이 일반적입니다. 따라서 동 결의는 타당성이 없는 결의라고 생각됩니다.
   (5) 총회규칙해석위원회에서는 이러한 권한 밖의 사항에 대하여 타당성을 잃은 제19회 특별총회의 [변·홍교수 면직권고 결의]의 효력여부에 대해 해석을 내려 주시기 바랍니다.

감리교단을 염려하는 기도모임
공동대표 : 박대선, 김지길, 장기천, 김규태, 유동식

19920617_변홍교수 재판 관련 규칙 해석 요청_감리교단을 염려하는 기도모임_감리교단을 염려하는 기도모임자료집(3)_6(1)번

감리교윤리의 정체성 확립

박 원 기(이화여대교수·기독교윤리)

기독교대한감리회(이하 감리교회)가 당면한 가장 시급한 문제는 교단내의 보수·혁신 양극화 현상에서 나타나는 분쟁을 종식시키고 감리교의 정체성에 근거하여 단합된 모습으로 세상의 빛이 되는 방법을 모색하는데 있다.

I. 감리교회의 문제점

1. 교회제도화의 딜레마

종교제도는 종교운동을 지속시키기 위한 수단이다. 그러나 일단 제도가 형성되고 발달하면 제도는 본래 종교체험과는 거리가 멀게 된다. 현재 감리교회의 위기는 본래 웨슬리로부터 시작한 뜨거운 종교운동이 제도화됨으로써 부패하여 결과적으로 양적인 성장에도 불구하고 죽어가고 있다는데 문제가 있다. 종교운동을 지속하기 위해서는 제도가 필요하나 일단 제도가 형성되면 제도로 인한 역기능이 발생하게 된다. 이것을 '교회의 제도화의 딜레마'라고 하는데 현재 감리교회 내의 문제들은 이런 개념을 통해서 볼 때 더 잘 이해할 수 있을 것이다. 교회의 권위주의, 이기주의, 물량주의, 윤리의식의 결여 등은 특정한 개인 목회자의 문제뿐만 아니라 제도적인 딜레마를 극복하지 못하는데서 오는 문제이다.

2. 윤리의식의 결여

윤리의식 결여문제는 현재 감리교회의 심각한 문제로 대두되고 있지만 이것은 감리교회를 초월하여 개신교 전통에서 그 원인을 찾아볼 수 있다. 모순되게도 오늘의 감리교는 웨슬리보다는 칼빈의 영향을 많이 받아온 것같이 보이는데 이것은 시정되어야 할 것이다. 칼빈의 전통은 인간의 자율의지와 대행권을 인정하지 않으며 윤리보다는 신앙만을 강조하는 경향이 있다. 또한 루터는 칼빈보다는 더욱 윤리에 비해 신앙에 더 큰 강조점을 두었다. '오직 성서로만', '오직 믿음으로만'은 지나치게 윤리를 제거시키는 방향으로 해석되어 왔으나 루터의 전기를 통해서 알 수 있듯이 그 자신도 항상 신앙과 윤리 사이의 긴장 속에서 살았었다. 감리교회는 그동안 비약적인 양적인 성장을 한 것으로 인식되어 있으나 양적 증가에 따른 질적인 성장이 있는가에 대해서는 의심스럽다. 왜냐하면 교회의 구성원들의 대부분이 사회윤리를 떠나서 그들이 강조하는 신앙에만 열중하고 있으며 이들의 의식은 개인주의와 기복사상을 초월하지 못하고 있기 때문이다.

19920618_감리교 윤리의 정체성 확립_박원기_감리교단을 바로세우는 정책협의회 자료집(3)_6(1)번_페이지_1

Ⅱ. 보수-혁신의 대립문제

감리교회가 분열되어 있다는 사실은 누구나 다 알고 있지만 보다 심각한 것은 교리로서의 분열이 아니라 그 배후의 보수세력과 혁신세력 사이의 분열인 것이다.

1. 위로와 도전

보수세력은 교회의 기능을 위로로 보아 은혜와 지지와 화해에 초점을 맞추는데 여기에 대다수의 신자들이 속해 있다. 그리고 숫자는 많지 않지만 영향력에 있어서는 소수가 아닌 혁신세력은 교회의 기능을 도전으로 보고 사회정의 실현에 초점을 맞춘다. 사실상 양쪽 모두 이에 대한 성서적 근거를 갖고 있는데 예를 들어 위로의 성서적 근거는 마태복음 11장 28~29절이며 도전의 성서적 근거는 마태복음 10장 34~36절에서 찾아 볼 수 있다. 여성이 남성보다 교회에 더 많이 참석하는 이유는 선천적으로 종교심이 더 많아서가 아니라 억압적인 상태에서 위로를 더 많이 받아야 되기 때문이라고 풀이가 된다.

2. 교회-국가 관계

교회의 정치참여 여부문제는 교회를 분리시키는 계속되는 논쟁이다. 정치참여를 주장하는 혁신주의 세력은 그동안 독재정권 하에서 정치투쟁과 더 나아가서는 반체제 민중운동을 전개하였다. 한편 정치참여를 반대하는 보수주의 세력에서는 직접 간접으로 정치체제와 협조하며 우호적인 관계를 맺고 있다. 보수주의에서는 교회-국가의 분리원칙을 전제로 하고 교회의 정치참여에 대해 부정적인 입장을 취한다. 교회가 정치에 참여하는 것은 '하나님의 것'과 '가이사의 것'을 구별하지 못하는 실수라고 하며 철저한 정교분리의 원칙을 표명한다. 이러한 보수주의 입장에서 사용하는 성경귀절은 막 12:17, 눅 17:21, 요 18:31, 롬 13:1~2 등이 있다. 반면에 혁신주의 입장에서는 교회-국가관계는 서로 무관하거나 독립된 기관이 아니라 상호 역동적으로 관계를 맺는다고 한다. 이 입장의 주창자들은 정교유착의 부패를 비판하고 불의의 악순환을 청산할 것을 주장한다. 이들은 교회내의 보수세력이 정치권력과 유착하고 대규모 부흥회 등으로 대중을 사회정치에 대해 무관심하게 하고 몰역사적으로 만듬으로써 정치권력에 도전을 할 수 없게 만든다고 비판한다. 이 혁신적인 입장에서는 보수주의가 내세우고 있는 성서적 근거를 비판하면서 이를 다르게 해석한다. 그리고 이에 따라 성서의 말씀을 전체의 맥락과 사상 속에서 이해하지 않고 말씀을 고립시켜 귀절만을 이용하는 것을 비판하고 있다.

Ⅲ. 화해의 길

감리교 윤리의 정체성 확립은 보·혁세력이 화해를 이룸으로써 가능할 것이다. 우리는 웨슬리의 복음

19920618_감리교 윤리의 정체성 확립_박원기_감리교단을 바로세우는 정책협의회 자료집(3)_6(1)번_페이지_2

주의는 현재 변질된 복음주의와 다르다는 것을 깨달아야 한다. 웨슬리에게서 우리는 보·혁의 일치를 감지하며 이렇게 감리교회가 일치를 이룰 때 비로소 개인과 사회를 새롭게 변혁하는 큰 힘이 될 것이다.

1. 위로와 도전의 상호 관계성

감리교회의 위로의 기능과 도전의 기능은 결코 분리시켜서는 안되는 상호보완적 관계에 있다. 하나님은 위로의 하나님인 동시에 도전의 하나님이시다. 하나님은 부성적이며 동시에 모성적인 면이 있는데 이것은 성서적으로 근거가 있다. 부성적인 기독교는 도전을, 모성적인 기독교는 위로를 강조하는 형식으로 나타나 있다. 그런데 위로하시는 하나님은 투쟁과 심판의 역사의 맥락에서 이해해야만 한다. 구약에서 보면 위로는 현실도피가 아니라 힘내어 더 잘 싸우라는 뜻이었다. 위로는 신앙의 기본이며 위로없이는 그리스도의 복음도 있을 수 없다. 그러나 위로만 강조하여 교회가 무기력하게 될 것이 아니라 사도바울과 같이 교회는 그리스도를 위한 선한 투쟁을 펼쳐야 할 것이다.

2. 감리교윤리의 확립

세계적으로 복음주의와 자유주의의 간격이 좁혀지고 있는 이때에 한국의 감리교는 오히려 시대를 역행하고 있다. 미국의 '신복음주의'가 그러한 운동이며 자유주의는 벌써 오래전부터 성서의 권위와 복음을 강조하는 쪽으로 나아가 둘 사이의 간격도 좁혀지고 있다. 보수주의 세력에서는 웨슬리가 복음주의자였다는 것을 강조하고 있는데 우리는 복음주의 자체가 시대에 따라 많은 변화를 이룬 것을 인식해야 한다. 현재 감리교회의 복음주의는 웨슬리의 복음주의와는 달리 변질된 복음주의이다. 사회에 무관심한 복음주의는 웨슬리 전통과는 이질적이다.

웨슬리의 사상은 보수와 혁신을 통합하는 위력을 가지고 있다. 그는 빈민들을 위한 복음운동을 과감히 실천했다. 웨슬리 윤리의 핵심은 사랑이다. 그는 하나님의 사랑과 이웃사랑의 불가분성을 주장했고, 기독교인의 완전의 개념으로 완전한 사랑의 성취를 믿었다. 그의 인간의 자유의지와 신과 인간과의 협력설은 평등사상을 고취시켰다. 그는 가난한 자 편에서 가난한 자를 위한 사역을 펼쳐 나갔으며 저축한 부를 가난한 자에게 나누어 줄 것을 강조했다. 그의 분배의 개념은 사랑의 윤리의 실천으로서 기독교 사회윤리에 많은 공헌을 했다.

3. 교회가 사회에 접근하는 방법론 모색

감리교회가 사회에 올바른 영향력을 끼치기 위해서는 궁극적인 하나님 나라의 비전, 즉 하나님의 완전한 사랑이 어떻게 이땅에 이루어지는가?에 대해 타당한 방법론을 모색하여야 한다. 그동안 감리교회가 사회에 대해 공식적으로 침묵을 지키고 있었던 것은 적합한 방법론이 없었기 때문일 것이다. 필자는

19920618_감리교 윤리의 정체성 확립_박원기_감리교단을 바로세우는 정책협의회 자료집(3)_6(1)번_페이지_3

교회가 정치 경제 분야에 있어서 중간공리의 개념을 채용하기를 요청한다. 중간공리는 궁극적인 신앙의 비전과 구체적인 상황 사이를 연결시키는 방법으로써 보편적인 윤리 원리보다는 더 구체적이요, 정책을 지닌 프로그램보다는 덜 구체적인 것이다. 이 방법은 루터나 칼빈이나 카톨릭교회의 방법보다 우월성이 인정된다고 생각된다. 감리교회는 웨슬리 전통을 계승하는 지침으로 권위의 근거를 균형있게 네가지에 두고 있는데 이는 성서, 전통, 경험, 이성이다. 감리교회는 현재 이 네가지 중에서 특히 이성이 미약하여 교회가 사회에 접근하는데 시대에 뒤떨어진 반지성적인 경향을 나타내고 있다. 전문화와 다원화 시대 속에서 교회가 심각한 윤리문제를 다루기 위해서는 지적인 자원을 활용하여 대화의 장을 마련해야 한다. 하나님의 나라와 이세상 사이에는 거리가 너무나 멀지만 감리교회는 하나님의 도구로서 웨슬리의 체험인 완전한 사랑의 성취를 향하여 나아가야 할 것이다.

19920618_감리교 윤리의 정체성 확립_박원기_감리교단을 바로세우는 정책협의회 자료집(3)_6(1)번_페이지_4

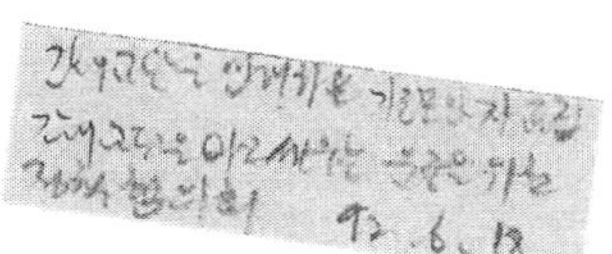

"감리교단을 염려하는 기도모임" 공동의장단과 임원진

I. 공동의장단

박대선(전 연세대 총장)
김지길(증경감독, 아현교회담임)
장기천(증경감독, 동대문교회담임)
유동식(감리교신학자협의회장, 전 연세대교수)
김규태(현 남부연회감독, 대전제일교회담임)
(평신도 대표 2인 추후 추대)

II. 임　원

회 장　윤병상(연세대 교수)
총 무　조영민(궁정교회 담임)
서 기　주복균(청암교회 담임)
재 정　신경하(우이교회 담임)
홍 보　김동완(형제교회 담임)
여 성　김민자(부산 부녀복지관장, 여교역자협의회장)

서울연회　박정오(청파교회 담임)
중부연회　박은국(용현교회 담임)
남부연회　이내강(남부교회 담임)
삼남연회　홍형표(순천제일교회담임)
서울남연회　김주협(혜은교회담임)
경기연회　장태순(당산교회담임)
동부연회　김준형(충주교회 담임)

19920618_감리교단을 염려하는 기도모임 공동의장단과 임원진_감리교단을 염려하는 기도모임 자료집_6(1)번

감리교신학과 선교정책

이계준 교수(연세대)

I. 감리교신학 (웨슬리를 중심으로)

감리교는 신학이 없다고 말하는 사람들이 있었다. 이것은 루터나 칼빈에 비교할 때 어떤 조직적이고 학문적인 체계를 감리교의 교조인 존 웨슬리에게서 찾아볼 수 없다는 말로 이해된다. 그것은 어떤 의미에서 사실이다. 웨슬리는 신학을 조직적으로 기술한 적이 없기 때문이다.

그러나 그에게 신학이 없었던 것이 아니다. 그의 단편시인 논문과 논쟁 그리고 특히 그의 설교들은 신학사상으로 충만하다. 아마도 그로 하여금 탁상의 신학자로 머물러 있지 못하게 한 이유는 당시의 교회개혁과 사회개혁 및 선교의 과제가 급박하였기 때문이었으리라고 생각한다. 그러므로 깊은 의미에서 그에게는 신학이 없었던 것이 아니라 그의 신학은 오히려 동태적이고 포괄적이며 변혁적인 실천적-상황적 신학이라고 표현하는 것이 적절하다고 본다.

오늘의 성서신학자들은 복음서 기자들의 신학적 입장들을 다양하게 논하고 있다. 그들은 예수, 또는 그에 관한 기본자료를 가지고 그들이 처한 상황에서 신학을 전개한 것이다. 이와 흡사하게 존 웨슬리는 그리스도의 복음을 18세기라는 영국의 특수한 상황 곧 산업혁명으로 인한 초기자본주의적 사회의 무력해지고 기성체제와 결탁한 교회에 대하여 구원의 복음을 선포하였다. 그런 의미에서 웨슬리는 성서와 상황의 상관관계에서 신학을 도출해 낸 당내의 신학자라고 지칭하지 않을 수 없다.

필자는 이 글에서 웨슬리의 신학적 특성을 서술하면서 오늘 한국감리교회가 처한 신학적 전통의 뿌리를 찾는 동시에 우리 교회가 처한 상황에서 우리가 반성하고 실천해야 할 방향을 제시하고자 한다.

첫째로 웨슬리는 신앙과 생활을 실재의 양면으로 간주하여 똑같이 강조하였다.

웨슬리는 올더스게잇에서 마음의 뜨거운 경험을 통하여 그리스도가 구원의 주님임을 인식하고 고백함으로써 16세기 개혁자들의 칭의론을 수용하였다. 그러나 그의 신앙적 체험은 열광주의에 전락하지도 않았고, 오히려 그것을 경계하였으며 그의 칭의론은 믿기만 하면 구원받는다는 기계론적 구원관에 빠지지 아니하고 하느님의 구원의 은총을 인간이 받아들이므로 구원이 성취된다는 신인협동설을 주장한 것은 은총론에 기인하는 것이다. 다시 말하면 인간이 하느님의 구원을 받아들이는 것이 인간의 자연적 또는 자율적 능력에 의한 것이 아니라 하느님의 도우심으로 그 협동체제가 가능하다는 말이다. 아마도 웨

19920618_감리교신학과 선교정책_이계준교수_감리교단을 바로 세우는 정책협의회 자료집(3)_6(1)번_페이지_1

슬리는 여기서 인간구원에 있어서 하느님과 인간의 인격적 관계를 뜻하려고 한 것이 아닌가 상상해 본다.

나아가서 그는 구원의 체험이 단지 과거의 사건에 머무는 것이 아니라 신생의 경험과 함께 계속 성화의 단계로 발전되어야 하는 생동적인 삶의 모습을 강조한다. 만일 신앙을 하느님 사랑이라고 한다면 그리스도만의 삶은 곧 이웃사랑이라고 할 수 있다. 이것은 기독교의 불가분리적 진리인 동시에 예수께서 가르치신 기본계명이기도 하다. 웨슬리는 이 근본진리를 깊이 간파하고 가르쳤으며 동시에 몸소 실천하였다. 종교와 생활, 신앙과 삶의 일치야말로 모든 종교가 지향하는 목표일 뿐만 아니라 특히 그리스도의 지상의 명령이며 삶의 스타일인 것이다.

오늘 한국감리교회의 정체성 위기는 어디에 있을까? 우선 그 원인은 신앙과 생활의 불일치에 있다고 본다. 특히 해방이후 교단의 분쟁, 교회의 다양한 비윤리적 실상 및 실천을 경시하는 신앙강조는 신앙의 공허성을 낳았다. 신앙없는 생활은 세속주의로 타락하는 것과 마찬가지로 실천없는 신앙은 광신주의의 허무주의로 귀착하게 된다. 그러므로 한국교회는 신학적 주체성을 확립하기 위하여 신학교육과 함께 교회교육에 있어서 신앙과 동시에 사랑의 실천을 강조함으로서 신앙과 생활의 일치를 실현해야 한다. 신앙도 어렵거니와 사랑의 실천은 더욱 어렵다. 그리고 신앙과 생활의 통전은 거의 불가능하다. 그러나 그것은 우리가 마땅히 따라야 할 그리스도의 삶의 모습인 동시에 웨슬리의 신학적 유산이다.

둘째로 웨슬리는 보편적 또는 포괄적 신학을 제창하였다.

먼저 그는 선행적 은총을 말함으로써 모든 인간은 자기의 죄를 깨닫는 양심을 하느님께로 부터 부여받았다고 하였다. 물론 그는 이 선행적 은총으로 구원에 이른다고는 보지 않았으나 모든 인간이 죄의식 곧 양심을 공유함으로 믿음으로 나아가는 가능성을 시사하였다. 이것은 남미의 감리교신학자 보니노(Jose Bonino)가 지적한 바와 같이 웨슬리는 개인적 경험과 영국인의 상식(Common sense)으로서 어거스틴의 선행적 은총을 부활시켜 하느님과 의미있는 관계를 맺을 수 있는 윤리적 및 종교적 인간을 설정한 것이다.

또한 그는 칼빈주의적 청교도사상의 후예이었으나 모친 스잔나와 함께 예정설을 철저하게 포기하고 만인구원설을 주장함으로써 예수 그리스도를 통한 하느님의 우주적 섭리를 만천하에 공포하였다. 그는 이렇듯 봉건주의적이고 폐쇄적인 18세기 영국사회와 교회에서 모든 인간이 인종과 계층과 종교를 초월하여 하느님의 형상으로 창조되었다는 것과 죄인임에도 불구하고 누구나 구원받을 수 있는 가능성을 열어 놓음으로써 기독교의 보편성을 개진하였다.

우리는 여기서 현대신학자들이 다양한 방법으로 교단간에, 종교간에 대화를 통하여 종교의 장벽을 초월하려는 선구자적 시도를 웨슬리에게서 찾게 된다. 그리고 1920년대에 최병헌 목사도 유학자로서 유교

19920618_감리교신학과 선교정책_이계준교수_감리교단을 바로 세우는 정책협의회 자료집(3)_6(1)번_페이지_2

의 종교성을 높이 평가한 바 있다.

오늘 우리 감리교회의 큰 문제 중의 하나는(반드시 감리교회의 문제에 국한되지는 않으나) 신앙의 폐쇄성이다. 즉 타종교인은 사탄이나 또는 마귀의 자식이므로 그들은 구원을 받을 수 없다든지 하는 배타주의가 교회 안에 팽배하다. 만일 하느님이 우주와 인간의 창조자이시고 모든 인간이 그의 피조물이라면, 그리고 모두가 그의 구원의 대상이라면 그리스도의 복음과 구원은 기독교인의 전유물이 될 수가 없는 것이다. 우리의 과제는 신앙적 아집과 독선을 배제하고 모든 인간이 하나님의 자녀됨과 구원받을 수 있음을 고백하고 전파함으로 협력과 화해를 통해 사랑과 평화의 인간공동체를 실현하는 것이다.

셋째로 웨슬리는 선교와 사회변혁을 동시에 추진하였다.

웨슬리는 영국성공회에서 비록 파면은 당하였으나 새 교단을 만들 계획은 없었다. 그러므로 언젠가는 성공회와 통합하기를 고대하였으나 만일 통합이 선교에 저해요인이 된다면 통합할 수 없다고 단호히 천명하였다. 그는 이토록 선교에 열정을 쏟았다.

물론 그의 옥외집회를 통한 선교의 대상은 하층구조 곧 민중이었다. 그들은 계층적으로나 윤리적으로 사회의 밑바닥에 속한 존재들이었다. 웨슬리는 그들에게 복음을 통하여 예수의 선교처럼 하느님의 자녀임을 주지시키고 이에 상응하는 인격적 확립을 촉구하고 훈련시켰다. 그 결과로 믿는 자들이 개인적 윤리가 발전할 뿐만 아니라 사회윤리의 기강이 확립되고 노조운동이 전개되며 민주주의의 기초를 놓기에 이르렀다. 그러므로 웨슬리는 신앙을 통한 종교운동에서 출발하여 사회구조와 제도의 변화를 통한 사회개혁에로까지 나아갔다.

우리는 초기 미국교회가 청교도 정신을 통하여 신대륙에 하느님 나라를 건설하는 일에 크게 기여한 사실을 주지하고 있다. 뿐만 아니라 초기 한국감리교회는 신앙운동과 함께 근대화와 민족운동에 선구적 역할을 감당한 사실을 기억하고 있다.

그러나 오늘 우리의 형편은 어떤가? 우리의 교회성장과 선교(해외선교를 포함하여)는 무엇을 위한 것인가? 그것은 서구교회의 과오에 속하는 교회확장주의의 답습이 아닌가 반성해야 한다.

기독교는 역사적 종교이다. 비역사적 또는 반역사적 교회는 기독교가 아니다. 그리스도는 구체적인 인간의 역사 곧 로마 치하의 이스라엘 민족 속에 오셔서 하느님의 정의와 사랑에 근거한 통치 곧 하느님 나라를 선교의 주제로 선포하셨다. 역사적 교회의 존재이유는 바로 이 주제와 밀착되어 있다.

이제 우리 교회가 이 민족의 역사 속에서 선교적 사명을 다하려면 민족의 과제인 사회의 민주화와 평화적 민주통일과 인류의 평화의 연계성 안에서 복음을 선포하고 십자가를 지고 오늘의 골고다로 나아가야 할 것이다. 바로 거기에 하느님의 구원이 있기 때문이다.

19920618_감리교신학과 선교정책_이계준교수_감리교단을 바로 세우는 정책협의회 자료집(3)_6(1)번_페이지_3

Ⅱ. 선교정책

죤 웨슬리의 신학은 그 목적이 구원이고 그 수단은 선교이다. 그의 선교는 복음선교를 통해 개인의 신앙과 교회를 발전시켰고, 산업혁명으로 다양해진 집단들에게 처음으로 다원선교를 시도하였으며 봉건적인 영국사회를 민주주의로 지향하는데 크게 기여하였다. 고로 그의 선교는 통전적이고 총체적인 것이었다.

한국의 초기감리교회는 웨슬리의 통전적 선교를 그대로 계승하였다. 전도를 개인구원과 교회설립, 교육, 의료 및 사회사업으로 다원선교, 봉건타파와 항일 민족운동으로 역사참여와 사회개혁을 실현하였다. 이것은 선교의 원형으로서 감리교(및 모든 교회)가 존속하는한 따라야 할 모델이다. 이 선교모델을 따라 미래지향적 감리교회가 연구하고 실천해야 할 선교정책을 생각하고저 한다.

1. 국내 선교

가. 교회의 성장과 성숙

감리교는 급성장하였으나 성숙에는 미치지 못하였다. 개체교회의 성장과 미자립교회의 수적 증가는 이루었으나 제도적 장치를 통한 균형있는 발전과 교회의 기능인 예배, 친교, 교육(모이는 교회) 및 선교와 봉사(흩어지는 교회)의 역할에 미흡하였다. 교회나 교파확장을 지양하고 교회를 필요로 하는 곳에서 해야할 일을 찾아야 한다.

나. 사회변동과 선교의 장

사회변동은 인구의 변동과 함께 직업의 다양화가 뒤따른다. 농어촌의 인구의 격감과 도시중심가의 공동화가 이루어지며 산업지구와 도시근교의 주택가가 급속한 인구증가를 보인다.

앞으로 인구부재의 농어촌에 교회설립은 불가능하고 기존하는 교회도 존폐의 위기를 맞을 것이다. 그러나 산업지구, 소외지역(달동네), 신시가지는 새로운 선교의 장으로 부상된다. 여기에 교단차원의 연구, 조사 및 정책수립이 요청된다.

도시중심가의 교회는 도시외곽으로의 인구이동 때문에 점차적으로 빈교회로 변하고 교회자체가 새 주택가로 이동함으로 도시중심가에 교회부현상이 나타난다. 여기서 주택가 교회로서의 역할은 도시교회의 역할로 변형하여 주일행사 위주에서 주간행사 위주로 전이해야 한다.

다. 다원사회의 선교

사회는 단순한 농경사회에서 산업사회로 그리고 지금 후기산업사회(정보화사회)로 진입하고 있다. 가

19920618_감리교신학과 선교정책_이계준교수_감리교단을 바로 세우는 정책협의회 자료집(3)_6(1)번_페이지_4

고 사랑에 입각한 선교적 자세를 취해야 한다. 한국의 초기선교사들의 고종의 요청에 응하여 교육, 의료, 사회사업에 착수했듯이.

따라서 선교사파송이 요청에 따라 의사, 기술자, 사회사업가, 목회자를 선정해야 하고 교회설립 후 가급적 속한 시일에 현지 교역자 양성과 함께 목회이양을 해야 한다. 이것이 서구교회의 탈선된 선교정책을 탈피하고 독립적이고 자립적 교회로 발전시키는 계기가 되는 동시에 한국교회의 인적, 재정적 낭비를 극복할 수 있다.

19920618_감리교신학과 선교정책_이계준교수_감리교단을 바로 세우는 정책협의회 자료집(3)_6(1)번_페이지_5

한국 감리교회의 전통과 다원주의

유동식교수
(감리교신학자협의회장)

I. 한국감리교회의 특성과 전통

1) 다원주의적 자기 이해

1930년에 형성된 기독교대한감리회의 정체성은 "진정한 기독교회, 진정한 감리교회, 한국적 교회"라는데 있다. 교회의 본질은 그리스도와의 사귐(코이노니아)과 복음의 선교(케리그마), 그리고 마귀를 추방하는 사회적 봉사(디아코니아)로써 구성되어 있다(마가 3:14, 15). 그러나 그 구체적인 이해에 있어서는 감리교적이어야 하며, 한국적이어야 한다.

다른 교파 교회와는 구별되는 감리교적 독자성을 가지고 있는 교회이다. 그뿐 아니라, 미국 감리교회와도 구별되는 한국적 교회이다. 따라서 독자적인 교리를 가지고 있다. 나의 주체성과 함께 다른 교파 교회와 다른 민족이나 다른 나라의 감리교회가 지닌 주체성을 인정하는 다원주의적 자기인식 위에 서있다.

다원주의란, 자신의 정체성을 유지하면서 상대방의 주체성을 인정하는 것이며, 그 다원화 속에 하나의 통합원리가 있어 조화를 이루고 있는 것을 말한다. 여기에 비로소 상호 협력하고 다양 속에 일치를 구하는 에큐메니칼 정신이 있게 된다.

이것은 마치 심포니 오케스트라와도 같다. 악기마다 제각기 독자적인 음색을 내지만 서로 화합하는 가운데 하나의 웅장한 교향악을 창조해 나가는 것이다. 이것이 교회의 존재양식이다.

2) 진보적 자유주의 신학

"진정한 감리교회는 진보적이므로 생명이 있는 이의 특색을 가졌으니, 곧 그 시대와 지방을 따라 자라기도 하며, 변하기도 할 것입니다." 살아있는 감리교회는 굳어버린 제도적 조직이나 냉철한 교리주의 속에 화석화될 수는 없다. 따라서 한국감리교회는 "교리적 시험"을 강요하지 않는다. "우리의 입회 조건은 신학적이기보다 도덕적이요, 영적이다." 중요한 것은 "그리스도에게 충성함과 그를 따르려는 결심" 뿐이다. 그러므로 개인 신자의 "충분한 신앙자유"를 인정한다.

진보적 교회는 자유주의 신학을 동반한다. 자유주의 신학이란 복음의 진리를 시대와 문화의 변천을 따라 항상 새롭게 재조명하여 새롭게 파악함으로써 복음선교에 봉사하는 신학이다.

한국감리교회의 교리적 선언 속에 근본주의의 5원칙을 삽입하라는 주장이 있었다. 곧, 성서의 축자영감설을 기초로 한 "성신으로 잉태함과 십자가에서 흘린 피로 인한 속죄와 부활, 승천과 최후의 심판에 대한 조항을 삽입하라고 장시간 토의가 있었으나 부결되었다."(기독교조선감리회 제1회 총회 회록). 이것은 곧 자유주의의 신학노선을 천명한 결의였다.

3) 세계 복음화 운동

"세계는 나의 교구"라 한 웨슬리의 정신을 이어받은 한국감리교회는 100만인 구령운동을 주창했고(1909), 전국 복음화 운동을 주도했으며(1964), 100주년 기념 선언문에서는 "이 민족을 복음화하고 나아가서 아시아 복음화를 위해 총력을 기울일 것"을 다짐했다.

한국감리교회는 세계 복음화의 꿈을 안고 전진한다. 세계란 평면적인 땅의 넓이만을 지칭하는 것이 아니라, 인간이 삶을 영위하고 있는 모든 영역을 또한 포함한 입체적인 개념이다. 정치, 경제, 사회, 문화와 함께 종교적 영역까지 포함하고 있다. 복음화는 하나님의 뜻이 실현된 인류사회의 건설을 목표로 하는 것이며, 이를 뒷받침하는 것은 "하나님의 선행적 은총과 만인구원"에 대한 믿음이다.

기독교대한감리회 100주년 기념대회 선언문은 우리의 확신과 함께 다음과 같이 제안한다.

> "우리는 그리스도의 복음이 개인이나 사회적 또는 민족적 차원에서 참된 구원의 유일한 도리임을 확신한다. 그러나 아시아의 종교적 다원시대에 있어서 한편 예수 그리스도의 구원의 보편성을 견지하면서 다른 한편 타종교와의 대화를 통해 협력할 것을 다짐한다. 우리는 어떠한 형태의 지나친 독선주의도 배척하며 모든 종교들이 진정한 하나님 나라를 이땅 위에 실현하기 위해 같이 협력할 것을 제안한다."

Ⅱ. 종교적 다원사회에서의 선교

1) 선교에 봉사하는 신학

신학이란 교회가 성서에 증언된 하나님의 말씀을 선교하는데 봉사하는 신앙적 학문이다. 교회의 선교는 단순히 성서의 증언을 반복하는 것이 아니라, 성서에 증언된 복음이 현재의 우리들에게는 무엇을 의미하는가를 듣고 전하는 것이어야 한다. 여기에서 중요한 것은 현재의 우리들이 삶의 상황이다. 신학자는 오늘의 문화와 사회적 상황을 바로 인식함으로써 그 안에 살고 있는 현대인에게 복음의 의미가 무엇이어야 하겠는가를 규명할 책임이 있는 것이다.

또 하나는 하나님의 말씀에 대한 인식이다. 성서의 문자가 그대로 하나님의 말씀인 것이 아니라, 그 안에 말씀이 들어있는 것이다. 그러므로 우리는 성서에서 하나님의 말씀을 듣도록 해야 한다. 그런데 하나님의 말씀이란 영적인 것이며 무궁무진한 것이어서 제한된 인간으로서는 그것을 다 수용할 수 없다. 우리는 다만 각자가 지니고 있는 그릇의 분량만큼 받아가지고 살아가는 것이다. 그러므로 신학은 시대적·문화적 환경에 따라 달라질 뿐만 아니라, 우리들의 신앙적 그릇의 크기와 모양에 따라 달라지기 마련이다.

2) 기독교이후 시대

제2차 세계대전 이후 지구에서 식민지들이 사라져갔다. 정치적 지배는 문화와 종교의 지배를 동반한다. 서구 제국주의의 근저에는 그릇된 기독교적 세계관이 작용하고 있었다고 해야 할 것이다. 콘스탄틴 대제 이후 서구인들은 기독교만이 세계와 문화를 지배할 유일한 절대종교라고 믿어왔다. 그러나 지금의 세계 문화는 기독교적 통제와 지배에서 벗어난 이른바 세속화된 민주주의적 시대를 맞이했다. 이런 뜻에서 현대는 "기독교

19920618_한국 감리교회의 전통과 다원주의_감리교단을 바로 세우는 정책협의회_감리교단을 염려하는 기도모임 자료집_6(1)번_페이지_2

이후 시대"가 된 것이다.

정치적 지배로부터의 해방은 문화적 해방을 동반한다. 문화의 중심에는 종교가 있다. 그러므로 그간 무시되거나 배척되어 오던 아시아의 종교들은 이제 아시아의 해방과 함께 자기의 위치를 되찾기 시작했다. 그리하여 어느 하나의 종교가 전체를 지배하는 것이 아니라, 종교들이 동등한 자격을 가지고 공존하는 다원종교시대가 온 것이다.

한국은 한때 불교가 전체를 지배했고, 근세에 와서는 유교가 한국을 지배해 왔다. 그러나 해방된 오늘의 한국은 민주적 헌법 아래 불교와 유교와 기독교가 나란히 공존하는 다원주의 사회가 나타나게 된 것이다.

3) 종교신학의 유형

종교적 다원사회 속에서 선교해야 하는 우리는 다른 종교에 대한 신학적 해명이 필요하게 되었다. 다른 종교인들에게도 우리는 복음을 전해야 할 책임이 있기 때문이다. 이것을 "종교신학"이라고 해둔다.

종교신학에는 세가지 유형이 있어 왔다. 첫째는 배타주의적 신학이다. "다른 이로서는 구원을 받을 수 없나니 천하 인간에 구원을 얻을만한 다른 이름을 우리에게 주신 일이 없음이니라"(사도 4:12). 타 종교인들도 구원받기 위해서는 기독교로 개종해야 한다. 따라서 타 종교에 대한 선교는 대화가 아니라 정복이라고 본다. 이것은 제국주의 시대의 선교신학이었다.

둘째는 포괄주의의 신학이다. "예전에 선지자들로 여러 부분과 여러 모양으로 우리 조상들에게 말씀하신 하나님이 이 모든 날 마지막에 아들로 우리에게 말씀하셨으니 이 아들을 만유의 후사로 세우시고 또 저로 말미암아 모든 세계를 지으셨느니라"(히브 1:1, 2). 아브라함과 모세를 통해 말씀하셨듯이 하나님께서는 부처님이나 공자님을 통해 동양사람들에게도 말씀하셨다고 본다. 그러나 종국에는 예수 그리스도를 통해 결정적인 구원의 말씀을 하신 것이다. 그러므로 유대교가 그리스도 안에서 성취되었듯이 동양의 종교들도 그리스도 안에서 그 구원의 완성을 얻을 수 있다. 이것은 아시아의 종교들이 공존하기 시작한 시대의 종교신학이었다.

셋째는 다원주의 신학이다. "하나님은 하나이시니 곧 만유의 아버지시라, 만유 위에 계시고, 만유를 통일하시고, 만유 가운데 계시도다"(에베 4:6). 하나님의 은총과 섭리 밖에 있는 사람은 없다. 하나님은 모든 사람에게 꼭 같이 햇빛과 단비를 내리신다. 다만 하나님의 섭리를 따라 3중원으로 그릴 수 있는 구별이 있다. 가장 밖에 있는 원 안에는 모든 사람들, 곧 타 종교인들과 유대인과 헬라 사람들이 있어 하나님의 은총을 받고 산다. 그 다음에 있는 원 안에는 보이는 기독교인들이 있어 하나님의 관심과 은총을 받고 산다. 그리고 중심을 차지하고 있는 원 안에는 신령과 진리로서 하나님을 예배하는 사람들, 곧 보이지 않는 교회가 있다. 하나님께서 특별한 은총을 내리시는 대상들이다(웨슬리). 바깥 둘레안에 있는 사람들도 그들의 형식 속에서 신령과 진리로써 하나님께 예배할 수 있을 것이다. 문제는 종교의 차이가 아니라고 본다. 모든 사람을 사랑하시고 은총을 내리시는 하나님은 기독교 안에서 뿐만 아니라, 그 밖에서도 구원의 역사를 하신다고 믿는 것이 다원주의의 입장이다.

이러한 다원주의의 종교신학이 확립되기를 기다린다. 기독교 공동체 밖에 있는 1300만의 한국 불교인들이 그들의 신앙을 통해서도 우리와 함께 하나님의 구원의 은총안에 살 수 있다는 것이 확인된다면 이보다 더 큰 기쁨이 없을 것이다.

19920618_한국 감리교회의 전통과 다원주의_감리교단을 바로 세우는 정책협의회_감리교단을 염려하는 기도모임 자료집_6(1)번_페이지_3

Ⅲ. 근대 이후 시대의 신학

1) 근대 이후 시대

어거스트 꽁트는 인류의 사고발전 단계를 따라 신화적 시대, 철학적 시대, 실증적 과학 시대로 3분하고, 현대를 실증적 과학의 시대로 보았다. 근대인들은 모든 것을 합리적이며 과학적인 분석과 인식의 대상으로 삼는다. 대상화할 수 없는 초월적인 종교적 세계까지도 과학이 지배하려고 한다. 오늘의 실증과학의 위치는 과거에 과학까지도 통제하려고 했던 서구 기독교의 위치를 차지하게 되었다.

이러한 근대문화의 한 전형적인 결정체가 맑시즘이라고 생각한다. 유물사관과 계급투쟁을 근간으로 한 과학적 사회주의의 이데올로기는 그 이념체계로써 모든 문화와 세계를 통제하고 지배하려고 한다. 모든 문화현상을 자기의 이념체계로써 규격화하고 처리하려고 한다. 종교는 한낱 민중의 아편으로 밖에 보지 않는다.

그러나 인간의 삶과 문화의 실상은 다원적인 것이어서 하나의 과학적 이념체계 안에 수용되거나 이해될 수 있는 것이 아니다. 종교는 종교의 문맥에서 이해되어야 하는 독자적인 것이다. 이러한 점에서 공산권의 몰락은 근대주의(모더니즘)의 종식을 상징하는 것이기도 하다. 세계는 본래적인 다원적 모습을 되찾기 시작했다. 이것이 "근대 이후 시대"의 양상이다.

2) 근대주의의 산물인 근본주의

20세기초 과학정신에 입각한 성서의 역사적 고등비판과 사회복음운동 등을 제창하는 자유주의 사상에 대항하여 기독교의 근본사상을 수호하려고 일어선 것이 보수적 근본주의이다. 그들은 축자영감설에 입각한 성서의 무오설을 주장했고, 그리스도의 처녀탄생, 십자가의 대속, 부활과 승천, 재림과 최후의 심판 등을 기독교의 근본교리로 주장했다. 자유주의 신학자들도 그리스도의 복음의 사건을 믿고 있다. 다만 그들의 복음이해는 근본주의자들의 주장과 다를 뿐이다. 그런데, 이들은 자유주의자들을 이단으로 몰았다. 이것은 1920년대의 미국과 30년대의 한국에서 일어난 일이였다.

그런데, 이러한 근본주의는 역설적으로 그들 자신의 주장이 근대주의의 특징을 지니게 된 것이다. 근대주의의 특징은 맑시즘에서 보았듯이 모든 문화현상을 객체화함으로써 과학적 분석의 대상으로 만들고, 그들이 세운 이념체계를 절대화하는데 있다.

성서는 초월적인 하나님의 말씀을 담고 있는 것이기 때문에 성서적 진리는 신앙적 맥락에서 이해되어야 한다. 따라서 객관화할 수 없는 세계이다. 그런데, 근본주의는 성서의 문자에 매여서 하나님의 말씀을 객체화하고, 복음의 사건을 과학적 인식의 대상이 되는 역사적 사실로 주장한다. 그리고 자신들의 주장을 이데올로기화 하고, 진화론(과학)을 지지하는 교사와 자유주의 신학자들을 공개성토했다.

말하자면 근본주의는 근대주의의 산물이요, 잠류현상이다.

3) 근대 이후 시대의 신학

근대 이후 시대를 자각한 신학자들은 복음의 진리를 과학적 맥락에서가 아니라, 성서적 문맥에서 보려고 한다. 그 한 예가 부활에 대한 이해이다. 근대인들은 그리스도의 부활을 육체의 부활로 믿음으로써 사실이 확증

19920618_한국 감리교회의 전통과 다원주의_감리교단을 바로 세우는 정책협의회_감리교단을 염려하는 기도모임 자료집_6(1)번_페이지_4

된다고 생각한다. 그러나 성서적 문맥에 충실하려는 신학자들은 생물학적인 육체의 부활을 부인한다. 그리스도의 부활은 영체로서의 몸의 부활이었다. 부활하신 그리스도는 모든 사람들이 다 볼 수 있는 객관적인 대상이 아니다. 다만 신앙의 눈을 가진 자만이 볼 수 있는 영체였던 것이다.

우리들의 부활도 마찬가지이다. "육체적인 몸으로 묻히지만, 영적인 몸으로 다시 살아납니다," "살과 피는 하나님의 나라를 이어받을 수 없고 썩어 없어질 것은 불멸의 것을 이어받을 수 없습니다."(고전 15:44, 59).

영체란, 하나님과 함께 사는 몸이며, 자유와 평화와 사랑으로 구성된 인격이다. 부활하신 그리스도를 모시고 하나님 안에 사는 그리스도인들은 이미 부활에 참여하고 있다. 그리스도께서 말씀하신다. "나는 부활이요 생명이니 나를 믿는 사람은 죽어도 살겠고, 살아서 믿는 사람은 영원히 죽지 아니하리라"(요한 11:25, 26).

Ⅳ. 맺는 말

하나님께서 지으신 세계는 다원적 존재이다. 그러나 인간이 만들어낸 몇몇 이념체계는 이를 용인하지 아니한다. 중세의 제국주의적 기독교와 근대의 유물론적 공산주의, 그리고 현대의 보수적 근본주의를 신봉하는 사람들은 다원주의를 배척하고 탄압했다.

그러나 문화는 점차 다원주의 방향으로 발전해 가고 있다. 따라서 오늘의 기독교는 이에 걸맞는 선교정책과 신학을 수립해야 할 책임이 있다.

19920618_한국 감리교회의 전통과 다원주의_감리교단을 바로 세우는 정책협의회_감리교단을 염려하는 기도모임 자료집_6(1)번_페이지_5

서울연회의 재판은 적법성 결여로 무효화될 것이다.

－이 내용은 지난 6월 22일 인천청암교회에서 열린 감리교를 염려하는 인천·부천 기도 모임에서 강대성 변호사(수원 우리교회 집사)가 행한 강연을 정리한 것이다.

1. 서울연회의 재판은 법원(法院)에 의해 무효화 될 것이 거의 확실하다.

① 변·홍 교수에 대한 재판은 일반 법원에 의한 재판의 대상이 된다. 즉 "국가가 개인간의 모든 다툼에 개입하지 않는 것이 원칙이나 변·홍 교수의 경우는 특히 교수 자격의 문제 등 국민으로서의 권리 의무에 관계되는 문제가 있기 때문에 법원의 판단의 대상이 될 것이다."

② 법원에서는 적법성(適法性) 즉 적법절차를 거쳤는가와 정당성(正當性) 즉 내용에 대한 판단을 하게 될 것인데 특히 적법절차의 문제에 대해서는 "서울연회의 재판은 거의 일고의 가치도 없이 파기될 것으로 확신하고 있다. 교회에서 재판하면서도 절차상 재판법을 지킨 것이 거의 없다. 특히 재판부의 구성상 자격이 없는 재판위원(교리수호대책위)에 의한 재판이라는 점에서 무효임이 확실하다. … 감리교라는 대교단에서 어떻게 이런 재판을 했을까 손가락질을 받을 생각을 하면 감리교 신자로서 부끄러움을 느낀다."

③「교리적 시험을 강요하지 않는다」 또는 「신앙의 자유를 옳게 인정한다」는 교리와 장정의 내용은 무한정의 신앙적 자유를 인정하는 것으로 해석할 수는 없지만 변·홍 교수의 경우 "목회자로서 일반 신자들을 대상으로 한 발언이 아니라 신학자로서 객관적인 추론과정을 거친 것이라면 신학생들을 위한 교육과정으로 보는 것이 옳을 것이다." 따라서 변·홍 교수의 신학적 발언은 교리와 장정에 규정된 신앙의 자유의 범주에 속한다고 보아야 한다. 또한 "교리와 장정의 해석 상 교리위배로 판단하기에는 어려운 것으로 보인다."

④ 전반적으로 "일반법원은 교리문제에 대한 전문적인 판단능력을 갖고 있지 않으며 이에 대한 판단을 자제할 것이기 때문에 적법 절차의 문제가 가장 중요한 쟁점이 될 것이고 이 재판은 파기될 것이 확실하다."

2. 김홍도 목사등 교리수호대책위원회는 명백히 「출판물에 의한 명예훼손죄」에 해당한다.

19920622_서울연회의 재판은 적법성 결여로 무효화될 것이다_감리교회의 화해를 위하여_감리교단을 염려하는 기도모임 자료집4_6(1)번_페이지_1

① "김홍도 목사등은 유인물을 통하여 허위임이 명백한 내용을 유포하고 사실을 과장하여 변·홍 교수의 명예를 훼손하고 있다."

② 또한 "김홍도 목사 등의 행위는 죄질(罪質)이 나쁘다." 즉 허위사실을 고의적(故意的)이고 반복(反復)해서 유포한다는 점에서 가장 무거운 명예훼손이라고 할 수 있다. 때문에 고소될 경우 "가능성은 적지만 김홍도 목사가 반성하지 않고 피해자와의 합의를 얻어내지 못하면 기소되어 실형선고의 가능성도 배제할 수 없다."

③ "형사고소나 고발을 하면 검찰이 사실에 대한 수사를 할 것이기 때문에 통일교 관련 등 허위주장의 진실이 밝혀지는 유익한 점이 있다."

3. "이 사건은 형사사건에 준하기 때문에 피고인에게 재판비용을 부담시키는 것은 부당하다."

① 우선 상식적으로 "소송비용이 1,800여 만원에 이른다는 것은 이해할 수 없다."

② 총회재판위에서 300만원의 재판비용 예치를 요구하는 것은 "재판받을 권리를 침해하는 것이며, 재판비용은 통상 재판후에 확정하는 것이지 예치하는 것이 아니다."

19920622_서울연회의 재판은 적법성 결여로 무효화될 것이다_감리교회의 화해를 위하여_감리교단을 염려하는 기도모임 자료집4_6(1)번_페이지_2

J-2-043

우리주 하나님의 크신 은총이 섬기시는 교회위에 함께 하시길 기원합니다.
할일 많은 때 하필이면 변.홍교수 문제 까지도 걸머지게 되어 한편으로는 얼마나 마음 상하고 안타까워 했습니까?
그러나 곰곰히 생각해 보면,하나님께서는 참으로 묘한 방법을 통해서 감리교단을 그리고 교회와 우리 모두를 새롭게 하시려고 이 일을 시작하셨다는 생각을 해봅니다.
그동안 '감리교단을 염려하는 기도모임'을 각 연회단위로 또 지역별로 치루면서 더욱 확신을 갖게 됩니다.
이번 일에 기도와 관심을 보여주신 여러동역자들을 모시고 그동안의 경과를 알려드리고 평가하면서 앞으로의 방향을 함께 헤쳐나가려 합니다.
꼭 오시옵소서.

1992.6.25

모임을 알리는 이 : 윤병상.김동완 정지강.정명기

때 / 1992.7.9(목) 오후 3:00
곳 / 대전 유성 대온장 500호
042-822-0011
회비 / 1만원

* 모임 초청 대상자 *

박종호(진영),장석재(빛고을),이필완(벌교원동),서기선(회성),김용택(두레),엄상현(광주제일),이계원(여수동산),홍형표(순천중앙),이상운(마산제일),박효섭(괴정),유기성(제일),김상현(광안),김민자(부녀복지관),김용환(광명),김창택(수항),박화원(신항),이영우(송학),최만석(음봉),이명철(역리),조수현(우명),박찬운(동산),이광수(남산),원형수(강경제일),김용우(목동),정지강(빈들),노정길(용전),허원배(대전제일),이무영(전의),송영환(고대제일),전태수(우강),방두석(대성),최광섭(서부제일),윤영각(한마음),손인선(양화),김수인(평택성동),이상윤(신영),권오준(토평),김성호(여주제일),임정덕(사동),박영모(동수원),박영천(우리),김진춘(매원),이종철(갈릴리),배월수(살림),현재호(수화),성원주(축령),조언정(산유리),김정택(송혁산마루),남규우(일꾼),서만권(율목),이선형(계산중앙),주복균(청암),김성복(샘터),박은국(용현),송정호(부천상동),김도진(주안),이은규(성암),이광열(경택),박흥규(월곶제일).조화순(달월),이화식(삼남),김영주(교동중앙),김준형(충주),안희선(주문진),박형주(속초),최선길(조양),김정권(성도),권오서(중앙),최범순(홍천),김광식(신월),차흥도(괴산),노춘원(능암),김영주(형제),김동완(형제),최완택(민들레성서교실),황호영(한빛),이미일(효창),이계준(연세대학),윤병상(연세대학),박덕신(수유),윤문자(홍인문),최혜자(형제),박경양(평화의교회),신복현(새벽),황문찬(서울),조세재(서초중앙),김영호박사,김흥기박사,김흥수교수,정태준,이면주,박종욱(이상 교단본부),장동주(창원제일)

19920625_감리교단을 염려하는 기도모임 연회별 모임 알리는 편지_윤병상 김동완 정지강 정명기_감리교단을 염려하는 기도모임_6(1)번

J-2-0774

변선환 홍정수 교수가 출교된 이유와 결과보고

참된 그리스도인이라면 신앙을 생명보다 귀중하게 여긴다. 그렇기 때문에 기독교역사상 신앙과 목숨을 바꾸어 순교한 사람이 수 없이 많다. 그런데 마리아가 낳은 예수가 그리스도가 아니라고 하며 교회밖에도, 즉 기독교 밖에도 구원이 있다고 주장하는 이들을 교회밖으로 출교시키는 것은 너무나 당연한 일이 아닌가?

첫째, 변·홍 두교수는 예수가 그리스도임을 부정하고 다른 종교에도 구원이 있다고 주장하여 십자가의 구속이나 예수의 부활을 부인하면서 주의 피로 사신 몸된 교회, 2,000년 동안 순교의 피로 지켜온 교회를 근원적으로 파괴하려는 사탄의 간교한 사상이므로 반드시 출교되어야 한다. 예수의 복음으로 교회가 크게 성장하고 따라서 나라들이 크게 부강해졌던 구라파에서 자유주의 사상이 범람하면서 부터 교회들이 기죽어버렸고 이제는 관광객들의 구경거리가 되어버렸다. 그리고 청교도들의 순수한 신앙이 밑바탕이 되어 축복을 받고 부강해졌던 미국에도 이 자유주의신학이 들어가 미국교회들을 죽이고 있는 것은 주지의 사실이다. 그 한 예로 1965－1990년, 25년동안 미국연합감리교회(U.M.C)는 400만명이 줄어 들었다. 한국에서 100년동안에 크게 성장해온 감리교회의 4배나되는 숫자이다. 지금도 계속 350명 짜리 교회 하난씩 문을 닫고 있는 형편이다. 그리고 감리교회의 절반의 교세도 않되는 미국 연합장로교회(UPC)는 매일 203명 짜리 교회 하나씩 문을 닫는 형편이다. 이상하게 미국의 장로교회는 감리교회보다 더 자유주의이기 때문이다.

이런 자유주의 신학에 물든 목사들은 예수를 유일한 구세주로 믿지도 않고 동정녀 탄생, 십자가의 구속, 부활, 승천, 재림 등을 믿지 않기 때문이다. 그러니 예수를 믿을 필요가 어데 있겠는가? 교회가 붕괴되는 것은 당연한 사실이다. 그러나 복음적이고 영적인 교회는 100%, 200% 계속 성장하고 있다. 그러므로 교회를 200개 세우는 것보다 무섭게 교회를 파괴하는 이런 교수들을 출교시키는 것이 몇천배 귀중한 일이며 시급한 일이다.

이런 불신앙의 세력은 W.C.C 산하의 전체교단의 내부에 팽배하고 있어서(복음적인 교회를 제외하고) 인권운동이나 사회참여를 구실로 공산주의를 지지 내지는 찬양하는 목사들도 많이 생겨났다.

심지어 중공에서 온 사람은 "중국의 메시야는 모택동이다"라고 까지 주장하기도 하였다. 1973년 태국 방콕에서 열린 W.C.C 대회에서는 "복음화와 선교는 의미없는 일이다"라고 하면서 "의식화 교육"이나 "해방운동"을 위해서 선교비를 지출하기로 하고 영혼구원이나 복음전파를 위해서는 지불정지 명령(Moratorium)을 내렸다. 그대신 Africa의 S.W.A.P.O(스와포) 즉 South West Africa People Organization, 다시말하면 아프리카 해방운동 기구의 게릴라들에게 750만불이나 지원해 주었다. 사실은 이 게릴라들이 백인선교사들을, 어린아이들까지 죽인 사람들인데 이들에게 거액의 선교비를 지출한 것이다. 이렇게 말세에 나타나리라고 한 적 그리스도와 거짓 선지자들이 나타나 거짓된 이론과 미혹케 하는 영으로 사람들을 미혹하여 기독교를 근원부터 뒤엎으려고 하고 있음을 분명히 알고 이를 대처해 나가야 한다.

둘째, 변·홍 두교수의 분명한 이단사상

① 변선환 교수의 이단사상

Ⓐ 모든 종교에 다 구원이 있다고 함

"기독교 밖에 구원이 없다는 교리는 신학적인 토리미의 천동설에 불과하다"(크리스챤 신문 90. 12. 8) "그리스도만이 보편적으로 유일한 구속자인 것이 아니다"(기독교사상 299호 p 156) "저들의 종교도(타종교) 그들 스스로의 구원의 길을 알고 있다"(상동 p 155), "교회가 말하지 않아도 이미 선행하여 그리스도를 섬기고 있으며, 기독교선교사가 하나님 나라를 비기독교 세계에 가지고 오지 않아도 이미 하나님 나라는 거기서 역사하고 있다"고 했다. 선교학을 공부하고 있는 권유순목사와 일본 어느 호텔에서 회화하는 중에 "일본에 선교할 필요없이 이 사람들은 그들의 종교로 다 구원 받아"라고 말한바 있어 그 다음부터 변학장은 예수 믿지 않는 사람임을 알았다고 한다.

Ⓑ 마리아가 낳은 예수가 그리스도가 아니라

1

19920711_변선환 홍정수 교수가 출교된 이유와 결과보고_기독교교리수호대책위원회_6(1)번_페이지_1

고 함

"우주적 그리스도는 마리아의 아들 예수와 동일시 할때 거침돌이 된다"(기독교사상 299호 p 156)

Ⓒ 모든 종교에 다 구원이 있다고 함

"그리스도는 힌두교안에 있다"(상동) "예수를 절대화 시키며 다른 종교적 인물을 능가하는 일종의 제외인물로 보려는 기독교의 도그마에서 벗어나야 한다"(크리스챤 신문 90. 12. 8)

Ⓓ 기독교의 구원관과 전혀 다른 사상을 갖고 있음

"자기중심적이던 존재가 생사를 초월한 우주적 생명체로 변화하고 이기적이던 작은 생명이 사랑, 자비 등과 같은 이타적인 생명으로 변화하는 것이 구원이라면 다른 종교 안에도 나름대로의 구원의 길이 있음을 인정하는 입장인 것이다"(우먼센스 91. 1. 12월호), 변선환교수는 생명의 구주이신 예수를 믿음으로 말미암아 중생하여 영생을 얻고 구원받는 성경의 근본 교리와 완전히 배치되며, 범신론 내지 무신론적 구원관을 갖고 있다.

Ⓔ 통일교의 거물급 인사를 비호하여 졸업 시켰음

양창식이란 통일교의 차세대 지도자를 입학원서 구비서류에 하자가 있음에도 불구하고 입학시켰고, 후에 통일교인임을 알려 주었음에도 불구하고 퇴학은 커녕, 통일교를 변증하는 논문을 지도·통과시켜 졸업시켰다.

② 홍정수 교수의 이단사상

Ⓐ 하나님이 없다고 함

"만일 신은 계신가 하고 누군가가 우리에게 묻는다면 「신은 없다」고 잘라 말할 수 있다"(베짜는 하나님 p. 56) "따라서 「신없는 종교」를 알고 있는 우리들로서는 그리고 「무신시대」를 살아가고 있는 우리들로서는 종교까지는 몰라도 꼭 「신을 하나님을」 믿어야 하는데 자문하지 않을 수 없다."(상동 p 52)

Ⓑ 부활이 없다고 주장함

"부활은 생물학적으로 불가능하다"(크리스챤 신문 91. 3. 30). "나는 단연코 육체의 부활은 부정한다"(우먼센스 91. 12월호) "부활은 빈 무덤도 아니고 생물학적 극복도 아니다"(크리스챤 신문 91. 6. 8), "기독교의 부활 멧시지가 아무소용 없을 수도 있음을 극명하게 말해 준다"(베짜는 하나님 p 185)

Ⓒ 그리스도의 십자가의 구속을 부인함

"……예수라는 인간의 생체조직이 신적인 성분으로 구성되어 있다거나 그의 피가 동물들이 흘리는 피보다 월등하게 효과가 있다는 얘기가 결코 아니다"(동서 p 147). 즉 예수의 피나, 개, 돼지 등의 동물의 피나 같다는 것이다. "예수가 죽음으로써 다시는 불쌍한 동물들이 죽지 않아도 되게 되었으니 그는 사람들이 아니라 동물들을 위해 죽은것이다"(상동 p 147). "신의 아들의 죽음이 아니다"(한몸 7권 p 16). "예수의 죽음이 우리를 속량하는 것이 아니라, 그의 삶이 우리를 속량하는 것이다"(상동 p 17)고 하면서, 화염병을 던지며, 분신자살한 대학생들의 죽음과 다를 바가 없다고 주장한다.

Ⓓ 예수를 술주정뱅이와, 더러운 사람이라고 함

"예수는 당시의 사람들의 눈으로 보면 어느모로 보나 정결한 사람이 아니라 더러운 사람이었다는 점을 가리킨다"(동서 p 105). "그러면서 그는 자기의 제자들(사실은 동지들)과 더불어 밤을 세워가며 술을 마셨을 것이다"(동서 p 103), 역사상 어떤 배교자라도 이렇게 까지 신성모독을 한 자는 없을 것이다.

Ⓔ 통일교를 지지, 찬양함

그는 양창식이란 통일교 거물급 인사를 비호하여 졸업시켰으며 이를 통보하여 처리하라고 한 학생(이규철)을 도리어 곤경에 처하도록 하였다. 뿐만 아니라 그의 글에 종종 통일교를 찬양한 내용을 볼수 있다. "차라리 유태교나 「통일교」처럼 노골적으로 예수의 십자가를 거부하는 편이 정직하지 않을까"(동서 p 149) "지금의 교회들은—「통일교가 비판하고 있듯이」 매우 당파적이다…… 그리고 개교회, 교단, 종파(이념)들 사이의 교류는 다원주의적 「통일론의 원리」를 가리킨다.

셋째, 이단 사상임을 증명하는 성경말씀들

이들은 한마디로 성경을 전면적으로 부인하는 사람들이다. 동정녀 탄생, 십자의 대속의 죽음, 부활, 승천, 재림, 천국, 지옥을 모두 부인하는 사람들이다. 성경은 이런 이단자들에 대하여 단호히 정죄하고 있다.

① 다른 복음을 전하면 저주를 받으라

"다른 복음은 없나니 다만 어떤 사람들이 너

2

19920711_변선환 홍정수 교수가 출교된 이유와 결과보고_기독교교리수호대책위원회_6(1)번_페이지_2

회를 요란케하여 그리스도의 복음을 변하려 함이라. 그러나 우리나 혹 하늘로 부터 온 천사라도 우리가 너희에게 전한 복음외에 다른 복음을 전하면 저주를 받을 찌어다"(갈 1:7－8)

② 예수만이 유일한 구세주

"내가 곧 길이요, 진리요, 생명이니 나로 말미암지 않고 아버지께로 올자가 없느니라" (the way, the truth, the life라고 함은 유일성을 말함). "주는 그리스도시요, 살아계신 하나님의 아들이시니이다"(마태복음 16:16) 이 신앙고백위에 교회가 세워진 것이요, 이 신앙고백을 한 자만이 구원을 받게 되어있다. "다른이로서는 구원을 얻을수 없나니, 천하인간에 구원받을 만한 다른 이름을 우리에게 주신일이 없음이니라"(행 4:12), "하나님은 한 분이시요, 또 하나님과 사람 사이에 중보도 한 분이시니 곧 사람이신 그리스도 예수라"(딤전 2:5)

③ 믿음을 무너뜨리는 회저병(gangrene) 같은 이단사설

"저희말은 독한 창질의(gangrene—회저병) 썩어져 감과 같은데 그중에 후메네오와 빌레도가 있느니라, 진리에 관하여는 저희가 그릇되었도다. 부활이 이미 지나갔다 하므로 어떤 사람의 믿음을 무너뜨리느니라" 변·홍교수야 말로 믿음을 무너뜨리고 수많은 교회들을 파괴하는 이단자와 사탄의 종들임이 분명하다

④ 분명한 말세에 나타날 적 그리스도의 종들

"사랑하는 자들아 영을 다 믿지말고 오직 영들이 하나님께 속하였나 시험하라. 많은 거짓선지자가 세상에 나왔음이니라. 하나님의 영은 이것으로 알지니 곧 예수 그리스도께서 육체로 오신것을 시인하는 영마다 하나님께 속한 것이요, 예수를 시인하지 아니하는 영마다 하나님께 속한 것이 아니니 이것이 곧 적 그리스도의 영이니라"(요일 4:1－4)

⑤ 마귀의 영에 사로잡힌 자들

"이러므로 유혹의 영을 저희 가운데 역사하게 하사 거짓 것을 믿게 하심은 진리를 믿지 않고 불의를 좋아하는 모든자로 심판을 받게 하려 하심이라"(살후 2:11－12) "만일 우리 복음이 가리웠으면 망하는 자들에게 가리운 것이라. 그중에 이 세상신이(마귀), 믿지 아니하는 자들의 마음을 혼미케하여 그리스도의 영광의 복음의 광채가 비취지 못하게 함이니 그리스도는 하나님의 형상이라"

⑥ 말세에 많은 그리스도가 나타나리라는 예언의 성취

"그때에 사람들이 말하되 보라 그리스도가 여기 있다. 혹, 저기 있다 하여도 믿지 말라"(마태 24:23), "그러면 사람들이 너희에게 말하되 그리스도가 광야에 있다 하여도 나가지 말고 보라 골방에 있다 하여도 믿지 말라"(마태 24:26)고 예수의 예언이 성취되는 것이므로 이를 단호히 물리쳐야 한다. 그들은 모든 종교에 다 그리스도가 있다고 하면서 많은 그리스도(Many Christ)를 주장하는 이단이다. 그러므로 Religious Pluralism이나 Post Modernism은 단연코 배격하지 않으면 않된다.

넷째로 학문의 자유라는 구실에 대하여

사탄은 인류의 시작부터 오늘날까지 온갖 거짓말과 속임수를 써서 인간을 타락 시키고 영원한 멸망으로 빠뜨리고 있다. "하나님이 「참으로」 너희에게 동산「모든 나무의 실과」를 먹지 말라 하더냐"(창 3:1)하고 간사하게 하나님의 말씀을 가감시켜며 유혹할때 "너희는 먹지도 말고「만지지도 말라」너희가「죽을까 하노라」"하고 하나님의 말씀을 변질시키다 범죄하고 타락한 것과 같이 오늘날도 사탄은 "학문의 자유"라는 미명아래 성경말씀을 변질시키고 못믿게 하고 있다.

신학은 "교회를 위한 학문"이요, "성경말씀을 기초로한 학문"이어야지 성경을 떠나서, 교회를 파괴하는 학문은 신학도 아니며 사탄의 간계이므로 결코 "학문의 자유"란 용납할 수 없는 것이라 더욱이 이들은 이런, 저런 학문이 있다고 소개하는 정도가 아니라 그들의 주장보다 더 강하게 주장하므로, 출교시킴이 당연하다. 다른 대학에 가서 무슨 말을 하거나, 무슨 이론을 말하든지 우리는 상관하지 않으며 상관할 권리도 없다. 그러나 교회의 지도자들, 목회자를 양성하고, 신학교에서 학장, 조직신학교수라는 사람들이 이런 엄청난 사상을 가르치는 것은 목숨을 걸고 배격해야 한다.

무신론을 바탕으로 한 공산주의자들이 공산주의 국가나 북한으로 가면 좋으련만, 가지도 않고 정부를 전복시키고 국가를 혼란케 하는 것이나 마찬가지로 기독교의 탈을 쓴, 무신론자 또는 유물론자들이 교회밖으로 나가지도 않고 교

3

19920711_변선환 홍정수 교수가 출교된 이유와 결과보고_기독교교리수호대책위원회_6(1)번_페이지_3

회안에 존재하면서 끝까지 교회를 파괴하려고 드는 것은 사탄의 간계로 밖에 볼 수 없는 것이다. 교회밖에 나가서 "학문의 자유"를 가지고 무슨 소리를 하든 개의치 않는다.

다섯째 온갖 유언비어에 대하여

① 재판의 부당성이라는데 대하여

두 교수가 재판을 기피하므로 연회실행위원회에서 재판위원을 다시 선출하였으나 여기에 또 불공평하다고 하여 15명중 5명을 다시 교체하여 연회회원들의 박수로 인준을 받은 재판위원들이며 이들중 한명만 결석하고, 재판위원 전원일치로 출교 되었다. 아무하자 없는 판결이다.

② 제2차 공판 장소에 대하여

제2차 공판을 제1차 때와 같이 감리회관에서 진행하려 하였으나 수백명의 학생들이 재판위원들을 감금하고 방해하였다. 그 데모학생들이 그때 부른 노래중의 하나가 다음과 같다. "얼굴은 돌이킨 화상당한 하나님, 쓰레기더미에 묻혀 버린 하나님, 혀짤린 하나님, 말못하는 하나님……" 이런 노래를 부르며 감리회관의 기물을 파손하였다.

감리회관은 공동의 재산이므로 다시는 재판장소로 허락할 수 없다고 하므로 감리교신학대학에서 하자고 하였으나 완강히 반대했고, 서울연회감독이 시무하는 종교교회에서 하자고 하였으나 절대로 안된다고 거절했고, 정동교회에서 하려 하였으나 역시 거절 당하였다. 하는 수 없이, 금란교회에서 하도록 허락해 달라고 해서, 하는 수 없이 허락하여(단 감독의 해명서를 전제로) 담임목사인 본인도, 방콕으로 선교여행 떠난 후에 담임목사 부재중에 재판하여 전원일치 판결과 서명으로 출교 되었다(한명결석).

③ 변선환 교수의 진술시간을 주지않았다는데 대하여

1차 재판시에는 너무가 긴 진술서를 써 왔으므로 서면제출(합법적임)하게 하였고, 제2차 공판때에는 군이 구두진술을 원하므로 시간을 허락하여 한 시간 10분간이나 진술하였다(녹화, 녹음, 다 되었음).

④ 금품살포란 비방에 대하여

원래 마귀는 거짓의 아비요, 거짓말쟁이라고 예수께서 말씀하셨지만, 이들처럼 많은 거짓말하는 사람들은 처음 보았다. 변·홍 두교수는 엄청난 이단이므로 출교는 하였으나 수호대책 위원장인 본인으로서는 그들과 육신적원수 맺은 일도 없고, 미워할 까닭이 없으므로, 직장을 잃게한 데 대해서 많은 미안한 마음이 들어 생활비나 여행비에 보태 쓰도록, 한 사람에게 3,000만원씩 위로금을 전달하면 않되겠느냐고 의사를 타진해 보았으나 전달 받은 사람이 거절하므로 그만 둔 것인데 이것을 가지고 금품살포, 뇌물이니 하는 것은 선을 악으로 갚는 행위이다.

또 5억을 썼느니 10억을 썼느니 신문기사를 쓴 자가 있어 항의했더니 잘못했다고 빌므로 처벌을 그만 두었다

각 신문광고비와 고소비용 등으로 약 1억 남짓 쓴 것은 사실이나, 2억 이상 쓴 일도 없다. 근거를 대보라.

박시원 목사 김광덕 목사 등에게 뇌물증여 했다는데 대하여

연회 이현덕 총무는, 총회에서 만장일치로(1명제외) 면직하라고 결정하여 연회에 하달된 것이므로, 고소비용이 필요없다고 하였으나, 일심위원장인 박시원 목사는 500만원을 공탁하라고 강요하기에 돈을 쓰고 싶은 뜻이 있는 줄 알고, 또 두교수 척결은 예배당 100개 짓는 것보다 더 보람있는 일이므로, 공탁금을 걸고, 500만, 1,000만원이든간에 잘 처리만 하라고 했으나 심사위원 세사람이 무려 270만원이나 집어쓰고, 기소나 기각도 하지 않고 사표내고 말았다. 그 누가 뇌물받은 사실이 있으면 밝히라.

많은 돈을 들여 일간신문에 광고했다고 비난하지만, 이 두교수 척결문제는 한국교회 전체와 관계되었으므로, 이를 밝히고 경계케하므로 한국교회를 지킬 수 있고 모든 평신도들이 이단사상을 알게 되기 때문에, 한번 수천만원 들이면서도 게재한 것이다. 돈이 아니라, 목숨이라도 바쳐서 적 그리스도의 종들을 척결해야 되기 때문이다. 이들을 동조하는 자들은 같은 이단자들임을 스스로 드러낸 것이다.

기독교대한감리회 기독교교리수호대책위원회 공동대표 김홍도 목사 유상열 장로

4

19920711_변선환 홍정수 교수가 출교된 이유와 결과보고_기독교교리수호대책위원회_6(1)번_페이지_4

K-2-076

기독교대한감리회 **웨 슬 리 복 음 주 의 협 의 회**
Wesley Evangelical Fellowship of The Korean Methodist Church
571-2 Shinsa-Dong, Kangnam-Ku, Seoul, Korea

웨복협 : 제 92-9 호 1992. 7. 21

수 신 : 감리회 교역자 및 장로

제 목 : 감리교 문제의 바른 이해와 감리교 신학과 신앙의 올바른 확립을 위한 기도

주안에서 평안하시기를 빕니다. 선교 21세기를 맞은 우리 감리회가 더욱 알차게 성장하고 국내외 선교에 박차를 가해야 할 때에, 감리교 신학대학의 두 교수 문제로 크게 진통을 겪고 있는 것을 안타깝게 생각합니다.

이 문제는 재판 절차의 하자나 교권싸움에 문제가 있다기 보다는, 복음의 핵심에 대한 왜곡과 우리 신앙의 근본에 대한 혼란을 야기하는 중대사이기에, 이 문제에 대한 바른 이해와 교단 정상화를 위한 기도가 요청되고 있습니다. 따라서 다음과 같이 모임을 갖사오니 교회와 교단을 아끼시고 사랑하는 마음으로 동참하여 주시기를 바랍니다.

— 다 음 —

일 시 : 1992년 7월 30일(목) 오후 7시

장 소 : 광림교회 웨슬리 교육관

설 교 : 김 선 도 목사

기독교대한감리회 웨슬리복음주의협의회
회 장 김 선 도 목 사

19920721_감리교 문제의 바른 이해와 감리교 신학과 신앙의 올바른 확립을 위한 기도_기독교대한감리회 웨슬리복음주의협의회_6(1)번

J-2-063

보도자료

1. 『감리교단을 염려하는 기도모임』(회장 윤병상 목사) 서명자를 중간집계하여 발표하면 아래와 같다.(취합종료 시점: 7월25일)

① 목회자 합계 685명
서울연회 박정오 목사(청파교회담임) 외 86명
서울남연회 황을성 목사(영등포중앙교회담임) 외 50명
중부연회 박홍규 목사(월곳제일교회담임) 외 110명
경기연회 김진춘 목사(매원교회담임) 외 80명
동부연회 김준형 목사(충주교회담임) 외 118명
남부연회 김규태 목사(대전제일교회담임) 외 64명
삼남연회 홍형표 목사(순천중앙교회) 외 34명
해외목회자 정춘수 목사(미국감리교 국내선교국) 외 135명

② 평신도 합계 547명
장로는 김현제 장로(아현중앙교회) 외 39명
기타 평신도는 이순훈 권사(형제교회) 외 506명이다.

③ 목회자와 평신도의 수를 합계하면 1,232명이다.

2. 서명운동은 제20차 총회까지 계속할 것이며, 총회 직전에 소속교회와 직분을 명기하여 발표할 것이다.

3. 『감리교단을 염려하는 기도모임』 평신도 준비위에서는 8월 25일 간담회를 갖기로 결정하였다.

4. 감리교단의 신학정립과 현안문제를 함께 공개토론할 수 있는 모임을 9월 24일 오후 2시에 정동제일교회에서 가질 것(교섭중)을 임원회에서 결의하고 추진중에 있다. 함께 모임을 준비하려고 하는 대상단체로 『웨슬레복음주의 협의회』와 『감리교교리수호대책위』를 포함하여 추진하려고 하고 있다.

1 9 9 2 . 7 . 2 7 .

감리교단을 염려하는 기도모임

19920727_보도자료(임원회의)_감리교단을 염려하는 기도모임_6(1)번_페이지_1

* 보도자료에 대해서 문의하실 일이 있으면 『감리교단을 염려하는 기도모임』(☎ 393 - 6841)에 문의하시기 바랍니다.
* 인사동정: 이계준 교수(연세대 교목, 『감리교단을 염려하는 기도모임』 신학위원회 위원장)는 7/30 - 8/7 영국 옥스포드 대학에서 모이는 "세계 감리교 신학회"에 참석차 7월 28일 출국

19920727_보도자료(임원회의)_감리교단을 염려하는 기도모임_6(1)번_페이지_2

화일 이름 : C:\NEO\GAM　　페이지 번호 : 10　　날짜 : 1992.9.17 木　　시간 : 11 시 51 분 24 초

J-2-066

출교판결문의 허위와 두 교수 글의 원문 대조

변선환 교수 출교 판결문

1. 피고는 기독교 신앙의 주제가 되는 예수 그리스도에 대하여 "우주적 그리스도는 마리아의 아들 예수와 동일시할 때 거침돌이 된다"(「기독교사상」 299호, p. 156)고 말함으로써 마리아의 아들 예수를 우주적 그리스도로 믿는 전통적 기독교 신앙을 거부했고, "그리스도만이 보편적으로 유일한 구속자인 것이 아니라"(상동, p.155)고 말함으로서 기독교적인 신앙고백을 떠나서 기독교 신앙의 특징인 유일한 구세주이신 예수 그리스도를 부정하는 비기독교적 주장을 자행하였다.

변선환 교수는 "우주적 그리스도는 마리아의 아들 예수와 동일시할 때 거침돌이 된다"고 말한 적이 없습니다. 이 말은 재판위원회가 스스로 만든 거짓증언인 것입니다. 재판위원회가 인용문의 출처로 제시한 「기독교사상」의 원문에는 "거침돌은 기독교가 한걸음 더 나아가서 그리스도를 마리아의 아들 예수와 동일시 할 때 나타난다"라고 되어 있습니다.

이 원문은 인도신학자 파니카의 글을 번역하여 인용한 것인데, 그 내용은 "힌두교인들이 기독교의 그리스도를 이해하려 할 때 발생하는 주된 장애물(거침돌)은 기독교측에서 한걸음 더 나아가 필수적 조건으로써 그리스도와 마리아의 아들 예수를 동일화 할 때에 나타나게 되는 것이다. 이것은 바로 기독교인의 신앙을 특징지워 주는 동일성이다. 힌두교인들은, 여기에 대해 함께 나눌 것은 가지고 있지 않으나, 다만 이러한 기독교의 '역사적 하나님'의 모습을 존중할 수는 있다" (Panikkar, The Unknown Christ of Hindusim, 56-57)라는 것입니다. 변선환 교수는 위의 「기독교 사상」에서 "파니카도 그리스도가 시공의 제약속에서 사시며 역사하신 마리아의 아들 나사렛 예수이기 때문에 한 분의 역사적 구속자라는데서 기독론적 사고를 출발한다"고 말함으로 "마리아의 아들 예수를 우주적 그리스도로 믿는 전통적 기독교 신앙을" 거부한 것이 아니라 오히려 더욱 더 적극적으로 받아들이고 있습니다.(기독교사상, 299호, p.156)

변선환 교수는 "그리스도만이 보편적으로 유일한 구속자인 것이 아니라"고 주장한 적이 없습니다. 이 말도 재판위원회가 스스로 만든 거짓증언인 것입니다. 위의 「기독교사상」 원문에는 "타종교가 그리스도만이 보편적으로 유일의 구속자이신 것이 아니라 저들의 종교도 저들 스스로의 구속과 구원의 길들을 알고 있다고 하는 문제"에 대하여 인도신학자 파니카는 "그리스도는 보편적 구속자이다. 그리스도를 떠나서는 구속이 없다"고 함으로, 유일한 구속자이며 보편적 구속자이신 그리스도를 통한 하나님의 보편적" 구원의지를 설명하는 적극적인 대답을 제시해 주었다는 내용입니다. 변선환 교수는 "기독교 신앙의 특징인 유일한 구세주이신 예수 그리스도를" 부정한 것이 아니라 오히려 더욱 더 긍정하고 강조하는 주장을 한 것입니다.

19920917_출교판결문의 허위와 두 교수 글의 원문대조_기도모임 신학위원회_감리교단을 염려하는 기도모임_6(1)번_페이지_1

화일 이름 : C:\NEO\GAM 페이지 번호 : 11 날짜 : 1992.9.17 木 시간 : 11 시 52 분 48 초

2. 피고는 예수 그리스도의 십자가로 말미암아 구속되는 유일한 구원의 길을 부정하여 구원의 다원주의를 주장하여 "저들의 종교(타종교들)도 그들 스스로의 구원의 길을 알고 있다(기상, 299호, p. 155)"고 함으로써 기독교 신앙의 본질을 무시 내지는 타 종교의 것과 동일시하는 주장을 하고, 예수 그리스도의 십자가의 사건을 믿음으로 얻는 '구원'을 간과하는 과오를 범하고 있다.

변선환 교수는 "저들의 종교(타종교들)도 그들 스스로의 구원의 길을 알고 있다"고 말한 적이 없습니다. 이 말도 재판위원회가 변선환 교수의 주장인 것처럼 스스로 만든 거짓증언인 것입니다. 위의 「기독교사상」 원문에서는 "타종교가 그리스도만이 보편적으로 유일의 구속자이신 것이 아니라 저들의 종교도 저들 스스로 구속과 구원의 길들을 알고 있다고 하는 문제에 대하여 파니카는 그리스도에 대한 실존적 신앙고백을 신의 보편적 구원의 경륜과 관계시키는 것으로 적극적인 대답을 제시하고 있다. 신의 보편적 구원의 경륜과 보편적 구속자인 그리스도에게서 분리될 수 없다. 그리스도는 전 인류를 구원하려는 신의 보편적 구원의 경륜을 계시하는 분이기 때문이다"라고 되어 있습니다. 이 원문에서는 "타종교들도 그들 스스로의 구원의 길을 알고 있다"는 주장은 변선환 교수가 주장하는 것이 아니라 타종교인들이 그들 스스로 주장하고 있는 주장인데, 변선환 교수는 이에 대하여 "하나님의 보편적 구원의 경륜은 보편적 구속자인 그리스도에게서 분리될 수 없다"는 인도신학자 파니카의 말을 빌려 오히려 "구원의 다원주의"를 철저하게 거부하고 있는 것입니다.(기독교사상, 299호, p. 155)

재판위원회는 "예수 그리스도의 십자가의 사건을 믿음으로 얻는 '구원'"을 기독교 신앙의 본질인 것으로 주장하고 있는데, 성서의 말씀에는 이러한 방식으로 얻는 구원에 대한 말씀이 없습니다. 요한복음 3 : 16에는 "예수를 믿는 자마다 멸망치 않고 영생을 얻게 하려 하심이니라"고 했는데 이는 예수를 믿는 것을 의미하는 것이지 십자가를 믿는 것이 아닙니다. 이렇게 십자가의 사건을 믿어서 구원을 얻는 새로운 구원의 방식은 재판위원회가 주장하고 있는 비성서적인 주장이기도 한 것입니다.

3. 피고는 기독교 신앙의 코페루니쿠스적 전환을 주장하면서 "종교의 우주는 기독교도 다른 종교도 아니고 신을 중심하여서 돌고 있다는 것을 기독교는 인정해야 할 것"과 "예수를 절대화, 우상화시키며, 다른 종교적 인물을 능가하는 일종의 제의의 인물로 보려는 도그마에서 벗어나 신중심주의로 전환되어야 할 것"(크리스챤신문 90. 12. 8)이라 함으로써 삼위일체의 하나님을 부정하고 모든 종교의 신을 동격시함으로써, 예수 그리스도의 인성과 신성을 동시에 믿는 기독교 신앙을 떠나 버렸다. 피고는 이와같이 한 때 바알과 하나님을 동일시한 옛 유대인들의 죄와도 비교되는 우를 범하였다.

재판위원회가 인용문의 출처로 제시한 「크리스챤신문」의 기사의 원문은 "변교수는 '종교의 우

19920917_출교판결문의 허위와 두 교수 글의 원문대조_기도모임 신학위원회_감리교단을 염려하는 기도모임_6(1)번_페이지_2

주는 기독교도 다른 종교도 아니고 신을 중심하여서 돌고 있다는 것을 기독교는 인정해야 할 것'이라고 밝혔다. 즉 변교수에 따르면 신이 태양이고 모든 여러 종교는 모두 그들 방식대로 태양을 반사하고 있는데 불과하다는 것이다. 변교수는 신학자 사마르타의 말을 인용 '어떤 종교나 인물도 신의 전적인 신비 앞에서는 상대적'이라며 '예수를 절대화, 우상화시키며 다른 종교적 인물을 능가하는 일종의 제의인물로 보려는 기독교 도그마에서 벗어나 예수가 스스로 실천해 보였던 선교에 따라 신중심주의로 전환되어야 할 것'이라고 강조했다"라는 것입니다.(크리스찬신문 90. 12. 8)

변선환 교수가 "종교의 중심은 기독교가 아니라 하나님"이라고 주장한 것은 잘못된 주장이 아닙니다. 그런데 이러한 주장을 잘못된 것으로 판결한 재판위원회가 오히려 그와 반대로 "종교의 중심은 하나님이 아니라 기독교"라든가, "종교의 중심은 하나님이 아니라 다른 종교"라는 주장을 하게 됨으로, 창조주 하나님에 대한 신앙을 거부하고 종교를 하나님 자리에 놓은 비성서적인 주장을 하게 된 것입니다.

그런데 판결문은 "하나님 중심주의로 전환되어야 할 것"이라는 변선환 교수의 주장을 "삼위일체의 하나님을 부정하고 모든 종교의 신을 동격시함으로써, 예수 그리스도의 인성과 신성을 동시에 믿는 기독교 신앙을 떠나 버렸다. 피고는 이와같이 한 때 바알과 하나님을 동일시한 옛 유대인들의 죄와도 비교되는 우를 범하였다"는 것으로 해석하였습니다. 그러나 변선환 교수는 삼위일체의 하나님을 부정한 적도, 모든 종교의 신을 동격시한 적도, 예수 그리스도의 인성과 신성을 부정한 적도, 바알과 하나님을 동일시하는 주장을 한 적도 없습니다. 그와는 반대로 변선환 교수는 위의 글에서 "'예수가 스스로 실천해 보였던 선교에 따라' 하나님 중심주의로 전환되어야 할 것'"이라고 강조함으로, 예수 그리스도께서 스스로 실천해 보이셨던 "하나님 중심"의 신앙을 따르고 있는 것입니다. 재판위원회가 만든 판결문은 "예수가 스스로 실천해 보였던 선교에 따라"라는 말을 의도적으로 빼어 버린 것입니다.(크리스찬신문 90. 12. 8)

변선환 교수는 「기독교사상」에서 "우리의 관심의 근거는 기독론이지 '비교 종교'가 아니다. 우리의 최고의 관심은 '종교간의 협의회'에 있지 않다. 우리의 최고의 관심은 온갖 신앙과 이데올로기를 가진 사람들 가운데서 계속 역사하시는 그리스도와 함께 있는 것이다"(기독교사상, 298(83. 4), 50)라는 신학자 사마르타의 글을 소개함으로, 사마르타도 그리스도께서 보여주신 하나님 중심의 신앙을 따르고 있음을 강조해 주고 있기도 합니다.

4. 피고는 기독교 선교를 목적으로 감리회 교역자를 양성하는 대표적 기관의 장으로 있으면서, "교회가 말하지 않아도 이미 선행하여 그리스도를 섬기고 있으며, 기독교 선교사가 하나님 나라를 비기독교 세계에 가지고 오지 않아도 이미 하나님 나라는 거기 역사하고 있다"(현대사조, 78. 2)고 주장하였고 "교회 밖에도 구원이 있다"고 함으로써, 기독교 복음을 포고하는 교역자를 양성하

19920917_출교판결문의 허위와 두 교수 글의 원문대조_기도모임 신학위원회_감리교단을 염려하는 기도모임_6(1)번_페이지_3

는 일과 예수를 믿고 구원받는 개종 사역을 거부함으로써 피고는 그 본직을 배[illegible]하였다.

변선환 교수의 이러한 주장은 잘못된 것이 아닙니다. 이러한 주장들을 잘못된 것으로 판결한 재판위원회가 오히려 "교회가 말하지 않으면 아무도 그리스도를 섬길 수 없으며, 비기독교 세계에는 기독교 선교사가 하나님 나라를 가져오는 것이다"라는 비성서적인 주장을 하고 있는 것입니다. 이것은 교회가 그리스도보다 더 먼저이며, 기독교 선교사가 하나님보다 더 위에 있다는 주장이기 때문입니다.

변선환 교수는 분명하게 "교회 밖에도 구원이 있다"고 주장하였습니다. 이러한 주장을 직무유기죄로 정죄한 재판위원회는 그것과 반대되는 "교회 밖에는 구원이 없다"라는 주장을 따르고 있다는 사실을 말해주고 있습니다. 그런데 "교회 밖에는 구원이 없다"라고 주장하는 것은 중세기 로마 천주교회의 교리를 따르는 것이고, 개신교의 종교개혁 정신을 반대하는 것이며, 오늘날 개신교 교회에 속해 있는 교인들은 로마 천주교회 밖에 있기 때문에 모두 영원한 지옥불로 떨어지게 된다는 주장을 하는 것입니다. 왜냐하면 종교개혁은 "교회 밖에는 구원이 없다"라는 로마 천주교회의 교리를 반대하여 일어난 것이었으며, 오히려 그리스도보다 더 위에 군림하고 있던 당시의 교회를 향하여 "그리스도 밖에서는 구원이 없다"는 성서적인 주장으로 맞서 대항했던 운동이었기 때문입니다.

변선환 교수는 "교회 밖에도 구원이 있다"라는 말로 "그리스도 안에서만 구원이 있다"는 종교개혁의 성서적인 주장과 동일한 주장을 하였습니다. 그러나 재판위원회는 "예수를 믿고 구원받는다"는 성서의 가르침을 "교회 안에만 구원이 있다"는 것으로 동일시함으로서, 오히려 종교개혁의 성서적인 주장을 반대하고 비성서적인 중세 로마 천주교회의 교리를 아직도 따르고 있는 것입니다.

5. 피고는 통일교의 차세대 지도자로 부상한 양창식의 입학과정에서 입학원서 구비서류에 신앙배경을 입증하는 교회의 주천서에 하자가 있고, 또한 그가 통일교 내의 당시 직책이 경상남도 교구 책임자이며, 통일교의 지도자 훈련을 담당하는 원리연구회 사무처장이라는 것이 당시 감신 재학생 이규철에 의하여 폭로되었음에도 불구하고 이를 도외시했고, 척결은커녕 그의 포섭활동과 수학을 동조 내지는 방관하여, 1989년 가을에 그를 졸업시켰다. 이와 같이 피고는 본 교단의 가장 전통깊고 대표적인 신학대학을 책임질 학장으로서 교단의 체모와 교의를 넘어선 월권 및 직무유기를 자행한 과오가 인정된다.

통일교 관련 문제는 신학 논쟁과는 차원을 달리하는 문제입니다. 즉 변선환 교수가 통일교를 비호 방조한 것이 사실이라면 교회의 관례상 이후로도 설 자리가 없을 것이기 때문입니다. 그러나 사실은 이렇습니다. 판결문은 변선환 교수를 출교시키기 위한 목적에서 사실 자체를 조작해

19920917_출교판결문의 허위와 두 교수 글의 원문대조_기도모임 신학위원회_감리교단을 염려하는 기도모임_6(1)번_페이지_4

내고 교회법을 무시하며 감리교신학대학교 변선환 교수의 명예를 훼손하고 있는 것입니다.

첫째, 이규철이 대학원에 통일교 관련자가 있다고 알려 대학원에서 자체조사를 하던 1987년 5, 6월에 변선환 교수는 미국 뜨류대학 초빙교수로 "아세아 신학"을 강의하고 있었습니다.(변선환 교수의 감리교 신학대학을 사랑하시는 분들에게 드리는 편지 "입장을 밝힙니다"). 이 사건을 알 수도 없었으며 "저는 양창식씨가 통일교인이라는 것을 전혀 몰랐습니다"(같은 글)라고 말하는 변선환 교수가 이러한 혐의로 출교되어야 한다는 판결문의 주장은 재판위원회의 상식과 의도를 의심하지 않을 수 없게 합니다.

둘째, 사실 여부와 상관없이 감리교 교회법은 범과에 대한 공소시효를 3년으로 정하고 있는데 판결문은 이를 무시하고 있습니다(교리와 장정 198단). 이 일은 1987년에 있었던 일인데 1992년에 재판을 하고 있습니다.

홍정수 교수 출교 판결문

1. 피고는 기독교 신앙의 근본이 되는 살아계신 하나님을 존재를 부인하여 말하기를 "만일 신은 계신가 하고 누군가가 묻는다면 신은 없다고 잘라 말할 수 있다"(베짜는 하나님, p. 56)고 무신론적 의사 표현을 단언하여 말함으로써, 본 교단의 하나님에 대한 신앙적 입장을 정면으로 거부하였다.

홍정수 교수는 "기독교 신앙의 근본이 되는 살아계신 하나님의 존재를 부인"한 적도 없습니다. 재판위원회가 인용한 글의 원문은 다음과 같이 되어 있습니다.

"하나님이 계신가?"라는 질문은, "기독교인은 누구를 하나님이라고 부르는가?" 또 "무엇을 근거로 하나님이란 용어를 발설하는가?"라고 바꾸어야 한다. 적어도 기독교인은 철학자들처럼 일반적인 신 개념을 먼저 설정해 놓고, 거기서 출발하는 방식을 택하지는 않는다.

만일 신은 계신가 하고 누군가가 우리에게 묻는다면, "신은 없다"고 잘라 말할 수도 있다. 그렇게 일반적으로 규정될 수 있는 신 혹은 일반적으로 상정하는 신은 "역사"(사건)를 이야기해 오던 기독교인들의 하나님 이야기 방식이 아니기 때문이다. 우리에게 신은 없지만, 우리가 "하나님"이란 언어를 사용하게 된 연유를 설명해 줄 수 있는 사건, 단서가 되는 뿌리 경험은 있다. 구약성서의 경우 그것은 출애굽(종살이에서의 해방)경험이요, 신약성서의 경우 예수 경험이다. 기독교의 하나님이 누군지, 무엇인지를 알려면 예수 경험을 이해해야 한다. 다른 방식으로 하나님을 안다면, 그것은 이미 기독교 신앙이 아니다."(베짜는 하나님, p. 56)

홍정수 교수는 철학자들이 말하는 일반적인 신 개념으로는 기독교 신앙의 하나님 경험을 설명할 수 없다는 사실을 말해주고 있습니다. 그렇기 때문에 누군가가 철학적으로 규정된 신 개념을

19920917_출교판결문의 허위와 두 교수 글의 원문대조_기도모임 신학위원회_감리교단을 염려하는 기도모임_6(1)번_페이지_5

가지고 그와 같은 "**신은 계신가?**"하고 기독교인들에게 묻는다면, 기독교인들은 **철학자들이** 규정해 주고 있는 "**신은 없다**"고 잘라 말할 수도 있는데, 그 이유는 기독교인들이 이야기하는 하나님은 성서에 나타나 있는 것처럼, 철학자들의 머리로 사색되어진 하나님이 아니라, 이스라엘과 예수를 통하여 경험되어진 하나님이시기 때문이라는 말입니다.

재판위원회는 홍정수 교수의 글을 앞뒤의 문맥을 잘라 버리고 인용함으로, 의도적으로 "**철학자들이 규정해 주고 있는 신은 없다**"는 말을 "**기독교에서 믿는 하나님은 없다**"라는 말을 하였다는 것으로 거짓증언을 행한 것입니다.

2. 피고는 기독교 신앙의 핵심이 되는 예수의 부활사건을 부정하여 "나는 단연코 육체의 부활을 부정한다(우먼센스, 91. 12)"고 하였고, "부활신앙은 이교도들의 어리석은 욕망에 불기하다"(크리스챤신문, 91. 3. 30)라고 하고 예수의 부활사건을 "빈 무덤이 아니다"(상동, 91. 3. 30)고 주장하여 기독교 본래의 부활신앙을 부정하였다. 또한 "기독교의 부활 메시지가 아무 소용도 없을 수도 있음을 극명하게 말해 준다"(베짜는 하나님, p. 185)고 말함으로써 사도시대 이후 오늘에 이르기까지 전하여 내려온 선교메세지를 거부하였다.

홍정수 교수는 예수의 부활사건을 부정한 적이 없습니다. 다음은 홍정수 교수 자신이 "기소장에 대한 해명의 글"에서 밝힌 것입니다.

내가 예수의 부활을 부정했다고 하는데, 그것이 생물학적 의미에서의 육체부활을 뜻하는 것이라면 그렇다. 나는 단연코 육체의 부활을 부정한다. 그러나 성서가 말하는 육체의 부활이란 생물학적 시각에서 말하는 육체의 개념과는 다르다.

얼마 전에 한국 교회들의 장례식 예문집을 들춰 보았다. … 그것들은 이교도들의 장례식 예문과 다를 바 없었다. … 한국 교회의 장례식 예문 속에 나타나 있는 부활신앙은 이교도들의 어리석은 욕망에 불과하다.(포스트 모던 예수, p.)

재판위원회는 여기에서도 앞뒤의 문맥을 잘라버리고 "생물학적 의미에서의 육체부활을 부정한다"는 내용을 "예수의 육체의 부활을 부정한다"는 말로 바꾸어 버리는 거짓증언을 행한 것입니다. 홍정수 교수는 생물학적 의미에서의 육체부활은 부정하지만, 오히려 예수 부활사건을 실제로 일어난 사건이며, 예수께서 몸을 가지시고 부활하셨음을 믿으며, 사도신경에 나타나 있는 그대로 "몸이 다시 사는 것과 영원히 사는 것을 믿는다"는 신앙고백을 하고 있습니다. 왜냐하면 홍정수 교수는 《고린도전서 15 : 42-44》의 말씀에 따라, 성서가 가르쳐주고 있는 부활은 신령한 몸, 영적인 몸으로 다시 사는 부활로 믿고 있기 때문입니다.

또한 재판위원회는 판결문에서 홍정수 교수가 "부활신앙은 이교도들의 어리석은 욕망에 불과하다"고 주장하고 있는 것으로 말하고 있는데, 이것은 "'한국 교회의 장례식 예문 속에 나타나

19920917_출교판결문의 허위와 두 교수 글의 원문대조_기도모임 신학위원회_감리교단을 염려하는 기도모임_6(1)번_페이지_6

화일 이름 : C:\NEO\GAM 페이지 번호 : 16 날짜 : 1992.9.17 木 시간 : 11 시 59 분 45 초

Gothic으로

있는' 부활신앙은 이교도들의 어리석은 욕망에 불과하다"는 말을 "'기독교의' 부활신앙은 이교도들의 어리석은 욕망에 불과하다"라는 말로 의도적으로 만든 거짓증언인 것입니다.

재판위원회가 그 다음에 인용한 말의 원문을 밝히면 다음과 같습니다.

위의 두 경우(아브라함-돌아감, 소크라테스-영혼의 해방), 죽음은 인생에 있어서 '문제'가 되지 않음이 분명하다. 죽음이 문제가 되지 않을 수도 있다는 것은, 기독교의 부활 메세지가 아무 소용없을 수도 있음을 극명하게 말해 준다. 만일 우리가 부활이란 것은 죽음을 정복하는 것이라고 생각한다면 말이다. … 중요한 사실은 아브라함과 소크라테스는 우리가 일반적으로 믿고 있는 그런 부활 소식이 아무런 복음도 될 수 없는 그런 세계에서 그 나름대로 인생을 훌륭하게 살아냈다고 하는 점이다. (베짜는 하나님, p. 185)

홍정수 교수는 "죽음을 정복하는 것으로서의 기독교의 부활 메시지"가 "죽음이 문제가 되지 않을 수도 있는 자들에게는" 아무런 호소력을 가지고 다가갈 수 없다는 사실을 말하고 있습니다. 이러한 사실은 우리들의 실제의 선교 상황에서 자주 경험되어지는 일이기도 합니다. 그런데 재판위원회는 "홍정수 교수 자신이 기독교의 부활메세지가 아무런 소용이 없다고 주장하고 있다"는 말이 되게 하려고 의도적으로 앞뒤 부분을 잘라 인용함으로 거짓증언을 행한 것입니다.

3. 피고는 골고다 산상에서의 예수 십자가 대속의 죽음과 광주 망월동 민중항쟁으로 죽은 많은 민주 인사들의 죽음을 동일시하였다. 또한 피고가 예수 그리스도의 부활사건은 믿는 자들 위한 '부활의 첫 열매'로 보지 않고 정의를 외치다 한을 품고 죽은 이들의 정신적 공헌과 같이 간주하려는 것은 예수 그리스도의 육체의 부활을 부인하는 반성서적인 주장이다. 

홍정수 교수에 대한 판결문 제3항은 기소장에도 고발되지 않은 내용을 재판위원회가 홍정수 교수의 죄명을 스스로 열심히 더 찾아서 판결해 놓은 것입니다. 그런데 홍정수 교수가 "예수 그리스도의 육체의 부활을 부인하는 반성서적인 주장"을 했다는 이 조항의 범법행위를 밝히는 홍정수 교수의 발언에 대하여서는 아무런 출처근거가 제시되지 않고 있습니다. 이것은 재판위원회가 아무런 근거없이 마음대로 말을 꾸며서 거짓증언을 만들었음을 스스로 밝혀주고 있는 것입니다.

4. 피고는 기독교 신앙의 중심이 되는 예수 그리스도의 대속의 사건을 부정하여 예수의 십자가는 "신의 아들의 죽음이 아니다(한몸, 7권, p. 16)"라고 했고 예수의 죽음이 우리를 속량한 것이 아니라, 그의 삶이 우리를 속량하는 것이다(한몸, p. 17)라고 주장하였다. 그리고 피고는 예수의 십자가의 피흘림에 대하여 이르기를 "그의 피가 동물들이 흘리는 피보다는 월등하게 효과가 있다는 이야기가 아니다"(한몸, p. 18)라고 함으로써 예수 그리스도의 피의 대속을 불신하는 주장을

19920917_출교판결문의 허위와 두 교수 글의 원문대조_기도모임 신학위원회_감리교단을 염려하는 기도모임_6(1)번_페이지_7

하였다. 이같은 피고의 주장은 기독교 신앙의 교의와 본 교단의 신앙을 적대하는 반그리스도적 이단사상이다.

홍정수 교수는 "예수 그리스도의 피의 대속을 불신하는 주장"을 한 적이 없습니다. 홍정수 교수는 다만 예수 그리스도의 죽음 또는 피흘림이 하나님의 아들이 죽어서 피를 흘렸기 때문에 그 피에 마술적 힘이 있게 되어 우리의 죄를 대속해 주는 피가 된 것이 아니라, 그의 십자가의 죽음 이전에서부터 예수께서는 인간의 죄를 용서하신다는 하나님의 말씀을 전하셨으며 또한 그 말씀을 그의 삶으로 친히 사셨기 때문에 받게 된 고난의 죽음이며 피흘림이었기 때문에, 예수의 삶에서부터 속량과 구원의 역사를 바라보아야 한다는 성서의 가르침을 다시한번 더 이야기 해준 것에 불과한 것입니다. 재판위원회는 이와같은 내용의 말을 앞뒤의 문맥을 잘라 버리고 부분적으로 인용함으로 거짓증언을 행하였습니다. 홍정수 교수의 글은 다음과 같습니다.

그의 죽음 곧 피흘림은 그의 죽음 자체에 어떤 마술적 힘 또는 신화적인 힘이 있음을 말해주는 것은 결코 아니다. 그의 죽음 또는 피흘림은 그의 삶의 결정적 요약이요 절정으로서만 의미가 있다.(베짜는 하나님, p. 190)

예수의 죽음을 구원의 능력으로 만드는 것은 그의 죽음이 피흘리는 죽음에 있었다는 것도 아니며, 그의 죽음의 신 (신의 아들)의 죽음이라는 데에 있지도 않다. 오히려 그의 죽음의 특징은 처형의 방식이 아니라 그를 죽음으로 몰아간 그의 생애(삶) 자체에 있다. … 따라서 바로 말하면, 예수의 죽음이 우리를 속량하는 것이 아니라 그의 삶이 우리를 속량하는 것이다. … 죽음이 있기 이전에, 부활의 사건이 발생하기 이전에(부분적이고 불확실하게나마) 인간은 예수의 활동을 통하여 구원(해방)을 체험하였다.(베짜는 하나님, p. 192)

그가 우리의 구원자, 우리를 구원하는 하나님의 능력이라고 말하는 것은 예수라는 인간의 생체조직이 신적인 성분으로 구성되어 있다거나 그의 피가 동물들이 흘리는 피보다는 월등하게 효과가 있다는 얘기는 결코 아니다. 그가 "하나님의 말씀"을 증언했다는 뜻이요, 나아가 그가 전한 하나님의 말씀은 그의 삶의 구체적인 발자취와 "하나"였다는 고백의 말이다.(베짜는 하나님, p. 193)

예수께서는 십자가에 매달려 피흘려 죽기 이전의 그의 생애 가운데에서부터 인간의 죄를 용서해 주시는 일과 구원의 일을 행하셨다는 성서의 가르침을 다시 이야기 해준 홍정수 교수의 말을 "반그리스도적 이단사상"이라고 판결한 재판위원회는 오히려 성서의 가르침을 부정하는 판결을 행하게 된 것입니다.

5. 피고는 본 교단의 감리교 신학대학에 재직하면서 통일교의 요직, 현직인사인 양창식이 감신에 재학 중에 있을 때(1986. 3~1989. 8)동 대학의 재학생인 이규철의 제보로 양창식의 본색이 드러

19920917_출교판결문의 허위와 두 교수 글의 원문대조_기도모임 신학위원회_감리교단을 염려하는 기도모임_6(1)번_페이지_8

났음에도 불구하고 그를 척결하는 일을 주선하기보다는 오히려 비호한 점을 부정할 수 없다. 피고는 본 교단 신학대학의 체모를 손상시켰고 기독교 교의를 바르게 가르쳐야 하는 본직을 거절 내지는 유기한 점이 인정된다.

홍정수 교수에 대한 판결이 맞는다면 홍정수 교수는 이후로 기독교 안에서 설 자리가 없을 것입니다. 그러나 판결문은 사실이 아닙니다.

첫째, 홍정수 교수는 당시 양창식이 재학하고 있던 감신대 대학원의 행정과는 전혀 관련이 없었습니다. 홍 교수는 이규철로부터 "대학원에 재학 중이면서 S박사 밑에서 한국교회사 분야의 논문을 쓰고 있는 자"가 통일교 관련자라는 제보를 받고 이를 대학원에 알려 조사하도록 하였습니다(홍정수, "기소장에 대한 해명의 글",「감리교의 오늘과 내일, 그 신학적 조명」, p. 147). 따라서 비호하였다고 하는 것은 전혀 사실이 아닙니다.

둘째, 마찬가지로 감리교 재판법 제198단에 의하면 공소시효가 3년으로 되어 있습니다. 이를 무시하는 판결은 교회법에 따른 재판이 아닙니다.

교리와 장정을 위반한 재판위원회의 출교 판결

이와 같이 의도적으로 스스로 만들어 낸 거짓증언들을 증거로 삼고 자신들의 비성서적 주장들을 법으로 삼아 변선환 교수와 홍정수 교수에게 감리교인의 자격을 박탈하는 출교판결을 내린 재판위원회는 여기에 만족하지 않고 더 나아가서, 두 교수들과 같은 성서적인 가르침을 가르치는 한국감리교회의 모든 선한 목회자들과 평신도들도 동일한 범법자로 간주하여 모두 감리교회에서 출교하겠다는 판결까지도 행하였습니다.

그러므로 이 이후에 계속 피고와 같은 주장을 동조, 지지, 옹호 및 선전하는 자는 기독교 대한감리회 내에서 동일한 범법자로 간주되어야 한다.(판결문)

그런데 기독교대한감리회의「교리와 장정」은 이러한 출교판결을 허용하지 않고 있습니다. 그것은 "교리적 선언" 서문이 다음과 같이 선언하고 있기 때문입니다.

우리 교회의 회원이 되어 우리와 단합하고자 하는 사람들에게 아무 교리적 시험을 강요하지 않는다. 우리의 중요한 요구는 예수 그리스도께 충성함과 그를 따르려고 결심하는 것이다. 웨슬레선생이 연합속회 총칙에 요구한 바와 같이 우리의 입회조건은 신학적보다 도덕적이요 신령적이다. 누구든지 그의 품격과 행위가 참된 경건과 부합되기만 하면 개인 신자의 충분한 신앙자유를 옳게 인정한다.(교리와 장정 35단) (90. 9. 31)

19920917_출교판결문의 허위와 두 교수 글의 원문대조_기도모임 신학위원회_감리교단을 염려하는 기도모임_6(1)번_페이지_9

〈보도자료〉 J-2-070

「감리교단을 염려하는 기도모임」 확대 임원회의를 9월 21일 15시 연세대 알렌관에서 박대선, 김지길, 유동식, 김현제 공동의장 외 15명이 참석하여 아래와 같이 결의하였다.

1. 재판과정과 교리수호대책위원회의 신문 광고내용 중 허다한 허위를 자료집 기타 홍보수단을 통해 밝히기로 한다.

2. 9월 24일 계획된 "감리교 신학을 위한 심포지움" 웨슬레 복음주의 협의회의 총회 이후 연기 요청으로 연기키로 한다.

3. "감리교 제20회 총회를 위한 기도모임"을 아래와 같이 개최키로 한다.

〈아 래〉

때: 1992. 10. 19 (월) 오후 7시
장소: 인현감리교회 (김지길 감독 시무)
주최: 감리교단을 염려하는 기도모임.
내용: 개회설교: 김규태 감독(남부연회)
경과보고: 윤병상 회장(연세)
발제: 감리교 신학에 대한 재확인 (신학분과위)
제언: 20회 총회에 대한 제언

4. 제20회 총회의 장소변경을 감독회장께 요구키로 하고 총회의 완전공개와 준법히 은혜롭게 진행되기를 바라는 공한을 발송

19920921_보도자료(확대임원회의)_감리교단을 염려하는 기도모임_6(1)번_페이지_1

로 한다.

5. 총회 재판위원회 (위원장: 이춘직 감독) 의 조속한 재판을 촉구하는 공한을 발송키로 한다.

1992. 9. 21

「감리교단을 염려하는 기도모임」

19920921_보도자료(확대임원회의)_감리교단을 염려하는 기도모임_6(1)번_페이지_2

FAX NO. 02 364 5841 OCT 12, 1992 10:45 AM P. 1

J-2-067

120만 감리교인에게 알립니다!

소위 감리교 「교리수호대책위원회」(공동대표: 김홍도 목사, 유상열 장로)의 변선환, 홍정수 교수에 대한 고발(91년 12월 2일)로 빚어진 "종교재판"은 제1심(92년 5월 7일)에서 "출교"형의 선고를 내린 바 있습니다. 이에 우리는 이 재판의 부당성과 허위성을 지적하면서, 그 시정을 촉구하는 바입니다.

Ⅰ. 변 교수, 홍 교수는 결단코 이단이 아닙니다

1. 변선환 교수, 홍정수 교수에 대한 고발, 기소 및 재판은 두 교수의 글을 전혀 읽지 않았거나 문맥을 떠나서 읽었으며, 또한 거두절미하는 식으로 인용하여 고의적으로 왜곡한 것입니다.

이런 일이 허용된다면, 성서 자체도 정죄될 수 있습니다.

예를 들어, 시편에 나오는 "하나님이 어디 있느냐?"(14:1; 53:1)는 말을 가지고 시편기자가 하나님의 존재를 부인했다고 할 수는 없는 일 아닙니까? 본문은 그것이 "어리석은 자"의 말임을 분명히 알려주고 있기 때문입니다.

마태복음에 나오는 "사람은 빵으로만 사는 것이 아니라, 하나님의 입으로부터 나오는 모든 말씀으로 살리라"(4:4)라는 예수님의 말씀을 글자 하나(만)을 빼서 읽어봅시다. 예수님이 정말 사람은 "빵" 없이도 살아갈 수 있다는 말을 하신걸까요? 물론 아닙니다. 이처럼 글자 하나(만)의 있고 없음에 따라 본문의 말씀은 크게 달라질 수 있습니다.

2. 변 교수와 홍 교수의 글을 곡해하지 않고 바로 읽으면 그 진의는 다음과 같습니다.

* 변 교수는 "교회 밖에도 구원이 있다"고 말함으로써, "예수 그리스도를 무시하는 비기독교적 주장"을 하거나 선교와 "개종의 사역을 포기"해야 한다고 말한 적이 결코 없습니다. 오히려 만유의 구원자되시는 그리스도의 "보편적 구속의 역사", 그리고 "하나님의 넓고 너그러운 사랑"(구원하시는 은총)은 그 아무것에 의하여도 제한될 수 없다고 말함으로써, 기독교 선교의 새로운 길, 새로운 과제를 밝히려 했을 뿐입니다. 이것은 바로 "넉넉한 마음"(catholic spirit)을 가르쳤던 웨슬리의 신앙을 오늘에 계승하려는 노력의 일환인 것입니다.

* 홍 교수는 "예수의 피"나 "예수의 육체 부활"을 믿는 성서의 신앙을 부정한 적이 결코 없습니다. 단지 자연과학에서 말하는 "피", "부활", "육체"라는 말과 성서가 고백하고 있는 "피", "부활", "육체"라는 언어는 그 뜻을 달리한다고 말했을 뿐이며, 오히려 그렇게 하여 성서적인 신앙의 진수를 밝히려 했을 뿐입니다.

3. 「교리수호대책위원회」의 공동대표 김홍도목사와 유상열장로가 변·홍교수의 신학에 대하여 각종 신문에 게재한 내용들은 이와 같이 전혀 사실이 아니며 허위사실에 의하여 왜곡·날조된 것입니다. 이에 대한 자세한 내용을 알기 원하시면 본 『기도모임』의 자료집을 참고하시기 바랍니다.

(자료집에 대한 문의는 02) 393-6841로 하시기 바랍니다)

Ⅱ. 변 교수, 홍 교수는 결단코 통일교와 관련이 없습니다

19921012_120만 감리교인에게 알립니다(기도모임 광고첨부)
_감리교단을 염려하는 기도모임_6(1)번_페이지_1

1. 통일교 관련 혐의로 제기되고 있는 양창식 사건은 변, 홍교수와는 직접적으로 관련이 없습니다. 홍 수 교수는 통일교 관련자가 대학원에 있다는 제보를 받고 이를 즉각 대학원에 알려 조사토록 대학원에서 자체조사를 하던 1987년 5,6월에 변선환 교수는 미국 뜨류대학 초빙교수로 "아세아 신학"을 강의하고 있었습니다. 따라서 이들 두 교수에 대한 통일교 관련 혐의는 근거가 없는 것으로 이를 근거로 재판한 것은 무효입니다.

2. 사실이 이러함에도 공소시효를 3년으로 하고 있는 감리교 재판법(『교리와 장정』198단)을 어기면서 까지 5년전의 일을 가지고 재판한 것은 교회법에 대한 중대한 범죄행위임을 밝힙니다.

3. 서울연회 "제1반 심사위원회"(위원장 김광덕목사)는 "두 교수의 통일교 관련설은 충분히 조사"하였으나 아무런 혐의도 찾지 못했다고 보고한 바 있습니다(「제1반 심사 보고서」 1면 45-48행). 변 교수, 홍 교수는 결단코 통일교로부터 사금을 받은 적도, 통일교와 내통한 적도, 통일교를 비호한 적(「크리스찬신문」 인터뷰기사, 김홍도 목사 발언)도 없음을 밝힙니다.

Ⅲ. 감리교는 교인들에게 교리적 시험을 강요하지 않습니다

1. "웨슬리복음주의협의회"의 총무 "김문희 목사"는 제 12회 신학강좌(92년 8월 31일, 광림교회)에서 감리교 『교리와 장정』에는 "성경의 무오성, 동정녀 탄생, 예수의 십자가 사건과 부활, 재림 등에 대한 내용이 없을 뿐 아니라, 이단에 대한 아무런 규정도 되어 있지 않다"고 말함으로써, 감리교에서는 신학을 "종교재판"의 대상으로 삼을 수 없음을 공개적으로 확인한 바 있습니다.

2. 감리교의 교리적선언 서문은 "우리 교회의 회원이 되어 우리와 연합하고자 하는 사람들에게 어떤 교리적 시험을 강요하지 않는다. . . . 누구든지 그의 품격과 행위가 참된 경건과 부합되기만 하면 개인 신자의 충분한 신앙자유를 옳게 인정한다"고 밝히고 있습니다. 따라서 변, 홍교수에 대한 출교판결은 교리적 선언에 나타난 감리교의 정신에 정면으로 위배되는 것입니다.

3. 그런데도 판결문은 "피고(두 교수를 지칭)와 같은 주장을 동조, 지지, 옹호 및 선전하는 자는 기독교대한감리회 내에서 동일한 범법자로 간주되어야 한다"고 하니 이는 120만 감리교인을 향해 변, 홍교수에게 했던 식의 "종교재판"을 동일하게 하겠다는 발상 외에 그 무엇이겠습니까? 더구나 유상연 장로 등이 건의한 "교리수호를 위한 특별조치법"은 자기들 생각에 맞지 않는 신학과 신앙에 대하여 "종교재판"을 한결 더 쉽게 하고자 하는 것 아니겠습니까?

4. 따라서 감리교 정신에 정면으로 위배되는 중세식의 "종교재판"은 지양되어야 하며, 감리교인을 향한 "종교재판"의 엄포는 감리교를 사랑하는 120만 성도에 의해 무위로 끝나고야 말 것입니다.

Ⅳ. 변선환 교수와 홍정수 교수에 대한 기독교대한감리회의 출교결정은 사실이 아닌 허위와 왜곡과 위증에 근거한 불법적인 것으로 감리교 정신에도 위배되는 것입니다. 부디 120만 감리교 성도들은 조금도 흔들리지 마시고 진리 위에 굳게 서서 감리교인된 것을 자부하시면서 신앙생활

19921012_120만 감리교인에게 알립니다(기도모임 광고첨부)
_감리교단을 염려하는 기도모임_6(1)번_페이지_2

을 영위하시기 바랍니다!

1 9 9 2 . 1 0 . 1 2 .

『감리교단을 염려하는 기도모임』

공동대표 : 박대선, 김지길, 장기천, 김규태, 유동식, 김현제,
회 장 : 윤 병 상, 총 무 : 조 영 민

※ 감리교 제20회 총회를 위한 기도모임 ※

"우리로 하나되게 하소서"

때 : 1992년 10월 19일(월) 오후 3시
곳 : 아현교회(김지길 감독 시무)
설 교: 김규태 감독
내 용: (1) 경과보고
(2) 감리교신학의 재확인
(3) 20회 총회에 대한 제언
문의처: (02) 393-6841 (「기도모임」 사무실)
주 최: 감리교단을 염려하는 기도모임
공동대표 : 박대선, 김지길, 장기천, 김규태, 유동식, 김현제
회 장 윤 병 상, 총 무 조 영 민

(윤병상 교수님께

19921012_120만 감리교인에게 알립니다(기도모임 광고첨부)
_감리교단을 염려하는 기도모임_6(1)번_페이지_3

하일 이름 : C:\NEO\GAM 페이지 번호 : 1 날짜 : 1992.9.17 木 시간 : 11 시 40 분 14 초

J-2-064

알고 계십니까 ③

한국감리교회의 "교리"를 아십니까?

"교리수호를 위해서라면 순교할 각오가 되어 있다.… 교단분열도 불사하겠다"(김홍도 목사 인터뷰, 한국교회신문 91. 12. 1), "신학의 자유는 있어도 교리의 자유는 없다"(곽전태 감독회장 발언, 총회속기록 91. 10. 30)고 주장하는 한국감리교회 지도자들과 그들의 주장에 동조하는 "교리수호대책위원회"라는 한 작은 집단에 의해서, 오늘의 우리의 감리교회는 엄청난 혼란의 소용돌이 속에서 고통당하고 있습니다. 그런데 한국감리교회 평신도들은 그 작은 집단이 수호하려는 "교리"가 우리의 "교리와 장정"이 가르쳐 주고 있는 "교리"와 다르다는 것을 알아야 하겠습니다.

1. 한국감리교회는 감리교 「헌법」이 명시한 "기초 교리"를 가지고 있습니다.

기독교대한감리회 「헌법」은 분명하게 우리의 한국감리교회는 "기초 교리"를 가지고 있음을 명시해 주고 있습니다. 이 기초 교리는 "복음주의"입니다.

> 본 교회의 기초 교리는 기독교 개신교파가 일반으로 믿는 복음주의니 이 믿음은 재래감리교회의 설교와 찬송집과 본 교회가 선언한 교리에 설명되어 있다. 〈교리의 장정, 제3장, 제3절〉

그런데 여기서 말하는 "복음주의"는 교리를 수호하려는 자들이 말하고 있는 "웨슬레 복음주의"(웨슬리복음주의협회 91. 12. 29)가 아닙니다. 왜냐하면 이 "복음주의"는 "기독교 개신교파가 일반으로 믿는" 것이라 했기 때문입니다. 장로교회는 "칼빈의 복음주의"를 따르고 있고, 루터교회는 "루터의 복음주의"를 따르고 있으니, 기독교 개신교파가 일반으로 따르는 복음주의를 "웨슬레 복음주의"라고 할 수 없는 것이 아니겠습니까? 그러므로 만약 어떤 감리교인들이 한국감리교회의 교리는 "웨슬레 복음주의"라고 주장하려 한다면, 그들은 먼저 교회의 「헌법」부터 고쳐야만 하는 것입니다. 그런데 사실은, 감리교회 교인들은 웨슬리가 모범을 보여준 것처럼 예수 그리스도의 복음을 믿고 따르는 자들이지, 웨슬레가 가르쳐 준 복음주의를 믿고 따르는 것이 아닙니다.

우리는 더 나아가서, "웨슬레 복음주의 교리"는 웨슬레가 가르쳐 준 것이 아님을 알아야 합니다. 왜냐하면 칼빈은 장로교인들에게 교리를 만들어 주었으나, 웨슬레는 감리교인들에게 교리를

19921019_감리교회는 거짓증거로 감리교인을 이단으로 정죄하고 출교해도 되는가
_감리교단을 염려하는 기도모임 자료실 제공_6(1)번_페이지_1

만들어 준 적이 없기 때문입니다. 웨슬레는 교리를 가르친 자가 아니라, 성서를 가르쳐 준 자였습니다. 그래서 웨슬레는 "나로 하여금 오직 한 책의 사람이 되게 하여 달라"고 하였던 것입니다(송홍국, 웨슬레신학, p. 21). 그러니 어떻게 감리교회에 이른바 "웨슬레 복음주의 교리"라는 것으로 감리교인을 출교하는 차가운 "교리주의"가 있을 수 있겠습니까?

1935년에 출판된 「교리적 선언」 해설서인 「기독교의 원리」(정경옥)에서도 다음과 같이 분명하게 밝혀 주고 있다는 것을 알아 둡시다.

"감리교는 교리에서 출발한 종파가 아니다. 이는 약간의 실제적 규정을 가지고 있는 평이한 성서적인 종교에 지나지 아니한다고 요한 웨슬리는 말하였다. 감리교는 냉정한 교리주의를 따르지 아니한다"(p. 59).

2. 한국감리교회의 기초 교리는 「교리적 선언」에 "설명"되어 있습니다.

기독교대한감리회 「헌법」은 한국감리교회의 기초 교리인 "복음주의 믿음"은 본 교회가 선언한 교리에 설명되어 있다"고 명시하고 있습니다. 그리고 한국감리교회의 「교리적 선언」 서문에는 「헌법」에서 명시한 "복음주의 믿음"을 "복음적 신앙"이라고 말하고 있습니다.

> 그리스도교회 근본적 원리가 시대를 따라 여러가지 형식으로 교회 역사적 신조에 표명되었고 웨슬레 선생의 「종교강령」과 「설교집」과 「신약주석」에 해석되었다. 이 복음적 신앙은 우리의 기업이요 영광스러운 소유이다. 〈교리와 장정, 제 2 장, 제 3 절〉

「교리적 선언」 서문은 이 "복음적 신앙"이 "그리스도 교회의 근본적 원리"인데, 이것은 기독교의 여러 역사적 신조들에 표명되었으며, 웨슬레 선생도 이것을 여러 자료들 가운데에서 해석하여 주었다고 가르쳐 주고 있습니다. 그러니까 "우리의 기업이요 영광스러운 소유"인 "복음적 신앙"은 교리를 수호하겠다고 나선 한국에 한 작은 집단이 주장하고 있는 "웨슬레 복음주의 신학"(이동주, 크리스챤신문 91. 6. 15. 기독교성회추진위 91. 11. 1)이 아닌 것입니다. 「교리적 선언」서문은 "우리의 기업이요 영광스러운 소유"인 "복음적 신앙"이란 시대를 따라 여러가지 형식으로 표명된 "그리스도 교회의 복음적 신앙"임을 가르쳐 주고 있는 것입니다. 이 "복음적 신앙"은 바로 예수 그리스도께서 선포한 복음을 믿고 따르는 신앙을 말하는 것입니다.

그렇기 때문에, 우리의 「교리적 선언」 서문은 한국감리교회가 따르고 있는 다음과 같은 매우 자랑스러운 "에큐메니칼 복음적 신앙"을 선포하고 있는 것입니다.

> 우리 교회의 회원이 되어 우리와 단합하고자 하는 사람들에게 아무 교리적 시험을 강요하지 않는다. 우리의 중요한 요구는 예수 그리스도께 충성함과 그를 따르려고 결심하는 것이다. 우리의 입회조건은 신학적보다 도덕적이요 신령적이다. 〈교리와 장정, 제 2 장, 제 3 절〉

((, 곧 그리스도 교회가 일반으로 함께 가지고 있는 "에큐메니칼 복음적 신앙"

19921019_감리교회는 거짓증거로 감리교인을 이단으로 정죄하고 출교해도 되는가 _감리교단을 염려하는 기도모임 자료실 제공_6(1)번_페이지_2

3. 한국감리교회의 "복음적 신앙"은 한국감리교회 "설립정신"과 일치합니다.

한국감리교회의 교리인 "에큐메니칼 복음적 신앙", 곧 예수 그리스도께서 선포한 복음을 믿고 따르는 신앙은 한국감리교회의 "설립정신"과 일치하는 것입니다.

이 설립정신은 「교리와 장정」에 기록되어 있는데, 첫째는 예수 그리스도를 따르며 예수 그리스도의 정신으로 사는 "진정한 기독교회"가 되자는 것입니다.

> 이 새 교회는 반드시 진정한 기독교회가 되게 하고자 한 것입니다. 다시 말하면 그리스도의 요구하시는 조건대로 행하여 그 친구가 되어 그리스도를 배우고 그를 따르고자 하는 이들에게 문을 활짝 열고 환영하여 모두 교인이 될 수 있도록 한다는 말씀입니다. … 기독교회는 전도와 교육과 사회사업을 통합하여 한 사업으로 보며 개인은 진리와 사랑의 권능으로 구원하고 사회는 예수 그리스도의 정신으로 봉사하며 그의 정신으로 변화시키어야 할 줄 아는 교회… 〈교리와 장정, 제1장, 제1절〉

둘째는 바리새인들과 같은 교파주의가 아닌, 생명력 있는 진보적인 "진정한 감리교회"가 되자는 것입니다.

> 이 교회는 진정한 감리교회가 되게 하자는 것이었습니다. 이 말씀은 편협한 교파주의를 가지고 옛날의 바리새인들과 같이 교만과 자존심으로 독립한다는 뜻이 아니요 감리교회 창립자 요한 웨슬레 선생처럼 우리의 관계와 광범한 동정을 가진다는 것입니다. … 진정 감리교회는 진보적이므로 생명이 있는 이의 특색을 가졌으니 곧 그 시대와 지방을 따라 자라기도 하며 변하기도 할 것입니다. 〈교리와 장정, 제1장, 제1절〉

셋째는 한국 문화와 풍속과 습관에 조화되는 "한국적 교회"가 되자는 것입니다.

> 이 교회는 한국적 교회가 되게 하고자 한 것입니다. … 우리는 고금을 통하여 전래한 바를 감사한 마음으로 받아서 예배에나 처리에나 규칙에 잘 이용하되 한국 문화와 풍속과 습관에 조화되게 하고자 하는 것입니다. 어떤 것은 어느 시대나 어느 지방을 막론하고 통용하기에 편리하고 적합하나 어떤 것은 지방적이요 임시적인 것도 있습니다. 〈교리와 장정, 제1장, 제1절〉

이 얼마나 훌륭한 한국감리교회의 진보적이며 생명력 넘치는 설립정신입니까? 그런데 지금 이 훌륭한 한국감리교회가 자신이 속한 교회의 "교리"와 "설립정신"조차도 잘 알지 못하는 지도자들과 그들을 추종하는 한 작은 집단에 의해서 폐쇄적이며 율법주의적인 바리새파와 같은 교회로 바뀌어 가고 있다는 사실을 알고 계십니까? 교리를 수호하겠다고 나선 그들은 "에큐메니칼 복음적 신앙"을 가지고 세계교회와 협력하여 "세계를 천국화시키는 일"을 함께 행하여 오고 있던 한국감리교회 자체를 부정하여, 세계교회와 협력하는 일을 "불신앙"이며, "적그리스도"의 일이며,

19921019_감리교회는 거짓증거로 감리교인을 이단으로 정죄하고 출교해도 되는가
_감리교단을 염려하는 기도모임 자료실 제공_6(1)번_페이지_3

"사단"의 일이라고 설교하는 있는 것입니다. (김홍도 목사 설교 91. 11. 10, 교사의 벗 92. 4월호)

그러나 우리의 「교리와 장정」은 한국감리교회는 "여러 교파 사이에 친밀한 관계를 증진시키는데 선봉자가 되며, 세계를 천국화시키는데 여러 교파와 함께 협력하는 동역자의 본분을 완성하는"(교리와 장정, 제 2 장, 제 4 절) 교회라는 것을 분명하게 가르쳐 주고 있습니다.

Gothic 으로 강조

한국감리교회 교인들은 예수 그리스도와 복음을 위해 "순교"해야 할 확실한 이유를 알고 있습니다. 그러나 한국감리교회 교인들은 웨슬레도 가르쳐 주지 않았던, 이른바 "웨슬레 복음주의"라는 이름을 가진 바리새파적인 신앙이나 신학이나 교리를 위해 "순교"해야 하며 "교단분열도 불사"해야 할 이유를 알지 못하는 것입니다. 도대체 누가 그 이유를 가르쳐 줄 수 있겠습니까?

감리교단을 염려하는 기도모임 자료실 제공

19921019_감리교회는 거짓증거로 감리교인을 이단으로 정죄하고 출교해도 되는가
_감리교단을 염려하는 기도모임 자료실 제공_6(1)번_페이지_4

알고 계십니까 ④

감리교회는 거짓증거로 감리교인을 이단으로 정죄하고 출교해도 되는가?

한국감리교회는 감리교신학대학의 변선환, 홍정수 두 교수가 감리교교리에 위배되는 이단사상을 주장했다는 것을 증거로 삼아 그들을 이단으로 정죄하고 출교판결을 내렸습니다. 그런데 이제 두 교수를 출교시키는 일에 앞장서 왔던 사람들은 감리교신학대학에 있는 신학자들은 모두 다 예수의 동정녀 단생, 십자가 대속, 몸의 부활, 영생, 천국, 지옥들을 믿지 아니하는 이단사상들을 가지고 있는 자들이라는 새로운 주장들을 공공연하게 행하고 있습니다(미스바 서울 50 전도행전, 92. 7. 15). 이렇게 계속 나가다 보면, 앞으로는 감리교회에 속한 모든 신학자들은 모두 적그리스도라는 이름 아래에 출교당하게 될 것이고, 한국감리교회는 세계에서 유일하게 신학자없는 교회가 되고 말 것입니다.

그 뿐만 아니라 "기독교대한감리회 장로회 전국연합회 92하계수련회 참석장로 1200명 일동"(92. 7. 15)은 두교수의 출교판결이 잘못된 것이라고 말하는 감리교회의 모든 감독님들과 목회자들까지도 신학자들의 이단사상에 "비호, 동조, 지지, 협력하는 사람"들이기 때문에 모두 감리교단에서 떠나갈 것을 촉구하는 결의를 하였으며, 이를 위해 제20회 총회에 "특별조치법 제정 건의안"을 제출하기에 이르렀습니다.

한국감리교회를 이렇게 어지럽히고 있는 사람들은 수억원을 들인 신문하단광고들에서 감리교 신학자들의 이단사상에 대한 발언들을 조목 조목 제시하면서, 이들 신학자들은 하나님도, 그리스도도, 십자가도, 부활도 믿지 아니하는 적그리스도, 거짓선지자, 사탄들임을 증거하려 했습니다. 그런데 이들의 증거들은 모두 "거짓증거"들이었습니다. "거짓증거"들을 내세워 신학자들의 진짜 주장인 것처럼 꾸며서, 한국의 감리교인들 뿐만 아니라 모든 기독교인들을 속인 것입니다.

여기에 그 증거들이 거짓임을 밝히 보여주는 하나의 예로서, 변선환 교수에 대한 "출교판결문 제 1 항"에 있는 "거짓"과 "참"을 보여드리려 합니다.

> 피고는 기독교신앙의 주체가 되는 예수 그리스도에 대하여 "우주적 그리스도는 마리아의 아들 예수와 동일시 할 때 거침돌이 된다(기독교사상 299호, p. 156)고 말함으로서 마리아의 아들 예수를 우주적 그리스도로 믿는 전통적 기독교 신앙을 거부했고, "그리

19921019_감리교회는 거짓증거로 감리교인을 이단으로 정죄하고 출교해도 되는가_감리교단을 염려하는 기도모임 자료실 제공_6(1)번_페이지_5

화일 이름 : C:\NEO\GAM   페이지 번호 : 6   날짜 : 1992.9.17 木   시간 : 11 시 46 분 2 초

스도만이 보편적으로 유일한 구속자이신 것이 아니라"(상동, p.155)고 함으로서 기독교적인 신앙고백을 떠나서 기독교신앙의 특성인 유일한 구속주이신 예수 그리스도를 부정하는 비기독교적 주장을 자행하였다.

이 판결문은 "변선환교수가 '우주적 그리스도는 마리아의 아들 예수와 동일시 할 때 거침돌이 된다'고 말했다"라는 것입니다. 그런데 「기독교사상」 본래의 원문에서는 "인도신학자 파니카는 (힌두교인들이 경험하게 되는) '거침돌은 기독교가 한걸음 더 나아가서 그리스도를 마리아의 아들 예수와 동일시 할 때 나타난다'고 한다"고 되어 있습니다. 판결문은 "인도신학자 파니카"의 주장을 "변선환 교수"의 주장인 것처럼 의도적으로 바꾸었으며, 본래는 문장의 앞부분에 있는 "거침돌"이라는 말을 뒷부분으로 옮겨서, "힌두교인들이 경험하게 되는 거침돌"에 대한 내용을 "그리스도를 마리아의 아들 예수라고 동일시하는 것은 오히려 기독교인들의 신앙에 거침돌이 되는 것"이라는 내용이 되도록 의도적으로 바꾸어 놓은 것입니다. 그리고 이렇게 의도적으로 바꾸어 놓은 것을 증거로 하여 출교를 판결한 것입니다.

"거짓말"과 "참말"에 대한 자료들을 구체적으로 밝히면 다음과 같습니다.

거짓말 : "마리아가 낳은 예수가 그리스도가 아니다"

아래에 있는 말들은 두 교수를 출교시키고 또한 이제 모든 신학자들과 감리교회의 화해를 부르짖는 여러 감독님들과 목회자들까지도 출교시키겠다고 나선 사람들이 변선환 교수의 신학사상이 이단사상임을 증명하기 위하여 인용한 말들입니다.

분명히 마리아가 낳은 예수는 그리스도가 아니다.〈제19회 總회 속기록(91. 10. 30)〉

우주적 그리스도는 마리아의 아들 예수와 동일시 할 때 거침돌이 된다.〈교리수호대책위원회, "변선환…이단사상…폭로한다"(조선일보, 92. 1. 26)〉

그러므로 그는〈변교수는〉 "우주적 그리스도"를 마리아의 아들 예수와 동일시 할 때 거침돌이 된다고 한다.〈이동주 교수의 "코페르니쿠스적 전환이라는…"이라는 글(신앙세계, 92. 3)〉

변교수는 "우주적 그리스도는 마리아의 아들 예수와 동일시 할 때 거침돌이 된다"고 말했습니다.〈김홍도 목사의 "교단내 이단세력을 몰아내자"라는 설교(교사의 벗, 92. 4)〉

예수가 그리스도임을 부정하고 마리아가 낳은 예수가 그리스도가 아니라고 함. "우주적 그리스도는 마리아의 아들 예수와 동일시 할 때 거침돌이 된다."〈교리수호대책위원회, "변선환…출교된 이유…"(국민일보, 92. 6. 27)〉

마리오의 아들이 우주적 그리스도가 될 수 없다는 신학이 감리회의 정체성이란 말인가?〈서울연회 재판위원회, "해명서"(92. 7. 7)〉

아의

정말로 변선환 교수나 감리교 신학자들이 "마리아가 낳은 예수가 그리스도가 아니다"라고 주

19921019_감리교회는 거짓증거로 감리교인을 이단으로 정죄하고 출교해도 되는가_감리교단을 염려하는 기도모임 자료실 제공_6(1)번_페이지_6

파일 이름 : C:\NEO\GAM 페이지 번호 : 7 날짜 : 1992.9.17 木 시간 : 11 시 47 분 23 초

장했을 것 같습니까? 그렇다면 이들 신학자들은 분명 예수가 그리스도이심을 부인하는(요일 4 : 1~3) 적그리스도들일 것입니다. 감리교회의 목회자가 되기 위해서는 반드시 이들 신학자들에게서 배워야만 하는데, 이들에게 기독교 신학을 배우고 교회에 나가 목회를 하는 모든 감리교 목회자들은 "예수가 그리스도가 아니다"라고 설교하는 자들이 되어 있습니까?

참말 : "그리스도가 마리아의 아들 나사렛 예수이다"

그런데 놀라운 사실은, 변선환 교수는 위에서 제시한 증거들과는 정반대로 오히려 "그리스도가 마리아의 아들 나사렛 예수이다"라고 주장하고 있다는 것입니다. 출교 판결문이 이단사상의 증거로 제시한 「기독교사상」 299호(83. 5), p. 156의 원문이 이를 밝혀주고 있습니다. 이 글에는 "마리아가 낳은 예수가 그리스도가 아니다"라는 말은 없고, 오히려 "그리스도가 마리아의 아들 나사렛 예수이다"라는 말이 분명하게 적혀 있는 것입니다.

"이 세상에서 역ㅅ사하는 신은 언제나 우주적 그리스도를 통해서 역사하고 계신다고 믿기 때문이다. 베다 철학전유가인 파니카에 의하면, '힌두교는 이것을 쉽게 받아 들일 수 있으며, 알 수 없는 그리스도를 이슈바라 곧 주님이라고 부를 수 있다. 거침돌은 기독교가 한걸음 더 나아가서 그리스도를 마리아의 아들 예수와 동일시 할 때 나타난다'고 한다. 물론 파니카도 그리스도가 시공의 제약 속에서 사시며 역사하신 마리아의 아들 나사렛 예수이기 때문에 한 분의 역사적 구속자라는데서 기독론적 사고를 출발한다."

이 자료에서 나오는 인용문은 힌두교인들이 기독교의 하나님과 그리스도에 대한 주장들을 받아 들이려 할 때에 생겨나는 문제들에 대한 대답들을 찾으려고 하는 인도 신학자 파니카의 글에서 가져 온 것입니다. 그 원문을 번역하면 다음과 같습니다.

"기독교인들의 주장은 … 하나님이 이 세상 안에서 일하실 때에는, 항상 그리스도 안에서 그리스도를 통하여 하나님은 일하신다는 것이다. 힌두교인들도 이같은 하나님의 모습을 받아 들이기가 그렇게 어렵지 않다. 힌두교인들은 이러한 그리스도를 이슈바라(주님) 또는 바가반(복 받은 자)이라 부를 것이다. 만남의 장소로서의 그리스도에 대한 이러한 진술은 적어도 기독교인들에게는 그 뜻이 통할 수 있는 것이며, 힌두교인들에게도 이해되어 질 수는 있는 것이다. (힌두교인들이 경험하게 되는) 주된 장애는 기독교측에서 한걸음 더 나아가서 그리스도와 마리아의 아들 예수를 필수적인 조건으로 동일시 할 때에 나타나게 된다. 바로 이 주장은 기독교인의 신앙을 특징지워 주고 있는 주장이다. 힌두교인들은, 여기에 대해 함께 나눌 것은 가지고 있지 않으나, 다만 이러한 기독교의 주장을 존중할 수는 있다."(Raimundo Panikkar, The Unknown Christ of Hinduism)

19921019_감리교회는 거짓증거로 감리교인을 이단으로 정죄하고 출교해도 되는가_감리교단을 염려하는 기도모임 자료실 제공_6(1)번_페이지_7

화일 이름 : C:\NEO\GAM　　　페이지 번호 : 8　　　날짜 : 1992.9.17 木　　　시간 : 11 시 48 분 42 초

변교수는 기독교가 예수를 "우주적인 구세주로서의 그리스도"(Christ as Universal Savior, Urknown Chist, p. 57)로 주장한다면 그것은 힌두교 사람들에게는 전혀 낯설지 않기 때문에 힌두교 사람들도 그리스도를 받아 들일 수 있다는 것이며, 기독교의 특별한 주장인 그리스도가 마리아의 아들 예수라고 믿는 것에 대해서는 힌두교에서는 그런 가르침이 없기 때문에 기독교의 이 주장을 존중해 줄 것이라는 파니카의 생각을 소개한 것입니다.

그뿐만 아니라 「기독교사상」의 같은 글에서 변교수는 "그리스도는 보편적 구속자이다. 그리스도를 떠나서는 구속이 없다"고 분명하게 말해주고 있는데, 이 말을 인용해 온 원문을 번역하면 다음과 같습니다.

"그리스도는 보편적 구속자이다. 그리스도를 떠나서는 구속이 없다. 구속이 없는 곳에는 구원도 없는 것이다. 그러므로 구원받는 개인은 누구나 유일한 구속자이신 그리스도(Christ, the only redeemer)에 의하여 구원받는 것이다."(Unknown Christ, 68)

출교 : "그리스도가 마리아의 아들 예수이다"라고 믿는 사람들

그러니까 변선환 교수는 "그리스도가 마리아의 아들 나사렛 예수이다", "그리스도는 보편적 구속자이다. 그리스도를 떠나서는 구속이 없다"라고 말했음에도 불구하고, 그와는 반대로 "마리아가 낳은 예수가 그리스도가 아니다", "그리스도만이 보편적으로 유일한 구속자이신 것이 아니다" 라고 주장했다는 이유로 감리교회에서 출교당하게 된 것입니다. 이것이 어떻게 된 일입니까? 한국감리교회는 "거짓말"로 꾸민 증거들을 가지고 "참말"을 한 감리교 신학자를 이단으로 정죄하고 출교를 감행한 것입니다. 그런데 더욱 놀라운 것은 이 출교판결문에는 다음과 같은 판결내용이 함께 있다는 사실입입니다.

"그러므로 이 이후에 계속 피고와 같은 주장의 동조, 지지, 옹호 및 선전하는 자는 기독교대한감리회 내에서 동일한 범법자로 간주되어야 한다."

그렇다면 다음 차례에는 어떤 사람들이 한국감리교회에서 출교당하게 될 것 같습니까? "그리스도가 마리아의 아들 예수이다.", "그리스도는 구속자이다. 그리스도를 떠나서는 구속이 없다"라고 믿고 있는 모든 감리교회의 신학자들, 목회자들, 평신도들의 차례가 아니겠습니까?

진단 : 신학을 어렵게 한 신학자들과 기독교 진리를 단순화 시킨 일부 부흥사들

"거짓말"로 "참말"을 이단으로 몰아세운 한국감리교회, "거짓말 하는 자들"을 믿고 따르는 한국감리교회가 이세상을 심판하실 마지막 날에 "거짓말 하는 자들"이 들어가게 될 지옥불에 함께 들어가게 될 것만 같아 두렵기만 합니다.

"모든 거짓말 하는 자들은 불과 유황으로 타는 못에 참예하리니 이것이 둘째 사망이라"(계시록 21 : 8)

19921019_감리교회는 거짓증거로 감리교인을 이단으로 정죄하고 출교해도 되는가 _감리교단을 염려하는 기도모임 자료실 제공_6(1)번_페이지_8

왜 이런 일들이 우리들이 모두 사랑하는 감리교회에서 일어나게 되었을까요? 첫째되는 이유는 예수 그리스도의 교회를 섬기는 마음으로 행해져야 할 "신학"이 교회에 속한 교인들이 잘 알아 들을 수 없는 "어려운 말"로 신학을 해왔다는 것이 될 것입니다. 사실 이 어려운 말로 행해지는 신학의 내용을 쉽게 풀어서 교인들에게 전해야 할 책임이 있는 자들은 목회자들일 것입니다. 그런데 목회자들마저 이해하지 못하는 어려운 신학이 행해지니까, 자연히 신학과 교회 사이에 엄청난 거리가 생기게 된 것입니다. 세계에서 예수 그리스도의 교회를 섬기기 위해 행해지고 있는 신학적 연구들이 잘못된 것이 아니라, 그 신학적 연구들이 쉬운 말로 풀어져서 교인들에게 전해지지 않았던 것이 잘못된 것이라고 말할 수 있습니다.

두번째 이유는, 그동안 한국교회의 일부 부흥사들은 교회의 부흥집회에서 공공연하게 신학자들은 모두 다 교회의 성장과 발전에 장애가 되는 자들이라고 외치고 있었는데, 그것이 지금가지 계속되어 내려왔던 결과라고 할 수 있습니다. 왜 일부 부흥사들과 신학자들이 대립되어 왔는지 잘 알 수는 없으나, 그들이 기독교 진리를 바라보는 방식에 차이가 있었던 것 같습니다. 신학자들은 기독교 진리를 매우 복잡하고 다양한 것으로 보는 반면 일부 부흥사들은 기독교 진리를 매우 단순하게 보았던 것입니다. 일부 부흥사들이 선포하는 기독교 진리는 "예수를 그리스도와 주로 영접하고 입으로 시인하면 구원을 받으며, 성령을 충만히 받으면 병낫고 축복받고 만사형통된다"라는 간단명료한 내용인 것입니다. 한국감리교회의 어느 부흥사는 "지옥불을 바라보며 영혼을 구원하자!"라는 표어를 내걸과 외치니까 교회가 부흥성장했다면서 모든 목회자들에게 지옥설교를 하라고 부탁하고 있기까지 합니다. 일부 부흥사들이 외치는 기독교 진리는 그 진리 자체가 잘못된 것이 아니라, 기독교 진리를 단순화시키고 성서의 부분적인 가르침을 표어로 삼아 그것을 성서 전체의 가르침인양 선포하는 방식에 문제가 있다고 할 수 있습니다.

그러나 기독교 진리를 어렵게 가르쳤든지 쉽게 가르쳤든지, 다양하게 가르쳤든지, 단순하게 가르쳤든지, 그 방식들 때문에 이단이니 적그리스도니 사탄이니 하고 정죄하는 일들이 이제는 더이상 일어나지 말아야 하겠습니다. 그리고 "거짓말"을 가지고 "참말"하는 자들을 교회에서 내어 쫓은 출교를 감행한 한국감리교회는 모두 함께 엎드려 회개하여, "거짓말 하는 자들"이 들어가게 될 지옥의 형벌을 피하도록 해야 하겠습니다. 이 회개의 운동이 "거짓증거"로 무죄한 자를 출교한 사실을 알면서도, 나의 일이 아니라고 뒤로 물러서서 침묵하여서 "거짓말하는 한국감리교회"가 되게 한 감리교회의 평신도들부터 시작되어야 하지 않겠습니까?

감리교단을 염려하는 기도모임 자료실 제공

19921019_감리교회는 거짓증거로 감리교인을 이단으로 정죄하고 출교해도 되는가_감리교단을 염려하는 기도모임 자료실 제공_6(1)번_페이지_9

화일 이름 : C:\NEO\GAM 페이지 번호 : 1 날짜 : 1992.9.17 木 시간 : 11 시 40 분 14 초

J-2-064

알고 계십니까 ③

한국감리교회의 "교리"를 아십니까?

"교리수호를 위해서라면 순교할 각오가 되어 있다.… 교단분열도 불사하겠다"(김홍도 목사 인터뷰, 한국교회신문 91. 12. 1), "신학의 자유는 있어도 교리의 자유는 없다"(곽전태 감독회장 발언, 총회속기록 91. 10. 30)고 주장하는 한국감리교회 지도자들과 그들의 주장에 동조하는 "교리수호대책위원회"라는 한 작은 집단에 의해서, 오늘의 우리의 감리교회는 엄청난 혼란의 소용돌이 속에서 고통당하고 있습니다. 그런데 한국감리교회 평신도들은 그 작은 집단이 수호하려는 "교리"가 우리의 "교리와 장정"이 가르쳐 주고 있는 "교리"와 다르다는 것을 알아야 하겠습니다.

1. 한국감리교회는 감리교 「헌법」이 명시한 "기초 교리"를 가지고 있습니다.

기독교대한감리회 「헌법」은 분명하게 우리의 한국감리교회는 "기초 교리"를 가지고 있음을 명시해 주고 있습니다. 이 기초 교리는 "복음주의"입니다.

> 본 교회의 기초 교리는 기독교 개신교파가 일반으로 믿는 복음주의니 이 믿음은 재래감리교회의 설교와 찬송집과 본 교회가 선언한 교리에 설명되어 있다. 〈교리의 장정, 제3장, 제3절〉

그런데 여기서 말하는 "복음주의"는 교리를 수호하려는 자들이 말하고 있는 "웨슬레 복음주의"(웨슬리복음주의협회 91. 12. 29)가 아닙니다. 왜냐하면 이 "복음주의"는 "기독교 개신교파가 일반으로 믿는" 것이라 했기 때문입니다. 장로교회는 "칼빈의 복음주의"를 따르고 있고, 루터교회는 "루터의 복음주의"를 따르고 있으니, 기독교 개신교파가 일반으로 따르는 복음주의를 "웨슬레 복음주의"라고 할 수 없는 것이 아니겠습니까? 그러므로 만약 어떤 감리교인들이 한국감리교회의 교리는 "웨슬레 복음주의"라고 주장하려 한다면, 그들은 먼저 교회의 「헌법」부터 고쳐야만 하는 것입니다. 그런데 사실은, 감리교회 교인들은 웨슬리가 모범을 보여준 것처럼 예수 그리스도의 복음을 믿고 따르는 자들이지, 웨슬레가 가르쳐 준 복음주의를 믿고 따르는 것이 아닙니다.

우리는 더 나아가서, "웨슬레 복음주의 교리"는 웨슬레가 가르쳐 준 것이 아님을 알아야 합니다. 왜냐하면 칼빈은 장로교인들에게 교리를 만들어 주었으나, 웨슬레는 감리교인들에게 교리를

19921019_한국감리교회의 교리를 아십니까
_감리교단을염려하는기도모임자료실제공_6(1)번_페이지_1

화일 이름 : C:\NEO\GAM　　　페이지 번호 : 2　　　날짜 : 1992.9.17 木　　　시간 : 11 시 41 분 34 초

만들어 준 적이 없기 때문입니다. 웨슬레는 교리를 가르친 자가 아니라, 성서를 가르쳐 준 자였습니다. 그래서 웨슬레는 "나로 하여금 오직 한 책의 사람이 되게 하여 달라"고 하였던 것입니다(송홍국, 웨슬레신학, p. 21). 그러니 어떻게 감리교회에 이른바 "웨슬레 복음주의 교리"라는 것으로 감리교인을 출교하는 차가운 "교리주의"가 있을 수 있겠습니까?

1935년에 출판된 「교리적 선언」 해설서인 「기독교의 원리」(정경옥)에서도 다음과 같이 분명하게 밝혀 주고 있다는 것을 알아 둡시다.

"감리교는 교리에서 출발한 종파가 아니다. 이는 약간의 실제적 규정을 가지고 있는 평이한 성서적인 종교에 지나지 아니한다고 요한 웨슬리는 말하였다. 감리교는 냉정한 교리주의를 따르지 아니한다"(p. 59).

2. 한국감리교회의 기초 교리는 「교리적 선언」에 "설명"되어 있습니다.

기독교대한감리회 「헌법」은 한국감리교회의 기초 교리인 "복음주의 믿음"은 본 교회가 선언한 교리에 설명되어 있다"고 명시하고 있습니다. 그리고 한국감리교회의 「교리적 선언」 서문에는 「헌법」에서 명시한 "복음주의 믿음"을 "복음적 신앙"이라고 말하고 있습니다.

> **그리스도교회 근본적 원리가 시대를 따라 여러가지 형식으로 교회 역사적 신조에 표명되었고 웨슬레 선생의 「종교강령」과 「설교집」과 「신약주석」에 해석되었다. 이 복음적 신앙은 우리의 기업이요 영광스러운 소유이다. 〈교리와 장정, 제 2 장, 제 3 절〉**

「교리적 선언」 서문은 이 "복음적 신앙"이 "그리스도 교회의 근본적 원리"인데, 이것은 기독교의 여러 역사적 신조들에 표명되었으며, 웨슬레 선생도 이것을 여러 자료들 가운데에서 해석하여 주었다고 가르쳐 주고 있습니다. 그러니까 "우리의 기업이요 영광스러운 소유"인 "복음적 신앙"은 교리를 수호하겠다고 나선 한국에 한 작은 집단이 주장하고 있는 "웨슬레 복음주의 신학"(이동주, 크리스찬신문 91. 6. 15. 기독교성회추진위 91. 11. 1)이 아닌 것입니다. 「교리적 선언」서문은 "우리의 기업이요 영광스러운 소유"인 "복음적 신앙"이란 시대를 따라 여러가지 형식으로 표명된 "그리스도 교회의 복음적 신앙"임을 가르쳐 주고 있는 것입니다. 이 "복음적 신앙"은 바로 예수 그리스도께서 선포한 복음을 믿고 따르는 신앙을 말하는 것입니다.

그렇기 때문에, 우리의 「교리적 선언」 서문은 한국감리교회가 따르고 있는 다음과 같은 매우 자랑스러운 "에큐메니칼 복음적 신앙"을 선포하고 있는 것입니다.

> **우리 교회의 회원이 되어 우리와 단합하고자 하는 사람들에게 아무 교리적 시험을 강요하지 않는다. 우리의 중요한 요구는 예수 그리스도께 충성함과 그를 따르려고 결심하는 것이다. 우리의 입회조건은 신학적보다 도덕적이요 신령적이다. 〈교리와 장정, 제 2 장, 제 3 절〉**

, 곧 그리스도 교회가 일반으로 함께 가지고 있는 "에큐메니칼 복음적 신앙"

19921019_한국감리교회의 교리를 아십니까
_감리교단을염려하는기도모임자료실제공_6(1)번_페이지_2

화일 이름 : C:\NEO\GAM 페이지 번호 : 3 날짜 : 1992.9.17 木 시간 : 11 시 42 분 54 초

3. 한국감리교회의 "복음적 신앙"은 한국감리교회 "설립정신"과 일치합니다.

한국감리교회의 교리인 "에큐메니칼 복음적 신앙", 곧 예수 그리스도께서 선포한 복음을 믿고 따르는 신앙은 한국감리교회의 "설립정신"과 일치하는 것입니다.

이 설립정신은 「교리와 장정」에 기록되어 있는데, 첫째는 예수 그리스도를 따르며 예수 그리스도의 정신으로 사는 "진정한 기독교회"가 되자는 것입니다.

> 이 새 교회는 반드시 진정한 기독교회가 되게 하고자 한 것입니다. 다시 말하면 그리스도의 요구하시는 조건대로 행하여 그 친구가 되어 그리스도를 배우고 그를 따르고자 하는 이들에게 문을 활짝 열고 환영하여 모두 교인이 될 수 있도록 한다는 말씀입니다. … 기독교회는 전도와 교육과 사회사업을 통합하여 한 사업으로 보며 개인은 진리와 사랑의 권능으로 구원하고 사회는 예수 그리스도의 정신으로 봉사하며 그의 정신으로 변화시키어야 할 줄 아는 교회… 〈교리와 장정, 제1장, 제1절〉

둘째는 바리새인들과 같은 교파주의가 아닌, 생명력 있는 진보적인 "진정한 감리교회"가 되자는 것입니다.

> 이 교회는 진정한 감리교회가 되게 하자는 것이었습니다. 이 말씀은 편협한 교파주의를 가지고 옛날의 바리새인들과 같이 교만과 자존심으로 독립한다는 뜻이 아니요 감리교회 창립자 요한 웨슬레 선생처럼 우리의 관계와 광범한 동정을 가진다는 것입니다. … 진정 감리교회는 진보적이므로 생명이 있는 이의 특색을 가졌으니 곧 그 시대와 지방을 따라 자라기도 하며 변하기도 할 것입니다. 〈교리와 장정, 제1장, 제1절〉

셋째는 한국 문화와 풍속과 습관에 조화되는 "한국적 교회"가 되자는 것입니다.

> 이 교회는 한국적 교회가 되게 하고자 한 것입니다. … 우리는 고금을 통하여 전래한 바를 감사한 마음으로 받아서 예배에나 처리에나 규칙에 잘 이용하되 한국 문화와 풍속과 습관에 조화되게 하고자 하는 것입니다. 어떤 것은 어느 시대나 어느 지방을 막론하고 통용하기에 편리하고 적합하나 어떤 것은 지방적이요 임시적인 것도 있습니다. 〈교리와 장정, 제1장, 제1절〉

이 얼마나 훌륭한 한국감리교회의 진보적이며 생명력 넘치는 설립정신입니까? 그런데 지금 이 훌륭한 한국감리교회가 자신이 속한 교회의 "교리"와 "설립정신"조차도 잘 알지 못하는 지도자들과 그들을 추종하는 한 작은 집단에 의해서 폐쇄적이며 율법주의적인 바리새파와 같은 교회로 바뀌어 가고 있다는 사실을 알고 계십니까? 교리를 수호하겠다고 나선 그들은 "에큐메니칼 복음적 신앙"을 가지고 세계교회와 협력하여 "세계를 천국화시키는 일"을 함께 행하여 오고 있던 한국감리교회 자체를 부정하여, 세계교회와 협력하는 일을 "불신앙"이며, "적그리스도"의 일이며,

19921019_한국감리교회의 교리를 아십니까
_감리교단을염려하는기도모임자료실제공_6(1)번_페이지_3

"사탄"의 일이라고 설교하는 있는 것입니다. (김홍도 목사 설교 91. 11. 10, 교사의 벗 92. 4월호)

그러나 우리의 「교리와 장정」은 한국감리교회는 "여러 교파 사이에 친밀한 관계를 증진시키는데 선봉자가 되며, 세계를 천국화시키는데 여러 교파와 함께 협력하는 동역자의 본분을 완성하는"(교리와 장정, 제 2 장, 제 4 절) 교회라는 것을 분명하게 가르쳐 주고 있습니다.

Gothic 으로 강조

한국감리교회 교인들은 예수 그리스도와 복음을 위해 "순교"해야 할 확실한 이유를 알고 있습니다. 그러나 한국감리교회 교인들은 웨슬레도 가르쳐 주지 않았던, 이른바 "웨슬레 복음주의"라는 이름을 가진 바리새파적인 신앙이나 신학이나 교리를 위해 "순교"해야 하며 "교단분열도 불사"해야 할 이유를 알지 못하는 것입니다. 도대체 누가 그 이유를 가르쳐 줄 수 있겠습니까?

감리교단을 염려하는 기도모임 자료실 제공

19921019_한국감리교회의 교리를 아십니까
_감리교단을염려하는기도모임자료실제공_6(1)번_페이지_4

회일 이름 : C:\NEO\GAM　　페이지 번호 : 5　　날짜 : 1992.9.17 木　　시간 : 11 시 44 분 44 초

알고 계십니까 ④

감리교회는 거짓증거로 감리교인을 이단으로 정죄하고 출교해도 되는가?

한국감리교회는 감리교신학대학의 변선환, 홍정수 두 교수가 감리교교리에 위배되는 이단사상을 주장했다는 것을 증거로 삼아 그들을 이단으로 정죄하고 출교판결을 내렸습니다. 그런데 이제 두 교수를 출교시키는 일에 앞장서 왔던 사람들은 감리교신학대학에 있는 신학자들은 모두 다 예수의 동정녀 단생, 십자가 대속, 몸의 부활, 영생, 천국, 지옥들을 믿지 아니하는 이단사상들을 가지고 있는 자들이라는 새로운 주장들을 공공연하게 행하고 있습니다(미스바 서울 50 전도행전, 92. 7. 15). 이렇게 계속 나가다 보면, 앞으로는 감리교회에 속한 모든 신학자들은 모두 적그리스도라는 이름 아래에 출교당하게 될 것이고, 한국감리교회는 세계에서 유일하게 신학자없는 교회가 되고 말 것입니다.

그 뿐만 아니라 "기독교대한감리회 장로회 전국연합회 92하계수련회 참석장로 1200명 일동" (92. 7. 15)은 두교수의 출교판결이 잘못된 것이라고 말하는 감리교회의 모든 감독님들과 목회자들까지도 신학자들의 이단사상에 "비호, 동조, 지지, 협력하는 사람"들이기 때문에 모두 감리교단에서 떠나갈 것을 촉구하는 결의를 하였으며, 이를 위해 제20회 총회에 "특별조치법 제정 건의안"을 제출하기에 이르렀습니다.

한국감리교회를 이렇게 어지럽히고 있는 사람들은 수억원을 들인 신문하단광고들에서 감리교신학자들의 이단사상에 대한 발언들을 조목 조목 제시하면서, 이들 신학자들은 하나님도, 그리스도도, 십자가도, 부활도 믿지 아니하는 적그리스도, 거짓선지자, 사탄들임을 증거하려 했습니다. 그런데 이들의 증거들은 모두 "거짓증거"들이었습니다. "거짓증거"들을 내세워 신학자들의 진짜 주장인 것처럼 꾸며서, 한국의 감리교인들 뿐만 아니라 모든 기독교인들을 속인 것입니다.

여기에 그 증거들이 거짓임을 밝히 보여주는 하나의 예로서, 변선환 교수에 대한 "출교판결문 제 1 항"에 있는 "거짓"과 "참"을 보여드리려 합니다.

> 피고는 기독교신앙의 주체가 되는 예수 그리스도에 대하여 "우주적 그리스도는 마리아의 아들 예수와 동일시 할 때 거침돌이 된다(기독교사상 299호, p. 156)고 말함으로서 마리아의 아들 예수를 우주적 그리스도로 믿는 전통적 기독교 신앙을 거부했고, "그리

19921019_한국감리교회의 교리를 아십니까
_감리교단을염려하는기도모임자료실제공_6(1)번_페이지_5

스도만이 보편적으로 유일한 구속자이신 것이 아니라"(상동, p.155)고 함으로서 기독교적인 신앙고백을 떠나서 기독교신앙의 특성인 유일한 구속주이신 예수 그리스도를 부정하는 비기독교적 주장을 자행하였다.

이 판결문은 "변선환교수가 '우주적 그리스도는 마리아의 아들 예수와 동일시 할 때 거침돌이 된다'고 말했다"라는 것입니다. 그런데 「기독교사상」 본래의 원문에서는 "인도신학자 파니카는 (힌두교인들이 경험하게 되는) '거침돌은 기독교가 한걸음 더 나아가서 그리스도를 마리아의 아들 예수와 동일시 할 때 나타난다'고 한다"고 되어 있습니다. 판결문은 "인도신학자 파니카"의 주장을 "변선환 교수"의 주장인 것처럼 의도적으로 바꾸었으며, 본래는 문장의 앞부분에 있는 "거침돌"이라는 말을 뒷부분으로 옮겨서, "힌두교인들이 경험하게 되는 거침돌"에 대한 내용을 "그리스도를 마리아의 아들 예수라고 동일시하는 것은 오히려 기독교인들의 신앙에 거침돌이 되는 것"이라는 내용이 되도록 의도적으로 바꾸어 놓은 것입니다. 그리고 이렇게 의도적으로 바꾸어 놓은 것을 증거로 하여 출교를 판결한 것입니다.

"거짓말"과 "참말"에 대한 자료들을 구체적으로 밝히면 다음과 같습니다.

거짓말 : "마리아가 낳은 예수가 그리스도가 아니다"

아래에 있는 판결은 두 교수를 출교시키고 또한 이제 모든 신학자들과 감리교회의 화해를 부르짓는 여러 감독님들과 목회자들까지도 출교시키겠다고 나선 사람들이 변선환 교수의 신학사상이 이단사상임을 증명하기 위하여 인용한 말들입니다.

분명히 마리아가 낳은 예수는 그리스도가 아니다.〈제19회 총회 속기록(91. 10. 30)〉

우주적 그리스도는 마리아의 아들 예수와 동일시 할 때 거침돌이 된다.〈교리수호대책위원회, "변선환…이단사상…폭로한다"(조선일보, 92. 1. 26)〉

그러므로 그는〈변교수는〉 "우주적 그리스도"를 마리아의 아들 예수와 동일시 할 때 거침돌이 된다고 한다.〈이동주 교수의 "코페르니쿠스적 전환이라는…"이라는 글(신앙세계, 92. 3)〉

변교수는 "우주적 그리스도는 마리아의 아들 예수와 동일시 할 때 거침돌이 된다"고 말했습니다.〈김홍도 목사의 "교단내 이단세력을 몰아내자"라는 설교(교사의 벗, 92. 4)〉

예수가 그리스도임을 부정하고 마리아가 낳은 예수가 그리스도가 아니라고 함. "우주적 그리스도는 마리아의 아들 예수와 동일시 할 때 거침돌이 된다."〈교리수호대책위원회, "변선환…출교된 이유…"(국민일보, 92. 6. 27)〉

마리오의 아들이 우주적 그리스도가 될 수 없다는 신학이 감리회의 정체성이란 말인가?〈서울연회 재판위원회, "해명서"(92. 7. 7)〉

정말로 변선환 교수나 감리교 신학자들이 "마리아가 낳은 예수가 그리스도가 아니다"라고 주

19921019_한국감리교회의 교리를 아십니까
_감리교단을염려하는기도모임자료실제공_6(1)번_페이지_6

화일 이름 : C:\NEO\GAM　　　페이지 번호 : 7　　　날짜 : 1992.9.17 木　　　시간 : 11 시 47 분 23 초

장했을 것 같습니까? 그렇다면 이들 신학자들은 분명 예수가 그리스도이심을 부인하는(요일 4 : 1~3) 적그리스도들일 것입니다. 감리교회의 목회자가 되기 위해서는 반드시 이들 신학자들에게서 배워야만 하는데, 이들에게 기독교 신학을 배우고 교회에 나가 목회를 하는 모든 감리교 목회자들은 **"예수가 그리스도가 아니다"**라고 설교하는 자들이 되어 있습니까?

참말 : "그리스도가 마리아의 아들 나사렛 예수이다"

그런데 놀라운 사실은, 변선환 교수는 위에서 제시한 증거들과는 정반대로 오히려 "그리스도가 마리아의 아들 나사렛 예수이다"라고 주장하고 있다는 것입니다. 출교 판결문이 이단사상의 증거로 제시한 「기독교사상」 299호(83. 5), p. 156의 원문이 이를 밝혀주고 있습니다. 이 글에는 **"마리아가 낳은 예수가 그리스도가 아니다"**라는 말은 없고, 오히려 **"그리스도가 마리아의 아들 나사렛 예수이다"**라는 말이 분명하게 적혀 있는 것입니다.

"이 세상에서 역사하는 신은 언제나 우주적 그리스도를 통해서 역사하고 계신다고 믿기 때문이다. 베다 철학전무가인 파니카에 의하면, '힌두교는 이것을 쉽게 받아 들일 수 있으며, 알 수 없는 그리스도를 이슈바라 곧 주님이라고 부를 수 있다. 거침돌은 기독교가 한걸음 더 나아가서 그리스도를 마리아의 아들 예수와 동일시 할 때 나타난다'고 한다. 물론 파니카도 그리스도가 시공의 제약 속에서 사시며 역사하신 마리아의 아들 나사렛 예수이기 때문에 한 분의 역사적 구속자라는데서 기독론적 사고를 출발한다."

이 자료에서 나오는 인용문은 힌두교인들이 기독교의 하나님과 그리스도에 대한 주장들을 받아 들이려 할 때에 생겨나는 문제들에 대한 대답들을 찾으려고 하는 인도 신학자 파니카의 글에서 가져 온 것입니다. 그 원문을 번역하면 다음과 같습니다.

"기독교인들의 주장은 … 하나님이 이 세상 안에서 일하실 때에는, 항상 그리스도 안에서 그리스도를 통하여 하나님은 일하신다는 것이다. 힌두교인들도 이같은 하나님의 모습을 받아 들이기가 그렇게 어렵지 않다. 힌두교인들은 이러한 그리스도를 이슈바라(주님) 도는 바가반(복 받은 자)이라 부를 것이다. 만남의 장소로서의 그리스도에 대한 이러한 진술은 적어도 기독교인들에게는 그 뜻이 통할 수 있는 것이며, 힌두교인들에게도 이해되어 질 수는 있는 것이다. (힌두교인들이 경험하게 되는) 주된 장애는 기독교측에서 한걸음 더 나아가서 그리스도와 마리아의 아들 예수를 필수적인 조건으로 동일시 할 때에 나타나게 된다. 바로 이 주장은 기독교인의 신앙을 특징지워 주고 잇는 주장이다. 힌두교인들은, 여기에 대해 함께 나눌 것은 가지고 있지 않으나, 다만 이러한 기독교의 주장을 존중할 수는 있다."(Raimundo Panikkar, The Unknown Christ of Hinduism)

19921019_한국감리교회의 교리를 아십니까
_감리교단을염려하는기도모임자료실제공_6(1)번_페이지_7

화일 이름 : C:\NEO\GAM　　페이지 번호 : 8　　날짜 : 1992.9.17 木　　시간 : 11 시 48 분 42 초

변교수는 기독교가 예수를 "우주적인 구세주로서의 그리스도"(Christ as Universal Savior, Urknown Chist, p. 57)로 주장한다면 그것은 힌두교 사람들에게는 전혀 낯설지 않기 때문에 힌두교 사람들도 그리스도를 받아 들일 수 있다는 것이며, 기독교의 특별한 주장인 그리스도가 마리아의 아들 예수라고 믿는 것에 대해서는 힌두교에서는 그런 가르침이 없기 때문에 기독교의 이 주장을 존중해 줄 것이라는 파니카의 생각을 소개한 것입니다.

그뿐만 아니라 「기독교사상」의 같은 글에서 변교수는 "그리스도는 보편적 구속자이다. 그리스도를 떠나서는 구속이 없다"고 분명하게 말해주고 있는데, 이 말을 인용해 온 원문을 번역하면 다음과 같습니다.

"그리스도는 보편적 구속자이다. 그리스도를 떠나서는 구속이 없다. 구속이 없는 곳에는 구원도 없는 것이다. 그러므로, 구원받는 개인은 누구나 유일한 구속자이신 그리스도(Christ, the only redeemer)에 의하여 구원받는 것이다."(Unknown Christ, 68)

출교 : "그리스도가 마리아의 아들 예수이다"라고 믿는 사람들

그러니까 변선환 교수는 "그리스도가 마리아의 아들 나사렛 예수이다", "그리스도는 보편적 구속자이다. 그리스도를 떠나서는 구속이 없다"라고 말했음에도 불구하고, 그와는 반대로 "마리아가 낳은 예수가 그리스도가 아니다", "그리스도만이 보편적으로 유일한 구속자이신 것이 아니다"라고 주장했다는 이유로 감리교회에서 출교당하게 된 것입니다. 이것이 어떻게 된 일입니까? 한국감리교회는 "거짓말"로 꾸민 증거들을 가지고 "참말"을 한 감리교 신학자를 이단으로 정죄하고 출교를 감행한 것입니다. 그런데 더욱 놀라운 것은 이 출교판결문에는 다음과 같은 판결내용이 함께 있다는 사실입입니다.

"그러므로 이 이후에 계속 피고와 같은 주장의 동조, 지지, 옹호 및 선전하는 자는 기독교대한감리회 내에서 동일한 범법자로 간주되어야 한다."

그렇다면 다음 차례에는 어떤 사람들이 한국감리교회에서 출교당하게 될 것 같습니까? "그리스도가 마리아의 아들 예수이다.", "그리스도는 구속자이다. 그리스도를 떠나서는 구속이 없다"라고 믿고 있는 모든 감리교회의 신학자들, 목회자들, 평신도들의 차례가 아니겠습니까?

진단 : 신학을 어렵게 한 신학자들과 기독교 진리를 단순화 시킨 일부 부흥사들

"거짓말"로 "참말"을 이단으로 몰아세운 한국감리교회, "거짓말 하는 자들"을 믿고 따르는 한국감리교회가 이세상을 심판하실 마지막 날에 "거짓말 하는 자들"이 들어가게 될 지옥불에 함께 들어가게 될 것만 같아 두렵기만 합니다.

"모든 거짓말 하는 자들은 불과 유황으로 타는 못에 참예하리니 이것이 둘째 사망이라"(계시록 21 : 8)

19921019_한국감리교회의 교리를 아십니까
_감리교단을염려하는기도모임자료실제공_6(1)번_페이지_8

화일 이름 : C:\NEO\GAM　　페이지 번호 : 9　　날짜 : 1992.9.17 木　　시간 : 11 시 50 분 0 초

왜 이런 일들이 우리들이 모두 사랑하는 감리교회에서 일어나게 되었을까요? 첫째되는 이유는 예수 그리스도의 교회를 섬기는 마음으로 행해져야 할 "신학"이 교회에 속한 교인들이 잘 알아들을 수 없는 "어려운 말"로 신학을 해왔다는 것이 될 것입니다. 사실 이 어려운 말로 행해지는 신학의 내용을 쉽게 풀어서 교인들에게 전해야 할 책임이 있는 자들은 목회자들일 것입니다. 그런데 목회자들마져 이해하지 못하는 어려운 신학이 행해지니까, 자연히 신학과 교회 사이에 엄청난 거리가 생기게 된 것입니다. 세계에서 예수 그리스도의 교회를 섬기기 위해 행해지고 있는 신학적 연구들이 잘못된 것이 아니라, 그 신학적 연구들이 쉬운 말로 풀어져서 교인들에게 전해지지 않았던 것이 잘못된 것이라고 말할 수 있습니다.

두번째 이유는, 그동안 한국교회의 일부 부흥사들은 교회의 부흥집회에서 공공연하게 신학자들은 모두 다 교회의 성장과 발전에 장애가 되는 자들이라고 외치고 있었는데, 그것이 지금가지 계속되어 내려왔던 결과라고 할 수 있습니다. 왜 일부 부흥사들과 신학자들이 대립되어 왔는지 잘 알 수는 없으나, 그들이 기독교 진리를 바라보는 방식에 차이가 있었던 것 같습니다. 신학자들은 기독교 진리를 매우 복잡하고 다양한 것으로 보는 반면 일부 부흥사들은 기독교 진리를 매우 단순하게 보았던 것입니다. 일부 부흥사들이 선포하는 기독교 진리는 "예수를 그리스도와 주로 영접하고 입으로 시인하면 구원을 받으며, 성령을 충만히 받으면 병낫고 축복받고 만사형통된다"라는 간단명료한 내용인 것입니다. 한국감리교회의 어느 부흥사는 "지옥불을 바라보며 영혼을 구원하자!"라는 표어를 내걸과 외치니까 교회가 부흥성장했다면서 모든 목회자들에게 지옥설교를 하라고 부탁하고 있기까지 합니다. 일부 부흥사들이 외치는 기독교 진리는 그 진리 자체가 잘못된 것이 아니라, 기독교 진리를 단순화시키고 성서의 부분적인 가르침을 표어로 삼아 그것을 성서 전체의 가르침인양 선포하는 방식에 문제가 있다고 할 수 있습니다.

그러나 기독교 진리를 어렵게 가로쳤든지 쉽게 가르쳤든지, 다양하게 가르쳤든지, 단순하게 가르쳤든지, 그 방식들 때문에 이단이니 적그리스도니 사탄이니 하고 정죄하는 일들이 이제는 더이상 일어나지 말아야 하겠습니다. 그리고 "거짓말"을 가지고 "참말"하는 자들을 교회에서 내어 쫓은 출교를 감행한 한국감리교회는 모두 함께 엎드려 회개하여, "거짓말 하는 자들"이 들어가게 될 지옥의 형벌을 피하도록 해야 하겠습니다. 이 회개의 운동이 "거짓증거"로 무죄한 자를 출교한 사실을 알면서도, 나의 일이 아니라고 뒤로 물러서서 침묵하여서 "거짓말하는 한국감리교회"가 되게 한 감리교회의 평신도들부터 시작되어야 하지 않겠습니까?

감리교단을 염려하는 기도모임 자료실 제공

19921019_한국감리교회의 교리를 아십니까
_감리교단을염려하는기도모임자료실제공_6(1)번_페이지_9

력할 것을 결의한다.

기독교대한감리회 장로회 전국연합회
'92하계수련회 참석 장로 1,200명 일동
기독교대한감리회 장로회 전국연합회
회장 유 상 열

6. 사건의 종결에 즈음한 성명

1990년 12월부터 교계에 물의를 빚어온 변선환 교수의 종교다원주의와 홍정수 교수의 포스트모던 신학에 대한 고소사건은 1992년 10월 24일 서울연회 재판위원회에서 종결하여 제20회 총회에 보고하도록 함으로써 이미 선고된바와 같이 「출교」로 종결되었다.

본 사건이 사건화한 것은 1991년 10월 감리회 총회에서 그들의 신학이 「감리회 교리에 위배됨」을 총회결의로 밝히고, 이에 따라서 그들의 목사직은 서울연회에서, 교수직은 감신대에서 그 직을 파면하도록 권고결의안을 채택하였고, 이는 감리회 재판법에 따라 1991년 12월 2일에 고소되어 서울연회 심사위원회에서 심사하여 1992년 3월 5일 기소되었으며, 서울연회 재판위원회에서는 이를 재판하여 1992년 5월 7일 두 피고는 「출교」가 선고되었었다.

그러나 두 피고는 불복하고 총회재판위원회에 상고하였으나, 1992년 10월 19일 소집된 **총회재판위원회에서 위의 항소가 적법한 절차의 미비로 서울연회 재판위원회에 반송함으로 원심대로 확정된 것이다.**

위의 사건이 종결됨에 즈음하여 본 기독교 대한감리회 기독교 교리수호 대책위원회와 기

- 518 -

19921026_사건의 종결에 즈음한 성명_기독교 교리수호대책위원회
_교리사건 재판자료_6(1)번_페이지_1

독교대한감리회 · 장로회 · 전국연합회는 공동으로 아래와 같이 천명하는 바이다.

1. 1천만 한국교계에 고하는 바는 일부 감리회신학자들의 이단적 학설을 빙자하여 우리 감리회를 이단시하는 과오를 범하는 일이 추호도 없어야 한다.

2. 1백 30만 감리교도들에게 고하는 바는 위의 사건과 관련하여 시시비비 억측에 동요됨이 없이 경각심을 가지고 이단사상을 경계하며 「7천 교회 2백만 신도 운동」에 전념 충성해야 한다.

3. 감리회 교역자들과 감리회 소속 대학의 교수들과 신학생들은 위의 사건과 관련하여 문제된 신학을 지지 및 옹호하는 경우에는 위와 동등한 처벌을 받게 됨을 명심하여 글이나 강론에서 분명하게 웨슬레의 복음적 입장에 서서 사역해야 한다.

4. 각 연회의 교역자 자격조사위원회는 전교역자들의 글과 강론에서 위의 사안에 저촉될 때는 주저 없이 연회에 부고하여 동등하게 처리하도록 하며, 교단소속 신학대학의 신학생들은 대학당국에서 퇴학처분을 해야 한다.

1992년 10월 26일

기 독 교 대한감리회 **기독교 교리수호대책위원회**

공동회장 김 홍 도 목사
공동회장 유 상 열 장로

- 519 -

19921026_사건의 종결에 즈음한 성명_기독교 교리수호대책위원회
_교리사건 재판자료_6(1)번_페이지_2

/ K-2-078

陳 情 書

서울지방검찰청 검사장 귀중;

검사장님께 하나님의 은총이 함께 하시길 빕니다. 대한민국 국민의 기본적 권리와 사회의 법질서를 지키시기 위하여 억울한 사건의 시시비비를 가리어주시는 검사장님께 삼가 존경을 표하며, 『감리교단을 염려하는 기도모임』에 속한 기독교대한감리회 동역자 일동은 감리교신학대학 홍정수 교수의 명예훼손과 관련하여 다음과 같이 陳情의 말씀을 드립니다.

저희 동역자들은 그 동안『기독교 교단 내의 문제는 교단 내에서 해결되어야 한다』는 원칙아래 홍정수 교수 이단시비사건의 올바른 해결을 기다려 왔습니다. 그러나 홍정수 교수를 이단으로 폭로한 김홍도 목사와 유상열 장로는 자신들의 주장의 명백한 虛僞性에도 불구하고 이를 취소하지 않았을 뿐만 아니라, 이를 각종 신문과 매체를 통하여 고의적으로 또한 반복적으로 발표함으로써, 홍정수 교수의 명예를 치명적으로 훼손시켰습니다. 그 결과 홍정수 교수를 교단으로부터는 黜敎당하게 하고, 신학대학으로부터는 罷免의 위기에까지 이르게 하였으며, 종내에는 홍정수 교수의 근본적인 生存자체를 위협하기에 이르렀습니다. 이에 『감리교단을 염려하는 기도모임』의 동역자 일동은 치명적으로 훼손된 홍정수 교수의 명예가 회복되기를 바라는 간곡한 심정으로 진정하오니 선처하여 주시기 바랍니다.

1. 김홍도 목사와 유상열 장로가 『홍정수 교수는 이단이고 통일교와 관련이 있다』고 폭로한 내용은, 저희들의 조사에 의하면, 사실이 아닙니다.

홍정수 교수의 이단사상에 대한 김홍도 목사와 유상열 장로의 폭로내용은 '예수의 피는 개피, 돼지의 피와 같다'는 것과 '예수의 부활을 부정한다'는 것이었습니다. 그러나 이러한 두가지 폭로내용은 객관적인 사실이 아니라, 의도적인 歪曲이었습니다. 그들이 폭로한 내용은 홍정수 교수가 쓴 저작의 原文을 정직하게 인용한 것이 아니라, 홍정수 교수의 글을 의도적으로 왜곡한 것이었습니다. 그러므로 만일 기독교에 대해 전혀 문외한이라 할지라도, 건전한 상식을 가진 사람이라면 누구나, 홍정수 교수의 原文과 그들의 폭로내용을 비교해 본다면, 김홍도 목사와 유상열 장로가 홍정수 교수의 글의 전후문맥을 고의적으로 잘라내고 본문을 자신들의 의도대로 왜곡했다는 사실을 곧 알 수 있습니다. 또한 홍정수 교수가 통일교와 관련이 없다는 사실은 기독교대한감리회 서울연회 제 1반 심사위원회(심사위원장 김광덕, 1991년 12월 28일)에서 이미 밝혀진 바 있으며, 이보다 더욱 중요한 사실은 홍정수 교수 자신은 통일교와 전혀 관련이 없다고 고백할 뿐만 아니라, 오히려 감리교 선교국의 위촉을 받아 통일교에 대한 비판적인 논문을 두 번씩이나 발표한 (88년, 89년) 신학자라는 점입니다. 그럼에도 불구하고 김홍도 목사와 유상열 장로는 黑色宣傳을 통해 일반 기독교 목사와 교인들의

1

19921127_진정서_감리교를 염려하는 기도모임_6(1)번_페이지_1

종교적 감정을 자극하여 홍정수 교수가 마치 통일교와 관련이 있는 것처럼 매도했던 것입니다. 특히 한국교회의 정서에 있어서, 어느 목사가 통일교와 관련이 있다고 모함을 하는 것은 대한민국 국민이 공산주의자와 관련이 있다고 모함하는 것 이상으로 치명적인 손상을 가져온다는 점을 이해하여 주시기 바랍니다.

2. **『감리교단을 염려하는 기도모임』은 김홍도 목사와 유상열 장로에게 그들의 폭로내용이 사실이 아님을 분명히, 그것도 여러차례 알렸습니다.**

만일에 김홍도 목사와 유상열 장로가 홍정수 교수의 글을 단순히 오해했다 하더라도, 여러차례에 걸친 홍정수 교수 자신의 해명과 항변, 그리고 저희 『감리교단을 염려하는 기도모임』을 위시하여 다른 신학자들, 목회자들의 성명서 발표를 통해 진실이 밝혀졌기 때문에, 그들이 홍정수 교수에 대해 흑색선전을 계속한 것은 惡意에 찬 誣告인 것입니다. 홍정수 교수 자신은 출교결정이 나기 6개월 전에 이미 자신의 『신학자가 드리는 목회서신 (1)』(1991년 12월 16일자)을 통하여 이단사상 및 통일교관련 매도는 사실이 아님을 자료를 인증하여 자세히 밝힌 바 있습니다. 또한 『감리교단을 염려하는 기도모임』은 홍정수 교수의 출교결정 後 (1992년 5월 7일 서울연회) 6월 18일에 『감리교단을 염려하는 기도모임 자료집 (3)』을 통하여, 홍정수 교수가 "예수피는 개피, 돼지피와 같다"고 한 말과 "예수의 부활을 부정한다"는 말은 홍정수 교수 자신의 말이 아니라는 점과 또 글의 전후문맥으로 보아 홍교수 자신의 의도도 아니라는 점을 분명히 밝혔습니다. 뿐만 아니라 同 『감리교단을 염려하는 기도모임』은 서울연회 재판위원회에서 확정판결을 내리기 전인 1992년 10월 19일에 『감리교단을 염려하는 기도모임 자료집 (5)』를 통하여 이단사상문제를 포함한 통일교관련설은 허위임을 다시 한번 입증하였습니다. 그리고 1992년 10월 18일에는 同 『감리교단을 염려하는 기도모임』에서 『기독교신문』에 광고를 통하여 홍정수 교수의 이단여부와 통일교관련여부는 사실이 아님을 천명하였습니다. 이러한 글들은 모두 건전한 상식에 호소한 글들이었고 공개적인 것이었기 때문에, 이미 두 고발인들은 자신들의 주장이 허위라는 비판을 받고 있음을 알고 있었음에 틀림없습니다. 특별히 『감리교단을 염려하는 기도모임』에서 발행한 『감리교단을 염려하는 기도모임 자료집 (3), (5)』는 김홍도 목사와 유상열 장로를 포함하는 기독교대한감리회의 총회대표 1,800명에게 발송된 것이기 때문에, 적어도 김홍도 목사와 유상열 장로는 자신들의 주장이 허위에 근거한 것이라는 비판을 이미 잘 알고 있었습니다. 그러나 김홍도 목사와 유상열 장로는 정직하고 상식적인 事實確認을 통하여 자신들의 주장을 취소하기는 커녕, 오히려 이를 신문과 각종 매체를 통하여 계속적으로 전국에 알림으로써 고의적으로 그리고 악의적으로 홍정수 교수를 이단으로 매도하였습니다.

3. **김홍도 목사와 유상열 장로는 홍정수 교수가 이단이 아니라는 비판을 알면서도 홍정수 교수를 고의적으로, 그리고 반복적으로 이단으로 매도하였고, 이를 신문과 각종 매체를 통하여 전국에 알림으로써 기독교계 뿐 아니라 일반사회에서조차 생존할 수 없도록 명예를 훼손하였습니다.**

2

19921127_진정서_감리교를 염려하는 기도모임_6(1)번_페이지_2

기독교대한감리회는 "고의로 남의 재산과 명예를 손상시키는 일"과 "고의로 교회의 일을 세상에 악선전하는 일"은 교회법에 의하여 금지하고 있습니다 (『교리와 장정』 제 11장 제 1절 제 193단 제 2조). 그러나 김홍도 목사와 유상열 장로는 자신들의 폭로내용이 허위라는 비판을 듣고 읽고 그래서 알고 있으면서도, 한 차례에 수천만원이 든다는 일간신문과 각종 교계신문 및 일반 유인물을 통하여 감리교인 뿐 아니라 모든 기독교인, 그리고 모든 한국 사람들에게 홍정수 교수가 이단이라는 광고를 고의적으로 그리고 반복적으로 실었습니다. 저희들이 알고있는 것만 해도 그 동안 신문에 나간 광고는 일간신문 최소 6회, 교계신문 최소 11회입니다 (『크리스찬신문』 1991년 12월 7일자 4면, 『미주복음신문』 1991년 12월 8일자 4면, 『한국교회신문』 1991년 12월 15일자 3면, 『기독교연합신문』 1991년 12월 15일자 16면, 『기독교연합신문』 1991년 12월 29일자 20면, 『조선일보』 1992년 1월 26일자 2-3면, 『크리스찬신문』 1992년 2월 1일자 2면, 『동아일보』 1992년 2월 1일자 2-3면, 『동아일보』 1992년 2월 5일자 2-3면, 『교회연합신문』 1992년 2월 29일자 3면, 『교회연합신문』 1992년 3월 7일자 5면, 『교회연합신문』 92년 3월 14일자 3면, 『조선일보 92년 5월 10일자 4면, 『국민일보』 1992년 5월 13일자 10면, 『교회연합신문』 1992년 5월 16일자 10면, 『국민일보』 1992년 6월 27일자 2-3면, 『교회연합신문』 1992년 8월 1일자 2면 등). 이제는 신문을 본 사람은 누구나, 심지어는 미국에 있는 한국인들조차도, 홍정수 교수가 이단이라는 얘기를 화제에 오르내리게 되었고, 홍정수 교수는 더 이상 한국 땅 어디에서도, 최소한 기독교계에서는, 목사로서 혹은 신학자로서 직업을 가지고 활동하기가 어렵게 되었습니다. 이것은 곧 김홍도 목사와 유상열 장로가 고의적으로 그리고 반복적으로 신문과 각종 매체들을 통하여 홍정수 교수를 전국에 이단으로 홍보함으로써 의도했던 바로서, 참으로 비인간적이며 비인도적인 행위라고 생각됩니다.

4. 위 사실로 미루어 김홍도 목사와 유상열 장로의 이단시비의 목적은 기독교대한감리회 안에서 홍정수 교수의 이단여부를 밝히려는 순수한 신앙적 동기에 있었던 것이 아니라, 신문과 각종 매체를 이용하여 기독교대한감리회 안팎의 여론을 조성, 홍정수 교수를 이단으로 매장하고 희생양으로 삼음으로써 좁게는 기독교대한감리회와 넓게는 기독교계 안에서 자신들을 중심으로 한 보수신앙을 가진 일부 목사와 평신도들이 기독교대한감리회와 감리교신학대학의 주도권을 장악하고 입지를 구축하려는 데에 있었다고 판단됩니다.

김홍도 목사와 유상열 장로는 자신들의 폭로내용이 허위라는 비판을 받고있음을 알고 있었으나, 이를 취소하기는 커녕 오히려 출처불명의 수억원을 들여 이를 신문과 각종 매체를 통해 고의적으로 그리고 반복적으로 매도해온 것으로 보아 그 동기가 순수한 신앙적 열정에 있는 것은 결코 아니라고 생각됩니다. 『새누리신문』의 권혁률 기자는 현 사건을 처음부터 지켜보면서 교내외 일반의 여론을 요약하여, 이번사건은 "교단내 헤게모니 장악을 위해 의도적으로 도발된 '이벤트'라고 보는 것이 타당하다는 시각이 지배적"(『감신』, 1992년 33호, 75쪽)이라고 말했습니다. 이해를 위하여 권혁률 기자의 논평을 조금 더 인용하겠습니다. "지난 70, 80년 대를 통해 이루어진 한국교회 전반의 물량주의적 팽창에 발맞추어 성장한 감리교단내 부흥사집단은 교단내 대부

3

19921127_진정서_감리교를 염려하는 기도모임_6(1)번_페이지_3

분의 대형교회를 장악하는 등 상당한 세력으로 성장하였으면서도 감리교단 특유의 풍토로 인해 교단 내에서 제대로 '대접받지' 못하고 있었다. 그런데 근자에 들어 교단정치의 중심이었던 각 서클이 급격히 악화된 반면 부흥사들간의 결속력은 급속히 높아지는 현상이 벌어졌고 그 결과 최초의 '부흥사 출신 감독회장'(전 곽전태 감독회장)까지 탄생시키게 되었다. 이를 계기로 부흥사입장에서 볼 때 그간 불만이 많았던 감리교단 분위기를 뒤바꾸어 놓으려는 부흥사집단의 구상이 두 사람을 희생양 삼아 표출된 것이라는 것이다. 여기에 최근들어 양적 성장세가 둔화하기 시작한 교회현실에 대한 위기감과 낮은 수준의 신학적, 신앙적 개방성조차 포용할 수 없는 단세포적 신앙생활에 철저히 물든 대다수 일반교인들의 정서가 이런 '희생양만들기 작업'의 온상노릇을 하면서 교단내 다수 목회자와 장로들의 침묵 내지 심정적 동조를 이끌어냈다는 것이 이들의 분석이다. 변, 홍 교수문제를 여기까지 끌고온 당사자들의 깊은 속마음을 바깥에서 알 길은 없지만, 이러한 분석이 상당한 설득력을 갖고 받아들여지고 있는 것만은 엄연한 현실이라 하겠다" (『감신』, 1992년 33호, 75쪽). 저희들인 권혁률 기자의 이러한 분석이 타당한 분석이라고 생각합니다. 그리고 김홍도 목사와 유상열 장로가 홍정수 교수를 희생양으로 삼아 감리교단내 주도권과 입지를 강화하려 한다는 점은 바로 이들 자신의 말과 행동에서 더욱 분명하게 드러납니다. 김홍도 목사는 1991년 12월 1일 『한국교회신문』과의 인터뷰에서 이렇게 말했습니다: "교리수호를 위해서라면 순교할 각오가 되어있다. . . . 교단분열도 불사하겠다. . . . 어떻게 감리교 신앙에 맞지 않는 신학을 수용해 가며 신앙생활을 할 수 있단 말인가. . . . 감신대 출신 신학생을 받아들이지 않겠다." 그리고 기독교대한감리회의 평신도 대표인 유상열 장로는 『기독교대한감리회 교리수호를 위한 특별조치법 제정 건의안』을 1992년 10월 총회에 상정, "변선환, 홍정수 두 교수의 행위 등을 비호, 찬동, 지지하는 운동을 하는 지도층 교직자들"을 함께 이단으로 처단할 것을 건의했고, 또한 교계신문을 통하여 "교단산하에 직위여하를 막론하고 감리교단에 몸담고 있는 교역자들이 감리교 교리를 부인하고 성경의 근본적인 진리를 부인하면서 용납할 수 없는 이단적인 주장에 비호, 동조, 지지, 협력하는 사람은 감리교단에서 물러갈 것을 강력히 촉구"(『교회연합신문』, 1992년 8월 1일자 2면)하였습니다. 여기에서 한걸음 더 나아가 유상열 장로는 감리교신학대학의 학장선출에까지 관여, "앞으로 있을 감신대학장 선출인선문제는 현 변선환, 홍정수 두 교수(목사)의 이단사상을 동조, 비호, 지지, 협력하는 사람은 절대로 피선될 수 없다. 만약 이들이 피선될 시는 감리교 전국 장로들은 목숨을 걸고 주무당국을 위시하여 각계각계 요로에 공개 진정으로 결사저지 투쟁한다"고까지 말함으로써 그 의도를 분명히 드러내고 있습니다.

기독교대한감리회는 그 기본정신을 담은 『교리와 장정』 제 2장 제3절에 "우리 교회의 회원이 되어 우리와 단합하고자 하는 사람들에게 아무 교리적 시험을 강요하지 않는다"고 규정하고 있습니다. 감리교단은 바로 이러한 정신에 기초하여 지난 100년 동안 보수주의와 진보주의가 "다양성 속의 일치"라는 기치 아래 더불어 함께 공존하며 교회와 사회를 위하여 함께 기여해온 아름다운 전통을 가지고 있습니다. 그런데 김홍도 목사와 유상열 장로는 바로 이러한 감리교의 전통을 깨뜨리면서 감리교의 진보신학자인 홍정수 교수를 이단으로 매도하고, 홍정수 교수가 재직하고 있는 감리교신학대학의 신학생들을 감리교회에서 받아들이지 않도록 선동하며, 홍정수 교수를 지지하는 동

4

19921127_진정서_감리교를 염려하는 기도모임_6(1)번_페이지_4

역자들을 똑같은 방식으로 이단으로 매도, 척결하려하고, 더 나아가 감리교신학대학에서 홍정수 교수를 지지하는 사람이 학장이 되는 것을 저지함으로써 감리교단을 보수주의로 획일화하여 그 주도권을 장악하려고 하고 있습니다. 저희들은 바로 이러한 점에서 김홍도 목사와 유상열 장로가 홍정수 교수를 이단으로 폭로하고 이를 각종 신문과 매체들을 통하여 이단으로 매도한 것은 순수한 신앙적 동기에 기인한 것이 아니라, 홍정수 교수를 고의적으로 이단으로 매도, 희생양으로 생매장함으로써 자신들을 지지하는 일단의 보수주의 신앙인들과 더불어 김홍도 목사와 유상열 장로가 기독교대한감리회와 감리교신학대학의 주도권을 잡으려는 세속적 동기에 기인한다고 판단합니다. 저희들은 자신들의 주도권 획득을 위하여 동역자를 희생양으로 삼으려는 김홍도 목사와 유상열 장로의 이러한 파렴치한 행위에 분노를 금치 못하며, 앞으로 또다른 희생양이 제물로 바쳐지지 않도록 하기 위하여 홍정수 교수의 명예는 반드시 정상적으로 회복되어야 한다고 봅니다.

5. **『감리교단을 염려하는 기도모임』에 속한 기독교대한감리회의 동역자 일동은 기독교대한감리회와 기독교계와 한국사회 전체 속에서 철저히 훼손되어버린 홍정수 교수의 명예가 공정한 재판정에서 다시 회복될 수 있기를 진심으로 바라며, 검사장님의 엄정한 조사를 부탁드립니다.**

기독교계에 있어 목사가 이단으로 매도당하여 교단으로부터 출교당했다고 하는 사실은 그의 신분 여하를 막론하고 최소한 기독교계에서는 더 이상 어떠한 직분으로서도 생존할 수 없다는 것을 의미합니다. 검사장님께서는 바로 이러한 점을 유념하여 주시기 바랍니다. 이러한 사실은 1992년 12월 11일 감리교신학대학에서 징계위원회를 소집하여 홍정수 교수의 징계를 논하는 것으로 이미 나타나기 시작합니다. 이것은 한국 땅에서 그의 앞으로의 생존이 불가능하다는 것을 알려주는 첫 신호일 뿐입니다. 홍정수 교수가 출교되고 그에 따라 감리교신학대학에서 파면당하게 되면, 그는 기독교로부터 완전히 淘汰당하고, 그에 따라 그의 生存 자체가 근본적으로 위협받게 됩니다. 이것은 곧 기독교계에서 한 인간의 運命이 결정적으로 끝나버림을 의미합니다. 이에 하나님 앞에서 진실을 선포하는 것을 소명으로 믿고 일해온 저희 동역자 일동은 이러한 중대한 사건을 앞에 놓고 검사장님께 간곡히 호소하오니, 검사장님께서 사건의 시시비비를 올바로 가리시어 홍정수 교수의 운명이 부당하게 거꾸러지는 일이 없도록 선처해 주시기를 간곡히 부탁합니다. 저희들은 한 젊은 교수의 운명이 돈과 세력을 동반한 일부 보수주의자들의 주도권 획득의 희생양이 되어 도태당하는 비참한 현실을 눈앞에 목도하면서, 悲嘆을 금할 수 없습니다. 부디 저희들의 간곡한 호소를 들으시어, 제3자의 입장에 서신 검사장님께서 眞實을 밝히 규명하여 주시어 홍정수 교수의 명예를 회복하여 주시기 바랍니다. 단지 힘이 없다는 이유 하나로 백주에 진실이 매도당하고, 한 인간이 사회로부터 철저히 도태당하는 일이 이 땅에 다시는 일어나지 않도록 검사장님께서 바로 판단하시어, 모든 사람들이 자신의 신념에 따라 정직하게 말하고 정직하게 살 수 있도록 해주시기 바랍니다.

1992년 11월 27일

『감리교단을 염려하는 기도모임』

5

19921127_진정서_감리교를 염려하는 기도모임_6(1)번_페이지_5

서 명 자 대 표

「감리교를 염려하는 기도모임」

공 동 의 장 단

박 대 선 (전 연세대 총장., 증경감독)

김 지 길 (증경감독, 아현교회담임)
(전 감독회장, 전 서울연회 감독)

장 기 천 (증경감독, 동대문교회담임)
(전 감독회장, 전 서울연회 감독)

유 동 식 (감리교신학자협의회장, 전 연세대 교수)

김 규 태 (전 남부연회감독, 대전제일교회담임)
전화구두서명 (92.12.1.)
042-252-9097 (감독실)
042-253-8484 (교회)
042-256-0348 (주택)

회 장

윤 병 상 (연세대 교수, 감리교 목사)

외 1091 명

19921127_진정서_감리교를 염려하는 기도모임_6(1)번_페이지_6

J-2-127

개혁을 위한 세미나 발제 내용

발제 강사 : 안 광 수 목사

한국 기독교 선교 100년사를 진정한 입장에서 평가해 보아야 하며 한국 감리교 100년사를 회고하면서 개혁의 방향을 모색함은 21세기 세계 선교현장을 바라보면서 다른면으로는 분단된 조국의 통일 선교정책에서 절실하게 요청되는 것입니다.

개혁의 방향은 의식개혁, 제도개혁, 인사개혁이 병행되어야 한다고 보는데 이중 어느것도 배제할 수 없다. 이 3가지 개혁방향을 전제하면서 현실문제를 생각하지 않을 수 없다.

1. 본부와 개체교회와의 관계

본부는 개체교회를 유지, 지탱하는 정신적이고 행정적이며 사무적인 최고 기구의 산실이다. 개체교회는 이 제도속에서 선교의 현장에서 활동하는 모체인 것이다. 그럼에도 불구하고 현재까지 어떻게 유지되어 왔는가 깊이 생각해 보아야 한다.

1) 본부사업측면에서 : 60%이상의 각부사업이 동질성을 지니고 있다.
70%이상이 개체교회와 연계가 되지않고 본부사업으로 끝난다.
90%가 대사회 관계 선교의 장을 펼쳐가지 못하고 있는 것이다.

본부 사업은 연회와 유관되고 연회는 지방과의 유대관계가 되어야 한다. 그리고 그 내용이 개체교회에 적절한 것으로 교회의 필요성이 느껴지도록 하여야

19951013_ 개혁을 위한 세미나 발제 내용_안광수목사
_기독교성경진리수호운동본부 자료집_6(1)번_페이지_1

한다. 개체교회가 필요성이 요구될 때까지 그 분위기가 조성되어야 함에도 강요하는 프로그램, 행사를 위한 사업 방향에서 강요되고 있다. 본부사업은 선교, 교육, 사회봉사 등 정책수립, 연합사업, 국제관계(세계선교 등) 기본재산 관리, 출판사업 등을 추진하고 일반사업은 연회에서 주관하도록 해야합니다.

2) 본부 직원 문제에서 : 사업에 필요한 인물, 개체교회에서 인정받는 인사로서 도덕성 결핍이 없어야 하고 성실성과 신뢰성이 높아야 한다.

(1) 돈에 대한 청렴결백성:비리와 개인이익 중심, 써클중심이 되어서는 안된다.

(2) 써클중심으로 필요치 않은 인사가 영입되어서는 안된다.

(3) 행정과 질서에 깨끗해야한다. -감독의 결재없이 마음대로 하고 있다.

도덕성 문제에서 음주 문제가 나왔는데 하지 않았다는 것은 누가 믿는가, 법의 문제로 빠져나갈 궁리만 하는 이들은 양심과 신앙적 정신은 상실되었기에 이미 교단적으로 불신임받고 자리에서 떠난 자라 결론 내리고 말아야 한다.

(4) 감사를 하면 무엇하겠는가 : 감사의 목적이 어디에 있는가, 개선하고 발전하며 변화를 가져와야 하는데 보고로 끝난다는 것은 의미가 없다. 지금까지 95%가 감사로 끝나고 그중 시정되고 개선되고 변화된 것이 없고 감사보고로 일단락되어 왔던 것이 역사적 현실이다. 따라서 경비를 써가며 요식행위 감사보고를 받고있다. 아무 소용없는 일에 시간과 정력과 경비를 소모하고 있는 것이 바람직한가, 교단이 비대하게 되어 감사내역과 범위도 크다고 볼때 철저하게 해야한다.

① 감사앞에서 주초를 한이가 분명히 있습니다. (양심선언) 지금도 술취하여 정신과 언행이 왔다 갔다하는 이는 자퇴하기 바랍니다.

② 과거에 재정에 대한 비리가 있었던 이가 있었습니다.

③ 은급재산 75평 땅을 개교회가 차지하고 있음에도 수수방관입니다.

④ 원인을 알 수 없는 재산이 교단을 떠난 것이 있습니다.

⑤ 연수원 과정에서 재정이 수억원 손실을 보았습니다. 그리고 50억원을 투자한 연수원에 대하여 생각할 문제가 많습니다.

⑥ 기본재산 임대 보증금이 180억원에 육박하나 현재 40억 정도 남아 있습니다.

⑦ 기본재산과 교단과의 관계가 장정 법규대로 유지되는 곳이 한곳도 없습니다.

장정 제191단 제7절 제7조와 제8조
(유지재단 OO 위원회 위원은 9명으로 되어있음. 4명은 당해 교회나 기관에서 피택, 재단 총무, 해당지방 감리사는 직권상, 재단 이사회에서 3명 이사장 포함 선정)
어느기관이 이 법을 지키고 있는가?

⑧ 재단이 말이 아니게 혼란, 추잡하던 것이 정비되고 개혁되었습니다. 각종 비리와 재산관리의 헛점 투성이가 깨끗하게 되어졌습니다. 그리고 교육국이 어지러웠습니다. 또한 연수원이 복잡한 길을 걸어왔는데 다시 문제가 있습니다.

⑨ 그러나 이제 심각한 것은 선교국입니다.
도덕성 상실과 신뢰성 상실이 문제이고 행정과 법을 무시한 사업추진은 묵과할 수 없습니다. 보다 더 중요한 것은 입으로는 잘못되었다. 7번씩 70번 운운하면서도 진정한 반성이 없는 것이 문제입니다.

환경운동, 지자제 유인물 40만 배포과정과 모금절차 그리고 모금처리

– 23 –

19951013_ 개혁을 위한 세미나 발제 내용_안광수목사
_기독교성경진리수호운동본부 자료집_6(1)번_페이지_2

는 분명하게 잘못되었습니다. 이것은 도덕성 상실에 이어 또다시 일어난 큰 실책입니다.

(별도 유인물 참조와 발제자의 참고 발언 대체)

ㄱ. 사업진행과정 감독결재없이 진행.

ㄴ. 무분별한 모금액(8억 모금계획)과 그 처리문제 자체 입・지출(본부 내규위반)한 것은 잘못되 것임.

ㄷ. 본부 내규 무시하고 사업진행(500만원 이상은 수의계약을 못한다.)

이러한 실수와 실책을 공, 사석에서 감사가 처리한 것으로 잘못 되었다고 간사에게 책임전가를 하였는데 그것이 또다른 실정이며 비인도적이고 도덕상실이다.

(총무가 친히 작성한 친필사본을 발제자는 보관하고 있음.)

ㄹ. 연수원 비슷한 과정이 발생하도록 진행해 온 점이다.

지난날의 연수원은 부지구입부터 건축까지 모금한 금액이 투자된 것은 없다고 봅니다. 영국과 독일, 미국교회 그리고 국내(1억원)모금 전액이 6억2000만원정도 입니다. 이 금액에서 장기간 인건비와 활동비가 지출되었고 유실(도로관계,시설관계, 불필요한 이자지급, 재판비용등)된 금액이 이 금액을 초과하기 때문이며 미 선교부에서 재단에 넘겨준 금액 13억 2200만원(신수동 땅매각 대금)은 모금이 아닙니다. 미 선교부에서 교단에 증여한 것입니다.

3) 재산관리 측면에서

(1) 교회 재산을 재단에 편입하지 않으면 피선거권을 박탈하면서 기본재산법을 어기고 준수하지 않는 것은 아무 처벌이 없는 모순점이 있으며

(2) 기본재산 임대차 관계에서 보증금을 모두 소비하고 난 후의 지분 40%인 광화문 100주년 기념관은 과연 유지, 보존될 것인가.

2. 대책에 대한 제언

1) 지금까지 구설수가 많았으며 도덕성과 신뢰성을 상실한 자들은 금년 12월이전에 본부를 떠나도록 해야한다고 생각한다.

온갖 수단으로 감사위원장이면서 지방감리사인 나를 중상모략하고 있지만 써클배경을 업고 자리를 지키고 있으면서 사업시행에 무기력하고 정력이 너무 넘쳐서 실책을 하고 있는 이들이 조속히 본부직을 떠나도록 해야한다. 술은 먹지 않았다 할지라도 술에 취한 일을 행하고 있기 때문입니다.

2) 현행법을 준수하는 종교 지도자의 모습을 보여주어야 한다. 갖가지 이유로 교단법을 무시하고 기득권에 사로잡혀 있는 이구조와 제도를 개혁해야하며 신앙양심으로 돌아가야한다. 물리적인 힘에 의하여 고의적으로 현행법을 위반하면서 기득권을 지키고 있는 구조를 파괴해야만 진정한 개혁이 되고 교단 발전이 온다고 믿습니다.

3) 망실된 교단 재산이 조속히 교단으로 돌아와야 한다. 왜, 자신이 교단을 떠나갔는지 검토하고 환원운동을 해야한다고 봅니다.

4) 미 선교부에 대하여

(1) 110년전 선교초기에는 오늘의 자립과 세계선교에 앞장서는 본 교단이 성장한 배후에는 미국감리교회의 공헌을 배재할 수 없다. 우리는 그 관계와 공적을 높이 평가하며 역사에 길이 간직해야 한다. 더우기 순교당한 선교사들이 초라하게 잠들어있는 모습도 개선되어야한다.

(2) 이제는 피선교국이 아니라 자치 60주년행사를 성대하게 치룬것도 이미 오래되었다. 그리고 선교주체국이다. 세계선교에 앞장서는 유일의 단일교단으로

– 24 –

19951013_ 개혁을 위한 세미나 발제 내용_안광수목사 _기독교성경진리수호운동본부 자료집_6(1)번_페이지_3

한국사회에서 공인받고 있다. 따라서 미선교부는 아시아의 취약국으로 모든 정력과 재정을 쓰도록 해야하며 미 선교사들은 한국에 필요한 인원이 감리교 본부에 속하여 한미교회 유대관계로 세계선교에 대한 정책과 통일선교정책에 공존하도록 하여야한다. 지금의 위치는 유명무실한 관계이며 수많은 교단분열의 구설수에 오르고 있는 것이 사실이라면 지난 110년 동안 희생하며 쌓은 공적이 사라질지도 모르지 않는가. 한국사회 선교정책은 자립 수행한지 오래되었다. 다만 아시아를 중심한 세계선교 장을 펼치면서 한미교회는 세계복음화와 통일을 위한 사업에 긴밀하면서도 국교 관계 유지에도 공헌해야할 시기에 와 있다. 일제시대와 미개발 당시 피선교국 때와의 관계는 빨라 개선되고 미 선교부는 어떤 정비를 해야한다.

(3) 선교사들이 연회 본부에 배치되고 감리교 본부에 속하여서 한국교회 현장에서 협조체제가 되어야 한다. 미국교회 산하의 한국 감리교회가 아니라 상호 협력으 체제로 협의기구가 활발하게 움직여야 한다. 아직도 예속된 분위기이며 미선교부가 과거 군사통치때에 정보요원으로 선교사를 파송했다하며 추방운동이 벌어졌던 무기력 현실을 탈피해야하고 한국 감리교는 결단을 내려야 하며

(4) 미선교부의 재산(부동산) 정리는 한미교회 협의회 결의에서 원만하게 처리되어야 한다. 주고 싶은 사람에게 주고 임의의 단체에 그리고 사적인 절차에 의하여 처리된다면 한국교회 혼란은 물론 한미교회 관계도 혼란이 오며 과거의 공적마저 사라질 것으로 판단된다.

3. 장정개정(제도개혁)에 대한 제언

1) 본부는 정책수립, 연합사업 관계, 기본재산관리와 유지, 통일정책 수립과 연구, 국제관계, 출판 문서선교 문제에서 두뇌 역할로써 본부가 되도록 하고

2) 일반사업 운영, 관리 시행은 각 연회로 이관하여 연회는 지방과 연관되어 실시하도록 되어야 한다.

3) 의회제도와 운영이 합리적으로 되어야 하고 감독선거 관리위원회 규약이 강화되어야 한다. 규제를 위한 규정만 있고 처벌에 대한 엄격성이 배제되어 있고 처벌을 하는 기구가 없기 때문에 법을 어기고 준수하지 않아도 비판으로 불평으로 끝나고 문제는 악화되고 있다.

4) 선교사역자 육성이 합리적으로 되어야 한다. 무분별한 양성이 교역자 자질을 떨어뜨리고 교회의 혼란이 오고 교회분열과 교역자 불협화음 발생이 증가되고 있음은 중세기 교회현상으로 되돌아 가고 있다.

5) 교단의 수련과 영성을 위한 교육국 교육원(입석)과 연수원(일영)은 운영기구가 단일화되어야 한다. 왜, 연수원은 재산관리 운영까지 계획하는가 재단에서 취급할 것이며 재단재원으로 건립된 것을 기억해야 하고 연수원은 훈련에 관한 사업관장을 해야 한다. 재산에 대하여는 한점도 관리할 법적, 실제적 근거가 없다.

6) 국총무와 연회 총무의 임기제가 무한정이다. 이것은 바람직 하지 못하다. 한정이 규정되어야 한다.

결 론 : 교역자와 평신도의 의식개혁이 비성서적이고 비신앙적인데서 개혁되어야 하며 인사개혁이 되어 비도덕적이며 신뢰성 상실자는 본부에서 물러나야 합니다. 그리고 제도개혁이 되어야 합니다. 연수원 재조명과 본부 미수금 사건에 따른 2억4000만원 결손처리문제 그리고 선교국 사업문제는 특별위원회 구성으로 엄격하게 취급되어야 합니다. 선교국 총무의 문제제기를 규명하기 위해서라도 이 3가지는 특별취급 되어야 한다.

– 25 –

19951013_ 개혁을 위한 세미나 발제 내용_안광수목사
_기독교성경진리수호운동본부 자료집_6(1)번_페이지_4

J-2-126

"감리교 21세기의 전망"

발제강사 : 김광원목사(서울남연회 영등포지방 신풍교회 담임)

오늘날 같이 이 중대한 시점에, 특별한 자격을 갖추지 못한 교제가, 여기서 말씀을 드려야 할 무거운 책임을 지고, 무척이나 어렵게 여기다가 결국 지금 이자리에 서게 되었다.

우리의 주제가 말하는 대로 과연 「감리교 21세기의 전망」은 어떠한 것일까?

앞날을 전망하려면 지나간 때와 오늘의 현실을 밝히 볼 수 있어야 한다. 그리고 나서야 앞을 향한 전망을 예견할 수 있게 되고, 또 거기에 따라서 새로운 결단을 가지고 전진할 수가 있게 되기 때문이다.

지금까지 '성경적 교회'는 '역사적 승계자로서의 교회'로서의 역할을 해 왔다.

참된 신앙인에게는 누구나 성경에 나타난 신앙의 인물들 같은 순수신앙을 동경하는 마음을 가지고 있다. 성경에 나타난 하나님의 역사를 이어온 사람들은 어떤 인물의 경우에 있어서도 역사의 주체자가 되시는 하나님의 뜻을 따라 살았다. 아벨, 노아, 에녹, 아브라함, 요셉, 모세, 사무엘, 이사야나 예레미야, 그리고 다니엘 같은 사람들이 그런 사람들이었다.

지금도 하나님에 의해서 구별된 '성경적 교회'라면 그런 사람들로서의 역할을 다해야 만 한다.

또한 교회는 '앞을 향해 달려가는 교회'여야 한다. 참된 교회(選民)는 뒤에 것은 잊어버리고 뒤에 것 때문에 앞에 것을 놓칠 수는 없다. 앞에 것만 바라보고 달려가는 자여야 한다.

이 시대에 필요한 사람은 '남을 비판 하는 사람'보다 '남을 인정하는 사람'이다.

우리가 분명히 명심해야 할 일이 있다. 그것은 누구를 대하든지 '지금으로부터의 그'를 인정해 주고, 또 '앞으로의 그'에게 기대를 가져주어야 한다는 사실이다. 그렇지 않으면 아마도 역사 앞에 설 수 있는 사람이란 아무도 있을 수 없을 것이다. 왜냐하면 누구에게든지 이미 저지른 범과와 허물이 있기 마련이기 때문이다. 사람 보기에도 허물이 있는데 하나님 앞에서 허물이 없는 사람이 어디에 있겠는가? 우리는 누구를 대하든지 하나님의 시각으로 사람을 보고 그에게 기대를 걸어야 한다.

– 16 –

19951013_특강(감리교 21세기의 전망)_김광원 목사_호소문
_기독교성경진리수호운동본부 자료집_6(1)번_페이지_1

하나님께서는 모세의 과거의 허물이나 당장의 부족을 보지 아니하시고 그를 당신의 사역자로 부르셨다. "너의 선 곳은 거룩한 땅이니 네 발에서 신을 벗으라"고 말씀하셨다.(출3:5) "하나님이 가라사대 이리로 가까이 하지 말라. 너의 선 곳은 거룩한 땅이니 네 발에서 신을 벗으라" 이는 그가 일해야 할 무대가 거룩한 땅이며, 그가 감당해야 할 일이 하나님의 종으로서의 일임을 밝힌 말씀이었다.

우리는 어떤 사람에 대해서든지 '앞으로 그가 어떠할 것인가'에 희망을 걸고 그를 인정할 수 있어야 한다. 사람은 성령 안에 있어서 열번 다시 되는 존재이다.

지나온 역사란 언제나 앞으로 걸어가야 할 역사의 길잡이가 된다. 따라서 이러한 지혜를 지니고 있는 교회는 **'새로운 시대를 전망하는 교회'** 말하자면 **'새로운 세대를 길러내는 교회'**가 되어야 한다. 그러기 위해서는 상당한 값을 지불하지 않고서는 안 된다. 그 값은 이른바 '자기부정'이라는 값이다. 자기의 시간과 수고, 재능과 이익, 명예와 나아가서는 전폭적인 생애까지를 바치는 값진 대가가 요구되는 것이다.

세속 미래 학자들은 현재 이구동성으로 인간의 의식을 종교적으로 개혁하지 않는다면, 인류의 미래는 부정적이라고 말하고 있다. 다니엘 벨(Daniel Bell)은 그 자신은 신자가 아니지만 '우리의 문명은 믿음의 부활이 없으면 구원받을 수 없다'고 주장했다. 스탠포드 연구소의 하르몬(W.W. Harmon)은 이렇게 말한다. "세계 사회는 현재 「알콜 중독자 자주 치료 협회」에 가입하기 이전의 알콜 중독자와 똑같이 인식의 최저상태에 빠져 있다. 이제 세계 사회는 자신이 병들었다는 것과 변화를 이루는 데 철저하게 무기력하다는 사실을 깨달았다. 그리고 세계 사회는 다시 구원을 얻기 위해, 자기보다 더 높은 강력한 존재에게 의지할 준비를 갖추게 되었다."

지금은 오늘의 교회가 이런 병든 사회에 대해서 용기와 소생의 밑거름을 제공해야 할 때인 것이다. 그런데 교회가 병에서 헤어나지 못하고 있어서야 되겠는가?

지난날 우리의 역사적 조명과 현재적 상황 :

19세기 후반에 있어서의 우리는 일본, 중국, 러시아 등 주변 강대국의 틈바구니에 끼여 시달림을 받았다. 그러다가 20세기로 접어들면서 그가운데서도 가장 신진 세력이었던 일본에 예속되어 민족자존을 상실하고, 민족사적 치욕의 역사를 겪은 바 있다.

또한 해방이 되자마자 민족상쟁의 비극과 영락의 길을 걷다가 1960년대 초반에 이르러서야 반쪽이나마 급속한 경제발전에 돌입하여 신흥공업국의 일

19951013_특강(감리교 21세기의 전망)_김광원 목사_호소문
_기독교성경진리수호운동본부 자료집_6(1)번_페이지_2

원으로 부상하는 소위 '한강의 기적'을 낳았고, 경제성장을 지속함과 동시에 정치 민주화를 이룩하기 위하여 투쟁하면서, 통일된 조국과 복지국가 구현이라는 과제를 안고 이제까지 달려 왔다.

오늘날 공산주의의 종주국이었던 구소련과 동구 공산사회주의 체제의 붕괴는 동서 냉전을 해소시키는 가운데, 21세기로의 진입과 동시에, 우리민족의 통일을 실현할 수 있는 여건을 성숙시켜 주고 있다. 또한 기술혁신과 세계화의 추세, 경제 선진화의 여건마저도 제공해 주고 있다.

그러나 한편으로는 앞으로 혹시라도 민주정치 내지는 남북통일의 과정에 실책이 나타날 경우 혹시 야기될지도 모를 사회적 분열의 심화와 경제 활력의 상실의 위험성도 전혀 예상치 않아도 될 문제는 아닌 것이다. 실제로 지금까지도 우리는 민주화의 진통으로 사회적 분열과 경제적 불균형의 증상을 겪고 있는 것이 사실이기 때문이다.

한편, 일본의 아태지역의 경제 군사적 패권국으로의 재등장과 중국의 경제대국으로의 새로운 부상 등으로 다시 우리나라가 19세기 경험의 반복으로 약소국으로 전락하거나 중·일 양국간 패권 각축전의 희생물이 될 우려도 없지 않은 것이다.

이제 우리 앞에 주춤 닥아오고 있는 21세기에는 위에서 말한 위험 요인들을 극복하고, 제반 기회를 최대한 활용하여 국력을 튼튼히 하면서, 민족통일의 꿈을 실현할 뿐 아니라, 민족사상 처음으로 선진 복지국가를 완성하고, 나아가서 세계 열강의 대열에 합류하여, 그 일원으로서 인류의 번영에 기여하는 민족사적 쾌거를 이룩해야 하는 세기가 되도록 해야 만 할 것이다.

21세기에 세계는 어떻게 변화할 것인가?

이에 대해서 몇몇 석학들이 예견한 중요한 핵심을 지적하면,

1. 경제시대의 도래할 것이라는 점이다.
2. 개도국 중심의 인구가 급증될 것이라는 점이다.
3. 지구환경의 파괴 현상이 심화될 것이라는 점이다.

우리나라는 어떻게 변화할 것인가?

1)인구의 증가 추세가 계속될 것이다.
2) 경제성장과 산업구조에 현재보다 많은 변화가 올 것이다.
3) 통일의 길로 점차 접근하게 될 것이다.
   (1) 남북 협상과 대화의 단계

19951013_특강(감리교 21세기의 전망)_김광원 목사_호소문_기독교성경진리수호운동본부 자료집_6(1)번_페이지_3

(2) 남북 화해와 협력의 단계
(3) 남북 연합의 단계
(4) 남북의 진정한 통일의 단계

21세기의 한국의 모습은 어떠할까?

우리 민족사상, 나아가 인류 역사상 유례 없이 많은 변화가 있었던 20세기도 이제는 얼마 남지 않았다. 새로운 세기, 새로운 천년이 시작되는 21세기는 어떤 시대가 될 것인가를 우리 모두 궁금해하고 있다.

개인의 장래를 구상하는 데 있어서나, 국가가 가야 할 좌표를 설정하는 데 있어서 먼 미래에 대하여 전망한다는 것은 불가피한 과제이다.

다가올 21세기에 대한 전망은 희망과 불안이 교차될 것이고, 전망의 정도도 그것이 의도하는 목적에 따라 상당한 차이를 갖게 될 것이다.

미래에 대한 전망은 여러 연구자에 의해 다양하게 이루어지고 있고 이들을 흔히 과학적 낙관형, 과학적 비관형, 환경 중시형, 지구촌 과제형으로 구분되는데 이런 연구를 하는 목적은 미래에 일어날지 모르는 각종의 변화에 탄력있게 대응할 수 있는 지혜를 얻는데 그 목적이 있다.

우리 앞에 놓일 문제들은 과학기술과 인간생활, 인구, 식량, 자원, 지구환경, 국제정세와 국가간의 관계, 세계 속의 한국의 위치 등이다. 여기에 교회는 예리한 예견과 분별하는 지혜를 가지고 대처하므로써 선교전략을 세우지 않으면 안된다.

이상과 같이 **변화될 시대에 교회는 어떤 사명을 감당해야 할 것인가?**

급변하는 세상의 풍조에 따라 교회의 비본질적인 것들은 변하지 않는 것이 없을 것이나, 그러나 그러하기에 오히려 교회는 본질적인 것들, 곧 예배, 교육, 선교, 친교, 구제(봉사)등 근본적 사명만은 보다 잘 감당해 나가야 할 것이다.

더욱이 교회의 생리에 큰 변화가 일어날 것인데, 그 중에서도 중요한 긍정적인 면을 열거하면,

1. '듣기 위해서 모이던 교회'에서 '하기 위해서(치유, 방언, 친교, 전도, 교육 등)모이는 교회'가 되고, '다니던 교회에서' '참여하기 위해서 모이는 교회'가 될 것이다. 그 결과로 특징있는 작은 교회들이 많아지게 될 것이다.
2. 예배에 평신도들이 더욱 많은 참여를 하게 될 것이다.

19951013_특강(감리교 21세기의 전망)_김광원 목사_호소문
_기독교성경진리수호운동본부 자료집_6(1)번_페이지_4

3. 교는 목회자 중심에서 회중 중심으로 변하게 될 것이다. 따라서 오히려 강력한 카리스마적 목회자의 등장을 기대하는 반대심리가 나타날 것이다.
4. 성령의 운동에 따라 교회의 성장 속도 내지는 규모가 변화될 것이다.
5. 선교를 위한 도구들이 첨단 산업이나 위성중계 같은 국제적 방법으로 변화 될 것이다.
6. 세계가 보다 과학화되면 영적인 결핍증이 심화될 것이기 때문에 영적 자원의 필요성이 더 많아질 것이다. 따라서 교회는 가장 근본적인 것들, 곧 예배, 교육, 선교, 친교, 구제 등에 더욱 착념해야 할 것이다.

한편, John Naisbitt의 「메가트렌즈(Megatrends)」는 우리의 삶을 변형시키는 새10대 동향을 제기하였는데 그것들 가운데서 몇 가지는 교회의 삶과 증거에도 중차대한 의미를 갖고 있기 때문에 앞으로의 교회 전망에 중요한 의미로 부상할 문제들이다. 그것을 요약하면,

1. 21세기는 국제화, 세계화(민족, 국가, 이념을 초월한)의 성숙.
2. 인류 共榮이라는 명제 아래 상호 협력과 규제의 시대(경제, 정치, 문화적으로)
3. 신앙의 보수성과 진보성의 양극화 시대
4. 지구 남반구에서의 신앙의 부흥과 교회의 부흥의 시대
5. 기독교 자체의 변화와 개혁과 전환이 필연적인 일이라는 것 등이다.

하워드 A. 스나이더는 급변하는 세계의 동향들은 21세기 교회에 어떤 영향을 줄것인가? 그리고 어떤 세력들이 교회를 주도해 나갈 것인가? 교회는 이에 대해 어떻게 대처해야 하는가? 이러한 문제들에 대한 해답을 얻기 위해서 세계적인 지식인 50명의 견해를 말했는데 그중 중요한 전망을 요약하면,

1) 지역교회에서 세계교회로
2) 부분적인 성장에서 전반적인 부흥으로
3) 사회주의 국가에서 기독교 국가로(중국, 러시아 등)
4) 제도적 전통으로부터 하나님 나라 신학으로
5) 성직자와 평신도의 구분에서 사역자의 공동체로
6) 남성 지도자 제도에서 남녀 동반자 제도로

21세기의 주역은 누구인가?

지금 우리들이 논하고 있는 21세기는 엄격히 말해서 오늘의 기성 세대의 것이 아니다. 차세대의 것이다. 우리의 후대에 넘겨주어야 할 시대이다. 그러

므로 '지금'은 우리 기성세대에게 있어서 더욱 소중한 시대인 것이다. 왜냐하면 오늘의 기성세대는 넘겨받을 세대에게 보다 좋은 세월이 되도록 해 줄 사명이 있기 때문이다.

감리교회 21세기(앞으로)의 과제

*교회는 결코 세상이 되어가는대로, 그대로 따라 갈 수는 없다.
세상에 대하여 영적책임을 지고 영도하는 존재가 되어야 한다.
그럴려면 현실에 대한 이해와 21세기의 전망이 분명해야 한다.

1. **2세(차세대)들의 신앙 지도와 교육 훈련**
   이들이야말로 21세기라는 무대에서 사역할 이들이다.
   *2세 목회에 대한 특별한 기획과 시행(개체교회 및 본부 차원에서)
   성경 진리에 대한 철저한 교육, 수련회, 영적특별무장대회 등.
2. **성직자와 평신도의 구분에서 사역자의 공동체로**
   평신도 빌립의 사역(행8:12 13:25~40) 및 일곱집사와 사도와의 관계
3. **남성지도자 제도에서 남녀 동반자 제도로**
   여선교회 기구 조직에 대한 본래적인 還元(*별지 참조)
4. **대사회 봉사 정책의 체계화**
   적십자사와 같은 상설기구가 조직 운영되어야 할 것이다.
5. **북한 선교의 전문화**
   감리회 본부 차원의 「북한선교 특별기구」의 설치와 우회선교의 施行
6. **군선교, 학원선교, 직장선교(군목, 교목, 사목)의 전문화**
   각 부문에서 장기근무(복무) 체제와 전문목회자 양성이 절실하다.
7. **지역교회에서 세계교회로의 추세에 대한 정책**
   세계선교의 불가피성 : 시22:27-28(시22:27) 땅의 모든 끝이 여호와를 기억하고 돌아오며 열병의 모든 족속이 주의 앞에 경재하리니(시22:28) 나라는 여호와의 것이요 여호와는 열방의 주재심이로다.
   세계선교기구의 특설 :
   1) 선교사 관리와 양성
      선교사 양성기구 및 기성 선교사 수련 과정의 체계화
   2) 선교 창구의 단일화(인사, 재정)
      선교사의 인사 관리 및 선교비의 재정 관리 등의 단일화

- 21 -

19951013_특강(감리교 21세기의 전망)_김광원 목사_호소문
_기독교성경진리수호운동본부 자료집_6(1)번_페이지_6

3) 선교사역의 전문화:특히 사회주의국가들이 기독교국가로 변화되는 중국, 러시아, 인도네시아, 방글라데쉬 등과 이교지역에서의 선교사역의 전문화.

8. 교파 중심에서 '그리스도의 교회' 중심으로

최소한 통일전에 이룩할 일은 교파간의 연합이다. 북한 땅에 가서 다시 선교할 수 있을 때에 다시는 교파교회를 만들지 말아야 할 것이다. 개방 후에 중국 교회는 교파를 없앴다.

9. 새시대에 맞는 교회 구조의 체계화

10. 교역자 배출의 수준화

- 22 -

19951013_특강(감리교 21세기의 전망)_김광원 목사_호소문
_기독교성경진리수호운동본부 자료집_6(1)번_페이지_7

J-2-129

감리교 제도적인 개혁

발제강사 : 김형재장로(본회부회장)

개혁이란 말이 나올때마다 새로운 형태로 세상이 달라지는 것을 머리속에 생각할 수 있다.

감리교의 개혁은 먼저 루터의 종교개혁의 시대를 생각할 수가 있고, 요한 웨슬리의 성령운동과 1930년대 한국 감리교회 제1회 총회의 역사적인 순간들을 빼놓을 수 없다.

○ 종교개혁 시대를 구원론, 론쟁시대라고 하면

○ 현재를 가르쳐 성령, 론쟁시대라고 말할 것이다
그렇게 본다면 성령에 역사는 지금도 계속되고 있으므로 우리는 성령의 주도하에 세계선교를 계획해야만 예수께서 우리에게 주신 지상명령을 수행할 수 있을 것이다.

○ 오직 성령이 너희에게 임하면 권능을 발고, 땅끝까지 이르러 내 증언이 되리라(행 1:8)
이렇게 선교가 본질적으로 하나님에 구원을 전하는 것이고 성령 중심이라면 우리의 교리나, 교파나, 교단이나, 교회란 선교를 위하여 존재하는 기관이라고 말해도 과언은 안일것이다.

○ 그러나 우리는 때때로 본질적인 문제에서 벗어나 "나"라고하는 시각과 잣대로 판단할려고 할 때가 많다.
아무리 좋은 생각과 개혁의 이론이 정립된다 하여도 성서중심에서 교회제도를 벗어날 수 없다.
기도하면서 성령에 인도하심따라 개혁되어 져야 한다.

I. 첫째는 나자신의 회계운동으로 부터 시작하여 마음을 비우는 자신과의 싸움에서 승리하는 가장 힘든 개혁이다.

* 달라진시대 달라진 세상에서 시대의 흐름을 아는 "깨어난" 사람들의 시대가 되었습니다.
가문이나 학벌위주의 시대가 지나고 능력과 실적위주의 시대가 온것입니다.

○ 이제 모든 사람은 자기개혁과 자기변화를 하여야 성공할 수 있다.

○ 다 변하고 있는데 혼자 변하지 않고 웅크리고 있으면 그것이 불행이 됩니다.

19951013_특강(감리교 제도적인 개혁)_김형재 장로_호소문
_기독교성경진리수호운동본보 자료집_6(1)번_페이지_1

Ⅱ. 둘재는 교단내의 제도적인 개혁으로 교리와 장정을 대폭 개정 하여야 한다.

한국감리교회 교리와 장정은 1930년 일제시대 교인 5만명 미만으로 많은 계파의 이익을 주장하는 갈등속에서 만들어 졌고, 당시 일부는 3.1운동에도 앞장서지 못하게 하는 그러한 상황속에서 만들어 졌던 것이다.

○ 지금은 감리교인 130만 교인과,

○ 초교파적으로는 전인구의 4/1을 차지하고 국민소득 1만불 시대와

○ 사회의 정치제도는 지방화 시대를 맞고 있으며,

○ 통일을 대비하는 문제와

○ 국제사회에서는 복음 선교국으로 세계의 지도자 위치에 자리를 생각하면서 모든 제도가 개선되어야 한다.

1. 교리와 장정 명칭 자체를 "감리회 헌법"으로 칭하고 교리제도 기본질서 등에 관하여 필요한 사항을 헌법에 의하여 규정하여야 한다.

2. 감독의 임기 제도

○ 감독의 임기는 4년전임제로 하고 감독 임기후는 바로 은퇴하도록 하자는 문제와, 감독회장은 총회에서 별도로 선출하자는 안이 제기되고 있으나 연회별로 1억이상의 예산에 문제점도 있다.

○ 감독 문제는 현행대로 겸임이 바람직하고 1회에 한하여 연임할 수 있는 길을 생각해 볼 문제다.

3. 교단 본부 기구 개편

1) 선교국

① 국내선교부

② 국외선교부

③ 통일선교부

④ 직능선교부

⑤ 환경선교부

2) 교육국

① 교회 교육부

② 제자 교육부

③ 고등 교육부(사범)

④ 음악 교육부

⑤ 교육 훈련원

3) 사회 평신도국

신도들의 교회생활과 사회 참여를 바로 하도록 지도하며 남,녀 선교회 청장년회 사업과 활동방향을 지도육성하고 사회복지 사업을 한다.

① 조직 관리부

– 33 –

19951013_특강(감리교 제도적인 개혁)_김형재 장로_호소문_기독교성경진리수호운동본보 자료집_6(1)번_페이지_2

② 복지 사업부
③ 문화 사업부
④ 지역 봉사 사업부
⑤ 평신도 사회참여 지원 협력 사업
⑥ 기타

4) 사무국
① 서무 관리부
② 회계부
③ 전산부
④ 재단 관리부
⑤ 회관 관리부
⑥ 은급 사업부

5) 홍보출판부
① 제작 출판부
② 영업 판매부
③ 홍보부 (방송)부
④ 기독교 세계 (신문)부

Ⅲ. 의 회

○ 당회, 지방회, 연회, 총회(행정총회 입법총회) 4종을 둔다.
○ 총대수를 상당수 줄여야 한다.
예) 정회원 10년급 3명에 총대 1명 3명이 안되는 지방은 1명, 같은 동수로 평신도를 정하면 지금 총대수의 3/1이 된다.

Ⅳ. 목회자 양성 신학 교육제도

○ 감리교 신학대학교
학부 신학과
대학원
신학대학원
○ 목원대학교
신학대학 신학과
대학원 신학과
신학대학원
○ 협성대학교
신학대학 신학과

– 34 –

19951013_특강(감리교 제도적인 개혁)_김형재 장로_호소문
_기독교성경진리수호운동본보 자료집_6(1)번_페이지_3

대학원 신학과
신학대학원
등은 감리교단 제도권에 흡수하여 최고의결 기관 총회결의에 의하여 처리 하여야 하며

- 신학대학과 교단사이의 밀접한 유대성의 회복
- 교단적인 지원과 책임있는 수용정책의 수립
- 신학대학의 시설과 영적인격적 형성 문제
- 개체교회와 신학대학간의 관계와 실습제도 확립
- 신학대학교수와 목회목사와 공동과목설치의 필요성
- 신학대학지망생 선발과정에서의 적성검사의 중요성
  앞으로 학연, 지연, 인맥을 배재하고 자질향상과 교회 요청에 부응하는 지도자를 양성하기 위하여 통합신학 대학원에 대한 논의는 매우 긍정적이다.
- 통합신학 대학원을 설립하여 상기 3신학교 신학과 학사 취득자로서 엄격한 심사를 거쳐 입학자 전원은 전학비를 장학금으로 기숙사 생활을 원칙으로 3년동안 강도높은 교육과 영성훈련을 받고 석사학위를 취득하게하고 이런 과정을 거쳐 정회원의 길을 열어야 한다.

– 35 –

19951013_특강(감리교 제도적인 개혁)_김형재 장로_호소문
_기독교성경진리수호운동본보 자료집_6(1)번_페이지_4

J-2-128

감리교의 미래

발제강사 : 박상혁목사

서론 : 미래사회에 대한 전망

보편적으로 20세기의 인간사회를 가르켜 무관심, 무기력, 무감동, 무책임의 사회성향이 팽배해져 있다고 말하고 있습니다. 정보화 시대의 도래와 물질과학문명의 발달은 20세기 인간사회에 하이테크 문화와 분업화를 초래하였고 이러한 양상은 경쟁사회, 관리사회, 폐쇄형 사회로의 구조변화를 가져왔습니다.

전문적 지식의 발달은 인간사회 전체와 인간의 내면을 전체적으로 볼 수 있는 안목을 상실하게 하였고, 정신문제와 물질주의에 빠져 막연한 휴머니즘에 자족해야 하는 심리적, 도덕적, 종교적 가치상실을 가져오게 하였습니다. 이러한 내면적 세계의 가치상실은 20세기가 지니고 있었던 국제정세의 극심한 변동과 이데올로기의 냉엄한 대립(동서냉전 체제라든가 자본주의 체제와 사회주의 체제의 대립)이 만들어낸 부산물이라고도 말할 수 있습니다.

그러나 20세기말에 들어서면서 무너진 이데올로기의 대립과 동서냉전의 종식, 정보화의 개방, 경제적 협력의 국제화등은 21세의 흐름을 새롭게 예고하고 있습니다. 많은 학자들이 20세기를 정치적 격동의 시대라고 특징지으면서 21세기에는 경제적 격동의 시대가 될 것임을 이미 예고하고 있습니다. 무한경쟁시대가 될것이 틀림없는 21세기 사회에 대한 교회의 전망은 어떠하겠습니까? 21세기 사회는 어느 한 개인이 정치, 경제, 사회, 교육, 문화를 좌우하기는 어려울 것입니다. 그대신 그 분야의 전문적 지식과 함께 건실한 신앙을 가지고 있는 전문가 그룹이 사회을 이끌어 나가게 될 것입니다.

왜냐하면 21세기가 경제적 격동 뿐만아니라, 영적 격동의 시대가 될 것이 틀림없기 때문에 그렇습니다. 정신적 가치와 내면적 세계의 가치를 상실한 인간은 결국 새로운 종교적 돌파구를 찾아나서게 될 것이고, 이러한 전망은 21세기의 한국사회에 올바른 기독교 문화를 뿌리 내리는 계기를 마련하게 되고 건전한 영적, 도덕적 소양을 갖춘 사람들을 필요로 하게 될 것입니다.

이러한 전망에서 나원용 감독은 “21세기형 인간은 배부르고 머리 무겁고, 가슴 허전한 사람들”이라고 예견하면서 이러한 사람들을 위한 목회전략의 필요성과 평신도의 저력을 개발해 내는 것이 중요하다고 말하였습니다.(95. 9. 4. 제1회 목장회 공개세미나, 정동제일교회)

21세기를 책임질 수 있는 미래형 교회의 모습은 어떠해야 할 것인가? 과거형 교회가 교파와 교리중심의 교회요, 현재형 교회가 개교회의 안정성에 우

– 26 –

19951013_특강(감리교의 미래)_박상혁 목사_호소문
_기독교성경진리수호운동본부 자료집_6(1)번_페이지_1

선을 두는 교회 유형이라 본다면 미래형 교회는 틀림없이 세계복음화 비젼을 지닌 도전과 응전의 교회가 되어야 할 것입니다(잠 29:18 묵시가 없으면 백성이 방자히 행하거니와…)

이제 선교2세기를 맞이하게 되는 감리교회는 한국사회와 세계를 향하여 선지자적인 통찰력을 가지고 정치, 경제, 사회, 문화, 교육, 예술의 모든 분야를 총괄하여 예언자적인 영적 지도력을 발휘하여 바람직한 복음화의 역사를 이루어 내야할 시기라고 할 수 있을 것입니다.

본문 : 감리교의 미래

감리교 과거, 현재의 역사의 흐름을 볼 때 아무리 시대가 바뀌어도 교회의 근본적인 사명이 바뀌지는 않는 사실을 알 수 있습니다. 그리고 이러한 역사적 선교의 바탕으로 볼 때 우리 감리교회가 21세기의 주도적 역할을 감당할 수 있는 충분한 근거를 제시해 주고 있습니다. 그것은 먼제 웨슬리의 뜨거운 신앙을 이어받고 있는 감리교내 지도자들이 영적 지도력을 상실하지 않고 있다는 사실과 민족 복음화의 선두적 역할을 감당해 온 감리교 110년의 저력을 믿기 때문입니다.

지난 1930년 12월 2일 남북감리교회가 하나가 되어 한국감리교회로 탄생하던 날 웰치감독은 앞으로의 한국감리교회의 목표를 (1)진정한 기독교 (2)진정한 감리교회 (3)진정한 한국적 교회가 되는데 있다고 선언하였습니다. 이러한 20세기를 향한 한국감리교회의 목표는 민족 복음화의 기반을 형성하면서 1995년 8월 27일 서울에서 열렸던 서울 회년대회를 통하여 21세기를 향한 새로운 방향을 제시하게 되었습니다.

그 내용을 보면 (1)개교회주의와 교파주의를 극복하기 위해 교회갱신에 주력하고 (2)세계 선교에 박차를 가할 것이며 (3)창조질서의 보존을 위해 앞장설 것이며 (4)유산 안물려 주기 운동의 전개를 통한 구체적인 사회참여의 방안을 제시하고 (5) 21세기를 위한 목회자와 평신도의 영적 갱신을 위해 노력할 것을 다짐하며 21세기를 향한 감리교의 선교방향을 제시하고 있습니다.

이러한 감리교의 흐름속에서 감리교미래에 대한 전망과 방안을 좀더 구체적으로 살펴보도록 하겠습니다.

1. 지역, 한국, 세계 복음화를 주도하는 감리교회 :

감리교회가 궁극적으로 하나님 나라의 실현을 위해서는 복음전파가 우선되어야 함은 분명한 사실입니다. 과거의 교회의 모습은 너무나도 반카톨릭적인 성격을 고려한 나머지 폐쇄적이고 수동적이었다고 할 수 있습니다. 그렇기 때문에 교리와 성례등이 자나치게 강조되거나 자유화되어 신앙의 생활화 부

– 27 –

19951013_특강(감리교의 미래)_박상혁 목사_호소문
_기독교성경진리수호운동본부 자료집_6(1)번_페이지_2

분에는 많은 영향력을 끼칠수가 없었던 것입니다. 이제 감리교의 미래는 인간 삶의 전영역에 복음이 부여하는 생명과 가치관을 심는 능동적인 자세를 가지고 지역과 민족과 세계 복음화를 위해 전력투구해야 하겠습니다.(행 1:8, 마 28:16~20)

(1) 영적 각성 운동의 지속적 전개 :

감리교의 미래는 감리교도들이 사명감을 회복하고 삶의 현장으로 복음의 일군이 되어 뛰어들 때 주도적인 역할을 감당하게 될 것입니다. 감리교 신앙의 특징은 성령의 체험에 근거한 내적인 증거와 확신, 구령의 열정이라 할 수 있습니다. 이 사명감과 전도열, 불신세계에 대한 안목이 회복될 때 "세계는 나의 교구이다"라고 외친 웨슬레의 복음운동이 한국감리교회를 통해 세계복음화를 이루게 될 것입니다.

(2) 영적 지도력의 확보 :

말세 시대는 성경에서 밝힌 바와같이(딤후 3:1~7) 고통의 때가 온다는 사실을 반드시 기억해야 합니다. 이 고통의 시대를 극복하는 길은 인본주의적인 수단, 방법에 있는 것이 아니라, 성경이 말하고 있는 하나님의 방법에 달려 있음을 알아야 합니다.

그러기에 21세기 사회, 경제, 정치, 문화, 예술의 모든 부분을 총망라하여 예언자적인 선포의 기능을 수행할 수 있는 영적 지도력을 확보해야 합니다. 사도요한이 요한복음 1장에서 밝히고 있는 바와같이 빛과 어두움의 세계가 공존할 수 없기에 성경이 말하고 있는 예수 그리스도 안에 있는 생명과 능력으로 무장된 영적 지도력의 확보는 21세기 사회를 주도적으로 이끌어갈 수 있는 중요한 KEY가 될 것입니다.

(3) 각 분야의 전문지도자 양성 :

앞으로 다가올 21세기는 각 분야의 전문지식과 함께 건실한 신앙을 가지고 있는 전문가 그룹이 이끌어 나가게 되리라고 전망됩니다. 또한 21세기 정신세계의 위기를 느긴 인간들은 반드시 종교적 돌파구를 찾게 될 것이며 이에따라 21세기가 요구하는 지도자는 반드시 영성, 도덕성, 인간관계, 사랑의 요소를 필요로 한다고 생각합니다. 그러므로 각 분야의 전문 지도자 양성은 물론 지도자를 키우기 위한 교회의 교육분야 참여전략이 요청되는 것입니다.

(4) 총체적인 선교정책의 지속적 추진

– 28 –

19951013_특강(감리교의 미래)_박상혁 목사_호소문
_기독교성경진리수호운동본부 자료집_6(1)번_페이지_3

감리교회의 모든 선교의 기반은 세계 복음화입니다. 그러므로 한국 감리교 선교 초기부터 시행되어져온 선교정책들(복음전도, 의료선교, 교육선교, 사회선교등의 구체적인 사회참여 프로그램)은 선교지향적인 교회구조의 개혁을 통하여 개교회주의를 극복하고 연합적인 전략을 통하여 시행되져야 할 것입니다.

(5) 세계 복음화를 위한 선교사 양성의 질적 개혁 :

2. 교파 및 교리주의를 극복하고 신뢰성을 회복하는 감리교회 :

감리교회는 교단 안에서의 일치와 교파주의를 극복하는 일에서도 앞장서 왔습니다. 그러나 이러한 감리교가 지진 신앙에 대한 보편성과 일치성의 추구가(하나님 앞에 모든 사람이 형제임을 믿는 주님의 은혜를 말함) 그동안 교리적인 테두리 안에서 주로 이루어져 왔다는 사실 또한 부인할 수는 없읍니다.

또한 보수와 진보라는 신앙 세력의 파벌화와 교단내 정치적 세력의 파벌존재는 감리교내에 적지않게 부정적인 영향력을 끼쳐왔습니다(ex : 목장회, 감목협의 결성등)

이러한 파벌들은 시간이 흘러가면서 또다른 파벌을 불러일으키고, 정치집단은 또 다른 정치집단을 형성하게 된다는 교단정치의 성격을 우리는 알고 있습니다. 그러기 때문에 정치집단이나 파벌들이 들고 나오는 문제들을 보면 언제나 공동적인 내용들은 많이 찾아 볼 수 있습니다.(ex : 특정 파벌에 의한 일방적 정책수립과 인사정책, 경직된 교리주의와 물량주의, 정치세력의 알력에 의한 신학교의 정체성 상실등) 결국 같은 문제점을 들고 나오면서 그 문제의 원인에 대한 회개와 해결방안을 제시하는 데는 서로의 탓만을 하고 있습니다.

이제 21세기를 맞이하는 감리교회는 이러한 갈등구조의 갈림길에서 교권주의와 파벌의 틀을 벗어버리고 화해와 일치의 시대를 열어가야 하겠습니다.

(1) 교단과 개교회에 대한 신뢰성을 회복해야 할 감리교회 :

21세기 한국감리교회의 주도적인 세계복음화 전략은 교단과 개교회에 대한 신뢰성의 회복이 이루어져야 되리라 봅니다. 교단과 개교회의 신뢰성 회복은 정직성을 바탕으로 합니다. 이러한 정직성의 회복, 하나님 앞에선 양심으로의 회복이 절실히 교단내에, 개교회, 각 심령에 요청되고 있습니다. 교단본부의 신뢰성 회복은 모든 업무의 투명성과 청렴성을 통해서 이루어질 수 있을 것입니다. 개교회에 대한 신뢰성 회복은 목회자의 관심이 오직 복음화

19951013_특강(감리교의 미래)_박상혁 목사_호소문
_기독교성경진리수호운동본부 자료집_6(1)번_페이지_4

로 변화되고 개인구원과 사회구원에 방향이 맞추어질 때 가능하리라 봅니다. 이러한 목회자의 신뢰성 회복은 온 성도들의 신뢰성 회복이요 한걸음 더나아가 교회에 대한 사회의 신뢰성 회복을 의미한다고 볼 수 있는 것입니다. 감리교회의 신뢰성 회복은 21세기 사회에 대한 주도적 역할을 예견하는 것입니다.

(2) 보수와 진보의 조화와 일치를 추구하는 감리교회 :

21세기를 주도할 감리교회는 파당의 모습을 과감히 청산하고 화합의 장을 열어야 합니다. 지역복음화, 민족복음화, 세계복음화를 위하여 공동목표를 지향하고 협력과 지원을 아끼지 말아야 한다는 말입니다. 우리만이 옳다는 식의 편견과 아집을 버리고 남의 의견을 존중하며 보수와 진보 양진영의 특성을 이해하교 연합하여 바람직한 정책의 방향과 기독교 문화를 창출하도록 노력해야 하겠습니다.

그러나 우리가 주의해야 할 것은 성경의 진리를 드러내는 것을 말하는 것입니다. 이러한 화합과 연합을 통하여 감리교회는 세상 가운데 있는 교회의 본질을 재확립하고 성경에 기초한 선교와 교회관을 재정립해야 하겠습니다. 성경적 진리의 기초위에 조직적인 연합의 틀에서 기능적인 연합의 형태로의 협력이 이루어져야 바람직하다고 말할 수 있습니다. 그러기 위해서 예수 그리스도안에서의 동질성과 함께 일하는 동반자 관계가 형성되어야 할 피요성이 있습니다. 이 동반의 관계는 하나님 나라의 실현을 위해 서로 손을 맞잡는 진정한 감리교의 주인의식의 회복인 것입니다.

(3) 신앙과 신학의 연계와 일치를 추구하는 감리교회 :

3. 통일시대와 북한 복음화를 주도하는 감리교회 :

21세기에 남북통일이 이루어진다고 가정할 때 통일된 사회의 주역은 어디까지나 교회가 될 수 밖에 없습니다. 왜냐하면 분단된 사상의 벽, 이념의 벽, 문화의 벽, 경제의 벽을 뛰어넘어 치유할 수 있는 유일한 길은 생명을 가진 종교만이 가능하기 때문입니다. 그러기에 한국 감리교회는 통일시대를 위하여 북한복음화를 위한 일군양성과 평화통일 교육의 교단적인 프로그램 개발, 교육자료의 준비가 시급히 요청된다고 볼 수 있습니다. 그리고 통일 후 남과 북의 모든 부분에 걸친 차이의 골을 메우는 데는 많은 시간과 인내가 필요할 것입니다.

– 30 –

19951013_특강(감리교의 미래)_박상혁 목사_호소문
_기독교성경진리수호운동본부 자료집_6(1)번_페이지_5

결론 :

21세기의 감리교회는 고도화된 과학적 성장과 물질만능주의와 여기에서 결과되는 극도의 영적, 도덕적, 정신적 혼란에 빠진 인간들을 향한 영적 치유와 사회 치유의 구체적인 접근과 실현을 주도해야 될 것입니다.

성경이 말하고있는 말세의 참된 모습을 정직하게 지적해 주고 복음화를 위한 선교적 체제로의 전환과 그 구체적인 부분들을 과감하게 개방해 놓아야 합니다. 인간 내면에 대한 영적 치유는 인간의 도덕적, 정신적, 사회적 치유를 이끌어내게 될 것이고, 인간의 영적인 회복은 곧바로 구체적인 삶의 현장의 회복으로 연결되도록 이끌어 주어야 할 것입니다.

불의와 흑암의 권세들을 예수 그리스도의 진리로 극복하고 이러한 구체적인 회복의 열매들이 개인주의와 공동체와의 조화, 이기주의와 책임의식-연대의식과의 조화, 경제성장과 사회정의 실현의 균형, 물진문명과 정신문명의 균형이라는 모습으로 나타나도록 해야 할 것입니다.

시대의 변화는 상황의 변화를 가져오기전에 인간의 변화를 먼저 요구합니다. 감리교의 갱신은 제도의 갱신을 요구하기전에 감리교도들의 변화를 먼저 요구합니다. 그러기에 진정한 변화와 21세기 감리교의 미래는 사람이 변화되는 일에서부터 출발되어 져야 할 것입니다.

그 변화의 출발을 위해서 우리가 해야할 일이 무엇이겠습니까?

첫째는 말씀운동, 생명운동을 지속하는 것입니다.

둘째는 인본주의적인 수단, 방법을 기도운동을 전개하는 것입니다.

세째는 성령의 내주, 인도,역사하심을 삶의 현장에서 체험하고 누리는 운동을 전개하는 것입니다.

– 31 –

19951013_특강(감리교의 미래)_박상혁 목사_호소문
_기독교성경진리수호운동본부 자료집_6(1)번_페이지_6

성 구

그들은 나를 잡으려고 내발 앞에 그물을 쳤고 내 앞에 함정을 팠으나 저희가 스스로 빠졌습니다.

(시편 57편6절)

창간 1977년 11월10일 / 제3종 우편물 (나)급인가 1985년 12월10일
우편번호 120-050 서대문구 냉천동 31번지 / 전화3619-271

제159호

등록번호 라-2257

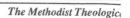

The Methodist Theologic

위대한 순교자 변선환 박사의 신학여정

"오로지 감리교주의지

토착화신학 · 종교해방신학에 관심 … 학문

들어가는 글

평소 학자로서의 품위를 올곧게 지켜 오셨던 변선환 선생님께서 8월7일 오후 5시경 자택에서 소천하셨다. 그 분의 전 삶이 그랬듯이 마지막까지 홀로 서재의 책상에 앉아 원고를 쓰시다가 홀연히 우리 곁을 떠나신 것이다. 그 분이 남겨 놓은 유고작품은 「한·일 양국의 근대화와 종교」라는 논문이다. 광복 50주년을 기념하여 원광대학교가 마련한 심포지움의 주제발표를 위한 것이었다. 선생님을 대신하여 논문을 읽고 온 필자의 가슴 속엔 애통함이 넘쳐났다. 그 곳에 모인 일본사람을 포함한 2백여 명의 학자들이 기립하여 고인을 간절히 기리는 묵념을 보내 주었다. 유대인에게서 버림받은 예수가 이방인들, 세리 그리고 창기들과 더불어 하느님의 평화를 나누었다는 성서 증언을 다시 보고 듣는 듯 여겨졌다.

그 분의 이른 죽음이 그를 사랑하던 사람들에게 한이 되고 있지만, 그러나 글을 쓰시다 운명하신 사건은 학자로서의 영광스런 일이라고 감히 말하고 싶다. 종교재판 앞에서 감신 지키기와 신학함의 학문성(진리)을 위해 자신의 몸을 불살랐던 그 분에게 허락하신 하느님의 은혜라고 믿는 것이다.

비록 그 분은 떠나셨지만 그의 학문에 대한 열정과 감신 사랑이 영원히 우리 감신인의 가슴 속에 거듭 되살아날 것을 기대해 본다. 더욱이 오늘과 같은 냉천동의 현실 속에서.

1. 변선환 박사는 어떻게 신학을 하게 되었는가? — 그분의 신학적 실존에 관하여

1928년, 선생님은 진남포에서 태어나셨다. 당시 진사였던 할아버지의 지도 아래 어린시절 서당식 공부를 하였으며 그로부터 동양적 심성을 배울 수

절을 경험하게 된다. 이때 조직신학을 가르쳤던 윤성범 교수의 영향을 깊게 받았으며 홍현설, 송정률, 김철손 교수들의 가르침을 귀하게 생각하였다. 더욱 선생님의 영원한 친구 장기천 감독과의 우정이 시작된 곳도 바로 부산의 초라한 신학교인 것이다. 어려운 시절, 함께 공부하며 신앙과 꿈을 나누었던 그 분들은 감신대 학장으로, 감리교 감독회장으로 한국감리교회를 위해 봉사하는 귀한 기회를 얻기도 했다.

감리교신학교를 졸업한 선생님은 한국신학대학 대학원에 입학하여 바르트 신학 전공자인 박봉랑 교수를 만나게 된다. 한신대학원은 당시 대학원 과정을 갖지 못했던 감신 출신들의 유일한 진학 통로였다. 그러나 한국 종교·문화를 전적으로 부정하는 계시신학의 틀 속에서 신학적으로 사유하게 된 선생님은 이 곳에서 웨슬리를 신정통주의자로 해석하는 논문을 쓰게 되었다. 당시 그 분의 석사 논문 제목은 「웨슬레이의 성령론」이었던 바, 여기에서 기독자의 완전사상 및 인간 경험에 대한 여지가 생략되었던 것이다. 그러나

이 정 배 교수

신학대학에서 강의 하면서 불트만, 칼 마이켈슨은 물론 유럽신학자인 프릿츠 부리 신학사상에 대한 긴 논문을 기고하기도 했다. 또한 도스토예프스키의 「까마라죠프가의 형제」를 비롯한 문학작품에 대한 선생님의 풍부한 이해력과 신학적 상상력은 당시 공부하던 감신생들에게 영원히 목마르지 않는 샘물과 같은 것이었다고 평가되어 진다.

신옥희 사모님과 함께 한 스위스 바젤 유학시절은 선생님의 생애에 있어서 황금기였다. 비록 세 아들을 한국에 두고 떠난 부모로서의 아픈 심정을 다 헤아릴 수 없겠으나 후학들과 감신의 미래를 위해 엄청난 양의 공부를 할 수 있는 좋은 기회였던 것이다. 카톨릭신학자 칼 라너의 「익명의 그리스도」, 칼 야스퍼스의 「철학적 신앙」 그리고 네오막시스트의 「정치철학」 등을 공부한 것도 바로 이 시절이었다. 후기 하이데거 사상을 배경으로 하는 오트 교수를 부심으로, 그리고 야스퍼스 철학과 알버트 슈바이쩌의 철저종말론을 신학적 기저로 삼은 부리 교수를 주심으로 하여 5년 동안 연구된 선생님의 박사 논문 제목은 다음과 같다. 「기독교와 선불교와의 만남에서 본 그리스도의 궁극성의 문제(1975)」

본 논문을 쓰고 귀국하신 1976년 이래로 선생님은 감신대의 자랑거리일 뿐 아니라 한국신학계의 독보적 존재로 인식되기 시작하였다. 기독교계를 넘어 불교와 유교 분야 학자들과의 학문적 교제 역시 활발하였다. 수많은 학생들이 선생님의 주변에 모여들었고, 그 분에게서 배운 거의 20명 가까운 제자들이 조직신학과 기독교 윤리·교육 그리고 교회사 분야에서 학위를 하고 가르치는 위치에 있게 되었다. 한 선생님으로부터 이렇듯 많은 제자가 배출된 경우도 흔치 않으리라는 생각이다.

그러나 선생님의 생각은 이곳에 머

적 문화공동체 형성을 위한 불교와의 대화는 마음껏 자유로와 지게 된 것이다.

그러나 선생님은 불교적 「자아」이해가 주객도식의 난파를 통하여 무(無) 또는 공(空)으로서의 존재합일의 신비주의 속으로 침잠해 들어가고 있는 불교적 현실을 비역사적인 것으로 보며 이에 대해 애정어린 충고를 하고 있다. 아시아적 풍토 속에서 성장해 온 한국불교가 이 땅 위에서 자신의 역할과 사명을 좀더 책임있게 수행할 수 있기 위해서는 무제약적 책임존재의 상징으로서 「실존 기독론」을 함께 고려해 나가야 한다는 것이다. 즉 인간존재를 구원해 내는 길은 존재신비주의 속으로 흘러들어 가는 데 있는 것이 아니라 의미불가해성(의미거역성)이 난무하는 역사의 한 가운데서 그를 극복해 내는 무제약적 책임존재로 자신을 자각하는 데 있다고 보았기 때문이다.

따라서 선생님은 불교의 형이상학 개념인 「Sunjata - 공(空) 또는 열반」를 존재신비주의의 실체로 보지 않고 책임적 자아로서의 실존 가능성을 위한 역사적 상징, 곧 악의 실체인 거대한 용과 더불어 투쟁하여 싸워 이기는 거용살해자(Drachentöter)의 상징으로 이해할 것을 요구하였다.

이러한 애정어린 충고를 선생님은 종래의 정복적 선교론과는 다르게 대화적 선교론으로 명명하신 듯 싶다. 이렇게 될 때 비로소 붓다 혹은 무(無)-공(空)-는 거용살해자로서의 책임적 실존으로 살아가려는 한국의 불교인들에게 실존의 그리스도로서 이해될 수 있기 때문이다.

그러나 80년대 초반에 접어들면서 선생님의 토착화신학의 방향성은 달라지기 시작한다. 자신의 신학적 관점이 여전히 서구적 틀 속에 갇혀 있다는

19951020_이정배 교수_기고문
_"오로지 감리교주의자, 감신주의자"_감신대학보_1면_1

발행인 이기춘 / 편집인겸주간 서창원
편집장 이미나 / 인 쇄 인 정응팔

The Methodist Theological Seminary Press 1995년 10월 20일 (금요일) 【1】

ᆫ주의자, 감신주의자"

과심 … 학문적 자유 지켜내려는 삶의 태도

적 문화공동체 형성을 위한 불교와의 대화는 마음껏 자유로와 지게 된 것이다.

그러나 선생님은 불교적 「자아」이해가 주객도식의 난파를 통하여 무(無) 또는 공(空)으로서의 존재합일의 신비주의 속으로 침잠해 들어가고 있는 불교적 현실을 비역사적인 것으로 보며 이에 대해 애정어린 충고를 하고 있다. 아시아적 풍토 속에서 성장해 온 한국불교가 이 땅 위에서 자신의 역할과 사명을 좀더 책임있게 수행할 수 있기 위해서는 무제약적 책임존재의 상징으로서 「실존 기독론」을 함께 고려해 나가야 한다는 것이다. 즉 인간존재를 구원해 내는 길은 존재신비주의 속으로 흘러들어 가는 데 있는 것이 아니라 의미불가해성(의미거역성)이 난무하는 역사의 한 가운데서 그를 극복해 내는 무제약적 책임존재로 자신을 자각하는 데 있다고 보았기 때문이다.

따라서 선생님은 불교의 형이상학 개념인 「Sunjata - 공(空) 또는 열반」를 존재신비주의의 실체로 보지 않고 책임적 자아로서의 실존 가능성을 위한 역사적 상징, 곧 악의 실체인 거대한 용과 더불어 투쟁하여 싸워 이기는 거용살해자(Drachentöter)의 상징으로 이해할 것을 요구하였다.

이러한 애정어린 충고를 선생님은 종래의 정복적 선교론과는 다르게 대화적 선교론으로 명명하신 듯 싶다. 이렇게 될 때 비로소 붓다 혹은 무(無)-공(空)-는 거용살해자로서의 책임적 실존으로 살아가려는 지금의 불교인들에게 실존의 그리스도로서 이해될 수 있기 때문이다.

그러나 80년대 초반에 접어들면서 선생님의 토착화신학의 방향성은 달라지기 시작한다. 자신의 신학적 관점이 여전히 서구적 틀 속에 갇혀 있다는 사실을 발견하게 된 것이다. 동양의

것을 기독교, 곧 Christianity와 구별되는 이데올로기, 인간에 의해 만들어진 조작물 정도로 가치절하 하고 있는 현실을 냉철하게 인식하신 것이다. 이로부터 선생님은, 기독교 중심의 서구적 가치에 편향됨에 따라 아시아의 제반 종교를 경원시 했던 한국교회의 일반적 태도를 벗어나기 위한 순교적 차원의 사자후를 발하신 것이다.

둘째로 선생님은 한국적 신학이 타파해야 할 우상을 교회중심주의라고 보았다. 교회 밖에는 구원이 없다고 말하는 배타적 교회중심주의는 교회, 더욱 가시적 교회 자체를 계시와 은총의 통로로 이해함으로써 세상과 교회의 단절을 초래하게 되었다는 것이다. 그러나 선생님은 이화여대 기독교학과에서 봉직하셨던 현영학 님의 글을 빌어 자신의 하고픈 말을 이렇게 전달한다. 『우리는 최초의 선교사에 의해 등에 업혀서 한국에 실려온 병신스런 하느님을 믿지 않는다. 그 분은 선교사들이 오기 오래 전에 우리의 역사, 우리의 땅 위에서 활동하고 계셨다』고.

마지막으로 선생님은 난공불락으로만 알았던 기독교의 절대성에 대해 이의를 제기하였다. 일반적으로 기독교의 절대성 요구는 예수 그리스도라는 역사적 계시사건에 의존하는 바, 선생님은 이미 실존 기독론을 통하여 배타성을 넘어서는 신학적 발판을 마련했었다.

그러나 여기에서 선생님은 그리스도 중심주의를 넘어 신중심주의를 지향하는 더욱 개방적 태도를 취하고 있다. 모든 인류를 사랑하시는 하느님은 그리스도교 안에서 뿐만 아니라 그 밖에서도 현재 구원의 역사를 이룩하고 계시기에 모든 종교의 중심은 기독교(예수)가 아니라 신(神)이어야 한다는 생각이다. 즉, 예수는 전적인 하느님이지만 하느님의 전체는 될 수 없다고

고 비경전적이며, 전승종교의 담지자들인 민중 속에서 발견될 수 있다는 사실을 역설한 바 있다. 이는 그 분의 후기사상이 종교다원주의의 실체를 고등종교문화에서 보는 것을 포기하고 민중종교들에게서 그것을 보는 새로운 방향을 제시하고 있음을 뜻한다. 바로 이것이 선생님으로 하여금 윤성범과 유동식 박사의 토착화신학을 넘어 민중신학과의 정신적 합류를 이룰 수 있었던 부분이다.

선생님을 추모하는 한 잡지의 글에서 안병무 박사는 한국신학계에 한 획을 그은 위대한 순교자로 그 분을 높이 평가하고 있다. 그와 같은 제 2·제 3의 순교자가 나오기를 바라면서 끝으로 감리교 신학자 웨슬리 아리아리자의 글로 선생님의 마음을 재차 표현해 보고자 한다. 『타종교인에 대한 우리의 태도가 성서의 중심적인 메세지에서가 아니고 아마도 주로 성서의 배타적인 모든 성경귀절로부터 도출되었다는 것은 매우 불행한 일이다』

있다 - 는 웨슬리의 보편적 인간론은 선생님으로 하여금 세상의 휴매니스트들, 오늘의 선한 사마리아인들과의 열려진 대화를 가능케 하였다.

『이성을 포기하는 것은 종교를 포기하는 것이요 종교와 이성은 병행을 이루며 모든 비이성적인 종교는 거짓종교라는 것이 우리의 근본적 교리입니다』 이는 종교에 있어서 비합리와 초합리, 비상식과 초상식의 경계가 애매해지고 있는 현실 속에서 시사하는 바가 크다.

또한 선생님은 전 사회 및 우주의 성화를 목적하는 선행은총론이 18세기라는 시대적 제한성으로 인해 아시아의 비기독교적 구원론을 포함할 수는

19951020_이정배 교수_기고문
_"오로지 감리교주의자, 감신주의자"_감신대학보_1면_2

우리 감신인의 가슴 속에 거듭 되살아날 것을 기대해 본다. 더욱이 오늘과 같은 냉천동의 현실 속에서.

1. 변선환 박사는 어떻게 신학을 하게 되었는가? — 그분의 신학적 실존에 관하여

1928년, 선생님은 진남포에서 태어나셨다. 당시 진사였던 할아버지의 지도 아래 어린시절 서당식 공부를 하였으며 그로부터 동양적 심성을 배울 수 있었다고 회고한다. 이후 선생님은 중학생이 되기도 전에 세계 4대 성인들의 인물됨과 사상을 소개한 책들과 만나게 된다. 이들을 통해 선생님은, 비극적인 생의 한계상황 속에서도 흔들리지 않는 인간정신의 위대한 승리를 배울 수 있었다고 말하고 있다. 동서 성현들의 삶이 그로 하여금 생의 신비에 눈뜨게 한 것이다.

그러나 결정적으로 선생님의 영혼 속에 그리스도가 찾아 온 것은 그가 18살이 되던 해 신석구 목사님과의 만남을 통해서이다. 우리가 아는 바 목사님은 독립선언서에 서명한 33인 민족대표 중의 한 분으로서 끝까지 변절하지 않고 신앙적 권위를 지키신 감신(협성신학교) 동문이시다. 한학자로서 기독교로 개종하였던 목사님은 선교사들의 보수적 신앙 가르침 때문에 처음에는 불교인들과 같이 행동을 취할 수 있는가 하는 문제로 심각하게 고민하였다고 한다. 그러나 나라를 찾고자 했던 그의 애국정신은 불교인들과도 천도교인들과도 손잡게 하였다. 후일 공산주의자의 무력 앞에서도 목사님은 자신의 신앙을 지켜낼 수 있었다. 바로 나라를 사랑하고 예수를 구주로 영접하라는 백발이 성성한 신목사님의 설교를 듣고 선생님은 기독교인이 된 것이다. 이와 함께 한학자인 신목사님의 내면 속에서 자연스럽게 일어났던 기독교에 대한 변증적 이해 역시 세계종교 및 동서 성현들을 알고 있었던 선생님에게는 놓칠 수 없는 신학적 주제가 되었다. 이후 선생님의 토착화신학에로의 여정, 종교해방신학에 대한 관심, 그리고 학문적 자유를 지켜내려는 일관적 삶의 태도 등은 신석구라는 위대한 기독교 영혼과의 만남으로부터 싹튼 것이라 하겠다.

신석구 목사님을 영혼의 아버지로 모신 선생님은 1948년 평양 성화신학교에 입학하게 된다. 당시 성화신학교는, 성분상 김일성대학에 입학할 수 없는 우수한 학생들이 모여드는 곳이라 들었다. 따라서 공산주의자들의 박해가 심했고 그럴 수록 신학교의 분위기는 엄숙한 경건이 흐르는 신앙과 사랑이 넘쳐나는 공동체를 만들어 갈 수 있었다. 얼마 전까지만 해도 선생님은 성화신학교에서 함께 공부하던 옛 친구·선배들과 우래옥 냉면집에서 만나 그 시절을 회상하곤 하셨다.

6·25 발발과 함께 홀홀단신으로 - 선생님은 자신을 배웅하던 어머님의 모습을 못내 그리워 하셨다 - 남하한 그 분은 1951년 부산 감리교신학교 시

이 정 배 교수
(종교철학)

동시에 선생님은 틸리히를 강의하던 서남동 선생으로부터 「계시신학이 간과하고 있는 종교와 문화로부터 계시신학 그 자체가 도전받을 수 있다」는 사실을 배울 수 있었다. 이러한 선생님의 문제의식은 실존주의 신학사조를 만나게 되면서 더욱 영글어 갔고 후일 웨슬리를 새롭게 이해할 수 있는 단초가 되었다. 실제로 웨슬리의 선행은총론에 대한 선생님의 새로운 해석은 장로교의 칼빈주의적 신학과 견줄만한 감리교적 신학의 틀을 만드는 데 크게 기여한 바 있다. 본 주제에 관하여 뒷부분에 다시 언급할 기회가 있을 것이다.

두번에 걸친 미국 뜨루대학 유학시절(1962-63, 66-67), 선생님은 바르트 신학과 결별할 수 있는 좋은 기회를 얻게 된다. 하이데거, 불트만으로 이어지는 실존론적 신학을 칼 마이켈슨 교수를 통해서 배웠기 때문이다. 신(神)의 초월성을 신학의 절대지평으로 삼았던 바르트의 계시신학과 달리, 그리고 또한 존재자체에 큰 비중을 둔 틸리히의 상징론이 그리스도 계시를 불필요하게 만든다고 비판하면서, 역사라는 개념을 가지고 신학의 재구성을 시도하는 마이켈슨의 작업에 선생님은 매료됐던 것이다. 역사적 해석학은 생의 의미물음과 관계되지 않는 어떤 실재도 문제삼지 않는다는 마이켈슨의 신학적 명제는 선생님으로 하여금 어떤 류의 존재사유, 자연적 신인식으로부터 멀어지게 할 수 있었다.

그러나 무엇보다 뜨루대학 시절 선생님의 신학적 실존이 근본적으로 뒤바뀌게 된 사건은 당시 객원교수로 와 있었던 바젤신학자 프릿츠 부리 교수와의 만남이었다. 불트만 좌파의 맥락에서 비신화화론을 비케리그마화까지 내몰아간 부리의 실존신학은 선불교로부터 배우기를 거절한 마이켈슨과는 달리 그와의 적극적 대화 가능성을 열어 놓았기 때문이다. 부리 교수를 통해 선생님의 영혼 속에 잠재된 동양적 심성이 표출될 수 있었고 그것이 인연이 되어 선생님은 스위스 바젤대학에서 일본 신학자 야기세이찌를 중심으로 한 선불교와 기독교신학과의 대화를 주제로 연구할 수 있는 본격적인 기회를 얻게 된다. 물론 바젤 유학의 긴 여정은 그로부터 4-5년이 지난 후였다.

석사학위를 마치고 뜨루대학에서 귀국한 후(1968) 선생님은 모교 감리교

로 인식되기 시작하였다. 기독교계를 넘어 불교와 유교 분야 학자들과의 학문적 교제 역시 활발하였다. 수많은 학생들이 선생님의 주변에 모여들었고, 그 분에게서 배운 거의 20명 가까운 제자들이 조직신학과 기독교 윤리·교육 그리고 교회사 분야에서 학위를 하고 가르치는 위치에 있게 되었다. 한 선생님으로부터 이렇듯 많은 제자가 배출된 경우도 흔치 않으리라는 생각이다.

그러나 선생님의 생각은 이곳에 멈추어지지 않았다. 한국 민중들에 대한 관심, 그리고 가난한 아시아 지역에서 외쳐지고 있는 종교해방신학에 대한 깊은 이해를 통해 그 분의 신학적 실존은 선불교와의 대화로부터 한국 민중종교들과의 만남을 요청하게 되었다. 폴 니터라는 미국의 종교해방 신학자를 만난 것도 선생님의 신학적 실존을 달리 형성하는 데에 도움이 되었으리라 판단된다. 이러한 선생님의 전환을 항목을 바꾸어서 새롭게 이야기해 보겠다.

2. 변선환 박사에게 있어서 신학적 실존 전환의 의미는 무엇이며, 그에 대한 평가를 어떻게 할 것인가?

칼 야스퍼스, 불트만 그리고 프릿츠 부리 등의 신학사상과 선불교와의 대화를 주제로 박사논문을 제출하고 돌아 온 70년대 후반의 선생님은 불교철학자 이기영 박사와의 폭넓은 대화를 통해 기독교와 불교를 포함한 모든 종교의 공존 가능성을 역설하였다. 모든 종교가 각자의 배타적 절대주의를 넘어서 책임적인 한국적 문화공동체 형성을 위해 상호협력하는 입장을 견지해 나가자고 하는 요지이다.

여기에서 기독교와 불교 간의 만남을 위한 해석학적 지평은 그 분의 학위논문이 말해 주는 바 「실존적 기독론」이었고 그 대상은 자아와 무(無) - 혹은 공(空) -의 개념이었다. 선생님에게 있어서 그리스도는, 앞서 말한 바 십자가 사건의 유일무이한 역사성(Historität)을 인정하는 불트만의 비신화화의 맥락에서가 아니라 진리를 역사적 일점에 고정시키는 교조적 입장으로부터 자유롭기 위하여 그의 역사적 잔재마저 벗겨 놓으려는 비케리그마화의 여정 속에 자리하고 있었다. 즉 선불교와 같은 동양적 종교사상과 깊은 교감을 나누고 있던 선생님의 문제의식은 부리 교수의 경우보다 더욱 철저하게 케리그마로서의 십자가 사건을 인간실존의 자기 이해로 비신화화시키지 못하는 서구신학의 자기 한계성에로 집중되어지고 있는 것이다. 그러므로 실존적 기독론의 해석학적 지평은 그리스도가 책임적 인간실존(무제약적 책임)을 위한 암호 내지 상징으로서 은총적 실존이 된다는 사실에까지 열려지게 되었다.

이렇듯 인간실존 자체가 하느님 앞에서 은총받은 존재의 상징으로서 보편적으로 이해되는 한에서 이제 책임

종래의 정복적 선교론과는 다르게 대화적 선교론으로 명명하신 듯 싶다. 이렇게 될 때 비로소 붓다 혹은 무(無)-공(空)-는 거용살해자로서의 책임적 실존으로 살아가려는 한국의 불교인들에게 실존의 그리스도로서 이해될 수 있기 때문이다.

그러나 80년대 초반에 접어들면서 선생님의 토착화신학의 방향성은 달라지기 시작한다. 자신의 신학적 관점이 여전히 서구적 틀 속에 갇혀 있다는 사실을 발견하게 된 것이다. 동양의 세계를 존재신비의 차원에서 인식하고 인간의 자아개념이 함몰된 역사망각의

변선환 선생님은 한민족의 종교성을 비경에서 발견하였다 / 사진은 92년 종교재판

실체로 규정하고, 그것에게 구원을 베풀려고 하는 자신의 신학적 주장 속에 어느덧 서구신학적 편견이 들어와 있음을 반성하고 있는 것이다.

인도의 신학자 파니카, 스리랑카의 종교해방신학자 알리오스 피에리어스, 그리고 서구신학자로서는 「오직 예수 이름으로만?(No Other Names?)」의 저자 폴 니터 등과 교제하면서 선생님은 아시아 종교라고 하는 것이 더이상 신학의 수단이 아니라 목적이 되어야 한다는 주장을 하기에 이른다. 신학함에 있어서 아시아 종교들이 텍스트가 되고 서구신학적 견해들이 각주로 사용되어져야 한다고 선생님은 말씀하시기도 했다.

여기에는 종교로서의 기독교는 다른 종교보다 낫지 않으며 하느님의 계시나 구원이 다른 종교들 속에도 기독교와 마찬가지로 나타나 있다는 신중심주의신학 내지는 종교다원주의에로의 획기적인 전환이 자리하고 있는 것이다. 이를 위해 선생님은 기독교의 배타성을 극복할 수 있는 새로운 한국적 신학, 곧 종교신학의 과제를 다음 세가지로 정리해 놓았다.

첫째, 한국적 신학은 종교에 대한 서구적 편견으로부터 벗어나야 한다고 했다. 모든 종교들의 영문표기에 따르면 유대교, 불교, 유교 등의 아시아 종교들을 「-ism」으로 언표함으로써 그

19951020_이정배 교수_기고문
_"오로지 감리교주의자, 감신주의자"_감신대학보_1면_3

종래의 정복적 선교론과는 다르게 대화적 선교론으로 명명하신 듯 싶다. 이렇게 될 때 비로소 붓다 혹은 무(無)-공(空)-는 거용살해자로서의 책임적 실존으로 살아가려는 현금의 불교인들에게 실존의 그리스도로서 이해될 수 있기 때문이다.

그러나 80년대 초반에 접어들면서 선생님의 토착화신학의 방향성은 달라지기 시작한다. 자신의 신학적 관점이 여전히 서구적 틀 속에 갇혀 있다는 사실을 발견하게 된 것이다. 동양의 세계를 존재신비의 차원에서 인식하고 인간의 자아개념이 함몰된 역사망각의 실체로 규정하고, 그것에게 구원을 베풀려고 하는 자신의 신학적 주장 속에 어느덧 서구신학적 편견이 들어와 있음을 반성하고 있는 것이다.

인도의 신학자 파니카, 스리랑카의 종교해방신학자 알리오스 피에리어스, 그리고 서구신학자로서는 「오직 예수 이름으로만? (No Other Names?)」의 저자 폴 니터 등과 교제하면서 선생님은 아시아 종교라고 하는 것이 더이상 신학의 수단이 아니라 목적이 되어야 한다는 주장을 하기에 이른다. 신학함에 있어서 아시아 종교들이 텍스트가 되고 서구신학적 견해들이 각주로 사용되어져야 한다고 선생님은 말씀하시기도 했다.

여기에는 종교로서의 기독교는 다른 종교보다 낫지 않으며 하느님의 계시나 구원이 다른 종교들 속에도 기독교와 마찬가지로 나타나 있다는 신중심주의신학 내지는 종교다원주의에로의 획기적인 전환이 자리하고 있는 것이다. 이를 위해 선생님은 기독교의 배타성을 극복할 수 있는 새로운 한국적 신학, 곧 종교신학의 과제를 다음 세 가지로 정리해 놓았다.

첫째, 한국적 신학은 종교에 대한 서구적 편견으로부터 벗어나야 한다고 했다. 모든 종교들의 영문표기에 따르면 유대교, 불교, 유교 등의 아시아 종교들을 「-ism」으로 언표함으로써 그

었다.

그러나 여기에서 선생님은 그리스도중심주의를 넘어 신중심주의를 지향하는 더욱 개방적 태도를 취하고 있다. 모든 인류를 사랑하시는 하느님은 그리스도교 안에서 뿐만 아니라 그 밖에서도 현재 구원의 역사를 이룩하고 계시기에 모든 종교의 중심은 기독교(예수)가 아니라 신(神)이어야 한다는 생각이다. 즉, 예수는 전적인 하느님이지만 하느님의 전체는 될 수 없다고 보는 것이다. 관용과 대화를 근간으로 하는 이러한 신중심주의적 종교신학은 이제 기독론의 난제를 구원론적으로

변선환 선생님은 한민족의 종교성을 비경전적이며 전승종교의 담지자들인 민중 속에서 발견하였다 / 사진은 92년 종교재판 당시의 모습

해결해 보려고 시도한다. 선생님께서 좋아하시는 니터의 말도 다음과 같은 것이 생각난다. 『신약성서의 기독론적 언어와 칭호들은 예수의 인물과 사역에 대한 결정적인, 존재론적인 진술을 하기 위해 주어진 것이 아니라 사람들로 하여금 예수의 비전의 힘에 매력을 느껴서 그와 마찬가지의 길을 걷고 행하도록 하기 위해 주어졌다. 신약성서의 공동체들이 예수에 대해 무엇인가 참된 것을 말하려고 했음을 부인해서는 안된다… 그러나 그런 주장들이 그것의 일차적인 의도는 아니었다. 그 주장들은 어떤 의미에서 목적에 이르는 수단이었고 더 나아가서 제자직에로의 부름이었다』

이로써 선생님은 기독론을 서구 형이상학적 사유와 언어의 포로로부터 해방시킬 수 있었고 예수처럼 하느님 나라를 위한 바른 행위(正行), 곧 전 인류의 평화를 위한 해방적(구원론적) 삶 속에서 기독론의 본질을 찾을 수 있다고 보았다. 따라서 선생님은 한국적 종교신학의 과제를 가난과 빈곤 그리고 의미거역적인 모든 현실로부터 해방받기 위해 노력하는 비기독교적 종교인들의 영성을 구원론적으로 이해하는 것이라 했다.

더욱 80년대 말기에 이르러 그 분은 한 민족의 종교성이 어떤 대종교의 체제나 경전종교 안에서 발견될 수는 없

을 그은 위대한 순교자로 그 분을 높이 평가하고 있다. 그와 같은 제 2·제 3의 순교자가 나오기를 바라면서 끝으로 감리교 신학자 웨슬리 아리아라자의 글로 선생님의 마음을 재차 표현해 보고자 한다. 「타종교인에 대한 우리의 태도가 성서의 중심적인 메세지에서가 아니고 아마도 주로 성서의 배타적인 모든 성경귀절로부터 도출되었다는 것은 매우 불행한 일이다」

3. 변선환 박사의 종교신학은 그의 웨슬리 이해와 어떤 관계가 있는가?

바르트적으로 각색되었던 웨슬리에 대한 선생님의 견해 역시 새로운 전기를 마련하게 된다. 선생님은 아시아의 구원론적 신학형성을 위하여 웨슬리적인 에토스가 얼마나 중요한 신학적 토대가 될 수 있는지를 밝히려 한 것이다.

선생님에 따르면 웨슬리의 신학적 주요관심은 인류를 향한 하느님의 보편적 구원행위, 곧 하느님의 사랑에 있었다. 루터의 하느님이 인간의 의로움을 찾는 분이었다면, 그리고 칼빈의 신(神)이 자신의 영광을 위해 인간의 절대적 복종을 요구하는 타자성으로 이해되었다면, 웨슬리의 하느님은 보편적 구원을 약속하신 분, 곧 인간의 모든 행위에 맞서서 전 인류를 향해 은총의 빛을 발하시는 그래서 그들이 자신의 자유의지로 돌아오기만을 기다리는 자비로운 사랑의 존재인 것이다. 하느님의 주권과 공의는 우선적으로 그의 사랑과 자비와 조화되지 않고서는 존재할 수 없다는 것이 웨슬리신학을 보는 선생님의 관점이다. 바로 이것이 웨슬리가 칼빈주의자들의 이중예정론을 평생토록 거부했던 이유였음은 주지의 사실이다.

따라서 선생님은 이 세상의 어느 누구도, 그리스도의 역사적 수육 이전에 살던 사람들 조차 그리스도의 속죄적 죽음 밖으로 내팽개쳐진 사람이 없다는 웨슬리의 선행은총론에 주목한다. 선행은총론이란 인간 모두에게 주어진 하느님과의 관계개선을 위한 새롭고도 현실적인 가능성을 뜻하고 있기 때문이다. 그러므로 선생님은 인간의 자유의지, 양심 그리고 이성 등을 전적으로 하느님의 선재적 은총의 선물로 고백하고 있다. 이제 인간이란 누구든지 선행은총으로 인하여 하느님에게로 향할 수 있다 - 유한이 무한을 품을 수

하는 것이요 종교와 이성은 병행을 이루며 모든 비이성적인 종교는 거짓종교라는 것이 우리의 근본적 교리입니다』 이는 종교에 있어서 비합리와 초합리, 비상식과 초상식의 경계가 애매해지고 있는 현실 속에서 시사하는 바가 크다.

또한 선생님은 전 사회 및 우주의 성화를 목적하는 선행은총론이 18세기라는 시대적 제한성으로 인해 아시아의 비기독교적 구원론을 포함할 수는 없었지만 그러나 18세기에 펼쳐졌던 웨슬리의 정신은 근본에 있어서 오늘의 신중심주의적 다원주의 상황을 품어안을 만큼 크고 넓었다고 평가한다. 선생님에게 있어서 웨슬리안 곧 감리교도가 된다는 것은 교회만이 아니라 사회 및 우주의 거룩해짐을 위해 종교간의 열려진 대화와 협력의 삶을 사는 모습을 보이는 것이었다. 웨슬리가 지녔던 민중지향적인 삶의 자세 역시 아시아의 민중종교들 속에서 해방의 영성을 발견하려고 했던 선생님의 후기사상과 맥을 같이 하는 부분이다.

아뭏든 감리교 신학자로서의 선생님에게 있어서 웨슬리 신학사상은 자신의 종교신학을 전개시킴에 있어서 힘있는 뒷배경이 될 수 있었다. 그래서 선생님은 열려진 대화를 추구했던 자신의 평소 주장과 모순되는 듯한 말, 『나는 오로지 감리교주의자, 감신주의자이다』라는 말로 감리교와 감리교신학대학교에 대한 애정을 표현하셨다.

그러나 예수가 그토록 사랑하던 이스라엘민족으로부터 버림받았듯이 선생님은 그가 사랑하던 모든 것으로부터 등돌림을 당했다. 그렇기에 영결예배식장에서 선생님의 제자 이현주 목사는 다음과 같은 조사를 올렸다. 『제자들로부터 배반당한 스승의 슬픔을 아는 하늘아, 그가 사랑했던 모든 것으로부터 철저하게 버림받은 우리 스승 변선환 박사를 잘 대접해야 한다』고.

이제 영원히 감리교단에 몸담을 우리들이 선생님을 기억하고 그 분의 감신 사랑, 감신 지키기를 이어나가야 한다. 그로써 출교당한 채 소천하신 그 분의 아픈 마음을 위로해야만 할 것이다. 그 분은 죽어서도 말씀하신다. 나의 사랑 감신, 그리고 감리교여.

알 림

지면 관계상 다림술은 3면에 싣습니다

주요기사

19951020_이정배 교수_기고문
_"오로지 감리교주의자, 감신주의자"_감신대학보_1면_4

4. 삼남연회에 속한 75인의 담임목회자들이 발표한 성명에 대하여

귀하들은 10 수년 동안에 걸쳐서 이단적 학설을 주장해온 변선환, 홍정수 두 목사로 인하여 감리교단이 당하는 진통을 모르고 있었단 말인가? 서울연회 재판위원들이 "전대미문의 재판과정으로 감리교회 정체성을 파괴하는 판결"을 했던 말인가? 교단을 대표하는 감독도 재판을 받아 출교를 한, 한국 감리교회의 전통을 간과하고 무슨 억지를 주장하는가? 어려운 진통 끝에 판결로 수습한 사건을 비판하고, 무엇이 "하나님의 뜻 안에서 수습"이기에 귀하들은 전국 감리교회와 성도들에게 성명을 하는가? 귀하들의 성명에 대하여 아래와 같이 답한다.

1. 변선환이 주장하는 종교(구원) 다원주의와 홍정수의 예수의 육체부활을 부정하는 포스트모던적 신학을 감리회 삼남연회에서는 수용한단 말인가? 문제도 안 되고 피해도 없단 말인가? 피해를 호소하며, 조속한 처리를 촉구하는 대다수의 삼남연회에 속한 목회자들과 감리교 성도들은 귀하들과 다르다. 귀하들은 이단적 교리학설을 비호하지만, 그들은 염려하며 단호한 척결을 주장한다.

2. 귀하들의 주장하는 감리교회의 특성은 무엇인가? 종교 다원주의인가? 탈규범적 포스트모던 신학인가, 언필충 보수주의자들이라 말하는 근본주의적 신앙고백을 부정하는 감리교 교리란 말인가? 당신들이야말로 신앙고백적으로 표류하고 있음이 분명하다. 통칭 "대화모임" 그룹들이 말하기를 감리회가 1930년대에 근본주의를 버렸다고 말하나 이는 감리교의 전통적 신앙을 왜곡하는 주장이다. 사도시대의 교회, 종교개혁자들, 그리고 요한 웨슬레의 신앙은 근본주의를 자처하지 않았어도 그 맥락은 같다. 성경의 무오성, 예수의 동정녀 탄생, 대속의 구원, 육체의 부활, 그리고 기적들을 믿는 4개 근본 신앙을 믿지 않는단 말인가?
귀하들이 발표한 성명의 의지를 보건대, 감리교의 신앙을 오도했던 변·홍 두 사람의 사상을 귀하들도 동조하는 것이 명백해졌다.

3. 누가 "졸속과 부당한 방법"으로 "감리교의 위신을 추락"시켰는가? 총회원들인가, 심사위원들과 재판위원들인가? 아마도 이 일에 희생적으로 비용부담을 하며 홍보한 금란교회와 교리수호위원들을 두고 말하는 것 같다. 생각해 보자. 우리 감리교회가 변·홍 두 사람이 주장하는 교리를 신앙으로 고백하지 않는다는 것을 누가 무엇으로 알릴 것인가? 교단이 해야 하나 예산에 없는 돌발적인 특수한 사건을 절차를 찾아서 예산책정하여 실시하자면 시간과 경비가 용이하지 않은 일이다. 이를 위해서 스스로 사명감을 느끼고 담당한 교회가 있다면 교단적으로 감사한 일이다. 신문으로, 책으로 수 년 동안 전국적으로 어지럽힌 일을 바르게 잡기 위하여 비용을 들여 홍보한 것이 그토록 "대단히 안타까운가, 아까운가, 귀하들이 주장하는 본색이 드러나서 부끄러운가?" 말을 해보라.

20051226_삼남연회에 속한 75인의 담임목회자들이 발표한 성명에 대하여_서울연회재판위원회_교리사건 재판자료_6(1)번

J-2-028

변,홍 두교수의 재판과정에 대한 답변

Ⅰ.16세기 종교재판의 재현이라는 평에 대하여:

종교재판이란 기독교 역사상 이단을 척결하여 추방하거나 회개시키기 위하여 시작된 것이다. "종교"란 말은 기독교를 말한다. 존 웨슬리도 기독교를 "종교"라는 말로 사용하였다. 그래서 오도하려는 자들이 타종교 문제를 다루면서 기독교란 말인 "종교"를 타종교로 오도하여 사용하는 자들도 있다.

역사적으로 초대교회로부터 종교재판과 유사한 일이 여러번 있었으나 12세기에 발도파(영어로 Peter Waldo)를 재판하기 위하여 종교재판소를 설치한 것이 공식재판소로는 처음인 것으로 본다. 발도파는 재산을 다버리고 빈자가 되어서 전도했다. 성경의 모국어 번역운동을 하고, 빈자들에게 직접 설교하였다. 그러나 가톨릭 교회는 종교재판소를 설치하여 그들을 무지한 이단자로 정죄하는 재판을 하였다.

16세기 종교재판으로는 두가지를 예로 들 수 있다.

1. 니코라스 코페르니쿠스의 지동설 재판; 1473년 출생한 폴란드 천문학자 코페루니쿠스는 지동설을 주장하다가 교회의 종교재판으로 지동설 주장을 금지 당하였으나 1514년 그의 지동설을 비밀리에 친구들에게 알렸다. 그것을 그의 제자 게오르그 요아킴 레티쿠스의 주선으로 1543년에 출판한 "On the Revolutions of the Celestial Spheres"란 책에서 애급의 프톨레마이오스(히;톨레미)의 천동설(AD 2세기~16세기까지 상식으로 인식되었으며, 교리화한 학설)에 대한 수사학적 재해석을 하여, 지구는 매일 자전을 하며, 1년에 한번 태양을 공전한다고 함으로써 재판을 받아 정죄되였다. 이때에 마틴 루터, 필립 멜란히톤등 종교개혁자들도 지동설을 반대하였다.

2. 가톨릭의 마틴 루터 재판 ; 16세기에는 프로테스탄트에 대한 종교재판이 많았다. 스페인 종교재판소에서 2000여명을 화형시킨일 등 가톨릭뿐 아니라 칼빈주의자들도 종교재판(Consistorium 치리회--1553년 세르베투스 화형)을 했다. 종교재판은 주로 배교자들, 회교도들, 마술, 주술자들로 의심되는 자들을 재판했다. 마틴 루터는 1517년 위텐베르그 대학 성당 게시판에 95개조문의 개혁의지를 공포함으로써 사건이 발발하여 1521년 1월에 교황파문 칙령을 받았고, 그해 4월 17일 독일 웜스(보름스)에서 재판을 받았다.

16세기 종교재판 중에는 현재에 와서는 바른학설(지동설)이 된 그학설을 정죄한 잘못된 재판이 있었고, 개혁자들의 바른 신앙운동을 가톨릭이 정죄한 재판등, 어리석은 재판으로 역사적 과오가 된것과 같이 서울연회 재판위원회가 과오를 저질렀다는 것이다. 16세기 종교재판을 변,홍 두사람의 재판에 비유하는 것은 비판자들이 종교(구원) 다원주의와 포스트모던이즘(탈규범적 자유주의 신학)을 진리로 생각한다는 것을 스스로 입증하는 것이다. 그래서 비판자들은 재판위원회가 교리수호의 입장에서서 두 사람에게 출교를 선고한것으로 인지하고 이를 불법재판, 파행재판, 중세기적 종교재판의 답습이라고 주장하는 것이다. 그러므로 비판자들은 중세기 종교재판을 운운하면서 변선환, 홍정수를 다시 강단에 세우기 위하여 재판이 잘못되었다고 비난하며 재판을 다시하자는 것이다. 서울연회 재판위원들이 범법자들이라는 것이다.

Ⅱ. 불법, 파행, 강권일변도의 재판이었다는 평에 대하여:

변홍 두교수의 재판과정에 대한 답변_6(1)번_페이지_1

1. 피고들의 진술을 전혀 듣지 않았다는 평에 대하여; 전혀 사실과 다르다. 홍정수는 고의로 결석한 적이 있고, 변선환은 자기학술이 옳다는 주장을 요약한 13페이지에 달하는 글을 재판정에서 읽겠다고 하여, 글이 말보다 더 정확하니 이를 서면으로 제출하고 그 외에 피고에게 유리한 것이 있으면 진술하라 하였으나, 현장에서 구지 낭독할 것을 고집하다가 재판위원의 말류로 이를 서면으로 제출하였고 재판장의 권고로 변선환은 그 외의 보충진술을 충분히 할 수 있었다. 그러나 재판위원회는 오도되는 여론을 참작하여 15일 후에 모인 결심공판에서 같은 글을 피고의 원대로 1시간 10분동안 낭독하여 진술하였다. 이와같이 재판위원회는 피고들이 재판정에 나와서도 충분한 진술을 하도록 기회를 주었다.

2. 공청회를 하지 않았다는 평에 대하여; 공청회를 한다면 19회 총회 결의전에 했어야 한다. 총회의 절대다수 결의와 이에 따라서 연회감독이 심사에 붙인 재판사건은 공청회를 할 성격이 아니라 공개적이고 철저한 근거에 의한 공정한 재판이 있을 뿐이다. 새로운 규칙을 제안 한다든지 새로운 교리를 만든다면 공청회가 필요하다. 기독교 신앙의 캐논인 성경과 전통적으로 믿어온 기독교의 근본적인 교리에 의거하여 공공 출판물에 문자화한 그들의 잘못된 주장을 수용하느냐 정죄하느냐의 재판에 무슨 공청회가 필요한가? 그동안 그들이 책으로, 출판물로 주장한 것들이 사실인가 아닌가를 적법하게 판단하는 일이 재판이었다.

3. 증거물도 없이 강권파행으로 재판했다는 점에 대하여; 1) 증거물은 그들이 출판한 책들과 기고한 글들과 강연, 강의에서 행한 사실등 명백한 자료들에 의거하였고, 또한 그들은 자기들이 저술한 책들과 기고한 논술들을 수정한 일이 전혀 없었다는 것을 재판석에서도 시인 했다. 2) 강권파행 재판이라는 주장은 억지이다. 1년 2개월에 걸친 여러과정은 분명히 피고의 인권을 존중하며 적법하게 인내하며 진행했다. 강권으로 재판을 했다는 것은 전혀 사실 무근이다. 오히려 재판위원회는 피고측이 운동권을 동원한 물리적 방해의 고통을 감수해야 했다. 3) 파행재판이라는 말은 근거없는 말이다. 재판위원들은 130만 감리교도들과 1200만 한국 기독교계가 주시하고 세계 기독교계가 주시하는 재판임을 의식하고 역사적 사명을 가지고 신중하게 철저히 진행하였다.

4. 변호인을 세우지 못하게 하고 일방적으로 했다는 점에 대하여; 언어도단이다. 재판위원회는 피고들이 자유롭게 변호인을 선임하도록 하였다. 그러나 변 교수는 사양을 했고, 홍교수는 강모 변호인을 선임하여 변호했다. 홍교수의 변호인 선임과정에서 절차상의 미비점이 지적되어 연기된적은 있다.

5. 재판위원이 교리수호대책위원이 많았다는 점에 대하여; 재판위원의 선임은 서울연회가 적법하게 하였다. 연회 벽두에 공천위원 보고시에 재판위원에 대해서 이의가 있슴으로 이의를 제기한 분들이 포함된 공천위원회에서 조정해온 것을 본회의에서 만장일치로 접수하였다. 그리고 본재판은 총회가 결의하여 하달된 재판으로써 19회 총회의 결의는 교리수호의 입장에서 종교다원주의와 포스트모던니즘을 거부하였다. 그러므로 원천적인 원고는 19회 총회원이 된다. 그리고 김홍도 목사와 유상열 장로가 피고들이 통일교에 연루된 사건을 추가하여 고소하였고, 김,유 두분이 교리수호위원회 공동대표이기 때문에 교리수호위원은 원고측과 관계되었음으로 재판위원이 될 수 없다고 홍정수가 기피신청을 하였으나 이유가 안된다고 거부되었다. 이유는 1) 서울연회의 재판위원을 포함한 공천위원 보고 접수과정이 신중하게 다루어서 결정한 적법한 것이고, 2) 총회가 교리수호의 의지를 표명한 결의를 함으로써 원천적으로 교리수호위원과 동일하다는 것과 총회원을 빼고 재판위원을 선임한다는 것은 연회원 중에서 경륜이 있는 회원으로 재판위원을 세우는 교단의 관례에 어긋나며, 교단의 관행에 경험이 부족한 사람들만을 골라서 재판위원으로 세운다면 오히려 법의 평형을 잃게된다. 또한 연회재판위원은 연회에서 공천과정의 의사진행상 착오없이 결정하였다면 자격에 하자가 없는 것이다.

변홍 두교수의 재판과정에 대한 답변_6(1)번_페이지_2

6. 신학자를 교권이 재판할 수 없다는 주장에 대하여; 우선 본 재판은 신학자를 재판한 것이 아니라는 점을 명심해야 한다. 감리교단 소속 목사를 재판한 것이다. 그들이 신학자인 것은 사실이다. 그러나 본 교단의 교역자 양성기관인 감리교신학대학에 재직하고 있는 감리교단의 목사들이다. 그들이 교단에 속한 목사가 아니라면 출교의 사건이 발생하지 않는다. 그들의 신학이 기독교 근본적인 교리를 대적하는 주장을 하기 때문에 그 부분에 대하여 성경과 우리의 전통적인 교리적 입장에 의하여 재판한 것이다. 그들이 감리회의 교인으로 소속된 신학자가 아니라면 재판할 필요가 없게 된다.

7. 금란교회 교인 3000명이 동원 재판석을 점령. 타인의 방청을 못하게 하고 집단으로 신학생을 폭행했다는 데 대하여; 이런 것을 두고 적반하장, 언어도단이라고 한다. 오히려 반대 상황이었다. 그날의 상황에 대한 비데오테이프가 있으니 참고하기 바란다.

Ⅲ. 일부에서는 신문,잡지, 전단지와 교단을 염려하는 기도모임. 두 교수의 학설을 지지하는 특별집회를 계속하고 있는데 왜 총회, 서울연회, 재판위원회는 침묵만 지키고 있는가 ?

교단 사태를 염려하는 많은 분들이 이점에 대하여 궁금해 하고 있는 것이 사실이다. 사실은 침묵이 아니라 적법한 순서를 기다리며 인내하는 것이다. 재판과정에 대한 시시비비의 여론을 이르키는 자들은 교단의 주무자들이 하는것이 아닌바를 주지하기 바란다. 이제 피고들이 총회재판위원회에 상고하였으니 접수 결과와 재판의 최종 결과에 따라서 감독회장이나 또는 총회재판위원회, 총회 규칙해석위원회, 총회실행위원회등의 차원에서 공식 발표가 있을 것이고 이에 따라서'교계의 기자들을 위한 회견도 있을 가능성이 있다. 그리고 서울연회 재판위원회에 대한 왜곡된 의혹을 말하는 자들이 있음으로 이에 대한 자상한 설명이 있어야 한다는 것이 본인의 의견이다. 왜냐하면 터무니 없는 오도가 교계신문이나 성명들로 확산되어 있슴이 사실이기 때문이다. 분명히 말해두는 것은 교계신문들과 작금의 성명들 가운데는 사실을 왜곡하는 부분이 너무나 많다는 것이다. 그리고 이는 어느 경로를 통하던지 바르게 밝혀서 알려야 한다고 본인은 생각한다.

Ⅳ. 타교파(특히 기장) 신학자와 목사, 제3자가 우리 교단에 대하여 왈가 왈부하는데 대한 교단적인 입장은 무엇인가?

본인은 교단을 대변할 입장이 못된다. 다만 이사건을 관찰한 입장에서 개인적인 답을 하겠다. 그들은 타교단의 총회가 적법하게 결의한 사건을 무례한 비판을 함으로써 상식에 벗어난 일을 한 것이 분명하다. 여기에 대하여 논박한 글과 자료가 "목회와 신학" '92. 6월호에 기재되어 있다. 본인이 알기로는 교단 본부에서는 그들의 성명에 대하여 대답할 가치조차 없는 것으로 보고 무시한 것으로 안다. 이일에 대해서 본인은 교단의 책임있는 위치에 있는분이 분명하게 답을 했어야 옳다고 본다.

변홍 두교수의 재판과정에 대한 답변_6(1)번_페이지_3

오해되고 있는 다른 부분들

가. 김흥도 목사에 대한 금전공세등 비난에 대하여; 1992,6,27 조선일보 광고----2,3면 하단 전면 2페이지를 참조하기 바람.

나, 교리와 장정에 근거한 시비에 대하여; 1930년 합동총회가 근본주의를 버렸다는 비판자들의 주장. 이문제는 근원적인 역사적 배경을 살필 필요가 있다.

1. 교리(doctrine)와 교의(dogma)에 대한 이해가 필요하다.

교의와 교리는 초기 교부들과 가톨릭 자체의 개혁회의 였던 트렌트공의회(1545~63)까지는 동의어로 사용하였다.

교의(dogma)는 교리적인 법규이다. 즉 교리의 핵심적인 부문이다. "교회가 가장 필수적인 요지라고 선언하는 그러한 교리이다".--(19세기 독일 교회사가 J.K.L. Gieseler., "Dogmengeshiette"에서) "교의는 그 자체가 언제나 동일하게 존재하는 교회내에 있는 신앙의 집적의 항구적인 생명력을 표현하는 형식이다".--(Karl Rahner,. "Sacramentum Mundi"에서)

교리(doctrine)는 종교적 체험의 이론적인 부분을 총칭한다. 종교가 교육하고 훈련하고 포교하고 논쟁하는 중에 길잡이가 될 지적인 일론을 종교에다 제공하는 것이다.

2. 신조(creed); 교의를 집적라여 만든 고백적 선언이다. 그래서 信經이라고 한다.

3. 기독교 조선(대한) 감리회 교리적 선언(Korean Creed) :

교리적 선언은 교의적인 기독교 진리를 전반부의 4개항으로 하나님과 하나님의 은혜, 후반부의 4개항으로 인간과 인간의 종교적 노력(소망)을 내용으로 하여 종교강령 25개조를 8개항에 집적한 신조(Creed)화된 선언이다. 그러므로 그러므로 동정녀탄생, 십자가 사건등 교의적 내용을 육신으로 나타나사, 대속자가 되시며등의 포괄적인 언어를 사용하였다. 1930년 12월5일 총회 4일자 본회의에서 "성신의 잉태와 십자가의 유혈 속죄와 부활 승천과 최후심판이라"는 1개 조항 더할 것을 총회 현장에서 재안되어 장시간 토론끝에 부결하였다. 그러나 이는 구체적 표현의 추가 조항에 표현된 신앙을 버린 것이 아니고 함축된 내용으로 준비한 8개항을 그대로 받느냐 기본적 신앙신조를 구체적으로 표출한 한조항을 추가하느냐의 문제였다. 이는 교리적 선언이 남북감리회의 강령들과 규칙들에 명시된 종교강령의 내용에서 분명하게 표명된 신앙고백을 변경함이 아니고 8개조항에 집약하는 과정의 논란이었던 것으로 봐야한다. 그리고 우리 장정에도 종교의 강령을 제9~33단에 명시하였고 교리적 선언(35단) 앞에 두고있다. 한국 감리회의 교리적 선언은 영구과 미국 감리회 신조의 역사적 배경을 떠나서 생각할 수가 없다.

가. 영국 성공회 및 감리회의 39개조의 "종교강령"
나. 1785년 미국 감리회의 25개조 "종교강령"
다. 1910년 발행, 미감리회 조선 선교부의 25개조의 "대강령과 규칙"
라. 1919년 발행, 남감리회 조선 선교부의 25개조의 "조선감리 도리와 장정"

등이 그 뿌리이며, 1924년부터 시도된 합동사역 진흥회(남북 감리회가

변홍 두교수의 재판과정에 대한 답변_6(1)번_페이지_4

통합전에 사업을 같이하기위한 보임)가 발전하여 두교단이 통합하는 총회가 1930년 12월 2일 서울 협성신학교 강당에서 모여 동년12월 5일 채택된 것이 조선감리회 "교리적 선언"(Korean Creed)이다.

이교리적 선언 중에 감리회원이 되고저하는 자에게 "아무 교리적 시험을 강요하지 않는다"는 교리적 선언 서문의 한 부분을 빙자하여 신학의 자유를 감리교 전통으로 편의적인 해석을 하는 것은 기독교 신앙의 경계선을 넘은 오늘의 급진 신학을 옹호하는 월권적 발상이다. 이는 교리적 선언의 본래의 의도를 왜곡하는 것이요 그 근본 정신을 위배한 것이다. 정경옥씨가 1935년에 출판한 "기독교의 원리"에서 교리적 선언에 관하여 표명하기를 "우리가 확실히 믿어오는 교리중 시대의 형식을 따라 선언하고 우리가 믿는바 복음의 신앙이 우리의 유업이요 영광스러운 소유임을 표명했다"고 함으로써 이러한 선언의 근본입장을 떠나서 탈선된 자유신학을 옹호하는데 오용해선 않된다. 감리회의 신앙을 수용하여 회원이 된자가 종교강령과 교리적 선언 안에서 아무 교리적 시험을 강요하지 않는다는 것을 표명한 선언으로 인식해야 한다.

대강령과 규칙; 한국 미감리회 1910년.

2조. 복받은 동정녀의 태중에서 인성을 취하였으니 그럼으로 순전한 양성, 즉 신성과 인성이 분리치 못하게 1위내에 합하신지라 고로 그는 진정으로 하나님이시요 진정으로 인이신 그리스도시니"

3조.그리스도께서 과연 죽은 가운데서 다시 기생하사 와전한 인성에 부속한 모든 것과 육체를 다시 취하시고 천당에 오르사 재림하실 때까지 안좌계시나니라"

조선감리회 도리와 규칙; 남감리회 1919년.

2조, 복받은 태중에서 사람의 성품을 타서 나신지라. --십자가에 못박혀 죽사와--- 사람의 원죄만 사할뿐아니라 사람의 스스로 지은 죄도 속하심이니라.

3조, 그리스도께서 죽은자 중에서 다시 살아나셨으며 그 육체가 사람의 슈전한 성품을 다시가지시고 이 슈전 육체로 더불어 하늘에 올라가사--

한국 장로회(예장, 기장) 신학논쟁 사건

1947, 4, 18일 장로회 제33차 총회시에 51명의 조선신학교 학생들이 김재준 박사의 "신학사상"을 문제삼아 총회에 그해결을 촉구하여 총회는 "특별조사위원회"를 구성하여 심사하였다. 성서 무오설중에 1).총회는 성서의 문자적 무오설을 주장하고, 2)김재준 박사는 성서의 신앙 무오설을 주장하였다.

1952, 4, 29일 제37차 총회는 아래와 같이 결의하였다.

1). 조선신학교 졸업생에게는 교역자직을 부여하지 않는다.
2). 김재준 목사는 장로회에서 제명한다.
3). 축자영감설을 부정한 카나다 선교사 스코트는 처단한다.
4). 각 노회에서 두 교수의 사상을 지지하는 자는 제명한다.

1953, 6,10일 제38차 총회를 동자동 한국신대에서 별도로 개최하여 기장이 분리 독립하였다.

조선신학교가 40년 승동교회에서 개교하였다.(제29차 총회)
1942년에는 조선신학교가 교실문제로 냉천동 감리교 협성신학교에서 합동수업을 하였다. 이때부터 조선신학교는 성경해석에 있어서 역사적 ,문자적 비판을 도입하고 에큐메니칼 정신을 도입하였고 결국 그 신학을 따라서 기장이 생겼다.

변홍 두교수의 재판과정에 대한 답변_6(1)번_페이지_5

J-2-029

< 변·홍 교수의 출교 재판에 관하여 >

변홍교수의 출교재판에 관하여(기도모임전국조직 1995년 복권운동포함)_윤병상수기록_6(1)번_페이지_01

(1)

변선환, 홍정수 교수의 종교재판

배경 :

변선환, 홍정수 두교수의 출교사건은 1991년 10월 29일~31일에 걸쳐 광림교회에서 열린 제19회 감리교 특별총회에서 서울남연회 송파지방 감리사 박기창 목사 외 4명이 건의안으로 제출한 것에서 비롯된 사건이다.

건의안의 내용은 다음과 같다.

"변선환 교수님의 종교다원주의 입장과 홍정수 교수님의 포스트모던 신학 입장을 받아들일 것인지, 받아드리지 않을 것인지에 대한 여부를 이번 총회에서 결의할 수 있도록 하여주시기를 건의합니다"

이 건의안에 대해서 당시의 감독회장인 곽전태 목사는 총회에서 이 건의안을 받기로 결의하였다. 그런데 총대 가운데는 이번 19차 총회가 장정 개정을 위한 특별총회이므로 사전에 접수된 안건 만을 처리하자는 논의가 있었으나 받아 들여 지지 않았다.

총회의 속기록에 의하면

이때에 김홍도 목사(금란교회)가 다음과 같이 발언을 하였다.

"지금 이 건의안은 너무도 중요한 까닭에 제 평생 처음으로 나와서 말씀드립니다. 홍정수 교수는 "예수의 피나 짐승의 피가 똑 같다"고 하며, 삼위일체도 부인 합니다. 남부연회 교역자 세미나 에서는 "지금도 부활을 믿고, 동정녀 잉태설을 믿는 얼빠진 목사들이 있느냐? 라고 해서 어떤 목회자는 쇼크를 먹고 그것으로 인해 죽어가고 있습니다".... "기독교는 부활의 종교요, 십자가 부활이 케리그마의 핵심인데 이것을 부인하는 사람이 신학교에서 무엇을 가르치고 있습니까? 반드시 이것은 이 교수들에 대해서, 그 중에 제일 아주 래디칼한 사람 홍정수 교수라는 사람, 한사람 만이라도 처리를 하고 넘어 가야지 그냥 넘어가면 안됩니다."라고 주장하였다.

변홍교수의 출교재판에 관하여(기도모임전국조직 1995년 복권운동포함)_윤병상수기록_6(1)번_페이지_02

이어서 곽전태 감독회장이 발언하였다.

"김홍도 목사님께서 상당한 근거를 가지고 말씀하신것 같은데, 정말로 예수의 피가 개피와 같다고 한다면 그거 그냥 지나가면 난 감독회장 사표냅니다 난 너무 이상해서 사회할 마음도 없고 그러네요"라고 부연 설명을 하였다.

또 김홍도 목사가 발언하였다.

"더욱 괘씸한 것이요 학자라면 자기가 믿는 소신에 끝까지 "옳다" 이렇게 밀고 나가야 하는데, 감독님이나 목사님들이 물으면 "아. 난 그렇지 않습니다" 이렇게 거짓말을 합니다. 그러니까 이 총회에서도 사도신경과 감리교 교리에 어긋나는 것을 가르치거나 주장하는 사람이 있으면 교수직을 박탈하고 목사직도 박탈해야 앞으로 우리 감리교회가 계속 성장하지 뭐 교인들이 안나오구. 교회가 부흥이 되지 않는데 무슨 부담금이 나오며 헌금이 나옵니까?"라고 하였다.

또 곽전태 감독회장은 말하기를

"변선환 교수님의 종교다원주의 의 입장과 홍정수교수님의 포스트모 신학 입장을 받아드릴 것인지, 받아드리지 않을것인지에 대한 여부를 입법총회에서 결의할수 있도록 본 회의에 상정하여 주시기 바랍니다

이렇게 해서 입법총회에 건의안을 상정하려고하자

김지길 감독(아현교회)이 두 교수를 변호하는 발언을 하였다.

"우리감리교회가 신학적으로 홍현설 학장이나 윤성범 학장이나 이런이들의 상황신학을, 다원주의 신학을 가지고 왔습니다. 왔는데 변학장이 교회 밖에도 구원이 있다는 그런 표현을 써 한동안 소란이 있었고, 이 일은 본인이 사과한 걸로 일단락된 과거가 있는줄 압니다. 제가 이야기 하는것은 우리가 변학장이나 몇몇 사람이 다원주의신학을 주장한걸 "그런게 아니다" "잘못됐다"로 규정하는것은 과거의 홍현설, 윤성범 학장을 비롯한 우리 감리교 지도급 신학자들의

변홍교수의 출교재판에 관하여(기도모임전국조직 1995년 복권운동포함)_윤병상수기록_6(1)번_페이지_03

-3-

신학사상을 그렇다 하는 말입니다". 만일 지금까지 열거한 사실들이 신학적으로 문제가 있다면 본인들의 이야기도 좀 듣고 신학자의 신학적 배경 듣고 그리고 처리해야지, 여기서 우리 총회가 어느 신학자 문제를 처리하는 것으로 끝내서는 안된다 그런 이야기 입니다"라고 발언하였다.

그럼에도 불구하고 곽전태 감독회장은 "두 신학자의 신학사조가 우리교리에 위배되기 때문에 받아들일수 없다" 것을 총회회원들에게 거수로 투표하여 결정하였다. 그러나 총회에서 토론이 계속되자 정회 시간을 연기하고 토론한 후에 두 교수의 목사직을 면직하기로 결의하고 이 사건을 서울 연회로 이첩하였다.

그후 "교리수호대책 위원회" 공동대표인 김홍도 목사와 유상열 장로에 의하여 1991년 12월 2일에 두 교수는 서울연회에 고소 되었다.

서울연회에서는 이 사건을 맡아 심사위원회가 열려 심사하였으나 신학적인 문제라 다룰수 없다고 심사위원회 1반과 2반의 심사위원 전원이 모두 사퇴 하였다. 서울연회는 다시 심사위원회를 구성하여 심사한 후에 1992년 2월 24일에 심사위원회 나정희 위원장과 조창식 서기, 이동우 위원의 이름으로 서울연회 재판위원회에 기소 하였다.

기소 내용은 다음과 같다.

"지난 19회 특별총회에서 목사직 면직을 결의한바 있는 변선환 교수와 홍정수 교수는 성경과 감리교 교리에 완전히 위배되는 이단 사상을 가르친것과 통일교와 연루되어 통일교의 거물급 인사를 5년동안이나 비호하며 감리교 신학대학원을 졸업시킨것에 관한 고소 사건에 관하여 아래와 같이 기소 합니다."

기소 내용

1. 종교다원주의와 포스트모던신학은 감리교신앙과 교리에 위배되는 것으로 중대한 범과를 자행하였다.

-3-

변홍교수의 출교재판에 관하여(기도모임전국조직 1995년 복권운동포함)_윤병상수기록_6(1)번_페이지_04

두교수를 총회 결의 사항대로 이행하여 속히 척결하여야 할 것이다.

2. 반 기독교적 배교행위를 진행하고 자유주의 신학사상인 다원주의의 위험성과 허구성을 극렬하게 보여주었고, 자유주의 신학사상의 이단사설 편승하여 사탄마귀의 가장 큰 도구로서 그 일익을 담당하였다.

갈리교단의 당면선교과제인 7천교회 200만 신도운동에 가장 큰 장애요인과 올무가 되고 있는것이 명백한 사실이다. 이런 엄청난 반신론자, 반기독자인 두교수를 속히 척결하여 감리교회가 이단교단이 아니라는 명명백백한 사실을 널리 알려야 할 것이다.

3. "말씀 곧 하나님의 아들이 참 사람이 되심"에 관한 사항에 위배되는 적 그리스도의 종이요, 사탄의 종인 것이다.

4. 통일교의 거물인사인 양창식씨가 약 5년동안 감신대 내에서 암약하며 계속적인 포섭활동을 할 수 있도록 비호 방조하였고 그의 논문의 부심을 맡아 통과시켜 줌으로써 통일교와 연루된 사실이 명백히 입증되고 있다.

5. 변교수가 반 기독교적 이단자라는 사실은 성경진리를 믿는 사람이면 다 알고 있는 사실이며, 이로인하여 한국감리교회가 이단교파라는 말을 들으며 지금까지 받은 피해는 실로 엄청난 것이다. 반드시 파면시키고 온 한국교계에 공포해야만 감리교회가 이단이 아니요 생명있는 교회임을 입증하는 것이다.

이상이 기소 내용이다. 이에 대하여
변선환 교수는 "기소장에 대한 해명의 글"을 써서 서울연회 재판 위원들에게 보냈다. 그 내용은 다음과 같다.

1. 웨슬리 처럼 알메니안주의 감리교 위에서서 신정통주의신학, 세속화신학등을 거쳐서 제3세계 신학(특히 아시아신학)의 영역에 들어온 본인의 신학은 "종교해방신학"(Liberation Theology of Religions) 지향하고 있습니다.

변홍교수의 출교재판에 관하여(기도모임전국조직 1995년 복권운동포함)_윤병상수기록_6(1)번_페이지_05

2. 1972년 미국의 연합감리교회가 다원주의를 선교원리로 표명하여 W.C.C.의 종교다원주의 신학을 수용하였던것 처럼, 한국의 에큐메니칼 신학자들과 함께 본인도 종교다원주의를 신학의 과제로 삼고 있습니다.

3. 본인은 보수 근본주의 신학의 5가지 교리를 부결하고 교리적 선언을 낳은 진보적 자유주의 신학에 섰던 에큐머니칼 신학과 토착화신학과 생각의 맥을 함께하고 있습니다.

4. 기소장에 인용하고 있는 본인의 글들은 3가지 다른 신학적 입장을 나타내고 있습니다.
   ① "교회 밖에도 구원이 있다"는 하나님의 선교(빌링겐 1951)와 세속화 교회론(웁살라 1968)을 배경하고 있으며,
   ② 80년대 초에 아시아 신학을 소개한 "동양종교의 부흥과 토착화신학" 포괄주의 신학에 서있는 글이였고,
   ③ 80년대 후반기부터 쓴 글들은 다원주의 신학을 배경하고 있습니다.

위의 글은 변박사 신학의 전개과정을 재판위원들에게 설명한 것이다.

다음은 위의 신학적인 전제 하에서 기소장에 제기한 물음에 대하여 변박사가 대답한 내용이다.

I. 기소장은 감리교회 신앙과 교리에 위배된다고 하였습니다. 이주장을 근거짓기 위하여 기소장은 본인이 파니카의 혼합주의 기독론에서 출발하여 기독교 중심주의는 신학적인 토레미의 천동설에 불과하다는 다원주의 신학으로 발전되어 나갔으며, 선교사가 기독교 선교를 하기 이전에도 하나님의 구원의 역사가 이미 역사하고 있었다는 글을 썼다고 하면서 본인의 신학이 그리스도의 유일성을 부정한 "탈 기독교적, 탈교백적, 탈사도적, 탈 복음적 입장"이라고 정리 하였습니다.

변홍교수의 출교재판에 관하여(기도모임전국조직 1995년 복권운동포함)_윤병상수기록_6(1)번_페이지_06

본인의 여러 글들이 본의아닌 오해와 곡해를 이르키고 있기에 본인은 몇가지로 신학적 문제를 밝히겠습니다.

(1) 우리는 가톨릭이 "교회 밖에는 구원이 없다"고 (프로렌스 종교회의 1438-45) 선언했던 중세기에 살고 있지 않습니다. 오늘날 가톨릭교회는 타종교의 실체를 인정하며 하나님의 백성이라고 보고있습니다.
에큐메니칼 신학자들이 교회중심주의나 기독교중심주의에서 벗어난것은 1951년 빌링겐 회의 이후였습니다.

(2) 기독교는 역사속에서 다른종교와 꼭같이 허물 많은 죄스러운 존재 입니다. 이점에서 기독교 절대 무오설이란 주장은 설수 없습니다. 그러나 교회의 존재근거는 말씀의 공동체라는데 있습니다.

(3) 교회의 안과 밖을 聖과 俗의 두 영역으로 엄격하게 구별하기 위하여 성서주의나 교회지상주의와 같은 근본주의 신학을 주장한다는것은 세속화 과정 속에 있는 현대세계를 위한 바람직한 선교정책은 아닙니다.

(4) 웨슬리는 문화적, 역사적으로 제약되어 있기 때문에 예수 그리스도를 알지 못한 비기독교인들의 구원에 대하여 "선행은총"사상을 가지고 힘있게 설교하였습니다. 웨슬리는 칼 라아너나 레이몬드 파니카처럼 타종교인들의 구원을 분명히 말하였습니다.

Ⅱ. 기소장에 의하면 본인이 세계적인 인도신학자 레이몬드 파니카를 따라서 "우주적 그리스도는 마리아의 아들 예수와 동일시 할때 거침돌이 된다"라고 말 함으로써 "말씀 곧 하나님의 아들이 참사람이 되심"의 교리를 위배하고있다 합니다. 본인을 "적그리스도의 종" "사탄의 종"이라고 정죄하였습니다. 그러나 그것은 진실 입니까?

(1) 여기 파니카의 말의 인용은 이동주 교수의 논문 "종교다원주의와 종교신학에 관한 고찰"에서의 인용에 불과 합니다. 여기에 실려있는 파니카의 말은 "거침돌은 기독교가 한거름 더 나가서 그리스도를 마리아의 아들 예수와 동일시 할때 나타난다" 입니다.

- 6 -

변홍교수의 출교재판에 관하여(기도모임전국조직 1995년 복권운동포함)_윤병상수기록_6(1)번_페이지_07

인도판 로고스 그리스도론 곧 알수없는 우주적 그리스도론을 전개하면서 파니카는 역사의 예수보다는 초역사적인 신앙(우주적)의 그리스도가 중요하다고 말하면서도 우주적 그리스도론의 출발점은 역사적 예수라고 합니다.

(2) 인도 신학자 토마스 S. 사마르타와 레이몬드 파니카의 신학을 힌두교적 혼합주의라고 비판하며 정죄 합니다. 그러나 희랍철학이나 독일철학을 사용하여서 만든 서구신학은 혼합주의가 아니고, 유독 힌두교나 불교나 유교와 같은 동양철학의 범주를 가지고 복음을 재해석한 모든 아시아 신학은 아시아적 혼합주의라고 비판하는 이유를 본인은 아무리 생각하여도 이해 할 길이 없습니다.

오늘날 아시아 신학자들은 서구 기독교 2천년의 역사의 특정한 상황속에 산출된 신앙고백이나 신조나 교리를 절대적인 규범으로 삼고, 그 문자들과 표현들을 우상화 하는 반지성적인 신조 주의자나 교조주의자들을 두려워 하지 않습니다.

우리는 예수를 어떻게 서구 제일세계와 제 3세계, 아시아의 민족주의 부흥과 아시아 토착종교의 부흥과 함께 일어나고 있는 아시아 혁명의 상황 속에서 우리의 주님이 그리스도라고 새롭게 신앙고백하며 교리전통을 아시아인의 체험 속에서 재해석할 수 있을까라는 신학적인 과제를 갖고 있습니다. 이 점에서 감신대의 신학적 유산인 토착화의 과제는 감리교가 아시아교회와의 연대 속에서 "참된 한국교회"로 태어나도록 하는데 크게 공헌 한다고 믿습니다

(3) 본인은 심사 위원들에게 현대신학과 아시아신학을 잘 이해하시도록 소개하였다고 믿습니다.

본인의 글을 읽고 나름대로 체계화 까지 한 이동주교수의 튜빙겐 학창 시절의 글 변선환박사의 "토착화 신학"의 문제점은, "변 박사의 사상을 진술하려면 잠시 난관에 부딪친다. 그 이유는 자신의 생각 다른 학자의 글을 인용하여 진술해 변박사의 논문 집필 형식때문에

"그의 글은 보고나 평이 아닌 자신의 주장을 진술하는 글인고로 논문으로 보아야 한다." 그러나 그것은 아주 착각입니다. 변선환은 "변선환 자신의 신학세계가 있다는 점을 간과하시지 말아 주었으면 좋겠습니다."

Ⅲ. 본인과 홍정수 교수가 통일교와 관련되었다는 내용입니다.

이규철이 대학원에 통일교인이 있다고 학생처장 홍교수에게 알려 자체 조사에 나섰을 때인 1987년 5월 6일에 본인은 미국 뜨류대학교 초빙교수로 "아시아 신학"을 강의하고 있었습니다. 당시의 학장은 송길섭 박사이고 대학원장은 박대인 박사와 구덕관 박사 입니다. 저는 몰랐던 사실 입니다. 금년초에 다시 조사 위원회를 구성하였으며 변·홍 두교수는 혐의가 없다는 것이 분명히 들어났습니다.

한국 개신교에서 가장 자랑스러운 열려진 교단이 최근에 와서 반 지성적인 보수주의 신학의 도전을 받으면서 혼란 가운데 빠진것에 대하여 본인은 아픈 마음을 가지고 다음과 같이 제안하고자 합니다.

"교단 안의 평화 없이 교단의 선교와 전도의 길은 없습니다. 우리들 그리스도인들 사이의 평화 없이 기독교 선교나 민족의 통일은 있을수 없으며 세계의 평화는 있을수 없습니다."…… "교리는 우리들 사이를 조각 조각 나누지만 올더스게이트(신앙체험)와 사회적 성결(성화)은 우리를 하나되게 합니다.

본인은 이사건을 계기로 하여서 우리들의 단순한 공존만이 아니라 우리들이 서로 배우는것을 통하여 상호 보충하고 상호 보완하는 대화의 에토스를 만들어 나가려는 "가톨릭(보편)정신", 에큐메니칼 정신을 강화할 수 있게 되기를 빕니다.

1992년 4월 22일
감리교 신학대학 학장
피고인 변선환

- 8 -

변홍교수의 출교재판에 관하여(기도모임전국조직 1995년 복권운동포함)_윤병상수기록_6(1)번_페이지_09

-9-

두교수의 이단사상 및 통일교 관련사실

두교수에 대한 재판이 속히 이루어지지 않자 교리수호대책위원회 공동대표인 김홍도 목사와 유상열 장로는 1992년 1월26일 조선일보와 2월1일 동아일보에 광고로 다음과 같은 내용을 실었다.

"변선환. 홍정수교수의 이단사상 및 통일교 연루 사실을 폭로 한다" 라는 제목 하여

(1) 구원에 관한 이단사상 (2) 부활의 교리에 관한 이단사상.

(3) 동정녀 탄생에 관한 이단사상. (4) 예수님의 보혈에 관한 이단사상

(5) 십자가 대속에 관한 이단사상 (6) 하나님의 실존에 관한 이단사상

(7) 천국교리에 관한 이단사상 (8) 홍정수교수의 기타 사탄적인 말

(9) 홍정수. 변선환교수의 통일교 연루사건에 관한 사실보고서" 라는 제목 하에 장황하게 설명을 부쳐 조선일보에는 4단 광고 1페이지, 동아일보에는 4단 광고 2페이지에 걸쳐 광고로 실었다.

"웨슬리 복음주의 협의회"의 총회결의 조속 처리에 관한 성명.

교리수호대책위원회의 광고에 이어 김홍도 목사의 형인 김선도 목사(광림교회)를 주축으로 하는 "웨슬리 복음주의 협의회"라는 이름으로 "감리교 복음주의 신앙과 신학의 전통성을 지키기 위한 우리의 주장"이 제목 밑에

(1) 예수 그리스도의 절대성과 유일성의 문제

(2) 예수 그리스도의 십자가의 죽음 문제

(3) 예수 그리스도의 부활 문제.

(4) 기독교 선교문제

(5) 교단 신학대학 교수 문제

(6) 교단 총회 결의의 조속한 처리 문제 등의 내용으로 "크리스챤신문"(1992.. 에 광고를 냈다.

-9-

변홍교수의 출교재판에 관하여(기도모임전국조직 1995년 복권운동포함)_윤병상수기록_6(1)번_페이지_10

-10-

웨슬리복음주의 협의회 임원은 김선도, 정영관, 김문희, 고수철 임종택, 안행래, 최홍석, 박정수, 윤주봉, 서형선, 전재옥, 김영헌 등 12명이 었다.

두교수의 출교:

변선환, 홍정수교수는 1992년 5월7일 서울연회 재판위원회에서 출교되었다. 재판위원장: 고재영 목사. 재판위원:

판결문:
피고: 변선환

1. 피고는 기독교 신앙의 주체가 되는 예수 그리스도에 대하여 "우주적 그리스도를 마리아의 아들 예수와 동일시 할때 거침돌이 된다"고 말함으로서 마리아의 아들 예수를 우주적 그리스도로 믿는 전통적 기독교 신앙을 거부했고 "그리스도만이 보편적으로 유일한 구속자이신것이 아니라"고 함으로서 기독교적인 신앙고백을 떠나서 기독교 신앙의 특성인 유일한 구속자이신 예수 그리스도를 부정하는 비기독교적인 주장을 자행하였다.

2. 피고는 예수 그리스도의 십자가로 말미암아 구속되는 유일한 구원의 길을 부정하며 구원의 다원주의를 주장하여 "저들의 종교(타종교들)도 그들 스스로 구원의 길을 알고 있다"고 함으로써, 기독교신앙의 본질을 무시 내지는 타종교의것과 동일시하는 주장을 하고, 예수 그리스도의 십자가의 사건을 믿음으로 말미암아 얻는 "구원"을 간과하는 과오를 범하고 있다.

3. 피고는 기독교 신앙의 코페르니쿠스적 전환을 주장하면서 "종교의우주에 기독교도 다른종교도 아니고 신을 중심하여서 돌고 있다는것을 기독교는 인정해야 할것"과 "예수를 절대화, 우상화 시키며, 다른 종교적 인물을 능가하는 일종의 제의의 인물로 보려는 기독교 도그마에서 벗어나 신중심주의로 전환 되어야 할것"이라 함으로써 삼위일체의 하나님을 부정하고 모든 종교의 신을 동격시 함으로서, 예수 그리스도의 인성과 신성을 동시에 믿는 기독교 신앙을 떠나 버렸다.

—10—

변홍교수의 출교재판에 관하여(기도모임전국조직 1995년 복권운동포함)_윤병상수기록_6(1)번_페이지_11

피고는 이와같이 한때 바알과 하나님을 동일시 한 옛 유대인들의 죄와도 비교되는 우를 범하였다.

4. 피고는 기독교 선교를 목적으로 감리회 교역자를 양성하는 대표적 기관의 장으로 있으면서, "교회가 말하지 않아도 이미 선행하여 그리스도를 섬기고 있으며, 기독교 선교사가 하나님 나라를 비기독교 세계에 가지고 오지 않아도 이미 하나님나라는 거기 역사하고 있다"고 주장하였고, "교회 밖에도 구원이 있다"고 함으로써 기독교 복음을 포교하는 교역자를 양성하는 일과, 예수를 믿고 구원 받는 개종사역을 거부함으로써, 피고는 그 본직을 배반하였다.

5. 피고는 통일교의 차세대 지도자로 부상한 양모씨의 입학 과정에서 입학원서 구비서류에 신앙배경을 입증하는 교회의 추천서에 하자가 있고, 또한 그가 통일교 내의 당시 직책이 경상남도 교구 책임자이며, 통일교의 지도자 훈련을 담당하는 원리연구회 사무처장이라는 것이 당시 감신 재학생 이 규철에 의하여 폭로 되었음에도 불구하고 이를 도외시 했고, 척결은 커녕 그의 포섭활동과 수학을 동조 내지 방관하여, 1989년 가을에 그를 졸업 시켰다. 이와같이 피고는 본교단의 가장 전통 깊고 대표적인 신학대학을 책임진 학장으로서 교단의 체모, 교의를 넘어선 월권 및 직무 유기를 자행한 과오가 인정된다.

6. 피고는 공공 출판물에 논문들의 기고와 강연들, 강의실과 사석에서 기독교 대한 감리회가 교리적 선언 서두에 명시한 웨슬리 선생의 "복음적 신앙은 우리의 기업이요, 영광스러운 소유"로 천명한 복음을 파괴하는 일을 계속하여 왔다. 이는 기독교 대한 감리회의 발전 크나큰 저해요인이 되어 개교회와 범교단적으로 끼친 타격은 숫자로 입증치 않더라도 너무도 컸음은 주지의 사실로 특히 본교단의 교인뿐 아니라 타교단에서도 익히 잘아는 바이다. 바로 이같은 사실이 복음, 선교의 역행임은 물론이다. 그럼에도 불구하고 피고는 도의적 신앙적 반성없이 이일을 자행하여 왔으며 개전의 정이 없었다.

변홍교수의 출교재판에 관하여(기도모임전국조직 1995년 복권운동포함)_윤병상수기록_6(1)번_페이지_12

그러므로, 이 이후에 계속 피고와 같은 주장에 동조, 지지, 옹호 및 선전하는 자 기독교 대한 감리회 내에서 동일한 범법자로 간주되어야 한다.

피고는 이상에 열거한 내용과 같이 반기독교적이고 이단적인 주장 하고 있음으로 본 기독교 대한 감리회의 일원으로 있어서는 안될것이 자명해 졌다. 그러므로 본 재판 위원회는 본 교단이 하나님의 말씀으로 믿는 신·구약 성경과 사도신경의 고백 그리고 본교단의 교리와 장정 제231단 제40조 1항 다.를 적용하여 피고 변선환에게 기독교대한 감리회에서 출교를 선고한다. (35단 서문 1항, 2항, 제39단 제3조, 제192단 제1조 8항, 제195단 4조 1항, 제199단 제8조)

판결문:
피고: 홍정수

1. 피고는 기독교 신앙의 근본이 되는 살아계신 하나님의 존재를 부인하여 말하기를 "만일 신은 계신가 하고 누군가가 묻는다면 신은 없다고 잘라 말할수 있다"고 하는 등 무신론적 의사 표현을 단언하여 말함으로서, 본교단의 하나님에 대한 신앙적 입장을 정면으로 거부하였다.

2. 피고는 기독교 신앙의 핵심이 되는 예수의 부활 사건을 부정하여 "나는 단연코 육체의 부활을 부정한다"고 하였고, "부활신앙은 이교도들의 어리석은 욕망에 불과하다"라고 하고 예수의 부활사건을 "빈무덤이 아니다"라고 주장하여 기독교 본래의 부활신앙을 부정하였다. 또한 기독교의 부활 멧세지가 아무 소용도 없을수도 있음을 극명하게 말해 준다"고 말함으로써 사도시대 이후 오늘에 이르기 까지 전하여 내려온 선교 멧세지를 거부하였다.

3. 피고는 골고다 산상에서의 예수의 십자가의 대속의 죽음과 광주 망월동 민주항쟁으로 죽은 많은 민주인사들의 죽음을 동일시 하였다. 또한 피고가 예수 그리스도의 부활 사건을 믿는자를 위한 "부활의 첫 열매로 보지 않고 정의를 외치다 한을 품고 죽은이들의 정신적 공헌과 같이 간주하려는 것은 예수 그리스도의 육체의 부활을 부인하는 반 성서적인 주장이다.

-12-

변홍교수의 출교재판에 관하여(기도모임전국조직 1995년 복권운동포함)_윤병상수기록_6(1)번_페이지_13

4. 피고는 기독교신앙의 중심이 되는 예수 그리스도의 대속의 사건을 부정하여 예수의 십자가는 "신의 아들의 죽음이 아니다"라고 했고 "예수의 죽음이 우리를 속량한 것이 아니라, 그의 삶이 우리를 속량하는 것이다"라고 주장하였다. 그리고 피고는 예수의 십자가의 피흘림에 대하여 이르기를 "그의 피가 동물들이 흘리는 피보다 월등하게 효과가 있다는 이야기가 아니다"라고 함으로서 예수 그리스도의 피의 대속을 불신하는 주장을 하였다. 이같은 피고의 주장은 기독교 신앙의 교의와 본 교단의 신앙을 적대하는 반그리스도적 이단사상이다.

5. 피고는 본 교단의 감리교 신학대학에 재직하면서 통일교의 요직, 현직인사인 양모씨가 감신에 재학중에 있을때 (1986.3-1989.8) 동대학의 재학생인 이규철의 제보로 양 모씨의 본색이 드러났음에도 불구하고 그를 척결하는 일을 주선하기 보다는 오히려 비호한 점을 부정할수 없다. 피고는 본교단 신학대학의 체모를 손상시켰고, 기독교 교의를 바르게 가르쳐야하는 본직을 거절 내지는 유기한 점이 인정된다.

6. 피고는 공공출판물에 기고한 논문들과 강연, 강의들의 내용에서 기독교신앙의 본질을 위와 같이 파기하였고, 웨슬리 목사의 "복음적 신앙"을 유산으로 받은 기독교대한 감리회의 교리와 장정에 위배되는 사상을 주장해 왔다. 이는 기독교대한 감리회의 발전에 크나큰 저해요인이 되어 개교회와 범교단적으로 끼친 타격은 통계적 숫자로 입증치 않더라도 너무도 컸음을 주지의 사실로 특히 본 교단의 교인뿐 아니라 타교단에서도 익히 잘아는 바이다. 바로 이와 같은 사실이 복음선교의 역행임은 물론이다. 그럼에도 불구하고 피고는 도의적 신앙적 반성 없이 이일을 자행하여 왔으며 개정의 정이 없었다. 그러므로 이 이후에 계속 피고와 같은 주장에 동조, 지지, 옹호 및 선전하는 자는 기독교대한 감리회 내에서 동일한 범법자로 간주되어야 한다.

본 재판 위원회는 이상에 열거한 내용과 같이 피고의 이단적인 주장을 묵과 할 수 없음으로 본 교단이 하나님의 말씀으로 믿는 성경과 교리와 장정에 의거하고, 장정 제2의 단 제40조 1항 다.를 적용하여 피고 홍정수에게 기독교대한 감리회에서 출교를 선언한다.(제10단 제2조

-13-

변홍교수의 출교재판에 관하여(기도모임전국조직 1995년 복권운동포함)_윤병상수기록_6(1)번_페이지_14

- 14 -

제11단 3조, 제35단 제2항, 제192단 제1조 1.7.8항, 제195단 제4조1항, 제199단 제8조)

변선환. 홍정수 사건의 종결에 즈음한 성명:

1992년 10월 26일에 "교리수호대책위원회"에서 국민일보에 "기독교 대한 감리회 변선환. 홍정수 사건의 종결에 즈음한 성명"이란 광고를 실었다. 그 성명의

3항에는 "감리회 교역자들과 감리회 소속 대학의 교수들과 신학생들은 위의 사건과 관련하여 문제된 신학을 지지 및 옹호하는 경우에는 위와 동등한 처벌을 받게 됨을 명심하여 글이나 강론에서 분명하게 웨슬레의 복음적 입장에서서 사역해야 한다."

4항에는 "각 연회의 교역자 자격조사 위원회는 전 교역자들의 글과 강론에서 위의 사안에 저촉될 때는 주저 없이 연회에 보고하여 동등하게 처리하도록 하며, 교단 소속 신학대학의 신학생들은 대학 당국에서 퇴학 처분을 해야 한다"고 주장하였다.

신학자들의 성명:

서울연회 심사위원회가 변. 홍 두교수를 (기소하고 재판위원회가) 출교를 선고하자 각계의 성명이 쏟아졌다.

제일 먼저 종교재판의 부당성을 성명한 사람들은 감리교 단체가 아니라 초교파적으로 안병무 박사 외에 45명의 신학자가 1991년 11월 21일에 "신학의 자유를 옹호하는 신학자 성명"이란 내용의 성명서를 발표하였다.

그리고 1991년 11월 25일에 감리교 지도자와 신학자의 이름으로 "기독교 대한 감리회의 신학적 노선에 대한 우리의 견해"라는 성명이 이어졌다.

변선환 교수가 출교되자 1992년 10월 4일에는 ("기독교신문"에) 변교수가 소속목사로서 출석하는 시온교회 교우일동의 명의로 "변선환 목사 출교에 대한 시온교회의 입장"이란 성명을 발표하였다.

— 14 —

변홍교수의 출교재판에 관하여(기도모임전국조직 1995년 복권운동포함)_윤병상수기록_6(1)번_페이지_15

시온교회의 성명 내용은 다음과 같다(전문):

"우리 시온교회 교우일동은 감리교단이 변선환 목사를 이단으로 규정하
재판하여 출교시키려는 사태에 대하여 심히 유감으로 생각하며 출교중단
촉구하는 바이다. 변목사님은 우리교회가 6.25 당시 부산에서 개척할때
창립회원인 동시에 지금까지 40년간 우리교회의 소속목사로서 중고등부와
청년회 지도를 통하여 많은 교회의 지도자들을 양성하였으며 설교로서 우리의
영적생활을 풍성하게 하는데 크게 기여하였습니다. 따라서 감리교단이
그의 신앙을 이단으로 규탄하지만 우리는 그에게서 이단적 요소를 발견
하지 못하였습니다. 변목사를 이단시 하는것은 신앙과 신학적 논리의
차이에서 발생한 결과라고 사료됩니다. 그는 신학자이며 다원사회
속에서 종교다원주의를 설파하는것은 당연한 것이고, 그 신학은 오늘의
세계에서 논의되는 여러신학 중의 하나일 뿐입니다. 특히 우리 감리교인
교리와 신학에 있어서 개방성과 자유를 특징으로 하고 이를 자랑으로
삼아 왔습니다. 그런데 보수주의적인 획일성으로 신학자의 이론을 규탄
재판하는 일은 감리교의 본질에서 유리된것이라고 말하지 않을수 없습니
가령 변목사의 신학이 이단이라는 증거가 있다 할 지라도 그리스도복
핵심은 하나님 사랑과 이웃사랑이고, 나아가서 원수까지 사랑하는 것이므
중세기적 종교재판보다 사랑과 용서의 길을 선택하는것이 감리교회가
취하여야 할 당연한 귀결이라고 믿습니다. 어떻게 하나님에게
기름부음을 받은 종을 인간의 획일적인 신학으로 그것도 일반상식을
의심케 하는 모호한 재판과정을 통하여 심판하고, 신앙적 사형선고
내릴수 있는 것입니까? 이것은 불신앙적 처사이고 교권모독이며, 자비하
하나님의 뜻에 합당치 않은 처사라고 아니할수 없습니다.

이제 우리교우일동은 변선환 목사를 우리의 영원한 신앙의동반
이고 한국이 낳은 존경하는 신학자 중의 한분임을 새삼 인식하는동시
감리교단이 그리스도의 사랑안에서 참교회의 위치와 기능을
재정립하여 보다 성숙되고 심오한 신앙으로 문제 해결을 바랍니다.
따라서 한국과 세계의 복음화와 인류구원에 크게 이바지 하기를
원하는 바입니다."

1992.10.4
기독교대한감리회 시온교회 교우일동

-15-

변홍교수의 출교재판에 관하여(기도모임전국조직 1995년
복권운동포함)_윤병상수기록_6(1)번_페이지_16

언론의 관심:

1992년 5월 7일에 재판위원회에서 두 교수에 대한 "출교"가 선고 되자 기독교 계통 신문은 물론이고, 국민일보, 동아일보, 문화일보, 조선일보, 중앙일보, 한겨레 신문. 한국일보 등 일간지 7가지 대서특필 하여 종교재판은 시대적 역행이라고 하였다.

"감리교단을 염려하는 기도모임" 탄생

"내가 너희에게 말하노니 만일 이사람들이 침묵하면 돌들이 소리 지르리라 하시니라" (누가복음 19:40)

이 성경말씀은 아침에 일어나 성경책을 폈을때, 예수께서 나귀를 타고 예루살렘에 입성하는 장면이다. 그 마지막 귀절이 내 마음을 두드렸다. 이것은 우연한 것이 아니고 하나님께서 내게 말씀하시는 것이라고 믿게 되었다.

그날 학교 출근하여 내가 아는 목사들에게 연락하여 1992년 5월 12일 오전 8시에 연세대학교 알렌관에서 모임을 갖기로 하였다.

그날에 참석한 목회자는 박정오, 홍형표, 박흥규, 김진호, 신경하, 주복균, 서정탁, 전용환, 이면주, 김광수, 이계준, 김준형, 김기택, 박덕신, 김동완, 윤재성, 김영주, 정명기, 이필완, 윤병상 등 20명이였다.

이사람들이 발기인이 되어 1992년 5월 28일에 아현교회에서 감리교를 염려하는 기도회를 가진뒤 "감리교단을 염려하는 기도모임" 결성하였다.

공동의장단: 박대선 감독 (전 연세대 총장)
김지길 감독 (아현교회 담임)
장기천 감독 (동대문교회 담임)
김규태 감독 (남부연회 현직감독, 대전제일교회담임)
유동식 교수 (감리교 신학자 협의회장, 전 연세대교수)
김현제 박사 (아현 중앙교회. 장로)

변홍교수의 출교재판에 관하여(기도모임전국조직 1995년 복권운동포함)_윤병상수기록_6(1)번_페이지_17

-17-

임원: 회장: 윤병상 목사(연세대학교 교수)
총무: 조영민 목사(중정교회 담임)
서기: 주복균 목사(청암교회 담임)
재정: 신경하 목사(우이교회 담임)
홍보: 김동완 목사(형제교회 담임)
여성: 김민자 목사(여교역자 협의회 회장, 부산부녀복지관장)
각연회대표는 서울연회: 박정오 목사(청파교회 담임)
서울남연회: 조세제 " (서초중앙교회 ")
남부연회: 이내강 " (남부교회 ")
삼남연회: 홍형표 " (순천제일교회 ")
경기연회: 장태순 " (당산교회 ")
동부연회: 김순형 " (충주교회 ")
중부연회: 박은국 " (용현교회 ")

"감리교단을 염려하는 기도모임"의 취지에 뜻을 같이하는 사람들이 1992년 7월 25일까지 목회자 685명, 평신도 547명, 모두 1,232명이 서명하고 종교재판을 반대하는 편에 섰다.

성명서 발표

두 교수에 대한 종교재판에서 "출교"라는 극형이 내려지자 종교재판에 대한 비난이 쏟아졌다.

감리교 신학대학 교수들의 5회에 걸친 성명과 감신대 총학생회·대학원 비상대책 위원회에서도 성명을 발표하였다.
서울연회 도봉지방 교역자 일동의 성명과, 서울남연회 기도모임 성명과 인천, 부천지역 기도모임의 성명이 있었고, 두 교수 때문에 선교의 문이 막혔다던 삼남연회의 감리사 7명과 목회자 75명이 "교리수호대책위원회"의 주장을 반박하는 성명을 발표하였다.

-17-

변홍교수의 출교재판에 관하여(기도모임전국조직 1995년 복권운동포함)_윤병상수기록_6(1)번_페이지_18

"감리교단을 위한 기도모임"에서는 5회에 걸쳐 자료집을 발간하여 전국 교역자들에게 발송하고, 7회의 성명을 발표하였다.

외국교수들의 항의 서한

종교재판에서 두교수가 출교되었다는 소식을 들은 외국의 신학자들과 목회자들이 곽전태 감독회장앞으로 항의서한을 보내왔다.

미국 보스톤대학교 신학대학장 로버트 네빌 박사는 "다원주의에 대한 기우로 빚어진 사태"라는 글을, 클레어몬트 신학대학의 존 캅 박사는 "도대체 진리가 투표로 결정되는 것입니까"의 글을, 미국 연합 감리교회 선교정책 위원장이며 안이리프 신학대학의 도날드 멧서 박사는 "변·홍 두교수의 정죄는 웨슬리 정신에 위배"라는 글을, 클레어몬트 신학대학의 알렌 무어 박사는 "보편적 정신과 다원주의 중시는 웨슬리 전통"이란 글을, 남감리교 대학교 신학대학 슈버트 오그덴 박사는 "개방적이고 자유로운 토론의 보장이 마땅"이란 제하의 항의서한을 보내왔다.

그리고 재미 감리교 교역자 136명은 "이단문제의 최후 심판자는 하나님"이란 공개서한을 보내 종교재판의 부당성 지적하였다.

두교수 재판절차 상의 문제점

1) 19차 특별총회는 총회대표 1800명 중에서 불과 300명이 참석한 가운데 두교수 파면 권고안을 결의하고 통과시켰다.
2) 재판위원 15명 중 13명이 고소를 한 "교리수호대책 위원회"위원으로 구성하여 고소인이 재판을 겸해서 감행하였다.

변홍교수의 출교재판에 관하여(기도모임전국조직 1995년 복권운동포함)_윤병상수기록_6(1)번_페이지_19

"감리교단을 염려하는 기도모임"에서는 서울연회 재판위원회가 두교수에게 선고한 "출교"는 다음과 같은 사실 때문에 무효라고 성명을 발표하였다.

1) 신학을 논리적 검증없이 재판한 점
2) 피고인의 진술기회를 차단하고 반증자료를 묵살한 점.
3) 재판 장을 고소인의 교회(금란교회)로 옮겨 교인들을 동원한 가운데 재판한 점 (본래의 재판 장소는 감리교 본부 회의실)
4) 일심재판 뒤 연회 감독의 최종 확인 없이 일간지 광고를 통해 재판 결과를 알린 점 등이다.

"감리교단을 염려하는 기도모임"의 "120만 감리교인에게 알립니다"의 성명:

"교리수호대책위원회"가 종교재판 결과 두교수는 출교되었다는 사실 일간지에 광고함으로, "감리교단을 염려하는 기도모임"에서도 "120만 감리교인에게 알립니다"라는 광고를 내서 이 재판은 잘못된 재판이므로 감리교 성도들은 조금도 흔들리지 말고 신앙생활 할것을 부탁 하였다.

성명의 내용은 다음과 같다.

"교리수호대책위원회"의 변선환, 홍정수교수에 대한 고발로 빚어진 종교재판은 일심에서 "출교"형의 선고를 내린바 있습니다. 이에 "감리교단을 염려하는 기도모임"은 이 재판의 부당성과 허위성을 지적하는 바입니다.

1. 변교수와 홍교수는 결단코 이단이 아닙니다.
   1) 변, 홍교수에 대한 고발 기소 및 재판은 두교수의 글을 전혀 읽지 않았거나, 문맥을 떠나서 읽었으며 또한 거두절미 하는 식으로 인용하여 교의적으로 왜곡한 것입니다.

— 19 —

변홍교수의 출교재판에 관하여(기도모임전국조직 1995년 복권운동포함)_윤병상수기록_6(1)번_페이지_20

2) "교리수호대책 위원회"의 공동대표인 김홍도 목사와 유상열 장로가
변. 홍교수의 신학에 대하여 각종 신문에 계재한 내용들은 전혀
사실이 아니며 허위 사실에 의하여 왜곡 날조된 것입니다.

II. 변교수와 홍교수는 결단코 통일교와 관련이 없습니다.

1) 통일교 관련 혐의로 제기되고 있는 양창식 사건은 두 교수와는
직접적으로 관련이 없습니다.

2) 공소시효를 3년으로 하고 있는 감리교 재판법을 어기면서 까지
5년전의 일을 가지고 재판한 것은 교회법에 대한 중대한
범죄행위임을 밝힙니다.

III. 감리교는 교인들에게 교리적 시험을 강요하지 않습니다.

1) 감리교의 교리적 선언 서문은 "우리교회의 회원이 되어 우리와
단합하고자 하는 사람들에게 아무 교리적 시험을 강요하지 않는다
누구든지 그의 품격과 행위가 참된 경건과 부합되기만 하면
개인 신자의 충분한 신앙자유를 옳게 인정한다"고 밝히고 있습니

2) 그런데도 판결문은 피고와 같은 주장을 동조, 지지. 옹호 및 선전하는 자
기독교 대한 감리회 내에서 동일한 범법자로 간주되어야 한다"고 하
이는 120만 감리교인을 향해 두 교수에게 했던 식의 종교재판을
동일하게 하겠다는 발상 외에 그 무엇이 겠습니까?

3) 따라서 감리교 정신에 정면으로 위배되는 중세기식의 종교재판,
지양되어야 하며, 감리교인을 향한 종교재판의 엄포는 감리교
사랑하는 120만 성도에 의해 무위로 끝나고야 말 것입니다.

IV. 변선환 교수와 홍정수 교수에 대한 기독교 대한 감리회의 출교
결정은 사실이 아닌 허위와 왜곡과 위증에 근거한 불법적
것으로 감리교 정신에도 위배되는 것입니다.

변홍교수의 출교재판에 관하여(기도모임전국조직 1995년
복권운동포함)_윤병상수기록_6(1)번_페이지_21

— 21 —

부디 120만 감리교 성도들은 조금도 흔들리지 마시고 진리위에 굳게 서서 감리교인된 것을 자부하시면서 신앙생활을 영위하시기 바랍니다.

1992. 10. 12.

감리교단을 염려하는 기도모임

공동대표: 박대선, 김지길, 장기천, 김규태, 유동식, 김현제

회장: 윤병상 총무: 조영민

변선환 박사와 홍정수박사의 목사직 복권 건의.

1995년 5월에 목사직이 면직된지 3년만에 "변선환, 홍정수 목사직 복권을 위한 건의문"을 감독회장 앞으로 보냈으나 아무 회신이 없었다.

목사직 복권건의문의 요약:

"1995년은 한국 기독교가 정한 "희년의해"이고 U.N이 정한 "관용의 해"이다. 이런 뜻깊은해에 변선환박사와 홍정수박사 목사직 복권을 건의한다.

하나님이 세우신 성직은 사람이 일시적으로 정지할수는 있어도 영원히 박탈할수는 없다

모든 감리교 지도자들이 한결같은 마음으로 하나님 앞에 무릎꿇고 지난날의 미숙함을 고백하며, 서로의 허물을 용서하고, 감리교의 새로운 화해와 일치를 도모하자는 것이다.

21세기를 맞이하는 이 시점에서 기독교대한 감리회가 부끄러운 과거를 청산하고 대한민국과 세계앞에 떳떳한 교단으로 거듭날 수 있기를 우리는 진심으로 희망한다"는 내용의 건의문이였다.

목사직 복권을 건의한 발기인

고달삼, 김규태, 김성렬, 김지길, 김진춘, 박대선, 유동식 윤병상, 이춘직, 장기천, 정영문, 최상봉.

— 21 —

변홍교수의 출교재판에 관하여(기도모임전국조직 1995년 복권운동포함)_윤병상수기록_6(1)번_페이지_22

②

6.22 동북연회기도회 (원주 청년관)

1992. 감리교단을 염려하는 기도회(15회)

5.28 아현교회에서 감리교단을 염려하는기도회
설교: 김지길감독
강연: 마크 테일러 (미국 프린스턴 신학대학 교수)
유동식교수(연세대학교)

6.8 남부연회 기도모임(대전제일교회)
강사: 김규태감독

6.15. 경기연회 기도회(수원 [illegible]교회)
설교: 김덕순 목사
강연: 윤병상교수

6.16 삼남연회기도회 (순천중앙교회)
설교: 홍형표 목사
강연: 윤병상 교수. 이정배 교수

6.16 동부연회기도회 (충주교회)
설교: 김동완 목사

6.18. 감리교단을 염려하는기도회(동대문교회)
설교: 장기천감독
강연: 이계준교수. 박원기교수

6.22. 중부연회 기도회(인천 창영교회)
설교: 윤병상 교수
강연: 강대성 변호사

변홍교수의 출교재판에 관하여(기도모임전국조직 1995년 복권운동포함)_윤병상수기록_6(1)번_페이지_23

강연: 박충구 교수

6.29. 서울남연회 기도회(여선교회관)
설교: 고달삼 목사
강연: 윤병상 교수, 김영호 교수

7.7. 온양동지방. 아산지방 교역자 및 장로 기도회.
강연: 최홍석 목사(교리수호대책위원회)
윤병상 교수 (감리교단을 염려하는 기도모임)

7.10. 경남.부산지역 기도회
강사: 김영호 교수
허원배 목사

7.21. 미국 LA 감신동문회 기도모임
강사: 유동식 교수

7.28. 뉴욕 평신도 및 교역자 기도회
강사: 윤병상 교수

7.30. LA 감신동문윤 병 상회 기도모임
강사: 윤병상 교수

10.19. 20회 총회를 위한 기도회 (아현교회) 설교: 김규태 감독

변홍교수의 출교재판에 관하여(기도모임전국조직 1995년
복권운동포함)_윤병상수기록_6(1)번_페이지_24

J-2-015

'변·홍 사건'의 주요 쟁점, 진실은 이렇습니다.

변선환 학장의 종교다원주의와 홍정수 교수의 포스트모더니즘 신학이 총회에서 거론된 뒤, 두 교수에 대해 출교구형까지 내려졌음에도 불구하고 논란이 되었던 부분에 대한 조사결과나 문건이 나온 적이 없었습니다.

이로 인하여 진실보다는 엄청나게 왜곡 날조된 사건의 내용을 접하면서 객관적인 자료에 근거한 진실을 밝히는 자료의 필요성이 제기되었습니다.

간략하게 추려진 내용이기는 하나 읽는 모든 이들에게 '변·홍 사건'을 이해할 수 있는 근거가 되기를 희망합니다.

"교회 밖에도 구원이 있다"는 변학장의 주장은 이단사상이 아닙니까?

아닙니다. 오히려 "교회 밖에는 구원이 없다"고 주장한다면, 이것은 중세기 로마 천주교회의 교리를 따르는 것이고, 개신교의 종교개혁 정신을 반대하는 것이며, 오늘의 장로교회나 감리교회와 같은 개신교 교회에 속해 있는 교인들은 모두 영원한 지옥의 불로 떨어지게 된다고 주장하는 것이 됩니다.

1442년 로마 천주교회는 〈플로렌스 종교회의〉에서 "교회 밖에는 구원이 없다"는 교리를 다음과 같이 선언했습니다.

> "거룩한 로마 천주교회는… 천주교회 밖에서는 누구도, 이교도 뿐만 아니라 유대인이나 불신자, 그 공동체에서 떨어진 그 누구도 영원한 생명에 참여하지 못할 것이라는 것. 그러나 만약 그가 죽기 전에 거룩한 로마 천주교회에 매달리지 않는다면, 그는 오히려 악마와 그의 천사들을 위해서 준비된 영원한 불로 떨어질 것이라는 것을 굳게 믿고, 고백하고 선포한다"(몰트만, "성령의 능력안에 있는 교회", p172).

우리들 개신교에는 중세 로마 천주교회의 이러한 주장에 반대하여 "교회 밖에도 구원이 있다"고 하면서 종교개혁을 이룩한 것이며, 오히려 그리스도의 가르침을 떠난 당시의 로마 천주교회를 향하여 "그리스도 밖에서는 구원이 없다"고 대항하였던 것입니다.

"그러므로 이제 그리스도 예수 안에 있는 자에게는 결코 정죄함이 없나니 이는 그리스도 예수안에 있는 생명의 성령의 법이 죄와 사망의 법에서 너를 해방하였음이라"(로마서 8:1~2).

변홍사건의 주요 쟁점, 진실은 이렇습니다_감리교단을 염려하는 기도모임_감리교단을 염려하는 기도모임 자료집4_6(1)_페이지_1

한국 감리교회의 일부 목회자들이 다시 중세 로마 천주교회와 같은 모습으로 되돌아 제도적 교회가 그리스도와 구원을 독점하고 있는 것처럼 착각하고 "교회 밖에는 구원이 없다"고 공공연하게 말하고 있습니다. 이러한 상황에서 변학장의 "교회 밖에도 구원이 있다"는 말은 "그리스도 안에서만 구원이 있다"는 기독교의 진리와 종교개혁의 정신을 따르는 주장입니다. 변학장은 세상에 구원을 가져 오시는 그리스도께서 "교회의 주님"되시어 그의 교회를, 하나님 나라의 확장을 위한 도구로 사용하신다는 것을 주장한 것입니다.(참조 「현대사조」 '78. 2)

그렇지만 변학장은 "타종교에도 구원이 있다"고까지 하지 않았습니까?

전혀 사실과 다릅니다. "타종교에도 구원이 있다"고 주장하지 않았습니다. 변학장이 말한 것은 "타종교의 사람들이 자신들의 종교에도 구원이 있다고 주장한다"는 것이었습니다. 이 얼마나 어처구니 없는 왜곡입니까?

변학장은 "타종교에도 구원이 있다"고 말하지 아니하고, 오히려 "그리스도는 구속자이다. 그리스도를 떠나서는 구원이 없다"고 주장하고 있습니다. 다시 말해서 모든 인간은 자신들의 여러 종교들을 통하여 구원받는 것이 아니라, 하나님과 인간 사이의 유일한 중보자이신 그리스도에 의해서만 구원을 받는다는 것입니다. 예수 그리스도께서는 유대 종교, 사마리아 종교, 로마 종교, 가나안 종교에 속한 사람들을 만나셨으나, 그들의 종교를 보신 것이 아니라, 그들의 그리스도에 대한 믿음을 보시고 구원하셨던 것입니다.

예수께서 가나안 여인에게 하셨던 말씀을 잊지 말아야겠습니다.

"여자야, 네 믿음이 크도다. 네 소원대로 되리라"(마태복음 15:28)

다시 말해서 하나님께서는 인간들이 어떠한 종교에 속하여 있는가에 따라 조건부로 구원을 베푸시는 것이 아니라, 모든 인간들이 하나님의 은혜로 구원을 받아서 하나님의 뜻을 따르며 살기를 원하시고 계신다는 뜻입니다. 그래서 성서는 다음과 같이 증언해 주고 있는 것입니다.

> "하나님은 모든 사람이 구원을 받으며 진리를 아는데 이르기를 원하시느니라"(디모데전서 2:4).
> "나더러 주여 주여 하는 자마다 천국에 다 들어갈 것이 아니요 다만 하늘에 계신 내 아버지의 뜻대로 행하는 자라야 들어가리라"(마태복음 7:21).

(※ 참조:「기독교사상」 299호(83.5.), p.155.)

변홍사건의 주요 쟁점, 진실은 이렇습니다_감리교단을 염려하는 기도모임_감리교단을 염려하는 기도모임 자료집4_6(1)_페이지_2

"개, 돼지의 피나 예수의 피는 같다"는 발언은 어떻게 된 것입니까?

홍정수 교수는 한번도 그런 발언을 한적이 없습니다. 그럼 어디서 이런 말이 나온 것일까요?

"예수의 피와 개, 돼지의 피가 같다"는 이야기는 곽전태 감독회장이 총회 석상에서 했던 말이며 이것을 김홍도 목사가 설교시간에 마치 홍교수의 말인 양 교인들에게 전파한 것입니다. 김홍도 목사측은 이같은 주장이 사실인 것처럼 위장하기 위해서 홍교수의 책 어느 부분에서 인용한 것이라고 페이지까지 밝혀놓고 있습니다만 한번이라도 홍교수의 책을 읽어 본 사람이면 누구나 그 말이 거짓임을 쉽게 알 수 있을 것입니다.

그렇다면 홍교수의 주장이 무엇인지 알아볼 필요가 있을 것입니다. 홍 교수는, 오늘 우리들이 예수의 피의 공로를 믿는 것은 단순히 옛날 유대인들이 자신들의 지은 죄를 용서받기 위해서 아무런 아픔도 함께 느끼지 않고 동물을 죽여 그 피를 바치는 제사행위와는 다르다는 것을 말하고 있습니다. 예수의 피는 곧 십자가의 죽음을 말하는 것이고 그 죽음은 예수께서 하나님의 말씀을 전하실 뿐만 아니라 그 말씀대로 실천하며 사셨기 때문에 받게 된 죽음이었다는 것입니다(베짜는 하나님 192~193p.) 그러므로 **예수의 피는 우리의 구원과 직결된다는 것이 홍교수의 주장입니다. 즉, 예수의 "피"가 특수한 것이기 때문에 우리가 그 피로 인해 구원을 받는 것이 아니라 "그리스도이신 예수가 흘리신 피"이기 때문에 우리가 구원을 받는다는 말입니다."** "저는 예수의 '피'속에서 '살아계신 하나님의 구체적 말씀'을 듣습니다. 이것이 이단일까요?"(목회서신 중에서)

다시 말하거니와 총회 석상에서의 감독회장의 발언과 김홍도 목사의 선전은 이와 같은 홍교수의 진의를 철저하게 왜곡하고 날조한 것입니다.

"너희가 알거니와 너희 조상의 유전한 망령된 행실에서 구속된 것은 은 이나 금 같이 없어질 것으로 한 것이 아니요 오직 흠 없고 점 없는 어린 양 같은 그리스도의 보배로운 피로 한 것이니라… 너희가 진리를 순종하므로 너희 영혼을 깨끗하게 하며 거짓이 없이 형제를 사랑하기에 이르렀으니 마음으로 뜨겁게 피차 사랑하라"(베드로전서 1:18~22).

홍교수는 심지어 예수의 부활을 부정한다고 말하고 있지 않습니까?

천만의 말씀입니다. 어떻게 기독교회의 목사가 예수의 부활을 부정할 수 있겠습니까? 이 문제에 대해서는 어떤 신학적 설명보다도 홍교수 자신의 신앙고백을 들어 보아야 할 줄 압니다.

홍교수는 지난해 서울연회의 자격심사위원회에 제출한 신앙고백서에서 '예수의 부활사건은 실제로 일어난 사건임을 믿으며 예수께서 몸을 가지시고 다시 사신 것을 믿는다'고 고백했습니다. 또 그 자신이 섬기는 교회에서 매 주일마다 '몸이 다시 사는 것과 영원히 사는 것을 믿는다'는 사도신경으로 신앙을 고백하고 있으며, 최근 각 교회로 보낸 목회서신에서도 '부활을 부정하는 신학자는 물론 기독교 신자가 아니라'고 까지 분명하게 자신의 입장을 말하고 있습니다.

그렇다면 어떻게해서 이처럼 무서운 거짓말이 감리교회안에 나올 수 있었을까요? 홍교수의 글 가운데는 '생물학적 부활'에 대한 문제점을 지적하는 부분이 있었습니다. "내가 예수의 부활을 부정한다고 했는데 그것이 생물학적 의미에서의 부활을 의미하는 것이라면 그렇다"(우먼센스 91년 12월호). 바로 이 부분을 김홍도 목사측이 집요하게 왜곡 선전하고 있는 것입니다. 그러나 홍교수의 이같은 말은 결코 이단적인 것이 아닙니다. '생물학적'이라는 표현을 유의해야 합니다. 오히려 우리가 '생물학적 부활을 믿는다'고 말한다면 이것이 비성서적 신앙이 되는 것입니다. 요한복음 11장을 봅시다. 여기서는 예수께서 이미 죽은지 나흘이나 되는 나사로를 다시 살리시는 기사가 나옵니다. 이것은 분명히 '생물학적 의미'에서 육체가 다시 살아난 것입니다. 그리고 어떻게 되었을지 생각해 보셨습니까? 다시 살아난 나사로는 다시 늙어서 죽었을 것입니다. 그럼 예수도 이런 생물학적 육신으로 부활한 것일까요? 이것이 우리가 그토록 소망하고 있는 영원한 생명의 나라로 들어가는 부활이겠습니까? 정말 깊이 생각해 보셔야 합니다. '생물학적 부활'(신학용어로는 소생이라고 합니다)을 인정할 수 있지만 그것은 우리 기독교인이 믿고 기다리는 완전한 부활이라고 할수는 없을 것입니다.

성경이 우리에게 가르쳐 주고 있는 부활은 신령한 몸, 영적인 몸으로 다시 사는 부활입니다. 홍교수는 바로 이것을 강조해서 말하려 한 것입니다.

> "죽은 자의 부활도 이와 같으니 썩을 것으로 심고 썩지 아니할 것으로 다시 살며, 욕된 것으로 심고 영광스러운 것으로 다시 살며, 약한 것으로 심고 강한 것으로 다시 살며, 육의 몸으로 심고 신령한 몸으로 다시 사나니…(공동번역 : 육체적인 몸으로 묻히지만 영적인 몸으로 다시 살아납니다)"(고린도전서 15 : 42~44).

> "형제들아 내가 이것을 말하노니 혈과 육은 하나님 나라를 유업으로 받을 수 없고 또한 썩은 것은 썩지 아니한 것을 유업으로 받지 못하느니라(공동번역 : 살과 피는 하나님의 나라를 이어 받을 수 없고 썩어 없어질 것은 불멸의 것을 이어 받을 수 없습니다."(고린도전서 15 : 50).

위의 글은 120만 감리교 평신도들에게 드리기 위하여 '감리교단을 염려하는 기도 모임'에서 자료를 수집하여 작성한 것입니다. 이 내용은 그동안 논란이 되었던 몇가지 문제들을 간추려 변선환, 홍정수 두 교수에게 확인한 뒤 정리한 것입니다.

변홍사건의 주요 쟁점, 진실은 이렇습니다_감리교단을 염려하는 기도모임_감리교단을 염려하는 기도모임 자료집4_6(1)_페이지_4

J-2-016

감신대 일천 예언자들이 130만 감리교 성도들에게 보내는 긴급 서신

130만 감리교회 성도 여러분!

감리교 신학대학 일천 예언자들이 주님의 이름으로 문안드립니다.

저희 감리교신학대학 일천여 학생들은 그간 '포용성과 일치'의 정신으로 감리교를 창시하신 웨슬리선생의 후예로서, 100여년의 찬란한 신학전통을 자랑하는 선지동산에서 학문의 터밭을 일구어 왔습니다. 한국 감리교회의 품안에서 양육됨을 하나님의 크신 은혜와 사랑으로 여기며 봉사와 면학에 힘써온 저희들은 선교 2세기 '빛과 소금'의 역할을 다하고자 새로운 시대의 하나님 선교상을 정립하며 기도와 실천을 아끼지 않았습니다.

그런데 지난해 10월 제19차 입법총회를 기점으로 전면화된 교단사태로 우리의 터밭인 감리교회와 감리교 신학대학이 중대한 위기를 맞게 되어 저희들은 긴시간 고뇌와 아픔을 경험해야만 했습니다. 이것은 단순히 변선환 학자님과 홍정수 교수님에 대한 제자로서의 도리와 애착때문만은 아닙니다. 오히려 저희들은 불법과 파행으로 얼룩진 현 사태로 '화해와 일치'의 감리교 전통이 흔들리고 분열과 대립이 조장되는 감리교단을 염려하였던 것입니다.

저희들을 더욱 안타깝게 한 것은 현 사태에 대한 왜곡된 선전이 사실처럼 감리교회에 떠돌며 순결한 130만 감리교회 성도들의 눈과 귀를 막고 있다는 것입니다. 이에 저희 감리교 신학대학 학생들은 사건의 명확한 진실을 말리고 파행으로 치닫고 있는 사태의 합리적인 해결을 위해 6월 9일부터 금식기도와 농성을 시작하였습니다. 금식 8일째를 맞아 많은 학생들이 실신해 쓰러지고 있지만 저희들의 외침이 하늘과 130만 성도 여러분의 가슴에 울릴 때까지 결코 기득자적 몸짓을 멈추지 않으려 합니다.

지난해 10월 총회를 기억하십니까? 두 교수님의 신학을 '예수의 피를 개피라고 했습니다'라는 단 한마디 말로 요약하신 곽전태 감독회장님의 기가막힌 참주선동을 기억하십니까? 그 참주선동으로 1800여명의 총대중 불과 300명만이 참석한 총회에서 두 교수 파면 권고 결의안이 통과되었습니다. 어떻게 두 교수님의 신학이 '예수의 피는 개피다'는 말로 축약, 대변될 수 있는지 이해할 수 없습니다.

이후 사건의 파행적 진행을 생각해 보십시요. 금란교회 김홍도 목사님의 고소로 시작된 서울연회의 재판은 그야말로 반기독교적, 비감리교적, 비민주적 재판의 극치였습니다. 재판위원 15인중 13인이 소위 교리수호대책위원회(공동대표 김홍도 목사, 유상열 장로) 위원으로 구성되어 기소과정에서부터 법정 심사기한 및 심사회수를 위반하였습니다. 또한 변호인 승인 거부와 최후진술 서면제출, 피고인에 대한 단답형 답변 강요, 고소인측 교회에서의 재판 강행과 폭력 묵인등에 이르기까지 그 파

변홍사건의 주요 쟁점, 진실은 이렇습니다_감리교단을 염려하는 기도모임_감리교단을 염려하는 기도모임 자료집4_6(1)_페이지_5

행성은 이루 다 헤아릴 수 없을 정도입니다. 5월 7일 금란교회에서 공정재판을 요구하는 저희들에게 무차별 폭행이 행해진 사건은 다시는 떠올리고 싶지 않습니다. 이런 상상도 못할 폭력 속에서 두 교수님에게 '출교 선교'가 내려졌습니다.

두 교수님에게 서울연회의 출교 선고가 있은 뒤, 각종 언론과 설교를 통해 교리수호대책위는 '감신대 전 교수가 통일교로 부터 돈을 먹었다', '변선환 학장이 술을 먹고 모목사에게 전화를 걸어 그러한 사실을 고백했다'는 등 감리교신학대학에 대한 공공연한 흑색선전과 망언을 일삼고 있습니다. '돈'으로 신학자를 정죄하고 '교권'을 거머쥐려하는 집단이 도리어 순전한 감신대를 비방, 모함하고 있습니다(교리수호대책위의 재판위원 금품매수에 관해서는 하단을 참조하십시오).

감리교회를 사랑하는 130만 성도 여러분!

저희들은 가장 정의로운 방법으로 교단의 분열사태가 해결되기를 소망하며 한치의 흔들림없는 결의로 왜곡된 진실을 바로 잡기 위해 최선을 다할 것입니다. 감리교회를 사랑하는 성도 여러분들의 뜨거운 격려와 지지를 호소합니다. 섬기시는 교회와 성도 여러분에게 주님의 은총과 평강이 넘치시기를 기원합니다.

주후 1992년 6월 16일

선지동산에서 감리교 신학대학 총학생회 올림

* 아래는 김홍도 목사님과 교리수호대책위에 보낸 공개해명요구서 중의 일부입니다.

1. 김홍도 목사님과 교리수호대책위는 한강중앙교회 김광덕 목사(서울연회 심사위원회 1반 반장)님께 두 교수의 기소를 요구하며 "은퇴 이후의 생활비로 500만원을 주겠다"는 제의를 함으로써 심사위원을 금품으로 매수하려 한 바가 있다는 일각의 증언에 대해 명확히 해명해야 합니다.
2. 김홍도 목사님과 교리수호대책위는 심사위원회 1반의 박시원 목사님(보문제일교회)께도 "두 교수님을 기소하면 1000만원을 주겠다"고 제의한 바 있다는 일각의 증언에 대해 해명해야 합니다.
3. 두 교수에게 "항소를 포기하면 3000만원을 제공하겠다"는 제의를 김홍도 목사님께서 했다고 합니다. 이는 명백히 두 교수님의 신학적인 주장을 돈으로 매수하여 자신에게 굴복시키려 한 음모입니다. 김홍도 목사님은 이에 대해 설득력있게 해명해야 합니다.
4. 김홍도 목사님과 교리수호대책위는 일간지에 3,000만원 상당의 일방적 광고를 지금까지 10여회에 걸쳐 게재해 왔습니다. 이로 인해 지금까지 두 신학자의 입장이 심각히 왜곡당해 왔고 감리교신학대학은 근거없는 통일교 관련설로 인해 명예를 훼손당했으며 감리교단의 심각한 분열이 초래되었습니다. 엄청난 돈을 살포하여 자신의 입장만을 강요하는 무소불위의 권력을 휘둘러 교단을 혼란에 빠뜨린 자신의 행위에 대해 130만 성도앞에 사죄할 용의는 없는지 김홍도 목사님의 답변을 바랍니다.

변홍사건의 주요 쟁점, 진실은 이렇습니다_감리교단을 염려하는 기도모임_감리교단을 염려하는 기도모임 자료집4_6(1)_페이지_6

J-2-017

알고 계십니까 ①

감리교 교리수호의 대변자 이동주, 그녀는 누구인가?

우리는 최근 감리교회 안에서 일어나고 있는 신학에 대한 재판과정을 지켜보면서 착잡한 심정을 감출 길이 없습니다. 더우기 '신학'을 심판하겠다고 나선 저들—교리수호대책위원회측 주요 인사들을 볼때, 최소한의 신학적 소양을 갖춘 이들이 없다는 사실에 당혹감마저 느끼고 있습니다. 감리교회에서 신학자라 불릴수 있는 대부분의 사람들은 이번 사건에 있어 두교수들의 입장을 이해하려 하고 있으며 나머지는 침묵으로 일관하고 있습니다. 그러나 유일하게도 교리수호대책위원회의 입장을 뒷받침하고 있는 신학자(?)가 한 명 있습니다. 그가 바로 협성신대에서 선교학 교수직을 맡고 있는 이동주씨입니다. 그는 마치 자신이 복음주의적인 감리교 교리의 수호자인 양 행세하고 있으며 신학적 소양을 갖추지 못한 일부 목회자와 정치꾼 장로들이 그의 신학적 해석을 유일한 근거로 삼고 막강한 재물을 앞세워 교리수호의 싸움에 나선 것입니다. 이동주 교수, 과연 그녀는 누구입니까? 정말 그가 말하는 신학이 감리교회의 바른 신학이라고 생각하십니까?

이제 우리는 이번 신학논쟁의 핵심을 보다 명확히 진단하고 올바로 대처하기 위해 일차적 단계로 이동주 교수가 과연 누구인지 밝혀둘 필요가 있다고 생각합니다. 한가지 전제할 것은 우리는 이동주 교수에 대한 인신공격을 하기 위해 이 글을 내는 것은 아니란 점을 밝혀 둡니다.

이동주 교수 그녀는 누구인가?

1. 이동주 교수는 1990년 1학기부터 감리교 협성신학대학의 선교학 교수가 되었으며, 현재는 교무행정의 책임을 맡고 있습니다.
2. 그러나 그 이외에는 과거 그가 감리교인이라는 근거나 증거는 전혀 없습니다. 그는 오히려 처음부터 감리교회를 잘 모르는 보수파 합동측 장로교인입니다.
3. 현재 그는 대명감리교회 최홍석 담임목사의 부인입니다. 그러나 그와 결혼한 것은 불과 3년여 밖에 되지 않습니다. 합동측 장로교 신자가 감리교 목사와 결혼만 하면 감리교 신학자입니까?
4. 우리는 그가 과연 감리교를 얼마나 알고 있는지를 의심하지 않을 수 없습니다. 나아가 과연 감리교회 신학자나 목회자들이 왜 장로교 출신의 여신학자에게서 이단이나 사탄이라고 정죄를 받아야 하는지 알 수 없습니다.

통일교 전문 신학자 이동주 교수의 신학적 배경

1. 이동주 교수는 어느 곳에서도 감리교회 신학을 정식으로 공부한 적이 없습니다.
2. 그는 이화여자대학교에서 음악을 전공하였고, 그 후 독일로 유학하여 하이델베르크 대학에서 신약학을 공부하다가, 튀빙겐 대학으로 옮겨 신학박사 학위를 받았습니다.
3. 독일에서 그는 에큐메니칼 노선에 반대하는 교회에 출석했습니다(교리와 장정에 명시되어 있듯이 에큐메니칼은 감리교 노선입니다).
4. 그는 튀빙겐 대학에서 서구신학이 아닌 모든 신학은 혼합주의이며, 모든 형태의 혼합주의는 또한 무조건 이단이라는 것을 그의 지도교수 바이엘하우스(Peter Beyerhaus)에게서 배웠습니다. 그의 스승 바이엘하우스는 독일의 매킨타이어로 알려져 있는 근본주의 신학자요, 교회분열주의자이며, 반에큐메니칼 신학자의 대표입니다(매킨타이어는 1950년대 한국장로교회를 분열시킨 장본인입니다).
5. 이 교수는 귀국 후에는 가장 보수적이며 가장 반감리교회적 칼빈주의 신학교인 장로교「합동신학원」에서 선교학을 강의했습니다.
6. 그는 감리교회에서 인정하지 않은 신학교를 졸업했음에도 불구하고, 경기연회에서 목사의 자격을 얻으려고까지 했습니다.
7. 그의 튀빙겐 대학에서의 박사학위 논문제목은『한국적 혼합주의와 통일교회』입니다.
8. 그런고로 이동주 교수는 통일교 전문 신학자이지 감리교 신학자는 아니라고 말할 수 있습니다.

이상에서 살펴본 바와 같이 이동주 교수는 감리교회의 신학이나 교리에 대해 말할 자격이 없는 사람입니다. 우리는 이 교수의 신학적 입장이 잘못된 것이라고 말하려는 것이 아닙니다. 단지 근본주의적인 그의 신학으로 감리교회의 자랑스런 신학적 전통이 훼손될 수 없다는 점을 지적하려는 것입니다. 그의 신학이 옳다고 고집하는 것은 감리교회적인 것이 아닙니다. 바라기는 감리교회의 신학전통이 올바르게 회복되어서 이번 사건과 같은 수치스러운 일이 다시는 일어나지 않기를 소망합니다.

감리교회 수호를 위한 대학원 비상대책회의

변홍사건의 주요 쟁점, 진실은 이렇습니다_감리교단을 염려하는 기도모임_감리교단을 염려하는 기도모임 자료집4_6(1)_페이지_8

감리교단을 염려하는 기도모임 경과보고

☆ 5월 7일-서울연회재판위원회 변선환 학장, 홍정수 교수 출교 선고(금란교회)

☆ 5월 12일-'감리교를 염려하는 기도모임' 발족하기로 함(연세대학교 알렌관) 서울연회 나원용 감독 앞으로 재심청원서 발송

☆ 5월 15일-연세대학교 알렌관에서 2차 회집하고 '기도모임 준비위원회' 연회별 책임자 선정

☆ 5월 18일-평신도 지도자 간담회
교계기자 간담회를 갖고 '감리교회의 화해를 위하여' 발표

☆ 5월 20일-일간신문 기자 간담회

☆ 5월 21일-'감리교회의 화해를 위하여' 1차 서신 발송

☆ 5월 25일-준비위원 모임을 갖고 5월 28일 기도회에 다음과 같이 제안하기로 결정하였다.

1. 【감리교단을 염려하는 기도모임 발족에 즈음하여(안)】을 상정한다.
2. 기도모임의 공동대표를 7인으로 하고 박대선(전 연세대학교 총장), 김지길(증경감독), 장기천(증경감독), 김규태(남부연회 감독), 유동식(감리교 신학자 협의회 회장)을 추대하고 2명의 평신도 대표는 추후 추대하기로 한다.
3. 서명, 참가는 총회까지 계속한다.
4. 기도모임은 연회, 지역, 지방, 부문별로 계속 추진키로 한다.
5. 선한 연대세력과 힘을 합하여, 감리교회가 본래의 모습을 찾고 화해와 사랑의 교단이 되게 한다.

☆ 5월 28일-아현교회에서 '감리교단을 염려하는 기도회'를 갖고 '감리교단을 염려하는 기도모임'을 발족(설교 : 김지길 감독, 강연 : 마크 테일러, 유동식 교수)

☆ 6월 15일-수원 매원교회에서 경기연회 기도회를 갖다(설교 : 김덕순목사, 강연 : 윤병상교수)

☆ 6월 16일-순천중앙교회에서 삼남연회 기도회를 갖다(설교 : 홍형표목사 강연 : 윤병상교수)
충주교회에서 동부연회 기도회를 갖다(설교:김동완목사, 강연:김영호 교수)

☆ 6월 18일-동대문교회에서 【감리교회를 바로 세우는 정책협의회】를 갖다.(설교 : 장기천감독, 강연 : 이계준, 박원기교수)

☆ 6월 22일-인천 청암교회에서 중부연회 기도회를 갖다.(설교 : 윤병상교수, 강연 : 강대성변호사)
대전에서 남부연회 기도회를 갖다.(설교 : 김규태감독, 강연 : 윤병상, 김동완목사)

☆ 6월 29일-여선교회 회관에서 서울남연회 기도회를 갖다(설교 : 고달삼목사, 강연 : 김영호교수,
원주 청년관에서 기도회를 갖다(강연 : 박충구교수)

☆ 7월 7일-온양동지방, 아산지방 사회부 주최로 기도회를 갖고 교리수호대책위에서 최홍석목사, 기도모임에서 윤병상교수가 강연하고, 이동주교수가 신상발언하다.

☆ 7월 8일-아현교회에서 평신도기도회를 갖고(설교:이재호목사), 【감리교를 염려하는 평신도 기도모임 준비위원회】를 조직하다.(위원장:김현제장로, 위원:박용기장로, 정의승장로)

☆ 7월 9일-유성 대온장에서 지역 기도모임 추진 실무자 모임을 갖다.

☆ 7월 13일-코리아나 호텔에서 기도모임 확대임원회를 갖다.
12 : 00 쎄실에서 교계기자 간담회를 갖다.

변홍사건의 주요 쟁점, 진실은 이렇습니다_감리교단을 염려하는 기도모임_감리교단을 염려하는 기도모임 자료집4_6(1)_페이지_9

1. 모금운동 편지. (총대와 감회원 대상 — on line 구좌로
2. 서울스 동부스 서부봉사단 편집가정
3. 총회 발언자 공모 - 아세스 19일 pm5
4. 신문광고 - 재판비 9(9일)
5 기도회 5시

제 20회 총회대책 (초안)

●이번 총회에서 예상되는 쟁점

1. 이단척결 특별 조치법 입법기도가 예상됨.

이번 제20회 총회에서는 변홍교수 종교재판 후속조치로 이단척결특별조치 법을 입법하고자하는 저들의 대 공세가 예상됨.

2. 교리적선언 수정 건의안을 상정할 것으로 예상됨.

이번 총회의 장정개정에 편승하여 교리적선언등을 자신들의 의도대로 수정하고자 시도할 것으로 예상됨.

3. 교단발전을 위한 민주적장정개정을 저지하기 위한 대공세가 예상됨.

감리사, 연회감독, 감독회장 선거관련 조항, 미자립교회 최저생계비 관련조항, 총대 선출관련 조항등의 심의과정에서 반 민주적 대공세가 예상됨.

4. 신학교를 장악하려는 입법시도가 예상됨.

교단신학대학의 총학장 선임의 총회의 승인과 교원의 임용에 교단이 관여할 수 있도록 하기위한 제반 입법조치의 시도가 예상됨.

위와 같은 시도는 향후 감리교단의 위상에 치명적인 타격을 주는 것으로 이에 대한 강력한 대응이 요구됨.

● 총회 개회 이전의 대책

1) 범교단 총회대책기구 구성이 요망됨

제 20회 총회의 파행적 운영을 사전 저지하고 아울러 올바른 총회 운영을 위하여 범교단적인 총회 대책을 세워나가야 할것임.

2) 감리교 제20회 총회를 위한 전국 기도모임 개최

→"계획서" 별첨

3) 감독선거와 관련한 대책

부정, 타락선거를 감시하고 정책대결을 통하여 진정한 지도자가 감독이 될 수 있도록 공명선거운동

1

제20회 총회대책 및 감리교단 기도모임 계획서(초안)_감리교단을 염려하는 기도모임_6(1)번_페이지_1

을 전개해야 할 것임.

4) 총회장소 변경요구 관철

이번 총회를 금란교회로 결정한 것은 총회를 자기들의 뜻대로 운영하겠다는 의지를 여지없이 드러내는 것이므로 총회장소의 변경을 강력하게 요구, 관철시켜야 할것임.

이를 위해 기도모임, 감목협, 각 신학대학 총학생회를 비롯한 제단체들이 감독회장을 방문하여 장소변경을 요구하고 나아가 총회원을 비롯한 목회자 서명작업을 통해 압력을 가해야 할것임.

5) 총회의 완전공개, 준법진행 관철

총회가 어떤 장소에서 개최되더라도 모든 사람의 방청을 보장하고 준법진행하겠다는 공식적인 약속을 확보해야 할것임.

6) 특별조치법의 불법, 부당성을 홍보

웨슬리복음주의협의회가 그들의 신학 세미나에서 현 장정의 체계로는 다원주의를 비롯한 진보적신학을 제제하기가 불가능하다고 그들 스스로 밝히고 있는바 이는 그간의 종교재판이 불법이었음을 스스로 인정하는 것임을 부각시키고 따라서 이번에 시도되는 특별입법은 감리교를 자신들의 영향력 아래 두는데 방해가 되는 기도모임을 비롯한 반대세력을 제거하려는 의도라는 사실을 폭로함으로써 특별입법 시도를 봉쇄해야 할것임.

7) 교리적선언 수정의 부당성 홍보

웨슬리복음주의협의회는 웨슬리의 신학적 입장과 칼빈의 신학적입장 사이에 차이가 없으며 교리적 입장도 동일하다고 주장하며 이에 근거하여 현 교리적선언을 비롯한 감리교회의 교리적입장은 비웨슬리적이라고 주장, 이를 수정하고자 하는바, 이 주장은 한국감리교회의 정통성을 완전히 무시하고 한국감리교회를 장로교회와 동일한 교리와 신학을 가진 이름뿐인 빈껍데기 감리교회로 만들려는 반감리교적인 시도라는 사실을 광범위하게 홍보하여 교리적 선언 수정시도를 저지해야 할것임.

8) 신문광고게제

저들의 교리논쟁의 허위성과 조작을 알리는 광고를 교계신문에 게제해야 할것임.

9) 재단사무국에 공식 질문서 발송

총대들의 교회의 유지재단 등록현황과 각종 부담금 납부실적을 조회, 열람하는 공문을 발송해야 할 것임.

● 총회기간 동안의 대책

1) 총대들의 적극적이고 조직적인 의회활동이 요망됨.

하나 - 방청을 제한할 경우 - 비공개 회의의 불법성을 성토하여 개회를 적극 저지하고 불법 개회될 경우 총회거부를 선언하고 퇴장해야 할 것임.

둘 - 회원권에 대한 문제제기

2

제20회 총회대책 및 감리교단 기도모임 계획서(초안)_감리교단을 염려하는 기도모임_6(1)번_페이지_2

불법적 입법에 앞장설것으로 예상되는 총대들의 각종 부담금(은급, 본부연회) 미납상황, 교회재산의 유지재단 미편입상황, 교회예산의 허위보고를 통한 각부담금 탈루 현황을 파악하여 이들의 회원권 박탈을 강력히 요구 관철해야 할것임.

셋 - 수세적 발언을 벗어나서 공세적 발언을 해야할 것임.

가. 교리수호대책위원회의 일간지 광고로 인한 감리교의 위신 추락과 선교적 타격에 대한 책임 추궁과 감독소홀에 대한 공격

나. 교육국 비리문제의 실종에 관한 책임추궁.

다. 재판과정의 불법성에 대한 성토와 관련자 처벌 요구.

라. 교단재산관리위원회의 행적과 감리교재산 위해상황 추궁.

넷 - 불법적인 입법이 기도될 경우 : 이에 대비해 기도모임 총대 모두가 신학적, 교리적, 역사적, 법률적인 반박자료를 치밀하게 사전 준비하여 이를 토대로 적극적인 저지발언을 해야 할 것임.

다섯 - 법안 통과를 강행할 경우 : 총회의 무효화와 총회거부를 선언하고 총대들이 퇴장해야 할것임.

2) 적극적인 홍보와 방청운동

총회기간중 비총대 목회자들은 특별조치법 입법과 교리적선언 수정들 불법적 입법기도의 부당성을 알리는 홍보작업을 실시(유인물, 성명서, 감리회보 특별호, 현수막, 피켓등)하고 방청이 저지될 경우 반드시 이를 돌파해서 조직적이고 일사분란한 방청운동을 펴야할 것임.

● 총회 폐회 이후의 대책

1) 특별입법이 강행될 경우

범교단대책기구산하에 지역별 대책기구를 구성하여 총회입법 무효화와 교리장정 원상회복운동 전개하며 교단의 각종 부담금 불납과 교단행사 거부운동을 전개하고 교단집행부 퇴진운동을 전개함.

2) 특별입법을 비롯한 불법입법기도가 무산될 경우

이 경우 연회와 지방회를 통한 재입법 시도가 예상되므로 범교단 대책기구 산하에 지역별 대책기구를 구성하여 이들의 시도를 사전에 봉쇄하는 작업을 효과적으로 수행해야 할것임.

3

제20회 총회대책 및 감리교단 기도모임 계획서(초안)_감리교단을 염려하는 기도모임_6(1)번_페이지_3

감리교 제 20회 총회를 위한 기도모임 계획서

- 총회의 올바른 운영을 위하여 -

1. 대회의 개요

1) 장소 : 아현교회

2) 일시 : 1992. 10. 19일 오후 3시

3) 목적 : 예상되는 총회의 파행적 운영기도를 사전에 저지하며, 동요·이반되고 있는 서명자들에게 확신을 심어주고, 나아가 이번 총회가 선거총회가 아닌 정책총회가 되도록 유도하여, 교단의 개혁적 과제를 수행하도록 강력히 촉구하려는 것임.

4) 주최 : 감리교단을 염려하는 기도모임

2. 대회순서

1)예배 : 사회 - 조영민목사(기도모임총무), 설교 - 김규태감독(공동의장)

2)경과보고 : 기도모임 - 윤병상목사(기도모임회장)

3)감리교신학선언 : 신학연구분과위원회

4)역대 총회운영의 평가와 20회 총회의 사명

역대 총회의 파행성 즉 1) 총회가 입법 과정에서 교단발전을 위한 민주적 법안들은 뒷전으로 미루고 서클의 이해관계에 기초한 법안들은 (초법적으로) 관철하고 2) 입법후에는 실행위원회가 민주적 법안은 실종시키고 서클의 이해관계에 기초한 법안은 집요하게 관철시키므로써 교단질서를 왜곡시킨 사례를 밝히고, 3) 제20회 총회는 반드시 교단이 안고있는 민주적 개혁의 과제를 수행하는 총회가 될 수 있도록 제안하고 이를 관철시키겠다는 결의를 다지는 내용.

○대회 분위기 고양을 위한 준비

꽁트, 중창단, 합창, 밴드, 사회, 현수막장식

3. 지출 예산안(총액 800백만원)

1) 홍보비

1> 기도모임자료집 (제5집) 제작배포 5,000부 = 인쇄(120만원), 우송료(100만원), 인건비(20만원) = 240만원

2> 초청장 제작 발송 : 5,000장 : 인쇄비(14만원), 발송비(50만원) = 64만원

3> 특별서한 제작 발송 : 5,000장 : 인쇄비(6만5천원)

4> 전단제작 배포 : 20,000장 : 인쇄비(20만원)

5> 감리회보 (총회특집호) 제작 배포 : 제작발송 총액 150만원

6> 현수막제작 : 10개 × 제작비 = 30만원(30,000 × 10개)

2) 동원비

4

제20회 총회대책 및 감리교단 기도모임 계획서(초안)_감리교단을 염려하는 기도모임_6(1)번_페이지_4

1> 전화요금 : 3대 × 20만원 = 60만원

2> 회의 및 동원을 위한 지방 출장비 : 자부담

3) 진행비

1> 순서지 : 2,000장 × 인쇄비 = 4만 5천원

2> 신학선언 : 2,000매 × 인쇄비 = 15만원(4쪽)

3> 총회제언 : 5000매 × 인쇄비 = 15만원(4쪽)

4> 사례비 : 중창단, 밴드, 장소사용, 기타

5> 특별활동비 : 자부담

4) 예비비 = 200만원

4. 준비위 운영계획

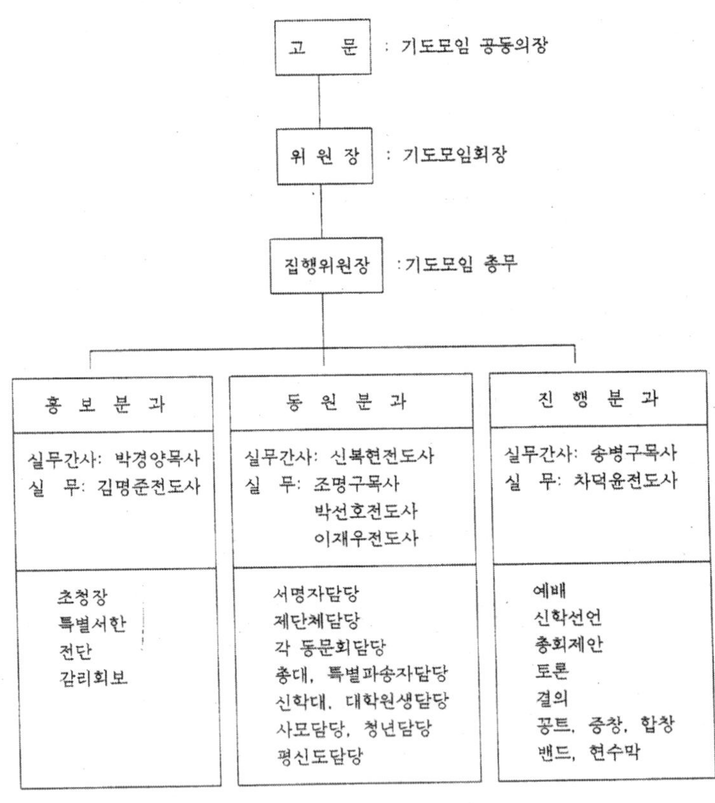

제20회 총회대책 및 감리교단 기도모임 계획서(초안)_감리교단을 염려하는 기도모임_6(1)번_페이지_5

도올, 변선환을 말한다

도올 김용옥

1991년 11월 22일자 「TV저널」이라는 연예잡지 표지에 김완선이라는 가수가 매혹적인 포즈를 취한 모습이 실려있고, 그 한 귀퉁이에는 내 사진과 함께 "김용옥 칼럼 — 구원은 어디에 있나?"라는 표제가 실려있다. 지금은 김훈(金薰) 하면 지고의 소설가로서 존경받는 인물이 되어 있지만 그 당시는 한국일보 기자 생활을 청산한 후 「TV저널」의 편집부장으로 활동하고 있었다. 나에게 사정사정 애걸하여 "도올유예"(檮杌遊藝)라는 두 페이지짜리 고정 칼럼을 써달라고 하여 나는 그의 청탁을 받아들였다. 그 네 번째 칼럼이 "배타(排他)는 하나님의 적(敵)"이라는 제하에 쓴 글이다. 여기 그 전문을 옮길 수는 없겠으나, 역사적인 의미가 있는 글이므로 간략히 인용하고자 한다.

> "이분에게 힘입지 않고는 아무도 구원받을 수 없습니다. 천하 사람에게 주신 이름 가운데 우리를 구원할 수 있는 이름은 이 이름밖에는 없습니다."
>
> 이것은 사도행전 4장 12절의 말씀이다. 과연 우리를 구원할 수 있는 주체가 예수 하나뿐일까?
>
> 구약적 세계관이든 신약적 세계관이든 서양의 종교 전통이 말하는 하나님에게는 서로 공존키 어려운 두 모습이 겹쳐 있다. 그리고 그것은 끈질기게 교회사를 괴롭혀 왔다. 하나는 배타적인 질투의 하나님이요, 또 하나는 포용적인 사랑의 하나님이다. 전자는 구약의 하나님이요, 후자는 신약의 하나님이라고 말하지만 예수의 하나님도 구약적 하나님으로 해석되어 모든 그리스도론을 장악했다. 우리 인간의 일상적 정리를 보아도 질투(배타)와 사랑(포용)은 동일한 감정의 두 모습인 것 같다. 남녀의 사랑도 시시각각 무서운 질투로 변한다. 가장 본질적인 문제는 과연 인간을 '구원' 받아야 할 존재로 설정해야만 하느냐는 주제와 걸리고 있다. 구원이란 무엇인가? 무엇을 위해, 어떠한 경지에 도달하기 위해 구원을 한다는 것이냐? 교회만 나가면 구원이냐?
>
> 라오쯔(老子)는 아예 신, 즉 궁극자가 궁극자가 되기 위해서는 사랑을 하면 안 된다(天地不仁)고

갈파했다. 사랑한다는 것은 만들어 주고 베풂이 있고 은혜가 있고 함이 있게 된다는 것이다(仁者必造立施化, 有恩有爲). 만들어 주고 베풂이 있으면 만물이 그 본래 모습을 잃어버릴 것이요, 은혜가 있고 함이 있으면 선택함이 있게 되어 만물이 다 같이 구원을 얻을 수 없다는 것이다(造立施化, 則物失其眞; 有恩有爲, 則物不具存). 마치 구약의 역사를 잘 말해주고 있는 듯이 보인다.

그러기 때문에 궁극자는 스스로 그러할 수밖에 없는 것이요, 따라서 만물은 스스로 서로 질서 지어질 수밖에 없는 것이라고 했다(天地任自然, 萬物自相治理). 이러한 라오쯔의 생각에는 '구원'이라는 문제가 근원적으로 성립하지 않는다. 라오쯔의 생각은 동아시아 문명 전체의 기저이다. 이와 비슷한 생각을 지닌 불교는 인간의 궁극적 조건인 신성, 즉 불성에 도달하기 위해서는 사랑을 멸절시켜야 한다고 생각했다. 사랑은 애착을 낳을 뿐이기 때문이다. 이것이 바로 불교가 말하는 멸집(滅執)이며, 멸집이야말로 해탈, 진정한 자유의 조건인 것이다.

최근 감리교단 특별총회에서 감리교 신학의 원로이며 한국 기독교의 리버럴한 전통의 존경받는 기수이며 탁월한 학자인 변선환 학장 그리고 예수의 부활을 육체적으로 해석할 수 없다고 주장하는 홍정수 교수의 교수 및 목사 자격 박탈 건의를 가결한 것은, 1885년 부활절인 4월 5일, 아펜젤러가 인천항에 첫발을 디딘 이래 처음 있는 일이며, 또 기독교 내 · 외를 막론하고 한국 사회의 보수화에 대하여 경종을 울리게 하는 심히 유감스러운 사태이다.

감리교는 웨슬리(John Wesley, 1703~1791)가 중심이 된 옥스퍼드대학 학생운동으로서 시작되었으며, 성령의 힘에 의하여 신앙인의 개인적 삶에 근원적 변화가 일어나게 만드는 다양한 방법을 제창하면서 일어난 영적인 부흥운동이었다. 이들은 성령주의를 표방하기는 했지만 산업혁명 초기로부터 발생한 노동자들을 대상으로 하는 광장의 설교(open-air preaching) 운동을 대대적으로 전개하는 등 다양한 사회운동에 앞장섰다. 그리고 그 주체세력이 매우 엘리트 그룹이었기 때문에 상당히 리버럴한 신학 전통을 성령주의와 동시에 성립시켰다.

성령이란 본시 조직이나 형식, 이론이 고착되었을 때 그를 파괴하는 신선한 래디컬리즘으로 등장한다. 성령 그 자체가 보수적인 것은 아니다. 아펜젤러 사후 한국인으로서는 최초로 정동교회 담임목사가 된 최병헌(崔炳憲, 1858~1927. 1902년 담임목사가 되어 12년 재직)은 훌륭한 유학자였으며 끝내 유학자이기를 버리지 않았다. 서양지천(西洋之天)과 동양지천(東洋之天)이 결국 같은 하나님(天)이라고 생각했으며, 동양지천에는 죄를 용서하시고 사랑하시는 인격성이 좀 부족할 뿐이지만, 공자가 말하는 모든 세속 윤리는 기독교인의 신앙체계, 즉 삶의 체계로서 받아들여야 한다고 생각했다. 그는 편협한 배타주의 입장을 취하기보다는 각 종교의 역사와 교리를 객관적으로 이해하려는 노력을 기울였다….

변선환 선생이 주장하는바, 기독교(교회) 밖에도 하나님의 사람이 있고 구원이 있다는 것은, 지금 새삼스럽게 거론된 바도 아니요, 또 이설을 세우기 좋아해서 외쳐대는 말도 아니다. 그것은 이미 다원화된 한국 종교 사회의 현실을 직시하는 정확한 메시지이며, 1951년 위팅겐회의가 교회중심주의, 배타주의, 개종주의 선교를 표방하는 제국주의, 즉 서구 식민지주의에서 벗어나야 한다는 것을 선언한 이래 꾸준히 진행되어 온 국제 기독교 사회의 상식을 반영하는 것이다. 1968년 WCC는 다이얼로그 가이드라인을 발표했으며 가톨릭에서도 제2차 바티칸공의회(Second Vatican Council, 1962~1965)는 맑시스트 · 무신론자를 포함하여 선의를 가진 다른 종교인도 구원받을 수 있다는 것을 선언했다. 1990년 6월, 취리히 옆의 소도시에서 신학자들이 모여 선언한 바아르 스테이트먼트(Baar Statement)는 포괄주의를 지양하고 다원주의로 그 패러다임을 이전시켰다. … 이제 인류의 종교사는 교회 중심 선교에서 하나님 중심 선교(Missio Dei)로 그 패러다임을 전환해야 한다는 것이다. … 하나님이 이 세계를 창조한다면 이 세계 또한 하나님을 창조한다. 하나님이 완전하고 이 세계가 불완전하다면, 이 세계 또한 완전하고 하나님이 불완전하다. 모든 창조와 완전은 과정일 뿐이며 완결된 것일 수 없기 때문이다. 기독교의 역사도 완결된 것일 수 없다. 보수 진영이든 진보 진영이든 그 존속 이유가 있는 것이라면, 그 양자의 과정은 오로지 공존과 대화의 변증법 속에서 하나님의 평화를 실현해 나가야 한다. 여기에 '세속의 힘'을 빙자하여 같은 하나님의 사도에게 파문이라는 인위적 폭력의 죄악을 부과하려 한다면 그들이야말로 광주사태를 일으킨 5공 세력보다 더 무서운 우리 사회의 암적 존재들이다. 이러한 폭력을 우리는 묵과해서는 안 된다. 변선환 목사와 같은 우리 교계의 양심과 양식이 그 날카로운 목소리를 오늘날까지 유지할 수 있었던 것은 바로 그를 지지하는 젊은 학도들 그리고 그의 트인 생각과 인간됨을 존중하는 우리 사회의 모든 휴머니스트들의 보이지 않는 강력한 유대감과 사랑이 엄존하기 때문이다. 이러한 진실에 도전하는 모든 죄악은 결국 그 자체의 논리에 의해 괴멸될 것이다. 배타는 하나님의 적이요 선교의 거부다!

이 글을 몇 사람이 읽었는지는 모르지만, 감리교회 교단 특별총회에서 변선환 선생님의 목사직을 박탈한 것이 1991년 10월 31일의 사건이므로, 그 사건이 있은 지 불과 열흘 만에 나온 이 글은 공적인 사회적 매체를 통하여 일반에게 공개된 글로서는 아마도 최초의 글일 가능성이 높다.

대중매체의 잡지 글이라는 것이 매우 촉박한 시간 내에 완성되어야 하므로 충분한 정보수집과 검토와 숙고의 여백이 모자라는 가운데 쓰기는 했지만, 그래도 전면 두 페이지라는 문자 공간을 확보하여 사태의 전체적인 의미를 대중에게 전달하는 데는 과히 부족함이 없었다고 확신한다.

무엇보다도 당시 이런 글이 즉각적으로 사회평론으로 나갈 수 있었던 것은 김훈이라는 탁월한 식견을 지닌 편집부장이 잡지를 장악하고 있었고, 또 김훈 부장은 나에게 내 칼럼 공간에 대한 전권을 부여해 주었고, 일절 간섭하지 않았기 때문에 가능한 일이었다. 나는 이 글에 대해서 무한한 자부심을 가졌다. 내가 평소 존경하는 사상가에게 부과된 터무니없는 정죄의 죄악에 대해 소신껏 항변할 수 있었다는 것이 자랑스러웠다. 때는 노태우 정권 시절이었으니 긴 겨울이 지나고 봄이 찾아오고 있다는 조짐을 조금이나마 느끼기 시작할 때였다. 그러나 감리교단의 행동은 몰상식의 극한으로 치닫고 있었다. 나는 그때만 해도 변선환 선생의 주변의 인물을 아무도 알지 못했다. 변선환 문하에서 자라난 이정배와 같은 동량과 개인적 연락이 없었다.

결국 몇 달 후, 1992년 5월 7일, 감리교 서울연회 재판위원회는 다시 종교재판을 열어 변선환의 출교를 결정하였다. 파문이었다! 파문이 그의 학문적 입장이나 정신세계에 어떤 본질적인 파문을 던졌을 리 없지마는 불과 3년 후, 1995년 8월 8일, 그는 홀로 그의 서재에서 원고를 쓰다가 소천하시었다. 그러나 돌이켜 생각해 보면 그의 나이 불과 68세, 지금 나의 처지를 비추어 보아도, 너무 일찍 세상을 뜨셨다는 안타까움이 새삼 분노로 치밀어 오른다. 파문의 충격이 없을 리 없다. 단지 주희(朱熹 1130~1200)처럼 글을 쓰다가 책상에서 좌탈하셨다는 소식은 한없이 부럽게 느껴진다. 주희는『대학장구』를 매만지고 있었다는데, 우리 선생님은 한국 역사의 미래를 걱정하는 논문을 쓰고 계셨다:

> **"오늘의 한국은 서구 근대화를 피상적으로 모방하지 말고, 한국 종교 속에 움트고 있었던 적극적인 요소들과 만나면서 참으로 알찬 한국적으로 토착화된 근대화 모델을 만들어 가야 할 것이다."**

그의 최후 일언은 역시 신학함의 주체성을 강조하던 대인(大人)의 우환의식의 정면(正面)을 보여주고 있다 할 것이다. 우리 역사는 그가 외치던 "토착화된 근대화 모델"로부터 염치없이 멀어져만 가고 있다.

나의 고전 강독 집회에 열심히 나오시던 감리교 목사님이 한 분 계셨는데 이분은 매우 폭넓은 사고와 깊은 지식과 경건한 신앙을 구유하신 분이었다. 이 목사님은 말년에 변선환 선생님과 가깝게 왕래하셨다. 그 목사님이 전해주는 한 일화는 변 선생님의 속마음을 잘 드러내고 있다. 변선환 하면, 그 인간을 말해주는 가장 특징적인 면모는 유머였다. 말 한마디 한마디가 매우 웃긴다는 것이다. 신학이라는 학문의 껄끄러움을 유머로 매끄럽게 다듬고 넘어가는 것이 그의 인생역정이었을지도 모르겠다.

변선환과 강 목사는 강화도 어느 곳을 지나고 있었다. 강 목사의 목회 장소가 강화도였다.

거대한 감나무 고목 밑에서 쉬어가게 되었는데, 갑자기 감나무 속이 썩어 텅 빈 것을 보자 정색을 하고 몇 발치 떨어져서 나무를 향해 소리를 지르는 것이었다: "나무! 네 이놈! 넌 어찌 목회도 안 해본 놈이 속이 그렇게 썩었느냐?"

참 기발한 유머라 하겠으나 변 선생님의 썩은 속을 보여주는 일화라고도 하겠다. 나는 말한다. 감리교는 지금이라도 늦지 않았으니 다시 특별총회를 열어 변 선생님의 신원을 회복하는 결단을 감행해야 할 것이다. 퇴계와 동시대의 사람으로서 퇴계 학문에 못지않은 독특한 일가를 형성한 남명(南冥) 조식(曺植 1501~1572)이라는 인물이 있었는데 그의 수제자 래암(來庵) 정인홍(鄭仁弘, 1535~1623)이 인조반정으로 참수당함으로써 남명의 학맥도 다 끝나버렸다. 정인홍의 관작이 회복이 안 되었기에 남명도 잊혔다. 결국 정인홍은 구한말에 이르러서야(1908) 신원되었는데, 하여튼 20세기 말에 이르러서 남명학은 크게 부흥되었다.

정확한 비유는 아니지만, 사상적 성향의 차이 때문에 파문의 결정을 내린다는 것은 감리교교단의 자체의 파멸을 초래할 수도 있다. 감리교 신학의 미래를 생각할 줄 아는 사람이라면 일아(一雅) 변선환의 정위치를 회복시키는 작업을 언젠가는 반드시 실행해야 할 것이다. 지금은 나의 말이 우습게 들릴지도 모르겠으나 언젠가는 나의 말대로 행하게 될 것이다. "복(復)에서 하느님의 마음을 본다"라는 역(易)의 언어를 되씹게 될 것이다.

나는 1982년에 하버드대학에서 학위를 끝낸 후 고려대학교 철학과 교수로 부임하였는데, 그때 안병무 선생님은 내가 동방 고전에 관한 필로로기(Philology, 문헌학)의 탄탄한 기초를 지닌 학자로서 기독교 신학자들과 대화할 수 있는 인물이라는 것을 인지하시고 당신이 발행하는 「신학사상」의 편집위원으로 초대하여 주셨다. 그때 편집위원 중의 한 분이 변선환 선생님이었다. 덕분에 편집회의에서 신학자 선생님 여러분을 만나 대화를 나누고 여러 주제에 관해 토론하는 영광을 누릴 수 있었다. 그리고 그 후에 나는 고려대학을 떠났고, 또 1990년부터 원광대학교 한의과대학 학생이 되었는데, 그 시절에 변선환 선생님은 원광대학교 교학대학에서 종교철학을 강의하셨기 때문에 가끔 열차 칸에서 선생님을 뵈올 수 있었다.

그러나 변 선생님과 학문적 토론을 깊게 할 시간을 가진 기억은 별로 없다. 선생님께서는 동양철학에 폭넓은 관심을 두고 계셨지만, 나와는 관심 분야가 일치하지 않았고 언어의 질감이 좀 달랐다. 선생님의 동방학이라고 하는 것은 신학적 담론 속의 동방학이며, 신학적 개념의 필터를 거친 철리(哲理)의 세계이다. 나는 원칙적으로 철학적 논의를 전개하는 데 있어서 그러한 필터를 전제하지 않는다. 선생님의 언어는 매우 보편적이면서도 화려하다. 거기 비하면 나의 언어는 매우 독특하고 건조하다. 그렇지만 선생님의 언어는 매우 계발적이다.

내가 감히 선생님의 정신세계에 관해 무엇을 이야기할 수 있을까 보냐마는 내가 느낀 인상을 간략히 기술하면 다음과 같다. 안병무의 신학 세계는 매우 구체적인 하나의 텍스트가 있다.

그 텍스트는 성서이며, 성서 중에서도 신약이며, 신약 중에서도 예수의 삶을 담은 복음서이며, 복음서 중에서도 케리그마화되기 이전의 갈릴래아 황토 흙이 배인 "사람 이야기" 같은 것이다. 불트만은 초대교회의 담론이 아닌, 그 이전의 역사적 담론은 복음서에 남아 있지 않다고 본다. 정확히 말하면 그러한 담론에 관해서는 불가지론적인 인식론적 입장을 취한다. 안병무는 그러한 불가지론을 뚫고 갈릴래아 황토 흙 배면을 쑤셔댄다. 그리고 그곳에서 민중을 발견한다. 그곳에서 발견된 민중은 '실체'(Substanz)가 아닌 '사건'(Ereignis)이다. 그러니까 안병무의 민중신학은 복음서를 철저히 분해하고 해체하는 과정에서 도달한 결론이다. 그 해체 방법의 방법론에는 유니크한 안병무의 실존이 자리 잡고 있다. 안병무는 매우 독창적인 사상가이다. 그의 성서는 지구상에 용케 살아남은 희랍어 파편들일 뿐 아니라, 청계천의 전태일의 삶, 북간도 하늬바람의 고난을 홀로 이겨내는 선천댁, 그런 사람들이야말로 바로 진짜 그의 성경이다.

이에 비하면 변선환은 텍스트가 다르다. 변선환의 텍스트는 성서라고 말하기보다는(물론 성서를 텍스트로 하지 않은 신학자는 없다), 신학 그 자체이다. 그가 그의 삶을 통하여 탐구로 삼은 것은 모든 유형의 신학적 디스꾸르(discours)이다. 그는 지구상에 존재한 모든 유형의 신학적 사고, 신학적 체계를 탐구 대상으로 삼았다. 민중신학이 성서를 바라보는 하나의 유니크한 시각, 인간세의 시공을 통하여 제기된 그와 같은 모든 유니크한 시각을 탐구의 대상으로 삼은 것이다. 변선환은 19세기 말부터 20세기가 끝나갈 때까지 활발하게 진행된 모든 신학 담론의 가치를 인정하고, 그 모든 것에 안테나 역할을 했다. '올꾼이'라는 말에 '바보스럽다'는 의미가 전면에 드러난다지만, 그 배면에는 그야말로 열심히 일하고 부지런 떠는 사람이라는 의미도 배어있다 할 것이다. 그러니까 안병무는 철저히 성서 속으로 파고들었지만, 변선환은 신학 담론들 사이로 파고들었다. 즉, 신학 담론을 생산해내고 있는 '세계' 속으로 파고든 것이다. 왜 그랬을까?

한 사상가의 생애에 그 사상 성향을 지배하는 것은 역시 최초로 자기 삶의 지향점을 발견하는 순간의 영감 같은 것이다. 그것은 그 사상가의 현존의 줄기에 매우 지속적인 패러다임을 형성한다. 그 영감의 원천은 그가 18세 때 만난 늙은 백발의 한 목사님이었다. 3.1 독립만세의거 당시 민족 대표 33인 중 한 사람으로, 끝내 6.25전쟁통에 총살당하기까지 신앙의 절개를 한 번도 잃지 않은 순결한 영혼이었다. 변선환은 말한다: "그의 위대성은 복음을 동양 종교의 컨텍스트 속에서 해석하여 변증하려고 하였던 데 있었다. 동양 종교와의 대화 속에서 증거되는 그의 설교는 동양적 신학 또한 한국적으로 토착화한 신학의 원형이다."

여기 변선환의 신학 세계를 대표적으로 이름지우는 '토착화'라는 개념이 등장한다. 내가 신학대학을 다닐 때쯤, 신학계에는 '토착화'(indigenization)라는 말이 매우 유행하고 있었다. 토착화라는 말이 유행하지 않을 수 없는 이유는 기독교적 삶과 한국인의 토착적 삶이 매우 다른 양상을 띠었기 때문이다. 이러한 차이를 일자가 타자를 묵살하고 지나가면 그뿐이겠지만, 도저히 그런 묵살이 불가능할 정도로 양자의 세력이 균형을 이루거나 객관적으로 대등한 가치가 인정될 때는 어떠한 방식으로든지 소통하지 않으면 안 된다.

인류 문명사에서 기독교의 역사는 '갑질'의 역사이다. 어느 시공에 떨어지든지 자기만이 옳고 타자는 무조건 개종이나 구원의 대상이 되어야 한다는 명제를 폭압적으로 강요하는 십자군 신학의 역사이다. 그런데 이러한 논리의 부당성을 기독교 신앙을 수용한 이들은 느끼지 못한다. 은재(殷哉) 신석구(申錫九, 1875~1950) 목사는 깊은 유학자의 소양 속에서 이러한 논리의 부당성을 감지한 심오한 신앙인이었다.

기독교적 삶의 논리는 하여튼 껄끄럽다. 껄끄럽다는 것은 비인과(因果)적이고, 비상식적이고, 역설적이라는 것이다. 이에 비하면 토착적인 삶은 인과적이고, 상식적이고, 순리적이라는 것이다. 어린 변선환은 그 껄끄러운 역설들을 삶의 지향처로서 인지하였을 때, 그 파라독스의 강렬함과 과제성을 동시에 느꼈던 것이다. 그의 신학 여정은 그러한 껄끄러움을 해결해 나가는 실존적 고뇌의 과정이었을 것이다.

토착화 문제에 봉착했을 때, 나는 "신학을 토착화하는 수고 속에 내 인생을 바치지 않겠다" 하고, "토착화할 것이 아니라 내가 '토착'이 되어버리겠다" 하고 신학대학을 나와버렸다. 그러나 나의 시대와 변선환의 시대는 패러다임이 다르다. 나에게는 '토착'이라는 세계가 전 인류의 새로운 비전으로서 당당한 개벽의 서광을 발하며 다가오고 있었다. 그리고 이미 내가 기독교에 충성심을 지켜야 할 만큼 기독교는 순결한 도덕성을 지니고 있지 않았다.

그러나 토착화를 외친 신학자들에게 기독교는 애착을 버릴 수 없는 소중한 가치를 개화기를 통하여 우리 민족에게 전한 정신적 자산이었다. 기독교의 토착화는 그들에게는 성실한 의무였다.

토착화의 토착이라는 문제의식은 그것이 기독교적 가치에 의하여 말살될 수 없는 소중한 가치를 독자적으로 지닌다는 생각을 지닌 자들에게만 다가온다. 그리고 그 토착에는 다원적인 심층의 복합구조가 있으며, 그 복합구조 속에는 기독교에 상응하는 신성(Divinity)의 자리가 있다는 것을 발견한 자들에게만 다가온다. 이러한 문제의식은 필연적으로 기독교가 기독교를 넘어선 자리에서 새롭게 뿌리를 내려야 한다는 종교의 새 지평으로 확대되어 나아가지 않을 수 없게 된다. 다시 말해서 토착화에 천착하게 되면 종교다원주의의 지평으로 나아가지 않을 수 없게 되는 것이다. 이것이 바로 변선환의 신학이 토착화와 종교다원주의라는 두 개의 키워드를 지니게 되는 핵심적 이유이다.

다원주의는 비빔밥이 아니다. 비빔밥 속에 포함되는 모든 요소를 그 나름의 생성 논리에 따라 정확하게 독자적으로 이해해야 한다. 다원주의는 제국주의적 폭력을 철저히 배격할 때만이 시작될 수 있다. 내가 대학 다닐 때만 해도 '비교'라는 말이 유행했다. 동서 문화 비교론이니 비교종교학이니 비교철학이니 하는 따위의 말들이 유행했다. 나도 한때 비교철학에 심취했다가,

곧 비교는 할 짓이 아니라고 판결을 내렸다. A와 B를 비교하는 것, 비교 그 자체가 학문이 될 수는 없다. A와 B를 비교할 것이 아니라, 그 시간에 A를 공부하고 B를 공부해야 한다. A와 B는 따로따로 연구되어야 한다.

내 추억 속 변선환은 한없이 유머러스한 사람인데, 그의 유머는 그의 존재의 겸손으로부터 유래하는 것이다. '겸손'이라는 것은 자기를 개방하고 자기를 끝없이 낮추는 것이다. 변선환은 아상(我相)을 철저히 버렸다. 타종교를 대할 때에 철저히 나를 버렸다. 그의 낮춤과 개방은 바닥이 없었다. 노자가 말하는 '무'(無)나 불교가 말하는 '무아'(Atman)를 이론으로서가 아니라 자신의 종교다원주의적 삶의 실천 속에서 구현하였다. 그는 그 많은 신학자 속의 민중이었다. 천대받고 이단시되고 그러면서도 철저히 봉사하는 개방된 고도의 지성이었다.

그의 웃음과 비애와 낮춤은 "20세기의 낭만"으로 영원히 기억될 것이다. 새삼 변선환이 그리워진다.

人無孔子意如同
衆非基督自求脫
南浦書香抱四海
上下攝通易生活

사람이 공자가 아니더라도 그 뜻이
공자와 같을 수 있다고 한 것은 수운의 말이다.
민중은 그리스도가 아니더라도 스스로
구원을 추구할 수 있다.

진남포의 서향 속에서 자란 一雅는
사해의 모든 사유를 가슴에 품었다.
초월과 내재가 하나로 다 통해버리니
生生하는 易의 세계가 생명으로 가득하다.

2022년 10월 11일

이정배 교수의 부탁으로 낙송함에서 붓을 옮기다.

변선환 선생님을 그리워하는 많은 사람에게 이 소론(小論)을 바친다.

II.

변선환 학장

J-2-099

입장을 밝힙니다.

감리교 신학대학을 사랑하는 분들에게 드리는 편지

학장 변 선 환

감리교 신학대학 개교 백주년을 3년 앞두고 한국감리교회는 학장과 홍정수 교수의 신학문제 때문에 어려움에 빠지게 되었습니다. 한국 최초의 신학대학이 "감신대 개발 90년대", "21세기의 감신대"라는 슬로건을 내걸고 냉천동 제1캠퍼스와 함께 새로 손에 넣게 된 장호원 제2캠퍼스를 개발하려는 부푼 꿈을 가지고 있었던 때이었기에 우리 감신대 사람들에게는 더욱 큰 좌절감과 실망을 안겨 주었습니다. 항간에는 감신대 학장의 신학문제가 오해되고 왜곡되며 날조된 유언비어가 많이 떠돌고 있는 것 같습니다. 본인은 감신대 신학사건이 계기가 되어서 만들어진 한국감리교회의 현실을 보며 아픈 마음을 가지고 몇가지 함께 생각할 점들을 적어 보겠습니다.

I. 종교 다원주의 신학

기독교 대한 감리회 제13차 입법총회(1991. 10. 30)는 "김홍도 목사의 동의와 박기창 목사의 재청으로 재석자 절대 다수의 찬성"으로 종교다원주의와 포스트모던 신학을 정죄하였습니다. 서울연회 재판위원회는 종교 다원주의 신학이 신앙과 교리에 위배된다고 하면서 본인에게 출교 판결(1992. 5. 7)을 내렸습니다.

종교 다원주의란 무엇입니까? 우리들은 소련에서 공산당 일당 독재체제가 무너져서 여러 정당들이 더불어 활동할 수 있는 정치적 다원주의를 향하는 민주화의 길을 가고 있다는 것을 알고 있습니다. 기독교 2천년의 역사에도 기독교(천주교) 황금시대의 영광을 누렸던 때가 있습니다. 중세기 입니다. 역사가들은 중세기가 만들었던 기독교 문화세계(corpus christendum)를 암흑시대라고 합니다. 금세기에 접어 들면서 천주교는 기독교 안에 있는 다른 교파의 실체를 인정하여야 하게 되었습니다. 가톨릭 교회는 바티칸 제2공의회(1962~65)를 거쳐서 타종교의 실체를 인정하며 타종교인들의 구원의 가능성을 인정하기에 이르렀습니다(포괄주의). 최근 개신교의 에큐메니칼기구인 세계교회협의회는 "바아르 선언문"(1990. 1)을 통하여서 종교 다원주의 신학을 밝혔습니다. 우리들은 여러 교파와 종교 사이에 놓여진 장벽을 넘어서 함께 더불어 살아가는 지구촌의 윤리를 만들어 나가기 위하여 타종교를 우상숭배하는 악마라고 정죄하던 낡은 배타주의에서 벗어나서 함께 대화하고 협력하는 길벗이요, 친구라고 보게 하는 포괄주의나 다원주의를 배워 나가야 할 새로운 시대에 살고 있습니다.

자기 어머니가 이세상에서 가장 아름다운 여인, 가장 고마우신 분이라고 보는 사람

-20-

19920528_입장을 밝힙니다(감리교신학대학을 사랑하는 분들에게 드리는 편지)_
변선환 학장_감리교단을 염려하는 기도모임 자료집(1)_6(2)번_페이지_1

은 바로 그와 같은 체험을 통하여서 자기 친구들의 어머니도 존경하게 되는 법입니다. 어머니를 사랑한다는 일편단심 때문에 우리는 결코 친구의 어머니는 어머니가 아니고 내 어머니만 어머니라고 배타적으로 주장할 수 없습니다. 이것은 너무나도 상식적인 일상체험입니다. 성숙한 기독교 신앙은 그리스도 신앙에 주제적으로 관계하면서도 다른 교파사람과 다른 종교인들의 신앙의 자유와 양심을 존중합니다.

존 웨슬리는 선행은총(gratia preveniens)이라는 말을 가지고 하나님이 온 인류를 구원하시려는 폭넓은 보편적 경륜에 대하여 밝혔습니다. 모든 사람은 원죄때문에 형벌받고 멸망하여야 마땅하지만 하나님께서는 그리스도의 속죄사업을 생각하셔서 그리스도의 은총을 알기 이전에 있는 사람들에게도 구원이냐, 멸망이냐, 하나님 신앙이냐, 불신앙이냐를 결정할 수 있는 선택과 결단의 자유가 미리 선행적으로 모든 사람들에게 주어졌습니다. 그리스도의 은총밖에 내던져진 사람은 단 한사람도 없습니다. 십자가의 속죄사업은 모든 사람을 구원하고도 남습니다. 그리스도의 은총은 모든 사람안에서, 모든 사람을 위하여 값없이 주어졌습니다(free in all, and free for all)

값없이 주신 그 크신 은총(속죄의 보편성)을 알고 있는 감리교인은 그리스도의 속죄의 은총이 예정론 교리의 배타성에 제약될 수 없다는 것을 알고 있습니다. 웨슬리는 만인을 구원으로 초청하고 있습니다. 어머니 스잔나는 "예수의 종교와 낙원에서의 아담의 종교(타종교)사이에는 본질적 차이가 전혀 없다"(딸 에밀리에게 보낸 편지)고 하였습니다. 웨슬리는 스위스 태생의 감리교인(존 프렛쳐)이 주장한 하나님의 은총의 섭리의 경륜으로 네가지 단계를 말하며 그 사이에는 질적인 차이가 아니라 양적인 차이가 있을 뿐이라고 합니다. ① 그리스도의 은총을 가장 작게 받은 이는 이방인이고(히 11 : 6), ② 보다 많은 은총의 빛을 받은 이는 유대인이고(롬 3 : 2), ③ 더 많은 은총의 빛을 받았던 이는 세례요한입니다. "여자가 낳은 자 중에 세례 요한보다 큰 이가 일어남이 없도다." ④ 그러나 천국에서는 극히 작은 자라도 저보다 크니라(마 11 : 11).

그리스도의 은총의 빛을 가장 많이 알고 있는 이를 기독교인이라고 합니다. 넷째 단계에 있는 기독교인은 아들이 되는 신분을 부여하는 영을 받은 자들(롬 8 : 16)이기 때문입니다.

웨슬리의 선행은총 사상은 가톨릭 교회 갱신운동을 일으킨 바티칸 제 2 공의회의 신학을 뒷받침하여 주었던 카알 라아너의 "익명의 그리스도인"이나 파니카의 "우주적 그리스도"사상과 극히 유사한 포괄주의 그리스도론을 전개하고 있다고 합니다. 종교적으로, 정치적으로 다원화된 현대세계의 선교를 위하여서 미국 연합감리교회가 1972년 다원주의를 쉽게 선교의 원리로 받아들이고 다원주의 신학을 전개하도록 고무한 데에는 상당한 신학적 배경이 있었다는 것을 알게 됩니다.

한국 감리교회도 선교 백주년을 기념하는 선교대회에서 읽은 7개항으로 된 대회선언문 6항에서 다원주의 사회에서의 복음선교에 대하여 다음과 같이 주장하고 있다.

1992.05 28

19920528_입장을 밝힙니다(감리교신학대학을 사랑하는 분들에게 드리는 편지)_변선환학장_감리교단을 염려하는 기도모임자료집(1)_6(2)번_페이지_2

"6. 우리는 그리스도의 복음이 개인이나 또는 민족적 차원에서 참된 구원의 유일한 도리임을 확신한다. 그러나 아세아의 종교적 다원사회에 있어서 한편 예수 그리스도의 구원의 보편성을 견지하면서 다른 한편 타종교와의 대화를 통해 협력할 것을 다짐한다. 우리는 어떤 형태의 지나친 독선주의도 배격하며 모든 종교들이 진정한 하나님 나라를 이땅위에 실현하기 위해 다같이 협력할 것을 제안한다."(1985년 4월 5일)

Ⅱ. 통일교 관련 문제

본인은 홍정수 교수와 함께 통일교와 관련되었다고 합니다. 현재 교리수호대책위원회 간사로 일하고 있는 이규철 전도사가 본 대학 재학 당시 대학원에, 통일교인이 있다고 학생처장 홍정수 교수에게 알려서 대학원 교수들이 자체조사에 나섰을때 1987년 5월, 6월에 저는 미국 뜨류대학교 초빙교수로 "아세아 신학"을 강의하면서 "불교 맥락속의 그리스도론"이라는 세미나 과정을 지도하고 있었습니다. 당시 학장은 송길섭 박사, 대학원장은 박대인 박사와 구덕관 박사입니다. 학위논문 주임교수는 송길섭 박사이고 저는 부심이었습니다. 저는 양창식씨가 통일교인이라는 것을 전혀 몰랐습니다. 금년초에 다시 조사위원회를 구성하고 조사시켰으나 두 교수는 혐의가 없다는 것이 분명히 드러났습니다.

저는 서울연회 심사위원들과 재판위원들에게 거듭 신학문제와 통일교 관련 사실의 문제를 밝혔습니다. 그러나 선고공판은 구형대로 "출교"였습니다. 저는 금란교회에서 행한 최후 진술에서 여섯가지 문제를 재고하여 달라고 간곡히 호소하였으나 미리 준비된 선고문이 그대로 낭독되었습니다. 저의 문제제기는 다음과 같은 것이었습니다.

1) 통일교 문제는 사건이 발생한 때(1987)부터 3년이 지난 일이며 본인과는 아무런 관련이 없는 일입니다.

2) 「월간 목회」에 기고하였던 글 "교회밖에도 구원이 있다"(1978)가 파문을 일으켰던 때(1978)에서부터 15년 가까이 저는 계속 신학문제로 어려움을 당해 왔습니다. 불교·기독교 대화(1982)이후 「기독교 사상」에 기고하였던 글(1983년 4월, 5월, 6월호)가운데서 특히 카알 라아너와 비슷한 인도 신학자 파니카의 우주적 그리스도론이 이번 신학사건에서 논의의 초점이 되었습니다. 우주적 그리스도론은 희랍교부들이 만든 로고스입니다. 그리스도론의 현대판, 아세아판일 뿐입니다.

신의 선교와 웁사라 세계교회 회의(1968)가 내놓은 세속화 교회론을 소개하였던 「월간 목회」의 글 "교회밖에도 구원이 있다"(1978)와 함께 「기독교사상」(제27권제5호 통권 제299호)(1983년 5월호)도 3년을 훨씬 지나서 10년이 된 옛 글입니다(교리와 장정 198 제7조). 파니카의 우주적 그리스도론은 다원주의 신학이 아니라 그리스도

19920528_입장을 밝힙니다(감리교신학대학을 사랑하는 분들에게 드리는 편지)_변선환학장_감리교단을 염려하는 기도모임자료집(1)_6(2)번_페이지_3

중심적인 포괄주의 모델의 신학일 뿐입니다. 제가 쓴 다원주의 신학은 80년대 후반기에 쓴 글에 나타나 있을 뿐입니다.

한국 기독교학회 회장 박근원 박사는 제가 전 회장으로 있을때 종교다원주의를 2년동안 네번 다루었다는 사실과 함께 종교다원주의 신학이 에큐메니칼 계통의 여러 신학대학에서 가르치고 있는 정규과목이라는 점을 들어서 서울연회 재판위원회가 관대하게 선처하여 달라고 탄원서(1992. 5. 4)를 제출하였습니다. 기독교학회는 신학대학 교수와 신학자들 2백명으로 구성된 초교파적인 학술단체입니다.

3) NCC 가맹교단이 세계교회협의회(WCC)가 공인하고 있는 에큐메니칼신학인 종교다원주의 신학을 정죄하는 것은 이해가 가지 않는 일입니다. 종교 다원주의 신학은 바아르성명서(1990) 발표이후 공인된 에큐메니칼 신학입니다.

4) 조시원(존시) 선교사를 제 1 대 교장으로 모시고 출발한 감리교신학대학 백년의 역사에서 빛나는 신학자들(최병헌·윤성범·유동식 등)은 모두 한국종교와 문화속에 복음을 뿌리 내리게 하려던 토착화 신학자들이었습니다. 감리교신학대학과 함께 한국 감리교회는 선교 백주년을 기념하는 선교대회 선언문이래 계속 종교간의 대화의 중요성을 종교 다원사회와의 관련에서 밝혔습니다. 선교 2세기를 지향하는 감리교 선교는 배타주의 개종선교의 차원에만 머물러 있을 수 없습니다. 다원주의는 교파와 종교, 성과 정치 이념의 차이라는 장벽을 넘어서 서로 배우고 대화하며 협력하는 신의 선교를 향하여 문을 열고 있습니다.

5) 근본주의 신학이나 펜타코스탈 운동을 가지고 웨슬리의 보편정신과 에큐메니칼 신학을 정죄한다는 것은 이해하기 어려운 일입니다. 한국 감리교회는 이미 1930년 자치교회를 선언하면서 교리적 선언을 발표할 때 기독교 조선감리회 제 1 회 총회에서 근본주의의 다섯 조항을 부결하였습니다. 21세기를 바로 눈앞에 두고 낡은 근본주의 신학을 내세워서 에큐메니칼 신학을 정죄한다는 것은 한국 감리교인 모두가 심각하게 생각하여야 할 일입니다.

6) 저는 심사위와 재판위원들에 의하여 계속 "예", "아니"라는 단답으로 신학문제에 대하여 대답하라는 권고를 받았습니다. 저에게 던져진 물음들은 대부분 제가 쓴 글의 전후 문맥을 끊어서 왜곡시킨 글들이었습니다. 대단히 죄송합니다. 신학문제는 재판에서 다루어 질 수 없습니다. 공정한 재판을 위해서 신학위원회를 구성하는 길을 모색하여 주시기 바랍니다.

감리교신학대학과 한국 감리교회의 밝은 앞날을 위하여서, 감리교인들이 웨슬리 전통인 에큐메니칼 정신에 굳게 서서 감신대 신학문제를 선처하여 주시면 감사하겠습니다.

15년 계속된 곤혹스러운 신학의 시련에서 저는 해방되기를 원합니다.

19920528_입장을 밝힙니다(감리교신학대학을 사랑하는 분들에게 드리는 편지)_변선환학장_감리교단을 염려하는 기도모임자료집(1)_6(2)번_페이지_4

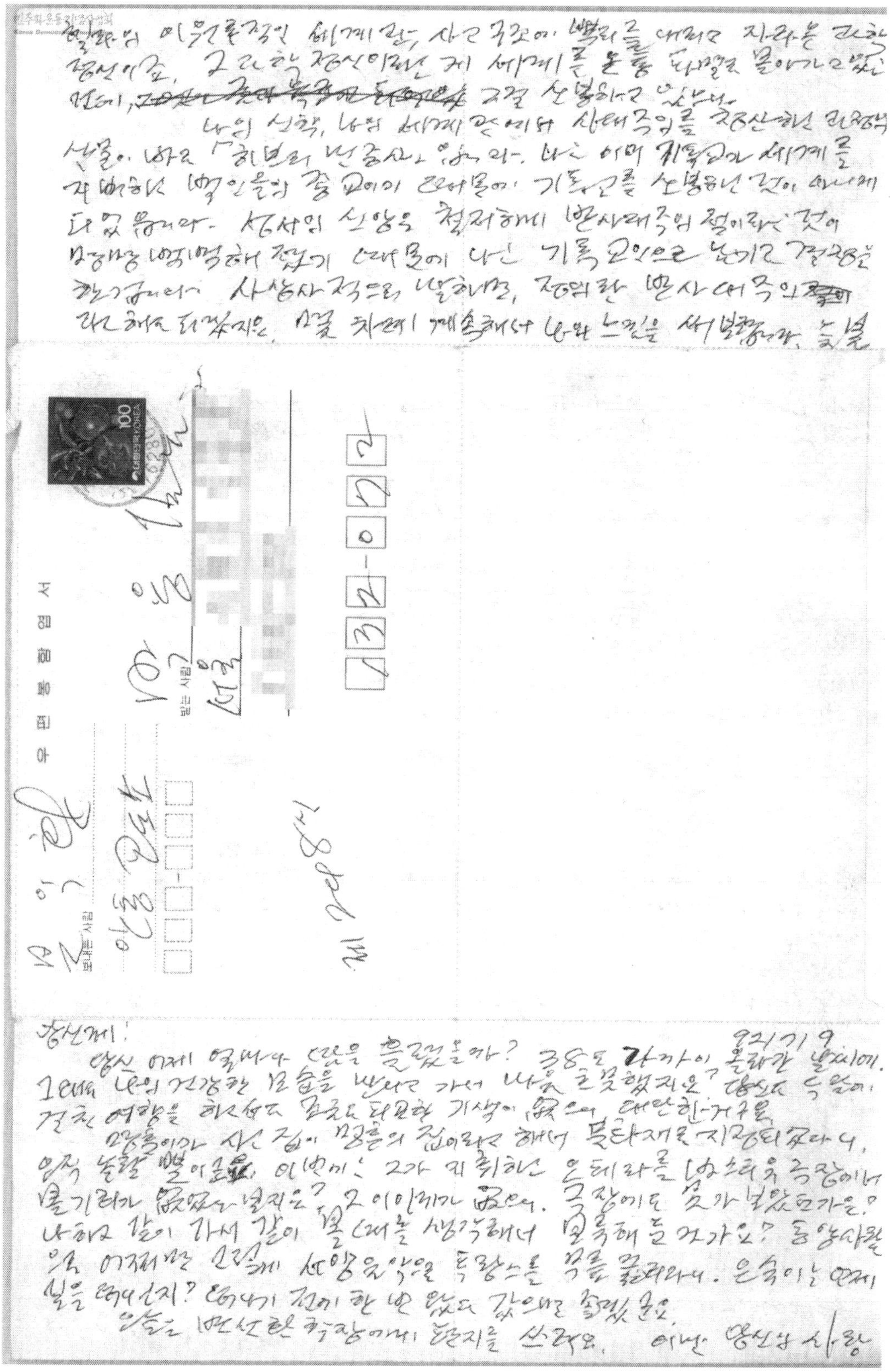

19920709_문익환 목사가 아내 박용길 장로와 변선환학장에게 보낸 서신(1-1)_문익환목사

변선환 학장님!

반세기 만에 또 종교재판이 이땅에서 벌어지다니. 나의 스승 김재준 목사로 종교재판은 끝난 거라고 생각하고 있었는데, 나의 제자가 종교재판으로 곤경을 치르게 되다니 천만 뜻밖이군요. 김재준 목사님에게는 서구의 근본주의 신학이 휩쓴 장로교 정통신학의 입장에서 보면 불만이 많았었지요. 그런데 반세기가 지나고 보니, 그를 정죄했던 보수주의는 이제 거의 다 죽어 버렸는데, 그런 역사를 목격한 사람들이, 그것도 자유주의 신학의 본당이라고 할 훌륭한 감리교가 시대 착오적인 종교재판의 판을 (전국 방방에서도) 벌이다니 참 한심스럽다는 생각이 듭니다.

이번의 종교재판 소식을 들으면서, 느끼는 것이 세가지 있습니다. 한국 기독교인들은 기독교인이라는 게 자랑스럽기만 했던 것입니다. 콘스탄틴 대제 이후로 1,700년동안 기독교가 신앙의 이름으로 저지른 오갖 죄악이 하나도 눈에 보이지 않는거죠. 그 죄악의 뿌리는 독단과 독선 아닙니까.

기독교인들의 독단과 독선 밑에도 우리 겨레에게도 무서운 독선의 뿌리가 있습니다. 그것이 주자학이죠. 주자학 이외의 모든것은 사문난적이라 하던 거 몰라요. 그것 때문에 얼마나 많은 피를 서로 흘렸습니까. 서양의 기독교는 그런 많은 독단과 독선을 많이 청산했는데, 한국에서는 이런 독단독선이 아직도 남아있는 것은 기독교의 독단과 독선이 주자학과 결들여져 우리 민족의 기질 속에 한세기 동안 깊이 뿌리를 내리고 있다는 것, 이것이 두번째로 내가 느끼는 점입니다.

세번째는 사대주의입니다. 주자학은 지고지선한 학문이라고 보고, 그 이외의 것은 다 그른 학문이라고 본 것이야말로 사대주의의 근원이죠. 신라 삼국통일 이후 1,300년동안 우리는 사대주의로 병들어 왔던 것 아닙니까? 서구에는 일본사람도 많고 중국사람도 많은데, 그들은 특히 흑인들에게 미움을 사지 않았는데, 왜 우리가 그토록 미움을 샀을까요. 우리 교포들은 백인에게 아부하는 사대주의에 기울어 흑인들을 그렇도록 업신 [illegible] 대해 왔겠습니까?

단 요새 내가 가톨릭이 된 것도 나의 핏속에 있는 사대주의 기질의 결과가 아닌가 하고 깊이 반성하고 있습니다. 나는 우리의 것을 너무 외면하고 살아왔거든요. 모든 것을 백인들의 신학에서 배우려고 했었거든요. 김재준 목사님을 정죄한 것도 서구의 근본주의 신학을 절대화 신봉하듯 신앙하는 사대주의자들이었습니다. 지금 변학장과 홍교수를 정죄하는 사람들도 백인들에게서 전수된 교리의 수준에 똑같이 서는 것 아닙니까?

그러나 정작 [illegible] 특정한 자기 반성을 해야 할 자리 생각합니다. 김재준 목사님도 분명히 함석헌 선생에 비하면 서구신학에 기울어 있었습니다. 변학장의 종교다원화를 인정하는 종교신학도 사대주의가 아닙니까? 홍교수의 포스트 모더니즘 신학은 안 그런가요?

내가 나의 신학에서 사대주의를 발견하고 이를 청산하려고 노력하기 시작한 것은 [illegible] 이후입니다. [illegible] 싸우면서 자유하는 [illegible] 거리에 [illegible] 속에서 나는 이 겨레의 힘과 슬기를 볼 수 있었고, 거기에 우리를 구원하는 길이 있다는 것을 알았습니다.

[illegible] 사대주의는 없습니다. [illegible] 속에서 나는 사대주의의 냄새를 맡습니다. 그것을 분명히

19920709_문익환 목사가 아내 박용길 장로와 변선환학장에게 보낸 서신(1-2)_문익환목사

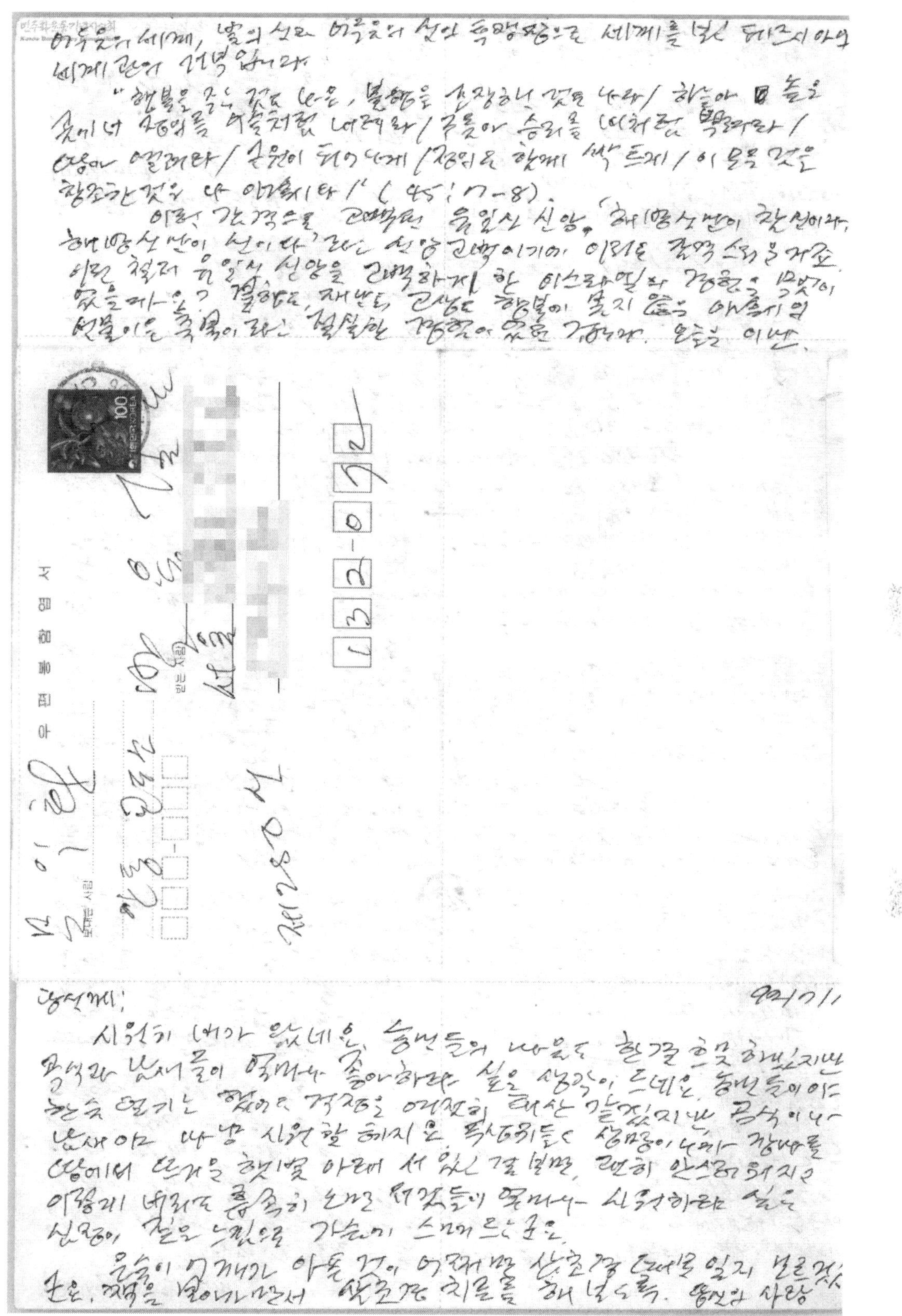

19920711_문익환 목사가 아내 박용길 장로와 변선환학장에게 보낸 서신(2-1)_문익환목사

변선환 학장께;

천하의 그 많은 이름 가운데 예수의 이름 밖에 구원이 없다는 신앙 고백 앞에서 변 학장과 홍 교수의 종교다원론은 그 변명이 승리에 말릴 수 밖에 없고 논리가 궁색할 수 밖에 없지요. 기독교의 유일신 신앙과 함께 "구원은 오직 그리스도에게만 있다"는 신앙고백이 기독교의 독단과 독선의 뿌리가 되어 있지 않습니까? 이 신앙을 우리는 어떻게 이해해야 할까요?

그와 같은 고백은 일찍이 에집트에서 탈출해 나온 노예들의 입에서 우선 들을 수 있지요. "오직 야훼만"이 히브리 선결 신이라는 신앙 고백이지요. 세상에 신이 많지만, 억눌린 자 속에서 절규하게 하지요, 죽어가는 저희를 생각해 주는 신이 (야훼 밖에) 없었으니 논거죠. 손수 벽돌을 굽느라 바쁘니 자기들을 그 곱살히 하는 죽음의 노가에서 건져 줄 신이 어디 있었느냐는 거죠. 그러니 우리가 그를 예배하지 않고 다른 어떤 신을 예배 할 것이냐는 거죠.

성서의 신앙은 결코 유일신 신앙에서 시작된 게 아니죠. 많은 신들 가운데서 저희를 구해 주신 분 야훼만을 섬기기로 결단을 내린 데서 시작된 게 아닙니까? 야훼를 제쳐놓고 다른 신에게로 가는 것은 은혜를 배신하는 행위였던 거죠.

그런데 그 후에 에집트의 지배 아래서 신음하는 사람들이 가나안에로 왔었을 때 농민이었지요. 그들에게 에집트의 낭떠러지를 건너게 하여 자유 해방을 체험하도록 해 주기까지 같이 떨쳐 일어난 신이 있었지요. 그 신은 야훼가 아니라, 전능한 하느님으로 번역된 '엘 샷다이'였지요.

야훼를 예배하는 노예 해방군과 엘 샷다이를 모시는 농민 해방군이 계약을 맺으며 한 해방군이 되면서 두 신은 같은 한 신이 되는 것 아닙니까? 그런데, 그 해방신이 다윗-솔로몬 궁궐에서 독재자의 신이 되어 버렸습니다. 독재자의 신이 되어 버린 야훼-엘 샷다이는 이제 이름뿐이 되었기로, 예루살렘 성전에는 송아지가 없었던 게 대단한 일이었죠. 야훼의 이름을 손 끝에 불러도 이제 야훼는 거기 계시지 않는 것이었죠.

해방신 야훼의 이름은 소멸되고, 그의 정신으로는 평등한 민족적 사회를 꿈꾸던 이스라엘은 하나 존재할 가치가 없어진 거죠. 그래서 587년 예루살렘은 바빌론 느부갓네살의 손에 망하고 백성은 포로로 끌려가게 되지요. 그런데 성전도 없고 왕도 없는 바빌론, 그 포로의 전쟁과 억압과 죽음 속에서 야훼-엘 샷다이의 전통을 도로 찾는 것 아닙니까? 그리고 고백합니다.

"야훼 같은 신 어디 있느냐?" 아니, "야훼 밖에 신이 어디 있느냐?"

그들은 그 포로와 전쟁 속에서 저희를 야훼 밖에 신이 없다는 철저 유일신 신앙을 소리 높여 고백합니다. 나는 오늘 아침 이사야 40장에서 55장까지를 소리 높여 통독하면서, 그 감격을 새삼 느꼈습니다. 페르시아 왕 고레스를 일으켜 바빌론을 무너뜨리고 약소민족들에게 해방을 주시는 신이 바로 절망중에 이스라엘의 신 야훼라는 것을 발견하여 이를 고백하는 그 감격 눈물겹지 않습니까?

그러면서도 그들은 페르시아의 이원론을 거부합니다. 빛을 만든 것도 어둠을 지은 것도 나라고 야훼는 선언하거든요. 빛의 세계와

1992071_문익환 목사가 아내 박용길 장로와 변선환학장에게 보낸 서신(2-2)_문익환목사

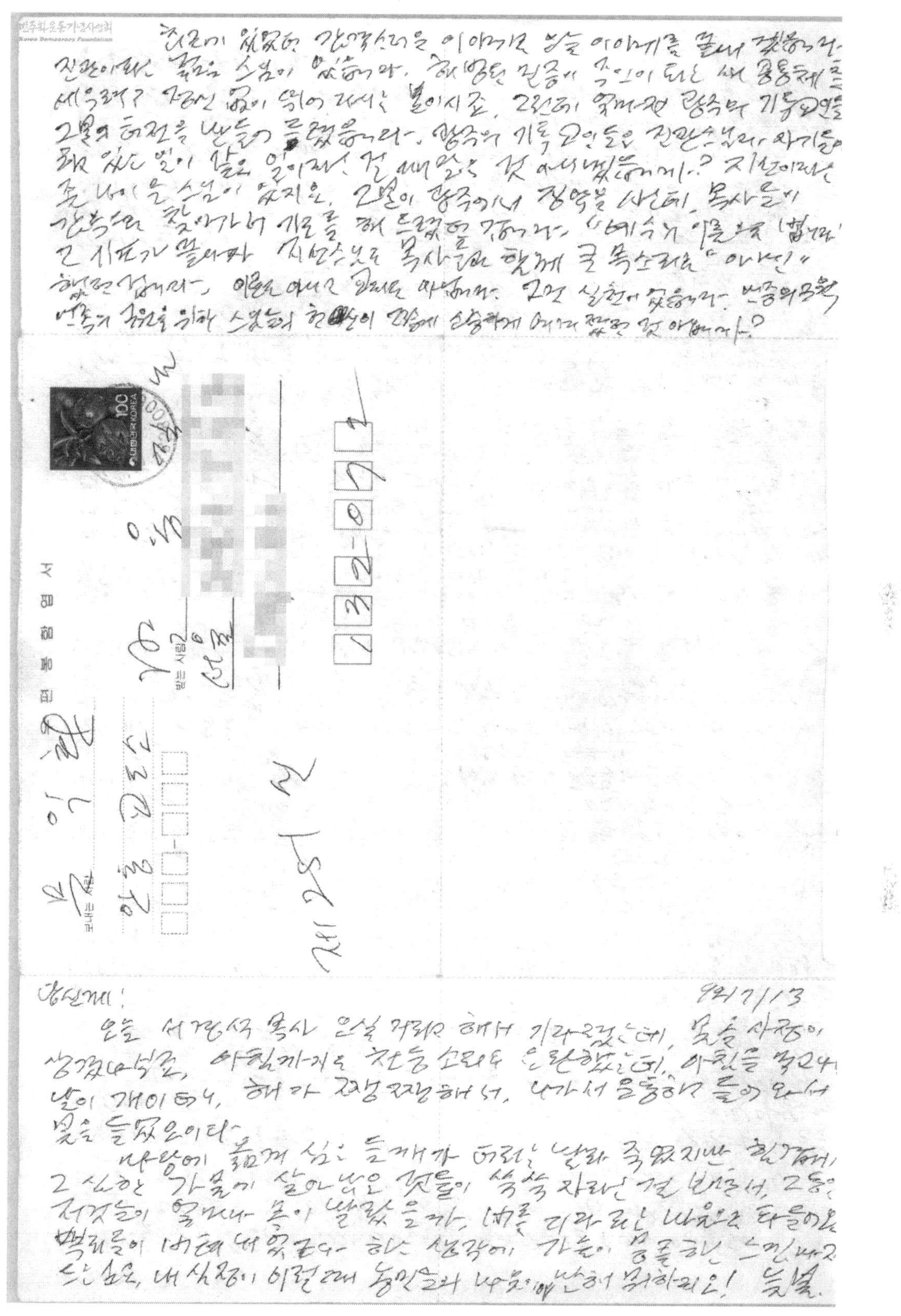

참으로 처절한 [illegible] 이야기로 남을 이야기를 풀어 줬습니다. 진짜이라는 [illegible] 소설이 [illegible]. 해방된 민중이 주인이 되는 새 공동체를 세우려고? 그런 꿈이 [illegible] 보이시죠. 그런데 억눌려진 광주의 기독교인들 그날의 현장을 [illegible] 들었습니다. 광주의 기독교인들은 진짜 소설이, 자기들의 [illegible] 있는 일이 삶으로 일어나는 걸 [illegible] 것 아니었습니까? 지선이라는 [illegible] 소설이 [illegible]. 그날이 광주에서 장엄한 사건이, 목사들이 [illegible] 찾아가서 기도를 해 드렸을 [illegible] "예수의 이름으로 [illegible]" [illegible] 목사들과 함께 큰 목소리로 "아멘" 했던 겁니다. 이론이 아니고 [illegible]. 그건 실천이었습니다. 민중의 [illegible] 민족의 [illegible] 위해 스스로의 [illegible] 순수하게 [illegible] 것 아닙니까?

당신께! 92.7.13

오늘 서경석 목사 오신 거라고 해서 기다렸는데, 못 오실 사정이 생겼나 보죠, 아침까지도 천둥 소리도 요란했는데, 아침을 먹고나니 날이 개이더니, 해가 쨍쨍해서, 나가서 운동하고 들어와서 [illegible] 들었읍니다.

마당에 옮겨 심은 들깨가 여러 날 다 죽었지만 한구석에, 그 [illegible] 가물에 살아남은 것들이 쑥쑥 자라는 걸 보면서, 그동안 저것들이 얼마나 목이 말랐을까, 비를 기다리는 나무들과 풀들의 뿌리들이 비에 [illegible] 하는 생각에, 가슴이 뭉클한 [illegible] 손을, 내 심정이 이럴 때 [illegible] 나눠 [illegible]! 늦봄.

19920713_문익환 목사가 아내 박용길 장로와 변선환학장에게 보낸 서신(3-1)_문익환목사

변선환 학장께:

"빛과 어둠이 어찌 자리를 같이 하리오?" 가 아니라, 빛도 하느님이 내셨지만, 어둠도 하느님이 빛이 있어 나신 것이라는 깨달음은 결코 철학적인 깨달음이 아니었지요. 지기들의 설어운 흑암의 골짜기를 더듬어 보면서, 그것은 저주스럽고 암담한 나날을 어 지나고 보니까 하느님의 은총이었다는 것을 깨달았던 것 아닙니까.

내가 겪어본 100여년 수난이야 70년에 걸친 이스라엘의 바빌론 포로 생활에 비기기나 [illegible] 하겠지만, 그래도 나는 이 경험을 통해서 그들의 같은 고백을 할 수 있게 되었습니다. 그 어둠의 죽음의 골짜기를 통과한 이스라엘은 만방의 빛으로 선택되었다는 것을 깨닫게 되었을 거요 (이사야 42:6). 그것도 [illegible] 무엇인가? 그것은 "소경들의 눈을 열어 주고, 감옥에 갇혀 있는 이들은 풀어 주는(42:7) 정의를 세우는 일이라는 거죠(42:6).

정의와 평화란 무엇인가? 내가 배고픈 설움을 겪어 봤기 때문에 남의 배고픈 설움을 알아주는 사람이라는 게 이사야 53장 아닙니까? 바빌론에서 서러운 포로 생활에서 풀려나 고국으로 돌아온 사람들이 갈구해낸 고난의 고백한 유일신 신앙의 내용은 이런 것이었습니다. 세계 도교세계를 흑으로 어둠의 세계, 정복의 대상으로 생각한 서구 백인들이 고백한 유일신 신앙과는 근본이 다를 것이 있죠. 그들에게 어둠은 빛에게 복종하고 정복당해야 할 것이 아니었으니까요. 어둠도 빛과 꼭 같이 하느님의 선물이고 축복이고 은총이었으니까요. 이것이 [illegible] 철저 유일신 신앙 아니겠습니까? 어둠을 빛의 적으로 생각한 서구인의 유일신 신앙은 [illegible] 신앙이라고 해야 겠죠. 철저 유일신 신앙의 자리에서 보면, 세상에 부정하거나 거부할 것이 없거든요. 만물을 창조하시고 보시고 하나하나를 "좋았다"고 한 창세기 1장의 고백이 바로 이런 철저 유일신 신앙의 신학적인 선언이라고 해야 겠지요.

예수의 이름이 아니고는 구원이 없다는 '초대 교회의 신앙고백'은 어떤 것이었을까요? 예수에게서 얻었던 구원은 그보다 1,800년 전에 노예들이 홍해를 건너 경험에서 고백한 구원과는 본질적으로 다를 것이었을까요? 그보다 5백여년 전 바빌론 포로 생활에서 풀려나면서 경험했던 구원과는 본질적으로 다른 것이었을까요? 그 [illegible] 예루살렘의 이층 다락방에서 풀려나 새 공동체를 만든 일이 포함되지 않은 그냥 영적인 구원이었던가요? 아니지요.

예수의 새 공동체, 하느님의 나라 건설은 로마의 지배를 벗어난 곳에서 세울 것이 아니라 내부로 한복판에 세우려고 했던 것 아닙니까? 온갖 박해를 받을 수 밖에 없었던 까닭이 거기 있는 거죠. 그러나 그들은 어떤 박해에도 굴하지 않는 자유인의 행렬을 [illegible] 그들 모을 수 [illegible] 할 수 있었던 거죠. 특별한 정도가 아니라 계속 확장해 나가는 것 아닙니까?

이런 구원의 경험을 그들은 예수에게서 밖에 다른 곳 어디서도 얻을 수 없는 것이었으니까 그렇게 고백한 거죠. 그것은 출애굽한 노예들이 야훼 밖에 우리가 섬길 신이 없다! 고백이나 바빌론에서 해방되어 돌아오는 포로민들이 야훼 밖에 신이 없다는 고백이나 같은 것이었죠. 마음이 가난한, 욕심없는 사람들, 정의와 평화를 사랑하고 세우는 일에 관심이 없는 사람들이 세운 새 공동체, 하늘 나라, 같은 걸 아랑곳하지 않는 사람들이, "예수님 이름밖에는..." 이라고 말하는 고백과는 본질적으로 다를 거죠.

19920713_문익환 목사가 아내 박용길 장로와 변선환학장에게 보낸 서신(3-2)_문익환목사

(벌레)에서, 나무에서, 강에서, 산에서, 짐승들에서, 별들에서 숨쉬는 하느님을 보았으니 해서 다석교를 거부해 버릴 일이 아닙니다. 우리는 그 모든 것에서 숨쉬는 하느님을 우리도 같이 숨쉬게 되어야 하는 거죠. "하느님이 내 안에, 내가 우주 안에, 우주가 내 안에, 내가 하느님 안에" 이것이 온전한 복음의 하느님 경험이 아니겠을까요. 우리는 모든 것을 생명으로 체험할 뿐인 거죠. 그리고 생명은 몸과 나눔으로 동시에 살아가는 거구요. 영육의 이원론, 형이상학도 함께 하늘에 이별하는 처리 가다지요. 모든 전통종교는 산 및 원초적 경험으로 돌아가서 만나고, 각기 나름으로 경험하며 깨달은 것을 서로 존중하고 존경을 받으면서 협력해 나가야 하는 거죠.

우편엽서

보내는 사람

받는 사람

당신께! 92.7.14

손을 처음으로 펴신 [illegible] 들어다가 연습 가락 위에 하나씩 놓아서 날았다오. 아직은 작지만, 향기가 어쩌나 좋은지. 이제 벌써 [illegible] 그만큼 좁혀지는 거죠. 향기로운 지는 거죠.

이 정호 목사 전 [illegible] 소장이요 현재 전과자들을 보살피며 주고 계시는 분! 허병섭 목사, 이 정희 목사, 이 철용 장로를 오라고 해서, 전과자들을 위한 일을 같이 의논하면서 했는데, 어제 선물을 보내, 이 철용 장로는 양화 간독으로 미복할 모양이고요. 아직을 대단한 사람이고요. 좋은 벗에게 어려운 사람이 되었고요. 그럴 때 나섰는데, 그 일에서 성공해 주기를 바랄 뿐이고, 앞으로 전과자들의 문제를 다룰 영화를 만들어도 좋지 않을까요? 성공을 빈다고 전화해 주시오. 이만 당신의 사랑 늦봄.

19920714_문익환 목사가 아내 박용길 장로와 변선환학장에게 보낸 서신(4-1)_문익환목사

변선환 학장께!

예수께서 이룩하시려는 구원의 생각이 어떤 것이었느냐는 건 누가 4:18-19에 잘 그려져 있지 않습니까? "묶인 사람들에게는 해방을, 눈먼 사람들에게는 광명을 억눌린 자들에게는 자유를, 주의 희년을 선포하러 하느님이 보내셨다는 거죠. 이건 이사야 61:1-2의 LXX의 번역인데, 이것은 바빌론에서 돌아온 귀환민들의 구원을 노래한 대목이거든요. 철저하게 사회적인 인간의 사회적인 구원이죠. 이건 그대로 출애굽의 구원과 [illegible] 일치하는 거죠.

그런데 예수에게 와서 구원의 새 차원이 열립니다. 그것은 생리적인 인간의 생리적인 구원이라는 차원이지요. 예수의 병고치는 기적의 의미가 거기 있는 거죠. 예수는 세례 요한이 보낸 제자들에게 당신의 구원행위를 이렇게 밝히지 않습니까? "소경이 보게 되고 절뚝발이가 걷게 되고 문둥이가 깨끗해지고 귀머거리가 듣고 죽은 사람이 살아나고 가난한 사람이 복음을 듣는다"(누가 7:22). 소경이 눈을 뜨고 귀머거리가 듣고……등등은 다 포로 귀환민들의 구원을 서술하는 말들인데, 거기서는 사회적인 인간의 사회적인 구원을 상징하는 말이었죠. 그게 예수에게 와서는 생리적인 인간의 생리적인 구원으로 나타나는 것이었죠.

인간의 구원이 사회적인 구원, 생리적인 구원으로 끝나는 것이냐고 하면 그건 아니죠. 그러나 그걸 무시하고 영이 받는 구원은 없는 거죠. 사람과 자연의 공동체, 사람과 공동체, 하느님 나라는 [illegible] 어느 지점에서도 갈라지는 것이 아니니 [illegible]. "하느님의 뜻이 하늘에서처럼 땅에서도"라는 주기도의 대목이 바로 그걸 밝혀 주는 것 아니겠습니까? 철저 유일신 신앙이 말하는 구원은 이런 총체적인 구원인 거죠. 좁은 이쪽의 구원을 무시하고 좁은 저쪽의 구원만을 말하는 사람들의 예수는 성서의 예수가 아닌 거죠. 그런 사람들이 말하는 유일신 신앙은 사이비, 속임수, 거짓 유일신 신앙인 거죠.

변 학장이나 홍 교수를 출교시키려는 사람들의 신앙이 바로 그런 사이비 기독교 신앙인 줄 압니다. 이제 [illegible] 변학장의 종교신학에 대한 나의 견해를 피력해 볼까요? 나는 사실 변학장의 신학이 종교신학이라는 것 말고는 아무것도 아는 것이 없습니다. 그러나 그동안 생각해 오면서 [illegible] 몰두하다 보니 나의 신학도 나나름의 종교신학이 되어가는 걸 발견하면서 변학장의 신학에 깊은 관심을 가지게 되었다는 것만은 틀림없는 사실입니다.

철저 유일신 신앙의 입장에서 모든 종교를 긍정적으로 보아야 하게 되었습니다. 세상의 모든 것(그 [illegible])을 [illegible] 하는 철저 유일신 신앙을 고백한다는 게 사실은 엄청난 일이지요. 그것이 아무리 엄청난 일이라도 나는 감히 그 고백을 하겠습니다. 사실 나의 관심은 불교, 힌두교, 유교, 도교, 회회교들 등 종교가 아닙니다. 나의 관심은 그 모든 종교의 뿌리인 원시 종교입니다. 물활론이나, [illegible]신교나 하는 원시 종교마저도 그리스도에 계시된 빛으로 새로 긍정적으로 보아야 한다는 생각입니다.

우리는 에베소서의 신 이해로 돌아가야 한다고 생각합니다. "만물 위에 계시고" "만물을 꿰뚫어 계시며" "만물 안에 계시는" 내재하시면서 초월하시는 하느님을 되찾아야 합니다(4:6). 우리는 문자 그대로 우리의 생리 속에서 숨쉬시는 하느님을 살아 간다는 것을 인정해야 합니다. 물활론 신앙은 바로 우리의 생리이거든요. 원시 [illegible]

19920714_문익환 목사가 아내 박용길 장로와 변선환학장에게 보낸 서신(4-2)_문익환목사

당신의 얘기가 되어야 한다고 생각합니다. 우선 우리의 신앙의 출발점이 새로 출발해야 없는가? 이 목사는 통일과 독선을 뺀다면 무엇인가? 그것을 극복한 길은 무엇인가? 폐쇄된 인생이 아니라 열린 인생으로 신앙의 [illegible] 체질을 바꾸는 것은 무엇인가? 이런 것이 문제되어야지요. 그러나 그것은 이루어지기 전에 실천이어야 합니다.

이런 문제를 안고 스스로를 속이지 않고 남을 속이지 않고 자신을 속이지 않는 자세에서 변선환 목사를 시켜서 한복판에 서 있는 변 학장에게 토론해 보는 일이 좋을 것입니다. [illegible]자로 대한 참고가 되게 되었으면 다행한 일이라고 생각했습니다.

삼대를 자고 꼴래의 길을 끝까지 걸으시기를 빌면서 안동에서 문익환

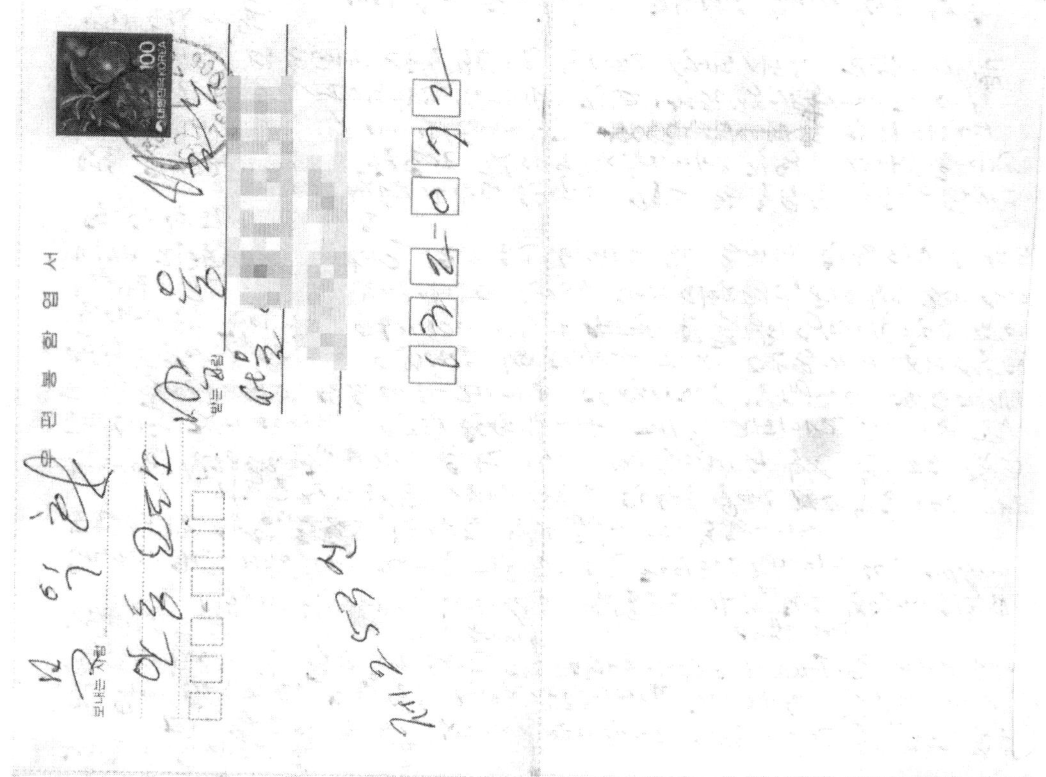

당신께, 92/7/15

아침 먹고 소리내어 찬송을 한참 부르는게 요새 일과가 되었지요. 그동안 통일을 외치고 다니느라고 쉰 목소리 회복이 되지 않으려나 했었는데, 쉰 목소리로 인생을 마치려나 했었는데, 이렇게 목소리가 회복된 것이 신기하기만 하군요. 몸이 가지고 있는 회복 능력을 실감할 수 있군요. 당신 목소리도 변함없이 처녀 적의 목소리지만, 나의 목소리도 20, 30대의 젊은 목소리가 되살아났어요. 여간 기쁘지 않으리오. 오늘 아침 아모스 7,8,9장을 검토해서 아모스서의 검토를 마쳤군요. 내일은 [illegible]. 오늘은 이만 당신의 사랑 늦봄.

19920715_문익환 목사가 아내 박용길 장로와 변선환학장에게 보낸 서신(5-1)_문익환목사

변선환 학장께:

생명의 신비와 존엄 앞에서 두렵고 떨리는 가슴 가눌 길 없는 심정, 생명을 높여 찬양하며 사랑하는 마음에서 생각이 된 종교로 모든 고등종교는 돌아가야지요. 생명을 온몸 [illegible] 한 것이지 해도 단순 소박한거죠. 그 앞에서 모든 이론, 철학, 교리를 일단 접어 버리고 벌거숭이로 서로 만나야 하는 거죠.

종교들 사이의 대화를 이론, 철학, 교리의 차원에서 진행해서 [illegible] 없는 것이야 아니지만 대화의 출발점은 생명이어야 한 것이 아닐까요? 모든 대화의 출발점은 생명이어야 한다는 말이죠. 그러나 대화에 앞서 벌거숭이 생명을 같이 살아가게 느끼게 중요한 거죠. 같이 밥을 먹고 일을 하면서, 같이 땀을 흘리면서 말을 하는 거죠. 말 이전 마음과 마음이 통해야 하는 거죠.

모든 종교의 본질이 생명 사랑이라면, 사람이 하는 모든 일은 종교 일 밖에 없는 거죠. 모든 일은 생명 사랑이어야 하니까요. 종교가 아닌 일, 종교가 못되는 일, 종교를 거스리는 일은 생명사랑을 거역한 일이 되고 말아야 했지요.

이렇게 말하면, 예수에게서 나는 순의 범종교인인가? 아닙니다. 나는 분명히 기독교인입니다. 거듭거듭 나는 자신을 기독교인으로 확인하는 겁니다. 나는 예수에게 모든 생명 사랑의 완성을 보고 있기 때문입니다.

기독교 신앙은 모든 생명 사랑의 완성을 믿는다는 말을 나는 아주 겸허한 신앙으로 합니다. 우선 내가 예수에게서 보는 완성은 결코 폐쇄된 것이 아니라 열린 완성입니다. 계속 자라나고, 커가고, 넓어지고, 풍성해지고 새롭게 되어 가는 완성이라는 말입니다. 예수에게서 앞이 열어진 생명의 열매는 언제나 다시 떨어져서 새 싹으로 돋아나서 꽃이 피고 열매가 나와야 풍성히 익어야 하는 것이라는 말이죠. 적어도 생명사랑의 완성을 과거 지향적인, 회고적인 것이 아니라 미래 지향적이라는 말이죠. 온 누리 세계의 삶 속에서 완성되고 완성되고 또 완성되는 것이지요.

둘째로 생명 사랑의 완성은 결코 한 번밖에 될 수가 없거든 것을 인정하는 겸손이 필요한 것 아니겠습니까? 잘 익은 사과도 좋지만 잘 익은 배도 좋은 것 아니겠습니까? 생명 사랑의 완성으로 우리가 고백하는 십자가, 결코 배타적이어선 돼서는 안되는 거죠. 다른 데서 다른 모습으로 완성된 생명 사랑이 [illegible] 기쁜 것이 되는 거죠.

독선은 선일 수가 없으니까요. 참 선은 남에게서도 선을 볼 수 있어야 지요. 참사랑은 남에게서도 사랑을 볼 수 있어야 하지요. 남에게서 선을 볼 수 없는 선은 선이 아니죠. 남에게서 사랑을 볼 수 없는 사랑은 사랑이 아닌 거죠. 그건 독선이지요.

예수에게만 구원이 있다는 배타적인 신앙으로(벽을) 사랑이, 아닐까요? 남을 다 망하게 해 달라는 배는 마음이니까요, 구원을 독점하겠다는 마음에 어찌 사랑일 수가 있고 선일 수가 있겠어요? 사랑도 선도 거스리는 곳에 무슨 구원이 있을 수 있겠어요? 그렇기 때문에 예수에게만 구원이 있다는 배타적인 신앙은 자신의 구원마저 저버리는 일이 되는거죠. 구원이란 생명 사랑의 완성 및 하나님과 [illegible]

변학장과 홍교수가 말도 없는 종교재판을 적당히 얼버무릴 문제가 아닙니까, 한국 교회의 폐쇄적인 신앙에 대한 근본적인 반성과

19920715_문익환 목사가 아내 박용길 장로와 변선환학장에게 보낸 서신(5-2)_문익환목사

감 리 교 신 학 대 학

변 선환 박사 이임 송별 예배

일시 : 1992년 10월 15일 오후 1시
장소 : 본 대 학 종 합 관 대 강 당

19921015_변 선환 박사 이임 송별 예배_감리교신학대학_6(2)번_페이지_1

예 배 순 서

사회 : 교무처장 이기춘교수

*	전 주		반 주 자
*	입 례 송	21장	다 함 께
*	예배의부름		사 회 자

하나님이 우리를 사랑하시는 사랑을 우리가 알고 믿었노니 하나님은 사랑이시라 사랑 안에 거하는 자는 하나님 안에 거하고 하나님도 그 안에 거하시느니라.

*	송 영		합 창 단
*	기 원		다 함 께

자비로우신 하나님, 오늘 여기모여 빈 마음으로 예배드리는 우리의 예배를 받으시옵고 풍성함으로 채워주시사 기쁨과 감사가 넘치게 하옵시고, 주님의 신비를 경험하는 시간이 되게하옵소서. 그리스도 이름으로 기원드립니다. 아멘

*	신 앙 고 백	교리적선언	다 함 께
*	영 광 송	6장	십자가를 향하여
	기 도		총학생장 우 삼열
	기 도 송	이 시간 주님께	다 함 께
	성 경 봉 독	베드로전서 2:21	실천처장 왕 대일 교수
	찬 양		합 창 단
	말 씀	발자취	김 지길 감독
	송 별 사		변 선환 박사
	찬하의말씀		이 재정 학장(성공회신학대학) 이 현주 목사
	송 가		동 문 중
	꽃다발 및 선물증정		교직원/동문회/학생회
	알리는말씀		학생처장 김 외식 교수
*	교 가		다 함 께
*	축 도		학장 구 덕관 박사

* 표는 일어서서 합니다.

19921015_변 선환 박사 이임 송별 예배_감리교신학대학_6(2)번_페이지_2

감 리 교 교 리 적 선 언

1. 우리는 만물의 창조자시요 섭리자시며 온 인류의 아버지시요 모든 선과 미와 애와 진의 근원이 되시는 오직 하나이신 하나님을 믿으며
2. 우리는 하나님이 육신으로 나타나사 우리의 스승이 되시고 모범이 되시며 대속자가 되시고 구세주가 되시는 예수 그리스도를 믿으며
3. 우리는 하나님이 우리와 같이 계시사 우리의 지도와 위안과 힘이 되시는 성신을 믿으며
4. 우리는 사랑과 기도의 생활을 믿으며 죄를 용서하심과 모든 요구에 넉넉하신 은혜를 믿으며
5. 우리는 구약과 신약에 있는 하나님의 말씀이 신앙과 실행의 충분한 표준이됨을 믿으며
6. 우리는 살아계신 주 안에서 하나이된 모든 사람들이 예배와 봉사를 목적하여 단결한 교회를 믿으며
7. 우리는 하나님의 뜻이 실현된 인류 사회가 천국임을 믿으며 하나님 아버지 앞에 모든 사람이 형제됨을 믿으며
8. 우리는 의의 최후 승리와 영생을 믿노라. 아멘

교 가

1. 광야에 소리치고 굽은길 곧게하니 그 이름은 예언자 그 이름은 예언자 부름받은 젊은이들 그 몸드려 단련하는 감리교신학대학 감리교신학대학

   후렴 : 빛나거라 그 전통 자라거라 그 자손 비추어라 그 불빛 복음의 투사

2. 어둠을 물리치고 진리로 해방하니 그 이름은 전도자 그 이름은 전도자 만인으로 제자삼고 주의 약속 이룩하는 감리교신학대학 감리교신학대학

19921015_변 선환 박사 이임 송별 예배_감리교신학대학_6(2)번_페이지_3

❖ 邊 鮮 煥 박사 약력 ❖

학 력

1948-1950	평양 성화신학교 수업
1951-1953	감리교신학대학(신학사)
1958-1961	한국신학대학 대학원(신학석사)
1962-1963 1966-1967	미국 뜨류대학교 신학부(신학석사)
1971-1976	스위스 바젤대학교 신학부(신학박사)

경 력

1952	예산지방 봉산감리교회 개척
1953-1961	육군 종군목사
1960-1966	이화여자고등학교 교목
1964-1966	감리교신학대학, 국제대학, 이화여자대학교 시간강사
1967-1988	감리교신학대학교수
	교무처장(1978) 선교대학원장(1981)
	도서관장(1980, 1987) 대학원장(1983, 1988)
1978-1987	한국조직신학회 회장
1987. 1	미국 뜨류대학교 보스보 초빙교수
1987. 10	뜨류대학교 보스보 강연
1988. 8.10 -1992. 8. 9	감리교신학대학 제6대 학장

19921015_변 선환 박사 이임 송별 예배_감리교신학대학_6(2)번_페이지_4

변선환박사 은퇴 기념논문집

출판감사예배 및 증정식

은퇴기념 논문집 :「종교다원주의와 한국적 신학」

일시 : 1992년 10월 19일(월) 오후 7시
곳 : 정동감리교회 문화재예배당
주최 : 감리교신학대학 대학원 동문회

19921019_출판감사예배 및 증정식_6(2)번_페이지_1

예 배 순 서

사회 : 교무처장 이기춘교수

* 전　　주 ……………………………………………… 반 주 자
* 입 례 송 …………………… 21장 …………………… 다 함 께
* 예배의부름……………………………………………… 사 회 자

하나님이 우리를 사랑하시는 사랑을 우리가 알고 믿었노니 하나님은 사랑이시라 사랑 안에 거하는 자는 하나님 안에 거하고 하나님도 그 안에 거하시느니라.

* 송　　영……………………………………………… 합 창 단
* 기　　원……………………………………………… 다 함 께

자비로우신 하나님, 오늘 여기모여 빈 마음으로 예배드리는 우리의 예배를 받으시옵고 풍성함으로 채워주시사 기쁨과 감사가 넘치게 하옵시고, 주님의 신비를 경험하는 시간이 되게하옵소서. 그리스도 이름으로 기원드립니다. 아멘

* 신 앙 고 백…………………… 교리적선언 …………………… 다 함 께
* 영 광 송 …………………… 6장 …………………… 십자가를 향하여

기　　도……………………………………………… 총학생장 **우 삼열**

기 도 송…………………… 이 시간 주님께 …………………… 다 함 께

성 경 봉 독 ……………… 베드로전서 2:21…… 실천처장 **왕 대일** 교수

찬　　양……………………………………………… 합 창 단

말　　씀…………………… 발자취 …………………… **김 지길** 감독

송 별 사……………………………………………… **변 선환** 박사

찬하의말씀……………………………… **이 재정** 학장(성공회신학대학)
이 현주 목사

송　　가……………………………………………… 동 문 중

꽃다발 및 선물증정 ……………………………… 교직원/동문회/학생회

알리는말씀 ……………………………… 학생처장 **김 외식** 교수

* 교　　가……………………………………………… 다 함 께
* 축　　도 ……………………………………… 학장 **구 덕관** 박사

* 표는 일어서서 합니다.

19921015_변 선환 박사 이임 송별 예배_감리교신학대학_6(2)번_페이지_2

감 리 교 교 리 적 선 언

1. 우리는 만물의 창조자시요 섭리자시며 온 인류의 아버지시요 모든 선과 미와 애와 진의 근원이 되시는 오직 하나이신 하나님을 믿으며
2. 우리는 하나님이 육신으로 나타나사 우리의 스승이 되시고 모범이 되시며 대속자가 되시고 구세주가 되시는 예수 그리스도를 믿으며
3. 우리는 하나님이 우리와 같이 계시사 우리의 지도와 위안과 힘이 되시는 성신을 믿으며
4. 우리는 사랑과 기도의 생활을 믿으며 죄를 용서하심과 모든 요구에 넉넉하신 은혜를 믿으며
5. 우리는 구약과 신약에 있는 하나님의 말씀이 신앙과 실행의 충분한 표준이됨을 믿으며
6. 우리는 살아계신 주 안에서 하나이된 모든 사람들이 예배와 봉사를 목적하여 단결한 교회를 믿으며
7. 우리는 하나님의 뜻이 실현된 인류 사회가 천국임을 믿으며 하나님 아버지 앞에 모든 사람이 형제됨을 믿으며
8. 우리는 의의 최후 승리와 영생을 믿노라. 아멘

교 가

1. 광야에 소리치고 굽은길 곧게하니 그 이름은 예언자 그 이름은 예언자
부름받은 젊은이들 그 몸드려 단련하는 감리교신학대학 감리교신학대학

후렴 : 빛나거라 그 전통 자라거라 그 자손 비추어라 그 불빛 복음의 투사

2. 어둠을 물리치고 진리로 해방하니 그 이름은 전도자 그 이름은 전도자
만인으로 제자삼고 주의 약속 이룩하는 감리교신학대학 감리교신학대학

19921015_변 선환 박사 이임 송별 예배_감리교신학대학_6(2)번_페이지_3

◈ 邊 鮮 煥 박사 약력 ◈

학 력

1948-1950	평양 성화신학교 수업
1951-1953	감리교신학대학(신학사)
1958-1961	한국신학대학 대학원(신학석사)
1962-1963 1966-1967	미국 뜨류대학교 신학부(신학석사)
1971-1976	스위스 바젤대학교 신학부(신학박사)

경 력

1952	예산지방 봉산감리교회 개척
1953-1961	육군 종군목사
1960-1966	이화여자고등학교 교목
1964-1966	감리교신학대학, 국제대학, 이화여자대학교 시간강사
1967-1988	감리교신학대학교수
	교무처장(1978) 선교대학원장(1981)
	도서관장(1980, 1987) 대학원장(1983, 1988)
1978-1987	한국조직신학회 회장
1987. 1	미국 뜨류대학교 보스보 초빙교수
1987. 10	뜨류대학교 보스보 강연
1988. 8.10 -1992. 8. 9	감리교신학대학 제6대 학장

19921015_변 선환 박사 이임 송별 예배_감리교신학대학_6(2)번_페이지_4

변선환박사 은퇴 기념논문집

출판감사예배 및 증정식

은퇴기념 논문집 :「종교다원주의와 한국적 신학」

일시 : 1992년 10월 19일(월) 오후 7시
곳 : 정동감리교회 문화재예배당
주최 : 감리교신학대학 대학원 동문회

19921019_출판감사예배 및 증정식_6(2)번_페이지_1

변선환박사 은퇴 기념논문집 출판회

사회 : 김 준 형 목사
(대학원동문회장)

1 부 : 예 배

예 배 사 ……………………………………………… 사 회 자
찬 송 ……………… 453장 ……………… 다 같 이
기 도 ……………………………………………… 채인식목사(성민교회)
성경봉독 ……………… 디모데전서 4 : 7-8 ……………… 사 회 자
축하찬양 ……………… 영광의 주 ……………… 감신대합창단
설 교 ……………… "나의 갈길 다 가도록" ……… 김지길감독(아현교회)
기념품 · 화환증정 ……………………………………… 내 빈
찬 송 ……………… 460장 ……………… 다 같 이
축 도 ……………………………………… 조윤승목사(원로목사회 회장)

❖❖ 찬송 453장❖❖

1. 주는 나를 기르시는 목자요 나는 주님의 귀한 어린양
   푸른 풀밭 맑은 시냇물가로 나를 인도하여 주신다
2. 예쁜 새들 노래하는 아침과 노을 비끼는 고운 황혼에
   사랑하는 나의 목자 음성이 나를 언제나 불러주신다
3. 못된 짐승 나를 해치 못하고 거친 비바람 상치 못하리
   나의 주님 강한 손을 펼치사 나를 주야로 지켜주신다

후렴 주는 나의 좋은 목자 나는 그의 어린양
철을 따라 꼴을 먹여 주시니 내게 부족함 전혀 없어라 아멘

❖❖ 찬송 460장❖❖

1. 지금까지 지내온것 주의크신 은혜라 한이없는 주의사랑 어찌 이루 말하랴
   자나깨나 주의손이 항상살펴 주시고 모든일을 주안에서 형통하게 하시네
2. 몸도 맘도 연약하나 새힘받아 살았네 물붓듯이 부으시는 주의은혜 족하다
   사랑없는 거리에나 험한산길 헤맬때 주의손을 굳게잡고 찬송하며 가리라
3. 주님다시 뵈올날이 날로날로 다가와 무거운짐 주께맡겨 벗을날도 멀잖네
   나를위해 예비하신 고향집에 돌아가 아버지의 품안에서 영원토록 살리라

19921019_출판감사예배 및 증정식_6(2)번_페이지_2

2 부 : 논문증정식

사회 : 김 덕 순 목사
(동성감리교회 원로목사)

축 사 ………………………………………… 유동식교수(감리교신학자협의회 회장)

………………………………………… 안병무교수(전 한국신학연구소 소장)

대 금 독 주 ……………………… 상령산 …………………………… 문웅관(한양대)

경 과 보 고 ……………………………………………………… 심광섭박사(감신대)

논문집증정 ………………………………………… 김준형목사(대학원동문회 회장)

서 평 ……………………………………………………… 김광식교수(연세대)

……………………………………………………… 김경재교수(한신대)

축 하 찬 양 …………………… 할렐루야 아멘 …………………감신대대학교회성가대

동료를 말하는 친구 ………… 신임학장의 축하 ……………… 구덕관교수(감신대학장)

답 사 ……………………………………………………………… 변선환박사

알리는말씀 ……………………………………………………… 이정배교수(감신대)

폐 회 사 ……………………………………………………………… 사 회 자

3 부 : 다 과 회

19921019_출판감사예배 및 증정식_6(2)번_페이지_3

◘ 변선환 박사 경력 ◘

경　　력 : 1927년 9월 23일 출생.

1952년 5월 예산지방 봉산감리교회 개척.

1953년 11월 감리교신학교 졸업. 육군 종군목사로 입대.

1960년 2월 한국신학대학 대학원 졸업(M. Th.). 이화여고 교목

1964년 3월 감리교신학대학, 국제대학, 이화여자대학교 기독교학과에서 철학, 현대문학, 현대신학 강의.

1967년 5월 미국 뜨루대학교 신학부 졸업(S. TM.).

1967년 7월 감리교신학대학교 전임강사로 취임, 현재에 이르기까지 조직신학 강의. 서울대학교 종교학과, 대학원에 출강.

1976년 2월 스위스 바젤대학교 신학부 졸업(Dr. Theol.).

1987년 1월 미국 뜨루대학교 Vosbough 초빙교수로 초대받아 아시아 신학과 아시아 기독론 강의.

1987년 10월 뜨루대학교 Vosbough 강단에 폴 니터와 함께 초빙받아서 '대화와 해방'이라는 주제로 공동 강연.

1987년 감리교신학대학교 대학원 원장으로 있으면서 그동안 한국기독교학회 조직신학회 회장, KNCC 신학위원, 크리스챤 아카데미 신학위원장.

1988년~1991년 한국기독교공동학회 회장.

1988년 9월~1992년 8월 감리교신학대학 학장 역임.

저서(공저) •「한국기독교의 존재 이유」숭전대학교 1985 외 9권.

역　　서 •「오직 예수 이름으로만?」한국신학연구소 1986 외 7권.

논　　문 •"타종교와 신학"(신학사상 47집)외 100편.

◘ 변선환 박사 가족 ◘

부인 : 신옥희(이대 철학과 교수)

장남 : 변재진(교통개발연구소 연구원, 박사과정중)

차남 : 변재선(KIST 연구원) 자부 : 최영주(영란여고 교사) 손자 : 변영선

삼남 : 변재철(서울대 대학원)

사남 : 변재은(입시준비 중)

19921019_출판감사예배 및 증정식_6(2)번_페이지_4

(23) 20版 第23445號 조 선 일 보

5-3-00|

문화 종교

'종교간 대화'에 바친 삶 기려

故변선환 교수 1주기 행사

◇故변선환교수

／李先敏기자

신학의 토착화, 종교간 대화등의 활발한 학문적-실천적 활동으로 개신교와 신학계에 큰 영향을 미쳤던 前(전)감리교신학대학장 邊鮮煥 교수(변선환:1927~1995년)의 1주기 추모예배및 유고집 출판기념회가 5일 오후 2시 서울 서대문 감신대 웰치기념예배당에서 열린다.

감신대총동문회(회장 이춘직 감독) 주관으로 열리는 이날 행사는 지난해 8월 8일 갑자기 세상을 떠난 변선환 교수의 학문과 선앙생활을 기리기 위한 것. 고인과 절친한 사이였던 張基天(장기천) 감독(동대문감리교회 담임목사)이 설교를 담당하며 柳東植(유동식) 연세대명예교수와 李在禎(이재정) 성공회대총장이 축사를 한다. 또 이 자리에서는 변선환 교수의 유고집인 『종교간 대화와 아시아 신학』과 변교수의 제자 13명이 공동집필한 「변선환 종교신학」(이상 한국신학연구소刊)이 봉정되며 변선환 교수의 마지막 학문작업이 된 「선과 종교철학」 「선과 서양철학」 「선과 현대신학」(대원정사刊)등 세권의 번역서 역시 고인의 영전에 바쳐진다. 특히 이들 번역서는 모두 변선환 교수가 만년에 깊이 빠졌던 일본 경도학파의 대표적 학자 아베 마사오의 저서들로 기독교와 불교의 대화와 상호이해를 추구했던 변교수의 사상과 맥락을 같이 하고 있다.

감신대, 미국 드루대학을 졸업하고 스위스 바젤대학에서 신학박사 학위를 받은 변선환 교수는

"교회밖에서도 구원"주장한 자유주의 신학자

감신대 정년퇴임후 종교협력운동에 본격나서

5일 추모예배-유고집 출판기념회

1967년부터 1992년까지 감신대 교수로 재직하며 대학원장, 학장을 역임하는등 지도적 위치에 있었다.

그러나 변교수의 『교회 밖에도 구원은 있다』는 주장은 보수적 개신교인들로부터 「종교다원주의」란 공격을 받았고 결국 1992년 자신이 속한 감리교단으로부터 黜敎(출교) 처분을 받기에 이르렀다. 변선환 교수등의 출교는 개신교 주요교단에서 자유주의 신학이 어디까지 허용될 수 있는가 하는 시금석으로 많은 논란을 불러 일으켰다.

출교와 뒤이은 정년퇴임으로 강단에서 물러난 변선환 교수는 이후에도 한국종교인평화회의(KCRP) 대화위원장, 크리스찬아카데미 대화위원장등으로 종교간 대화와 상호이해에 적극적으로 참여했다. 개신교뿐 아니라 타종교의 종교인, 학자들과 폭넓은 교류를 쌓았던 변교수는 종교협력운동의 중요 인물중 한명으로 많은 기대를 모았으나 갑자기 타계하는 바람에 커다란 아쉬움을 남겨 주었다.

변선환 교수의 타계 이후 그 제자와 후학들은 변교수가 제기했던 신학적 과제들을 정리-체계화하기 위해 노력하고 있다. 지난 3월에는 감신대 부근에 변교수의 장서중 2천여권을 소장한 「변선환 아키브」(02-736-7987)를 설립해 활동의 중심으로 삼고 있다. 변교수의 제자인 李正培(이정배) 감신대교수는 『변선환 교수는 다양한 학문과 신앙활동을 접하기 위해 노력을 아끼지 않았으며 특히 이론보다 구체적 삶과 실천을 강조했다』며 『타종교를 신학의 대상이 아니라 또 다른 주체로 인정한 변교수의 신학은 뚜렷한 흐름을 남겼고 이를 계승발전하는 것은 우리들의 몫』이라고 말했다.

19940000_종교간 대화에 바친 삶 기려_조선일보_6(2)번

基督敎新聞 第1345號

폭넓은 思考 기초한 「對話神學」 제시

다원주의자로 몰려 「黜敎」 수모

東洋思想과 아시아民衆에 관심

○… 한국 토착화신학의 거두 변선환박사(전 감신대학장)가 지난 …
○… 9일 별세했다. 변박사는 한국과 아시아의 정서를 신학적으로 …
○… 표현하는 작업에 큰 관심을 갖고 있었지만, 이로 인해 소속 교 …
○… 단인 기독교대한감리회로부터 출교(黜敎)당하는 수모를 겪기도 …
○… 했다. 그의 신학사상과 생애를 더듬어 본다. …○○○○○

변선환박사는 1927년 평안남도 진남포에서 태어나 감리교신학대학을 졸업하고 목사안수를 받았고 한신대학 대학원, 미국 뜨루대학 신학부 등에서 수학했으며, 박사학위를 스위스 바젤대학에서 받았다. 1984년부터 감신대에서 강의를 시작했으나 …

◇지난 92년 이른바 종교다원주의 문제로 감리교교단에서 재판받고 있는 변선환박사(서있는 사람이 변박사).

휴심정 뉴스

변선환 박사 10주기 "종교간 화해에 일생 바친 뜻 기립니다"

등록 :2005-09-01 17:36

배타적 신학 틀 깨고 토착적 신성 구현하다 종교재판 감리교단서 출교

후학·신학자 추모행사 마련 수녀·정녀·비구니 한무대 '종교간 대화' 화음 선사

"우리의 스승 변선환, 이분을 두고는 어줍잖은 축시 같은 것을 쓸 수가 없다. 축사나 축시 따위와는 어울릴 수 없는 분이다. 세상에는 이분을 존경하고 따르는 우리 같은 못난 올꾼이들도 있지만 가만 보니 참 똑똑하다는 이들은 이분을 욕도 하고 비난도 하고 웃기도 하더라."

서구적 편견의 그릇에 담긴 배타적이고 정복적 신학의 틀을 깨고 한국 토양 속의 신성을 구현하다 종교재판을 받고 감리교단으로부터 출교됐던 변선환 박사가 떠난 지 10년. 감신대 제자였던 이현주 목사는 '우리의 스승 변선환'이라는 시로 이렇게 추모했다. 변 박사를 사랑하고 기리는 사람들이 소천 10돌을 맞아 5일 오후 2~5시 서울 서대문구 냉천동 감신대 웨슬리 채플에 모인다. 감신대의 총동문회(회장·최성봉 목사)와 기독교통합학문연구소(소장·이정배 교수)가 추모논문집 출판 기념회와 학술강연회, 음악제를 마련했다.

변 박사는 1927년 진남포에서 태어나 평양에서 자랐으며 감신대와 한국신학대학 대학원을 거쳐 미국 드류대와 스위스 바젤 신학부에서 공부하며 칼 야스퍼스, 불트만, 프릿츠 부리 등의 신학 사상과 선불교와의 대화를 주제로 박사 논문을 썼다. 한국에 돌아온 70년대 후반부터 국내의 대표적인 불교철학자 이기영 박사와 폭 넓은 대화를 통해 기독교와 불교 등 모든 종교의 공존 가능성을 역설했다. 그는 감신대 대학원장과 한국기독교공동학회 회장 등을 거쳐 감신대 학장으로

20050901_변선환 박사 10주기 종교간 화해에 일생 바친 뜻 기립니다_한겨레신문_조현_6(2)번_페이지_1

재직하던 중 92년에 출교됐다. 당시 서울 금란교회(담임·김홍도) 등 보수교회 목사들의 주도로 이뤄진 종교재판의 출교 조치에 대해 감신대 학생들과 상당수 목사들이 크게 반발해 감신대는 장기간 분규에 휩싸였다.

개신교의 배타성에 따른 종교 간 갈등을 우려하던 다른 종교인들 뿐만 아니라 진보적인 신학자들도 변 박사의 신학을 돌파구와 새 지평으로 평가하는 데는 그만한 이유가 있다. 어린 시절 서당에서 공부하는 등 토착적 문화에 대한 이해가 많았던 변 박사는 80년대 초 자신의 신학적 관점이 여전히 서구적 틀 속에 갇혀 있다는 사실을 발견했다. 이정배 교수는 "변 박사는 서구인들이 유대교, 불교, 유교 등의 아시아 종교들을 '이즘(-ism)'으로 표기함으로써 기독교 곧 'Christianity'와 구별되는 이데올로기, 인간에 의해 만들어진 조작물 정도로 가치절하하고 있는 현실을 냉철하게 인식했다"고 말했다. 이에 따라 서구적 가치로 아시아 종교를 경원시했던 한국 교회의 태도에서 벗어나기 위해 순교적 차원의 사자후를 토하기 시작했다는 것이다.

변 박사는 특히 한국적 신학이 타파해야할 우상을 '교회 중심주의'로 보았다. 그는 교회 밖에는 구원이 없다고 말하는 배타적 교회중심주의는 교회 자체를 계시와 은총의 통로로 이해함으로써 세상과 교회의 단절을 초래하게 됐다고 밝혔다. 변 박사는 생전 "우리는 한국에 실려 온 병신스런 하느님을 믿지 않는다"고 말했다고 한다. 선교사들이 오기 오래 전에 우리의 역사와 우리의 땅 위에서 (신이) 이미 활동하고 계셨다는 의미였다.

고인은 책 한 권 남기지 않았다. 하지만 그를 스승으로 모신 후학들이 변선환 아카이브를 만들어 연구공간으로 삼으며 그의 유고작품들을 읽고 토론한 추모논문집 <변선환 신학 새로 보기>(기독교서회 펴냄)를 냈다. 이런 후학들의 노력에 대해 기독교의 최고 원로인 강원용 목사와 이현주 목사가 추모식에서 축사를 하고, 김경재 전 한신대 교수가 서평을 하며, 감신대 김외식 총장이 설교를 할 예정이다. 변 박사를 추모하는 학술강연회도 열린다. 주제는 '기독교와 불교의 대화'로 변 박사의 평생 학문적 화두이기도 했다. '기독교의 불교, 서로에게 무엇을 배울 것인가'를 제목으로 미국연합감리회 지도자로 뽑힌 정희수 감독과 불교학자인 정병조 동국대 교수가 강사로 나선다. 추모음악회에선 가톨릭 수녀와 원불교 정녀, 불교 비구니 스님들로 구성된 '삼소회'의 중창단이 찬송가를 불러 변 박사가 그토록 갈구했던 종교 간 화해의 화음을 선사한다. 변선환 아키브 010-2729-0145.

조현 기자 cho@hani.co.kr

20050901_변선환 박사 10주기 종교간 화해에 일생 바친 뜻 기립니다_한겨레신문_조현_6(2)번_페이지_2

변선환 박사 연보

1927년 9월 23일	진남포 출생.
1945년	평양 상공학교 기계과 졸업.
1948년	평양 성화신학교 입학.
1951년	부산 감리교신학교 입학.
1952년 5월	예산지방 봉산감리교회 개척.
1953년 11월	감리교신학교 졸업. 육군 종군목사로 입대.
1960년 2월	한국신학대학 대학원 졸업(M. Th.).
	이화여자고등학교 교목.
1964년 3월	감리교신학대학, 국제대학, 이화여자대학교 기독교학과에서 철학, 현대문학, 현대신학 강의.
1967년 5월	미국 Drew 대학교 신학부 졸업(S. TM.).
1967년 7월	감리교신학대학교 전임강사로 취임, 조직신학 강의. 서울대학교 종교학과, 대학원에 출강.
1976년 2월	스위스 Basel 대학교 신학부 졸업(Dr. Theol.).
1987년 1월	미국 Drew 대학교 Vosbough 초빙 교수로 초대받아 아시아신학과 아시아 기독론 강의.
1987년 10월	감리교신학대학교 대학원 원장. 한국기독교학회 조직신학회 회장, KNCC 신학위원, 크리스찬아카데미 신학위원장 역임.
1988년	감리교신학대학교 학장
1991-92년	한국기독교공동학회 회장.
1994년	국제아시아 철학종교학회 고문
1995년 8월 7일	오후 5시경 소천.

저서

『오늘을 사는 믿음』, 새 시대 복음운동 본부 위원회, 1968.
『기독교의 현대적 해석』, 새 시대 복음운동 본부 위원회, 1968.
『바르트 신학연구』, 대한기독교서회, 1970.
『새벽을 알리는 지성』, 대한기독교서회, 1970.
The Finality of Christ in the Perspective of Christian Zen Encounter, Dr. Theol. Dissertation (Basel Univ.), 1975.
『한국역사 속의 기독교』, 한국기독교교회협의회, 1978.
『사람, 삶, 사랑』, 이화여자대학교 출판부, 1978.
『한국기독교의 존재이유』, 숭전대학교 출판부, 1985.
『역사와 신학』, 한국신학연구소, 1985.
『해방 후 기독교와 전통문화와의 수용형태』, 감리교신학연구소, 1989.

변선환 전집

변선환 전집 1권 : 종교간 대화와 아시아신학
변선환 전집 2권 : 불교와 기독교의 만남
변선환 전집 3권 : 한국적 신학의 모색
변선환 전집 4권 : 요한 웨슬리 신학과 선교
변선환 전집 5권 : 그리스도론과 신론
변선환 전집 6권 : 현대신학과 문학
변선환 전집 7권 : 현대문명과 기독교 신앙
변선환 설교집, 인생은 살만한가

310 올꾼이 선생님 변선환

20100900_올꾼이선생님_변선환(약력-저서)_6(2)_페이지_3

종교재판 22주년

변선환 TALK 콘서트

· **최대광** (정동제일교회) · **이정배** (감리교신학대학교) · **조현** (종교전문대기자)

제32대 총학생회

2014_종교재판 22주년 변선환 TALK 콘서트 자료집_제32대 총학생회_페이지_1

순　　　서

- 1 -

2014_종교재판 22주년 변선환 TALK 콘서트 자료집_제32대 총학생회_페이지_2

◎ 一雅 변선환 선생님 약력

1927.9.23. 진남포 출생
1945. 평양 상공학교 기계과 졸업
1948. 평양 성화신학교 입학
1951. 부산 감리교신학교 입학
1952.5. 예산지방 봉산교회 개척
1953. 감리교신학대학 졸업 육군 군목으로 종군입대
1960. 한국신학대학 대학원 졸업(M.Th.), 이화여고 교목
1967. 미 드류대 신학부 졸업(S.T.M.)(1962-63,66-67)
1967. 감신대 전임강사
1976. 스위스 바젤 신학부 졸업(Dr. Teol.)
1987. 미 드류대 강의(아시아 신학과 기독론, 대화와 해방)
1987. 감리교신학대학 대학원장
1988. 감리교신학대학 학장
1991-2. 한국기독교공동학회 회장
1992. 감리교 신학대학 학장
1994. 국제아시아 철학종교학회 고문
1995.8.7. 오후 5시경 소천

◎ 패널 소개

▶ 최대광 교수

- 감신대 강사
- 저서: 변선환신학 새로보기
  올꾼이 선생님 변선환
  종교근본주의 : 비판과 대안
  탁사 최병헌 목사의 생애와 신학 공동저서 등

▶ 이정배 교수

- 한국조직신학회 회장, 생평마당공동대표 문화신학회 회장, 기독자교수협의회 회장 역임
  현 나눔문화 이사장
- 저서: (이웃종교인들을 위한 한 신학자의) 기독교 이야기 : 한국적, 생명적 기독교를 말하다
  생명과 종교 이야기
  없이계신 하느님, 덜 없는 인간 등

▶ 조현 기자

- 한겨레 종교전문(논설위원)
- 저서: 나를 찾아 떠나는 여행
  인도오지기행
  그리스 인생 학교
  은둔
  울림 등

- 2 -

2014_종교재판 22주년 변선환 TALK 콘서트 자료집_제32대 총학생회_페이지_3

❁ 1992년 종교재판 사건 간략 요약

1990년 변선환은 카톨릭 회관에서 열린 개신교, 천주교, 불교의 학술 모임에서 "불타와 그리스도"라는 논문을 발표했다. 이 글에는 변선환의 종교 간의 대화와 존중을 추구하는 개방적인 신학이 드러나 있었는데, 당시 감리교 교단의 일부 목사들은 이러한 신학을 이단 사상으로 규정하고 비난하였다. 특히 김홍도 목사, 유상렬 장로, 박기창 목사, 배동윤 목사 등은 교리수호대책위원회를 만들고 교리수호운동(?)을 전개하였다. 감리교내 위원 회장이었던 김홍도 목사는 다음과 같이 주장했다. "감신대 변선환 학장의 주장은 적그리스도 또는 사탄의 역사이므로 반드시 추방해야 하며 만일 이것이 이뤄지지 않을 경우 교단 분열도 불사할 것이다." 신학자의 논문에 대해 학문적 접근도 없고, 신앙적 고민도 없던 그들의 일방적인 주장이 교단 차원에서 수용되어 변선환은 종교재판에 회부되었다.

종교재판 기소에 대해 변선환은 자신의 토착화 신학이 이단사상이라는 논리를 반박하면서, 자신의 신학이 지닌 필요성과 정당성을 주장하였다. "헬라 철학이나 독일 철학을 사용하여 만든 서구 신학은 혼합주의가 아니고, 유단 동양 철학의 범주를 가지고 복음을 재해석한 모든 아시아 신학은 아시아적 혼합주의라고 비판하는 이유를 본인은 전혀 알 길이 없습니다. 복음을 아시아의 심성에 울림 하는 아시아 종교나 아시아 혁명의 새 언어를 가지고 설명하는 우리 아시아 신학을 개발할 때, 그때 아시아 교회는 독립 신학의 바벨론 포수에서 벗어나서 비서구화 된 아시아 기독교인의 주체성을 찾게 됩니다."

또한 최후진술에서 "흑백논리만이 횡행하는 감리교의 현실이 안타깝다"며 "기독교는 더 이상 정복자의 종교가 아니며 전체 인류의 구원을 위해 종교간 장벽을 허물어야 한다. 종교적 다원주의는 감리교의 세계적 추세"라고 역설했다. 하지만 1992년 5월 7일 감리교 서울연회 재판위원회는 변선환의 오랜 시간의 진술에도 흔들리 없이, 준비해온 판결원고를 그대로 읽음으로써 변선환을 출교시켰다. 200년 감리교 역사상 전례 없는 종교재판이 이렇게 어처구니 없이 진행되었고, 이에 당시 감리교신학대학의 수많은 학생들과 목사들의 반발로 감신대가 장기간 분규에 휩싸이기도 했을 정도로 변선환 목사의 파문사건은 감리교회 내에서 뿐 아니라 사회적으로도 파장이 있었다.

- 3 -

2014_종교재판 22주년 변선환 TALK 콘서트 자료집_제32대 총학생회_페이지_4

✿ 종교재판까지의 사건 경과

1991년 4월 10일 (수요일) 감 신 대 학 보

변학장「불타와 …」논문, 연회에서 문제시돼

일부 목회자, 종교다원주의 인정 등 6개항 문제삼아

변학장, "감신의 학문적유산, 정치적요구로 무너뜨릴 수 없어"

일부 목회자, 교리수호 차원에서 문제삼아

81학번 동기회, '공개학술토론 통해 '논의'돼야 주장

▲ 1990년 11월 24일 명동 카톨릭 회관에서 열린「개신교·불교·천주교 대화모임」에서 변선환 학장의「불타와 그리스도」라는 제목의 주제발표를 하였고, 이를 1990년 12월 8일 크리스찬 신문에 요약 게재하였다. 이에 대해 1991년 3월 18-20일 광림교회에서 열린 서울남연회에서 "변선환 학장의 논문이 문제시 된다"라는 건의안이 박기창 목사 외 3명의 명의로 본회에 상정했다. '총회 실행위원회 내에 신학심의회를 두고 감리교 신학에 대해 심의할 것을 건의'하기로 결의하였다.

제 122호 감 신 대 학 보 1991년 6월 10일 (월요일) (3)

교단 보수측, 또 본교교수 종교재판 시도해

홍정수 교수 부활신앙 재해석, 부활부인으로 매도돼

총학, "감신에 대한 전면 도전으로 간주, 적극대응"표명

곽감독, 복음주의유포·교수인사권 장악의도 있어

교육국 감사, 교리논쟁통해 정치구조 개편의도 엿보여

▲ 1991년 3월 30일 크리스찬 신문에 실린 부활절 특집「부활의 메시지를 다시 조명한다」라는 제목의 홍정수 교수의 글에 대해 교단 관계자들 및 일부 목회자들은 홍교수가 "부활을 부정한다"고 문제를 제기하였다. 이에 대해 서울연회 측은 공식적인 발표를 하지 않고 있는 가운데 1991년 6월 8일 자격심사 상임위원회 소위원회를 열어 가까운 시일 내에 자격심사위원회 전체회의를 열기로 결정하고 자격심사위에는 목사직에 대해, 이사회에는 교수자격에 대해 심의해줄 것을 요청한 것으로 알려졌다.

제 126호 1985. 12. 10. 제 3종 우편물 (나)급 인가 감 신 대 학 보

총회서 변학장·홍교수 징계 결의

종교다원주의·포스트모던신학, 교리위배로 수용할 수 없어
일방적인 여론재판, 감리교 역사와 전통에 먹칠

제19회 교단특별총회가 지난 10월29(화)-31일(목) 광림교회에서 열려 입법총회에 걸맞지 않게 법개정 하나 뚜렷한 성과를 거두지 못한 채 우리대학 변선환 학장과 홍정수 교수에 대해 중징계를 결의, 교계 안팎에 파문을 던지고 있다. (관련기사 9면)

총회 둘째날인 30일 저녁 회의에서 등록한 1천3백여 명의 총회원 중 3백여 명이 참석한 가운데 의결정족수 미달로 법안개정은 하지 못하고 분과위원 보고시간을 통해 건의안심사위원회에서 올라온 건의안에 대해 논의됐다.

송파지방 감리사 박기창 목사외 4명이 건의한 「변선환 학장의 종교다원주의와 홍정수 교수의 포스트모던신학을 교단에서 받아들일지 여부를 결정해 달라」는 안에 대해 「교리에 위배되어 받아들일 수 없다」고 결정하고 두교수의 징계를 놓고 논란끝에 우리대학 이사회에 면직을 권고하고 목사직에 대해서는 해당 서울연회심사위원회에 회부하기로 결의했다. (찬성 299명, 반대 2명)

이 사실이 알려지자 우리대학 교수들은 긴급교수회의를 갖고 「변선환 학장과 홍정수 교수 파면권고 결의안을 재고해 달라」는 청원서를 31일 총회에 제출했으나 「결정난 사항이라 재고가 필요없다」는 이유로 논의조차 되지 못했다. 또한, 학생들은 31일 중간고사를 연기하기로 결의하고 4백여 명이 참가한 가운데 총회장인 광림교회에서 2시간가량 항의시위를 벌였으며, 「총대님들께 드리는 호소문」을 통해 「이번 총회의 결의내용은 교리를 기준으로 신앙의 진위를 판단하는 지나친 교권주의의 남용을 반대한 웨슬리 전통에 위배된다」며, 「충분한 대화와 토론없이 일방적으로 결정된 총회의 결의안은 철회되어야 한다」라고 주장했다.

총회에 참석한 한 목회자는 이번 결정에 대해 「대부분의 총대들이 포스트모던신학이나 종교다원주의에 관한 전이해가 풍부하지 않은 상황에서 일부의 자극적인 발언들로 일방적인 인민재판을 보는 듯 했다」며 「총회의 이같은 여론재판은 다양성을 인정하고 에큐메니칼을 주도해 온 감리교의 역사와 전통에 먹칠한 것이라는 비판의 소리가 높다」라고 밝혔다.

한편 1826명의 총회원 중 총 1385명이 등록한 이번 총회의 결의사항은 △4년 전임감독제를 전제로 한 것으로 감독43단 제7조의 감독의 연령제한을 68세에서 66세로 개정 △모든 헌법의 개정안이나 변경안을 연회의결을 거치지 않고 총회재적 과반수 참석, 재적회원 3분의 2의 찬성투표로 가결 등으로 연회에서 통과되어야 효력을 발생할 것으로 알려졌다. 그밖에도 사회선교부 폐지로 문제시 되었던 선교국에 관한 안건은 폐기하고 원안대로 하기로 했다.

▲우리대학 학생 4백여 명이 총회장인 광림교회에서 변학장과 홍교수징계 결의에 대한 항의시위를 하고 있다

19회 교단 특별 총회를 되돌아보며

감리교 신학대학 제9대 총학생회

▲ 1991년 10월 19-31일 제19차 감리교단 특별총회 기간 중 30일 송파지방 감리사 박기창 목사 외 4명이 건의한 "변학장의 종교다원주의와 홍교수의 포스트모던신학을 교단에서 받아들일 지의 여부를 결정해 달라"는 안에 대해 여론재판으로 "교리에 위배되어 받아들일 수 없다"고 결정 우리대학 이사회에 교수직 면직을 권고하고 목사직에 대해 서울연회 심사위 회부를 건의하기로 결정(찬성299-반대2)하였고, 31일에 우리 대학 교수들은 긴급교수회의를 갖고 "변학장, 홍교수 파면 결의안을 재고해 달라"는 청원서를 본 회의에 제출했으나 논의조차 되지 않았다.

현대 신학에 대한 전이해 없이 종교다원주의와 포스트모던신학을 교리에 위배되는 이단적 신학으로 규정해 버리고, 두 신학자에 대해 감정적인 판단에 의한 일방적인 징계결의를 내림으로 100년 한국감리교 역사에서 씻을 수 없는 오점을 남기는 총회가 되었다는 비판이 나왔다.

1천8백여 명의 총회원 중 3백여 명만이 참석한 가운데 열린 30일 회집에서 해당 교수들의 어떠한 입장도 직접 듣지 않은 채 종교다원주의와 포스트모던신학을 이단적인 것으로 규정하고 두 교수들에 대해 중징계를 내리기로 해 이 결의안이 단지 "총회 원귀"라는 것으로 정당화되기에는 무리가 있다는 여론이 확대되었다. 총회에 참석한 한 목회자는 이번 결정에 대해 "자극적인 발언들로 일방적인 인민재판을 보는 듯했다"며 "총회의 이같은 여론재판은 다양성을 인정하고 에큐메니칼을 주도해온 감리교의 역사와 전통에 먹칠한 것이 아니냐"고 말했다.

- 5 -

2014_종교재판 22주년 변선환 TALK 콘서트 자료집_제32대 총학생회_페이지_6

총학생회는 이번 총회의 결의에 대해 성명서를 통해 "교단의 신학적 입장에 대한 중대한 사안을 몇몇 총대의 감정적인 나열식 발언으로 통과시키는 비민주적 방법은 용납될 수 없으며, 중세의 종교재판보다 더 음모적인 두 교수의 징계결의는 용납될 수 없음을 밝히고 또한 「감신 학문성 수호와 발전을 위한 대책위원회」를 구성하기로 했다.

(6) 1991년 12월 10일 (화요일) 감신대학보 제 127호

교리논쟁, 대립양상 첨예화될 듯

교리수호대책위 결성 "처리 안되면 감신출신 안받고 교단분리도 불사"

통일교 비호설 사실무근, 명예훼손 책임져야

▲ 1991년 11월 21일 장로회 전국연합 등 5개 단체에서 김홍도 목사, 유상열, 임덕순 장로 등이 주축이 되어 힐튼호텔에서 「기독교대한감리회 교리수호대책위원회」를 결성, "두 교수가 처리 안 되면 교단분리까지도 불사하겠다"라고 밝혔다. 한편 이날 만찬에 드는 비용(약 1천만원)은 모두 금란교회에서 부담하기로 해서인지 금란교회 남성신도 50여 명이 출입구에서 검문검색을 하는 등 삼엄한 분위기 속에서 출발한 결성식에서 곽전태 감독회장은 설교를 통해 "신학교에서는 전통교리를 무시하는 학설을 강의해서는 안 된다"고 말했다.

- 6 -

2014_종교재판 22주년 변선환 TALK 콘서트 자료집_제32대 총학생회_페이지_7

제 127호 감 신 대 학

"총회의 두 교수 징계결의는 무효"

총회현황 청취, 교수·학생 등 각계 입장 천명, 결의안 채택

「기감···목회자 대책위」구성, 전국 서명작업·조직확대 방침

▲무효화 선언대회에서 황홍진 총학생회장이 학생들의 입장을 발표하고 있다.

▲ 1991년 11월 26일 우리대학 동문, 학번별 동기회 중심의 300여 명은「총회의 두 교수 목사직 및 교수직 박탈 권고결의안 무효화 선언대회」를 개최하고 △총회의 파행적 운영에 대한 감독회장 해명과 응분의 책임을 질 것 △불법단체인 교리수호대책위 해체 등을 결의하였다. 학부 대책위 황홍진 총학생회장은 "이번 사태는 교리사수의 미명하에 자신들의 보수적인 근본주의 신학을 교단 전체의 유일사상화하고 이를 강요하여 배타적이고 특권적인 기득권을 확보하려는 불순한 동기의 발현이다"라고 밝혔다.

"기독교 파괴행위로 용납할 수 없어"

김 홍 도 목사
(금란교회)

▲지난 총회때 변·홍교수에 대한 건의안에 대해 묻겠다.

—난 보충발언만 했을 뿐이다.

▲감리교신학대학을 나왔고 감리교신학을 배웠는데 지금 소개되는 종교다원주의 신학과 포스트모더니즘에 대한 입장은

—절대로 용납할 수 없다. 종교다원이란 말은 예수가 기독교의 메시아가 아니고 마리아가 낳은 예수가 예수그리스도가 아니라는 것이다.

교육자를 양성하는 신학대학에서 어떻게 예수를 부인하는 사람을 용납하겠는가? 기독교의 A.B.C 신앙만 있어도 용납이 안되는 것이다. 지금 그들은 근본적으로 기독교를 파괴하고 있다. 어떻게 그런 교수를 용납하고 두둔하려 하는가.

▲총회결정에 대해 어떻게 생각하는가?

—잘한 일이다. 구덕관 교수 한사람만 빼고 모두 환호성을 치며 통과시켰다. 만일 이것이 실현되지 않으면 감리교는 기독교도 아니다.

▲이러한 일도 교단 차원에서 신학연구위원회를 두고 심의하는 것이 옳지 않은가?

—예수를 부인하는데 무슨 연구가 필요하겠는가.

▲85년도 기독교 대한감리회 100주년 기념대회 선언문 6항을 보면 아시아 종교다원 사회에 있어서 예수그리스도의 보편성을 견지하면서 타종교와의 대화·협력을 다짐하고 있다.

—나는 그거 읽지도 않았고 보지도 못했다. 그리고 그런 것에 찬성하지 않는다. 그런 것이 감리교리면 난 감리교에 있지 않겠다.

▲그러면 감리교신학은 어떠해야 한다고 생각하는가?

—성경대로 믿는 것이고 요한 웨슬리의 실천대로 믿는 것이 감리교이다.

▲에큐메니칼을 지향하는 W·C·C에 대해 어떻게 생각하는가?

—난 W·C·C에서 하는 일에 반대한다. 그것은 잘못됐다. 용공주의자들이고 공산당과 손잡은 단체이다. W·C·C 산하에 있는 교회라 해서 다 그 기관을 따르지는 않는다.

▲앞으로 이 문제가 유연하게 넘어갈 경우 어떻게 대응하겠는가?

—끝까지 대처 하겠다. 전국 교역자들이 거의 만장일치였고 참석하지 않은 사람도 마찬가지일 것이다.

▲ 김홍도 목사와의 인터뷰

- 7 -

2014_종교재판 22주년 변선환 TALK 콘서트 자료집_제32대 총학생회_페이지_8

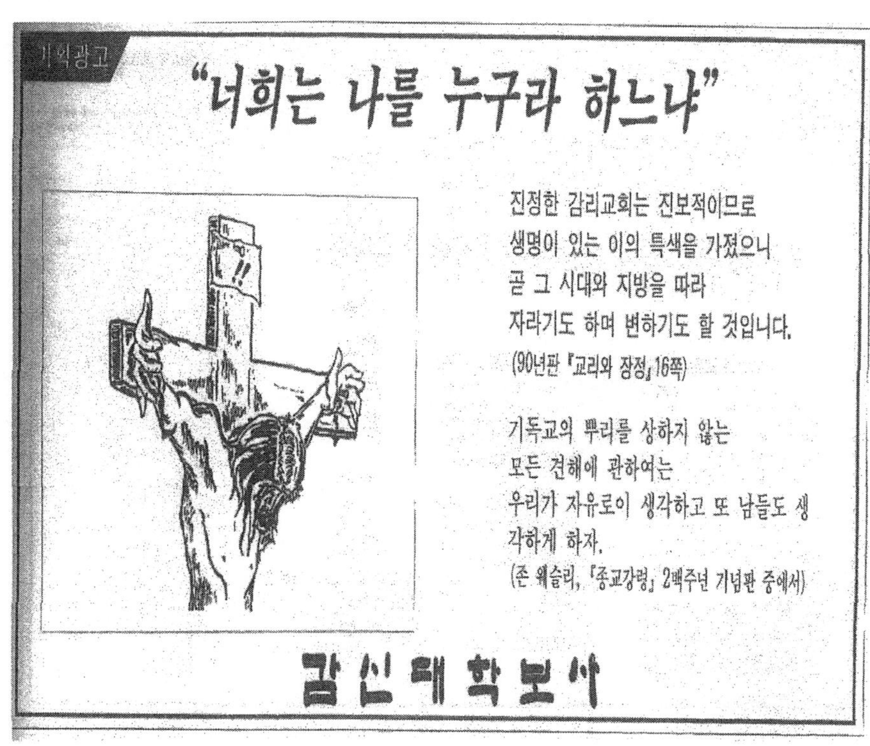

기획광고
"너희는 나를 누구라 하느냐"
진정한 감리교회는 진보적이므로
생명이 있는 이의 특색을 가졌으니
곧 그 시대와 지방을 따라
자라기도 하며 변하기도 할 것입니다.
(90년판 『교리와 장정』 16쪽)
기독교의 뿌리를 상하지 않는
모든 견해에 관하여는
우리가 자유로이 생각하고 또 남들도 생
각하게 하자.
(존 웨슬리, 『종교강령』 2백주년 기념판 중에서)
감신대학보사

▲ 감신대학보 1991년 12월 10일 1면 기획광고

- 8 -

2014_종교재판 22주년 변선환 TALK 콘서트 자료집_제32대 총학생회_페이지_9

심사위 사퇴로 기소여부 결정 지연

공개토론 시급한데 우리대학 교수 「탄원서」반송, 총회실행위

「기독교대한감리회 교리수호대책위원회」가 우리대학 변선환 학장과 홍정수 교수에 대해 교리위배 뿐만 아니라 통일교 관련설까지 유포하는 등의 움직임을 보이자, 이는 「극단적인 보수주의 전개및 금권주의로 교단분열을 획책하고 여론을 호도하는 행위」라는 비판이 거세게 일고 있는 가운데 이에 대한 목회자들의 반박 성명이 잇따르고 있으며 두 교수의 재판위 기소여부를 놓고 서울연회에 관심이 집중되고 있다.

지난 12월2일 교리수호대책위가 두 교수에 대해 △교리위배 △통일교 관련 등을 이유로 서울연회측에 고소장을 제출함에 따라 서울연회 심사위원회 1부(위원장 김광덕 목사)는 12월20일 두 교수를 출석시킨 가운데 심사를 실시했으나 통일교 관련 여부에 대해서는 아무런 혐의점을 찾지 못했으며 교리위배에 대해서는 사안의 중요성을 인식, 결론을 내리지 못하고 서울연회 나원용 감독에게 사퇴서를 제출했다.

이에 따라 이 문제는 심사위원회 2부(위원장 홍사본 목사)에 위임되는 한편 변선환 학장의 학장직 면직과 관계되는 이사회의 구성이 지연되고 있는 이유는 이사 중 1/3이 교육경험 1년 이상이어야 한다는 교육부의 기준에 미달되기 때문인 것으로 밝혀졌다.

같은 날인 12월20일 열린 제6차 총회실행부위원회에서는 우리대학 교수회 29명 일동으로 제출된 「변학장·홍교수 파면 권고 결의에 대한 탄원서」를 반송하고 총회 결의대로 두 교수에 대한 행정처분을 조속히 시행하도록 서울연회와 우리대학 이사회에 촉구하기로 결의했다.

한편 12월10일 구성된 「기독교대한감리회 제19회 특별총회사건 전국목회자 대책위원회」는 17일 기독교백주년기념관에서 기자회견을 통해 성명서를

▲작년 11월 교리수호대책위 강연회(힐튼호텔)에서의 얼음조각

발표, △이번 사건을 파행적으로 이끈 곽전태 감독회장의 사퇴△김홍도 목사는 KNCC·WCC 탈퇴발언및 감신대 비방, 통일교관련설 유포 등을 즉각 중단하고 사과할 것 등을 촉구했으며 「이번 사건의 합리적 해결을 위한 목회자 서명운동의 전개와 왜곡된 두 교수의 견해를 바르게 알리는 작업을 전개할 것이다」고 밝혔다.

같은 날인 17일, 이미 근본주의 신학자들을 초빙해 종교다원주의에 대해 세미나를 개최한 바 있는 웨슬리복음주의협의회(회장 김선도 목사)는 「감리교 복음주의 신앙과 신학의 정통성을 지키기 위한 우리의 주장」이란 제목의 성명서를 통해 △예수 그리스도의 절대성과 유일성의 문제 △예수 그리스도의 십자가의 죽음문제 등 6개 항목을 열거하고, 종교다원주의와 포스트모던 신학의 부당성을 지적했다.

이에 앞선 12월12일 우리대학 1980년도 졸업동창회인 「청목회」에서는 성명서를 통해 「위험한 것은 신학 자체가 아니라 교리적 독선이며 이번 사건은 오해와 편견, 흑색선전으로 두 교수를 일방적으로 매도하고 있을 뿐 아니라 감리교회의 통합이나 건설적 미래를 어둡게 하는 결과를 낳고 있다」고 밝히는 동시에 △서울연회와 이사회는 두 교수의 문제를 공정하게 처리할 것 △총회차원에서 이 문제를 재고할 것 △교리수호대책위는 감리교회의 위신을 손상하는 행위를 즉각 중단할 것 △책임있는 기관주도로 토론회나 공청회를 개최할 것 등을 촉구했다.

한편 우리대학 교수들은 1월6(화)-8일(목) 퇴수회를 갖고 지난해 부터 논의되었던 신학백서를 1월말 발간하기로 결정했으며 1992년도 우리대학 요람에 포함하기로 했다.

이번에 발간될 신학백서는 △감리교 역사 △감리교 신학의 원리 △현대 신학의 성향에 근거한 신학적 선언 등을 내용으로 하고 있어 우리대학의 학문적 전통을 밝힘과 아울러 현재 문제되고 있는 두 교수의 신학적 입장에 대한 중요한 근거자료가 될 것으로 알려지고 있다.

또한 제10대 총학생회는 오는 2월6-7일과 2월13일, 지방회 별로 재학생과 신입생이 참여하는 「1천 감신인 방학중 지역별 기도회」를 실시할 예정이라고 밝혔다.

이에 대해 우삼열(신3) 총학생회장은 「방학이후 학우들이 전국적으로 흩어져 있어 최근의 교단문제 진행상황을 알 수 있는 통로가 제한되어 있으며 왜곡되어 전해질 가능성도 있다」고 말하고 「이러한 문제를 극복하고 학우들을 하나로 결집시키기 위해 기도회를 계획했다」며 그 동기를 밝혔다.

지난 10월 교단총회 결의 이후 신학자와 목회자의 대립으로 보여졌던 이번 사태는 일선 목회자들이 김홍도 목사측의 교권적 독단주의및 금권주의에 반발, 잇다른 성명서를 발표하고 있어 대립은 첨예화 되고 있으나 초기와는 다른 양상을 보이고 있다.

한편 지난 12월16일 이 문제의 해결을 위한 증경 감독들의 모임이 이루어져 변선환 학장의 자진사퇴와 홍정수 교수의 해외교환교수 파견안이 논의된 것으로 알려지고 있으나 총회가 종교다원주의와 포스트 모던신학에 대해 교리에 위배됨을 결정하고 두 교수의 목사직과 교수직을 면직하기로 결의한 것은 한국감리교회 1백년 역사와 전통에 큰 오점을 남기는 일이라는 지적이 있는 만큼 미봉적으로 해결하려고 해서는 안된다는 여론이 높다.

이문제에 대한 근본적인 해결을 위해서는 교단차원에서 당사자인 두 교수와 감독, 심사위원, 중견 목회자들이 참여하는 공개토론의 장을 마련하여 종교다원주의와 포스트모던신학에 대한 교단의 분명한 입장을 밝히는 것이 절실히 요청된다.

유승찬 기자

▲ 1991년 12월 2일 교리수호대책위가 두 교수에 대해 △교리위배 △통일교 관련 등을 이유로 서울연회 측에 고소장을 제출함에 따라 서울연회 심사위원회 1부는 12월 20일 두 교수를 출석시킨 가운데 심사를 실시했으나 통일교 관련 혐의점을 찾지 못했으며, 교리위배에 대해서는 사안의 중요성을 인식하고 유보, 사퇴하였다. 이후 1992년 1월 23일 심사2반위원회도 사퇴하였다.

(6) 1992년 3월 10일 (화요일) 감신대학보

심사규정 무시한 파행적 처사

23일 공개재판, 토론과 대화 이루어져야

서울연회 심사위원회가 변선환·홍정수 교수 재판위 기소를 결정하자 이는 『왜곡된 여론에 밀려 공정한 심사과정 없이 비공개적으로 진행됐으며, 감리교 교회법상의 심사규정을 무시한 파행적인 심사』라는 비판이 거세게 일고 있는 가운데 교계와 신학계에 커다란 파문을 불러일으키고 있다.

이번 심사는 두번에 걸친 심사위 사퇴와 심사3반위원회에 대한 변·홍교수의 심사기피 신청으로 다시 구성된 심사1반위원회(위원장 나경회 목사)가 『변선환 교수의 다원주의 신학은 교리에 위배되며, 홍정수 교수의 저서 베짜는 하나님에서 나타난 부활사상및 예수의 신성 부정은 성경교리에 위반되며, 통일교 연루 사실도 그 근거가 타당하다』라는 심사결과로 재판위에 기소하게 되었다.

이에따라 서울연회 재판위원회는 3월7일 서울연회에서 9명의 재판위원들이 참석한 가운데 재판위원장에 홍형순 목사(삼양교회)를 선출하고 3월16일 1차 모임때 관련자료 검토및 이전의 상황점검을 하고 23일 오후3시에 교단본부 총회회의장에서 공개재판을 하기로 결정했다.

심사에 앞서 2월24일 서울연회 재판위원회(위원장 홍형순 목사) 앞으로 이의신청서를 제출한 바 있는 홍정수 교수는 『감리교 교회법상 심사 법정기일 50일을 초과한 것은 위법이며, 재심사가 이루어지더라도 심사를 세번하지 못하게 규정되어 있는 만큼 현재 세번째 진행되고 있는 심사는 부당하다』라고 밝히고 3월7일 규칙해석위원 및 재판위원 앞으로 『진행중인 소송사건의 위법성』이라는 글을 통해 『감리교의 재판법은 피의자를 보호하기 위한 법규로서, 12월7일 교리수호대책위에 의해 접수되었으나 실질적으로 12월1일부터 심사가 수행된 본사건은 세번째 심사를 거친후 약 100일지난 92년 3월5일에야 기소를 결정한 것은 명백한 위법이다』라고 주장했다.

또한 변선환·홍정수 교수는 지난 2월11일 총회사건과 관련하여 사과문을 한국감리교회 앞으로 발표하고 『우리 두 신학자의 신학이 본의아니게 교단과 모교인 감리교신학대학에 물의를 일으킨 데 대하여 사과한다』며 『앞으로 교단의 발전을 위하여 책임적으로 학문을 연구하고 강의할 것』이라고 말했다.

우리대학 구덕관 교수 외 19명도 「한국교회에 드리는 글」을 통해 『지난 19차 입법총회 이후 두 교수의 신학적 주장을 둘러싼 목사및 교수직 박탈에 관한 논의가 거듭되고 있는 일들을 예의 주시하고 있다』라고 밝히고 『일부 신문기사나 광고 혹은 떠도는 소문에 의해 전해진 왜곡된 주장과 통일교 관련설 등은 사실무근임을 천명하며, 두 학자들의 주장과 이론에 대한 교회현장의 정당한 비판과 토론은 당연하고 필요한 것이나 다만 이러한 비판과 토론이 상호대화의 부족에서 오는 오해나 확대해석으로 인하여 해당교수 뿐만 아니라 감신대 전체를 매도하는 것은 매우 위험스럽고 우려되는 일이다』라고 밝힌바 있다.

이와 관련하여 우리대학 교수일동은 감리교신학의 정체성을 위해 요람에 「신학지침서」를 수록하여 △선서와 사도신경에 근거한 신학형성 교육 △웨슬리의 신학적 유산인 개방성과 포괄성에 근거한 신학교육방향 설정 △타종교와의 대화를 통한 종교적 관련성 모색 등 학문의 방향성을 정립했다.

한편 총학생회는 「감리교단의 화합과 진보적 감리교정신 회복」을 위한 「밤하늘 한감신인 기도회」를 2월6-7일까지 지역별로, 2월14일 우리대학 웰치 기념관에서 각각 갖고 성명서를 통해 △언론조작과 자금살포 중지 △뚜렷한 근거나 확인절차를 무시한 통일교 관련설에 대한 중단과 사과 △교단혁신을 통한 올바른 교회상 정립 등을 위해 공동노력할 것을 촉구했다.

또한 총학생회는 재판위 기소결정이 나자 『금권을 통해 왜곡된 여론재판을 감행하는 일체의 행위가 기독교적 관용으로 포용될 수 없다』라고 규정짓고 △기소처분을 내린 서울연회 심사위의 해명과 사과 △김홍도 목사의 기소처리 △공개적인 재판 등의 요구안을 3월6일 교단항의 방문을 통해 감독회장 앞으로 제출했다.

한편 심사과정이 신학적으로 중요한 사안임에도 불구하고 두교수와 피고인, 심사위원과 감독, 신학자와 목회자들간의 토론의 장이 마련되지 않은 것과 심사 진행상 일방적인 법적해석을 적용하는 상태에 머물러 있다.

또한 홍정수 교수가 지난 2월17일 고소한 곽전태 감독과 김홍도 목사에 대한 심사가 미진한 상태에 머물러 있는 것으로 보아 『서울연회 심사가 심사규정을 무시하고 파행적으로 운영된, 한쪽의 입장만을 고려한 심사였다』라는 주장은 타당하다고 여겨진다.

따라서 심사위1반위원회는 재판위 기소에 대한 충분한 해명이 요구되어지며, 오는 3월23일에 있을 공개재판은 토론과 대화 등의 적법한 절차를 거쳐 진행되어야 할 것이다.

권 형 운 기자

▲ 1992년 2월 24일 홍교수, 서울연회 재판위 앞으로 △심사 법정기일 초과 △현 세 번째 심사의 부당성 등을 내용으로 한 이의신청을 제출했으나 서울연회는 2회에 걸친 심사위 사퇴는 심사기일과 재심사 원칙에 해당되지 않는다며 이를 기각했다.

- 10 -

2014_종교재판 22주년 변선환 TALK 콘서트 자료집_제32대 총학생회_페이지_11

제 129호 감신대학보

변·홍 교수, 재판위 기소

홍정수 교수 — 교회법상 이번 심사는 위법
심사위 사퇴는 재심원칙과 무관 — 서울연회

▲1991년 2월 21일 홍교수의 심사3반위에 대한 심사기피신청으로 인해 재구성된 심사3반위는 변선환·홍정수 두 교수 재판위 기소를 결정하였고, 3월 4일 서울연회 나원용 감독은 심사1반위의 재판위 기소결정에 대해 승인하였다.

(8) 1992년 4월 10일 (금요일) 감신대학보 제 130호

감리교사상 최초의 종교재판, 불명예

변교수, "근본주의 신학으로 웨슬리를 죽이지 말라!"

● 협신사태를 알아본다.

협신, 일반대화 거부 투쟁 진행중

▲ 1992년 3월 23일 두 교수에 대한 1차 재판이 열렸다. 이날 먼저 열린 변선환 학장에 대한 종교재판에서 심사위원장 나정희 목사는 기소장낭독을 통해 "피고자의 종교 다원주의의 신학적 견해는 예수 그리스도의 유일성과 구원의 보편성 등을 버리고 반기독교 사상을 … 지향했다"며 "더군다나 뉴욕의 한 법당에서 불교의 부흥회를 위해 강연을 한 것…은 명백한 교리위반이며 이단적 행위다"라고 밝혔다. 이에 대해 변선환 학장은 "기소내용의 많은 부분은 거짓이거나 왜곡된 것이며, 근본주의 신학으로 웨슬리를 죽이지 말라"라고 주장했다. 이날 재판에 대해 "신학자를 대상으로 하여 신학문제를 다루는 심판에서 법적·학문적 비전문가 재판관이 전문가 피고인을 심판하는 셈이 됐다"라는 시각이 지배적이었다. 이로써 감리교 200년 역사상 전무후무한 종교재판이, 중세도 아닌 20세기 말에 한국 땅에서 벌어지게 되었다.

- 11 -

2014_종교재판 22주년 변선환 TALK 콘서트 자료집_제32대 총학생회_페이지_12

제 131호 감신대학보

변학장·홍교수 출교 선고

금란교회 성도와의 마찰로 학우들 부상 당하기도
서울연회본부에서 단식농성 중 김진이·전중용 실신

협신 총학 성명서 발표 「종교재판을 바라보며」

▲ 1992년 5월 7일, "다른 종교에도 구원이 있다는 종교다원주의를 주장함으로써 모든 종파의 신을 동격시하고 기독교 신앙의 본질을 왜곡했기에 출교를 선고한다"라는 미리 작성된 판결문을 읽음으로써 재판은 종결됐다.

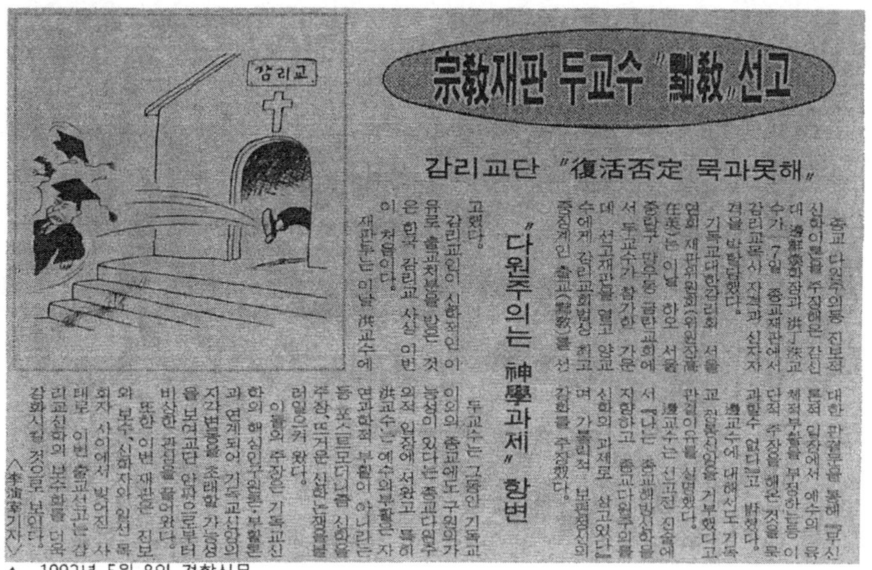

宗敎재판 두교수 "黜敎" 선고

감리교단 "復活否定 묵과못해"

"다원주의는 神學과제" 항변

▲ 1992년 5월 8일 경향신문

한 겨 레 신 문

변·홍교수 '출교' 강행 큰파문

"재판 졸속·일방적…종교간 대화 찬물" 반발 거세

감신대생 무기단식·목회자 비상총회 방의
두 교수 사회법정 호소 검토 진통 커질듯

7일 서울 금란교회에서 열린 감리교신학대 변·홍 교수 선고공판은 재판부를 지지하는 금란교회 3천여 신자들의 열광적인 기도와, '재판부 퇴진'을 외치는 감신대생들을 끌어내는 금란교회 남선교회원들의 난투극이 아수라장을 빚은 가운데 진행됐다. 〈이정우 기자〉

〈최성민 기자〉

▲ 1992년 5월 9일 한겨레 신문

- 13 -

2014_종교재판 22주년 변선환 TALK 콘서트 자료집_제32대 총학생회_페이지_14

기독교 대한감리회 서울연회 재판위원회가 변선환 학장과 홍정수 교수에게 내린 출교구형에 대한 우리의 입장

"우리는 변선환 학장과 홍정수 교수에 대한 서울연회 재판위원회의 재판과정이 합리적으로 처리될 수 있기를 기대하며, 그 과정을 주시해 왔다.
물론 위의 두 신학자의 신학적 노선이 우리 모두의 신학적 입장을 대변하고 있다고 보지는 않는다.
그리고 두 신학자로 인하여 교계에 물의가 일어난 것에 대하여 유감스럽게 생각하는 바이다.
그러나 금번 재판위원회가 두 신학자에게 내린 감리교 재판법상 최고 형인 출교를 구형한 일에 대하여 놀라움을 금치 못하며 이에 우리 교수들의 입장을 다음과 같이 표명하는 바이다."

첫째, 우리는 두 신학자에 대한 재판과정과 절차에 문제가 있었음을 지지한다. 즉, 신학적인 입장 때문에 문제가 야기되었다면 이 문제는 무엇보다 신학적인 토론이나 공청회 등의 공개적이고 공정한 대화의 장을 통하여 해결이 모색되어야 했다. 이러한 과정을 거치지 않은채 성급하게 재판으로만 이끌어간 것은 합리적이거나 신앙적인 처사가 아니라고 생각한다.

둘째, 감리교회는 신학의 다양성을 인정하는 전통을 가지고 있다. 따라서 신학적인 문제에 대한 의견 때문에 출교 구형까지 내린 것은 감리교 전통이나 감리교 교회법 정신에도 어긋난다고 생각한다. 우리가 보기에는 두 신학자의 신학을 정죄하는 사람들이 얼마나 감리교 신앙과 신학적 전통에 근거하여 판단하여 있는가를 묻고자 한다.

셋째, 지금까지 감리교회는 분명히 에큐메니칼 신학 노선을 걸어왔다. 따라서 우리는 근본주의로 퇴행하고 있는 신학적 흐름이 감리교회 내 일각에서 확산되고 있음을 개탄한다. 이번 일을 계기로 하여 우리는 감리교 신학의 정체성을 확고히 정립하여 신학교육과 신앙 훈련을 지속할 것이며, 이를 위하여 조속한 시일 내에 감리교 신학 정체성 확립을 위한 공청회를 범교단적으로 열 것을 제안한다.

- 14 -

2014_종교재판 22주년 변선환 TALK 콘서트 자료집_제32대 총학생회_페이지_15

다시 한번 우리는 금번 재판위원회의 구형에 대하여 깊은 우려를 표하며, 두 신학자의 재판 절차와 과정이 더욱 신중히 다루어질 수 있기를 촉구하는 바이다.

1992년 4월 23일

감리교 신학대학교 교수 일동

선한용/염필형/장종철/김득중/이후정/
김재은/박창건/방석종/박익수/왕대일/
이정배/서현석/이원규/박종천/송순재/
이기춘/김영민/김외식/타이스

- 15 -

2014_종교재판 22주년 변선환 TALK 콘서트 자료집_제32대 총학생회_페이지_16

❁ 신학의 자유를 옹호하는 신학자 성명

-기독교 대한감리회 제19차 입법총회와 결의에 부쳐-

1. 서구에서 펼쳐진 기독교 역사의 치명적인 과오는 다음 두 가지로 요약할 수 있다. 하나는 기독교의 이름으로 전쟁을 일으켜서 수많은 사람들을 살상한 것이고, 또 다른 하나는 기독교 정통성의 수호라는 명분 아래 이단자라는 낙인을 찍어 수많은 선각자들을 개인 또는 집단적으로 처형한 사실이다. 그런데 이러한 역사의 배후에는 언제나 기득권의 수호 또는 확장을 위한 권력욕의 노정이 있었으며, 배타적 자기 절대주의가 작용하고 있었다.
2. 한국의 기독교는 처음부터 박해 속에서 시작되었으므로 권력과의 야합 따위는 생각할 수 없었다. 그러나 한국 기독교는 배타적 자기절대주의를 받아들였다. 이것은 이조의 사색당파의 추잡한 역사와 맥을 같이 하는 것이다.
   이런 징조는 한국에서 제일 큰 교파인 장로교회에서 나타났다. 그것을 보여주는 획기적인 사건은 김재준 목사를 이단으로 단죄하고 교회에서 추방한 일이다. 그 이후에도 끝없는 분쟁이 계속되었는데 그 명분은 정통성 수호에 있었으나 제3자의 눈에는 교권 싸움과 교회의 분열 이외의 아무 것도 가져온 것이 없었다.
3. 감리교회는 장로교에 비해 배타적 독선주의가 비교적 표면화되지 않은 교회로 평가되고 있다. 그런데 지난 총회에서 변선환, 홍정수 두 교수를 신학적 이유를 들어 신학교 강단에서뿐만 아니라 목사직까지 박탈할 것을 감신대학 이사회와 해당 연회에 통고하기로 결의했다는 사실은 큰 충격을 안겨 주었다. 그것은 오늘의 세계 조류가 개방과 다원화를 향해 달리고 있는 것과 너무나도 대조적이기 때문에 일반사회에서조차 이 사건에 큰 관심을 가질 수밖에 없게 되었다. 자기의 것을 아끼고 그것에 대해 자부심을 갖는 것은 모든 사람들의 권리요 의무이다. 그러나 그와 동시에 남이 소중하게 알고 자부하는 바를 존중할 줄 모르면 독선주의에 빠지고 만다. 모든 것이 공존할 수밖에 없는 사회에서 종교만이 유아독존적일 수는 없다.
   또한 어떤 종교든 구도자적 자세를 포기할 때 살아 있는 종교로서 창조적이 될 수 없다. 이 점을 깨달아 올바른 길을 걷고자 한 걸음을 내디딘 것이 신교이다. 신교를 일컬어 프로테스탄티즘이라고 했듯이, 종교개혁의 기본정신은 언제나 자기를 비판하고 저항하면서 궁극적인 목표를 향해 달리려는데 있다. 이것이 바로 구도자의 자세인 것이다.
   기독교는 스스로 어떤 완성된 단계에 이르렀다고 자부하지 않고 계속 완전을 향해 추구하는 도상에 있을 때에만 제 모습을 보존할 수 있다. 따라서 우리 시대의 과제와 시대정신에 대해 관심을 쏟고 언제나 배우려는 자세를 갖는 것은 너무나도 당연한 일이다. 기독교는 복고적인 종교가 아니라 역사의 현장에서 생동하는 실재를 찾고 이에 동참하려고 하는 종교다. 그러므로 역사의 현장에서 오늘을 사는 기독교를 추구하는 것은 너무나도 자명한 신학적 과제라고 하겠다.
   이러한 자세들을 정죄하는 어떤 세력이 있다면 그 이름을 무엇으로 내세웠든지 간에 그 자체가 정죄 받게 될 것이다. 기독교의 과오는 지난 천년 암흑시대에서 자행된 것으로 족하다. 진리를 교권으로 재판하는 시대는 영원히 지나갔다. 신학은 궁극

- 16 -

2014_종교재판 22주년 변선환 TALK 콘서트 자료집_제32대 총학생회_페이지_17

적 진리를 찾는 도구이다. 그것은 신학의 자유가 보장될 때에만 제 기능을 다할 수 있다.

4. 우리 한국의 신학자들은 최근 감리교 총회에서 결정한 변선환, 홍정수 두 교수에 대한 결의를 철회할 것을 간곡히 부탁한다. 그것만이 감리교회가 자기의 참면모를 추구하는 길이고 동시에 신학이 제 역할을 다하게 하는 길이다.
   "진리가 우리를 자유하게 하실 것이다" (요한 8,32)

1991. 11. 21.

서명자

안병무,	문동환,	현영학,	황성규,	정용섭,	서광선,
장 상,	박근원,	김이곤,	김경재,	손승희,	장일선,
김성재,	오영석,	이재정,	손규태,	심일섭,	선우남,
김달수,	김창락,	박종화,	정태기,	윤용진,	김명수,
목창균,	유석성,	김영일,	이신건,	이경숙,	최영실,
권진관,	전삼광,	김진희,	허호익,	임태수,	채수일,
강원돈,	김원배,	이재훈,	진연섭,	황정욱,	김은규,
이숙종,	고재식,	안상님,			

이상 45명(무순)

- 17 -

2014_종교재판 22주년 변선환 TALK 콘서트 자료집_제32대 총학생회_페이지_18

✿ 바아르 선언문 (Bear Statement)

(세계교회협의회의 종교 간의 대화에 대한 공식 입장)

I. 서문

1971년 아디사바바(Addis Ababa)에서 모였던 중앙 임원회가 대화란 "모든 교회가 함께 걸어가야 할 장정(長征)으로 이해되어야 한다"고 천명한 이후, 타종교인들과의 대화는 WCC 주요사업의 일환이 되어 왔다.

그러므로 1975년 나이로비에서 개최된 WCC 총회 이후, 이 공동의 장정은 주로 '공동체 내에서의 대화'로 인식되고 있다. 이는 우리 기독교인들과 생활의 터전을 함께 공유하고 있는 타종교인들과의 대화로 장을 여는 것을 뜻하며, 이로써 평화와 정의 그리고 자연과 인간의 관계 등의 문제에 대한 통찰을 서로 나눌 수 있을 것이다. 지구 공동체 내에서 복잡한 공동의 문제들에 대면하는 우리들은 이제 더 이상은 유아론(唯我論)적인 신앙관만을 고집할 수 없음을 거듭 확인해 간다. 세계의 다양한 종교 전통들이 이러한 문제들을 해결하기 위하여 다대한 영감(靈感)과 지혜를 함께 나눌 수 있음은 자명하다.

「대화를 위한 지침」(Guidelines on Dialogue, 1979)에서 명문화되어 있듯이, 우리들은 공동체 내에서의 대화의 중요성을 꾸준히 확인해 왔다. 중앙 위원회가 채택한 지침을 잠깐 상기해보자: "대화의 장을 열기 위해서는 우리의 정신과 마음을 타인에게 개방하는 자세가 필요하다. 이는 곧 용기와 깊은 소명(召命)감을 요하는 결단인 것이다."(중앙 위원회, 킹스턴, 자마이카, 1979)

우리는 대화의 실천에서 유래하는 제반 신학의 물음들의 긴박성을 인지하고 각별한 관심을 표명해 왔다. 「지침」이 제안하듯이, "타종교인들과 신실한 '공동체 속의 대화'에 참여하는 모든 기독교인들은 ...... 하나님의 활동 역사에서 이들 이웃이 차지하는 위상의 문제를 진지하게 묻지 않을 수 없다. 이 물음은 이론으로 끝나는 것이 아니라, 기독교인들과 같은 삶의 터전을 공유하지만, 다른 길을 걷고 있는 수많은 형제 자매들의 삶의 역정이 하나님의 섭리와 어떠한 관계를 맺고 있는지를 고민하는 행위이다." (「지침」, p.11.)

타종교와의 대화는 다양한 종교의 전통들이 한 분이신 삼위일체 하나님의 신비와 어떻게 연계될 수 있는지의 물음을 제기한다. 종교 간의 대화가 타종교인들과의 관계뿐만이 아니라 기독교 신학 자체를 위해서도 중요한 시사를 함축함은 자명하다.

타종교인들과의 만남은 어제 오늘의 일이 아니며, 신학자들은 시시로 종교적 다원성의 문제를 안고 씨름해 왔던 것이다. 초창기(1910년 에딘버러)부터 현대 기독교의 에큐메니칼 운동은 기독교의 메시지가 타종교인들에게 어떠한 의미를 줄 수 있는지를 고민해 왔다.

오늘날 우리는 종교적 다원성에 대한 보다 깊은 인식과 이해를 교감하게 되었으며, 보다 적절한 종교 신학의 영성을 위한 공동의 장정(common adventure)으로 진입할 수 있게 되었다. 이러한 신학이 지금 절실히 필요하다. 이에 부합하는 새로운 신학이 계속 부재한다면, 타종교인들의 신앙적 삶 속에서 확인되는 심오한 종교적인 경험을 이해하거나 적절하게 전달할 수 없을 것이기 때문이다.

II. 종교 다원성에 대한 신학적 이해

종교 다원성에 대한 우리의 신학적 이해는 태초부터 만물 가운데 임재하여 활동하시는 살아계신 창조주 하나님에 대한 신앙에서 출발한다. 성서는 그 분이 모든 나라와 민족의 하나님이며, 그 사랑과 은혜가 전 인류를 포용한다고 증언하고 있다. 예컨대 노아와의 계약은 곧 모든 피조물과의 계약으로 이어진다. 각각의 고유한 지혜와 이해의 전통에 따라 각 나라를 인도하시는 하나님의 지혜와 정의는 명실공히 땅끝까지 미친다. 하나님의 영광은 일체 피조물에 편재(偏在)해 있는 것이다.

언제 어디서나 인간들은 그들 가운데 임재하면서 활동하시는 하나님께 응답해 왔으며, 그 만남을 고

- 18 -

2014_종교재판 22주년 변선환 TALK 콘서트 자료집_제32대 총학생회_페이지_19

유한 방식으로 증언해 오고 있다. 구원, 완전성, 깨달음, 인도 그리고 휴식과 해방을 추구하며 발견한 신앙적인 역정(歷程)은 이 증언들 속에 메아리치고 있다.

그러므로 우리는 이 같은 증언들에 지극히 진지한 태도로 임해야 할 것이며, 모든 나라와 민족들 가운데 구원하시는 하나님의 역사가 항존(恒存)해 있었음을 자각한다. 기독교인인 우리의 증언은 예수 그리스도를 통해 경험한 구원의 사역에 언제나 그 초점이 모아지는 것이 당연하겠지만, 동시에 우리는 "하나님의 구원의 능력을 제한할 수 없다." (CWME, 산 안토니오, 1989) 타종교인들을 이웃으로 하는 우리의 증언은 "하나님께서 그들 가운데 행하시는 일들을 인정"하는 포용성을 근거로 해야만 한다. (CWME, 산 안토니오, 1989)

우리는 종교 전통의 다원성을 하나님께서 각 나라와 민족과 관계하시는 다양한 방식의 결과일 뿐 아니라, 인류의 다양성과 풍성함이 표현된 것으로 이해한다. 우리는 하나님께서 각자의 종교적인 모색과 발견 가운데 함께 계셨음을 인정하며, 그들의 가르침 속에 지혜와 진리가 있고 그들의 삶 속에 사랑과 경건이 있는 이상, 이는 우리 가운데 발견되는 지혜 · 통찰 · 지식 · 이해 · 사랑 · 경건과 마찬가지로 성령의 선물임을 분명히 밝힌다. 또한 그들이 정의와 해방을 위해서 우리와 협력하여 고민할 때, 하나님께서는 그 가운데 함께 하실 것이다.

종교의 다원성 속에 현존하시는 만유의 주로서의 하나님을 신앙한다면, 그 분의 구원 사역이 어느 특정한 대륙 · 문화 · 민족에 국한된다는 편협한 사고를 더 이상 고집할 수는 없을 것이다. 세계의 여러 민족과 나라가 보존해 온 각기 고유한 종교적 증언들을 무시하는 처사는, 인류의 아버지요 만유의 주라는 성서적 메시지를 결국 부인하는 결과에 해당한다. "하나님의 영은 인간이 이해할 수 없는 방식과 예측 불가능한 장소에서 활동하신다. 그러므로 이웃과의 대화를 통해서 기독교인들은 그리스도의 신비한 부(富)를 깨닫고, 인간을 대하는 하나님의 경륜을 경험하게 되는 것이다." (CWME 선언, 「선교와 전도」)

기독교 신앙은 우리에게 종교 다원성의 전 영역을 진지하게 검토할 것을 요청한다. 종교 다원성을 극복해야 할 장애가 아니다. 오히려 "하나님께서 모든 것 가운데 모든 것이 되실"(고전 15-18) 때를 대망하는 우리 기독교인들에게는 하나님과 이웃을 보다 깊이 만날 수 있는 호기(好機)인 셈이다: "하나님께서 타종교인들에게 주신 지혜와 사랑과 힘"(뉴델리 보고서, 1961)을 새롭고 보다 원숙하게 이해할 수 있도록 "우리가 예수 그리스도를 통해 알게 된 하나님께서 타종교인들의 삶 속에서도 우리를 만나실 수 있는 가능성을 개방"(CWME 보고서, 산 안토니오 1989, 29절)해야만 할 것이다. 우리 주 예수 그리스도의 유일하신 하나님 아버지께서는 당신을 증거하는 자들을 어느 곳에나 남겨 두셨다.(행전 14:17)

종교 전통 속의 애매성

세계의 종교 전통들 속에 있는 지혜, 사랑, 동정심, 그리고 영적인 통찰 등의 긍정적인 면모 이면에는 사악함과 어리석음이 공존해 있음을 슬프지만 정직하게 인정해야 할 것이다. 흔히 종교가 다양한 방식으로 압제와 소외의 체제를 지지해 왔음도 잊지 말아야 할 것이다. 명실상부하게 정당한 종교 신학이라면, 인간의 사악함과 죄 그리고 최고의 이상에 부합하지 못하고 영적인 통찰에 불순종하는 삶의 자세를 진지하게 검토해야만 한다. 따라서 우리는 성령의 역사하심을 통해 끊임없이 하나님의 지혜와 목적을 깨닫게 된다.

Ⅲ. 기독론과 종교 다원주의

다른 종교의 길을 걸어온 이웃들의 삶 속에 나타나 있는 선(善)과 진리와 경건함을 보고 경험한 우리는 「대화를 위한 지침」(1979)에서 제기된 문제-인류를 향한 하나님의 보편적 구속의 활동과 이스라엘 역사와 예수의 사역을 통한 특수한 구속의 활동의 문제를 매우 진지하게 대면해야만 한다(23절). 우리는 구원을 예수 그리스도를 명시적 인격적 위임(the explicit personal commitment)으로만 국한시키는 신학을 넘어서야 할 필요를 느낀다.

우리는 말씀이 육신이 되신 예수 그리스도 속에서 전체 인류 가족은 결정적인 결속과 계약 안에서 하나님과 결합되어 있다는 것을 긍정한다. 모든 피조물과 인류 역사 가운데 현존하시는 하나님의 구속의 활동의 현존은 예수 그리스도의 사건에서 그 초점에 이르고 있다.

예수의 말씀과 행위, 그의 선포 그리고 치유와 봉사의 사역을 통해서 하나님께서는 이 땅 위에 자신의 영역을 정초하신다. 이 일은 어느 특정한 문화와 공동체에 국한될 수 있는 것이 아니다. 이스라엘에 국한되지 않았던 예수의 손길과 태도는 이를 입증한다. 그는 사마리아 여인과 대화를 나누었으며, 영과 진리로써 하나님을 섬기려는 모든 이들을 수용하였다.(마8:5-11) 예수는 시리아-페니키아 계통의 가나안 여인의 신앙을 보시고 치유의 기적을 베푸시기도 하였다.(마15:21-28)

예수의 지상 사역을 통해 나타난 하나님의 구원이 일면 제한된 것처럼 나타나는 것도 사실이지만(cf. 마10:23), 그의 죽음과 부활 그리고 유월절의 신비를 통해 이 제한은 초극된다. 십자가와 부활은 하나님의 신비한 구원의 역사에 내재한 보편적 차원을 우리에게 일깨운다.

이 구원의 신비는 그 완결을 향한 하나님의 섭리와 계획에 따라 다양한 방식으로 중계되고 매개된다. 자신들을 영적으로 권면하고 계도하는 종교적 전통에 따라 성실한 삶을 살아가는 많은 이들이 교회 밖에 있으며, 이들에게도 하나님이 베푸시는 구원의 섭리가 있을 것이다. 예수 사건은 우리를 위하여 역사에 드러난 가장 분명한 구원의 징표일 것이다.(딤전 2:4)

Ⅳ. 성령과 종교 다원주의

우리는 이 문제를 숙고함에 있어서 창조 · 양육 · 도전 · 갱신 · 보전의 사역을 맡아 땅 위를 운행하시는 성령과 그 활동에 특히 관심을 가져왔다. 마치 "바람이 임의로 불듯이"(요3:8), 우리의 정의(定議)와 규정 그리고 제한을 넘어서서 활동하시는 성령의 사역을 인위적으로 구속할 수 없는 것이다. 우리는 만물 가운데 현존하시는 성령의 '경륜'(economy)에 찬탄하며 희망과 기대에 부풀게 된다. 인간들이 예측할 수 없는 방식으로 운행하시는 성령의 자유로움, 무질서 속에서 질서를 이루어 내며 지구의 표면을 새롭게 하시는 성령의 능력 그리고 진리와 평화와 정의를 희구하는 인류를 격려하시고 그 가운데 활동하시는 성령의 '능력'을 우리는 확인한다. 사랑, 기쁨, 평화, 안내, 친절, 선(善)함, 신실(信實), 온유 그리고 자기 절제에 속한 모든 것은 실로 성령의 선물로서 인정되어야 마땅할 것이다.(갈5:22-23, cf.롬14:17)

그러므로 「지침」(1979) 속에 주어진 질문, 즉 "교회 밖에서 성령의 사역을 통해 활동하시는 하나님의 구원 섭리를 이해하는 것이 정당하며 유익한가?"(23절)에 우리는 긍정적인 답변을 선택해야 할 것이다. 타종교인들의 삶과 전통 속에 성령이신 하나님께서 활동하심을 고백하는 것은 너무나 당연하다.

타종교의 선(善)함과 진리를 해석하고, "우리와 다른 것들"을 분별할 수 있는 것은 성령의 영역을 통해서이다. 이로써 우리의 "사랑이 지혜와 모든 판별과 함께 더욱 더 풍성해지는 것이다."(빌1:9-10)

예수와 성서의 해석자이신 성령(요14:20)께서 우리를 인도하셔서 기존의 종교 전통을 새롭게 이해하도록 도우실 뿐 아니라, 이웃과의 대화를 통해 우리가 성숙함에 따라 새로운 지혜와 통찰을 거듭 밝혀주실 것을 믿는다.

Ⅴ. 종교 간의 대화: 신학적 전망

우리는 타종교인들의 세계 속에 현혈되는 구원의 신비를 인식함으로써 종교 간의 대화에 임하는 우리의 자세를 구체적으로 정비(整備)할 수 있다.

우리와 다른 그들의 종교적 확신까지도 존중하고, 하나님께서 성령을 통해서 그들 가운데 성취하셨고, 또 성취하실 일들을 존경하는 자세는 이제 무엇보다 필요한 조건이 되었다. 그러므로 종교 간의 대화란 일방통행이 아니라 쌍방교차로인 셈이다. 우리는 개방적인 정신으로 대화에 임하고, 자신들의 종교적 확신을 진실하게 증언하는 타종교인들로부터 배울 자세를 확립해야 할 것이다. 진정한 대화는 쌍방의 지평을 넓혀주면서, 각자를 통해 말씀하시는 하나님을 향한 보다 깊은 회심으로 인도할 것이다. 또한 우리는 타종교인들의 증언을 통하여 지금까지 접하지 못했던 하나님의 신비를 다각도로 체험하게 될 것이다. 그러므로 대화를 통해서 신앙적인 삶의 깊이를 더할 수 있으리라는 것은 장황하게 부언할 필요가 없다. 타종교인들과 협력하는 태도야말로 진리에 대한 경험과 이해를 보다 깊게 할 것이라는 사실을 우리는 믿어 의심치 않는다.

우리는 소명 의식 가운데에서 종교 간의 대화를 통하여 기존 신학의 방법을 개혁해야 할 필요성을 절감한다. 우리가 지향해야 할 대화적 신학과 인간 해방의 실천을 통해서 진정한 '신학의 장'(locus theologicus) 즉 신학 작업의 원천과 근거가 형성될 것을 믿는다. 종교 다원주의와 대화적 실천의 도전은 기독교 신앙의 신선한 이해, 새로운 질문들 그리고 보다 나은 표현을 규명할 책임이 있는 우리 기독인들이 마땅히 서야 할 자리의 한 부분인 것이다.

- 21 -

2014_종교재판 22주년 변선환 TALK 콘서트 자료집_제32대 총학생회_페이지_22

LIST OF PARTICIPANTS

Bishop Prof.
ANASTASIOS YANNOULATOS
Holy Archbishopric of Irinoupolis Nairobi, *Kenya.*

Prof. Georges BEBIS
Greek Orthodox School of Theology.
"Holy Cross"
Brookline, *U.S.A*

Rev. Kenneth CRACKNELL
Cambridge, *U.K*

Fr. Jacques DUPUIS
Gregorian University
Rome, *Italy*

Prof. Diana L. ECK
The Study of Religion
Harvard University *U.S.A.*

Fr. Michael FITZGERALD
Pontifical Council
for Interreligion Dialogue
Vatican City

Dr. Biorn FJAERSTEDT
Church of Sweden Misiion
Uppsala, *Sudan*

Prof. Yasuo C. FURUYA
International Christian University
Tokyo, *Japan*

Dr. Tarek MITRI
Middle East Council of Churches
Limassol, Cyprus

Dr. Itumeleng MOSALA
University of Cape Town
Rondebosch, *South Africa*

Dr. Rovert NEVILLE
Boston University
Boston, *U.S.A.*

Metropolitian George KHODR
Limassol, *Cyprus*

Dr. Paul KNITTER
Xavier University
Cincinnati, *U.S.A.*

Dr. Peter LEE
Christian Study Centre on Chinese Religion & Culture
Kowloon/ *Hong kong*

Prof. David M. LOCHHEAD
Vancouver School of Theology
Vancouver, *Canada*

Dr. Judo POERWOWIDAGDO
"Duta Wacana" Christian University
Yogyakarta, *Indonesia*

Bishop Pietro ROSSANO
Lateran University
Vatican City

Prof. Francoise SMYTH-FLORENTIN
Paris, *France*

Rev. Alexandru J. Stan
Bucuresti, *Romanio*

Ms. Joyce TSABKDZE
University of Swaziland,
Kwaluseni, *Swaziland*

Dr. Otavio VELHO
Instituto de Estudos da Religiao
Rio de Janeiro, *Brazil*

WCC Staff

Dr. S. Wesley ARIARAJAH
Dr. Ulrich SCHOEN
Rev. Hans UCKO
Ms. Audrey SMITH
Ms. Luzia WEHRLE
Dialogue sub-unit.

Dr. Irmgard KINDT-SIEGWALT
Faith and Order.

Mr. Marlin VANELDEREN
Communications Dept.

- 22 -

2014_종교재판 22주년 변선환 TALK 콘서트 자료집_제32대 총학생회_페이지_23

✿ 故 변선환 학장 추모, 드류 대학 학술대회에 다녀와서 -이정배 교수

지난 9월 26일부터 28일 까지 드류(Drew)대학에서는 한국의 신학자 변선환의 출교 20년을 재(再)의미 화하는 학술 대회를 개최했다. 총 주제는 "기독교적 영성의 미래와 종교간 상호 관계성(대화)" 이었고 이 모임을 故 변선환 박사를 추모하는 자리로 만든 것이다.

이를 위해 선생의 제자로서 미 연합 감리교회 감독이 된 정희수박사의 헌신과 열정어린 수고가 컸고 그의 제안을 수락한 미주 한인 감리교회 및 목회자들의 추모의 정 역시 큰 힘이 되었다. 아울러 선생을 졸업생으로 배출한 드류 대학 역시 다른 한 손을 기꺼이 내주었다. 신학적 토론 없이 교회 밖으로 내몰린 선생의 입장을 안타깝게 여겨 금번 학술대회를 통째로 그에게 헌사 했던 것이다.

널리 알려졌듯 드류 대학과 선생의 인연은 남다른 점이 있다. 두 차례에 걸친 유학을 통해 1967년 이곳에서 석사학위를 마쳤고 당시 교환교수였던 바젤대학의 스승 프릿츠 부리를 만났던 장소였던 탓이다. 이후 선생은 드류의 스승이었던 칼 마이켈슨을 선불교 신학자 야기 세이찌와 비교하며 역사의 종국성(Finality)을 주제로 부리 교수의 지도하에 바젤대학 신학부에서 박사학위(1976)를 취득할 수 있었다. 1987년에는 드류대학교 보스보그 방문교수로 초빙되는 영광을 누리기도 했다.

이렇듯 재차 강조하는 바, 스승의 뒤를 이어 불교학을 전공한 학자로서 목회하다 UMC 감독으로 피택된 정희수 박사의 헌신과 드류 대학교의 학문적 관심이 하나로 수렴되어 세계적인 학자들을 초빙하여 금번 학술대회를 성사시킬 수 있었다.
정감독과 함께 본 대회를 실질적으로 주관한 제퍼리 콴(Kuan) 드류 학장은 학술모임의 긍정적 결과물들을 향후 드류 신학부의 커리큐럼에 반영하겠다는 의지를 표명하기도 했다. 최초 아시아인 학장으로서 그의 지도력과 신학적 판단력은 드류 대학의 학풍을 선도적으로 이끌 것이란 확신을 갖도록 하였다.

여하튼 중세이후 전무후무한 종교재판으로 한 신학자가 사상적 열매도 맺지 못한 채 세상을 떠난 지 20년 가까운 세월이 지났으나 누구도 이런 현실을 주목하지 못한 정황에서 금번 학술대회는 한국의 기독교인들에게 고마움과 더불어 큰 자극과 반성을 가져다 줄 것이다.
드류 대학에서의 조그만 날개 짓이 한국 기독교의 개혁을 위한 큰 바람이 될 수 있기를 간절히 바라면서 먼 거리 마다치 않고 달려와 힘이 되어준 일백여 동문들에게 감사의 인사를 올린다.

본 학술대회가 진행되는 내내 주변에서 들리는 소리는 미국 신학대학교에서 이런 모임이 열리게 된 것은 거의 기적과 같은 일이라는 것이었다. 출교당한 졸업생을 추모하는 학술대회의 성격 자체도 놀랍거니와 이런 취지에 선뜻 동의하여 강연을 수락한 학자들의 면모 또한 대단했던 까닭이다.

일본인 산요(Sayo) 감독, 김해종 감독을 비롯한 아시아인으로서 전 현직 미국 연합감리교회 감독들 여럿이 자리했고 한국에선 신경하 감독회장이 참여한 것도 놀라운 일로 여겨졌다. 이들 감독들은 설교와 예배를 주도하며 복음의 아시아적 시각을 말했고 변선환의 인간됨을 상세히 소개했다.

신경하 감독의 설교를 통역한 한국인 학생이 교환교수 시절 아이스크림을 받아먹던 제자 이세형 박사의 아들이란 것이 소개되면서 장중에 웃음꽃이 피기도 했다. 무엇보다 필자는 초청된 세계적 학자들 모두가 예외 없이 변선환 선생을 이런 저런 모임에서 만났고 그와의 개인적 경험을 갖고 있다는 사실에 놀라움을 금치 못했다.

자신의 강연을 시작하는 모두 그들은 저마다 선생에 대한 기억을 정확히 서술했다. 예컨대 하버드 대학 신학부의 다이아나 에크(Eck) 교수는 인도불교 전공자로서 기독교 영성형성에 지대한 공헌을 하고 있는 주목받는 감리교 평신도 신학자인데 이미 선생은 1970대 말부터 그녀를 알고 있었던 것이다. 현재 드류 대학 신학부의 교수로서 재직 중인 아시아 신학자 웨슬리 아리아자와의 교분은 너무도 잘 알려진 사실이다. 선생님의 학문적 깊이와 넓이를 가늠할 수 있는 부분이라 생각지 않을 수 없었다.

- 23 -

2014_종교재판 22주년 변선환 TALK 콘서트 자료집_제32대 총학생회_페이지_24

여기서 필자는 본 학술대회의 전모를 진행과정에 따라 간략하게 소개함으로 참여치 못한 분들의 이해를 돕고자 하는 바, 독자들의 상상력이 보태져 본 대회의 실상을 더욱 여실히 느낄 수 있는 계기가 되었으면 좋겠다.

학술대회에 앞서 우리는 뜻 깊은 영상물을 보았다. 변선환 선생의 미망인으로 평생 대화파트너였던 철학자 신옥희 박사를 통해 인사말과 함께 그의 생애 전반을 돌아 볼 수 있는 내용이었다. 가족 관계를 비롯하여 북한에서 단신으로 피난했던 이야기 종교재판 시기 그가 당했던 심적 고통 그리고 그의 죽음 이후 제자들과 아카이브를 만들어 선생의 전집을 만들고 매년 묘소에 참배 갔던 이야기들은 모두를 숙연하게 만들었다. 개인사를 통해 민족사를 접할 수 있었고 특별한 한국의 종교전통을 알릴 수 있는 좋은 기회였다고 생각한다. 본래 함께 학술대회에 초대를 받았으나 건강상 함께 하지 못한 것이 대단히 아쉬웠다.

이 영상물은 신익상 박사가 그 선친과 함께 와서 만든 작품이었다. 변선환을 주제로 박사논문을 썼던 그는 금번 모임을 위해 선생님의 저작물을 연대기 순으로 재정리했고 그것을 영역하는 수고도 마다하지 않았다.

이어진 첫 번째 모임(Plenary)은 종교간 대화 및 종교 신학에 대한 변선환의 공헌을 조명하는 자리로서 제네바 WCC 종교대화 책임자였던 우코(H. Ucko)와 필자가 발표자로 나서야 했다.

우코 박사는 바젤 유학 시절 만났던 경험을 소개하며 필자가 보내준 선생님의 몇몇 영문 원고를 바탕 하여 의견을 개진했고 유대인으로서 유대교와 기독교의 관계를 발전시켰다. 필자는 선생님의 학문적 발전 과정을 소개하며 선생님의 종교해방신학을 不二의 관점 하에 서구의 다양성(Multiplicity) 개념과 다석의 귀일(歸一)사상을 관계시켜 새롭게 조명했다.

두 번째 모임의 발표자는 아시아 신학자로 정평 난 웨슬리 아리아자 교수와 하버드의 평신도 신학자 다이아나 엑크였다. 말한 대로 엑크 교수는 인도철학 전공자로서 그 바탕 하에 기독교적 영성을 풀어낸 탁월한 신학자이다. 우리 시대에 이웃 종교를 모르는 사람을 종교맹이라 부를 만큼 대화와 상호 관계성을 중시하고 있었다. 아리아자는 때마침 <Your God, My God, Our God>이란 책을 출판했고 이에 근거한 신학, 즉 종교다원주의에 적합한 기독교 신학을 소개하였다. 책 제목이 말하는 '우리'의 하느님(Our God)이 바로 그를 적시한다.

세 번째 모임은 선생님에게서 직접적 영향을 받은 한국의 학자들이 자신들 신학견해를 발표하는 시간이었다. 여성신학회 회장을 지낸 이은선 교수와 생태신학자인 연세대 전현식 교수가 참여했고 시카고 신학교(CTS)에서 가르치는 제닝스(T. Jennings) 교수도도 이 섹션에 참여했다.

이은선 교수는 불교와 기독교 대화만큼이나 유교와의 대화를 중시했고, 이런 학문의 길을 제시한 분이 바로 선생 자신이었음을 밝혔다. 유교가 정의의 개념

- 24 -

2014_종교재판 22주년 변선환 TALK 콘서트 자료집_제32대 총학생회_페이지_25

을 현재만이 아닌 과거와의 관계에서 찾게 했고 서구적 젠더 개념의 극복을 위해 우주만물을 낳은 '어머니 됨'(Motherhood)의 영성을 제시했다.

전현식 박사는 불이(不二)적 개념을 통해 그것이 불교를 이해하는 사유체계일 뿐 아니라 한국 자생적 종교인 동학을 이해하는 핵심단어, 곧 '불연기연'이란 말로서 나타났다고 보았다. 아울러 동양 종교들을 관통하는 '不二'를 통해 한국적 생태신학의 가능성을 열수 있다는 평소 확신을 피력하였다.

제닝스 교수는 해체주의 철학을 기저로 바울을 좌파신학자로 그리는 신학적 입장을 갖고 있는 바, 이번 대회에서는 그런 시각에서 이슬람과의 대화 중요성에 무게 중심을 두었다. 남감리교 신학대학에서 조직신학을 공부하고 내리교회 담임자로 있는 김홍규 박사는 학창시절 기억되는 변선환의 학자적 면모를 소개했고 자신의 신학적, 목회적 삶에 있어 그가 차지했던 비중이 얼마나 컸던가를 회상해 주었다.

네 번째 모임에서는 '비교신학의 미래'를 주제로 했고 이 분야의 두 전문가들, 현재 보스턴 대학방문 교수로 있는 인도 신학자 탄자라(M.T. Thangaraj)와 베트남 출신의 세계적 가톨릭 신학자로서 조지타운 대학교 석좌교수로 재직 중인 피터 팬(P. Phan)이 바로 그들이다.

이 두 학자는 필자에게 다소 낯설지만 피터 팬 같은 경우는 상당한 양의 저술을 펴낸 가톨릭 세계에서는 대단한 학자로 평가되고 있는 모양이다. 클레아몬트 대학의 한국인 가톨릭 신학자 안셀름 민(A. Min)과 절친한 친구라고 하는 소리를 직접 들었다. 언어가 서툴러 정확히 이해는 못했으나 동서양 종교를 비교신학의 관점에서 공정하게 대하려는 의도는 분명히 파악했다.

특수/상대계시의 틀에서 동양종교를 열등하게 평가하는 상황에서 비교 신학적 시도는 상호간의 다름을 전제로 한 것으로 이전의 동일성 신학의 틀을 완전히 전복시킨 것이라 하겠다. 비교신학을 통해 무엇을 목적하는 것인지 아직 알 수 없으나 필자의 생각으로는 토착화 신학이 비교신학의 결말이 되면 좋겠다고 생각해 보았다.

다섯 번째 모임에서는 '종교대화 신학, 해방 그리고 교회'를 주제로 미국에서 활동하는 앤드류 박(박승호) 교수와 한국인 제자를 많이 둔 드류의 조직신학자 캐더린 켈러(C. Keller) 교수가 자신의 시각을 제시했다. 민중 신학의 한(限)개념을 소개한 앤드류 박 교수는 정통 기독론대신 예수론을 통해 예수의 십자가 고난이 세상의 고통을 해방시킬 수 있다는 논리를 폈다. 기독론을 통해서가 아니라 예수론에 의해 세상이 구원될 수 있다는 논리는 아프리카 학생의 비판에 직면해야 했다. 이미 비교 불가능한 고통을 받은 아프리카 선조들에게 예수 고통의 현실적 의미가 무엇인지 나아가 예수 고통 이전의 고통은 여전히 구원과 무관한 것인지 등에 대한 토론이 있었다.

한편 켈러 교수는 과정신학과 여성신학의 관점을 종합하여 탈식민지 신학을 하는 학자로서 정평이 나있다. 많은 책을 썼으나 최근 <다중교리(Polydoxy)>란 책을 통해 그는 다원주의와 다른 '다양성의 신학(Theology of Multiplicity)이란 개념을 탈식민지 신학의 요체로 보고 있다. 여기서 다양성은 분리된 개체들의 복수성(Plurality) 또는 무차별적 관계성과도 구별되며 전체성(一者)으로 환원되지 않기에 오히려 주변부에 강조점을 둘 수 있고 피조된 것들(성육신)간의 상호 관계성을 통해 얻는 신비(Unknown)를 계시의 원체험(에너지)으로 이해하였다.

마지막 패널에서는 주로 미국에서 활동하는 한국인 종교학자, 여성신학자를 중심으로 종교간 대화 신학의 현재를 가늠하고 미래를 예견하는 주제가 상정되었다. 먼저 조지메이슨 대학의 종교학 주임을

- 25 -

2014_종교재판 22주년 변선환 TALK 콘서트 자료집_제32대 총학생회_페이지_26

역임한 노영찬 교수가 첫 순서를 맡았다. 본래 율곡의 성리학을 인도 신학자 파니카의 눈으로 독창적으로 해석했던 그는 이번에도 우주신인론(宇宙神人論)적 경험을 종교간 대화의 자리로 제시했다. 변선환의 스승 부리가 말한 비(非)케리그마화의 아시아적 실상을 우주신인론적인 아시아인들의 일상적 경험에서 찾았던 것이다. 이를 통해 종교간 대화 신학이 생태계의 문제까지도 해결할 수 있다고 확신했다.

변선환의 또 다른 여성제자인 강남순 역시 패널의 주제에 맞게 종교간 상호관계성의 현재를 분석하고 미래를 전망해 주었고 시카고 신학교에서 조직신학을 가르치는 서보명 교수도 아시아적 시각을 견지한 채로 본 주제를 심화시켜냈다.

그리고 변선환의 종교해방신학을 주제로 박사논문을 썼던 신익상은 '不二(的)' 개념을 분석하였고 그 빛에서 변선환의 종교해방신학을 정리하였다. '不二的' 이라는 대승 불교적 개념이 향후 종교간 대화를 위해 크게 공헌할 수 있다는 확신을 피력한 것이다.

이런 여섯 차례 모임 전후로 두 번의 예배와 한 번의 성경공부가 있었다. 일본인 감독 산요는 80을 넘긴 은퇴목사 답지 않게 동영상을 사용하여 메시지를 전달했다. 그날 설교주제는 불교를 알지 못했더라면 기독교인이 될 수 없을 것이란 말로 기억된다. 특별히 십우도의 그림을 보여주면서 고통과, 신비한 경험(Mysterium & Tremendum) 그리고 해방을 말하는 불교적 여정이 기독교를 이해하는데 있어 없어서는 아니 될 유산이라는 취지였다.

한국서 초대된 신경하 감독님 역시 엠마오 도상에서 있었던 제자들의 이여기를 상기시키면서 부활의 주님이 제자들의 발걸음을 돌려놓았듯 한국 교회의 오류와 잘못(종교재판)을 바꿀 수 있는 힘을 갖자고 역설하였다.

어느 하루 성서연구를 인도했던 콴 학장 역시 욥기본문을 예로 들어 종교간 만남이 오늘 뿐 아니라 성서시대에도 있었다고 강조했다. 욥기의 배경이 되고 있는 세계상이 고대 근동지방의 종교세계 없이는 이해될 수 없다고 하면서 오늘날 다양한 종교문화들과 기독교의 공존을 당연시 한 것이다.

필자가 듣기로 중국계 말레이시아인인 콴 학장은 성서신학 영역에서 가장 진보적인 소리를 내는 학자라고 한다. 금번 변선환 선생을 추모하는 행사가 열린 것도 학자로서의 그의 학문적 소신 때문 이라고들 말하고 있었다.

이외에도 몇몇 교수들이 인도하는 워크샵 그룹들이 운영되었으나 필자는 멀리서 온 동문, 후배들의 요청으로 그들과 신학적 대화를 하느라 참여치 못했다. 종교간 대화의 방법론, 종교간 대화 공동체, 다원주의와 힌두이즘, 과정신학과 불교, 종교간 대화와 생태학 등의 분과가 있었고 참가자들이 주제를 자유롭게 선택하여 능동적으로 토론할 수 있는 좋은 기회였다고 생각한다.

특별히 필자가 좋아했고 많이 읽었던 생태신학자 J 맥다니엘을 만나서 좋았고 드류대학에서 고(故) 이정용 선생을 대신하여 연세대 철학과 출신으로 밴더빌트에서 학위 한 이효동 교수가 동양사상, 아시아신학들을 가르치고 있어 반갑게 인사를 나누었다. 드류에 유학하는 아시아 학생들이 그의 영향 하에 아시아를 새롭게 발견하는 기회가 되었으면 좋겠다.

본 컨퍼런스가 거지반 끝날 무렵 정희수 감독을 통해 콴 학장에게 한국에서 모금된 2만 1천 불의 장학금이 전달되었다. 그리 큰 액수는 아니었으나 큰 비용을 들여 금번 학술대회를 개최한 드류 대학 당국과 십시일반 정성을 모아준 동문들에게 고마운 마음을 전하는 자리가 되었다. 정희수 감독과 함께 학창생활을 보낸 76학번들이 일 만 불을 모금했고 신옥희 사모님과 연세대 교목이자 드류 동문인 한인철 박사, 필자 부부 그리고 전현식 박사가 나머지 일만 일천 불을 만들었다.

장학금을 전달하면서 우리는 이것이 철학과 종교의 영역에서 변선환의 생각을 발전시키는 일에 관심하는 한국인 학생들에게 지급되기를 소망했고 그리하겠다는 답을 얻었다. 하지만 콴 학장은 이 장학금을 종자돈으로 생각하고 더 모을 생각을 피력했고 우리도 동의하였다. 변선환 아키브를 중심으로 향후 장학금을 모으는 일이 제자된 우리들에게 새로운 과제가 된 것이다.

아키브에는 여러 제자들이 조금씩 모아준 돈이 아직 조금 남아있다. 이것은 10월 초순 감신대 대학원 원우회가 주관하는 <올꾼이 선생님 변선환> 책읽기 행사를 위해 쓰여 질 것이다. 이후라도 변선환 선생의 생각을 잇는 학문적 작업을 위해 조그만 정성들이 모아질 수 있기를 간절히 바란다.

학술대회가 끝난 주일 저녁 드류 대학 내 감신동문들 30여명이 가족들과 함께 모였다. 옛 제자들의 얼굴을 드류 교정에서 다시 보니 너무도 기쁘고 감사했다. 공부하면서 교회를 섬기고 가족을 책임지는 이들의 열정을 느끼며 마음이 뭉클했다. 교환교수로 와있는 이은재 교수도 기쁘게 만났다. 9시간을 달려온 조항백 목사, 박효원 목사와도 십 수 년 만에 재회했고 미 감리회의 큰 재목이 될 장위현 목사도 오랜만에 만났으며 23세의 나이에 물류회사의 경영책임자가 된 아들을 간증하는 은희곤 목사와의 만남도 반가웠다. 목원대 출신의 걸출한 목사 조정래를 만난 것도 큰 수확이었다. 그가 네게 준 <영어로 배우는 지혜>란 책을 잘 읽고 있다. 얼마 전까지만 해도 한인교회를 책임진 이들이 필자의 선배들이었는데 이제는 거지반 후배, 제자들이 저명한 한인 감리교회를 책임지고 있었다. 리더십이 젊어지고 있음을 실감한 것이다.

동문들이 모인날도 갈보리 교회를 시무하는 도상원 목사가 후배들을 위해 추석 잔치상을 베풀었다. 필자의 첫 조교 이용연 목사를 15-6년 만에 다시 만났고 교회개척을 멋지게 해낸 김지성 목사를 만난 것도 큰 기쁨으로 기억될 것이다. 광범위한 스펙트럼을 갖고 교회사와 의학사를 공부하고 있는 김신권 목사도 크게 쓰일 재목이라 생각되었다. 여하튼 함께 손잡고 감신 교가 1-2절을 부르며 본 학술대화의 모든 일정을 끝냈다. 힘들었으나 감사한 경험이 되었다.

끝으로 김정두 목사께 한국인 참가자들은 감사해야 할 것이다. 비록 학위를 마치고 귀국했으나 본 대회를 위한 궂은 심부름은 그의 몫이었고 우리 한국 신학자들이 그곳에 편히 머무를 수 있도록 모든 여건을 거듭 체크해 주었다. 콴 학장을 비롯한 그의 논문 주심교수였던 켈러 역시 김정두 박사의 부재를 크게 아쉬워했다.

성황리 개최된 본 학술대회를 마치며 참여한 한국학자들이 서양 신학자들에게 무엇을 줄 수 있었는가를 끝으로 생각해 보았다. 그들로부터 많은 정보를 얻고 지혜를 구하고 있는 것이 현실이지만 그래도 금번 기회에 우리가 그들에게 준 것이 적지 않았음을 그들의 거듭된 질문 속에서 가늠할 수 있었다. 필자가 생각하는 바는 다음 네 가지 정도였다.

우선은 우리 한국 신학자들이 서양 신학자들의 학문적 토론 자리에 서 있다는 사실을 그들이 인식했다는 것이다. 그들이 논의하고 토론하는 내용을 근거로 한국적, 아시아적 시각을 첨가하였기에 우리의 신학적 작업에 대한 그들의 호기심이 결코 적지 않았던 것이다. 따라서 이후 한국적 신학의 가능성을 그들 역시 부정할 수 없을 것이란 확신을 갖게 하였다.

둘째로 이런 전제하에 서양신학자들에게 각인된 것은 새로운 형이상학이자 인식론으로서의 不二에 대한 신학적 서술이였다. 일자(一者) 내지 유일신론에 대한 비판을 근거로 다양성(Multiplicity)을 전면에 내세웠으되 '하나'의 개념을 부정할 수 없었던 그들로서 불이적 세계관은 다양성의 신학을 위해서도 유용한 개념인 것을 그들 스스로 인정하는 듯 보였다.

셋째로 서구적 주체성에 대한 아시아적 도전이 그들에 의해 수락되었다는 점이다. 주지하듯 서구적 주체성은 항시 현재적 지평에서 형성되어왔다. 하지만 인간 주체성은 자신의 과거, 전통의 영향사로부터 벗어날 수 없는 것도 사실이다. 이는 정의의 문제와도 연관되는 사안이다. 일반적으로 정의를 현재와 미

- 27 -

2014_종교재판 22주년 변선환 TALK 콘서트 자료집_제32대 총학생회_페이지_28

래의 관계에서 이해하나, 정의는 과거(전통)와 오늘(미래)의 관계 속에서도 물어져야 할 주제인 것이다. 자신의 과거가 주체성 형성에 미치는 영향에 대한 탐구는 한나 아렌트의 문제의식인 바, 이는 인류의 미래를 위해 동양이 기독교 서구에 던지는 질문이기도 하다. 자신들이 극복했다고 하는 동양이 이제 서구의 미래를 위한 빛이 될 수도 있음을 인식해야 할 것이다.

이제 변선환 학장을 추모하는 드류 대학의 학술대회는 끝났다. 이제는 그를 배출했고 그가 평생 사랑하며 몸 바쳐 일했던 한국에서 감신에서 그 일이 지속되어야 한다. 학문의 자리에서 흠 없고 부족함을 갖지 않은 이는 누구도 없다. 한국교회의 일반적 정서를 모르지 않았으나 그의 소리가 컸고 강했던 것은 교회가 다시금 개혁의 대상이 되었기 때문이다.

조만간 종교개혁 500주년이 다가온다. 들리는 소리로는 구텐베르크 시가지 여관과 호텔이 한국 교회들로 예약이 끝났다고 한다. 수많은 한국 교인들을 그곳 관광객으로 만들 모양이다. 독일 교회들도 의아해 하면서 자신들 나라를 위해 나쁘기 않다고 수용한 것 같다. 그러나 종교개혁 500주년을 이런 식으로 보낸다면 그것은 기독교의 수명을 앞당기는 일이다. 가톨릭교회도 개신교 축제에 맞설만한 대대적인 행사를 기획하고 있다고 하니 모두가 나락에 빠지는 형세이다.

제 십자가를 지고 예수를 따르는 기독교, 한국 교회를 찾을 길 없다면 우리가 여전히 기독교인으로 사는 것이 무슨 의미가 있을 것인지 묻고 싶다. 아시아의 종교성과 가난, 두 축을 부여잡고 아시아적 종교해방신학을 꿈꿨던 그의 열망이 다시 살아나길 소망한다.

一雅 변선환 선생님, 그립습니다

선생님, 그간 안녕하셨는지요. 지난 8월 초 선생님 사후 언제나 그랬듯 사모님과 큰 아들 재진 그리고 몇 명 제자들이 선생님계신 용인 묘지를 다녀왔었지요. 19년간 그곳을 찾았으나 올해만큼 좋은 날이 없었기에 그곳에서 한참이나 예배와 추모의 시간을 가질 수 있었습니다. 어느 날은 비가 왔고 어느 날은 너무 더워 급히 발걸음을 되돌린 적도 많았지요. 이제 내년이면 선생님 가신 지 벌써 20해가 됩니다. 출교라는 무거운 멍에를 지고 너무 일찍 떠나셨기에 한동안 선생님 없는 삶이 얼마나 외롭고 서러웠는지 모릅니다. 다행히도 선생님의 뜻을 귀하게 여긴 벗들이 저희들에게 많은 격려가 되었습니다. 그분들 덕분에 힘을 얻어 흔들리지 않고 선생님을 뒤따를 수 있었지요. 특히 <성서와 문화>를 15년간이나 홀로 내신 박영배 목사님께서 선생님의 학문과 삶을 귀하게 여겨 오늘 이렇게 지면을 주셨습니다. 이제 그 분 손에 의지하는 마지막 호에 오늘 우리의 못난 실상을 선생님께 말씀드리고 싶습니다.

지난 20년 동안 세상은 변했으나 교회는 조금도 달라지지 않았습니다. 선생님께 죄를 씌우던 그들이 추한 모습으로 세상 법정에 서있습니다. 그런 와중에서도 십일조하지 않으면 구원받지 못한다는 망발을 하고 있으니 재차 예수를 못 박습니다. 그들에겐 예수 이름과 십일조가 같고 하느님과 맘몬이 동일한 모양입니다. 한국 교회가 참으로 걱정입니다. 과한 부채로 교회가 이질적 집단에 넘겨지는 일도 비일비재해졌습니다. 교회와 세상과 단 10%도 다르지 않다는 자조 섞인 말들이 성직자와 장로들 사이에서 회자됩니다. 편법으로 재산 상속하듯 교회를 대물림 하는 일들이 아직도 진행 중입니다. 교권이 돈의 힘에 휘둘리는 현실을 보시면 너무도 애통하실 것입니다. 저는 선생님이 교회를 얼마나 사랑하신 것을 잘 압니다. 학장시절 학교 내에 대학 교회를 세우시고 지성인들, 방황하는 젊은이들을 위해 예배를 준비하시던 모습이 떠올려 집니다. 교회를 신앙의 어머니라 불렀던 옛적 어거스틴 이상으로 선생님의 교회사랑은 남달랐습니다. 하지만 선생님에게는 키에르케고어와 본회퍼가 그랬듯 교회와의 사랑하는 싸움도 마다하지 않았습니다. 선생님의 삶은 이들이 그랬듯 사랑하는 교회를 위한 순교자의 길이었습니다.

선생님은 감신의 토착화 신학 전통을 누구보다 자랑스럽게 여기셨습니다. 최병헌, 정경옥, 유동식, 윤성범으로 이어지는 감신의 학문성을 백묵을 수도 없이 부수며 강조하셨지요. 하지만 선생님만큼 동서양 신학을 꿰뚫는 해박한 지식의 소유자도 없었습니다. 선생님에게 서남동에 이어 안테나 신학자란 별명도 따라 붙었습니다. 하지만 그것은 방편이었을 뿐 목적일 수 없었지요. 동서 신학의 벗들을 통해 신학의 새 길을 가고 싶고 걷고 싶었을 뿐입니다. 따라서 그의 토착화 신학은 말년에 이르러 종교해방의 신학으로 변모했지요. 서구 신학의 제 경향성과 발맞추되 이 땅의 종교성과 민중성을 내용으로 하는 한국적 신학을 정초코자 한 것입니다. 저는 서구 신학을 각주로 하고 우리 것을 내용으로 삼는 신학을 해야 한다는 선생님의 말씀을 지금도 또렷이 기억합니다. 요즘 서구는 이를 탈식민주의 신학이라 일컫는다지요. 결국 선생님은 토착화 신학의 근저에서 민중신학의 에토스를 수용하여 그를 '한국적'이란 한정사로서 또는 종교해방신학이란 이름으로 종합하려 했던 것 같습니다. 이점에서 성공회대에서 은퇴하신 손규태 교수님은 변선환 선생님을 가장 한국적 신학자 두 분 중 하나로 꼽으셨지요. 가톨릭 신학자로서 선생님을 좋아했던 심상태 신부님 역시 반걸음씩 만 앞서 가면 좋았을 것을 두 걸음이나 먼저 가다 억울한 일을 당하였다고 못내 애석해 하신 것도 기억납니다.

- 29 -

2014_종교재판 22주년 변선환 TALK 콘서트 자료집_제32대 총학생회_페이지_30

선생님의 감신 사랑 또한 존 웨슬리에 대한 애정과 이어져 대단했습니다. 매 학기 마다 선생님은 학장으로서 대학론을 채플에서 설교하셨습니다. 예배와 강연을 혼동한다는 비판의 소리도 있었으나 선생님에게 신학대학은 교회와 달리 사상적 훈련, 삶의 뼈대를 맞드는 곳이었습니다. 실용적 관점이 아닌 영혼을 창조하는 용광로로서의 대학을 위해 그는 오로지 '책의 사람'으로 사셨지요. 학생들이 사회 문제로 데모할 때 전경들로부터 그들을 보호할 목적으로 맨 앞에 서시기도 했습니다. 행정문제로 학생들과 갈등이 생기면 학생회 실로 찾아가 몇 날을 그곳에서 침식하며 학생들을 설득하던 선생님의 모습이 그립습니다. 요즘은 선생도 학생도 부재한 시대인 것 같습니다. 저마다 실리적 관점만 찾아 살기에 안타깝게도 사제지간이 실종된 듯 보입니다. 하지만 방황하는 학생들을 설득하여 학교로 머리를 돌리게 했고 배고픈 학생들의 주린 배를 채워 주셨던 선생님의 사랑이 지금 곳곳에서 회자됩니다. 정작 선생님의 가정에 상상치 못한 아픔이 있었음에도 내색치 않으시고 오로지 제자들만 사랑하신 선생님, 산소를 오가며 알게 된 선생님의 아픈 이야기에 참으로 송구했습니다. 그런 사랑을 받았기에 선생님 운구가 감신 교정을 떠날 때 수많은 학생들이 모여 영구차에 손대며 이별을 한없이 서러워했던 것 같습니다.

지금 재학생들에게 변선환 선생님은 전설입니다. 출교라는 것이 뭔지 실감하지도 못하면서 종교재판의 실상을 감지 못하면서 들어서 알은 얄팍한 지식 가지고 선생님 쓰신 책이나 논문에 거리감을 갖고 있지요. 제가 선생님의 제자인 것을 알고 저를 통해 뭔가를 배우고자 합니다. 어느덧 저도 학교 내 최고 시니어 교수가 되었습니다. 사실 금번학기 말로 명퇴를 준비하고 있었습니다. 혹시 선생님, 눈치 채지 않으셨던가요. 작년 산소 참배 시 마음으로 선생님께 뜻을 전했던 까닭입니다. 학생들에게 발목을 잡혔습니다. 아직 학교를 위해 할 일이 있다고 여긴 그들이 온 몸으로 저항했어요. 마음속으로는 고마웠지요. 잘못 살지 않았다는 생각과 더불어 선생님 생각이 솟구쳤습니다. 선생님 가신 길을 걷다 선생님을 닮은 것 같아 참 좋았습니다. 이제는 제게도 좋은 제자들 많이 생겼습니다. 선생님 신학을 주제로 한 박사논문이 나왔지요. 단행본으로 출판되기도 했는데 문광부 우수도서로 선정 되었답니다. 선생님 생각을 진일보 시켜 외국어로 글을 쓰는 제자들도 있습니다. 이들이 모여 지금껏 변선환 아카이브를 운영하고 있는데 앞으로 더 잘 해야 할 것 같습니다.

이제 1년 후면 선생님 가신지 20년이 됩니다. 주변에선 선생님 출교가 철회될 시점이 되었다고 말하는 이들이 적지 않습니다. 두 해전 선생님의 제자로서 UMC 감독된 정희수 박사의 주선으로 드류 대학에서 선생님을 추모하는 기념학술대회가 크게 열렸습니다. 30명 이상의 학자들이 모여 선생님을 주제로 토론하였지요. 참으로 뜻 깊은 자리였습니다. 사모님께서 영상으로 선생님과 살아오신 인생 여정을 소박하게 전하시기도 했습니다. 이런 것이 자양분 되어 한국 교회가 선생님을 받아들일 만큼 성숙해졌으면 좋겠습니다. 이제 제자 된 우리는 20년 되는 해를 어찌 보내야 할까를 의논하기 시작했습니다. 조촐하게 그러나 의미 있게 선생님을 재조명하는 것을 저희의 사명으로 삼고 있습니다. 선생님 잘 만난 덕에 아내 이은선 박사를 만났고 스위스 유학을 갔으며 일찍 교수가 되어 벌써 30년 가까운 세월 감신 교수로 일해 왔습니다. 가난한 시절 유학 떠날 때 큰 돈 백만 원을 손에 집어 주시던 그 마음 또한 결코 잊을 수 없습니다. 언젠가도 말했듯이 선생님과의 만남이 제게 명예이면서 멍에이기도 했으나 명예였다는 것이 지금 저의 고백입니다. 선생님 고맙습니다. 그립고 보고 싶습니다.

- 30 -

2014_종교재판 22주년 변선환 TALK 콘서트 자료집_제32대 총학생회_페이지_31

관련기사

[한국 기독교 120년 숨은 영성가를 찾아]
(21) '종교의 벽' 허문 변선환 박사

1991년 감신대 변선환 학장은 목사직에서 면직됐다. '기독교 밖에도 구원이 있다'며 기독교인이 아니라도 구원 받을 수 있다고 한 말 한마디 때문이었다. 영국 국교회의 '권위'에 도전했다가 파문당한 뒤 '교회가 아니라 세계가 나의 교구'라고 선언했던 감리회 창시자 존 웨슬리(1703~1791)가 세상을 뜬 지 200년 만이었다.

▲ 종교의 벽' 허문 변선환 박사 "기독교 밖에도 구원은 있다"라는 이유로 종교재판 받고 목사 자격 박탈, 그는 수많은 '교회 희망'길러낸 진정한 스승이다!

다음해인 92년 5월 7일 서울 중랑구 망우동 금란교회에서 '종교 재판'이 열렸다. 재판정은 김홍도 목사가 이끄는 금란교회 신자 3천여 명의 찬송과 기도 소리로 가득했다. 스승을 구하려는 감신대 대학원생들의 절규 어린 함성은 수천 군중의 함성에 묻혀버렸고, 수십 명의 대학원생들은 곧 억센 남신도들에게 예배당 밖으로 끌려 나갔다. 감리회 재판위원회는 변선환에게 감리교회법상 최고형인 출교처분을 내렸다. 감리교회 목사직을 파면하는 것은 물론 신자 자격까지 박탈한 것이었다.

- 31 -

2014_종교재판 22주년 변선환 TALK 콘서트 자료집_제32대 총학생회_페이지_32

종교재판 받고 목사 자격 박탈
현실 눈뜬 신학, 타종교와 대화, 수많은 '교회 희망'길러낸 스승

변선환은 서울 정동교회에서 마지막 설교를 위해 단상에 올라 "나는 죽지만, 내 제자들은 노다지"라고 했다. 그가 내 제자들에게 손대지 말라고 경고하는 의미에서 '노 타치'(손대지 마라)의 어원인 '노다지'라고 했지만 말 그대로 그의 제자들은 그로 인해 세상에 빛을 나눠주는 노다지가 되었다. 그는 서구신학의 틀대로 만들어진 모조품을 찍어내는 스승이 아니라 제자들에게 수천 수만년 동안 이 땅의 자연 속에서 잉태돼온 광맥을 찾게 해준 능숙한 사부였다.

비록 변선환 자신은 오직 책 속에만 묻혀 산 학자였지만, 그로 인해 이현주 목사, 최완택 목사, 2년 전 타계한 채희동 목사 등 동양적 영성의 우물을 길러내는 영성가들이 나왔고, 한국기독교청년회(YMCA) 환경위원장 이정배 감신대 교수, 연세대 교목실장 한인철 교수, 청파교회 김기석 목사, 수원동불교회 장병용 목사, 홍천동면교회 박순웅 목사, 기독교환경연대 양재성 사무총장 등 한국교회의 '희망'들이 탄생했다.

변선환은 평안도의 항구 진남포에서 태어나 유가적 가풍에서 자랐다. 해방 후 그를 기독교로 인도한 것은 3·1운동 민족대표의 한명인 신석구 목사였다. 신석구는 처음엔 3·1운동 가담을 주저한 인물이었다. 외국 선교사들이 다른 종교인들과는 어울리지도 말고, '정치적 일'엔 관여치 말라고 한 때문이었다. 그러나 그는 홀로 기도하던 중 응답을 얻은 뒤 가장 늦게 참여를 결정했다. 그리고 마침내 그는 16명의 기독교인 민족대표 가운데 마지막까지 지조가 꺾이지 않았던 유일한 인물이 되었다. 그 신석구가 변선환의 첫스승이었다.

감신대와 한신대를 거쳐 육군 군목과 이화여고 교목을 지낸 그는 미국과 스위스에서 신학을 배웠다. 그 7년의 유학생활에서 그가 깨달은 것은 "나는 결코 서양 사람은 될 수 없다"는 것이었다. 그는 자신이 태어나고 자라고 가족과 벗들과 동포들이 있는 고국의 역사 현장에서 우뚝 섬으로써 좋은 기독교인이 되고, 좋은 한국인이 될 수 있다는 것을 깨달았다. 유교적 기독교신학을 했던 두 번째 스승 윤성범으로부터 배웠던 변선환은 불교학자 이기영 박사를 비롯한 많은 타종교인들과 깊은 대화를 시작했다.

변선환은 공항에서 책을 보다가 비행기를 놓치고 화장실에서 소변을 보다가 물 내려가는 소리가 자신의 오줌 소리인 줄 알고 30분을 바지춤을 내린 채 서있을 만큼 뭔가에 집중하는 스타일이었다. 불교학자 이기영 교수, 유학자 유승국 교수, 민중신학자 안병무 교수, 강원용·김흥호 목사, 가톨릭 토착화 신학자 심상태 신부 등과 대화를 나눌 때도 그렇게 집중했다. 대화가 깊어갈수록 그의 세계는 풍성해졌다. 마침내 그는 아시아인들의 종교성과 민중성(가난)을 놓치면 아시아의 신학일 수 없다면서 아시아인은 아시아의 현실에 눈을 감지 않은 신학을 해야 한다고 했다.

- 32 -

2014_종교재판 22주년 변선환 TALK 콘서트 자료집_제32대 총학생회_페이지_33

감신대에서 스승 변선환을 회고하는 이정배 교수

늘 두루마기를 입고 보따리에 책을 싸들고 다니면서 제자들이 찾아오면 을지로4가 우래옥에서 냉면을 사준 뒤 비원과 창덕궁 길을 걸으며 동양과 자연의 신비를 넘나드는 신학과 개인적 고뇌를 나누고, '스승의 노래'를 부르는 제자들 앞에서 엉엉 소리 내어 울었던 변선환은 당시 감신대생들의 스승이자 벗이었다. 이정배 교수는 "대학원생들이 하나같이 그에게 학위 지도를 받으려했기 때문에 한 교수가 학생 6명 이상을 지도할 수 없도록 제한하는 법을 만들어야 했을 정도"라고 말했다.

새해 첫날이면 꼭두새벽에 스승에게 안부전화를 드렸던 이현주 목사는 변선환의 10주기 추모 예배에 올린 '우리의 스승 변선환'이란 헌사에서 "우리의 진실한 친구 변선환, 살아있는 동안 너로 하여 우리 외롭지 않았노라'고 노래했다.

어떤 이들은 자신의 구원은 뒤로 한 채 마지막 한사람까지 지옥에 내보낸 뒤 가장 마지막에 지옥문을 나서겠다는 불교 지장보살의 서원을 들어 자신과 타자, 기독교와 타종교, 선과 악 등의 이분법으로 세상을 나눠 다른 쪽을 지옥으로 내쳐버리는 기독교의 한계에 절망하기도 한다. 그러나 매년 8월 8일이면 용인의 변선환 묘소에 하나둘씩 모여드는 제자들은 말한다. 우리에게도 울타리 밖의 사람들을 구원하기 위해 스스로 교회 밖에 내동댕이쳐졌던 기독교인이 있었다고.

글·사진 조연현 종교전문기자 cho@hani.co.kr

- 33 -

2014_종교재판 22주년 변선환 TALK 콘서트 자료집_제32대 총학생회_페이지_34

미국서 변선환 박사 추모 세미나

불교학 이기영·유학 유승국 등과 종교간 대화로 공동체적 책임 촉구

현실 눈감은 교회주의 비판에 김홍도 목사 등 나서 출교처분 세미나서 그의 '토착신학' 재조명

한가위나 설 같은 명절이 되면 차례상과 성묘를 놓고, 종교가 서로 다른 부모 형제들로 인해 곤혹스러워하는 이들이 적지 않다. 세계에서 대표적인 다종교 국가이자, 개신교의 배타성이 유독 강한 한국의 가정에서 볼 수 있는 특이한 모습이다.

이런 갈등을 넘어 조화로운 사회를 위해 가장 고뇌했던 신학자가 변선환(1927~95)이다. '기독교와 토착 종교사상'의 만남을 가장 앞서 이끌었던 이 토착신학자를 기리는 국제세미나가 추석을 앞두고 미국에서 열리고 있다. 변선환이 1960년대 유학해 석사학위를 딴 모교 드루신학대학에서다. 26일부터 28일까지. '기독교 영성의 미래와 종교간의 상호관계성-변선환 박사를 기념하여'라는 제목이다. 이번 세미나를 통해 한국 감리교가 매장시킨 '한국 신학계의 기린아' 가 '부활'하고, 교회에 종속된 한국 신학계의 풍토에도 영향을 줄 수 있을지 주목된다.

변선환은 기독교와 한국 사상과의 만남을 통해 유교적 기독교 사상을 정립했던 감리교 목사교수 윤성범(1916~80)에게서 배운 뒤 드루대를 거쳐 스위스 바젤대에서 박사학위를 받았다. 그는 서구인들

- 34 -

2014_종교재판 22주년 변선환 TALK 콘서트 자료집_제32대 총학생회_페이지_35

이 유대교·불교·유교 등 아시아 종교들을 '이즘'으로 표기해 '기독교'(Christianity)와 구별되는 이데올로기 정도로 가치절하하고 있는 것을 인식했다.

그는 불교학자 이기영 교수, 유학자 유승국 교수, 민중신학자 안병무 교수, 강원용·김흥호 목사, 가톨릭 토착화 신학자 심상태 신부 등과 깊은 종교간 대화와 친교를 통해 "아시아인이 아시아의 종교성과 민중성을 놓치면 아시아의 신학일 수 없다"며 "아시아인은 아시아의 현실에 눈을 감지 않는 신학을 해야 한다"고 역설했다. 또 "기독교가 아시아의 종교들과 함께 세상을 위한 '공동체적 책임'을 다할 것"을 촉구하기도 했다. 그는 1987년 1월 드루신학대학원에 방문교수로 초빙돼 아시아신학과 아시아기독론을 가르쳤다. 폴 니터 교수와 함께 '민중해방을 향한 불교와 기독교의 대화'를 강연한 것도 그해였다.

세계 어디서도 보기 어려울 만큼 강한 '배타성'을 무기로 삼는 한국 보수 개신교 목사들은 그의 다원주의적 관점의 확산을 염려하던 중 "기독교 밖에도 구원이 있다"고 한 발언을 문제 삼아 현대 종교사에 기념비적인 종교재판을 강행했다. 1992년 5월7일 서울 중랑구 망우동 금란교회였다. 재판정은 김홍도 목사가 이끄는 금란교회 신자 3천여명이 변선환에게 보내는 야유에 스승을 지키려는 감신대 대학원생들의 절규로 아수라장이었다. 재판위원회는 변선환에게 감리교회법상 최고형인 출교 처분을 내렸다. 감리교회 목사직에서 파면하는 것은 물론이고 신자 자격까지 박탈한 것이었다. 감신대 학장직에서도 쫓겨난 그는 3년 뒤 세상을 떴다.

극우 보수 목사들이 변선환을 그토록 매장하기에 혈안이 된 것은 그가 한국적 신학이 타파해야 할 우상으로 '교회 중심주의'를 지목했기 때문이기도 했다. 그는 교회 중심주의가 교회 자체를 계시와 은총의 통로로 이해함으로써 세상과 교회의 단절을 초래하게 됐다고 주장했다.

이번 세미나엔 변선환의 중매로 결혼한 이정배(기독자교수협의회장) 감신대 교수, 이은선(전 여신학자협의회장) 세종대 교수 부부를 비롯해 세계교회협의회(WCC) 전 종교간대화 프로그램위원장인 한스 우코 박사, 드루대 에큐메니컬 전공 웨슬리 아리아라자흐 박사, 하버드대학교 신학대학원의 다이애나 에크 교수 등 수십명이 발표자와 패널로 참여한다.

세미나에선 불교와 힌두교, 생태와 기독교의 교류 외에도, '종교간 대화와 종교간 상호 관계성 신학'과 '비교신학의 미래', '신학, 해방 그리고 교회' 등의 토론이 이어진다.

이정배 교수는 "변선환이 목사직과 교수직을 동시에 잃고 학장에서 파면된 지 20년 만에 미국에서 열리는 이번 세미나가 그를 세계적인 아시아 토착신학자이자 종교간 대화자로 재조명하는 계기가 될 것"이라고 밝혔다.

조현 종교전문기자 cho@hani.co.kr

❁ 1992년 10월 변선환 학장의 은퇴기념식에서의 송별사

존경하는 동료 교수님들과 직원들 그리고 친애하는 동문여러분,
사랑하는 감신대, 젊은 예언자적인 지성 여러분.
30년 가까운 세월 동안 몸담고 있었던 감리교신학대학을 떠나는 저를 위하여서
성대한 이임 예배를 마련하여 주신데 대하여 감신대 사람들에게 깊은 감사의 뜻을 표합니다.

1964년, 서양 철학사를 강의하는 것으로 시작하여 현대철학과 현대문학,
조직신학과 감리교 신학을 강의하며 감리교 교역자 양성을 위하여서 힘썼던 곳 감신대.
탁사 최병헌의 종교변증신학을 이어받은 토착화 신학자 해천 윤성범 선생님과 유동식 선생님의
한국적 신학을 오늘의 다원주의 종교해방신학의 파라다임 속에서 재형성하려고 하였던 거룩한 곳 감신대.
1988년 가을, 민주화의 거센 소용돌이 속에서 전대협이 대학가의 전면에 나서기 시작한,
폭풍 거세게 불어 헤치던 그때에 학장직을 받은 이래,
역사의 거친 십자가를 짊어지고 고뇌하며 저항하는 감신대
젊은 예언자들과 열려진 대화를 시도하며 리이벤다 캄프, 사랑하면서의 투쟁을 통하여서
감신대를 굳게 지켜 나아가야 하였던 곳, 감신대.
고독과 사랑의 감정이 교차되는 나날을, 오직 모교의 무궁한 발전만을 꿈꾸면서 먼곳을 바라보자,
먼 곳을 바라보자 노래했던 구약학자 김정준 선생님과 음악선생님 박재훈 선생님의 노래에 힘입어서
굿굿하게 서서 달려가려고 하였던 잊을 수 없는 거룩한 땅, 감신대.
영광스러운 20세기와 함께하여 왔던 100년의 기나긴 역사를 자랑하는 한국 최초의 신학대학,
감리교신학대학에 웨슬리 신학의 유산인 경건·학문·실천이라고 하는
세 가지 아름다운 열매가 많이 맺혀지기를 바라면서 기도하며
동료교수들과 총학이 한마음이 되어서 애썼던 거룩한 예언자 동산, 감신대.

오늘 저는 이곳을 떠나야 하게 되었습니다.
저의 삶에 있어서 감리교신학대학은 나의 삶의 전부였기 때문에
내 고향 이북은 빼앗기고 내 마음의 고향은 감신대였기 때문에
새삼 떠난다는 것이 얼마나 괴롭고 고통, 고통스러운 것인가를 저는 실존적으로 느끼게 됩니다.
허나, 인생이란 우리가 사랑으로 관계하였던 모든 것들, 사랑하는 사람들과도 헤어지고
나중에는 이 손도, 이 몸과도 헤어져야 하는 이별과 죽음을 날마다 연습하는 실험, 실험장이 아닙니까?
추풍낙엽처럼 모든 것은 떨어짐 속에, 헤어짐 속에 있습니다.
그러나, 그러나 그 떨어짐을 밑에서 한없이 부드러운 손으로 받아주시는
주님의 은총과 사랑의 손길이 있기에, 헤어짐 저 너머에 기다리고 있는 그 분이 계신다는 소망이 있기에,
우리는 넉넉하게 이 어지러운 세상을 이길 수 있습니다.

감리교신학대학은 어느 누구의 것도 아니고 우리 주님, 하나님의 것입니다.
이 예언자의 동산의 주인은 하나님입니다.
감리교신학대학은 교수 학생 직원 동문 모두가 이 대학의 주인이 되는, 청지기 의식으로 뭉쳐져 있는,
대동단결하고 있는 사랑의 공동체입니다. 어느 누구도 배제되고 소외될 수 없습니다.
감리교신학대학은 광야에 소리치고 굽은 길 곧게 하는 예언자들이 모인 아름다운 동산.

- 36 -

2014_종교재판 22주년 변선환 TALK 콘서트 자료집_제32대 총학생회_페이지_37

어두움을 물리치고 빛과 진리로 해방하는 그 거룩한 사역을 위하여서
가장 독창적이며 창조적인 상상력이 불꽃 튀며 오늘과 내일의 선교의 다원화를 모색하여
그리고 그 아름다운 세계를 꿈꾸는 하나님의 선교의 실험장입니다.
한국 개신교가 가장 자랑하는 학문의 전당, 진리의 산실입니다.
그 어느 누구도, 그 어떤 것도, 그 어떤 힘도
우리의 자랑스러운 어머니의 그 거룩한 이름과 그 놀라운 영광을 욕되게 할 수 없습니다.
감리교신학대학을 보호하고 발전시킨다고 하는 아름다운 이름아래
돈과 정치의 힘을 사용한다고 하는 것은 도대체 하늘아래서 용서될 수 없습니다.
그 돈과 그 정치의 힘은 한없이 유한하고 무상한 것이기 때문입니다. 그건 영원하게 아니에요.

감리교 신학대학을 지켜보고 있는 거룩한 무리들이 있습니다. 거룩한 선교의 증인들이 있습니다.
경건의 화신인 이용도가 우리를 지켜보고 있습니다. 학문의 상징이었던 탁사 최병헌과 정경옥 선생님,
윤성범 선생님, 유동식 선생님이 이 학교를 지켜보고 있습니다.
프락시스, 실천의 상징인 3·1운동 민족대표 일곱 명이,
한국의 본회퍼로 39세의 젊은 나이에 피를 토하고서 돌아간 전덕기 의로운 목사님이,
상록수, 푸른 소나무, 푸른 상록수 최용신이 우리를 지켜보고 있습니다.
나를 이방인에서 기독교인으로 개종시키고 나로 하여금 신학하는 길에 용감하게 나서게 하였던
내 믿음의 아버지 운재 신석구 목사님이 변선환을 지켜보고 있습니다.

저와 함께 20년 동안 교편생활을 하였던 구약학자 구덕관 박사님이 신임학장이 되었습니다.
이분은 대쪽과 같이 그 뒤가 없는, 간사한 데가 없는 의로운 사람입니다.
구덕관 박사님은 저를 학장으로 추천하고 1988년 4년 전,
감리교신학대학 학장 후보를 깨끗하게 사퇴한 분입니다.
이데올로기의 종언 이후 새로운 세계질서의 형성을 위하여서 몸부림치는 현대세계와 함께
전환기에 서 있는 감리교신학대학의 빛나는 미래를 열어 나아가기 위하여서
하나님은 새로운 일꾼으로 구덕관 박사님를 학장으로 세웠습니다.
무덥고 길고 길었던 여름이 지나가고 풍성한 결실의 계절, 하늘 높고 말들이 살찌는 가을이 되었습니다.
가을은 우리 모두에게 모든 일에 감사하고 기뻐하며 힘써 기도하라고 가르쳐 주는 축복받은 계절입니다.
구덕관 학장님과 함께하는 감리교신학대학의 새 역사의 앞날에 하나님의 은총이 길이길이 함께 하시기를 빕니다.

제가 이 학교에서 강의를 시작하였던 1964년 그 이후로
한동안 오랫동안 제가 이 사람과 나를 착각하면서 강의하였던 분이 있습니다.
키에르케골이 남겼던 말 가운데에서 한 말씀을 남기는 것으로 제 송별사를 맺으려고 합니다.

"우리가 오늘날 필요한 이는 천재가 아니라 순교자이다.
사람들에게 예수에게 대한 복종을 가르키기 위하여서
자기가 몸소 죽도록 복종하는 순교자, 순교자. 사람들은 이 순교자를 쳐 죽이고 나서야
비로소 자기들이 가장 필요한 이가 바로 이였다고 하는 것을 깨닫게 하는 순교자,
우리는 순교자를 필요로 하고 있다."

- 37 -

2014_종교재판 22주년 변선환 TALK 콘서트 자료집_제32대 총학생회_페이지_38

✿ 故 변선환 선생님의 모습

- 38 -

2014_종교재판 22주년 변선환 TALK 콘서트 자료집_제32대 총학생회_페이지_39

故 변선환 선생님의 모습

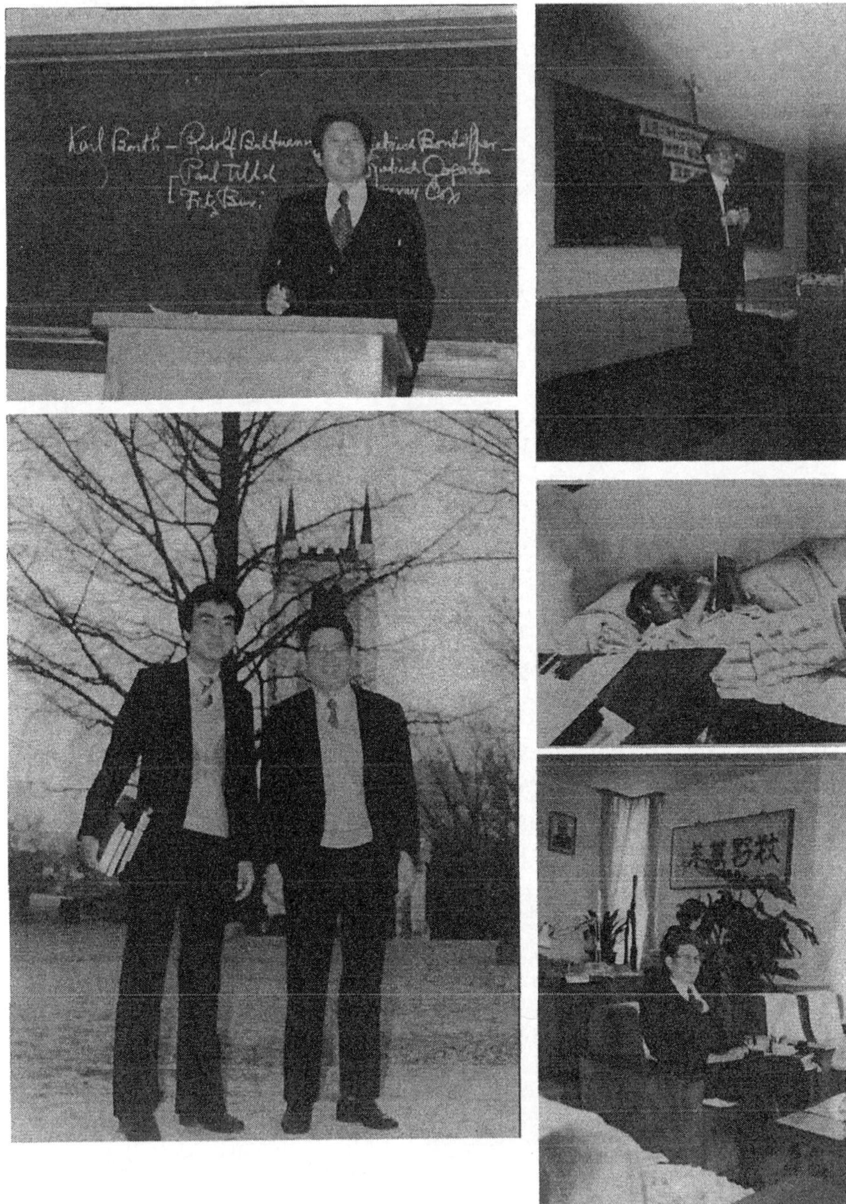

2014_종교재판 22주년 변선환 TALK 콘서트 자료집_제32대 총학생회_페이지_40

종교재판 30년,
교회권력에게 묻다

기독교대한감리회의 변선환 출교 조치 30년

일시
2022년 10월 31일(월) 오후 2:30~5:00

장소
프레스센터 20층

주 최 : 변 선 환 아 카 이 브 후원: 재)여해와 함께

공동주관: "감리교농촌선교목회자회, 감리교목회자모임 '새물결', 고창좋은길벗들, 기독자교수협의회,
다석사상연구회, 다석학회, 동광원, 보인회, 비폭력평화물결, 새길기독사회문화원,
생명평화기독연대, 생명평화마당, 시튼종교간대화모임, 에큐메니안, 예수더하기,
예수학당, 인문사회연구 백두, 종교평화원, 종교환경회의, 한국기독교연구소, 한국信연구소,
한몸평화, 함석헌평화연구소, 현제(김흥호)사상연구회, 해방신학연구소, 해천우회,
카리스마타수도회, 코리안아쉬람, 크리스챤아카데미, 3.1운동백주년종교개혁연대
크리스챤아카데미, 고난함께, 평화연구소

20221031_종교재판 30년 교회권력에게 묻다 자료집목차_변선환아카이브_6(2)번_페이지_1

행사 순서

종교재판 30년, 교회권력에게 묻다

초대의 말(2시~2시 30분)

인사의 말씀	김정숙(감신대 교수, 변선환아카이브 소장)
격려사	윤병상(연세대 명예교수)
	민영진(전 대한성서공회 총무)
	도올 김용옥(한신대 석좌교수)
	정희수(United Methodist Church 감독)

1부 _ 종교재판 30년, 회고와 성찰(2시 30분~3시 10분)

발표 1	송순재(감신대 은퇴교수)
	"사랑과 열정, 변선환의 신학 여정"
발표 2	이정배(현장아카데미 원장)
	"죽어야 사는 기독교 — 타자 부정에서 자기 부정으로"

실내악 연주

앙상블 오우르 (빛) 김보경 Piano, 백지현 Flute, 안소연 Cello

2부 _ 종교재판 30년, 그 '以後'(3시 20분~4시 20분)

사회	장왕식(감신대 은퇴교수)
발표 1	한인철(연세대 명예교수)
	"불가결의 상호보충 — 하나의 시도"
발표 2	이호재(전 성균관대 교수)
	"한국 종교와 한국교회의 화해를 위한 '풍류 담론'"
발표 3	이은선(한국信연구소 소장)
	"감리교 종교재판, 한국적 '보편종교'를 향한 진통과 선취"

종합 토론(4시 20분~5시)

광고 및 인사

20221031_종교재판 30년 교회권력에게 묻다 자료집목차_변선환아카이브_6(2)번_페이지_2

자료집 차례

20221031_종교재판 30년 교회권력에게 묻다 자료집목차_변선환아카이브_6(2)번_페이지_3

CONFERENCE TO HONOR DR. PYUN, SUN HWAN

PLENARY SESSIONS & KEYNOTE SPEAKERS

Plenary 1: " Dr. Pyun, Sun Hwan's Contribution to Interreligious Theology"

Dr. Hans Ucko
Dr. Jung Bae Lee

Plenary 2: "Interreligious Dialogue vs. Interreligious Theology"

Dr. Wesley Ariarajah
Dr. Diana Eck

Plenary 3: A Panel of Interreligious Leaders Influenced by Dr. Pyun, Sun Hwan

Moderator: Bishop Hee-Soo Jung
Panelists:
- Dr. Heung Gyu Kim (Naeri Methodist Church)
- Ted Jennings (CTS)
- Dr. Un-sunn Lee (SeJong University, Korea)
- Dr. Hyun-Shik Chun (Yonsei University)

Plenary 4: "The Future of Comparative Theology"

Dr. M. Thomas Thangaraj
Dr. Peter Phan of Georgetown University

Plenary 5: "Interreligious Theology, Liberation, and the Church"

Dr. Andrew Sung Park
Dr. Catherine Keller

Plenary 6: A Panel of the Present and the Future in the Practice of Interrelig Interactions

Moderator:Dr. Se Hyoung Lee
Panelists:
- Dr. Young Chan Ro
- Bishop Sudarshana Devadhar
- Dr. Namsoon Kang
- Dr. Bo Myung Seo (CTS)

변선환 2014 드류국제변선환 세미나_페이지_1

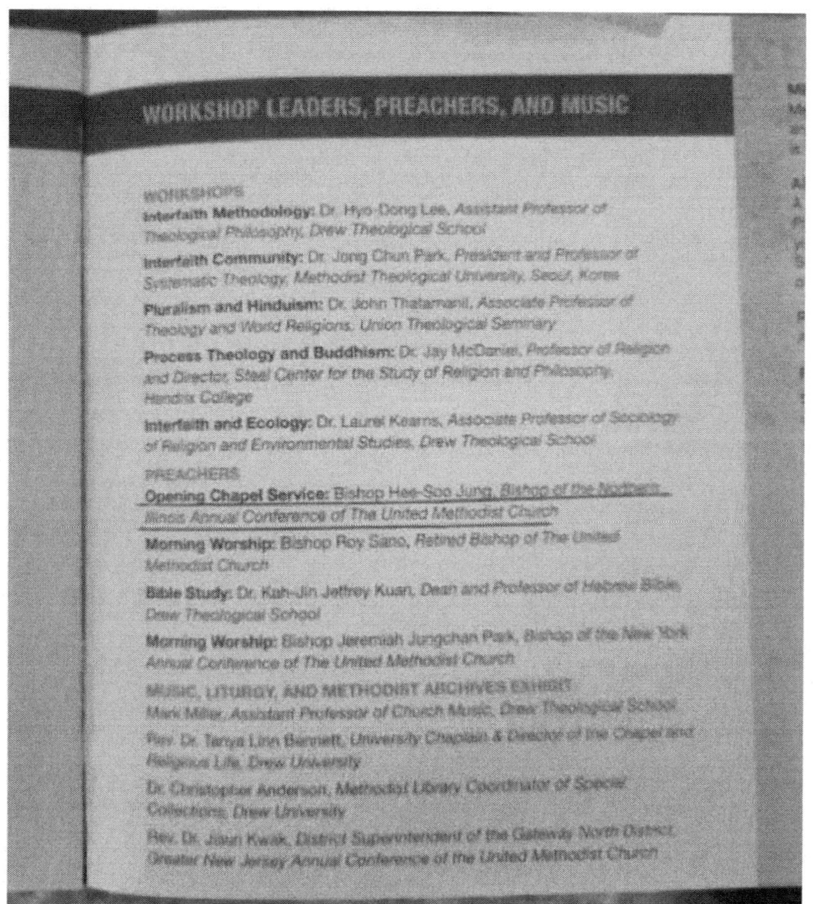

WORKSHOP LEADERS, PREACHERS, AND MUSIC

WORKSHOPS

Interfaith Methodology: Dr. Hyo-Dong Lee, *Assistant Professor of Theological Philosophy, Drew Theological School*

Interfaith Community: Dr. Jong Chun Park, *President and Professor of Systematic Theology, Methodist Theological University, Seoul, Korea*

Pluralism and Hinduism: Dr. John Thatamanil, *Associate Professor of Theology and World Religions, Union Theological Seminary*

Process Theology and Buddhism: Dr. Jay McDaniel, *Professor of Religion and Director, Steel Center for the Study of Religion and Philosophy, Hendrix College*

Interfaith and Ecology: Dr. Laurel Kearns, *Associate Professor of Sociology of Religion and Environmental Studies, Drew Theological School*

PREACHERS

Opening Chapel Service: Bishop Hee-Soo Jung, *Bishop of the Northern Illinois Annual Conference of The United Methodist Church*

Morning Worship: Bishop Roy Sano, *Retired Bishop of The United Methodist Church*

Bible Study: Dr. Kah-Jin Jeffrey Kuan, *Dean and Professor of Hebrew Bible, Drew Theological School*

Morning Worship: Bishop Jeremiah Jungchan Park, *Bishop of the New York Annual Conference of The United Methodist Church*

MUSIC, LITURGY, AND METHODIST ARCHIVES EXHIBIT

Mark Miller, *Assistant Professor of Church Music, Drew Theological School*

Rev. Dr. Tanya Linn Bennett, *University Chaplain & Director of the Chapel and Religious Life, Drew University*

Dr. Christopher Anderson, *Methodist Library Coordinator of Special Collections, Drew University*

Rev. Dr. Jisun Kwak, *District Superintendent of the Gateway North District, Greater New Jersey Annual Conference of the United Methodist Church*

변선환 2014 드류국제변선환 세미나_페이지_2

변선환 아키브
목차

1. 변선환 아키브란?
아키브란 한 학자의 기록이나 도서를 모아놓은 서고를 말합니다. 서양에서는 이미 세상에 알려진 사상가의 이름으로 된 아키브를 많이 볼수 있습니다. 아키브에서는 유고를 정리하고 출판하며 또 한 그 사상가를 계속 연구하고 발표하는 센터가 되기도 합니다.
변선환 아키브는 유족들의 힘으로 지난 3월 25일 종로구 홍파동에 20평의 공간을 얻어 개원하였습니다.
선생님의 장서 중 일부, 토착화 신학, 종교신학, 동양신학, 기독교 와 불교의 대화, 웨슬리 신학, 현대 신학에 관한 도서 약 2,000여권 을 정리하였습니다. 앞으로도 계속 이 분야에 전문선을 갖춘 서고의 역할을 담당할 것입니다.
목차

2. 변선환 아키브에서 하는 일은?
* 변선환 아키브는 다음과 같은 일을 하고 있으며 또 계획하고 있습니다.
1) 변선환 박사의 유고(논문,강연문,미간행 수고)를 정리하여 전집을 출판 중에 있습니다. 금년 중 제 1 집 출판을 시작으로 6집까지 계획하고 있습니다.
2) 감리교신학대학에 적을 두었던 학자들 및 종교 사상가들을 학문적으로 연구하여 그들 사상의 현대적 의미를 조명하고자 합니다.
3) 종교신학, 종교간의 대화와 협력, 토착화 신학, 현대신학, 감리교 신학 등 선생님의 사상을 계승, 발전시키기 위하여 매월 1회이상 학자들간의 연구 모임을 개최하고 있습니다.
4) 감리교신학대학 학부 및 대학원 학생들을 대상으로 신학 세미나를 월 1회씩 개최하여 신학함의 지평을 넓게 하고 이를 위해 영어, 독일어를 비롯한 일본어 에 대한 공부에도 관심을 쏟을 예정입니다.
5) 타연구소와의 활발한 학문적 교류를 도모하고 교회현장에 요구되는 영성 (spirituality)을 이론적, 실천적으로 모색해 보고자 합니다.
목차

3. 변선환 아키브의 운영은
* 본 아키브는 다음과 같은 회비로 운영합니다.
a. 연구회원(현직교수 및 학자들): 월 3 만원 회비

변선환 아키브와 자료목록_페이지_1

b. 일반회원(대학원 및 학부학생들) : 월 5 천원 회비
c. 후원회원(개인 및 단체): 월 10만원, 년100만원 회비
d. 평생회원(개인 및 단체):일시불 300만원 이상
e. 유족후원금

1) 이외에도 본 아키브를 위해 자발적으로 도움을 주실수 있습니다. 아키브의 활동이 활발하게 진행될 수 있도록 여러 목사님들, 평신도 여러분들의 기도와 사랑을 부탁드립니다.
2) 모든 회원분들에게는 아키브에서 출판되는 모든 문서, 서적 등을 발송해 드리도록 하겠습니다.
3) 회원으로 도움을 주실 뜻이 계신분들은 다음 구좌로 회비를 보내시고 연 락주시면 감사하겠습니다.

4. 변선환 아키브 출판도서

변선환 종교신학,한국신학연구소,1996.
전집1, 종교간의 대화와 아시아 신학,한국신학연구소,1996.
전집2, 불교와 기독교의 만남,한국신학연구소,1997.
전집3, 한국적 신학의 모색,한국신학연구소,1997.
전집4, 요한 웨슬리 신학과 선교,한국신학연구소,1998.
전집5, 그리스도와 신론,한국신학연구소,1998.
전집6, 현대신학과 문학,한국신학연구소,1999.
전집7, 현대문명과 기독교 신앙,한국신학연구소,1999.
인생은 살만한가,변선환박사 설교모음집, 변선환아키브 엮음,한들출판사,2002

논문

"종말론의 관점에서 본 그리스도론의 재구성", 감리교신학대학교 졸업논문, 1953.
"웨슬레 신학에 나타난 ordo Salutis -은총의 우위를 찾아서", 한국신학대학 교 대학원 졸업논문,1960.
The Possiblities of Theological Correlation of S ren Kierkegaard and Karl Barth based on Der R merbrief 2.Auflgage,STM Dissertation(Drew University,1967).
"The problem of the Finally of Christ in the Perspective of Christian-Zen Encounter, Dr. Theol. Dissertion"(Univ. Basel,1975).
"두 유형의 무신론자",{기독교 사상}(1965,8).
"불트만의 종말론적 윤리",{사상계}(1967,12).
"현대 종말론의 초점",{기독교 사상}(1968,5).
"기술 문명의 미래와 종말론적 신앙", {기독교 사상}(1969,1).
"실존과의 랑데브-윌리엄 포크너의 {음향과 분노}연구", {현존}2(1969,8).
"사무엘 베케트와 실존주의 신학 1-3", {현존}14(1970,9):15(1970,11).:16(1970,12).
"예수의 부활과 현대신학", 청암 홍현설 박사회갑기념논문집, 감리교신학대학 (1971).
"후기 틸리히의 종교사의 신학"{신학과 세계},창간호(1975).
"Raymond Panikkar und Hindu-Christen Dialogue",{신학과 세계}2(1976).
"동양적 예수의 문학적 개척(원승주작론)", {기독교 사상},(1976,8).

변선환 아키브와 자료목록_페이지_2

"Missio Dei 이후의 선교신학",{신학사상}14(1976,봄).
"한국 감리교의 선교신학", 기독교 대한감리회(1976,10).
"5천교회 백만신도 선교운동을 위한 감리교 전국선교대회 연구 교재",기독교 대한 감리회(1976,10).
"불트만의 신비화와 토착화의과제", {신학과 세계}3(1977).
"Buddihism and Christianity, Re- evalution of Yagi's Topos Theology: Centering on "The Point of Contact of Buddhism and Christianity"(1975),{신 학과 세계}3,(1977).
"팔목성일의 장소적 기독론",신학사상}18(1977).
"경영의 근대화의 새로운 가치관", 춘계경영이념 세미나, 한국경영학회(1977).
"동서종교의 대화",{고대문화}17(1977).
"교회밖에도 구원이 있다."{월간목회}(1977,7).
"기독교 밖에도 구원이 있다",{월간목회}(1977,9).
"이용도와 마이스터 에크하르트",{신학과 세계},4(1978).
"현대 과정신학에 나타난 기독론",{신학과 세계},4(1978).
"탁사 최병헌과 동양사상",{신학과 세계},9(1979).
"일단목회의 진리와 쫍재신비주의",{한국종교}4,5(1980),원광대학교 출판부.
"현대 마르크스주의에서의 생의의미에 관한 탐구{산돌}3,(1980),감리교서울신학 교 출판부.
"웨슬레 신학과 선행 은총", {신학과 세계} 7(1981).
"불교와 기독교의 대화",{기독교 사상}(1982,9).
"교회 개척의 신학적 근거",{산돌}5(1982)감리교서울신학교 출판부.
"시간,공간,창조", {특수연구}제2집(1983)서울예술전문대학.
"해천 윤성범 학장님을 추모함"{신학과 세계} 9(1983).
"하이데거와 불트만의 실존론적 신학",대한기독교출판사(1983).
"불트만의 실존론적 신학",대한기독교출판사(1983).
"아시아 교회의 신학적 과제",{기독교 사상} 27(1983,4).
"동양종교의 부흥과 토착화신학", 1(1983,5):2(1983,6):{기독교 사상}.
"한국종교의 근대화 방향-기독교적 입장에서",숭산 박길진 박사고희기념 한국근 대종교사상사, 원광대학교출판부,1984.
"정치신학과 문화신학",{사목}93(1984).
"비서구화와 제3세계신학",{신학사상}46(1984,가을).
"신학적 입장에서 본 정신건강-특히 Frankl V. E.의 실존요법과 기독교 신학과 의 대화를 중심하여서",{정신건강연구} 제2집(1984,2),한양대학교 정신건강연구 소.
"타종교와 신학", 한국기독교 백주념기념 신학자대회 강연,{신학사상}47(1984, 봄)
"웨슬리신학과 종교신학의 전방",{냉천}2)1985)감리교신학대학.
"현대화냐 보수화냐?{사목}100(1985,9).
"아세아 그리스도론의 여명",{신학사상}48(1985,가을).
"Other Religion and Theology", {신학과 세계} 11(1985,가을), "South East Asian Journal of Theology", Vol.3,No2.1985.
"한국 문화 속의 기독교",{인문과학연구}6(1986), 성신여자대학교 인문과학연구 소.
"한국기독교와 한국문화",{아카데미총서}6(1986)호호출판사1986.
"현대 한국 사회와 기독교의역할",제6회 원불교 사상 연구원 학술회의(1986,5).

변선환 아키브와 자료목록_페이지_3

"팔목성일의 성서해석학과 선불교1"(1986,가을)2(1987가을),{신학과 세계} 13,15.
"아래로부터의 그리스도론- 그리스도의 인성을 중심으로", {성서와 함께}118 (1986,1).
"칼 라너의 익명의기독교",{여성과 신학} 백경숙학장 회갑기념 논문집편찬위원 회,1988.
"Buddhist-Christian Dialogue Toward the Liberation of Minjung, 미국 뜨루 대학교 Vosbough 강연(1987,10),{신학과 세계} 16(1988,봄).
"웨슬리와 민중",존 웨슬리 회심 250주년기념 감리교선교대회강연, 하나님의 나 라.교회.민중, 기독교대한감리회 본부,19885,23-25.

에세이 목록

현대문명의 정신적 상황,{질병}13(1978)카톨릭의과대학교.
사랑의 동반자 예수,{경향잡지}1978,1.
우리모두에게 평안을,{경향잡지}1979,1:{하늘과 땅사이에}천주교중앙협의회.
'80년대 한국종교의 흐름,{경기}제5집(1981),경기대학교.
죄로부터의 해방,{경향잡지}1981,8.
종교와 구원,{목화}제9집(1981)동덕여자대학교.
민중신학을 넘어서서,{정경문화}1982,8.
한국재래종교의 역사의식,{경향잡지}1982,8.
서구의 황혼과 기독교신학,{원광문화}19집.(1982)원광대학교.
유.불.선.무와 공존하는 기로,{마당}1984,2.
단독자와 대중적 인간,{북악}국민대학교,1984.
저마다 자기 영혼을 가져야 한다,{주부생활}1984,2.
전쟁과 평화,{정경문화}1984,4.
청소년-모라토리움의 시대,{정경문화}1984,5.
천주교도들의 순교,{문예중앙}1984, 여름.
역사의 진실앞에서,{정경문화}1984,6.
쾌락이라는 이름의 우상,{정경문화}1984,7.
진리에로의 여로,{정경문화}1984,8.
대화막힌 동토의 시대,{정경문화}1986,4.
동서지성의 대화,{금강}1986,1.
한국사회-오늘의 병리 ,{정경문화}1986,7.
신 앞에 홀로선 자,{샘터}1977,10.
{아레오바고지}에 거는 소원,감신대 대학원,1985,봄.

신문기고록

자유에로의 초대(장래 그것이 너희의 것),{거울}411,이화여자고등학교.
죽음을 기억하라,{거울}416,이화여자고등학교.
크리스마스의 현대적 의의,{거울}439,이화여자고등학교.
허공속에 존재를 창조한 예술가,알베르또 짜꼬메띠,{거울}440,이화여자고등학교.
역사적 예수의 문제,{감신대학보}1965,12.

변선환 아키브와 자료목록_페이지_4

프리츠 부리의 실존신학의 중심문제,{감신대학보},1967,10.
세계10대 전위신학시리즈.
게르하르트 에벨링,{크리스챤 신문},1968,10,26.
위르겐 몰트만,{크리스챤 신문},1969,1,4.
위버트 오그덴,{크리스챤 신문},1969,3,29.
칼 라너,{크리스챤 신문},1969,5,31.
가브리엘 바하니안,{크리스챤 신문},1969,6,28.
떼아르 드 샤르뎅,{크리스챤 신문},1969,8,9.
고난의 신비주의-도르트 죌레,{감신대학보},1976,7
변선환교수 특별대담,{감신대학보},1976,7.
자랑스러운 감리교도,{기독교세계}1977,8,9.
자랑스러운 감리교도,{교회연합신보},1977,10,16.
기독교 지성의 사명 상,{크리스챤 신문},1977,11,26.
기독교 지성의 사명 하,{크리스챤 신문},1977,12,3.
요한 웨슬레와 현대신학,{감신대학보},1978,5,10.
현대철학과 신학의 대화-철학적 신앙과 프리츠 부리의 책임의 신학, {감신대학보},1978,9.
불교와 기독교의 대화{주간조선]1978,10,1.
선교의 새 방향,{감청회보}1978,10,14.
사회학에 있어서 종교의 위치-기독교,불교,유교의 공동이념, {감신대학보},1979,7.
봄의 찬가,{감청뉴스},1980,5,17.
21세기 한국신학,{크리스챤 신문},1980,7,12.
한국문화와 기독교,{감신대학보},1980,10,10.
"책임사회"는 무너지지 않는다,{원불교신문}1980,12,6.
해천 윤성범님의 사상,{감신대학보},1981,3.
실존주의와 신,{한대학보},1981.3.
감신의 신학적 전통과 유산,{감신대학보},1981,1,10.
웨슬레와 휴머니즘 상,중,하,{학국복음신보},1981,5,24;5,31;6,7.
새로운 성령이해는한국선교의 과제,{감신대학보},19826,10.
한국선교와 타종교와의 대화,{교회연합신문},1982,7,18.
한국선교와 타종교와의 대화,{크리스챤 신문},1982,8,7.
나는 삼위일체 하나님을 믿습니다. 상,하,{크리스챤 신문},1982,9,25;10,7.
의의 최후승리를 믿노라-대화를 통한 선교 필요...학문적 소신 굽힐 수 없다, {감신대학보},1982,9.
기독교와 불교의 만남,{감신대학보},1983,5.
민중신학과 뱅쿠버 총회,{크리스챤 신문},1983,8,6.
유동식의 풍류신학,{크리스챤 신문},1983,9,17.
아픔과 십자가의 교회,{감신대학보},1983,10,10.
야스퍼스의 철학적 신앙과 계시신앙,{크리스챤 신문},1983,10,29.
대담:심령 사회구원은 조화되야,(변선환-김호식),{중앙일보},1983,12,23.
미완의 종교개혁,{크리스챤 신문},1983,11.
가족간의 "이교"-현명한 "화해의 길",{동아일보},1983,12,24.

변선환 아키브와 자료목록_페이지_5

'83년의 신학계, 보수와 급진의 대립 양상,{크리스챤 신문},1983,12,24.
"1984년"에 거는 희망,{중앙일보},1984,1,7.
예언자적 지성,{중앙일보},1984,2,4.
전통 문화와 기독교 사상,{크리스챤 신문},1984,2,4.
세상의 빛, 세상의 소금,{중앙일보},1984,3,17.
웨슬레 신학의 전망-개교 80주년 기념공개강좌. 감리교의 회고와 전망, {감신대학보},1985,11.
지성인의 두 유형,{경향신문},1986,3,12.
4월이여 평화여,{경향신문},1986,4,1.
마음속의 폭력 직시해야 한다,{경향신문},1986,5,13.
기독교의 한국화는 멀었다,{한국복음신보},1986,1,19.
인류의 평화와 신학적 과제,{감신대학보},1986,7,10.
토착화 신학의 미래,{감신대학보},1988,7,10.
서울서 거듭나게 하소서,{중앙일보},1988,9,17.

변선환 아키브와 자료목록_페이지_6

1. 변선환 아키브란 무엇인가?

아키브(Archiv)란 한 학자의 기록이나 도서를 모아놓은 서고(書庫)를 말합니다. 서양에서는 이미 세상에 알려진 사상가의 이름으로 된 아키브를 많이 볼 수 있습니다. 아키브에서는 유고(遺稿)를 정리하고 출판하며, 또한 그 사상가를 계속 연구하고 발표하는 센터가 되기도 합니다.

변선환 아키브는 유족들의 힘으로 1996년 3월 25일 종로구 홍파동에 20평의 공간을 얻어 개원하였습니다. 선생님의 장서 중 일부 — 토착화신학, 종교신학, 동양신학, 기독교와 불교의 대화, 웨슬리 신학, 현대신학 등 — 에 관한 도서 약 2,000여권을 정리하였습니다. 앞으로도 계속 이 분야에 전문성을 갖춘 서고의 역할을 담당할 것입니다.

2. 변선환 아키브는 무슨 일을 하는가?

변선환 아키브는 다음과 같은 일을 하고 있으며 또 계획하고 있습니다.

1) 변선환 박사의 유고(논문, 강연문, 미간행 수고)를 정리하여 전집을 출판하였습니다. 1996년에 제1집 출판을 시작으로 1999년 7집까지 출판되었습니다.

2) 변선환 박사의 설교를 정리하여 설교집을 간행하였습니다.

3) 변선환 박사의 주례사, 변선환 평전을 정리하여 출간할 예정입니다.

4) 감리교신학대학에 적을 두었던 학자들 및 종교사상가(최병헌, 이용도, 정경옥, 홍현설, 유동식, 김홍호, 윤성범)들을 연구하여 그 사상가들의 현대적 의미를 조명하고 있습니다.

5) 종교신학, 종교간의 대화와 협력, 토착화신학, 현대신학, 감리교신학 등 선생님의 사상을 계승, 발전시키기 위하여 매 학기마다 정기 학술 심포지엄을 개최하고 있습니다.

6) 타연구소와의 활발한 학문적 교류를 도모하고 교회현장에 요구되는 영성(spirituality)을 이론적, 실천적으로 모색하고 있습니다.

변선환1 변선환 아키브 소개 및 10년 약사_페이지_1

변선환아키브 약사

1996. 3. 25. 변선환아키브 개관
(서울시 종로구 홍파동 13-4 훈솔빌딩 4층)
1996. 8. 5. 『변선환 전집 1권: 종교간 대화와 아시아신학』, 『변선환 종교신학』(한국신학연구소) 출간
1997. 8. 8. 『변선환 전집 2권: 불교와 기독교의 만남』, 『변선환 전집 3권: 한국적 신학의 모색』(한국신학연구소) 출간
1998. 9. 10. 『변선환 전집 4권: 요한 웨슬리 신학과 선교』, 『변선환 전집 5권: 그리스도론과 신론』(한국신학연구소) 출간
1998. 『윤성범 전집 1~7권』(도서출판 감신) 출간
1999. 2. 22. 변선환아키브 내 "동서종교신학연구소" 설치 결의
1999. 3. 30. 동서종교신학연구소 정기 학술 모임 개최 시작
1999. 4. 20. 『변선환 전집 6권: 현대 신학과 문학』, 『변선환 전집 7권: 현대문명과 기독교 신앙』(한국신학연구소) 출간
1999. 4. 30. 『변선환 전집 1권: 종교간 대화와 아시아신학』 2판 출간
1999. 5. 3. "고 변선환학장 전집 완간 기념 예배 및 강연회 개최(감신대 100주년 기념관 중강당)
1999.
2002. 8. 15. 『변선환 박사 설교 모음집: 인생은 살만한가』(한들출판사) 출간
2002. 9. 12. "고 일아 변선환학장 설교집 출판 기념 예배 및 아키브 후원의 밤" 개최(연세대학교 알렌관)
2005. 9. 5. 『변선환 신학 새로 보기』(대한기독교서회) 출간

변선환1 변선환 아키브 소개 및 10년 약사_페이지_2

동서종교신학연구소 정기 학술심포지엄 약사

1999년 봄 - 1차 한국 기독교사상의 선구자들 1

일정	주 제	발표자	토 론
3/30	한국 기독교사상 태동기의 교회사적 배경	이덕주 목사	청중이 참여하는 전체 토론
4/27	탁사 최병헌의 기독교 이해	성백걸 박사	
5/25	최태용의 靈기독론과 한국적 교회갱신론	이정배 박사	
6/29	다석 유영모 선생의 신앙	정양모 신부(서강대)	

1999년 가을 - 2차 한국 기독교사상의 선구자들 2

일정	주 제	발표자	토 론
9/21	한국의 신비주의자 이용도	이세형 박사(협성대)	청중이 참여하는 전체 토론
10/19	김교신의 신앙과 교육	송순재 박사(감신대)	
11/16	정경옥의 신학과 자유	송성진 박사(감신대)	
12/21	한국민족과 김재준의 신학적 주체성	박재순 박사(한신대)	

2000년 봄 - 3차 한국 기독교사상의 선구자들 3

일정	주 제	발표자	토 론
3/20	함석헌의 씨올사상	김경재 박사(한신대)	청중이 참여하는 전체 토론
4/17	서남동의 구원론	채희동 목사	
5/8	윤성범 그리고 한국신학	이종찬 박사	
5/29	변선환은 불교를 어느 정도 받아들였는가?	이찬수 박사	
6/19	21세기와 안병무의 민중신학	김명수 박사(경성대)	

2000년 가을 - 4차 역사적 예수와 종교다원주의 신학

일정	주 제	발표자	토 론
9/18	과정신학의 입장에서 본 역사적 예수와 종교다원주의	장왕식 박사(감신대)	청중이 참여하는 전체 토론
10/16	종교다원주의와 기독교	한인철 박사(연세대)	
11/20	예수세미나의 윤리적 시사점	김준우 박사 (한국기독교연구소 소장)	
12/18	여성신학, 역사적 예수, 그리고 종교다원주의	이은선 박사(세종대)	

변선환2 동서종교신학연구소 정기 학술심포지엄 약사_페이지_1

2001년 봄 - 5차 이용도 목사의 사상과 토착적 영성

일정	주 제	발표자	토 론
3/16	道, 동양종교의 정신과 생명	이용주 박사(서울대)	청중이 참여하는 전체 토론
4/20	이용도의 생애와 사상: 韓道韓器論의 초점에서	성백걸 박사(감신대)	
5/18	이용도 신앙과 사상의 형성 배경	김형기 목사(예수교회)	
6/15	이용도 영성의 세계신학적 의미	최대광 박사(랭케스터대)	
7/6	이용도의 영성: 바람, 침묵, 그리고 삶	이종찬 박사(감신대)	

2001년 가을 - 6차 "그런 예수는 없다"(오강남 박사의 『예수는 없다』를 중심으로)

일정	주 제	발표자	논 평
11/5	『예수는 없다』 제2장 "성서론"	박태식 박사(서강대)	이종찬 박사(감신대)
11/19	『예수는 없다』 제3장 "신론"	한인철 박사(연세대)	오명동 목사(고양감리교회) 황종렬 박사
12/3	『예수는 없다』 제4장 "예수론"	조태연 박사(이화여대)	이정배 박사(감신대)

2002년 봄 - 7차 생태신학과 악의 문제

일정	주 제	발표자	논 평
4/29	에코페미니즘에서 본 죄와 악	전현식 박사	한인철 박사(연세대) 김진희 박사(이대) 이원재 박사(감리교 선교국)
5/13	종교간 대화의 주제로서의 생태학	박성용 박사	송성진 박사(감신대) 이찬수 박사(강남대) 이정호 처장(인드라망 생명 공동체)
5/27	신학과 철학의 대화: 신정론을 중심으로	김용성 박사	장왕식 박사(감신대) 이세형 박사(협성대) 강영옥 박사(수도자 신학원)
6/10	교회: 우주론적 지평에서	최승태 박사	이종찬 박사(감신대) 황종렬 박사(가톨릭대) 심광섭 박사(감신대)
6/24	역동적 우주, 그 지평에서의 여성의 정체성: 도교의 지혜로 푸는 생태 여성 신학	김진희 박사	이은선 박사(세종대) 한순희 수녀(가톨릭대) 전현식 박사(감신대)

2002년 가을 - 8차 생태학과 영성

일정	주 제	발표자	논 평
10/21	종교와 생명, 그리고 환경	김 진 박사	오지섭 박사(서강대)
11/4	마이스터 엑크하르트의 영성	이민재 목사(은명 교회)	이종찬 박사(감신대)
11/18	창조영성에서 본 생태주의	최대광 박사(감신대)	전현식 박사(연세대)
12/1	떼이야르 드 샤르뎅의 영성	심광섭 박사(감신대 교수)	양명수 박사(이화여대)

변선환2 동서종교신학연구소 정기 학술심포지엄 약사_페이지_2

2003년 봄 - 9차 종교와 수행 1

일정	주 제	발표자	논 평
4/28	불교의 수행론	신옥희 박사(이화여대)	이찬수 박사 이종찬 박사
5/12	동학의 수행론	이정배 박사(감신대)	전현식 박사 최범철 선생
5/26	유교의 수행론	이은선 박사(세종대)	한인철 박사 김용성 박사
6/16	사랑의 영성과 실현의 길	송성진 박사(감신대)	이정배 박사 심광섭 박사

2003년 가을 - 10차 종교와 수행 2

일정	주 제	발표자	논 평
10/20	기독교의 영성과 실천	이주연 목사(산마루교회)	이찬수 박사 전현식 박사
11/3	김흥호의 윤리적 신비주의	최범철 선생(서울예고)	송성진 박사 김용성 목사
11/17	완덕의 길	베로니카 수녀(영성의 집)	이정배 박사 심광섭 박사
12/1	산 이야기	최완택 목사(민들레교회)	한인철 목사 이종찬 박사

2004년 봄 - 11차 21세기 종교간 대화 1

일정	주 제	발표자	논 평
3/29	변선환 신학 새로 보기	박성용 박사 (유네스코) 최대광 박사 (감신대)	한인철 박사 (연세대) 황덕형 박사 (서울신대)
4/26	종교간 대화와 아시아 신학	장왕식 박사 (감신대) 이세형 박사 (협성대)	최범철 선생 (서울예고) 박종천 박사 (감신대)
6/7	한국적 신학의 모색	심광섭 박사 (감신대) 이찬수 박사 (강남대)	최인식 박사 (서울신대) 배국원 박사 (침신대)
6/14	불교와 기독교의 만남	이정배 박사 (감신대) 지승원 박사 (한동대)	김진 박사 (크리스천아카데미) 양명수 박사 (이화여대)

2004년 가을 - 12차 21세기 종교간 대화 2

일정	주 제	발표자	논 평
9/20	요한 웨슬리 신학과 선교	김용성 박사(감신대) 이종찬 박사(감신대) 최승태 박사(호서대)	송성진 박사(감신대) 이후정 박사(감신대) 정지련 박사(숭의여자신학교)
10/18	그리스도론과 신론	이은선 박사(세종대) 김영복 박사(연세대)	권진관 박사(성공회대) 이원재 박사(감리회선교국)
12/6	현대문명과 기독교 신앙	전현식 박사(연세대)	송순재 박사(감신대)

변선환2 동서종교신학연구소 정기 학술심포지엄 약사_페이지_3

2005년 봄 - 13차 불교와 기독교, 서로에게서 배우다

일정	주 제	발표자	논 평
3/21	변선환의 기독론과 역사적 예수 "고도는 오지 않는다"	한인철 박사(연세대) 김기석 목사(청파교회)	김진호 목사(당대비평 주간) 정혁현 목사(케노시스 대표)
4/18	불교와 기독교, 깊이에서 만나다	이찬수 박사(강남대)	고명석 선생(조계종 포교 연구원) 박성용 박사(유네스코)
5/9	기독교와 불교의 쟁점 – 종교철학적 비교	장왕식 박사(감신대)	서창원 박사(감신대) 류제동 박사(서강대)
5/30	기독교 믿음과 동양적 수행 그 하나의 접점을 찾아서	이정배 박사(감신대)	오지섭 박사(서강대) 최대광 박사(감신대)

2005년 가을 - 14차 기독교와 유교의 만남

일정	주 제	발표자	토론자
10/13	다산 정약용과 서학/기독교	이정배 박사(감신대)	전체 토론
11/21	유학과 기독교의 만남	이종찬 박사(감신대)	
12/5	유학의 근본 주제들에 대한 기독교적 고찰	장왕식 박사(감신대)	

2006년 봄 - 15차 동학과 기독교의 만남

일정	주 제	발표자	논 평
4/24	수양론적 시각에서 바라본 동학의 신이해	이길용 박사(서울신대)	성백걸 박사(천안대)
5/29	동학과 에코페미니즘	전현식 박사(연세대)	이원재 목사 (감리회본부 비서실)
6/19	동학의 신관: 종교와 사회변혁	정기열 박사(감신대)	이찬수 박사(강남대)

변선환2 동서종교신학연구소 정기 학술심포지엄 약사_페이지_4

2006년도 하반기 동서종교신학연구소 16차 심포지엄 일정

주제: 동학과 기독교의 만남 2

날짜	발제	주제/제목	논찬	장소
9/25	이은선 박사 (세종대)	한국 페미니스트 신학자의 동학 읽기	오성주 박사 (감신대)	변선환아키브
10/30	권진관 박사 (성공회대)	기독교와 동학의 만남 - 영과 지기(至氣)를 중심으로	심광섭 박사 (감신대)	변선환아키브
11/20	오문환 박사 (연세대)	동학·천도교의 수행론: 주문, 성경신, 오관을 중심으로	박성용 박사 (감신대)	변선환아키브
12/11	성백걸 박사 (백석대)	'개벽'(開闢)과 '개화'(開化)의 이중주 - 동학과 서학의 공명(共鳴)과 합생(合生)의 길	최범철 선생 (서울예고)	연세대학교 알렌관

변선환2 동서종교신학연구소 정기 학술심포지엄 약사_페이지_5

2007년 봄 심포지엄 안내문

삼가 알려드립니다.

주님의 고난과 죽으심을 따라가는 사순절의 봄날을 맞으며 인사드립니다. 무엇보다도 지난 10여년 성상을 한결같이 지켜봐주시며 기도와 조언, 경제적인 지원 등으로 동서종교신학연구소를 돌봐주심을 진심으로 감사드립니다. 07년 봄에 시작되는 정기학술모임은, 21세기 전환기에 들어선 한국교계의 영성을 모색해보고자 신비주의를 중심으로 다음과 같이 계획하였습니다. 그 동안의 소식과 아울러 자세한 일정을 알려드립니다.

● 지난 2006년 12월 12일, 연세대 알렌관에서 학계와 교계의 여러 후원자들을 모시고 뜻깊은 "송년의 밤" 행사를 가졌습니다. 지난 한 해도 돌봐주시고 올해도 변함없이 기도와 후원을 약속해주신 여러분들께 주님의 은총을 두 손 모아 빕니다.

● 2007년 봄학기 정기학술모임 계획을 다음과 같이 알려드립니다.

주제 신비주의와 영성 1

기간 2007년 3월 26일 ~ 6월 11일

일시 아래 일정표 참조

장소 변선환 아키브(혼솔빌딩 4층)

주최 동서종교신학연구소

모임일정

회차	일 정	주 제	발 표 자	논 찬 자	장소
64회	3/26(월) 늦은5시	『조하르』를 통해서 본 카발라 신비주의	이환진 박사 (감신대)	서명수 박사 (협성대)	변선환 아키브
65회	4/30(월) 늦은5시	기독교 신비주의	이충범 박사 (협성대)	김장생 박사 (감신대)	
66회	5/21(월) 늦은5시	이슬람 수피 영성	박현도 선생 (McGill Univ)	박일준 박사 (감신대)	
67회	6/11(월) 늦은5시	불교와 비유신론적 신비주의	장왕식 박사 (감신대)	황용식 선생 (前 서울불교대학원대)	

● 포스터가 동봉된 우편을 받으신 회원들께서는 가르치고 계신 학교나 기관에 학술모임 포스터를 게시하시어 이웃의 학인들과 교계의 관심을 널리 이끌어주시기를 부탁드립니다.

2007년 3월 10일 동서종교신학연구소장 비나리

※문의 : 변선환아키브 02-736-7987 / 실무간사 010-2729-0145, yotyoj@hanmail.net

변 선 환 아 키 브

PYUN SUN HWAN ARCHIVE

110-092 서울특별시 종로구 홍파동 13-4호 혼솔빌딩 4층 (☎ 02-736-7987)

변선환2 동서종교신학연구소 정기 학술심포지엄 약사_페이지_6

변선환아키브 출판 및 행사(김광현 박사 정리)

날짜	저서 / 행사	장소 / 참여 인원
2021년 02월 20일	<한국전쟁 70년과 '以後' 교회>, 모시는사람들	이은선 김정숙 신혜진 김종길 최태육 이병성 심은록 이정훈 최성수 신익상 김복기 최태관 최대광 이성호 홍정호 이정배
2019년 03월 01일	<3.1정신과 '以後' 기독교>, 모시는사람들	이은선 최태관 최성수 이정배 노종해 김종길 홍승표 김광현 홍정호 신혜진 이성호 이정훈 심은록 최대광
2017년 10월 31일	<종교개혁 500년, '以後' 신학>, 모시는사람들(세종학술 우수도서 선정)	최성수 심은록 최태관 김종길 김광현 최대광 이성호 박일준 이찬건 이정훈 김진희 이한영 김영철 김정숙 박상언 정경일 홍정호 이정배 이은선
2017년 10월 23일 오후 6시	종교개혁 500년, '以後' 신학 출판기념회	감리교신학대학교 웨슬리 제1세미나실

변선환3 변선환 아키브 주요행사 자료_페이지_1

■고 변선환 선생님 아카이브 활동 주요 행사

•생태문명으로의 전환과 코로나19 이후의 기독교 신학강좌

2021년 6월 27일, 오전 10시 감리교신학대학교 백주년기념관 국제 회의실
변선환 아키브와 감신대 조직신학분과 조직신학회 공동 주최

김준우, 생태문명연구소장
양명수, 이화여자대학교 명예교수
장왕식, 감리교신학대학교 교수
한인철, 연세대 명예교수 한인철 교수
이정배, 전 감리교신학대학교 교수 현장연구소장

•종교재판 30년, 교회권력에게 묻다

2022년 10월 31일 오후 2:30-5:00 프레스센타 19층

격려의 말씀: 윤병상 연세대 명예교수, 민영진 전 대한성서공회 총무,
도올 김용옥 교수, 정희수 UMC 감독

1부. 종교재판 30년, 회고와 성찰: 사회 김정숙 (감신대 교수)
사랑과 열정, 변선화의 신학여정: 송순재 (감신대 은퇴교수)
죽어야 사는 기독교-타자부정에서 자기부정으로: 이정배 (감신대 은퇴교수)

2부. 종교재판 30년, 그 이후: 사회 장왕신 (전 감신대 교수)
불가결의 상호보충-하나의 시도, 한인철 (연세대 명예교수)
한국종교와 한국교회의 화해를 위한 '풍류담론', 이호재 (전 성균관대 교수)
감리교 종교재판, 한국적 '보편종교'를 향한 전통과 선취, 이은선 (한국 信연구소 소장)

변선환3 변선환 아카이브 주요행사 자료_페이지_2

■ 추모 예배

- 고 (故) 변선환 선생님 25주기 추모예배
  2020년 8월 3일 오후 5시 길담서원

- 고(故) 변선환 선생님 26주기 추모예배
  2021년 8월 2일 오후 5시 길담서원
  변선환 선생님 탄생 100주년 준비위원회 제안

- 고(故) 변선환 선생님 27주기 추모예배
  2022년 8월 8일 저녁 5시 길담서원

■고(故) 변선환 선생님 평전 준비 위원회 모임
일시: 2021년 11월 22일 월요일 11시 30분
장소: 프레스센터 19층
참석한 이들: 고 변선환 교수님 탄생 100주년 기념사업 준비 위원회
신 옥희, 송순재, 이정배, 한인철, 이은선, 김정숙 (총 6인)

■고(故) 변선환 교수님 평전 집필진 모임
일시와 장소: 2022년 3월 11일 5시 인사동
참 석: 이정배 교수님, 신익상, 하희정, 김정숙 (4명)

■고(故) 일아 변선환 선생님 탄생 100주년 기념 사업위원회
고문 선생님과 집필진 박사님들의 모임
일 시: 2022년 6월 9일 목요일 12시
장 소: 충무로 동방명주
참석자: 신옥희 이은선 이정배 장왕식 한인철 선생님, 김정숙
집필진: 신익상 최대광 (계약) 하희정 (백서)

■고(故) 일아 변선환 선생님 탄생 100주년 기념 사업위원회
2022년 8월 16일 화요일
박성용 목사님 평전 집필 계약

변선환3 변선환 아키브 주요행사 자료_페이지_3

변선환 아키브 창립 이후 출판물

<<해천 윤성범 학장 전집>> 전 7권, 도서출판 감신 1998.
<<일아 변서환 학장 전집>> 전 7권, 한국 신학 연구소 1999
변선환 박사 설교 모음집 <<인생은 살 만한가>>, 한들 출판사 2002
<<변선환 신학 새로 보기>>, 대한 기독교서회 2005
<<올꾼이 선생님 변선환>>, 신앙과 지성사 2011 (문체부 우수도서)
<<선생님, 그리운 선생님>>, 신앙과 지성사 2015

신익상, <<변선환 신학연구>>, 모시는 사람들 2012(문체부 우수도서)

드류 신학대학교 <국제 변선환 세미나>, 2014
정희수 UMC 감독이 드류 대학과 공동 주최
한국에서 이정배, 이은선, 신익상 박사 참가 발표

변선환4 아키브 창립 이후 출판물

III.

홍정수 교수

손바닥으로 하늘을 가릴 수는 없습니다.

-변선환학장 · 홍정수교수의 통일교회 연루설에 대한 사실증언-

감신대학원 졸업생 : 양 창 식

먼저 본인을 빌미로 엄청난 위해를 당하시는 두 분 교수님께 진심으로 송구한 마음 금할 길 없습니다. 아울러 학교당국과 여러 교수님, 대학원 동문및 재학생 여러분에게도 심심한 유감의 뜻을 표합니다. 그동안 사건의 추이를 지켜보면서 너무나도 엄청나게 왜곡, 조작, 확대 되는것을 보면서 본인으로서 더이상의 침묵은 두 분 스승의 통일교 관련설을 묵시적으로 승인, 동조하는것 같아 거명 당사자로서 사실 그대로를 증언합니다.

1. 이 규 철 군과의 관계

이 군이 청주대 재학시절 ('85 - 86년경) 에큐메니칼 무브먼트 세미나의 한 분과에서 처음 만났으며 그 이후 급우에게 가장 큰 죄를 저질러 구속 되었을때 본인의 대학 후배이자 (고려대) 이 군의 친구인 박모군이 석방을 위한 탄원과 월 1회씩의 정기면회를 갔었고, 본인 역시 청주 교도소를 찾아가 면회하면서 진정한 크리스챤으로 거듭나 나오기를 권고 한 바 있고, 안양 교도소에 있을때는 마침 본인의 고교 동창이 교도관으로 있어 여러 방면에서 선처 되도록 주선 해 주었습니다.

출소 후 전혀 연락이 없다가 그가 신입생으로 감.신에 들어온 해 (87년), 봄에 우연히 웰치 앞 운동장에서 만났습니다. 연고를 물으니 형기 만료이전 가석방하여 수원에 있는 기독교방송국 김 장환 목사의 도움으로 감.신에 들어왔다면서 자신의 죄과에 대해서는 전혀 반성의 빛이 없고 앞으로 감리교 안에서 비중있는 목사가 되겠다는 포부를 이야기 하기에 본인은 일언지하에 "절대로 그런 생각을 말라. 그렇지 않아도 어느 교단이나 교단 내에 소위 정치성있는 일부 목회자 때문에 순수 목회 분위기가 흐려지고 있고 더군다나 자네는 한 생명 앞에 진 영원한 빚을 갚기위해서라도 철저히 하나님 앞에 선 단독자의 모습으로 너 자신의 실존을 위해 농촌이든 바닷가든 진정으로 소외된자를 위해 일평생 회개하면서 성직의 길을 가라" 고 강력하게 그리고 간절하게 권면 하였습니다.

그 이후에는 단 한번도 일절 만남이 없었습니다. 그러다가 91년말경 두 교수님의 사건이 표면화 되면서 처음으로 본인이 대학원 재학시절 이 군이 본인을 고발했다는 사실과 현재 그가 금란교회에서 일하고 있다는 것을 알게 되었습니다. 터무니없이 날조한 거짓으로 본인은 물론 더더우기 통일교회와는 조금도 관련이 없는 두 교수님에 대해 무차별적으로 위증한 것을 보고, 먼저는 은혜를 원수로 갚는 배은망덕한 한 인간에 대해 한없는 서글픔을 느꼈으며, 나아가 스승을 배역하는 반문명적, 반지성적 언동에 본인 역시 공분하지 않을 수 없습니다. 더더우기 파탄된 인격의 소유자를 하수인으로 기용하여 100년 감리교 역사와 도도한 인류사의 보편적 흐름을 차단하려는 김 홍도 목사측의 부패한 성직자상에 한없는 실망을 금할 길 없습니다. 따라서 (1) "88년 기도하는 가운데 성령의 음성을 듣고 신대원 학적부에서 단 한번에 양 창식이란 이름을 보았다 (크리스챤 신문 2월 22일자)" 는 것은 하수인으로서 충실한 목적을 위해 성령까지 동원하여 조작한 것으로 거짓말이며, 이는 상상할 수조차 없는 반신앙적 언동이고, (2) 그가 인용한 본인의 논문 용어에 대한 이해는 신학을 전혀 모르는 참으로 유치한 아전인수격의 억지해석이며, (3) 이 군은 감.신 입학전이나 졸업 후나 통일교회에서 전혀 일한 경력이 없는데도 자신의 효용가치를 극대화시켜 사건을 확대하기 위해 마치 통일교인 이었다가 전향한 사람처럼 꾸며대고 있고, (실제로 통일교회의 현재 목회자는 100% 4년제 대학출신자이며, 전과 전력이 있는자는 임용 될 수 없습니다.) (4)총학 출마시 그가 증언한 내용중 양 창식이 자기를 협박 공갈했다는 내용은 입학후 만난적이 없으니 완전히 꾸며댄 것이며, (5) 그가 졸업 후 수원에서 통일교회에서 일했다는것도 김 홍도 목사측에 자기 입지를 구축하기 위한 거짓말이며, (수원통일교회 전화번호 0331-44-3604) (6) 본인과 두 교수님과의 연계증언은 완

1

19920506_교원징계-손바닥으로 하늘을 가릴 수는 없습니다. -변선환학장, 홍정수 교수의 통일교회 연루설에 대한 사실증언_양창식_6(3)번_페이지_1

벽한 거짓 증언임을 말씀드립니다.

2. 변, 홍 두 교수님과의 관계

두 분 교수님의 신학 노선과 발표하신 논문을 거두절미하고, 몇가지 용어를 접합시켜 통일교원리강론을 변증 운운하는 것이 너무나도 가당치 않습니다. 소위 두 분 교수님의 통일교 연루 사건에 관한 사실보고서 (동아일보 2월 5일 5단광고)를 보면 본인이 "5년동안 감.신에 침투, 암약하면서 배후활동"한 것 처럼 마치 북한 공작원 다루듯이 했는데 참으로 가소롭습니다. 하늘과 땅, 그리고 역사 앞에 진실을 말씀드립니다. 변 학장님과는 대학원 선수과목 수강시 강의를 들었고, 후에 논문 부심이기에 한차례 찾아가 잠깐 인사 드렸을 뿐, 그 외에는 재학중 단 한번도 학문적 토론이나 다른 어떤 문제로도 연구실을 찾아 간적이 없습니다. 더더우기 홍 교수님은 기독교윤리 수강 외에는 일면식조차 없는 선생님 입니다. 두 분 교수님 모두 저를 전혀 기억 못 하시리라 믿습니다. 그만큼 조용하게 오직 학문적 관심 외에는 일체 학내 활동에는 관여하지 않은것입니다. 졸업 논문의 주 부심도 학교 당국에서 일방적으로 결정해주었지 본인의 의사는 전혀 반영된 것이 아닙니다. 논문 주심이 송 길섭 전 학장이셨기 때문에 몇차례 송학장님 연구실은 논문지도 문제로 방문한 적이 있습니다. 오히려 본인은 홍 정수 교수의 경우 학문적으로 통일교회를 비판하는데 감신 안에서 앞서고 있는 분으로 알고 있으며 사실상 그 분의 주관적 비판에 문제점이 있다고 평소 본인은 생각해 왔던 것입니다. 적반하장으로 오히려 통일교연루설 운운하니 아이러니칼할 뿐입니다. 굳이 신학로선 때문이라면 오늘날 현대신학자 대부분 특히, 하비콕스나 루빈스타인, 몰트만, 존캅을 위시한 과정신학자 모두는 통일교인으로 치부되어야 합니다. 더 나아가 한국신학자 중에도 원리강론 을 세계적 신학서라고 긍정적으로 평가한 서남동 박사(전환시대의 신학) 「통일신학」을 주창한 한신의 박 종화교수 「상생신학」을 말씀하는 박종천교수, 「통일의 복음」을 말씀하는 김득중 교수도 마찬가지라는 논리입니다. 이분들이 다 통일교 영향을 받은 분들이란 말입니까? 마치 깃털하나 까맣다고 모두 까마귀로 몰아버리는 것이요, 이는 소위 기성기독교의 통일교 알레르기 내지는 통일교 콤플렉스 의 선입견일 뿐입니다. 이는 참으로 지극히 무식한 식견을 가진 소위 "서울 연회 심사위원" 들의 무지몽매한 억지 해석일 뿐입니다.

3. 김 홍도 목사께 묻습니다.

도대체 어쩌자고 평생을 쌓아온 개인과 빛나는 가문의 명예를 하루 아침에 불태워 버리고있습니까? 죤 캅의 얘기처럼 도대체 진리가 투표로 결정되는 것입니까? 그렇다면 투표로 죽은 예수는 비진리 입니까? 빌라도의 재판같이 정해진 형량을 미리 내정하고 일사천리로 이끌어가는 모습, 마치 유신5공 치하에서 선량한 민주인사를 남산에 데려가 용공, 좌익, 빨갱이로 만들어 버리는것과 같은 무소불위의 권력, 금력을 휘두르는 저의는 어디에 있습니까 ? 더더우기 가장 극약 처방으로 소위, 통일교 마타도어를 보검으로 사용하는 귀하의 모습은 애처롭기까지 합니다. 이규철의 정신연령이나 인격지수가 정상이 아닌것을 번연히 알면서도 1회용 거짓위증자로 채용하여 본인을 희생양으로 삼아 두 분 교수를 출교처분시키는 종교재판은 역사상 가장 잘못된 재판의 전형인 빌라도재판의 현대판 재현입니다. 21세기를 향하는 광명천지에 믿는자나 믿지않는자나 온세계의 지성이 반기를 드는 데도 도도한 역사의 흐름을 왜곡된 신념으로 막아보겠다는 것인가요? 손바닥으로 하늘을 가릴수는 없는 법입니다. 이군의 주장을 단 한번도 사실확인해 보려는 절차 없이 무조건 100% 수용하고 대서특필 보도하는것은 또다시 수많은 사람들의 눈과 귀를 흐리게하는 불특정다수에 대한 무차별적인 살상행위일 뿐입니다. 본인은 확신합니다. 철없는 이군을 용병으로 채용하여 총알받이로 쓰다버리려는 귀하의 속마음은 머지않아 빈 탄창 버리듯이 이군을 버릴 것입니다.

2

19920506_교원징계-손바닥으로 하늘을 가릴 수는 없습니다. -변선환학장, 홍정수 교수의 통일교회 연루설에 대한 사실증언_양창식_6(3)번_페이지_2

이군에 대해서는 전도사이기 이전에 한 인간으로서의 인격과 신앙지도가 선행되어야 합니다. 불쌍한 어린 한마리 양입니다. 이제라도 고삐를 만들어 바른지도를 해야 할 목회대상입니다., 올바른 정보와 식견으로 판단하여 영원히 기록되는 역사에 소위 이단자의 시체를 꺼내어 또다시 불태웠던 중세식의 오점을 남기시지 않기 바랍니다. 교각살우(뿔을 뽑으려다 소를 죽인다)의 어리석음은 없어야 할 것입니다. 이상으로 두 분 교수님과 통일교회 또는 본인과는 전혀 특별한 관계가 아님을 증언합니다.

4. 논문시비건에 대해

사실 본인의 논문은 어느 누가 보아도 우리 주변 가까이서 주창되고 있는 통일논의에 대한 소신의 일단을 정리한 것에 불과합니다. 이미 기성신학자들에 의해 제기되고 있는 문제에 대해 본인이 관심하여 오고있는 이데올로기적 측면에서의 비판적 연구에 불과합니다. 원리강론을 직접적으로 변증한 내용은 어디서도 찾아볼 수 없습니다 제가 사용한 용어들을 추출해서 억지로 통일교회의 원리강론을 변증했다는데(2월5일자 동아일보) 어불성설 입니다. 신학노선의 부분적 일치성 때문이라면 더욱 큰 오류입니다. 앞서 지적한 것처럼 현대신학에서 사용하는 보편적 용어들을 그것도 일일이 주를 달아 인용한 것 뿐입니다. 위 사실을 위해 본인은 졸저인 본인의 논문 "선교과제로서의 민족 분단과 통일전망" 100권을 카피해서 총 학생회에 드립니다. 여러 교수님과 대학원 동문여러분, 그리고 학부 후배들의 냉정한 검토와 비판을 기대하는 것 입니다. 동문 목회자 여러분에게도 한 시라도 공개 할 것입니다.

5. 사실 증언을 마치며 - 본인의 변 -

저는 지금 한없이 착잡한 심정으로 오늘 금식 3일째를 맞으면서 이 글을 쓰고 있습니다. 제 삶의 가장 큰 관심과 아울러 신학적 과제는 분단구조속의 민족 문제를 어떻게 해석하며 하나님의 섭리선상에서 조국의 미래를 어떻게 열어가느냐에 있어왔습니다. 일찌기 고등학교때에 제 고향 전남에서 서울까지 도보로 온 조국을 사랑하는 마음으로 걸으면서 이 꿈을 키워왔고, 80년대에는 가장 극렬한 좌,우익의 이데올로기 문제로 극단적 대처현장이었던 전경과 학생사이에서 평화적이며 이성적인 합리적 투쟁을 위해 몸 바쳐 왔습니다. 대용종교로 북한 전역을 거대한 콘크리트화한 김일성 종교, 그 교리의 핵심인 무신론, 유물론. 인본주의의 결산인 주체사상이야말로 반기독교사상의 결정체인 것입니다. 한국 기독교는 이의 해결을 위해 진정한 "통일신학"을 정립해야 합니다. 비생산적인 이단논쟁은 오늘처럼 다원화된 현대사회를 거꾸로 살려는 어리석음일 뿐입니다. 본인은 선대학자들로부터 웨슬리 정신을 토대로 잘 가꾸어 온 감신의 "토착화신학"이 진정한 "한국신학"으로서 그동안 일방적인 서구 추종의 식민신학적 사고의 틀에서 벗어나는 새로운 신학혁명으로 함께 기뻐하며 학부에서 철학을 공부하고 순수학문에 대한 의욕으로 감신에 들어온 것입니다. 본인은 로마권력과 헬레니즘의 토양에서 자라온 기독교는 이제 동양의 화합과 일치, 상생의 동양적 정신과의 조우에서 맡은바 하나님의 섭리를 완결할 수 있다고 보는 것입니다. 따라서 타종교와의 만남, 대화는 오히려 예수의 우주적 그리스도로서의 메시아성과 만인구원의 보편성을 옹변하는 것이지 조금도 부끄러울것이 아닙니다. 역사는 종교개혁을 주창하다 죽어갔던 위클니프나후스, 지동설을 주장하다 교권에 의해 화형당해 죽어갔던 코페르니쿠스나 부르노를 정의였다고 하는 것입니다. 본인이 통일교회인이라해서 굳이 정죄 되어야 한다면 이는 어쩔 수 없습니다. 그러나 '신학과 '신학함'은 우리가 살고있는 삶의 문제에 대한 본질적 응답과 삶의 환경과 시대에 대한 성숙한 해석, 그리고 가지지 못한자, 소외된자에 대한 사랑의 실천(프락시스)에 있다고 생각 합니다.

3

19920506_교원징계-손바닥으로 하늘을 가릴 수는 없습니다. -변선환학장, 홍정수 교수의 통일교회 연루설에 대한 사실증언_양창식_6(3)번_페이지_3

본인은 이러한 신념과 소신을 가지고 수년 전부터 자원봉사교사들과 더불어 검정고시 야학을 전국적으로 주도, 운영해 왔으며 현재에도 종로에서 연 인원 350여명의 때를 놓친 주부들이 한글반, 중검반, 고검반을 무료로 공부하고 있는 종로주부학교의 책임자길을 가고 있습니다. 본인은 지금도 자랑스런 웨슬리안이며 선진신학의 현장 감신동문임을 자랑합니다. 웨슬리의 정신은 갈릴리에도 사마리아에도 이방지역 어디에도 나라든 종교든 할것없이 선행적 은총으로 내재하고 있는 것입니다. 예수의 첫 메시야 고백자는 이방인이었으며, 누가의 이방 지향적 메시야니즘은 온 인류의 구원을 위해 오신 주님의 인류적 메시야성을 웅변하는 것입니다. 실제로 미국 뉴욕의 통일신학대학원에서는 어떤 교파, 교인이라도 자유로이 입학이 허용되며 각 종교의 모든 교수들이 자유롭게 강의하고 있습니다. 세계 8대 종교의 기본 교리가 합하여진 세계경전 이 발간된 것입니다. 예수의 외연은 석가도 공자도 마호메트도 능히 품을 수 있는 전 인류적, 전지구적 보편진리인 것입니다. 감신의 역사성과 스케일이 신흥종교하나 수용못할 정도로 취약하다고는 보지 않습니다. 본인은 감리교가 칼빈이나 추종하는 보수 근본주의에로의 회귀를 함께 염려하며 오늘 한국교계를 주도해 나가는 연구와 신앙, 그리고 실천의 풍토가 되기를 기도합니다.

다시한번 본인을 빌미하여 큰 어려움을 겪으시는 두 분 교수님께 송구함을 드리며 이상의 사실증언에는 한치의 가식도 없음을 다시 한번 천명하며 이의 대중적 확인을 위해 언제 어떤자리에서라도 공개적으로 나설 뜻이 있음을 알리는 바입니다. 100 년 역사 감신캠퍼스에 난데없이 날아온 먹구름이 사라지고 스승과 제자 그리고 동문이 어우러져 함께 기도하는 냉천골의 광명대도한 그날이 오기를 기도하며 후배들의 정의를 위한 행진에 크나큰 박수를 보냅니다. 감사드립니다.

1992년 5 월 6 일

양 창 식

전 화 : 745 - 5814

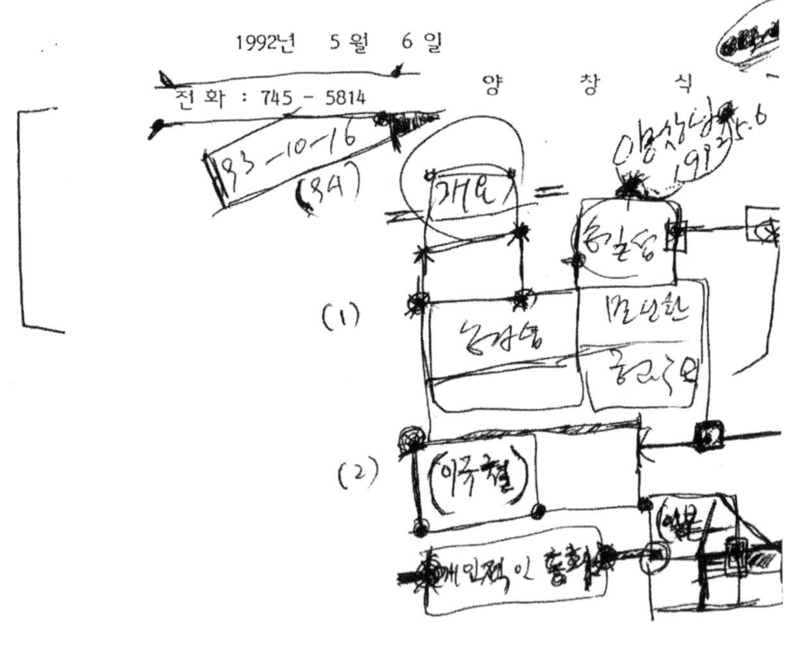

4

19920506_교원징계-손바닥으로 하늘을 가릴 수는 없습니다. -변선환학장, 홍정수 교수의 통일교회 연루설에 대한 사실증언_양창식_6(3)번_페이지_4

전국 감리교인들께 드리는 글

1. 저는 감리교회 역사상 일찌기 없었던 신학적 '종교재판'의 한 당사자로서, 최근 한국 감리교회가 당면한 혼란과 불안에 대하여 진실로 가슴 아프게 생각합니다. 저는 이 사건과 관련하여 기독교대한감리회와 감리교신학대학의 명예와 위신이 크게 실추되었을 뿐 아니라, 교단과 신학대학의 에너지가 부당하게 낭비된 것에 대하여, 이 사건의 관련 당사자 중 한 사람으로서 전국 감리교인들과 감리교신학대학 식구들께 충심으로 사과의 말씀을 드리며, 너그러운 용서를 빕니다.

저는 1991년 3월 31일에 발표한 글 "동작동 기독교와 망월동 기독교," 그리고 동년 4월 15일에 발간한 책 『베짜는 하나님』 이후, 지난 1 년 5 개월여의 긴 기간 동안 감리교계 안팎의 다양하고도 수많은 비판의 소리를 들어왔습니다. 특별히 최근 감리교계 어른들의 뼈아픈 비판과 충고의 말씀을 들으면서, 저는 목회자의 심정과 자세로 되돌아가 새롭게 신학하는 방식을 배워야겠다는 소중한 결론에 이르게 되었습니다. 지금까지 부지불식간에 저의 말과 행동으로 인하여 상처받고 고통받았을 모든 이들께 다시 한번 용서를 빌며, 하나님의 특별한 배려가 임하시기를 기도합니다. 반면에, 그 동안 저의 모진 말과 행동으로 인한 오해 때문에 가혹하게 비난받아 온 감리교신학대학의 100년 신학 전통만은 면면히 이어지기를 또한 하나님께 간절히 기도드리며, 특별히 저를 지난 10 년 간 한결같은 애정으로 품어주신 동료 교수님들과 학생들에게 심심한 사의를 표합니다.

2. 저는 차제에 기독교대한감리회의 한 목사로서, 감리교신학대학의 한 신학자로서 어떤 마음가짐을 가지고 지금까지 신학 활동을 해왔는가 하는 내면적인 고백의 말씀을 드리고 싶습니다. 되돌아보면, 그 동안 저의 신학 활동을 가능하게 했던 내적인 힘은 믿음과 애정이었다고 고백할 수 있습니다. 저는 인간을 근본적으로 변화시키시어 거듭나게 하시는 하나님을 믿으며, 우리에게 새로운 인간의 길을 가르치시고 삶과 죽음과 부활로써 몸소 그 길의 승리를 보여 주신 우리 구주 예수 그리스도를 믿으며, 우리를 이러한 새로운 인간에로 각성시키시고 이끌어내시며 끊임없이 위로와 희망을 주시는 성령을 믿습니다. 더 나아가, '성서'가 우리의 신앙과 신학의 으뜸가는 규범이라고 굳게 믿으며, '성서가 가르쳐 주는 신앙' 위에서 살고 또한 죽는 것이 사람이 마침내 영원한 생명에 이르게 되는 유일한 길임을 고백합니다.

아울러 저는 이번 일을 통하여 저의 신학 활동의 방향이 발전적으로 전환되어 가고 있음을 고백합니다. 저는 지난 10 여년 간 신학의 가장 중심 주제인 하나님과 예수 그리스도에 대한 이해에 관심을 집중시켜 왔습니다. 그러나 저는 이번 일을 통하여 교회의 현실과 목회자의 경험과 신앙인들의 일상적 삶의 경험이 신학을 구성하는 데에 있어 얼마나 중요한 자료인가 하는 것을 뼈저리게 경험하였습니다. 그러므로 하나님과 예수 그리스도께 관심하면서 얻은 귀중한 신학적인 결론들을 간직한 채, 앞으로는 교회와 목회자 및 개개인들의 신앙 경험을 바탕으로 하는 새로운(아래로부터의) 신학 작업에 헌신하고자 합니다. 저는 이러한 의미에서 저를 신랄하게 비판해 주신 목회자들과 평신도들께 진심으로 감사를 드리고 싶습니다.

19920815_전국 감리교인들께 드리는 글_홍정수_6(3)번_페이지_1

3. 끝으로, 저는 지금까지 제가 "사탄"이라는, 그리고 "통일교의 자금을 받았다"는 등의 견디기 어려운 비난과 더불어 수치스러운 '종교재판'의 법정에 섰었습니다. 그러나 돌이켜보면, 이 문제는 더 이상 제 자신의 명예에 관한 개인적 문제만이 아닙니다. 이는 필경 제가 그 동안 사랑하고 또한 자랑스럽게 여겨왔던 한국 감리교회와 감리교신학대학의 명예에 관한 문제이기도 하기 때문입니다. 저는 그 동안 기독자의 공동체적, 신앙적 양심이 이 문제의 은혜롭고도 공정한 해결을 가져올 것으로 기대하였기에, 극에 달하는 비난을 감수하면서도 거의 아무런 조치도 취하지 않았었습니다. 그러나 교단의 총회를 눈앞에 둔 오늘까지도 진실은 여전히 토굴 속에 갇혀 있으며, 이 비극적 현실은 저 개인만의 아픔에서 끝나지 않고, 마침내 온 세상 앞에서 주님의 몸된 교회인 한국 감리교회와 지금까지 감리교 신학의 산실이었던 감리교신학대학의 뼈아픈 치욕으로이어지고 있기에, 진실을 밝히는 일에 도움이 될 수 있다면 이제부터는 저 개인의 어떠한 희생적 노력도 다 기울일 것입니다. 의로우신 하나님께서 속히 당신의 얼굴을 우리들 모두에게 보이시기를 날마다 기도합니다.

여러분들께 주님의 은총이 함께 하시길 빕니다.

1992년 8월 15일

기독교대한감리회 목사
감리교신학대학 교수 홍정수 올림

2

19920815_전국 감리교인들께 드리는 글_홍정수_6(3)번_페이지_2

休職願

성명 洪 丁 洙
직위 教 授

위 본인은 '학교법인 감리교신학원 정관'(제40조 5항)이 규정하는 바에 따라, 미국 캘리포니아에 있는 Center for Process Studies와 The School of Theology at Claremont에서 1 년 간 신학을 연구하고자 하오니, 이를 허락하여 주시기를 바랍니다.

감리교신학대학장 귀하

1992년 8월 21일 위 원인 洪 丁 洙

19920821_교원징계-휴직원_홍정수 교수_6(3)번

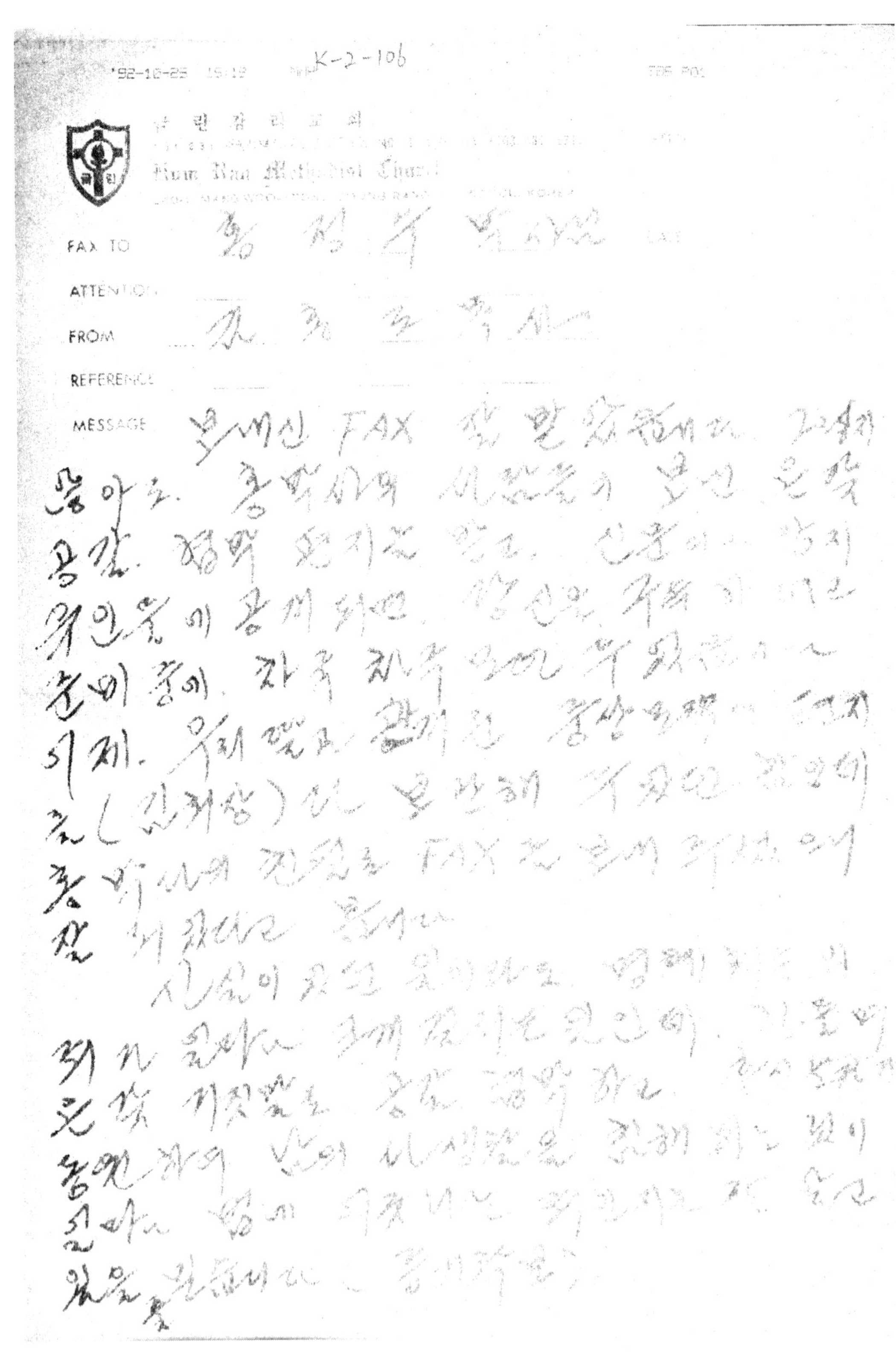

'92-10-25 15:12 K-2-106 P01

금 란 감 리 교 회

Kum Ran Methodist Church

FAX TO 홍정수 박사님

ATTENTION

FROM 김홍도 목사

REFERENCE

MESSAGE 보내신 FAX 잘 받았읍니다. [illegible]

[illegible]

19921025_김홍도 목사가 홍정수 박사에게 보낸 팩스_김홍도목사_6(3)번_페이지_1

그리고 홍박사님 신학교의 문제 [illegible]
로 운영하는 문제에 [illegible]
[illegible] 신학교에서 [illegible]
그때도 나는 [illegible]
[illegible]
[illegible] 신학
(매츠데이빗 [illegible] 신학교)에
[illegible]
[illegible]) 했는데 [illegible]
[illegible]
[illegible]
[illegible]
홍박사께 [illegible]
[illegible]
[illegible] 그것을 [illegible]
이만 줄입니다 김홍도

19921025_김홍도 목사가 홍정수 박사에게 보낸 팩스_김홍도목사_6(3)번_페이지_2

H-2-004

존경하는 징계위원장 박성로 감독님께!

참조: 감리교신학대학 이사장 나원용 감독님, 학장 구덕관 박사님

주님의 평강이 감독님과 함께 하시기를 빕니다.

교회와 연회의 사역으로 공사다망하신 감독님께 저까지 여러가지로 심려를 끼쳐드리게 되어 송구스러운 마음 무어라 표현할 길이 없습니다. 너그러우신 마음으로 용서해 주시기를 빕니다. 저는 지금 종교재판 사건 이후 저 자신에게 쏟아진 무수한 비판의 소리를 하나하나 곱씹으며, 감리교의 목사로서 그리고 감리교신학대학의 교수로서 저 자신을 깊이 자성하고 있으며, 하나님 앞에서 올바른 목사로 그리고 올바른 교수로 새롭게 발돋움하기 위하여 기도하며 준비하는 가운데 있습니다. 감독님께서도 저를 위하여 기도해 주시기를 바랍니다.

1992년 11월 6일자로 저는 징계위원회의 출석요구서를 접수하였습니다. 그러나 저는 다음의 사유로 하여 징계위원회에 출석할 수 없는 상황에 놓여 있음을 감독님께 알려드리오니, 너그러이 이해하시고 양해해 주시기 바랍니다.

저는 1992년 8월 21일 자로 구덕관 학장님께 휴직계를 제출하여 (동년 9월 2일자로 휴직명령서 접수) 현재 휴직 중에 있습니다. 휴직시 구덕관 학장님과의 합의사항은 다음 네 가지였습니다.

1. **홍정수는 1년간 휴직한다.**
2. **구덕관 학장님은 1993년 8월 21일 당시 홍정수가 기독교대한감리회의 목사직을 보유하고 있으면 복직을 보장하되, "그 이상의 노력을 기울인다."**
3. **홍정수는 총회재판이 출교로 끝날 경우, 「민사소송」을 제기할 것이며(출교효력정지 가처분신청 및 출교판결 무효확인소송), 따라서 구덕관 학장님은 93년 8월까지는 징계문제를 거론하지 않는다.**
4. **이 약속을 연대보증하기 위하여 교무처장 이기춘 교수와 학생처장 김외식 교수가 입회한다.**

위 합의사항에 따르면, 현재의 징계위원회의 징계사유는 성립하지 않는 것으로 판단됩니다. 그 이유는 다음 두 가지입니다. 첫째, **서울연회 재판위원회의 출교결정은 아직 확정되지 않았습니다.** 서울연회 재판위원회(위원장 고재영 목사)는 재판비용의 미첨부를 이유로 총회 재판위원회(위원장 이춘직 감독)로부터 "반송"된 서류를 "기각"으로 간주하여, 서울연회 재판위원회의 1심 출교판결을 확정하였으나(92년 10월 24일), 서울연회 나원용 감독님은 이 판결문에 결재 도장을 찍지 않았을 뿐 아니라(10월 30일 나원용감독님과 통화로 확인, 11월 5일 이현덕 서울연회 총무와 통화로 재확인) 서울연회 규칙해석위원회에 서류의 반송이 기각을 의미하는가 하는 문제의 「규칙해석을 의뢰」함으로써(92년 10월 30일 12시 금란교회에서 모임), 서울연회 재판위원회의 판결을 인정하지 않으셨습니다. 항간에 알려진 바, 곽전태 감독회장님이 결재도장을 찍었다는 소문은 서울연회 재판위원회로부터 판결문이 감독회장실로 '접수'된 것을 확인하는 도장이었을 뿐, 서울연회 재판위원회의 판결을 결재한 것은 아니었습니다. 만일 그 판결문을 감독회장님께서 결재하셨다면, 그것은 감독회장님께서 명백하게 서울연회의 고유 권한을 월권한 것이 됩니다. 뿐만 아니라, 서울연회 재판위원회의 결정을 확정판결로 간주하여 『기독교세계』에 공고한다는 소문도 감독회장실 간사 윤병조목사님에게 확인한 결과(92년 11월 5일 통화로 확인), 서울연회에서 정당한 절차를 밟아 서울연회 감독이 결재도장을 찍어 올려 보내기까지는 공고할 수도 없음을 뒤늦게나마 알고 있다고 하였습니다.

그러므로 감리교회의 법으로 보아, 저의 출교가 아직 확정되지 않은 현상황에서 징계위원회에 저를 소환하는 것은 구덕관학장님과의 합의사항에 명백히 위배됩니다. 나아가 『소송비용』에 대하여 탄원드립니다. 이 문제는 지난 5월 27-29일간에도 이미 있었던 문제이오나, 고재영 위원장, 김재민 서기, 나원용 감독님 3 분의 합의에 의하여, 『피고인의 부담이 아니라 --감리교회의 법대로-- 告訴人의 부담으로 한다』고 결정, 저는 고소비용의 첨부없이 상고장을 냈었습니다. 그런데 이제와서 동일한 목사, 장로님들께서 소송비용을 고소인이 아니라 피고소인이 예치해야 한다고 우기면서, 그

19921108_존경하는 징계위원장 박성로 감독님께_홍정수_6(3)번_페이지_1

것을 기화로 1심을 확정한 것에 대하여 힘 없는 저로서는 납득할 수 없습니다.

이에 따라 저는 적어도 93년 8월 이후에에야 징계위원회의 소환에 응할 수 있습을 정중히 말씀드립니다. 양해해주시기 바랍니다.

둘째, **설혹 서울연회 재판위원회의 판결이 규칙해석위원회의 결정에 의해 확정된다고 하더라도 저는 곧 "출교효력정지 가처분신청"과 "출교판결 무효확인소송"을 제기할 예정이며, 현재 준비 중에 있습니다.** 저는 저의 출교 1심 결정이 법적인 절차상 중대한 하자가 있으며, 또한 전적인 **虛僞事實**에 근거해 있다고 믿기 때문에, 그리고 「출교」는 기독교대한감리회의 목사로서 또한 감리교신학대학의 교수로서 저의 생명을 종결시키고 그에 따라 앞으로 저의 생존 자체를 심각하게 위협하게 될 것이기 때문에, 민사소송을 제기하지 않을 수 없는 입장에 놓여 있습니다.

감독님께서도 저의 입장을 널리 이해해 주시고, 이러한 계속되는 절차를 인내로 지켜봐 주시기 바랍니다. 구덕관 학장님께서는 이미 92년 8월 21일 저와의 합의에서 이러한 절차가 모두 끝나고 출교가 완전히 확정될 때까지는 징계를 유보하시겠다고 두 분 목사님 앞에서 약속하셨기 때문에, 감독님께서도 그 때까지 인내로써 기다려 주시기를 간곡히 부탁드립니다.

저는 제가 몸담고 있는 감리교신학대학 구덕관 학장님의 약속을 믿고 싶으며, 또한 동료 교수요 목사인 두 처장님들의 양식을 믿고 싶습니다. 한 마리의 힘없는 양을 어여삐 여기시사, 감독님께서 제가 억울한 일을 당하지 않도록 배려해 주시기 바랍니다. 저의 문제로 여러가지 심려를 끼쳐드리게 된 점에 대하여 다시 한번 용서를 빌며, 늘 건강하시고 주 안에서 평안하시기를 빕니다.

1992년 11월 8일

홍정수 올림

追伸: 저는 제가 6 년 전에 몸소 개척한 「동녘감리교회」에서 한 주일도 빠짐 없이 「사도신경」으 로 신앙을 고백하고 있습니다. 앞으로도 변함없이 그리할 것입니다.

홍 정 수 드림

19921108_존경하는 징계위원장 박성로 감독님께_홍정수_6(3)번_페이지_2

보 충 진 술 서

고소인 홍 정 수

피고소인 김홍도 목사와 유상열 장로는 제가 "예수의 피는 개 피, 돼지의 피와 같다고 말했고", "통일교와 연루되어 있다"는 '虛僞事實'을 고의적으로, 또한 반복적으로 일간신문, 교계신문, 및 각종 출판물을 통하여 유포함으로써 기독교대한감리회에서는 물론 기독교계에서 고소인의 생존에 치명적인 손상을 가져올 정도로 명예를 훼손하였기에, 이에 관한 본인의 진술서를 자세히 보충하려 합니다. 저는 1) 피고소인들의 主張, 2) 그 虛僞性, 3) 그 故意性, 4) 그들의 眞意에 대한 所見, 5) 그로 인한 저의 被害事實을 순서대로 밝히겠습니다.

저의 명예훼손에 관한 이번 사건을 쉽게 설명하기 위해 먼저 제 자신을 간단히 소개하겠습니다. 저는 1962년 이후 줄곧 감리교에서 신앙생활을 하였으며, 감리교신학대학과 동대학원을 졸업하고 미국에 건너가 감리교의 두 대학(Southern Methodist University와 Emory University)에서 세계적인 감리교 신학자들(Albert Outler, Schubert Ogden, Theodore Runyon)에게서 직접 감리교 신학을 배웠고, 철학박사 학위를 마쳤습니다. 저는 이 모든 과정을 통하여 「감리교 교리」에 관한 보다 충분한 지식을 쌓을 수 있는 기회를 가졌습니다.

1981년에 귀국한 저는 현재의 감리교의 헌법책인 『교리와 장정』에 나타나 있는 「교리」가 그 표현상 여러가지 오해를 불러일으킬 소지가 있어 "수정"이 필요하다고 평소에 지적해 왔으며, 이같은 견해가 받아들여져 1988년에는 감리교의 공식 기관인 선교국 산하 소위원회 「신앙과 직제(제도)」의 전문위원으로 위촉되어 「교리」 개정작업의 "초안"을 직접 작성한 바 있습니다. 또한 저는 감리교의 유일한 기관지 『기독교세계』에 여러 회에 걸쳐(1987년부터) 감리교 교리를 해설한 적도 있습니다.

한편, 감리교신학대학의 교수로 11 년 동안 재직해 온 저는 『감리교 교리와 현대신학』, 『多宗教와 基督論』, 『베짜는 하나님』 등 3 권의 책을 저술하는 한편, 교회의 목회(일)에도 관심이 많아, 1986년 9월 28일에 「동녘감리교회」를 직접 세웠으며, 지금까지도 저는 그 교회에서 일하고 있습니다. 저는 어떻게 해서든 신학(이론)과 목회(실천), 신학대학과 교회현장을 상호연결시키고, 신학과 목회의 이분법적 대립을 극복해 보고자 노력해 왔습니다. 이러한 노력의 하나로 저는 1988년 「세계신학연구원」을 설립하여, 동료 신학자들 및 목회자들과 공동작업으로 학술발표회를 열고, 계간지 『세계의 신학』(1990년까지는 『한몸』)을 발행함으로써, 신학을 교회에 보급하며 선교신학을 모색하고 교회교육을 위한 교재를 개발하려고 노력해 왔습니다.

특별히 교수로서의 저의 기본 교육방침은 "미래를 생각하는" 신학도의 훈련이었습니다. 우리나라에서 기독교는 아직 젊은 종교인데, 한편으로 사람들의 理性은 매우 높아졌습니다. 그래서 저는 미래의 목회자(지금의 신학도)들은 자기 종교(기독교)에 긍지를 갖되, 오늘과 내일의 한국의 理性, 그리고 전통을 또한 존중할 줄 알아야 한다고 생각합니다. 따라서 "무조건 믿으라"(신앙의 권위주의)고 강요하는 교육보다는

1

19921128_보충진술서_홍정수_6(3)번_페이지_01

"왜 믿어야 하는지를 말할 수 있는 준비"(자율적 신앙)를 각자 갖추도록 도우려고 애써 왔습니다. 즉 과거 2천 년 동안 이어온 기독교의 전통적 신앙을 "오늘과 내일의 말로 풀어 解釋하려고" 늘 노력해 왔습니다. 저는 신학대학 교수로서, 또한 감리교 목사로서 이러한 과제를 가지고 지금까지 신학을 연구하고 가르치며 설교해 왔기 때문에, 이러한 해석작업을 하지 않는 신학자나 목회자는 그들의 소임을 다하지 않는 것으로 생각하고 있으며, 특히 교회의 당국자들이 신학자에게 그런 일을 하지 못하게 하는 것은 신학자의 존재 이유 자체를 원천적으로 부정하는 것으로 생각하고 있습니다. 다시 말해서 저는 오늘의 교회가 처한 한국 사회의 精神的인 상황에 비추어 기독교 신앙을 다시 해석함으로써, 평범한 사람들이 기독교 신앙을 보다 쉽게, 보다 바르게 이해하도록 도울 뿐 아니라, 신학이 교회와 사회에 공헌하도록 도우려는 신학자이며 목사이지, 결코 기독교 신앙을 파괴하고 교회를 모욕하려는 사람이 아님을 분명히 미리 밝혀두고자 합니다.

1. 김홍도 목사와 유상열 장로의 主張

가) 홍정수 교수는 "예수의 피는 개 피, 돼지의 피와 (꼭)같다고 말했다."

김홍도 목사는 1991년 10월 30일 오후 8시경 광림교회에서 열린 기독교대한감리회 총회석상에서 총회대표 300명에게 "알겠습니까? 홍정수 교수는 기독교는 구속(救贖)의 종교가 아니라는 겁니다. 예수의 피나 짐승의 피나 똑같다는 겁니다"라고 말하였고 (첨부 # 1), 이에 총회대표들은 격분하여 저에 대한 "징계를 건의"하게 되었습니다.

이어 1991년 11월 10일에는 금란교회에서의 설교와 그 교회에서 발행하는 『불기둥』 766호 4-5면 (참조: 녹음 테이프, 미국판 『미주복음신문』 1991년 12월 8일자 4면)을 통하여 "더욱 천인공노할 일은 [홍정수 교수가] 예수의 피나 짐승의 피나 같다는 것입니다. '예수의 죽음이 우리를 속량하는 것이 아니라 그의 삶이 우리를 속량하는 것이다. . . 그의 피가 동물들이 흘리는 피보다 월등하게 효과가 있다는 얘기가 결코 아니다'고 했습니다. 즉 개, 돼지의 피나 예수의 피가 같다는 것입니다. 기독교는 구속의 종교인데, 이를 부인하는 것보다 더 큰 이단과 적그리스도가 어디 있습니까? 그런데도 이를 보고 있어야 합니까?"라고 말하였습니다. 『불기둥』은 한국의 감리교계에 유포되었고, 『미주복음신문』은 미국전역에 배부되는 교계신문이었습니다.

또한 1991년 11월 21일에는 힐튼호텔에서 개최된 『기독교대한감리회 교리수호대책위원회』 창립발기 대회에서 김홍도 목사는 다음과 같이 말하였습니다: "난 분명히 하나님의 음성을 듣고 말씀드리는데, 사탄과의 싸움이요, 敵그리스도와의 싸움인 것입니다. ("아멘!"하는 분 많음) 이건 물러설 수가 없습니다" (첨부 # 2, 2쪽). "내가 언제 돼지의 피, 응? 개의 피라 그랬느냐? 아니, 짐승의 피하고 같다면, 짐, 그러면 돼지나 개는 짐승이 아닙니까? 응? 예수의 피와 돼지의 피, 개 피와 같다는 말이지, 무슨 무슨 말로 . . . . 그런고로 용납도 없고, 그거는 용서도 있을 수가 없어요"

2

19921128_보충진술서_홍정수_6(3)번_페이지_02

(첨부 # 2, 10쪽). "아니 뭐 시시한 것 한두 가지(를 부인)해야 이걸 봐주지요. 예? 다시 말씀드리지만, 살인죄를 지었다든지, 간음죄를 지었다든지, 도적질을 했다든지 (다 봐줄수) 있어요" (첨부 # 2, 16쪽).

나) 홍정수 교수는 "통일교와 관련이 있다."

예수의 피를 부정하였다 하여 이미 "용납할 수도 없고, 용서할 수도 없는" "敵그리스도, 마귀"로 매도하고 "살인죄, 간음죄, 도적질"보다 더 극한 죄를 지었다고 공공연하게 말하고 유인물을 배포하던 김홍도 목사와 유상열 장로는 1991년 11월 21일 『교리수호대책위원회』를 결성할 때까지만해도 감리교 교회법에 저를 고발하지 못하고 있다가, 동년 12월 2일 감리교신학대학 졸업생 이규철(581008-1229414/ 전화 439-3136)의 증언을 내세워 "통일교 관련"이라는 또 다른 허위 사실을 들어 저를 교회법에 고발하게 되었습니다.

이와 관련하여 김홍도 목사는 1991년 12월 7일 『크리스찬신문』 4면에서 "두 교수는 (변선환학장과 홍정수 교수: 본인주) 통일교 거물급 학생을 비호하고, 졸업까지 시킨 사실이 최근 밝혀졌다"고 말했으며 (서초경찰서 제출 A-2), 1992년 2월 22일 『크리스찬신문』 6면에서는 "'구체적 물증은 없지만 당시 두 교수가 통일교로부터 얼마나 많은 돈을 받았을까'하며 의심하고있다"고 말했습니다 (서초경찰서 제출 A-13). 그리고 이번에는 김홍도 목사와 유상열 장로가 『교리수호대책위원회』 대표 명의로 수많은 신문을 통하여 「통일교와 연류된 두 교수를 척결하라」는 성명서를 반복적으로 게재하여 "변선환 학장, 홍정수 교수는 기독교 200 년 동안 순교의 피를 흘리며 지켜온 성경의 진리를 왜곡하거나 또는 불신하여 이단사상을 가르칠 뿐 아니라, 통일교와 연루되어 통일교 거물인사가 감리교신학대학에 들어와 5 년 동안이나 포섭활동을 하였으나 퇴학시키기는 커녕 이를 비호하며 통일교를 변증하는 논문까지 쓴 것을 통과시켜 석사학위를 받고 졸업하게 하였음(증인, 증거물 확보). 그러므로 속히 두 교수를 척결해 주기를 바란다"고 선동하였습니다 (서초경찰서 제출 A 자료의 4, 5, 6, 10, 12, 15, 25, 27).

그 뿐 아니라 피고소인들은 저의 책 『베짜는 하나님』 가운데 "통일교"라는 단어가 들어 있는 곳마다 인용하며, 이것이 마치 "통일교를 변호하는 발언"이라고 주장하였습니다: ". . .홍정수 교수의 저서 (『베짜는 하나님』 147쪽)에 '통일교처럼 노골적으로 예수의 십자가를 거부하는 편이 정직하지 않을까?'와 (『베짜는 하나님』 175쪽) '지금의 교회들은 -통일교가 비판하고 있듯이 - 매우 당파적이다'와 (『베짜는 하나님』 175쪽) '개교회, 교단, 종파 (이념)들 사이의 교류는 다원주의적 통일론의 원리를 가리킨다'라고 힘주어 역설하며 통일교 및 통일교의 원리강론을 변론하는 발언의 참된 저의는 어디에 있다고 판단되어 집니까?" (서초경찰서 제출 A-12).

2. 김홍도 목사와 유상열 장로의 主張의 虛僞性에 대한 고소인의 解明과 指摘

3

19921128_보충진술서_홍정수_6(3)번_페이지_03

가) "예수의 피는 개 피, 돼지의 피와 같다고 말했다"는 주장에 대하여:

(1) **저는 "예수의 피는 개 피, 돼지의 피와 같다"고 직접적으로 표현한 적이 결코 없습니다.**

저는 "예수의 피는 개 피, 돼지의 피와 같다"고 말한 적도 없고, "예수의 피는 짐승의 피와 같다"고 말한 적도 없습니다. 문제가 된 부분의 原文은 다음과 같습니다: ". . . 그렇다면, 그가 우리의 구원자, 우리를 구원하는 하나님의 능력이라고 말하는 것은 예수라는 인간의 생체조직이 신적인 성분으로 구성되어 있다거나 그의 피가 동물들이 흘리는 피보다는 월등하게 효과가 있었다는 얘기는 결코 아니다. 그가 '하나님의 말씀'을 증언했다는 뜻이요, 나아가 그가 전한 하나님의 말씀은 그의 삶의 구체적인 발자취와 '하나'(동일)였다는 고백의 말이다" (『베짜는 하나님』, 193쪽). 저는 저의 책 어디에서도 "예수의 피는 개 피, 돼지의 피와 같다"든가, "예수의 피는 짐승의 피와 똑같다"는 신성모독적 표현을 사용한 적이 없습니다.

(2) **제가 "예수의 피는 개 피, 돼지의 피와 같다고 말했다"는 것은 黑色宣傳일 뿐입니다.**

피고소인들은 위의 본문 가운데 "예수라는 인간의 생체조직이 신적인 성분으로 구성되어 있다거나 그의 피가 동물들이 흘리는 피보다는 월등하게 효과가 있었다는 얘기는 결코 아니다"는 말에 (간접적으로) 근거하여 "예수의 피는 개 피, 돼지의 피와 같다"고 주장하였는데, 이것은 위의 본문을 정반대로 왜곡한 흑색선전일 따름입니다. 여기서 먼저 지적할 것은 피고소인들이 原文을 정직하게 인용하지 않고, 巨頭切尾하였다는 사실입니다. 그 결과 제가 한국의 평범한 사람들이 알아 들을 수 있도록 기독교 신앙(예컨대 "예수의 피를 통한 구원", "육체의 부활")이란 "A가 아니라 B이다"라고 설명한 내용 중에서, "A가 아니다" 만을 인용하고 "B이다"는 인용하지 않음으로써, 마치 제가 기독교 신앙을 완전히 부정하는 것처럼 왜곡하였습니다. 그 뿐 아니라 더욱 심각한 문제는 제가 "A가 아니다"고 한 부분을 我田引水 식으로 해석하여 "홍정수는 A라고 말했다"고 주장함으로써, 저의 논리를 정반대로 왜곡 선전했다는 점입니다. 이것은 건전한 상식이 있는 사람이라면 누구나 알 수 있는 黑色宣傳일 따름입니다.

저는 위의 본문에서 제가 의도하고자 했던 것은 "소위 '신화적 옷'을 입고 있는 성서의 '속량의 피'를 재해석한 것이지 부정한 것이 결코 아님"을 이미 1991년 7월 3일 『한국의 1천만 기독교도들과 120만 감리교도들에게 드리는 호소문』을 통하여 밝힌 바 있습니다 (첨부 # 3, 4쪽). 그러나 이 사실을 다시 한번 명백히 입증하기 위하여 긴 원문의 일부를 발췌하겠습니다:

> 『어떤 설교자의 얘기다. 젊어서는 죽음이 두려웠고, 또 생각할 필요도 별로 느끼지 못하였다. 그래서 그의 설교 주제에는 죽음이 들어 있지 않았다. 그러다가 나이가 들어 눈앞에 죽음이 다가오자, 그제야 그는 죽음을 진지하게 생각하게 되었다. 그가 가지고 있던 모든 신학 자료들을 뒤적이면서 죽음에 대한 해답을

얻고자 했다. 그러나 그 어디에서도 죽음에 대한 해답을 찾지 못하였다. 끝내 그는 죽음에 대한 설교를 하지 못한 채 죽음을 당해야 했다.

교회에서나 신학교의 교실에서나 신학서적에서나 우리가 흔히 듣는 얘기는 "예수의 죽음이 우리를 구원해 준다"는 것이다. 난 그 의미를 알고 싶어서 애썼다. 어찌하여 죽음이 생명을 구하는가? 내가 알고 있는 그 어떤 신학 책에서도 왜 죽음이 생명을 구하는지에 대한 명쾌한 대답을 듣지 못하였다. 왜 죽음이 생명을 구하는가? 그런 생각을 가지고 소박한 성서의 증언을 다시 들어보자. 한국 교인들에게 가장 친숙한 성서의 이야기는 이렇다:

「지금 우리가 그리스도의 피로써 의롭다함을 얻었으니, 그를 통하여 하나님의 진노에서 구원받을 것은 더욱 확실합니다(롬 5:9). 하나님께서 그의 의를 나타내 보이시려고 그리스도를 세워 그의 피로 속죄의 제물을 삼으시고, 그리스도를 믿는 믿음의 길을 통하여 죄사함을 얻게 하였습니다(롬 3:25). 피흘림이 없이는 죄사함도 없느니라(히 9:22). 우리는 그리스도 안에서 그의 피로 속죄함을 받아 죄에서 놓여났습니다(엡 2:7).」

우리는 위와 같은 성서의 증언과 설교에 친숙해 있다. 그러나 예수의 "피"가 과연 어떻게 인간을 구원할 수 있는지에 대하여 진지하게 물어보지 못하였다. 후대의 교회는 이같은 성서의 증언을 교리(속죄론)로 체계화시켰다. 교회의 덧붙여진 증언에 의하면, 그는 하나님 자신 혹은 하나님의 아들(신의 아들도 신이다)이셨는데, 인간을 구원하기 위해서 인간의 몸으로 세상에 왔다. 그는 세상에 와서 인간을 대신하여 하나님께 바쳐지는 "희생제물"이 되었으며, 또한 사탄에게 대한 인간의 빚을 대신 갚았다는 것이다. 전자의 경우는 신의 진노를 달래는 역할을 했으며, 후자의 경우는 사탄의 인질이 된 인간들의 몸값을 대신 지불한 것이 된다.

이와 유사한 설명들은 우리에게 매우 친숙해 있다. 그러나 그 어느 것도 성서의 증언을 제대로 파악했거나 오늘을 사는 현대인들에게 먹혀들어갈 만한 것이 아니다. 성서는 세밀히 분석해 보면, 예수의 신성한(신으로서의) 죽음을 이야기하지 않는다. 성서는 오히려 그가 소위 공생애(목회활동) 초기부터 이미 죽음의 함정에 빠져들고 있었다고 지적한다. 그 이유는 하나님의 대권인 인간의 죄용서(의 권한)를 그가 감히 대행했을 뿐 아니라, 제자들에게도 그런 일에 동참할 것을 요청(명령)하였기 때문이라고 밝히고 있다. 즉 하나님의 아들의 죽음이 아니라 특정한 메시지를 전하고 있던 한 설교자의 죽음을 증언하고 있을 뿐이다. 그런 의미에서 그의 죽음 곧 피흘림은 그의 죽음 자체에 어떤 마술적 힘 또는 신화적인 힘이 있음을 말해 주는 것이 결코 아니다. 그의 죽음 또는 피흘림은 그의 삶의 결정적 요약이요 절정으로서(카스퍼, 『예수 그리스도』, 209쪽)만 의미가 있다고 했다. 따라서 그의 삶이 버젓이 있는 한, 그의 죽음의 형식이 혹 달랐었다고 할지라도 우리의 메시야됨에는 아무 상관이 없다고 했다.」(『베짜는 하나님』, 189-191쪽)

저는 이제 이러한 전후문맥과 관련하여 김홍도 목사와 유상열 장로가 열심히 인용하고 있는 부분을 그 바로 앞의 내용과 함께 또다시 인용하도록 하겠습니다:

5

19921128_보충진술서_홍정수_6(3)번_페이지_05

『만일 예수의 죽음이 그의 생애의 요약이요 절정이며, 죽음은 죽음이 아니라 하나의 설교(말씀 선포) 행위였다면, 그의 죽음은 오늘날의 투사들의 죽음에 매우 유사하다. 즉 단순한 순교자의 죽음이 아니다. 억울한 의인의 죽음도 아니다. 순교자나 억울한 의인들의 죽음은 외부에서 닥쳐오는 폭력의 희생이다. 그러나 예수라는 설교자의 죽음은 억울한 희생이 아니라 "말하기 위한 최후의 수단"으로서의 선택된 죽음이다. 이런 현상적인 측면에서 볼 때, 구호를 외치며 투신 또는 분신해 쓰러져간 젊은이들의 죽음과 매우 유사하다. 이런 젊은이들의 죽음은 상황이 강요한 살해 행위 이상이다. 그들의 죽음을 올바로 파악하는 것은 그들의 '죽음이 하는 말'에 귀기울임(복종=계승)으로써만 가능하다. 추도식이나 기념식으로는 어림도 없다. 그것들은 그들의 죽음을 되살리지 못한다. 오히려 영원히 잠재울 뿐이다. 다시금 매장시킬 뿐이다.

. . . 따라서 예수의 죽음을 구원의 능력으로 만드는 것은 그의 죽음이 피 흘리는 죽음에 있었다는 것도 아니며(마술), 그의 죽음이 신(신의 아들 — 「이들은 '죽을 수 없다'/첨가」)의 죽음이라는 데에 있지 않다(신화). 오히려 그의 죽음의 특징은 처형의 방식이 아니라 그를 죽음으로 몰고간 그의 생애(삶) 자체에 있다. 따라서 "피"가 우리를 속량한다는 성서의 증언은 피로써 말한 예수라는 설교자의 "말씀"(그것은 이미 그의 생애 속에서 시작되었다)이 인간 우리를 해방시키는 위력을 지니고 있다는 고백이다. . . .

피, 그것은 예수라는 설교자의 구체적인 삶을 가리킬 뿐이다. 따라서 바로 말하면, 예수의 죽음이 우리를 속량하는 것이 아니라 그의 삶이 우리를 속량한다는 것이다. 죽음은 비존재요, 비실체이다. 비존재와 비실체가 적극적인 힘을 발휘한다는 것는 현대인에게 용납될 수 없는 신화적인 잔재일 뿐이다.

. . . 그렇다면, 그가 우리의 구원자, 우리를 구원하는 하나님의 능력이라고 말하는 것은 예수라는 인간의 생체조직이 신적인 성분으로 구성되어 있다거나 그의 피가 동물들이 흘리는 피보다는 월등하게 효과가 있었다는 얘기는 결코 아니다. 그가 '하나님의 말씀'을 증언했다는 뜻이요, 나아가 그가 전한 하나님의 말씀은 그의 삶의 구체적인 발자취와 '하나'(동일)였다는 고백의 말이다" (『베짜는 하나님』, 191-93쪽).

위에 길게 인용한 저의 原文을 통해 알 수 있듯이, 첫째로 저는 단 한번도 "예수의 피"를 "개 피나 돼지 피와 같다"고 하지 않았습니다. 둘째로, 저는 "예수의 피"가 우리를 구원한다는 사실을 결코 부정하지 않았습니다. 오히려 그 반대입니다. 제가 설명한 것은 "예수의 피"의 참된, 현대적 의미를 비기독교인들이 알아들도록 설명한 것입니다. 즉 "예수의 피가 우리를 속량한다는 성서의 증언은 피로써 말한 예수라는 설교자의 말씀이 인간 우리를 해방시키는 위력을 지니고 있다는 고백이다"라는 문장을 통해 제가 분명히 밝힌 것처럼, "예수를 죽음으로 몰고간 그의 생애 (와 인격) 자체로 인하여" 예수의 피는 우리를 구원하는 보배로운 피라는 사실을 밝힌 것입니다.

저는 "예수의 피에 의한 구원"을 神話的으로 혹은 魔術的으로 이해할 것이 아니라 (피고소인들이 인용한 "A가 아니다"), "피로써 말한 예수라는 설교자의 말씀"(하나님의 은총)에 "귀기울임(복종=계승)"으로 이해해야 한다고 (피고소인들이 인용하지 않

6

19921128_보충진술서_홍정수_6(3)번_페이지_06

은 "B이다") 말했습니다. 만약 "예수의 피"를 신화적으로 혹은 문자적으로 이해한다면 (구약시대에는 사람들이 죄를 용서받기 위하여 동물들을 대신 죽여 희생제사를 드렸었기 때문에), 예수는 동물들을 위해 죽었다는 말이 됩니다 (예수의 죽음 이후 달라진 것이라곤 동물들의 희생제사가 없어졌으니까). 저의 주장은 이러한 신화적 혹은 마술적 이해는 非聖書的이며, 또한 현대인은 납득하기 어려운 非理性的 이해라는 것입니다. 예수의 피와 관련하여 제가 말하고자 했던 것은 "그의 죽음이 하는 말," 즉 "예수의 피가 증언하는 하나님의 말씀"에 귀 기울어야 한다는 것이었고, 그에 따라 "예수의 피를 동물의 피로 전락시키면 안된다"(즉 "A"는 아니다)는 것이었습니다. 그러나 피고소인들은 이 분명한 논리를 완전히 정반대로 왜곡하여 "홍정수는 예수의 피는 개 피나 돼지의 피와 같다라고 말했다"(즉 "홍정수는 A라고 말했다")고 허위사실을 날조하여 저를 모함했던 것입니다.

고소인은 여기에 덧붙여 제가 이름조차 제대로 알지 못하는 미국 LA의 한 동역자의 편지를 소개함으로써 건전한 상식을 가진 독자들이 저의 글을 어떻게 이해하고 있는 지를 예시하고자 합니다:

LA 의 "윌셔연합감리교회"의 담임목사 이창순 목사의 증언/전화 213-931-9133 ----
발신일: 92년 3월 20일
수신자: 나원용 감독 (제가 속해 있는 연회의 행정대표)
내용: 『나 감독님, 다른 것은 다 제쳐놓고라도 "홍정수 교수의 주장"이라며, 홍 교수의 『베자는 하나님』으로부터 인용한 김홍도 목사의 주장들은 사실과 전연 다릅니다. 그래서 큰 충격을 받았습니다. ... 홍 교수의 글은 제가 다 읽었기 때문에 자신 있게 말할 수 있습니다. 김 목사가 그 책을 제대로 읽지도 않은 증거가 나타났으며, 아니면 다분히 왜곡에 고의성이 있다고 믿습니다. ... 이런 중대한 일을 처리하는데 사실을 하나라도 왜곡했다면 이는 중대사가 아닐 수 없습니다』 (서초경찰서 제출 A-20).

나) "통일교와 관련이 있다"는 주장에 대하여:

(1) 제가 "감신대에 입학한 통일교 거물급 학생을 비호하고 졸업"시켰다는 피고소인들의 주장은 결코 사실이 아닙니다.

통일교 관련여부에 관한 제보는 이규철에 의해 김홍도 목사에게 전해진 것으로 그 진실은 다음과 같습니다:

이규철 군은 88년(?) 봄, 저를 찾아왔습니다. 그 때 그는 자기가 옥살이를 해야만 했던 배경, 그리고 통일교에서 활동한 전적이 있다는 이야기를 하면서, 대학원에 재학 중인 학생 중, "*** 밑에서 논문을 쓰는 학생"이 통일교 인물이라고 말해 왔습니다. 저는 당시 대학원 행정과는 전혀 상관없는, 학부 학생처장을 맡고 있었습니다 (첨부 # 4). 그러나 저는 즉시 이 사실을 학교당국에 알렸습니다. 교수회가 열리자, 교수들 중 어떤 이는 무조건 퇴학시키자고도 했으나, 저는 이렇게 말했습니다: "여기는 교회가 아니고, 대학입니다. 대학은 대학의 규정을 지켜야 합니다. 그러니 신중

7

19921128_보충진술서_홍정수_6(3)번_페이지_07

하게 처리합시다." 제가 신중론을 편 이유는, 단지 한 학생의 제보에만 의존하여 학생을 퇴학시킬 수는 없는 일이며, 퇴학조치에 앞서서 먼저 사실확인을 해야만 한다고 판단했기 때문입니다. 특히 감리교신학대학에서는 1985년에 학생 한 명을 무리하게 퇴학시켜 대규모 학내사태가 발생한 적이 있었기 때문입니다. 교수들은 저의 당연한 판단에 일리가 있다고 생각하여 즉각 퇴학을 시키지 않았습니다.

그 후, 대학원 교무과에서 문제의 그 인물(양창식 -- 실제 통일교인)의 논문 심사위원 중 한명으로 본인이 위촉되자, 저는 단호히 거절하였습니다. 왜냐하면 학교당국의 사건처리가 미진하여, 언젠가는 문제의 소지가 있다고 제 나름으로 판단하였기 때문이었습니다. 그리하여 대학원 논문은 교수 3인의 심사위원을 둔다는 대학원 논문심사에 관한 일반적인 규칙을 무시하고, 양창식 군은 두 전직 학장들의 심사를 거쳐 졸업을 하기에 이르게 되었습니다 (첨부 # 5). 하지만 이 말은 두 전직 학장님들이 통일교와 연관이 있다는 말이 결코 아님을 양지하시기 바랍니다. 양창식은 후에 제가 곤경에 처하자, 통일교 관련설의 허위성에 관한 사실증언을 한 바 있습니다 (첨부 # 6).

이것이 전부입니다. 지금 와서 드러난 것은 양창식은 분명 통일교 사람이라는 것입니다. 그런 의미에서 이규철 군의 제보는 사실이었습니다. 그러나 그의 입학은 물론이요 그의 논문 지도, 졸업 등은 저와 전혀 상관이 없습니다. 그러므로 고소인이 양창식을 "비호하며 통일교를 변증하는 논문까지 쓴 것을 통과시켜 석사학위를 받고 졸업하게 하였다"는 피고소인들의 주장은 전혀 사실무근의 무고일 뿐입니다.

참고로 이규철에 대하여 몇가지 사실을 말씀드립니다. 이규철은 감리교신학대학을 다닐 때, 저를 따르고 돕던 학생입니다. 그는 1992년 10월 30일 밤 저의 집으로 전화를 하여, "양심선언"을 하고 싶다고 말했습니다. 그는 자기의 말 한 마디가 이렇게 악용되는 것을 차마 볼 수가 없었다고 했습니다. 그러나 테러의 위협 때문에 아무 행동도 못한다고 호소해 왔습니다. 그래서 며칠 전에는 그의 급우였던 친구 홍종미 (전화 843-0487) 양에게 본 형사소송 사건은 "절대로 기소"되지 않도록 자기들이 손을 써 놓았다고 말했는가 하면, 그 후 제게는 "법정에 서게 되면 진실을 말하겠습니다"고도 했습니다. 이규철은 지금 양심과 위협 사이에서 우왕좌왕하고 있습니다. 저는 이러한 점에서 통일교관련 운운하는 김홍도 목사와 유상열 장로의 주장은 전적으로 조작된 것이라는 점을 말씀드리고 싶으며, 이에 대한 가장 확실한 증인인 이규철이 아무런 위협없이 법정에서 진실을 말할 수 있기를 진심으로 바랍니다.

(2) 저는 통일교에 대하여 비판적인 시각을 가지고 있으며, 두번의 비판적인 논문을 발표한 바 있습니다.

저는 통일교를 비판하는 논문을 두번에 걸쳐 발표한 바 있습니다. 첫번째 논문은 "통일교의 도전에 대한 신학적 대답"이란 제목의 논문으로서, 『좌우분열 속의 치유신앙』(1989년)에 게재하였으며 (첨부 # 7), 이 논문을 바탕으로 같은 해 9월 18일 온양에서 감리교 선교국 주최로 열린 "전국 감리사/총무협의회"에서 특강도 하였습니다. 이 논문은 기존의 통일교 비판논문과는 달리 통일교의 "사상"을 폭로한 것이었습니다. 두번째 논문은 "통일교 '원리'와 기독교 신앙의 비교연구"란 제목으로 『세계의

8

19921128_보충진술서_홍정수_6(3)번_페이지_08

신학』 1992년 봄 호에 게재하였습니다 (첨부 # 8). 본인은 통일교에 단 한번도 관련된 적도 없으며, 통일교를 비호한 적도 없습니다. 저는 오히려 기독교 신학자로서 통일교의 문제점을 기독교의 시각에서 비판하는 입장에 서왔음을 분명히 밝힙니다.

3. 김홍도 목사와 유상열 장로의 故意的이고 反復的인 허위사실의 流布

가) 피고소인들은 자신들의 주장의 허위성을 수많은 통로를 통하여 지적받아 왔기 때문에, 이미 그 허위성을 알고 있었습니다.

저는 피고소인들의 "예수 피 관련" 주장과 "통일교 관련" 주장에 대하여 그 허위성을 1991년 7월 3일 『한국의 1천만 기독교도들과 120만 감리교도들에게 드리는 호소문』과 1991년 12월 16일 『신학자가 드리는 목회서신 (I)』(첨부 # 9)을 통해 상세히 지적하였으며, 1992년 7월 10일 발행 보도용 책자 『포스트모던 예수: 감리교회 종교재판의 진상』(첨부 # 10)을 통하여 재차 지적한 바 있습니다.

또한 『감리교단을 염려하는 기도모임』은 1992년 6월 18일 『감리교단을 염려하는 기도모임 자료집 (3)』을 통하여 "예수 피 관련" 주장의 허위성을 지적했고, 1992년 10월 19일에는 『감리교단을 염려하는 기도모임 자료집 (5)』를 통하여 "예수 피 관련" 주장과 "통일교 관련" 주장의 허위성을 동시에 지적했으며, 1992년 10월 18일에는 『기독교신문』에 광고를 통하여 이를 전국에 홍보하였습니다.

제가 재직하고 있는 감리교신학대학의 교수단 역시 1992년 2월 11일 성명서를 통하여 "통일교 관련" 주장은 사실무근임을 지적하였습니다 (첨부 # 11).

그 뿐 만이 아니라 이 문제를 가지고 저를 심사한 바 있는 서울연회 제 1반 심사위원회는 1991년 12월 28일 심사결과보고를 통하여 고소인의 "통일교 관련" 여부는 사실무근임을 천명하였습니다.

위의 자료들 중 대부분은 우편을 통하여 피고소인들에게 배달되었고, 나머지는 교계에 널리 알려진 사실들이었기 때문에 피고소인들은 어떠한 경로를 통하여서든 자신들의 주장이 허위로 비판받고 있다는 사실을 잘 알고 있었을 것입니다.

나) 피고소인들은, 다양한 통로를 통한 지적에도 불구하고, 허위에 근거한 자신들의 주장을 고의적으로 그리고 반복적으로 각종 일간신문, 교계신문, 그리고 유인물을 통하여 전국에 유포하였습니다.

기독교대한감리회는 "고의로 교회의 일을 세상에 악선전하는 일"을 교회법에 의하여 금지하고 있습니다 (『교리와 장정』 제11장 제1절 제193단 제2조). 그러나 피고소인들은 자신들의 주장이 허위에 근거한 것이라는 비판을 여러 통로를 통하여 받고 있으면서도, 자신들의 주장을 日刊新聞과 基督教界 新聞과 각종 油印物을 통하여 전국에 배포함으로 고소인의 명예를 고의적으로 훼손하였습니다. 피고소인들은 제가 "예수 피 관련" 주장과 "통일교 관련" 주장에 대하여 전국 기독교인들과 감리교인들에게

9

19921128_보충진술서_홍정수_6(3)번_페이지_09

해명을 하고 그 허위성을 지적한 1991년 7월 3일 이후부터만도 일간신문에 최소 6회(조선일보 2회: 1992.1.26, 1992.5.10, 동아일보 2회: 1992.2.1, 1992.2.5, 국민일보 2회: 1992.5.10, 1992.6.27), 교계신문에 최소 11회(크리스찬신문 2회: 1991.12.7, 1992.2.1, 미주복음신문 1회: 1991.12.8, 한국교회신문 1회: 1991.12.15, 기독교연합신문 2회: 1991.12.15, 1991.12.29, 교회연합신문 5회: 1992.2.29, 1992.3.7, 1992.3.14, 1992.5.16, 1992.8.1)에 걸쳐 下段 全面 廣告를 통하여 고소인을 이단으로 매도하고 통일교와 관련이 있는 것으로 매도하였습니다.

뿐만 아니라 이들은 동일한 내용을 여러 신문에 동시에 게재함으로써 기독교인과 비기독교인을 무론하고 대한민국의 모든 사람에게 저의 명예를 치명적으로 훼손하였습니다. 몇가지 예를 들겠습니다. 『변선환.홍정수교수의 이단사상 및 통일교 연루사실을 폭로한다』라는 하단 양면 광고는 동일한 『동아일보』에 동일한 내용으로 2회 (1992년 2월 1일과 2월 5일) 게재되었습니다. 『한국교회 일천만 평신도들은 감신대 변선환교수 홍정수교수의 이단사상을 규탄한다』라는 하단 전면광고는 동일한 내용으로 동일한 『교회연합신문』에 일주일 간격으로 두번씩이나 (1992년 2월 29일자와 3월 7일자) 게재하였습니다. 『(監神大) 변선환, 홍정수 두 교수는 감리교에서 출교되었습니다』라는 하단 전면광고는 동일한 내용으로 1992년 5월 10일자 『조선일보』, 1992년 5월 13일자 『국민일보』, 그리고 1992년 5월 16일자 『교회연합신문』에 세번에 걸쳐 실렸습니다.

4. 김홍도 목사와 유상열 장로의 虛僞事實 流布의 眞意에 대한 所見

가) 피고소인들이 허위사실을 유포한 眞意는 순수한 신앙적 열정으로 고소인의 이단여부를 판가름하려는 데 있었던 것이 결코 아닌 것으로 판단됩니다.

피고소인들은 고소인을 고발한 이 후 재판위원회에서의 재판결과를 지켜봄으로써 고소인이 실제로 이단인지, 그리고 통일교와 관련이 있는 지를 확인받으려 하기 보다는, 끊임없이 일간신문과 교계신문을 통하여 고소인을 이단으로 매도하여 여론재판으로서 처단하려 함으로써 자신들의 고발의 동기가 순수한 신앙적 열정에 있는 것이 아님을 분명하게 드러내었습니다.

그 뿐 만이 아닙니다. 피고소인들은 교단재판진행 중 증거 불충분으로 고소인에 대한 "기소"가 늦어지자 심사위원들(검사에 해당)에게 압력을 가하기도 하였습니다. 1991년 말경, 고소인이 심사위원 중의 한 분인 박시원 목사(전화 923-5600)를 방문하고 있을 때, 김홍도 목사가 직접 박시원 목사에게 전화를 하여 "왜 기소를 하지 않느냐?"고 성화를 하는 것을 옆에서 들었으며, 박시원 목사의 말에 의하면, 이 때 김홍도 목사는 박시원 목사에게 고소인을 기소시키면 돈을 주겠다고 제의했다고 합니다. "기소시키면 돈을 주겠다"는 제의를 했다는 말은 후에 다른 목사(도건일 목사/전화 334-7110)를 통하여서도 확인이 되었습니다. 물론 첫번째 심사위원들은 단호히 이 제의를 거부했으며, 아무런 결정도 못내린 채 보고서를 작성하고, 그 직을 사임했습니다. 저는 이러한 사실로 미루어 김홍도 목사와 유상열 장로의 고발의 동기는 순수한

10

19921128_보충진술서_홍정수_6(3)번_페이지_10

신앙적 열정에 있는 것이 아니라고 생각합니다.

나) 피고소인들이 허위사실을 유포한 眞意는 고소인을 이단으로 매도하여, 기독교대한감리회로부터 출교시키고, 그에 따라 기독교대한감리회와 감리교신학대학을 보수화함으로써, 피고소인들을 중심으로 한 보수주의자들이 감리교의 主導權을 장악하려는 데 있었던 것으로 판단됩니다.

『새누리신문』의 권혁률 기자는 김홍도 목사와 유상열 장로의 (변선환 교수와) 저에 대한 이단고발사건은 "교단내 헤게모니 장악을 위해 의도적으로 도발된 '이벤트'라고 보는 것이 타당하다는 시각이 지배적"(첨부 # 12)이라고 분석하였는 데, 저는 이러한 분석에 대하여 전적으로 동의합니다. 피고소인들은 (변선환교수와) 제가 참으로 이단인지 아닌지, 그리고 참으로 통일교와 관련이 있는지 아닌지에 대하여 관심이 있는 것이 아니었습니다. 오히려 피고소인들은 (변선환교수와) 저를 이단으로 매도하여 기독교대한감리회로부터 출교시킴으로써, 이제까지 보수적 목회자와 진보적 목회자들이 서로의 신학적 차이에도 불구하고 함께 일해 왔던 기독교대한감리회와 감리교신학대학을 획일적으로 보수화함으로써, 피고소인들을 중심으로 한 보수주의자들이 감리교의 주도권을 장악하려는 데에 있었던 것으로 판단됩니다. 이러한 판단의 근거는 위에 지적한 것처럼 피고소인들이 심사위원을 돈으로 매수하려 했다는 점 뿐 아니라 다음과 같은 근거들 때문입니다.

(1) 교리수대책위원회를 결성한 후, 김홍도 목사는 교계 기자 회견에서, 변선환학장과 홍정수 교수가 추방되지 않을 경우 "교단분열도 불사할 것"이라며 이렇게 말했습니다: "... 그러면 보수적이고 실력 있는 사람들이 교수로 임용될 것이다. 큰 마귀 둘(변선환 학장 포함)을 잡으면, 차츰 해결될 것이다." "척결이 안 되면, 감신대 출신은 목회자로 받을 수 없을 것이며, 더 나아가 감리교회를 이탈할 수밖에 없다"(서초경찰서 제출 A-2). 이것은 "교단분열"의 위협을 통해 감리교신학대학의 교수진과 감리교신학대학의 학생들을 보수화하려는 김홍도 목사의 의중을 드러내는 자료입니다.

(2) 유상열 장로는 1992년 10월 『기독교대한감리회 교리수호를 위한 특별조치법 제정 건의안』을 총회에 상정하여, "변선환, 홍정수 두 교수의 행위 등을 비호, 찬동, 지지하는 운동을 하는 지도층 교직자들"을 함께 이단으로 처단할 것을 건의하였습니다. 그 뿐 아니라 유상열 장로는 감리교신학대학의 학장선출과 관련하여, "앞으로 있을 감신대학장 선출인선 문제는 현 변선환, 홍정수 두 교수(목사)의 이단사상을 동조, 비호, 지지, 협력하는 사람은 절대로 피선될 수 없다. 만약 이들이 피선될 시는 감리교 전국 장로들은 목숨을 걸고 주무 당국을 위시하여 각계관계 요로에 공개 진정으로 결사저지 투쟁한다"(『교회연합신문』 1992년 8월 1일)고 선동하였습니다. 이것은 감리교 동료 목사들과 감리교신학대학 이사회(학장선출기구)를 위협하여 감리교 목사들과 감리교신학대학의 학장을 보수화하려는 유상열 장로의 의중을 드러내는 자료입니다.

(3) 특히 유상열 장로는 "나는 신학에 대하여는 모른다"고 고백하면서, 동시에 「교리수호」에 "목숨을 걸"었다고 했습니다 (김홍도 목사의 말, 첨부 # 2, 10쪽).

11

19921128_보충진술서_홍정수_6(3)번_페이지_11

이것은 분명하게 말하여, 그가 목숨을 걸만한 "다른 이유"를 신학이 아닌 다른 곳에 숨기고 있음을 뜻합니다. 예컨대, 그는 특정 정당에 가입해 있으면서, 국회의원의 공천을 얻기 위해서, 또는 이와 연관이 있지만, 교회 안에서 반대파(이 ** 장로와 대립)를 제압하고 주도권을 확실하게 잡기 위하여서라는 것이 일반의 말입니다. 이런 말들은 목사님들이 제게 들려준 말이기 때문에, 그 분들을 법정에 세우지 않는 한 증언을 청취할 수 없는 일이겠지만, 여러 사람들에게서 들은 바이며, 만약 이같은 숨겨진 이유가 없다면, 신학을 모른다고 고백한 그가 신학 전문가와 신학을 두고 이단시비를 하는 것은 도저히 해명하기가 어렵습니다. 심지어 어떤 분은 유상열 장로는 자신이 하는 일이 명예훼손에 해당함을 알면서도 이 일을 계속하고있는 것이라고 말전해 주시는 분도 계셨습니다.

위의 사실들을 통하여 저는 김홍도 목사와 유상열 장로가 저를 이단으로 감리교단에 고발하고 출판물에 의해 이단으로 매도했던 것은 저의 이단여부나 통일교관련 여부 자체에 대한 순수 신앙적 관심 때문이 아니라, 저를 犧牲의 祭物로 삼아 감리교와 감리교신학대학을 획일적으로 보수화함으로 『교리수호대책위원회』(위 두 사람이 이 위원회의 공동대표입니다)가 감리교 전체의 주도권을 장악하려는 데 있었다고 판단합니다. 저는 김홍도 목사와 유상열 장로가 이러한 보수집단의 주도권 쟁탈에 힘이 없는 젊은 동역자를 희생의 제물로 이용하려 했다는 점에 대하여 분노를 금할 길이 없습니다. 더우기 그들은 저를 옹호하거나 동조할 가능성이 있는 모든 사람들을 (학장, 교수, 학생, 동료 목사, 평신도 등) 위협하여 자신들의 매도행위에 일체의 관여를 못하도록 한 후, 일방적으로 일반신문에, 교계신문에, 그리고 전국적으로 막대한 예산을 들여 만든 각종 홍보물들을 통하여 매도함으로써 숨한번도 제대로 쉬지도 못한 채 감리교로부터 출교당하도록 하였고, 이제는 곧 감리교신학대학으로부터도 파면당하도록 유도하고 있습니다. 저는 지금 사건 전말의 시시비비를 가려줄 사람이 절대적으로 필요한 상황에 있는 데, 김홍도 목사와 유상열 장로는 강력한 위협으로써 누구도 나서지 못하도록 막고 있습니다. 제가 검사님께 호소할 수 밖에 없는 것은 바로 이 이유때문입니다.

5. 명예훼손에 의한 고소인의 被害事實

가) "예수 피는 개 피, 돼지 피와 같다"는 말과 "통일교와 관련이 있다"는 말이 기독교 안에서 갖는 치명적 성격

기독교의 정서에서 본다면, 만약 신학자가 실제로 "예수피는 개피, 돼지피와 같다"고 주장을 했다면, 그는, 김홍도 목사가 말하듯이, "살인/간음/도적질"보다 더 큰 죄를 지은 것으로 간주될 수 있습니다. 검사님께서는 이 점을 충분히 이해해주시기 바랍니다. 피고소인들이 저의 말이나 의도와 상관없이 이 말을 반복하여 출판물에 게재하여 이단으로 매도하는 이유는 바로 여기에 있는 것입니다. 여기에서 제가 가장 잔인하다고 생각하는 것은, 본인들조차 제가 "그런 말을 한 적이 없다"는 것을 이미

12

19921128_보충진술서_홍정수_6(3)번_페이지_12

알고 있으면서도(힐튼호텔의 발언), "고의적으로" 그리고 "반복적으로" 이러한 내용을 일간신문과 교계신문과 유인물을 통해 전국에 배포하였다는 사실입니다.

"통일교와 관련이 있다"는 말도, 기독교의 일반적인 정서에서 본다면, "공산주의와 관련이 있다"는 말과 비슷한 혹은 그 이상의 효과를 가집니다. 대한민국에서 공산주의자가 "결코 용서할 수 없는" 「國是를 어기는 범죄」가 되듯이, 기독교에서는 통일교 관련자는 사실로 확인이 되면 반드시 중징계를 받게 됩니다. 과거에도 감리교 안에서 통일교 관련자가 파면을 당한 사례가 있습니다. 검사님께서는 이 점을 반드시 상기하여 주시기 바랍니다. 따라서 김홍도 목사와 유상열 장로의 발언이 만일 허위라면, 이것은 기독교인이 다른 기독교인에게 행할 수 있는 가장 무거운, 그리고 가장 잔인한 폭행에 해당할 것입니다. 감리교와 감리교신학대학에서의 저의 출교와 파면은 바로 이러한 무서운 허위사실에 근거하여 결정되었고 진행되고 있는 것입니다. 그러므로 "예수피 관련" 주장과 "통일교 관련" 주장의 허위성이 판명되지 않으면, 이러한 주장이 기독교 안에서 갖는 그 심각성에 비추어 출교와 파면은 불가피하다는 것을 검사님께서는 충분히 이해하여 주시기 바랍니다.

나) 서울연회의 목사자격 정지

저는 1991년 12월 2일 김홍도 목사와 유상열 장로에 의해 서울연회에 고발되고, 동년 3월 5일 동 연회 재판위원회에 기소됨으로써, 자동적으로 서울연회의 목사자격이 정지되는 불이익을 당하게 되었습니다. 이것이 명예훼손에 의한 첫번째 불이익이었습니다.

다) 서울연회 재판위원회에서 출교결정 및 확정

저는 김홍도 목사와 유상열 장로의 고발에 따라 1992년 5월 7일 서울연회 재판위원회에 의해 출교되었으며, 그후 총회 재판위원회에 제출한 본인의 상고장이 서류미비로 서울연회로 되돌아와 불행하게도 1992년 10월 24일 출교가 확정되었습니다. 이로써 저는 서울연회와 기독교대한감리회에서 목사로서의 모든 자격이 박탈당함은 물론, 감리교인으로서도 더 이상 존속할 수 없게 되었습니다. 저는 이로써 하나님으로부터 부름받은 일터 감리교로부터 쫓겨나게 되었습니다.

라) 감리교신학대학의 사표종용 및 권고휴직

저는 1992년 8월 6일 감리교신학대학의 새로운 학장으로 취임하는 (1992년 8월 10일) 구덕관 학장에게 자숙의 뜻으로 감리교계 동역자들에게 공개사과를 하고 1년간 휴직할 의사를 전하여 양자간 그렇게 하기로 합의하였으나, 구덕관 학장이 취임하던 8월 10일 밤 사표를 종용받았습니다. 구덕관 학장은 사표가 아니면 파면이 있을 뿐이라고 했습니다. 그러나 고소인이 그 부당함을 이유로 거절의 뜻을 표하자, 구덕관 학장은 1주일 정도 후 이기춘 교무처장과 김외식 학생처장을 통하여 휴직을 권고해와 1992년 8월 21일 두 처장의 동석하에 휴직을 하게 되었습니다. 이러한 사실들은 모두

13

19921128_보충진술서_홍정수_6(3)번_페이지_13

제가 김홍도 목사와 유상열 장로의 허위에 의한 고발에 따라 기독교대한감리회로부터 출교됨에 따라 연쇄적으로 감리교신학대학으로부터 받게 된 불이익임을 양지하시기 바랍니다.

마) 감리교신학대학 징계위원회에 징계회부

제가 총회 재판위원회에 제출한 상고장이 서류미비로 서울연회로 되돌아와 서울연회 재판위원회에서 출교가 최종 확정되자, 감리교신학대학의 구덕관 학장은 1992년 10월 16일 징계위원회에 1992년 5월 7일의 출교선고를 사유로 저의 징계의결을 공식요구하였고, 이에 따라 1992년 12월 11일에 모이는 징계위원회에서는 징계가 있을 예정이라고 합니다. 1992년 8월 10일 이미 사표를 종용한 바 있는 구덕관 학장이 징계위원회에 징계의결을 요구하였기 때문에, 이 징계는 파면을 의미하는 것으로 사료됩니다. 이제 고소인은 김홍도 목사와 유상열 장로의 고발에 따라 서울연회에서 출교됨으로, 연이어 감리교신학대학에서도 파면될 위기에 처해있습니다.

바) 老母님과 아내의 정신적, 육체적 고통

허위사실에 근거한 치명적인 명예훼손으로 말미암아 제 자신이 정신적, 물질적, 육체적으로 고통을 당하는 것은 말할 것도 없고, 저의 노모님과 아내는 밤잠을 이루지 못하고 괴로워하고 있으며, 특히 노모님은 출교의 충격으로 말미암아 평생을 섬겨온 교회조차 출석하지 못하고 괴로워하고 있습니다. 저는 현재 연봉의 1/4에도 미치지 못하는 휴직수당으로 힘겨운 생계를 꾸려나가고 있으며, 파면될 경우 앞으로의 생계를 어떻게 꾸려나가고 과연 한국 땅 어디에서 직업을 얻을 수 있을 지 막막하기 이를 데 없습니다.

사) 미래의 생존의 위협

김홍도 목사와 유상열 장로의 "예수 피 관련" 비방과 "통일교 관련" 비방은 저의 기독교대한감리회의 목사직과 감리교신학대학의 교수직을 파면시킬 뿐만 아니라 한국 기독교와 관련한 일체의 활동을 못하게 할 만큼 충분히 심각한 문제들로서, 이 비방의 진실이 완벽하게 조사되고 규명되어 본인의 명예가 완전히 회복되지 않는 한 본인은 기독교대한감리회와 감리교신학대학에서 도태당하는 것은 말할 것도 없고, 한국 내에서 기독교인으로서의 생존이 거의 불가능하게 되었습니다. 저는 목사로서, 그리고 신학자로서 소명을 받은 사람이므로 이 일 외에는 아는 바도 없고 알려고 하지도 않았습니다. 부디 검사님께서 이러한 모든 사정을 충분히 헤아리시어 제가 부당하게 명예를 훼손당하여 생존 자체를 불가능하게 할 불이익을 당하지 않도록 선처하여 주시기 바랍니다. 하나님의 은총이 함께 하시기를 빕니다.

1992년 11월 28일 진술자 홍정수

14

19921128_보충진술서_홍정수_6(3)번_페이지_14

학교법인 감리교신학원

감 리 교 신 학 대 학

(METHODIST THEOLOGICAL SEMINARY)

Founded in 1895

31 Naing－Chun Dong
Seoul, Korea
(P. O. Box 45, CHUNGJONGNO 120－701)

Tel. 365－5941
364－5941～7
Fax. 364－5948

감법인제100-25　　1992. 12. 4.

수신　수신처참조

제목　직위해제

1. 학교법인 감리교신학원 정관 제44조 제2항 2호 및 제54조(운영세칙)에 의거한 교원인사규정 제11조 제2항의 규정에 의거 아래와 같이 직위해제 함.

－ 아　래 －

직위해제　　교 수　홍 정 수

1992. 12. 4.

학교법인 감리교신학원 이사장

(직 인 생 략)

수신처 : 교수, 각처부, 대학원, 도서관, 선대원

19921204_교원징계-홍정수 교수 직위해제 (공문)_학교법인 감리교신학원_6(3)번

K-3-140

(파면) 처분 사유 설명서

1 소 속	2 직 위(급)	3 성 명
감리교신학대학	부 교 수	홍 정 수

4 주문	위 사람을 파면한다.
5 이유	별첨과 같음

위와 같이 처분하였음을 통지합니다.

1993년 1월 19일

처분권자 : 학교법인 감리교신학원
이사장 나

참고 : 교원지위향상을 위한 특별법 제9조 1항
교원이 징계처분 기타 그 의사에 반하는 불리한 처분에 대하여 불복이 있을 때에는 그 처분이 있은 것을 안 날로부터 30일 이내에 재심위원회에 재심을 청구할 수 있다. 이 경우에 재심청구인은 변호사를 대리인으로 선임할 수 있다.

19930119_(파면)처분 사유 설명서_학교법인 감리교신학원 이사장 나원용_6(3)번

1

종로구 신영동 25-1 세계신학연구원 / 〒110-230

교원징계재심 청구서

H2-044

청구인: 홍정수(洪丁洙)
주민등록번호: 480721-1036227
주소: 서울특별시 은평구 갈현2동 523-75 연립 203호 (122-052)
(전화 312-4778/세계신학연구원)

소속학교: 감리교신학대학　　직위: (정)교수

피청구인: 학교법인 감리교신학원 이사장 나원용
주소: 서울특별시 종로구 내수동 110-8호 (110-070)

재심청구서

특수 우편물수령증

접수번호	3204	번
종별		종
중량	P10	g
요금		원

종	배증	내증	민원	특급
별	통화	물품	유가증권	내금교환
금액				원

서울중앙우체국 93.1.20 1200-25

3402-341-04311일 1988. 1. 11승인　62mm×95mm (신문용지 34g/m²)

파면취소 청구심

1. 피청구인은 "출교"를 사유로 청구인 홍정수에게 93년 1월 19일자로 행한 "파면"처분을 취소한다
는 판결을 구합니다.

------------ 〈파면 사유〉 ------------

1. 〈교단 출교〉
2. 「교원인사내규」 11조 2항 〈교원임용자격에 의한 교수자격 상실〉

재심청구 사유

1. 1992년 가을학기에 들어서면서 구성된 학교법인 감리교신학원의 "교원징계위원회"는 그 구성이 미비하였습니다.

정관 제55조에 의하면, 「교원징계위원회 는 7인의 위원으로 구성한다」고 되어 있으나, 감리교신학원의 징계위원회는 이사 중 박성로 감독(위원장), 이내강 목사, 김득연 장로와 교수 중 염필형 (대학원장), 이기춘(교무처장), 김외식(학생처장) 등 6 명의 위원밖에 확보하지 못하였습니다. 그 이유는 이사측의 위원 3 명과는 달리 학교측에서는 4 명의 위원을 확보하지 못하였기 때문입니다. 그 동안 이사장이 교수들 중에서 4 명의 징계위원을 임명하였었으나, (1) 첫번째는 박창건 교수가, (2) 두번째는 장종철 교수가 각각 연속적으로 위원직 사표를 냈기 때문입니다. 따라서 본 징계처분이 부당하다고 생각하는 교수들이 계속 징계위원직을 사임하자, 동 징계위원회는 정관 규정을 무시하고, 미비한 구성인 채로 파면이라는 극형을 강행하였습니다.

2. 동 징계위원회는 청구인이 제기한 합법적인 "진술의 요청"을 고의적으로 거부하였습니다.

정관 제59조에 의하면, 「징계의결을 행하기 전에 본인의 진술을 들어야 한다. 다만, 2회 이상 서면으로 소환하여도 불응할 때에는 그 사실을 기록에 명시하고, 징계의결을 할 수 있다」고 되어 있는데, 이 규칙을 고의적으로 묵살하였습니다.

〈1차〉

92년 10월 16일자로 본 청구인은 "출교"를 사유로, 징계위원회에 회부되었으며, 92년 11월 12일에 열리는 『제1차 징계위원회』에 출석하라는 92년 11월 5일자 통지문을 접수한 바 있습니다.

이에 92년 11월 8일자로 징계위원장, 이사장, 학장 3 인에게 본 청구인의 입장을 「서면」으로 개진하였습니다.

내용 ------ (1) 교단에서 행정상 아직 출교되지 않았으며(92년 11월 14일에 가서야, 10월 26일자로 遡及하여 결재됨)

(2) (사유: 해외연수)합법적으로 1 년 간 "휴직"을 당국으로 부터 허락받았으므로 출석할 이유는 없다.

19930120_교원징계-교원징계재심 청구서_홍정수_6(3)번)_페이지_1

2

〈2차〉

92년 12월 11일, 『제2차 징계위원회』가 열리니 출석하라는 서면 통지를 역시 접수하였으나, 청구인은 합법적으로 미국의 Claremont 신학대학의 「과정신학연구원」에서 연구를 하고 있었으며, 그 결과 오는 3월 25일 동 연구원에서 『서구기독교의 부활 개념에 상응하는 한국인의 사상, 개벽』이라는 학술 발표를 하게 되었습니다. 따라서 제2차소환에 불응한 것은 부득이한, 그러나 학교 당국이 허락한 연수 중이었기 때문이었습니다.

〈3차〉

93년 1월 11일 『제3차 징계위원회』가 소집되었으며, 여기서 파면이 결의되었습니다. 그러나

1) 본 청구인은 제3차 징계위원회가 열린다는 통지를 접수하지 못하였으며,

2) 이 사실을 동년 1월 8일 아침 10시 이사장을 찾아가서 직접 전달하였으며,

3) 최후 진술의 기회를 달라고 요청하였으며,

4) 11일 아침 8시 30분, 염필형 교수(징계위원)에게 같은 사정을 알리었으며,

5) 본 청구인은 당일 준비하고, 기다리고 있었으며(이 사실을 이사장과 염 교수는 알고 있었음)

6) 실제로 11일의 회의장 밖에서 이사장(임면권자)이 "최후진술"의 기회를 줄것을 위원들에게 부탁하였으며, 회의장 안에서는 염필형 교수가 본인 진술의 기회를 주자고 제의하였으나,

7) 전 임면권자(징계 요구자)인 구덕관 학장이 회의장 밖에서, 위원들을 붙들고, 진술의 기회 없이 파면을 결정해 달라고 종용, 결국 본 청구인은 파면을 당하였습니다. 구덕관 학장은 92년 12월 29일 교수회의 석상에서 "홍 교수가 있으면, 모금이 안 된다"는 이유를 들어, 본 청구인의 파면 의사를 이미 분명히 한 바 있습니다. 이같은 사정으로 미루어 보건대, 동 징계는 그 절차상 중대한 하자가 발견됩니다.

3. <u>교단 출교(목사직 박탈)가 교수직 상실이라는 징계위원회의 주장은 법의 확대해석일 뿐 명문화된 근거가 없습니다.</u>

파면 통지문에 의하면, 파면의 법적 근거가 동 학원의 "교원 인새내규" 11조 2항이라고 했습니다.

內容 ---- 제11조(任用資格)/ 2. 신학전공 교원은 기독교대한감리교의 소속 목사 또는 이에 준하는 자로서, 목회경험 3 년 이상된 자라야 한다(단, 여자는 예외로 한다) 〈附則 1.이 규정은 90년 3월 1일부터 시행한다.〉

위 조항은 보시다시피, 90년 3월에 비로소 보완/시행된 "신규임용의 자격"이지 <u>결코 이미 임용된 교원의 자격유지 규정이 아닙니다.</u> 본 청구인은 '목사'이기 때문에 임용된 것이 아니라(당시에는 위 규정조차 없었음) 신학을 전공한 학자이기 때문에 임용되었습니다. 만일 "목사직"이 교수 자격의 절대요건이라면, "여자는 예외로 한다"는 따위의 단서 조항도 없었어야 할 것입니다.

나아가 위 조항은 罷免의 사유를 정한 규정이 결코 아닙니다. 法理로 보아 신규임용의 조건을 「파면의 조건」으로 해석한 것은 무리입니다. 동 인사내규는 "제7장"에서 별도로 解任/罷免을 논하고 있으나, 상세한 규정을 못하였습니다.

* 참고 * 감리교회는 『신학으로는 종교재판』을 할 수 없는 교회이기 때문에, 신학대학의 규정에서 『신학적 이유로 출교된 자에게 교수직을 박탈한다』는 조항을 찾아내려 한다면, 그 자체가 감리교회와 그 신학을 도무지 이해하지 못하는 무지일 뿐입니다.

19930120_교원징계-교원징계재심 청구서_홍정수_6(3)번)_페이지_2

4. 정상을 전혀 참작하지 않았습니다
정관 제61조는 『징계의결시 징계 대상자의 정상을 참작하여 한다』고 규정하고 있으나, 동 징계위원회는 전혀 정상을 참작하지 않았습니다.
본 청구인을 89년 11월부터 『세계신학연구원』을 개원하고, 私財를 털어 한국적 신학의 발전을 위하여 노력해 왔으며, 이미 10 여종의 단행본과 계간 『세계의 신학』(공보처 등록 바-1344)을 17권이나 발간한 바 있습니다. 청구인은 결코 신학의 연구와 교수의 직무를 소홀히 한 적이 없습니다. 게다가 본 청구인은 당시 합법적 "휴직" 상태에 있었습니다.

5. 내용적 및 주변 정황

1) 파면의 사유가 되는 교단 "출교" 자체의 부당성
92년 봄에 교수단과 학생들은 공식적으로, 또는 시위를 통하여 변선환/홍정수 교수에 대한 교단의 징계가 부당하다는 사실을 밝히었으며,
2) 본 청구인의 출교 근거가 되는 김홍도, 유상열 씨들의 주장이 "허위"에 근거해 있음을 밝히는 형사소송이 지금 진행 중이며, 92년 11월 24일 초급수사를 맡았던 서초경찰서는 "起訴" 의견으로 검찰에 송치하였으며, 검찰의 수사도 곧 마무리 될 단계입니다. 즉 파면의 형식적 사유인 교단 출교는 교수단에 의하여 부당성이 이미 지적되었으며, 형사소송에 의하여 곧 원인무효로 처리될 전망입니다.
3) 본 청구인은 92년 8월 21일부터 93년 8월21일까지 "해외 연수"를 목적으로 하는 휴직 중입니다. 특히 본 청구인이 휴직서를 제출한 것은, 92년 가을 학기에 새로운 학장직을 시작하는 구덕관 교수를 돕기 위한 것이었습니다. 당시의 분위기로 보아, 교단의 압력에 의하여 (당시 임면권자) 신임 학장이 제자요 동료인 교수, 본 청구인에게 "강의를 안 주게" 되었을 때 닥칠지도 모를 학원의 혼란을 피하게 하려 했던 것이었습니다. 그리고 학장은 휴직기간이 끝나는 날까지 "징계를 유보한다"는 약속을 두 처장 앞에서 하였습니다(물론 92년 12월 29일 교수회의 석상에서 이를 전면 부정하였지만, 필요하다면 입증할 수 있음).

첨부서류 ------------------------------
1. 파면통지서 1통
2. 정교수 임명증서 1통
3. 1년 간 휴직서 1통
4. 교수단 성명서 2 건
5. 제1차 징계위원회 소환에 응답한 서한 사본 1통
6. 김홍도, 유상열 씨들에 대한 서초경찰서 의견서 1통
7. 위 소송 사건에 대한 본 청구인의 검찰 진술서 및 교계의 진정서 각 1통
8. 『한겨레 신문』 기사["출교"의 형식적 원인을 제공한 당사자 김홍도 씨와 구덕관 학장의 징계 종용 배경을 간접적으로 시사하고 있음] 1쪽

1993년 1월 20일

위 청구인 홍 정 수 (인)

교육부 교원징계재심위원회 귀중

19930120_교원징계-교원징계재심 청구서_홍정수_6(3)번)_페이지_3

2-1.

H-2-129

기 안 용 지

분류기호 문서번호	감법인 100-20	(전화번호)	전결기준 이사장 전결사항
처리기간		기안자 소속 사무처 직	
시행일자		성명 공효성	
보존년한		1 9 8 93 년 2 월 12 일	198 93년 2월 12일

보조자			
	학장	198 년 월 일	
	처장	198 년 월 일	
		198 년 월 일	
		198 년 월 일	

협 조	

경유 수신 참조	내부결재	발신		통제	

제 목	교원징계 "파면결의 취소"

1. 1993. 1. 11 제6차 교원징계위원회가 결의한 "파면결의"는 절차상 하자로 인하여 당초 결의를 취소한다는 징계위원회의 통보가 있었기에 당초 "파면결의"를 다음과 같이 취소함. (회의일자: 93. 2.11)

가. 징계교원 : 홍 정 수 교수

나. 징계취소 내용: "파면" 을 "파면취소"로 함.

1993. 2. 12.

수신: 홍정수교수

위 사본임

감리교신학대학

정서 | 직인 | 발송

乙第 2 號證 의 1

19930212_교원징계-교원징계 파면결의 취소 (공문)_감리교신학원 이사장 나원용_6(3)번

H-?-084

학교법인 감리교신학원

감 리 교 신 학 대 학

(METHODIST THEOLOGICAL SEMINARY)

31 Naing-Chun Dong
Seoul, Korea
(P. O. Box 45, CHUNGJONGNO 120-701)

Tel. 365-5941
364-5941~7
Fax. 364-5948

Founded in 1895

감법인제100-21 1993. 2. 12.

수신 홍정수 교수

제목 직위해제

1. 학교법인 감리교신학원 정관 제44조 제2항 제2호 및 제54조 (운영세칙)에 의거한 교원인사규정 제11조 제2항의 규정에 의거 아래와 같이 직위해제 함.

― 아 래 ―

직 위 해 제 홍 정 수 교수

1 9 9 3. 2. 12.

위와 같이 직위해제 되었음을 통보합니다.

학교법인 감리교신학원 이사장 나 원 용

19930212_교원징계-직위해제 (공문)_학교법인 감리교신학원 이사장 나원용_6(3)번

학교법인 감리교신학원

감 리 교 신 학 대 학

(METHODIST THEOLOGICAL SEMINARY)

Founded in 1895

31 Naing-Chun Dong
Seoul, Korea
(P. O. Box 45, CHUNGJONGNO 120-701)

Tel. 365-5941
364-5941~7
Fax. 364-5948

감법인제100-23 　　　　　　　　　　　　　　　　　　　　1993. 2. 12

수신 　홍 정 수 교수

발신 　학교법인 감리교신학원 교원징계위원장

제목 　징계사유 설명 A

주은중 귀하의 건안을 빕니다.

다름이 아니오라 귀하는 1993년 2월 12일 임명권자 (학교법인 감리교신학원 이사장 나원용) 가 징계의결을 요구했습니다.

따라서 귀하는 본 학교법인 감리교신학원 교원징계위원회에 회부되었음을 사립학교법 제64조 2와 정관제58조 3항에 따라 통고합니다.

1993. 2. 12

학교법인 감리교신학원 교원징계위원회

위원장 　박 성

19930212_교원징계-징계사유 설명 (공문)_학교법인 감리교신학원 교원징계위원회 위원장 박성로_6(3)번

陳情書

학교법인 감리교신학 나원용 이사장님 귀하

주님의 평강을 빕니다. 저로 인하여 오랜 세월 고통당심에 무어라 할 말이 없습니다. 단지 "저도 감리교를 사랑합니다"는 말밖에는 드릴 수 없습니다. 하오나 "절차상의 하자를 보완하여" 결국 홍정수를 죽이겠다는 생각(누구의 것인지는 모르나, 어느 교수님이 전해 주었습니다)에는 놀라움과 분노를 금할 길 없습니다.

그러나 세상 모두가 교회나 감리교신학원의 징계위원들처럼 무모하지 않다면, 여기서 다른 길을 모색하심이 모두를 위하여 좋을 듯하다는 제 속심정을 말씀드립니다. 제송합니다. 다시금 이렇게 괴롭혀 드려서....

1. 출교는 해직의 사유가 될 수 없다고 생각됩니다. <임용당시> 목사 자격이 없이 교원에 임용된 교수님들도 학교법인 감리교신학원에는 상당수 계십니다.

2. 「출교장」은 92년 11월 14일경에 사사로운 용지에 작성된 것이며, 나원용 감독 명의로 발행된 것인데, 이는 적법한 문서가 아닌 것 같습니다. 당시의 감독은 표용은 목사님이셨기 때문에, 나원용 목사님께서 감독의 직을 행사하셨다는 것은 법적 정당성을 의심하게 합니다.

3. 제 신앙에 대하여는 이사장님께서도 수차 확인해 주셨습니다.

부디 힘없는 저를 도와 주시기 바랍니다.
1993년 2월 14일

_______________ 드림

<참고로 93년 2월 15일에 전격적으로 출도하지 못하는 사유를 동봉합니다.>

위 본인은 93년 1월 19일자로, 이미 학교법인 감리교신학원에서 "파면"된 바 있으며, 93년 1월 21일자로 교육부에 재심을 청구해 놓고 있습니다. 따라서 갑자기 바뀐 상황에 대처할 시간이 없음을 유감스럽게 생각하오며, 아울러 본인의 사정을 해량하기시 바랍니다.

출두하지 못하는 사유

1. 사정이 갑자기 바뀌었으나, 본인은 이를 전혀 예상하지 못하고, 미국의 교회들, 그리고 해외 연수차 휴직 중에 청탁받은 바 있는 "한국의 종말신앙"이라는 학술 강연(93년 3월 22일에 「The Center for Process Studies」, California 소재/전화 미국 909 - 626-3521)을 위하여 93년 2월 15일 오전에 출국할 수밖에 없습니다. 이것은 결코 고의적 회피가 아니오니, 해량하시기 바랍니다.

2. 그 후에는 계속 국내에 머물면서, 성실하게 교원징계위원들의 질의에 응할 것을 약속드립니다.

증빙자료: 과정신학연구원 춘계학술강좌 시간표 첨부

1993년 2월 14일 응답자 홍정수

19930214_교원징계-진정서_홍정수 교수_6(3)번

감리교 신학대학교 보고

감리교신학대학교 총장 구덕관 목사

<1993. 4. 13--15, 경주, 「감리교 전국 임원협의회」에서 행한 보고문>

감리교 신학대학교를 책임 맡은 구덕관 목사입니다. 저같은 사람이 106년의 역사와 전통을 가진 감신대의 책임자가 된 것은 당시 감신대의 이사들이 교단의 소란과 갈등을 수습하기 위해서 부득이 취해진 긴급조치였습니다. 그래서 저 자신도 교단 신학교의 책임자가 된 것을 잘 된 것으로 믿지는 않습니다. 그러나 앞으로 3 년, 부족한 이 사람이 감신대 전통에 상처가지 않게 학교의 발전을 도모하고 부과된 임무와 책임을 성실하게 이행하게 되겠습니다. 학자가 경영자가 되다 보니까, 경영에 백지라서 자연 갈피를 잡지 못하고 갈팡질팡 겁돌기만 하는 저의 처지입니다. 여러분의 도움이 절실히 필요하고 여러분의 권고, 조언, 협조를 부탁드립니다.

1887년 배재학당 신학부에서 교수 3 명, 학생 7 명으로 시작해서, 7 년 후인 1894년에 5 명의 첫 졸업생이 나온 후로, 금년 107세의 한국 최초의 신학교, 오늘의 감신대의 현상은 채플에는 지금도 경건한 예배가 1 주일에 2 번 계속되고 있고, 도서관에는 연구에 몰두하는 학생들이 항상 가득 차 있습니다. 과거에도 그랬듯이 지금도 성서신학 6, 조직신학 4, 역사신학 2, 실천신학 4, 기독교교육 3, 종교철학 2, 영어 2, 해서 분야별로 균형 있게 잘 배합된 한국 최고 수준의 신학자 23 명으로 구성된 전임교수단을 가지고 있고, 연구 활동을 위해 잘 수집된 우수한 신학 분야의 장서를 가장 많이 가지고 있는 한국 최고 수준의 교단 신학교입니다.

70 년 동안 미국의 선교자금으로 화려하게 운영되어 오던 감신대가 원조가 끊어지면서 한국식으로 운영하기 시작해서 20 년, 학생수는 200 명에서 1,400 명으로 늘었고, 시설은 한국 교단 신학교 중에서 최하위로 전락해 버렸습니다. 다른 신학교, 즉 장신대, 총신대, 고신대, 서울신대, 침신대, 그리스도신대, 아시아신학교, 순복음 신학교, 안식교의 삼육신학교, 대한신학교, 중앙신학교, 피어선 성경학교 등등은 변화에 발맞추어서 놀라운 장족의 발전을 해 온데 비해서, 발전의 기수였던 감신대는 앉은뱅이 신세처럼 제 자리에 주저앉아서 과거의 영광만을 노래해 온 결과, 지금은 자존심을 지키기도 어려울 만큼 낙후된, 어느 개척교회 기도원만큼도 못한 시설에서 목사 후보생을 교육하고 있습니다.

감신대가 버린 자식 취급받기 시작한 데는 우선 그럴 만한 감신대의 잘못이 있습니다. '토착화 신학'이니, '한국적 신학'이니, '종교신학'이니 하면서 탈기독교적 종교평준화 운동을 제창하다가 교단의 심한 꾸중을 받고, 제 주제를 파악하기 시작하고, 궤도를 수정하고, 방향을 바로잡아서, 감신대가 학자 양성이 아니라 목회자 양성임을 자각하고, 우리에게 퍼부어진 악평에서 벗어나 보려고 노력하기 시작했습니다.

그러나 교단과의 정상적인 관계에 들어가야 할 감신대는 지금 자존심을 지키기 어려울 정도로 낙후된 시설에서 보수적인 교회의 오랜 냉대와 눈초리에 사기가 몹시 죽어 있습니다. 아무리 좋은 역사, 전통, 교수진, 도서를 가지고 있다 하더라도 이런 열악한 환경에서는 고급의 질좋은 교육을 할 수 없습니다. 그래서 감신대의 현대화를 모색하게 되었고 감신대도 광화문에 우뚝 솟은 우리의 교단 본부나 홍제동에 올라간 여선교회 회관처럼(여선교회관은 실제 한남동에 있음--이는 착각임) 감리교단의 사관학교인 감신대도 현대화하여야 되겠다 생각하고, 대학 본부와 도서관이 들어갈 「100주년 기념관」을 건립하기로 확정하였습니다. 건축 규모 3,000평, 평당 건축비 250만원, 총 공사비 75억의 「100주년 기념관」을 건립하기 위해서, 우선 우리 감신대 교직원들이 2억 3천만원의 헌금을 작정하고 지난달부터 봉급에서 떼기 시작했습니다.

이 "교단 신학교 현대화 계획"이 여러분의 사업이 되고, 교단적인 사업이 되길 바라며, 이를 위해서 여러분의 기도와 성금을 호소하는 바입니다. 여러분, 우리의 교단 학교, 우리 교단의 사관학교를 살려야 되겠습니다. 여러분의 적극적인 관심이 필요합니다. 이를 위해서 앞으로 3 년, 혹은 5 년 기간 그 경비를 얼마씩만 분담해 주시면, 하나님께서 분명히 '뉘우치고 있는 우리 감신대'를 불쌍히 여기사, 지금의 이 어려운 처지로부터 구출해 주시리라고 믿습니다. 이 소망을 여러분의 기도 조목에 넣어주시고, 다소를 불문하고 단마음으로 동참해 주시면 반드시 감신대의 현대화가 이루어지고, 또 이루어 놓고야 말겠습니다. 자랑스러운 교단신학교가 될 것으로 저는 믿습니다. 이 일로 이제 앞으로 여러분들을 찾아뵈려고 하니 여러분들께서 저를 실망시키지 마시고 교회들과 유지들에게 꼭 잘 홍보해 주시기를 간곡히 부탁드립니다.

이제 제가 아무래도 시간 한 5 분쯤 걸려서, 간단한 그 동안에 여러분이 우리 감신대로 인해서 피해를 받은 것을 이론적인 뒷받침을 다시 정립해서 보고해 드리려고 생각합니다. 2 가지만 제가 말씀드리겠어요.

1. 이 두 사람이 교단을 어지럽혀 놓은 이론을 막아내야 되는데, 막아내는 우리 신학교 교수단들의 태도에 대해서 여러분들에게 아마 설명이 있어야 할 것 같습니다.

1

19930413~15_교원징계-감리교신학대학 보고_구덕관_6(3)번_페이지_1

기독교의 구원을 만일에 병 치료로 비유한다고 하면, 성경에 많이 그렇게 돼 있습니다. 소위 변선환 학장님이나 홍정수 교수의 이론, "꼭 예수라야 되느냐?" 그런 이론, 그 다음에 다른 것도 다 좋은 종교인데 ... 그러한 이론은 사실상 병 치료로 구원을 비유한다고 한다면 "무당에도, 민간요법에도 구원이 있고, 한약에도 구원이 있고, 집에서 요양해도 구원이 있다" 그런 말과 비슷한 거예요. 근데 이제 문제는 그 치료가 문제예요. 무당에도 치료될 수 있다, 한방에도 치료될 수 있다, 민간요법도 치료가 된다, 말할 수 있죠. 그러나 세브란스 병원 원장이 그 말을 한다고 하면 그게 문제가 되기도 하고, 그 다음에 또 한 가지 자기의 부인이, 예를 들 것 같으면, 변선환 학장님 개인의 얘기를 해서 안 됐지만, 이것 사실이기 때문에 말씀을 드립니다:

저는 아플 때 세브란스 병원에 갔어요. 우리 교단이 세워 놓은 학교이기 때문에 세브란스 병원에서 2 번 수술을 했습니다. 그러나 변 학장님은 세브란스 병원도 안 가요. 반드시 서울대학 병원으로만 갑니다. 그 이유는 세브란스 병원의 시설과 의사의 수가 서울대학 병원과 비교해서는 말이 아니게 차이가 진단 말이예요. 그러니까 그이는 자기가 조그만 병을 앓아도 반드시 서울대학 병원, 최고의 병원으로 가요. 그래서 제가 꾸중을 많이 했죠. "여보쇼. 그런 소리 하지 마라. 그래 당신의 사랑하는 아내가 병이 들었다 하자. 내 사랑하는 자식이 병들었다 하자. 너 민간요법에도 구원이 있고 무당에도 구원이 있으니까, 치료가 있으니까 무당에게 데리고 갈래? 너 한방에도 데리고 갈래? 너 안 데리고 가지 않냐?" 내 그렇게 얘길했어요.

무슨 병을 고칠려고 하느냐가 중요한 얘기라. 지금 우리가 앓고 있는 "한국병"이 무슨 병이냐 어떤 종류의 병이냐 할 때에 사랑하는 식구가 무슨 병에 걸리면 큰 병원으로 찾아가지, 뭐 무당도 고치고 한방도 고치고 민간요법도 고치니까 ... 그렇게는 말하지 않는다고요. 그건 무책임한 얘깁니다.

2. 그 다음에 또 한 가지가 뭐인가 하면은, 반드시 서울대학 병원에 들어갔다고 해서 꼭 낫는 것도 아니예요. 우리 기독교가 그래도 유일한 희망이예요. 그러나 예수를 믿는다고 해도 들어오기만 하면 다 구원받는 건 아니예요. 서울대학 병원에 들어가도 세브란스 병원에 들어가도 어떤 사람은 죽어 나와. 그거 별 수 없다고. 그건 개인에게 달렸어요. 병에 달렸다고. 얼마나 일찍이 발견하느냐에 달렸습니다. 제가 여러분에게 말씀을 드리고 싶은 것은 그런 의견으로 삼남연회, 동부연회에서 무척 피해를 많이 입으셨어요. 전도가 안 돼요. 그러나 여러분이 알아 주셔야 할 것은 '사기꾼'은 본래가 말을 잘 해요. 이거 여러분이 잊지 마십시오. 이 신앙이라는 게 말 운동이 아니예요. 말 장난이 아네요. 순전히 이론은 신앙생활을 하는데 우리의 신경, 우리가 믿는 바를 이론으로 전개한 것뿐이지, 이론이 되어서 신앙이 나오는 게 아니예요. 오해하면 안 돼요. 우리 신학교 교수들은 다 그것을 알고 있어요. 신학교 교수들이 다 변 박사의 그 이론에 대해서 전적으로 고개를 설레설레 흔들었습니다. 여러분이 아실 것은 말을 잘해요. '사기꾼'이 대개 말을 잘하고 또 듣기 좋은 말들 합니다. 대개 '사기꾼,' '돌팔이 의사'가 듣기 좋은 소리를 해요. 권위 있는 의사는 절대로 듣기 좋은 말을 안 해요.

그 다음에 '사기꾼'은 어떻게 아는가 하면은, 생활을 보고 알아요. 근데 여러분은 뭐 생활을 알 수 없죠. 그러니까 여러분에게 제가 권고하고 싶은 것은 이겁니다. 다이아몬드가 진짜인지 가짜인지는 다이아몬드의 전문가만이 알 수 있습니다. 보통 사람은 육안으로 봐서는 식별을 못 해요. 이게 깨끗한 좋은 다이아몬드인지 흠이 많은 다이아몬드인지 몰라요. '신학자 사기꾼'도 어떻게 아는가 하면은, 우리 같은 배운 사람이, 그 '사기꾼'보다 덜 배운 사람은 안 되고 적어도 우리만한 사람이면 훤하죠. 남보다 몇 곱절 공부했으니까요. 그러니까 전문가가 다 옆에서 보고 잘못됐다고 고개를 오랫동안 설레설레 흔들었습니다. 그러니까 염려하지 마시고 이제 우리 앞으로 감신대 교수들은 감리교 목회자들이 일선에서 목회하는 데에 신앙 활동의 이론적인 뒷받침을 잘 해 나갈 것입니다. 그러니까 그렇게 믿어주시고 이 감신대를, 교단의 신학교, 교단의 사관학교를 우리 교단 체면에 맞게 잘 살려나가도록 도와주시기 바랍니다.

신학의 규범에는 4 가지가 있습니다. 근데 그 순서가 중요해요. 가장 중요한 규범은 성서입니다. 둘째로 중요한 규범은 전통입니다. 2,000년의 전통에 비춰봐야 돼요. 그 다음에 중요한 전통은 경험입니다. 제일 마지막 규범이 바로 이론입니다. 그러므로 이 감리교의 4 가지 신앙의 규범 중에 가장 중요한 것은 성서요, 그 다음에는 전통이요, 그 다음에는 경험이요, 그 다음에 이론이라는 것을 아시고, 너무 이론에 가치를 두지 마십쇼. 원래 이론이라는 게 그렇게 믿을 만한 게 못 돼요. 다만 여러분께서 아실 것은 이론이 필요하기는 하다는 것 아시고, 그러나 이론에 지나친 무게를 두지 마시고 ... 특별히 복잡한 이론, 남을 가르치는 것을 일생 동안 직업으로 삼는 목사님들이 이해 못하는 신학적인 이론은 말짱 헛 것입니다. 진리는 단순하고 간단합니다. 여러분이 모른다고 하면 그건 잘못된 신앙이예요. 여러분이 이해가 가고 '아멘'할 수 있는 신학적인 신학자들의 글이라야 그게 진짜예요. 그게 여러분에게 도움이 되는 신학입니다. 앞으로 감신대를 밀어주시고 잘 후원해 주시기 바랍니다.

고맙습니다.

2

19930413~15_교원징계-감리교신학대학 보고_구덕관_6(3)번_페이지_2

H-2-057

학교법인 감 리 교 신 학 원

감법인제100-51 　　　　　　　　　　　　　　　　　　　1993. 4. 26.

수신 : 홍정수교수

발신 : 학교법인 감리교신학원 이사장 나원용

제목 : 징계사유 설명

주은중 귀하의 건안을 빕니다.

다름이 아니오라 1993년 2월 12일 귀하에 대한 징계의결 요구가 된 사실을 통보한 바 있으나, 동 징계의결 요구 사유는 다음과 같기에 사립학교법 제64조 2에 의거 통지합니다.

다 　　　　음

1. 품위손상

교단 출교로 인한 품위손상(사립학교법 제61조 제1항 3호)

- 91년 10월이후 당시에 홍정수교수뿐 아니라 학장 변선환교수도 출교 및 목사신분까지도 박탈당할 상황에 있었기에 그 다음으로 대학 책임자이며 차기 학장으로 예정되어온 구덕관교수(당시 대학원장, 현재 학장)가 홍정수교수에게 신학대학 교수로서 품위를 손상하는 일이 없도록 하라고 여러번 주의를 주었으며, 다시는 신문에 기고하여 불특정 다수인에게 혐오감을 준다든가 교단과 감리교 신학사항에 위배되는 글을 쓰지 말라고 지시를 하였는데도 홍교수는 계속해서 명령에 불복종했습니다. 홍교수는 마침내 출교에 이르는 일련의 극한 사태를 야기 시킴으로써 교단을 궁지에 몰아 넣었고 감리교신학대학 존립을 위태롭게 했으며 다른 교수들까지 이단시 당하게 하는등 수모를 겪게 하므로 홍교수 자신의 품위는 물론 학교와 교단의 품위를 땅바닥에 떨어 뜨리고 말았음은 주지의 사실입니다.

2. 본분위배

당 신학원의 설립목적에 위배되는 언행 (사립학교법 제61조 제1항 1호 위배)

- 홍정수교수는 본 신학원의 설립목적과 교육이념에 따라 미래의 성직자 후보생들을 성실하게 가르쳐야 함에도 불구하고 그 의무를 저버림으로써 성실의 의무 불이행자 입니다. 본 신학원 정관 제1조는 설립목적을 이렇게 명시하고 있습니다. " 이 법인은 대한민국 교육이념에 기하여 신학과 기독교교육에 필요한 심오한 이론과 실제를 교수 연구하여 기독교대한 감리교계에 헌신할 교역자를 양성하기 위하여 고등교육을 실시함을 목적으로 한다" 그러나 홍정수교수는 이러한 목사양성 기관의 교수답지 않은 언사를 서슴치 않고 행동해 온 사람입니다. "지금도 성경믿는 사람있어?" "처녀가 애 낳는것 봤어?" "부활을 믿는 사람이 어디있어?" 등의 오해 살만한 말을 사석에서나 강의에서 서슴치 않어, 많은 목사 학생들을 근심스럽게 하였고 교단 목회자들을 일괄 "무식한 놈들.."로 취급하는 언사가 많았으며, "망월동 영령이 부활하여 동작동 영령들을 심판할 것이다"라는 글(1991. 3. 31 크리스챤신문)은 유명한 말입니다. 이러한 사항은 교단 소속 신학대학 교수로서 교단과 하나님을 부정한 이단적인 언동으로 사료되며, 신학대학 교수로서 성실하게 가르쳐야 할 의무를 저버린 성실의 의무 불이행자임을 입증하

19930426_징계사유 설명서_홍정수 교수 징계사건과 관련한 자료모음집_6(3)번_페이지_1

고 있습니다. 이 사항은 사립학교법 제61조제1항1호에 위배된다고 사료됩니다.

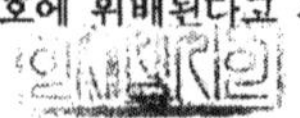

3. 직무태만

교수회의 불참등(사립학교법 제61조 제1항 2호와 3호 저촉)

1) 홍정수교수는 교수회를 1년간이나 참석을 거부한 바가 있습니다. 이것은 사립학교법 제61조 제1항 2호에 저촉된다고 사료됩니다.

2) 홍정수교수는 통일교 사건에도 많은 의문점들을 안고 있습니다. 교단에 대한 학교의 입장을 난처하게 만든, 통일교에 대한 홍교수의 무원칙하고도 이율 배반적인 행동과 의혹들은 다음과 같습니다.

- 홍정수교수는 당시의 학부 학생 李某로부터, 한통일교 간부의 재학사실을 제보 받고도, 그것이 본 대학 학칙(학생준칙 6장 26조 6항 2.7)에 저해되는 사항임에도 불구하고 이는 교육법에 퇴학사유가 못된다고 하며 그 문제를 대학원위원회에 상정 회부하지 않았을 뿐 아니라 오히려 그 제보자를 책망하였고 그러나 그와는 반대로 그 통일교 간부의 논문 심사는 "아무래도 문제가 될 것 같아..."(본인진술) 그 자신이 심사를 거부한 사실은 모순이 있다고 교수 전체가 의아해 했습니다. 이 사항은 사립학교법 제61조 제1항 3호에 저촉된다고 사료됩니다.

학교법인 감리교신학원 이사장 나 원 용

19930426_징계사유 설명서_홍정수 교수 징계사건과 관련한 자료모음집_6(3)번_페이지_2

H-2-031

진정서

학교법인 감리교신학원 이사장 나원용 감독님 귀중

진정인: 홍정수
감리교신학대학교 교수

대상자: 학교법인 감리교신학원 교원징계위원회 서기 김외식 교수

위 본인은 93년 4월 30일 5시 15분부터 55분까지, 코리아나 호텔 사카에에서, 학교법인 감리교신학원 교원징계위원회의 소환을 받아, 본인의 상황에 대한 진술을 한 바 있습니다. 그런데 그 날 저녁 9시경 동 학원 소속 제3의 인물(갑)로부터 부당한, 그러나 강도 높는 항의전화를 받았습니다.

갑은 징계위원회에서 위 본인이 진술한 "녹음테으프"를 3번(나중에는 두번)이나 들었다고 말했으며, 이 사실은 박성로 징계위원장께서도 전혀 모르고 계셨습니다(5월 1일 아침 9시 30분경 확인).

5월 1일 오후 6시 50분, 사무처 직원 김홍호를 통하여, 갑이 전에는 그런 일이 없었는데, 이 번에는 녹음을 풀고 있는 김홍호에게 다가와서, 녹음테이프를 "한번 듣자"고 하여, 실제로 들었음을 확인하게 되었습니다. 그것도 갑이 처음부터 무작위로(호기심으로) 들은 것이 아니라, 자기 자신에게(위 본인은 갑을 개인적으로 궁지에 몰아넣을 의도는 전혀 없었음) 「해당되는 부분」(이미 알고 왔음)만 들었다고 했습니다.

이와 같은 사실은 징계위원회의 "서기"의 중책을 맡고 있는 김외식 위원이 정관의 규정을 (고의든 실수든) 어기었다고 하는 명백한 사실을 입증한다고 사료됩니다. 이에 관계된 법령은 다음과 같습니다.

다음

1. 학교법인 감리교신학원 정관 제60조 5항: 교원징계위원회의 회의는 공개하지 않는다.
2. 사립학교법 제61조 1: 이 법과 기타 교육관계법령을 위반하여, 교원의 본분에 배치되는 행위(징계의 사유).

따라서 이미 "절차상의 하자"로 인하여 한 달만에 "파면"이라는 극형을 번복한 실수에 가담한 징계위원회의 서기로서, 교수의 품위를 손상하였을 뿐 아니라, 법이 명하고 있는 교원징계위원으로서의 본분에 배치되는 행동을 하였다고 판단되기에, 이에 상응하는 시정을 촉구하는 바입니다.

1993년 5월 1일 위 진정인 홍정수

19930501_교원징계-진정서_홍정수_6(3)번_페이지_1

접수증

1993년 5월 1일
정문 수위실

아래 본인은 교원 홍정수로부터 <진정서>와 <기피신청서>를 각각 접수함.

시간: 저녁 20:55 시 ___ 분

접수자: 김정남.

19930501_교원징계-진정서_홍정수_6(3)번_페이지_2

H-2-036

교육부 장관님께 드리는 진정서

진정서: 감리교신학대학교 교수 홍정수/480721-1036227
서울특별시 서대문구 충정로2가 99-19(전화 313-9698) [120-012]

존경하옵는 장관님, 안녕하십니까?

저는 감리교신학대학 교수로서, 1981년 가을부터 현재까지 기쁘고 자랑스런 마음으로 봉직해 왔습니다. 그러나 1992년도에 교단의 보수 세력의 금권(자시들의 말로는 1억원의 광고비/세인이 알기로는 10억원의 행사비)에 희생된 자입니다. 저는 그 "누명"을 벗기 위하여, 당사자 김홍도 목사를 서울지검에 형사고소했으며, 지금 수사가 한창 진행 중입니다. 그런데 학교 당국(이사진과 이사장 및 총장)에서는 대학이라는 기관의 독특성을 전혀 고려하지 않는 파행적 행정을 계속하고 있기에 이에 진정을 드리오니, 학교와 저를 도와 주시기 바랍니다.

<구덕관 총장>

1. 1992년 7월 18일, 학장 선임을 의결하는 자리에서, <이사회 소위원>들은 학교법과는 상관도 없는 질문을 했으며, 그 자리에서 구 총장은 "홍정수 교수에 대하여는 다음 학기에 강의를 주지 않겠다"고 일방적/파격적 약속을 함으로써, 교회 권력의 환심을 샀으며, 결국 학장(지금 총장)으로 피선되었습니다.

2. 1992년, 8월 11일(학장 취임 다음날), 오전 10시 45분경, 하야트호텔(김외식 교수 대동)에서, 구 총장은 홍정수에게 교단의 압력을 빙자하여 "사표"를 강요했습니다(저는 사표대신 1 년 간 휴직원을 냈습니다).

3. 1992년 9월 10일자, 구 총장은 <감신대 학보>에서, "홍정수 교수가 계속 우리 학교에 남아 있어서는 교회의 도움(?)을 받기가 불가능하다, 사표 아니면 파면, 두 가지 길밖에 없다"는 선동적인 발언을 했습니다.

4. 왕대일 교수와 이규철(김홍도 목사님의 교회 전도사)의 공통된 증언에 의하면, 92년 12월 하순, 김홍도 목사와 구덕관 총장 사이에 전화가 있었던 것이 확실하며, 왕대일 교수의 진술에 의하면, "홍정수를 빨리 파면시켜라"고 김홍도 목사가 총장에게 압력을 가했습니다.

5. 1992년 12월 29일, <교수회의>에서는 구 총장이 "홍 교수가 있으면 모금이 안 된다"고 공언을 했습니다(왕대일, 이원규, 방석종, 박종천 교수의 공통 증언).

6. 1993년 1월 11일, <교원징계위원회>에 임의로 나아가, 구 총장은 "최후진술의 기회를 줄 필요는 없어요, 원안(파면)대로 처리해요"라고 강요했습니다. 그 후 1월 16일 김홍도 목사로부터 "100,000,000 원을 희사"받았습니다(한겨레 신문 기사).

7. 1993년 1월 11일, 결국 저는 파면되었으나, 곧 재심을 청구했으며, 93년 2월 12일자로, "파면 취소" 통보를 받았습니다.

8. 1993년, 4월 14일(?), <경주>에서 열린 감리교 임원회(600여 명의 교단 지도자들 모임)에서, "이 두 사람이 교단을 어지럽혀 놓은 이론을 막아내야 되는데 .... 홍정수 교수의 이론은 ... 사실상 병치료로 구원을 비유한다면, 무당에도 ... 구원이 있다 그런 말과 비슷한 거에요"라는 허위 사실을 유포, 명예를 치명적으로 훼손한 바 있습니다.

--------------- 이같은 일련의 사태는 구 총장이 평소의 소신(그는 평소 부흥사의 신학고 황금주의를 비판해 왔습니다)과는 달리 이제 교단의 "부흥사"들의 "돈"이 필요하기 때문에, 부당하게 저에게 압력을 가하고 있다고 사료됩니다. 이런 일(일종의 인사비리)은 부당하다는 생각을 저로서는 금할 수 없습니다. 장관님, 선처를 바랍니다.

19930508_교원징계-교육부 장관님께 드리는 진정서_홍정수_6(3)번_페이지_1

<감신대 이사회>
정관 21조 3항: 이사 정수의 3분의 1 이상은 교육 경험이 1 년 이상 있는 자라야 한다.

1. 93년 5월 7일, 신임 이사들을 선출했다고 합니다.

2. 지금까지 감신대는 여러번 학교의 교수단이나 학생들과 이사진 사이에 심한 갈등이 있어 왔습니다.

3. 그런데 이같은 부작용의 한 요인은 "목사님"들은 학교의 법이 정하는 "교육 경험"이 부족하여, 이에서 파생된다고 생각됩니다. 전임 학장님을 통하여서도 현재의 감신대 이사진 구성에 문제가 있다는 말을 전해 들었습니다. 부디 새로 구성되는 이사진들은 정관 21조 3항을 충족시킬 수 있도록 감독해 주십시오.

4. 현재 이사장 나원용은 지난 2월(저에게 파편 취소 통보를 보낸 후에 열림)에 열린 이사회에서 이런 발언을 했다고 이사 중의 한 분에게서 들었습니다:

"어떻게 하면 홍정수도 다시 복권되지 않도록 완벽하게 처리할 수 있는지 알려 주십시오."

이에 대하여 교육 경험이 있는 이사가 이렇게 말했습니다(본인 진술):

"아무리 해보시오.. 되나? 종교법의 한계를 알아야 합니다. 여기는 교육 기관이지 교회가 아닙니다."

----------------------- 이같은 점을 미루어 보건대, 현재의 감신대 이사진들은 학교와 교회를 크게 혼동하고 있다고 사료됩니다. 이런 일이 다시는 없도록 조처해 주시기를 바랍니다.

1993년 5월 8일, 위 진정인 홍정수

특수 우편물수령증

19930508_교원징계-교육부 장관님께 드리는 진정서_홍정수_6(3)번_페이지_2

K2-113

학교법인 감리교신학원

감 리 교 신 학 대 학 교

(METHODIST THEOLOGICAL SEMINARY)

Founded in 1887

31 Naing-Chun Dong
Seoul, Korea
(P. O. Box 45, CHUNGJONGNO 120-701)

Tel. 365-5941
364-5941~7
Fax. 364-5948

해 명 서

감법인제100-68 호 1993. 5. 13.

수신 홍 정 수 교수

제목 진정서에 대한 회신

주 은총이 함께 하시길 바랍니다.

귀하의 진정서를 받아 본 후 진상을 조사한 바 귀하께서 주장하는 '정관의 규정을 어기었다는" 주장에 대해 다음과 같이 회신합니다.

첫째, 징계위원회 결의에 따라 당시에 녹음을 복사하라고 서기인 김외식위원이 사무처장 최정식을 통하여 직원인 김홍호에게 지시한 바가 있습니다.

둘째, 녹음 상태가 양호한지 테스트를 했으며

셋째, 사무처장 최정식은 징계위원회 간사임으로 내용을 알 수도 있으며 모든 사무에 참여 할 수 있습니다. (법적근거: 당 법인정관 제62조 참조)

넷째, 간사와 홍정수교수와 대화한 것은 징계결의에 전혀 영향이 미치지 않다고 봅니다.

따라서 귀하에게 불이익을 준 것은 전혀 없으며 또한 징계결의에 전혀 영향이 없다고 생각합니다.

(발송 No. 1993. 5. 13 학교법인감리교신학원)

학교법인 감리교신학원 이사장 나 원 용

19930513_해명서-진정서에 대한 회신_학교법인 감리교신학원 이사장_8번

학교법인 감리교신학원

감 리 교 신 학 대 학 교

(METHODIST THEOLOGICAL SEMINARY)

H-2-011

Founded in 1887

31 Naing-Chun Dong
Seoul, Korea
(P. O. Box 45, CHUNGJONGNO 120-701)

Tel. 365-5941
364-5941~7
Fax. 364-5948

감법인제100-69　　　　1993. 5. 14.

수신 홍 정 수 교수

제목 교원징계 처분

1. 1993. 5. 7 학교법인 감리교신학원 교원징계위원회 의결에 따라 별첨과 같이 귀하에 대한 징계처분이 주워졌음으로 통보함.

첨부: 1. 징계처분서　　1부

2. 징계처분사유설명서　1부 끝.

학교법인 감리교신학원 이사장　나 원 용

19930514_교원징계-교원징계 처분 (공문)_학교법인 감리교신학원 이사장 나원용_6(3)번_페이지_1

(징 계) 처 분 사 유 설 명 서

1 소 속	2 직 위 (급)	3 성 명
감리교신학대학교	부 교 수	홍 정 수
4 주문	위 사람을 파면한다.	
5 이유	별첨과 같음	

위와 같이 처분하였음을 통지합니다.

1993년 5월 14일

처분권자 : 학교법인 감리교 신학원

이사장 나 원 용

참고: 교원지위향상을 위한 특별법 제9조 1항

교원이 징계처분 기타 그 의사에 반하는 불리한 처분에 대하여 불복이 있을 때에는 그 처분이 있은 것을 안 날로부터 30일 이내에 재심위원회에 재심을 청구할 수 있다. 이 경우에 재심청구인은 변호사를 대리인으로 선임할수 있다.

19930514_교원징계-교원징계 처분 (공문)_학교법인 감리교신학원 이사장 나원용_6(3)번_페이지_2

감법인제93-14호

징 계 처 분 서

소 속 : 감리교신학대학교

직 위(급): 부 교 수

성 명 : 홍 정 수

위 사람을 파면에 처함.

1993. 5. 14.

학교법인 감리교신학원 이사장 나 원 용

19930514_교원징계-교원징계 처분 (공문)_학교법인 감리교신학원 이사장 나원용_6(3)번_페이지_3

징 계 사 유 서

1. 징계사유

(1) 홍정수교수는 당 신학원의 설립목적에 위배되는 교수를 해 오다가 드디어 본 감리교신학원이 소속된 기독교대한감리회에서 출교당함으로써 자신의 품위손상은 물론 본 감리교신학대학교의 위상을 크게 손상시키는 행위를 하였음(사립학교법 제61조 제1항 3호 위배)

(2) 홍정수교수는 출교 당함으로써 목사직이 박탈되었으므로 목사 양성 기관인 본 대학 신학과 교수 자격을 박탈 당하여 더이상 교단에 세울 수 없게 되었음(본 신학원 정관 제54조에 따른 인사내규 제11조 2항 저촉)

(3) 교단과 신학대학교 내의 불화 및 반목, 분열을 조장하였음(사립학교법 제61조 제1항 1호 위배)

(4) 교육자로써 무분별한 독단적인 행동과 직무태만을 계속하였음(사립학교법 제61조 제1항 2호 위배)

(5) 임명권자인 이사장이 홍정수교수에게 정관 제44조 2항 1호에 의거 직위해제를 명하였던 바 학교당국의 허가없이 교수.학생 공개 간담회 장소에 나타나 총장과 보직교수들을 공공연히 비난하는 발언을 하며 학생들을 선동하였으며(1993.3.9), 이사장을 검찰에 고발하겠다는 위협적인 문서를 보냈으므로(1993.5.3) 정관 제61조에 의거 개전의 정이 없다고 사료됨.

2. 징계사유 설명 

본 대학의 설립교단인 기독교대한감리회는 1991년 10월 서울시 강남구 소재 광림교회에서 회집된 제19차 총회에서, 본 대학 근무의 홍정수교수를 이단으로 규정(198:1), 교단이 파송한 이사들로 구성된 본 대학 이사회에 그의 면직을 권고해 왔고, 동 홍정수교수(목사)의 소속단체인 감리교 서울연회의 재판위원회가 1992년 5월 7일 그에게 『출교』를 선고하였고, 1992년 10월 24일 재판위원회가 1992년 10월 24일부로 기독교대한감리회에서 출교 판결을 공고하므로, 홍정수교수의 목사신분뿐 아니라 감리교 교인 신분까지 박탈함에 따라, 감리교 교단 신학교인 본 대학에서의 그의 교수자격이 문제가 되지 않을 수 없으며, 그간 홍정수교수가 대학과 교단에 끼친 엄청난 파문을 심각하게 생각한 임명권자는 징계의결을 요구하였다.

징계위원회는 임명권자가 제시한 자료에 근거하여 조사위원회가 조사하고, 본인 진술을 통해 얻은 자료를 토대로 사실 심리한 결과 다음과 같은 사유가 있기에 이같은 사유는 당 대학 법인 정관과 교단의 교리장정에 위반됨은 물론 사립학교법 제61조 1항,2항,3항에 저촉된다고 사료되어 파면을 의결하기에 이르렀다. 파면사유를 설명하면 아래와 같다.

19930514_교원징계-교원징계 처분 (공문)_학교법인 감리교신학원 이사장 나원용_6(3)번_페이지_4

(1) 홍정수교수는 본 신학원의 설립목적과 교육이념에 따라 미래의 성직자들을 양성해야 할 중대한 의무를 소홀히 하고 신학교육의 혼란을 야기시켰다. 본 신학원 정관 제1조는 설립목적을 이렇게 명시하고 있다.

" 이 법인은 대한민국 교육이념에 기하여 신학과 기독교교육에 필요한 심오한 이론과 실제를 교수 연구하여 기독교 대한감리교계에 헌신할 교역자를 양성하기 위하여 고등교육을 실시함을 목적으로 한다"

그러나 홍정수교수는 이러한 목사양성기관의 교수답지 않게 가르치고, 품위를 지키지 않았으므로 마침내 본 감리교신학원이 소속된 기독교 대한감리회에서 이단 신학자라는 낙인과 함께 출교처분을 받게되었다. 따라서 홍교수는 출교로 인하여 자신의 품위를 크게 손상시킴과 동시에 본 감리교신학대학교의 위상을 크게 손상시키고 나아가서 본 신학대학교의 존립을 크게 위태롭게 하였다.

(2) 홍정수교수는 출교당함으로써 그리스도인으로서 뿐만 아니라 "목사자격"도 박탈되었으므로 목사 양성기관인 본 신학대학교 강단에 더 이상 세울 수 없게 되었다. 본 신학원 정관 제54조에 의거한 인사내규 제11조 2항에 의하면 "신학전공 교원은 기독교대한감리회 소속목사 또는 이에 준하는 자로서..."라고 되어있다. 의사자격이 박탈된 사람을 의과대학 교수로 세울 수 없는 것과 마찬가지로 목사자격이 박탈된 사람을 신학대학의 교수로 세울 수 없다.

(3) 홍정수교수는 1991년 3월 30일자 『크리스챤신문』 부활절 특집에 기고한 문제의 기사 뿐만 아니라 자신의 글들을 통해 기독교의 전통 부활신앙을 가진 성직자와 교인들을 혼란케하였다. 『부활신앙』 은 매우 민감하고 교리적으로 조심해야 할 내용임에도 불구하고 홍교수는 논리적인 비약과 사려성이 없이 부활신앙을 다루므로써 일반인들에게 신학자의 자질을 의심케 하였다. 이를 시발로 하여 감리교단은 그간 홍교수의 사상과 소행에 대한 누적된 불만이 폭발하여 그를 이단 신학자로 규정하고 "종교재판"을 열게 되었으며 이 과정에서 교단과 신학대학교내에 심한 불화 및 반목, 분열이 일어나게 되었다. 심지어 교단을 향한 투쟁과정에서 본 대학원과 신학대학원생들은 작년 5월중 3주간 수업거부를 단행하여 학사일정을 크게 손상시켰으며, 작년 10월 감리교총회에서는 감리교단이 둘로 분열될 뻔한 사태까지 이르렀다.

(4) 홍정수교수는 지난 2년간 전체 교수회 횟수중 절반에 가까이 불참하여 교수로서 마땅한 직무를 태만하였다. 본 대학교 학칙 제47조에 의하면 전임강사이상은 교수회 구성요원이며, 교수회는 학사행정 일체, 학생지도 및 교수 및 연구에 관한 중요사항을 다루도록 되어있다. 홍교수는 징계시효가 비록 1년이 넘었으나 1990년도에는 전체회의 16회중10회 불참하였고, 징계시효 기간내인 1991년 21회중 8회 불참, 1992년 7월까지 9회중 5회 불참하였다. 홍교수는 본인 진술에서 교수회의 불참은 당시 경리부정에 대한 반발로 취한 행동이라고 하나 그것은 어디까지나 독단적인 행동이며, 특히 교수회는 경리문제를 다루는 곳이 아니기 때문에 홍교수의 불참한 이유는 타당성이 없다고 사료된다.

19930514_교원징계-교원징계 처분 (공문)_학교법인 감리교신학원 이사장 나원용_6(3)번_페이지_5

(5) ㄱ. 홍정수교수는 임명권자인 이사장으로부터 정관 제44조 2항 1호에 의하여 직위해제를 받았으므로 근신 자중해야 함에도 불구하고 지난 3월 9일 전체교수, 학생 간담회 장소에 학교당국의 허락없이 나타나 총장과 보직교수들을 비난하면서 학생들을 선동하는 발언을 하였다. 따라서 홍교수는 대학당국과 교수회 실체를 부인하고 결과적으로 학생들로 하여금 학교당국과 교수들을 향한 불신을 가중시켰다.

ㄴ. 홍교수는 징계위원회가 열리기 4일전인 지난 5월 3일 임명권자인 나원용이사장 앞으로, 만일 자기를 징계하면 검찰에 고소하겠다는 협박조의 위협적인 문서를 보내 이사장을 경악하게 할 뿐 아니라 이사회 실체를 부인하는 행위를 범하였다.

1993. 5. 14.

19930514_교원징계-교원징계 처분 (공문)_학교법인 감리교신학원 이사장 나원용_6(3)번_페이지_6

K-2-172

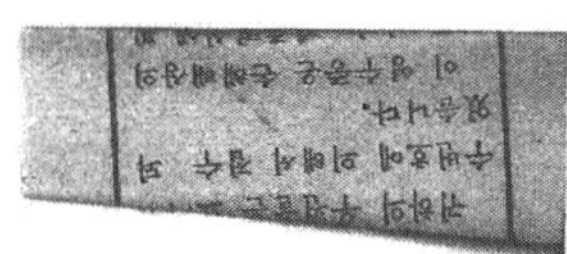

교원징계재심 청구
보충진술서

<極秘文書 「대학원위원회 보고서」 公開와 그에 대한 본청구인의 반박>

청구인: 홍정수(洪丁洙)
주민등록번호: 480721-1036227
주소: 서울특별시 서대문구 충정로2가 99-19 (120-012)
(전화 312-4778/세계신학연구원)
소속학교: 감리교신학대학
직위: (정)교수

피청구인: 학교법인 감리교신학원 이사장 나원용
주소: 서울특별시 종로구 내수동 110-8호 (110-070)

〈1〉 보충진술 취지

① 처음으로 공개되는 아래 문서, 「대학원위원회 보고서」는 감리교회의 종교재판을 치명적으로 끌고가, 1992년 5월 7일, 본청구인 홍정수의 목사직을 박탈하는 데 결정적 단서를 제공하였습니다.

② 그 결과 본청구인은 93년 1월 11일(후에 "취소"됨)과 5월 14일에 각각 교수직을 박탈당하였습니다.

③ 그러나 이제 이 極秘文書의 공개로 인하여, "출교와 파면"을 연출해 낸 장본인들과 그 (허구적) 근거가 세상에 밝혀졌습니다.

④ 이 문서 작성에 직접 관련된 현재 감리교신학대학교의 구덕관 총장과 징계위원들 중 염필형, 방석종, 그리고 이기춘 교수들은 형사처벌을 받아 마땅한 사람들이라고 사료됩니다.

⑤ 그러나 우선적으로, 본청구인은 이 「虛僞文書」에 근거하여 진행된 ("출교"와 그에 근거한) "파면"은 무효라고 다시 한번 강력히 주장하는 바입니다.

〈2〉 「대학원위원회 보고서」에 대한 외형적 분석

1. 이 "비밀" 문서의 작성자들--염필형, 이기춘, 방석종(서기) 외 1인(총 4명)

이 정보는 방석종, 이기춘 교수에게서 확인된 것입니다. 그런데 염필형, 이기춘, 방석종 3 인은 본청구인 홍정수를 파면시킨 감신대 '교원징계위원'들이며, 특히 염필형, 방석종 교수에 대하여는 "불공정 결의"의 위험을 들어 기피신청을 낸 바 있으나, 기각되었습니다.

2. 아무도 "존재하지 않는다"고 말했던 문서

본청구인은 이 문서의 존재를 92년 3월 23일, 당시 감리교단의 교회법상의 검사장인 나정회 심사위원장의 기소문 -- 당시의 피고인이었던 본청구인에게 통보하지도 않은 내용 -- 낭독시에 비로소 전해들었는데, 그 실체를 확인할 방법

1

19930531_교원징계재심 청구 보충진술서 홍정수 교수_6(3)번_페이지_01

도 기회도 없이 그 종교재판이 종결되고 말았으며, 그 후 잊고 있었습니다. 이 중요한 殺人文書에 대하여 본청구인이 심각하게 생각하지 않고, 잊고 있었던 객관적 정황은 다음과 같습니다.

1) 당시 교회법상의 제1 심사위원들(검사)의 심사 보고서를 나중에 입수하여, 그 내용을 보고, 안심했습니다:

> "두 교수의 통일교 관련설은 충분히 조사하였으며, 전 송길섭 학장에게 그 책임이 있음을 확인하였고 ... <「감신대 자체 보고서 첨부하였음」/ 위원: 김광덕, 박시원, 이택선>

이 문서는 본청구인이 교회재판법상의 「상고」를 준비하는 중에 뒤늦게 입수한 것이었습니다.

2) 이미 極秘 보고서를 서울연회(재판부)에 제출한 지 불과 2 개월 후, 1992년 2월 11일자로 감신대 교수단은

> "일부 신문기사나 광고 혹은 떠도는 소문에서 전해지는 감리교신학대학의 통일교 관계에 관한 내용은 事實無根임을 우선 천명하는 바입니다. 우리가 조사한 바에 의하면 감리교신학대학과 두 교수는 물론 어느 교수도 통일교회와 관련되어 있지 않음을 분명히 말씀드릴 수 있습니다"

라고 공표했기 때문에, 한솥밥을 먹고 10 년씩이나 살아온 "목사님들"(교수들)께서 동료 목사(본청구인)의 생존권을 영원히 강탈하기 위하여, 이렇게 엉뚱한 허위 보고서를 비밀리에 작성하였으리라고는 감히 상상조차 할 수가 없었습니다.

3) 한편, 당시 학교 교수단과 사무직원들 중 아무도 이 문서의 존재를 시인하지 않고 있었으며, 다른 교수들도 이 문서의 존재와 실체를 모르고 있습니다.

92년 3월 23일 직후, 본청구인은 방석종 교수(이 문서의 작성 서기)와 사무처 직원(공효성)과 대학원 직원(김정림)에게 차례로 물어보았으나, 한사코 "나는 모른다"고 대답했습니다.

3. 이 極秘 「보고서」의 작성 경위와 입수 경위

이 極秘 「보고서」는 91년 12월 2일, 김홍도 목사가 본청구인을 ("교리와") "통일교 관련"이라는 터무니 없는 혐의로 감리교 법정(서울연회)에 고발함에 따라, 교회 당국의 요구에 의하여 교수단의 자체 [illegible] 결과에 근거해 있습니다. 학교 당국은 91년 12월, 교회의 요구에 따라, [illegible] 위원을 선정하여, 과연 문제의 대학원 학생 양창식 군이 "통일교" 학생이었는지를 "조사"하게 하였습니다. 즉 "교수"를 조사하는 것이 아니었습니다. 그 후 92년 2월 11일자로, 교수단은 그 조사에 의거하여, "아무도 관련이 없다. 그러나 조사가 미흡하였다. 앞으로 사실이 밝혀지는 대로 의법조처하겠다"는 내용의 성명서를 신문지상에 공개한 바 있습니다(자료 이미 첨부하였음/「교수단 성명서 모음」 참조).

그런 한편, 교수단 중 염필형, 방석종, 이기춘 등의 위 4 인들이 별도의 비밀 「보고서」를 작성하여, 서울연회에 극비리에 제출한 것입니다.

그 후 서울연회(교회 법정)에 보관 중이던 이 極秘 「보고서」는, 본청구인에 의하여 "(허위사실 적시) 출판물에 의한 명예훼손" 혐의로 형사고소당한 김홍도 목사(이 고소 사건은 아직도 수사 중)가 자기의 주장을 입증하기 위한 자료의 하나로, 서울지방검찰청 북부지청 배기석 검사에게 93년 3월 중(?)에 제출한 것으로 사료됩니다.

본청구인 홍정수는 93년 4월 중순경, 김홍도 목사 상대의 형사소송 담당 변호사 강대성을 통하여 처음으로 이 문서의 존재와 실체를 확인하였습니다. 그 후 검찰측 사정에 의하여, 93년 5월 27일 오후에야 비로소 이 極秘 「보고서」를 입수할 수 있었습니다. 강대성 변호사는 이 極秘 문서를 서울지검 본청의 이충호 검사(형사소송 사건이 93년 4월 2일자로 다시 본청으로 이송됨)로부터 공식적으

로 입수한 後, 본청구인에게 FAX로 보냈으며, 이에 본청구인은 이 문서를 「징계위원들의 극심한 불공정성을 입증하는 증거 자료의 하나」로 귀 재심위원회에 제출하는 바입니다. (주의: 아래의 「보고서」는 다시 타자한 것이며, FAX로 보내온 문서의 寫本을 첨부하였습니다.)

―아래―

〈3〉 대학원 위원회 보고서

1991. 12. 19. 오후 2:00
홍정수 교수와 교수들 (구덕관, 선한용, 김득중, 박창건, 염필형, 이기춘, 방석종, 장종철, 박익수, 이정배, 박종천, 김영민, 김외식, 왕대일 〈도중 자리를 떠남〉)

염필형: 이규철 씨가 양창식이가 통일교인라는 것을 알렸는가?
홍정수: 그런 보고 받았다. 양창식이가 통일교인이라는 것 알았다.
이 사실을 송길섭 학장에게 이야기하였고 또 김정림 씨도 알았다.
이런 사실을 알고 그의 논문심사를 거부했다.
염필형: 양창식의 허위추천서를 왜 깊이 캐지 않았는가?
홍정수: 동회에 알아보았으나, 그런 사람에 대해서 불명이라는 정도의 정보만 들었고, 또 윗분들이 더 이상 관심을 갖지 않는 것 같아 그냥 두었다.
그에 대해 책임이 없다.
구덕관: 학장, 원장보다 課長이 실제로 그런 일들을 처리할 의무가 있는 것으로 알고 있는데 . . .
방석종: 양창식 문제가 있을 당시 선한용 교수가 그를 퇴학시켜야 한다고 했고, 본인도 통일교에 속한 학생을 철저하게 조사해서 조치를 취해야 한다고 했을 때, 홍교수는 그에 대해 문제삼을 증거가 없었다고말 한 것 기억하나?
홍교수: 그렇다.
방석종: 문교부 학칙과 교내 감신대 학칙에 따르면 통일교인에 대한 것은 양면적이나, 학칙에 따르면 사이비종단에 속한 학생이 적발되면 무기정학을 줄 수 있다는 것 대학원 課長으로서 알 수 있었을텐데 . .

〈4〉 위 「보고서」에 대한 본청구인의 분석과 반론

1. 이런 모임이 있었다는 것, 그리고 그 모임에서 본청구인이 이런 "取調"를 받았다는 것은 전적으로 架空입니다. 이는 엄청난 中傷謀略입니다.

위 「대학원위원회 보고서」에 나타난 바에 의하면, 교수들이 총 15 명이 참석하였다고 했습니다. 따라서 이 모임은 그 제목, "「대학원위원회」 보고서"와는 달리 「대학원위원회」의 모임이 아니라 전체 「교수회의」 모임을 전제로 하고 있기 때문에, 이 문서는 이미 서투른 조작품임을 즉시 알아볼 수 있습니다. 즉 위 문서는 (만일, 이런 모임이 있었다면) 「교수회의 보고서」라고 했어야 합니다.

감신대의 「대학원위원회」는 8(7)개 분야에 각 1 인씩의 교수와 행정담당 교수들로 구성되며, 위 출석 교수 명단에는 홍정수를 포함, 대학원 위원이 아닌 교수들이 상당수 있습니다. 예컨대, 종교철학과 교수들은 3 인 전원이 참석하고 있습니다. 또 重要한 점은 당시 學長 변선환 박사가 不參하고 있습니다. 이 모임 당시 학교 구내에 있었을 현직 학장이 교수회의를 주재(학장 = 교수회의 의장)하

3

19930531_교원징계재심 청구 보충진술서 홍정수 교수_6(3)번_페이지_03

지 아니하는 "아주 특수한 교수회의"가 설혹 열린 적 있다손치더라도 본청구인은 그런 모임에 참석한 적도 없으며, 더욱이 그런 모임에 나아가 審問을 받은 적도 없습니다.

93년 4월 말, 이 문서 작성자(서기)인 방석종 교수의 말에 의하면, 이 문서는 코리아나호텔에서, 작성 위원들이, 김홍도 목사와 그의 교회의 전도사 이규철(본청구인에게 통일교 사건을 처음 제보한 학생), 그리고 김홍도 목사 교회의 장로 1인 등 3 인을 만나 본 후 작성했다고 말했습니다. 즉 「교수회의」를 거쳐 작성된 문서가 아닙니다. 이 문서가 만일 교수회의를 거쳐서, 공식적으로 작성된 것이라면, 92년 2월 11일자의 교수단 公開聲明書는 한국 감리교인들 전체를 상대로 낸 集團的 僞證의 罪를 범한 것이 될 수밖에 없습니다. 이는 理致的으로 불가능합니다.

이런 정황으로 미루어보건대, 이 「대학원 위원회 보고서」라는 문서는 全的인 誣告文書입니다.

다른 한편, 통상 감신대의 교수회의의 회의록은 "결정 사항"만을 기록하며, 그 過程은 기록하지 않습니다. 그런데 위 「대학원위원회 보고서」는 마치 "속기사"가 배석하여, 회의 도중의 모든 참석자들의 발언을 일일이 기록한 것처럼 꾸며져 있는데, 이는 정상이 아닙니다. 구덕관 총장과 위 문서 작성 위원들은 91년 12월 19일 당일의 교수회의록의 「속기록 전체」를 반드시 공개할 수 있어야 할 것입니다.

2. 위 「보고서」가 말하는 91년 12월 19일의 모임이 실제로 있었는지는 모르나 본청구인은 그런 모임에 참석한 바 없을 뿐 아니라, 거기서 본청구인이 시인했다고 기록하고 있는 그 말의 내용은 全的 虛構입니다.

〈소위 '통일교 事件'의 顚末〉

〈1〉 88년 이른 봄날 -- 여기서 사건의 시기는 대단히 중요한 단서가 되는데, 이는 본청구인의 계산으로나 이규철 군의 인터뷰 기사(「크리스챤신문」 92년 2월 22일자/첨부)로도 확인되고 있음 -- (88년 가을 학기에는 본청구인이 안식년 휴가를 보냈기 때문에, 학교에 없었음), 학부 학생 이규철 군(당시 2학년)이 당시 학부 학생처장의 직(「補職經歷證明書」/첨부)에 있던 본청구인에게 찾아와, "(당시) 송길섭 학장 밑에서 한국교회사로 논문을 쓰는 대학원생의 하나가 전에 나와 함께 통일교 간부로 일한 사람입니다"라고 말했으며, 본청구인은 「대학원위원회 보고서」가 지적하고 있듯이, 학교 당국(학장)과 그 실무자(김정림)에게 이 사실을 보고하였습니다.

〈2〉 대학원 실무자들은 이 사건을 조사하였고, 그 결과에 대한 처리가 88년 어느 봄날에 열린 전체 교수회의에서 처리되었습니다. 그 교수회의에서는, 위 「보고서」에 지적되어 있듯이, 제적하자는 의견도 분명히 개진되었었으나, 본청구인은 당시 학생처장직을 맡고 있었 정황과 또 지난 날 성급한 학생 제적이 몰고온 학교 사태 등을 고려하여, 다음과 같은 原則論的 발언을 하였습니다.

> "여기는 학교입니다. 교회가 아닙니다. 미국의 신학대학들에도 다른 종교를 가진 학생들, 심지어는 통일교인들까지도 많이 공부하고 있지 않습니까? 그러니 우리도 학교의 학칙을 준수합시다."

만일, 감리교신학대학의 학칙에 "통일교인은 수학시킬 수 없다"는 규정이 (만일 있다면) 있다고 어느 한 교수가 말했다라면, 사정은 크게 달랐을 것이 분명합니다. 당시에는 단지 위 「보고서」에 지적되어 있는 대로, 방석종 교수가 "더 조사해 보고 처리하자"고 하는 의견을 개진하는 것이 전부였었습니다. 그리하여 결국

4

19930531_교원징계재심 청구 보충진술서 홍정수 교수_6(3)번_페이지_04

얻고자 했다. 그러나 그 어디에서도 죽음에 대한 해답을 찾지 못하였다. 끝내 그는 죽음에 대한 설교를 하지 못한 채 죽음을 당해야 했다.

교회에서나 신학교의 교실에서나 신학서적에서나 우리가 흔히 듣는 얘기는 "예수의 죽음이 우리를 구원해 준다"는 것이다. 난 그 의미를 알고 싶어서 애썼다. 어찌하여 죽음이 생명을 구하는가? 내가 알고 있는 그 어떤 신학 책에서도 왜 죽음이 생명을 구하는지에 대한 명쾌한 대답을 듣지 못하였다. 왜 죽음이 생명을 구하는가? 그런 생각을 가지고 소박한 성서의 증언을 다시 들어보자. 한국교인들에게 가장 친숙한 성서의 이야기는 이렇다:

「지금 우리가 그리스도의 피로써 의롭다함을 얻었으니, 그를 통하여 하나님의 진노에서 구원받을 것은 더욱 확실합니다(롬 5:9). 하나님께서 그의 의를 나타내 보이시려고 그리스도를 세워 그의 피로 속죄의 제물을 삼으시고, 그리스도를 믿는 믿음의 길을 통하여 죄사함을 얻게 하였습니다(롬 3:25). 피흘림이 없이는 죄사함도 없느니라(히 9:22). 우리는 그리스도 안에서 그의 피로 속죄함을 받아 죄에서 놓여났습니다(엡 2:7).」

우리는 위와 같은 성서의 증언과 설교에 친숙해 있다. 그러나 예수의 "피"가 과연 어떻게 인간을 구원할 수 있는지에 대하여 진지하게 물어보지 못하였다. 후대의 교회는 이같은 성서의 증언을 교리(속죄론)로 체계화시켰다. 교회의 덧붙여진 증언에 의하면, 그는 하나님 자신 혹은 하나님의 아들(신의 아들도 신이다)이셨는데, 인간을 구원하기 위해서 인간의 몸으로 세상에 왔다. 그는 세상에 와서 인간을 대신하여 하나님께 바쳐지는 "희생제물"이 되었으며, 또한 사탄에게 대한 인간의 빚을 대신 갚았다는 것이다. 전자의 경우는 신의 진노를 달래는 역할을 했으며, 후자의 경우는 사탄의 인질이 된 인간들의 몸값을 대신 지불한 것이 된다.

이와 유사한 설명들은 우리에게 매우 친숙해 있다. 그러나 그 어느 것도 성서의 증언을 제대로 파악했거나 오늘을 사는 현대인들에게 먹혀들어갈 만한 것이 아니다. 성서는 세밀히 분석해 보면, 예수의 신성한(신으로서의) 죽음을 이야기하지 않는다. 성서는 오히려 그가 소위 공생애(목회활동) 초기부터 이미 죽음의 함정에 빠져들고 있었다고 지적한다. 그 이유는 하나님의 대권인 인간의 죄용서(의 권한)를 그가 감히 대행했을 뿐 아니라, 제자들에게도 그런 일에 동참할 것을 요청(명령)하였기 때문이라고 밝히고 있다. 즉 하나님의 아들의 죽음이 아니라 특정한 메시지를 전하고 있던 한 설교자의 죽음을 증언하고 있을 뿐이다. 그런 의미에서 그의 죽음 곧 피흘림은 그의 죽음 자체에 어떤 마술적 힘 또는 신화적인 힘이 있음을 말해 주는 것이 결코 아니다. 그의 죽음 또는 피흘림은 그의 삶의 결정적 요약이요 절정으로서(카스퍼, 『예수 그리스도』, 209쪽)만 의미가 있다고 했다. 따라서 그의 삶이 버젓이 있는 한, 그의 죽음의 형식이 혹 달랐었다고 할지라도 우리의 메시야됨에는 아무 상관이 없다고 했다. (『베짜는 하나님』, 189-191쪽)

저는 이제 이러한 전후문맥과 관련하여 김홍도 목사와 유상열 장로가 열심히 인용하고 있는 부분을 그 바로 앞의 내용과 함께 또다시 인용하도록 하겠습니다:

5

19930531_교원징계재심 청구 보충진술서 홍정수 교수_6(3)번_페이지_05

"만일 예수의 죽음이 그의 생애의 요약이요 절정이며, 죽음은 죽음이 아니라 하나의 설교(말씀 선포) 행위였다면, 그의 죽음은 오늘날의 투사들의 죽음에 매우 유사하다. 즉 단순한 순교자의 죽음이 아니다. 억울한 의인의 죽음도 아니다. 순교자나 억울한 의인들의 죽음은 외부에서 닥쳐오는 폭력의 희생이다. 그러나 예수라는 설교자의 죽음은 억울한 희생이 아니라 "말하기 위한 최후의 수단"으로서의 선택된 죽음이다. 이런 현상적인 측면에서 볼 때, 구호를 외치며 투신 또는 분신해 쓰러져간 젊은이들의 죽음과 매우 유사하다. 이런 젊은이들의 죽음은 상황이 강요한 살해 행위 이상이다. 그들의 죽음을 올바로 파악하는 것은 그들의 '죽음이 하는 말'에 귀기울임(복종=계승)으로써만 가능하다. 추도식이나 기념식으로는 어림도 없다. 그것들은 그들의 죽음을 되살리지 못한다. 오히려 영원히 잠재울 뿐이다. 다시금 매장시킬 뿐이다.

. . . 따라서 예수의 죽음을 구원의 능력으로 만드는 것은 그의 죽음이 피 흘리는 죽음에 있었다는 것도 아니며(마술), 그의 죽음이 신(신의 아들 — 「이들은 '죽을 수 없다'/첨가」)의 죽음이라는 데이 있지 않다(신화). 오히려 그의 죽음의 특징은 처형의 방식이 아니라 그를 죽음으로 몰고간 그의 생애(삶) 자체에 있다. 따라서 "피"가 우리를 속량한다는 성서의 증언은 피로써 말한 예수라는 설교자의 "말씀"(그것은 이미 그의 생애 속에서 시작되었다)이 인간 우리를 해방시키는 위력을 지니고 있다는 고백이다. . . .

피, 그것은 예수라는 설교자의 구체적인 삶을 가리킬 뿐이다. 따라서 바로 말하면, 예수의 죽음이 우리를 속량하는 것이 아니라 그의 삶이 우리를 속량한다는 것이다. 죽음은 비존재요, 비실체이다. 비존재와 비실체가 적극적인 힘을 발휘한다는 것는 현대인에게 용납될 수 없는 신화적인 잔재일 뿐이다.

. . . 그렇다면, 그가 우리의 구원자, 우리를 구원하는 하나님의 능력이라고 말하는 것은 예수라는 인간의 생체조직이 신적인 성분으로 구성되어 있다거나 그의 피가 동물들이 흘리는 피보다는 월등하게 효과가 있었다는 얘기는 결코 아니다. 그가 '하나님의 말씀'을 증언했다는 뜻이요, 나아가 그가 전한 하나님의 말씀은 그의 삶의 구체적인 발자취와 '하나'(동일)였다는 고백의 말이다" (『베짜는 하나님』, 191-98쪽).

위에 길게 인용한 저의 原文을 통해 알 수 있듯이, 첫째로 저는 단 한번도 "예수의 피"를 "개 피나 돼지 피와 같다"고 하지 않았습니다. 둘째로, 저는 "예수의 피"가 우리를 구원한다는 사실을 결코 부정하지 않았습니다. 오히려 그 반대입니다. 제가 설명한 것은 "예수의 피"의 참된, 현대적 의미를 비기독교인들이 알아듣도록 설명한 것입니다. 즉 "예수의 피가 우리를 속량한다는 성서의 증언은 피로써 말한 예수라는 설교자의 말씀이 인간 우리를 해방시키는 위력을 지니고 있다는 고백이다"라는 문장을 통해 제가 분명히 밝힌 것처럼, "예수를 죽음으로 몰고간 그의 생애 (와 인격) 자체로 인하여" 예수의 피는 우리를 구원하는 보배로운 피라는 사실을 밝힌 것입니다.

저는 "예수의 피에 의한 구원"을 神話的으로 혹은 魔術的으로 이해할 것이 아니라 (피고소인들이 인용한 "A가 아니다"), "피로써 말한 예수라는 설교자의 말씀"(하나님의 은총)에 "귀기울임(복종=계승)"으로 이해해야 한다고 (피고소인들이 인용하지 않

6

은 "B이다") 말했습니다. 만약 "예수의 피"를 신화적으로 혹은 문자적으로 이해한다면 (구약시대에는 사람들이 죄를 용서받기 위하여 동물들을 대신 죽여 희생제사를 드렸었기 때문에), 예수는 동물들을 위해 죽었다는 말이 됩니다 (예수의 죽음 이후 달라진 것이라곤 동물들의 희생제사가 없어졌으니까). 저의 주장은 이러한 신화적 혹은 마술적 이해는 非聖書的이며, 또한 현대인은 납득하기 어려운 非理性的 이해라는 것입니다. 예수의 피와 관련하여 제가 말하고자 했던 것은 "그의 죽음이 하는 말," 즉 "예수의 피가 증언하는 하나님의 말씀"에 귀 기울여야 한다는 것이었고, 그에 따라 "예수의 피를 동물의 피로 전락시키면 안된다"(즉 "A"는 아니다)는 것이었습니다. 그러나 피고소인들은 이 분명한 논리를 완전히 정반대로 왜곡하여 "홍정수는 예수의 피는 개 피나 돼지의 피와 같다라고 말했다"(즉 "홍정수는 A라고 말했다")고 허위사실을 날조하여 저를 모함했던 것입니다.

고소인은 여기에 덧붙여 제가 이름조차 제대로 알지 못하는 미국 LA의 한 동역자의 편지를 소개함으로써 건전한 상식을 가진 독자들이 저의 글을 어떻게 이해하고 있는 지를 예시하고자 합니다:

LA 의 "윌셔연합감리교회"의 담임목사 이창순 목사의 증언/전화 213-931-9133 ----
발신일: 92넌 3월 20일
수신자: 나원용 감독 (제가 속해 있는 연회의 행정대표)
내용: 『나 감독님, 다른 것은 다 제쳐놓고라도 "홍정수 교수의 주장"이라며, 홍 교수의 『배짜는 하나님』으로부터 인용한 김홍도 목사의 주장들은 사실과 전연 다릅니다. 그래서 큰 충격을 받았습니다. ... 홍 교수의 글은 제가 다 읽었기 때문에 자신 있게 말할 수 있습니다. 김 목사가 그 책을 제대로 읽지도 않은 증거가 나타났으며, 아니면 다분히 왜곡에 고의성이 있다고 믿습니다. ... 이런 중대한 일을 처리하는데 사실을 하나라도 왜곡했다면 이는 중대사가 아닐 수 없습니다』(서초경찰서 제출 A-20).

나) "통일교와 관련이 있다"는 주장에 대하여:

(1) 제가 "감신대에 입학한 통일교 거물급 학생을 비호하고 졸업"시켰다는 피고소인들의 주장은 결코 사실이 아닙니다.

통일교 관련여부에 관한 제보는 이규철에 의해 김홍도 목사에게 전해진 것으로 그 진실은 다음과 같습니다:

이규철 군은 88년(?) 봄, 저를 찾아왔습니다. 그 때 그는 자기가 육살이를 해야만 했던 배경, 그리고 통일교에서 활동한 전적이 있다는 이야기를 하면서, 대학원에 재학 중인 학생 중, "*** 밑에서 논문을 쓰는 학생"이 통일교 인물이라고 말해 왔습니다. 저는 당시 대학원 행정과는 전혀 상관없는, 학부 학생처장을 맡고 있었습니다 (첨부 # 4). 그러나 저는 즉시 이 사실을 학교당국에 알렸습니다. 교수회가 열리자, 교수들 중 어떤 이는 무조건 퇴학시키자고도 했으나, 저는 이렇게 말했습니다: "여기는 교회가 아니고, 대학입니다. 대학은 대학의 규정을 지켜야 합니다. 그러니 신중

7

19930531_교원징계재심 청구 보충진술서 홍정수 교수_6(3)번_페이지_07

하게 처리합시다." 제가 신중론을 편 이유는, 단지 한 학생의 제보에만 의존하여 학생을 퇴학시킬 수는 없는 일이며, 퇴학조치에 앞서서 먼저 사실확인을 해야만 한다고 판단했기 때문입니다. 특히 감리교신학대학에서는 1985년에 학생 한 명을 무리하게 퇴학시켜 대규모 학내사태가 발생한 적이 있었기 때문입니다. 교수들은 저의 당연한 판단에 일리가 있다고 생각하여 즉각 퇴학을 시키지 않았습니다.

그 후, 대학원 교무과에서 문제의 그 인물(양창식 — 실제 통일교인)의 논문 심사위원 중 한명으로 본인이 위촉되자, 저는 단호히 거절하였습니다. 왜냐하면 학교 당국의 사건처리가 미진하여, 언젠가는 문제의 소지가 있다고 제 나름으로 판단하였기 때문이었습니다. 그리하여 대학원 논문은 교수 3인의 심사위원을 둔다는 대학원 논문 심사에 관한 일반적인 규칙을 무시하고, 양창식 군은 두 전직 학장들의 심사를 거쳐 졸업을 하기에 이르게 되었습니다 (첨부 # 5). 하지만 이 말은 두 전직 학장님들이 통일교와 연관이 있다는 말이 결코 아님을 양지하시기 바랍니다. 양창식은 후에 제가 곤경에 처하자, 통일교 관련설의 허위성에 관한 사실증언을 한 바 있습니다 (첨부 # 6).

이것이 전부입니다. 지금 와서 드러난 것은 양창식은 분명 통일교 사람이라는 것입니다. 그런 의미에서 이규철 군의 제보는 사실이었습니다. 그러나 그의 입학은 물론이요 그의 논문 지도, 졸업 등은 저와 전혀 상관이 없습니다. 그러므로 고소인이 양창식을 "비호하며 통일교를 변증하는 논문까지 쓴 것을 통과시켜 석사학위를 받고 졸업하게 하였다"는 피고소인들의 주장은 전혀 사실무근의 무고일 뿐입니다.

참고로 이규철에 대하여 몇가지 사실을 말씀드립니다. 이규철은 감리교신학대학을 다닐 때, 저를 따르고 돕던 학생입니다. 그는 1992년 10월 30일 밤 저의 집으로 전화를 하여, "양심선언"을 하고 싶다고 말했습니다. 그는 자기의 말 한 마디가 이렇게 악용되는 것을 차마 볼 수가 없었다고 했습니다. 그러나 테러의 위협 때문에 아무 행동도 못한다고 호소해 왔습니다. 그래서 며칠 전에는 그의 급우였던 친구 홍종미(전화 843-0487) 양에게 본 형사소송 사건은 "절대로 기소"되지 않도록 자기들이 손을 써 놓았다고 말했는가 하면, 그 후 제게는 "법정에 서게 되면 진실을 말하겠습니다"고도 했습니다. 이규철은 지금 양심과 위협 사이에서 우왕좌왕하고 있습니다. 저는 이러한 점에서 통일교관련 운운하는 김홍도 목사와 유상열 장로의 주장은 전적으로 조작된 것이라는 점을 말씀드리고 싶으며, 이에 대한 가장 확실한 증인인 이규철이 아무런 위협없이 법정에서 진실을 말할 수 있기를 진심으로 바랍니다.

(2) 저는 통일교에 대하여 비판적인 시각을 가지고 있으며, 두번의 비판적인 논문을 발표한 바 있습니다.

저는 통일교를 비판하는 논문을 두번에 걸쳐 발표한 바 있습니다. 첫번째 논문은 "통일교의 도전에 대한 신학적 대답"이란 제목의 논문으로서, 『좌우분열 속의 치유신앙』(1989년)에 게재하였으며 (첨부 # 7), 이 논문을 바탕으로 같은 해 9월 18일 온양에서 감리교 선교국 주최로 열린 "전국 감리사/총무협의회"에서 특강도 하였습니다. 이 논문은 기존의 통일교 비판논문과는 달리 통일교의 "사상"을 폭로한 것이었습니다. 두번째 논문은 "통일교 '원리'와 기독교 신앙의 비교연구"란 제목으로 『세계의 신학』 1992년 봄 호에 게재하였습니다 (첨부 # 8). 본인은 통일교에 단 한번도 관련된 적도 없으며, 통일교를 비호한 적도 없습니다. 저는 오히려 기독교 신학자로서 통일교의 문제점을 기독교의 시각에서 비판하는 입장에 서왔음을 분명히 밝힙니다.

3. 김홍도 목사와 유상열 장로의 故意的이고 反復的인 허위사실의 流布

가) 피고소인들은 자신들의 주장의 허위성을 수많은 통로를 통하여 지적받아 왔기 때문에, 이미 그 허위성을 알고 있었습니다.

저는 피고소인들의 "예수 피 관련" 주장과 "통일교 관련" 주장에 대하여 그 허위성을 1991년 7월 3일 『한국의 1천만 기독교도들과 120만 감리교도들에게 드리는 호소문』과 1991년 12월 16일 『신학자가 드리는 목회서신 (I)』(첨부 # 9)을 통해 상세히 지적하였으며, 1992년 7월 10일 발행 보도용 책자 『포스트모던 예수: 감리교회 종교재판의 진상』(첨부 # 10)을 통하여 재차 지적한 바 있습니다.

또한 『감리교단을 염려하는 기도모임』은 1992년 6월 18일 『감리교단을 염려하는 기도모임 자료집 (3)』을 통하여 "예수 피 관련" 주장의 허위성을 지적했고, 1992년 10월 19일에는 『감리교단을 염려하는 기도모임 자료집 (5)』를 통하여 "예수 피 관련" 주장과 "통일교 관련" 주장의 허위성을 동시에 지적했으며, 1992년 10월 18일에는 『기독교신문』에 광고를 통하여 이를 전국에 홍보하였습니다.

제가 재직하고 있는 감리교신학대학의 교수단 역시 1992년 2월 11일 성명서를 통하여 "통일교 관련" 주장은 사실무근임을 지적하였습니다 (첨부 # 11).

그 뿐 만이 아니라 이 문제를 가지고 저를 심사한 바 있는 서울연회 제 1반 심사위원회는 1991년 12월 28일 심사결과보고를 통하여 고소인의 "통일교 관련" 여부는 사실무근임을 천명하였습니다.

위의 자료들 중 대부분은 우편을 통하여 피고소인들에게 배달되었고, 나머지는 교계에 널리 알려진 사실들이었기 때문에 피고소인들은 어떠한 경로를 통하여서든 자신들의 주장이 허위로 비판받고 있다는 사실을 잘 알고 있었을 것입니다.

나) 피고소인들은, 다양한 통로를 통한 지적에도 불구하고, 허위에 근거한 자신들의 주장을 고의적으로 그리고 반복적으로 각종 일간신문, 교계신문, 그리고 유인물을 통하여 전국에 유포하였습니다.

기독교대한감리회는 "고의로 교회의 일을 세상에 악선전하는 일"을 교회법에 의하여 금지하고 있습니다 (『교리와 장정』 제11장 제1절 제193단 제2조). 그러나 피고소인들은 자신들의 주장이 허위에 근거한 것이라는 비판을 여러 통로를 통하여 받고 있으면서도, 자신들의 주장을 日刊新聞과 基督教界 新聞과 각종 油印物을 통하여 전국에 배포함으로 고소인의 명예를 고의적으로 훼손하였습니다. 피고소인들은 제가 "예수 피 관련" 주장과 "통일교 관련" 주장에 대하여 전국 기독교인들과 감리교인들에게

9

19930531_교원징계재심 청구 보충진술서 홍정수 교수_6(3)번_페이지_09

해명을 하고 그 허위성을 지적한 1991년 7월 3일 이후부터만도 일간신문에 최소 6회(조선일보 2회: 1992.1.26, 1992.5.10, 동아일보 2회: 1992.2.1, 1992.2.5, 국민일보 2회: 1992.5.10, 1992.6.27), 교계신문에 최소 11회(크리스찬신문 2회: 1991.12.7, 1992.2.1, 미주복음신문 1회: 1991.12.8, 한국교회신문 1회: 1991.12.15, 기독교연합신문 2회: 1991.12.15, 1991.12.29, 교회연합신문 5회: 1992.2.29, 1992.3.7, 1992.3.14, 1992.5.16, 1992.8.1)에 걸쳐 下段 全面 廣告를 통하여 고소인을 이단으로 매도하고 통일교와 관련이 있는 것으로 매도하였습니다.

뿐만 아니라 이들은 동일한 내용을 여러 신문에 동시에 게재함으로써 기독교인과 비기독교인을 무론하고 대한민국의 모든 사람에게 저의 명예를 치명적으로 훼손하였습니다. 몇가지 예를 들겠습니다. 『변선환.홍정수교수의 이단사상 및 통일교 연루사실을 폭로한다』라는 하단 양면 광고는 동일한 『동아일보』에 동일한 내용으로 2회 (1992년 2월 1일과 2월 5일) 게재되었습니다. 『한국교회 일천만 평신도들은 감신대 변선환 교수 홍정수교수의 이단사상을 규탄한다』라는 하단 전면광고는 동일한 내용으로 동일한 『교회연합신문』에 일주일 간격으로 두번씩이나 (1992년 2월 29일자와 3월 7일자) 게재하였습니다. 『(監神大) 변선환, 홍정수 두 교수는 감리교에서 출교되었습니다』라는 하단 전면광고는 동일한 내용으로 1992년 5월 10일자 『조선일보』, 1992년 5월 13일자 『국민일보』, 그리고 1992년 5월 16일자 『교회연합신문』에 세번에 걸쳐 실렸습니다.

4. 김홍도 목사와 유상열 장로의 虛僞事實 流布의 眞意에 대한 所見

가) 피고소인들이 허위사실을 유포한 眞意는 순수한 신앙적 열정으로 고소인의 이단여부를 판가름하려는 데 있었던 것이 결코 아닌 것으로 판단됩니다.

피고소인들은 고소인을 고발한 이 후 재판위원회에서의 재판결과를 지켜봄으로써 고소인이 실제로 이단인지, 그리고 통일교와 관련이 있는 지를 확인받으려 하기 보다는, 끊임없이 일간신문과 교계신문을 통하여 고소인을 이단으로 매도하여 여론재판으로서 처단하려 함으로써 자신들의 고발의 동기가 순수한 신앙적 열정에 있는 것이 아님을 분명하게 드러내었습니다.

그 뿐 만이 아닙니다. 피고소인들은 교단재판진행 중 증거 불충분으로 고소인에 대한 "기소"가 늦어지자 심사위원들(검사에 해당)에게 압력을 가하기도 하였습니다. 1991년 말경, 고소인이 심사위원 중의 한 분인 박시원 목사(전화 923-5600)를 방문하고 있을 때, 김홍도 목사가 직접 박시원 목사에게 전화를 하여 "왜 기소를 하지 않느냐?"고 성화를 하는 것을 옆에서 들었으며, 박시원 목사의 말에 의하면, 이 때 김홍도 목사는 박시원 목사에게 고소인을 기소시키면 돈을 주겠다고 제의했다고 합니다. "기소시키면 돈을 주겠다"는 제의를 했다는 말은 후에 다른 목사(도건일 목사/전화 334-7110)를 통하여서도 확인이 되었습니다. 물론 첫번째 심사위원들은 단호히 이 제의를 거부했으며, 아무런 결정도 못내린 채 보고서를 작성하고, 그 직을 사임했습니다. 저는 이러한 사실로 미루어 김홍도 목사와 유상열 장로의 고발의 동기는 순수한

10

19930531_교원징계재심 청구 보충진술서 홍정수 교수_6(3)번_페이지_10

신앙적 열정에 있는 것이 아니라고 생각합니다.

나) 피고소인들이 허위사실을 유포한 眞意는 고소인을 이단으로 매도하여, 기독교대한감리회로부터 출교시키고, 그에 따라 기독교대한감리회와 감리교신학대학을 보수화함으로써, 피고소인들을 중심으로 한 보수주의자들이 감리교의 主導權을 장악하려는 데 있었던 것으로 판단됩니다.

『새누리신문』의 권혁률 기자는 김홍도 목사와 유상열 장로의 (변선환 교수와) 저에 대한 이단고발사건은 "교단내 헤게모니 장악을 위해 의도적으로 도발된 '이벤트'라고 보는 것이 타당하다는 시각이 지배적"(첨부 # 12)이라고 분석하였는 데, 저는 이러한 분석에 대하여 전적으로 동의합니다. 피고소인들은 (변선환교수와) 제가 참으로 이단인지 아닌지, 그리고 참으로 통일교와 관련이 있는지 아닌지에 대하여 관심이 있는 것이 아니었습니다. 오히려 피고소인들은 (변선환교수와) 저를 이단으로 매도하여 기독교대한감리회로부터 출교시킴으로써, 이제까지 보수적 목회자와 진보적 목회자들이 서로의 신학적 차이에도 불구하고 함께 일해 왔던 기독교대한감리회와 감리교신학대학을 획일적으로 보수화함으로써, 피고소인들을 중심으로 한 보수주의자들이 감리교의 주도권을 장악하려는 데에 있었던 것으로 판단됩니다. 이러한 판단의 근거는 위에 지적한 것처럼 피고소인들이 심사위원을 돈으로 매수하려 했다는 점 뿐 아니라 다음과 같은 근거들 때문입니다.

(1) 교리수호대책위원회를 결성한 후, 김홍도 목사는 교계 기자 회견에서, 변선환학장과 홍정수 교수가 추방되지 않을 경우 "교단분열도 불사할 것"이라며 이렇게 말했습니다: "... 그러면 보수적이고 실력 있는 사람들이 교수로 임용될 것이다. 큰 마귀 둘(변선환 학장 포함)을 잡으면, 차츰 해결될 것이다." "척결이 안 되면, 감신대 출신은 목회자로 받을 수 없을 것이며, 더 나아가 감리교회를 이탈할 수밖에 없다"(서초경찰서 제출 A-2). 이것은 "교단분열"의 위협을 통해 감리교신학대학의 교수진과 감리교신학대학의 학생들을 보수화하려는 김홍도 목사의 의중을 드러내는 자료입니다.

(2) 유상열 장로는 1992년 10월 『기독교대한감리회 교리수호를 위한 특별조치법 제정 건의안』을 총회에 상정하여, "변선환, 홍정수 두 교수의 행위 등을 비호, 찬동, 지지하는 운동을 하는 지도층 교직자들"을 함께 이단으로 처단할 것을 건의하였습니다. 그 뿐 아니라 유상열 장로는 감리교신학대학의 학장선출과 관련하여, "앞으로 있을 감신대학장 선출인선 문제는 현 변선환, 홍정수 두 교수(목사)의 이단사상을 동조, 비호, 지지, 협력하는 사람은 절대로 피선될 수 없다. 만약 이들이 피선될 시는 감리교 전국 장로들은 목숨을 걸고 주무 당국을 위시하여 각계각계 요로에 공개 진정으로 결사저지 투쟁한다"(『교회연합신문』 1992년 8월 1일)고 선동하였습니다. 이것은 감리교 동료 목사들과 감리교신학대학 이사회(학장선출기구)를 위협하여 감리교 목사들과 감리교신학대학의 학장을 보수화하려는 유상열 장로의 의중을 드러내는 자료입니다.

(3) 특히 유상열 장로는 "나는 신학에 대하여는 모른다"고 고백하면서, 동시에 「교리수호」에 "목숨을 걸"었다고 했습니다 (김홍도 목사의 말, 첨부 # 2, 10쪽).

11

19930531_교원징계재심 청구 보충진술서 홍정수 교수_6(3)번_페이지_11

이것은 분명하게 말하여, 그가 목숨을 걸만한 "다른 이유"를 신학이 아닌 다른 곳에 숨기고 있음을 뜻합니다. 예컨대, 그는 특정 정당에 가입해 있으면서, 국회의원의 공천을 얻기 위해서, 또는 이와 연관이 있지만, 교회 안에서 반대파(이 ** 장로와 대립)를 제압하고 주도권을 확실하게 잡기 위하여서라는 것이 일반의 말입니다. 이런 말들은 목사님들이 제게 들려준 말이기 때문에, 그 분들을 법정에 세우지 않는 한 증언을 청취할 수 없는 일이겠지만, 여러 사람들에게서 들은 바이며, 만약 이같은 숨겨진 이유가 없다면, 신학을 모른다고 고백한 그가 신학 전문가와 신학을 두고 이단시비를 하는 것은 도저히 해명하기가 어렵습니다. 심지어 어떤 분은 유상열 장로는 자신이 하는 일이 명예훼손에 해당함을 알면서도 이 일을 계속하고있는 것이라고 말전해 주시는 분도 계셨습니다.

위의 사실들을 통하여 저는 김홍도 목사와 유상열 장로가 저를 이단으로 감리교단에 고발하고 출판물에 의해 이단으로 매도했던 것은 저의 이단여부나 통일교관련 여부 자체에 대한 순수 신앙적 관심 때문이 아니라, 저를 犧牲의 祭物로 삼아 감리교와 감리교신학대학을 획일적으로 보수화함으로 『교리수호대책위원회』(위 두 사람이 이 위원회의 공동대표입니다)가 감리교 전체의 주도권을 장악하려는 데 있었다고 판단합니다. 저는 김홍도 목사와 유상열 장로가 이러한 보수집단의 주도권 쟁탈에 힘이 없는 젊은 동역자를 희생의 제물로 이용하려 했다는 점에 대하여 분노를 금할 길이 없습니다. 더우기 그들은 저를 옹호하거나 동조할 가능성이 있는 모든 사람들을 (학장, 교수, 학생, 동료 목사, 평신도 등) 위협하여 자신들의 매도행위에 일체의 관여를 못하도록 한 후, 일방적으로 일반신문에, 교계신문에, 그리고 전국적으로 막대한 예산을 들여 만든 각종 홍보물들을 통하여 매도함으로써 숨한번도 제대로 쉬지도 못한 채 감리교로부터 출교당하도록 하였고, 이제는 곧 감리교신학대학으로부터도 파면당하도록 유도하고 있습니다. 저는 지금 사건 전말의 시시비비를 가려줄 사람이 절대적으로 필요한 상황에 있는 데, 김홍도 목사와 유상열 장로는 강력한 위협으로써 누구도 나서지 못하도록 막고 있습니다. 제가 검사님께 호소할 수 밖에 없는 것은 바로 이 이유때문입니다.

5. 명예훼손에 의한 고소인의 被害事實

가) "예수 피는 개 피, 돼지 피와 같다"는 말과 "통일교와 관련이 있다"는 말이 기독교 안에서 갖는 치명적 성격

기독교의 정서에서 본다면, 만약 신학자가 실제로 "예수피는 개피, 돼지피와 같다"고 주장을 했다면, 그는, 김홍도 목사가 말하듯이, "살인/간음/도적질"보다 더 큰 죄를 지은 것으로 간주될 수 있습니다. 검사님께서는 이 점을 충분히 이해해주시기 바랍니다. 피고소인들이 저의 말이나 의도와 상관없이 이 말을 반복하여 출판물에 게재하여 이단으로 매도하는 이유는 바로 여기에 있는 것입니다. 여기에서 제가 가장 잔인하다고 생각하는 것은, 본인들조차 제가 <u>"그런 말을 한 적이 없다"는 것을 이미</u>

알고 있으면서도(힐튼호텔의 발언), "고의적으로" 그리고 "반복적으로" 이러한 내용을 일간신문과 교계신문과 유인물을 통해 전국에 배포하였다는 사실입니다.

"통일교와 관련이 있다"는 말도, 기독교의 일반적인 정서에서 본다면, "공산주의와 관련이 있다"는 말과 비슷한 혹은 그 이상의 효과를 가집니다. 대한민국에서 공산주의자가 "결코 용서할 수 없는" 「國是를 어기는 범죄」가 되듯이, 기독교에서는 통일교 관련자는 사실로 확인이 되면 반드시 중징계를 받게 됩니다. 과거에도 감리교 안에서 통일교 관련자가 파면을 당한 사례가 있습니다. 검사님께서는 이 점을 반드시 상기하여 주시기 바랍니다. 따라서 김홍도 목사와 유상열 장로의 발언이 만일 허위라면, 이것은 기독교인이 다른 기독교인에게 행할 수 있는 가장 무거운, 그리고 가장 잔인한 폭행에 해당할 것입니다. 감리교와 감리교신학대학에서의 저의 출교와 파면은 바로 이러한 무서운 허위사실에 근거하여 결정되었고 진행되고 있는 것입니다. 그러므로 "예수피 관련" 주장과 "통일교 관련" 주장의 허위성이 판명되지 않으면, 이러한 주장이 기독교 안에서 갖는 그 심각성에 비추어 출교와 파면은 불가피하다는 것을 검사님께서는 충분히 이해하여 주시기 바랍니다.

나) 서울연회의 목사자격 정지

저는 1991년 12월 2일 김홍도 목사와 유상열 장로에 의해 서울연회에 고발되고, 동년 3월 5일 동 연회 재판위원회에 기소됨으로써, 자동적으로 서울연회의 목사자격이 정지되는 불이익을 당하게 되었습니다. 이것이 명예훼손에 의한 첫번째 불이익이었습니다.

다) 서울연회 재판위원회에서 출교결정 및 확정

저는 김홍도 목사와 유상열 장로의 고발에 따라 1992년 5월 7일 서울연회 재판위원회에 의해 출교되었으며, 그후 총회 재판위원회에 제출한 본인의 상고장이 서류미비로 서울연회로 되돌아와 불행하게도 1992년 10월 24일 출교가 확정되었습니다. 이로써 저는 서울연회와 기독교대한감리회에서 목사로서의 모든 자격이 박탈당함은 물론, 감리교인으로서도 더 이상 존속할 수 없게 되었습니다. 저는 이로써 하나님으로부터 부름받은 일터 감리교로부터 쫓겨나게 되었습니다.

라) 감리교신학대학의 사표종용 및 권고휴직

저는 1992년 8월 6일 감리교신학대학의 새로운 학장으로 취임하는 (1992년 8월 10일) 구덕관 학장에게 자숙의 뜻으로 감리교계 동역자들에게 공개사과를 하고 1년간 휴직할 의사를 전하여 양자간 그렇게 하기로 합의하였으나, 구덕관 학장이 취임하던 8월 10일 밤 사표를 종용받았습니다. 구덕관 학장은 사표가 아니면 파면이 있을 뿐이라고 했습니다. 그러나 고소인이 그 부당함을 이유로 거절의 뜻을 표하자, 구덕관 학장은 1주일 정도 후 이기춘 교무처장과 김외식 학생처장을 통하여 휴직을 권고해와 1992년 8월 21일 두 처장의 동석하에 휴직을 하게 되었습니다. 이러한 사실들은 모두

13

19930531_교원징계재심 청구 보충진술서 홍정수 교수_6(3)번_페이지_13

제가 김홍도 목사와 유상열 장로의 허위에 의한 고발에 따라 기독교대한감리회로부터 출교됨에 따라 연쇄적으로 감리교신학대학으로부터 받게 된 불이익임을 양지하시기 바랍니다.

마) 감리교신학대학 징계위원회에 징계회부

제가 총회 재판위원회에 제출한 상고장이 서류미비로 서울연회로 되돌아와 서울연회 재판위원회에서 출교가 최종 확정되자, 감리교신학대학의 구덕관 학장은 1992년 10월 16일 징계위원회에 1992년 5월 7일의 출교선고를 사유로 저의 징계의결을 공식요구하였고, 이에 따라 1992년 12월 11일에 모이는 징계위원회에서는 징계가 있을 예정이라고 합니다. 1992년 8월 10일 이미 사표를 종용한 바 있는 구덕관 학장이 징계위원회에 징계의결을 요구하였기 때문에, 이 징계는 파면을 의미하는 것으로 사료됩니다. 이제 고소인은 김홍도 목사와 유상열 장로의 고발에 따라 서울연회에서 출교됨으로, 연이어 감리교신학대학에서도 파면될 위기에 처해있습니다.

바) 老母님과 아내의 정신적, 육체적 고통

허위사실에 근거한 치명적인 명예훼손으로 말미암아 제 자신이 정신적, 물질적, 육체적으로 고통을 당하는 것은 말할 것도 없고, 저의 노모님과 아내는 밤잠을 이루지 못하고 괴로워하고 있으며, 특히 노모님은 출교의 충격으로 말미암아 평생을 섬겨온 교회조차 출석하지 못하고 괴로워하고 있습니다. 저는 현재 연봉의 1/4에도 미치지 못하는 휴직수당으로 힘겨운 생계를 꾸려나가고 있으며, 파면될 경우 앞으로의 생계를 어떻게 꾸려나가고 과연 한국 땅 어디에서 직업을 얻을 수 있을 지 막막하기 이를 데 없습니다.

사) 미래의 생존의 위협

김홍도 목사와 유상열 장로의 "예수 피 관련" 비방과 "통일교 관련" 비방은 저의 기독교대한감리회의 목사직과 감리교신학대학의 교수직을 파면시킬 뿐만 아니라 한국 기독교와 관련한 일체의 활동을 못하게 할 만큼 충분히 심각한 문제들로서, 이 비방의 진실이 완벽하게 조사되고 규명되어 본인의 명예가 완전히 회복되지 않는 한 본인은 기독교대한감리회와 감리교신학대학에서 도태당하는 것은 말할 것도 없고, 한국 내에서 기독교인으로서의 생존이 거의 불가능하게 되었습니다. 저는 목사로서, 그리고 신학자로서 소명을 받은 사람이므로 이 일 외에는 아는 바도 없고 알려고 하지도 않았습니다. 부디 검사님께서 이러한 모든 사정을 충분히 헤아리시어 제가 부당하게 명예를 훼손당하여 생존 자체를 불가능하게 할 불이익을 당하지 않도록 선처하여 주시기 바랍니다. 하나님의 은총이 함께 하시기를 빕니다.

1992년 11월 28일 진술자 홍정수

14

19930531_교원징계재심 청구 보충진술서 홍정수 교수_6(3)번_페이지_14

김영삼 대통령과 교육부 장관님께 삼가 드립니다

私學과 基督敎의 거듭남을 거듭 촉구하시는 김영삼 대통령과 교육부 장관님의 높으신 뜻을 받들어, 감리교신학대학의 極秘文書인 「대학원위원회 보고서」를 公開하면서, 이에 관련된 당사자들을 私學의 司正 차원에서 다뤄 주시사 억울한 피해자의 생존권과 명예를 회복시켜 주심은 물론이요, 私學의 不正을 뿌리뽑아 주시기를 탄원합니다.

탄원자: 홍정수(洪丁洙)
주민등록번호: 480721-1036227
주소: 서울특별시 서대문구 충정로2가 99-19 (120-012)
(전화 312-4778/세계신학연구원)
소속학교: 감리교신학대학
직위: (정)교수 <현재 해직, 재심 신청 중>

관련자: 학교법인 감리교신학원 이사장 나원용, 총장 구덕관,
교수 염필형, 이기춘, 방석종 (총 5인)

〈1〉 탄원 취지

1. 처음으로 공개되는 <아래> 문서, 「대학원위원회 보고서」는 92년도에 벌어진 감리교회 「종교재판」을 치명적으로 끌고가, 1992년 5월 7일, 본탄원자 홍정수의 목사직을 박탈하는 데 결정적 단서를 제공하였습니다.

2. 이 허위 문서에 근거하여 "사실확인"의 과정도 거치지 않는 채, 나원용 이사장은 감리교 서울연회의 감독 재임시 이 「종교재판」을 끝내버렸습니다. 그러나 한 가닥 양심이 있어, 나원용 당시 감독은 "출교" 집행만은 자신의 손으로 하지 않으려고 노력하였으나, 결국 모종의 압력을 받아, 감독의 직에서 물러난 지 2 주 후인, 92년 11월 16일(날짜는 소급하여 10월 26일로 조작함)에 "출교판결의 공고"를 시행하였습니다. 그러므로 그 "출교 집행" 자체는 이미 권한 밖의 사람에 의하여 시행된 불법적 행사였습니다.

3. 따라서 이 위법적 "출교장"에 근거하여 나원용 이사장이 구덕관 총장의 주문을 받아 시행한 2차에 걸친 본탄원자에 대한 교수직 파면은 명백한 人事非理라고 생각하는 바입니다. 명백한 모함입니다.

4. 이 결과 본탄원자는 93년 1월 11일(후에 "取消"됨)과 5월 14일에 각각 교수직을 박탈당하였습니다(현재 2차로 재심 신청 중입니다).

5. 그러나 이제 이 極秘文書의 일부가 공개됨으로써, "출교와 파면"을 연출하여 부당하게 개인의 생존권을 박탈하고, 私學의 질서를 크게 훼방한 장본인들의 얼굴과 그 (허구적) 根據가 명백히 밝혀졌습니다.

즉 구덕관 총장과 염필형, 이기춘, 방석종 교수 등은 1991년 12월 19일부터 이미 본탄원자 홍정수의 생존권을 강탈하기 위한 음모를 치밀하게 꾸며왔음이 백일하게 드러났습니다.

6. 이 문서 작성에 직접 관련된 현재 감리교신학대학교의 구덕관 총장과 "징계위원"들 중 염필형, 방석종, 이기춘 교수, 그리고 이를 근거로 그 불법적인 "출교와 파면"을 강행한 나원용 이사장 등은 형사처벌을 받아 마땅한 사람들이라고 사료됩니다.

7. 그러나 본탄원자는 문제가 동일 교육 기관의 동료들 사이에서 일어났다는 점을 고려하여, '내부적' 문제로 마무리짓고 싶어, 이 탄원을 올리는 바입니다. 즉 본탄원자의 개인적인 복직이 아니라, 기독교와 사학의 거듭남을 위하여도 진상을 철저히 조사하여, 그에 따른 엄중한 시정이 있기를 기도합니다.

19930601_김영삼 대통령과 교육부 장관님께 삼가 드립니다(탄원서)_홍정수_6(3)번_페이지_1

--------------- 아래 -----------------------

〈2〉「대학원위원회 보고서」

1991. 12. 19. 오후 2:00
홍정수 교수와 교수들 (구덕관, 선한용, 김득중, 박창건, 염필형, 이기춘, 방석종, 장종철, 박익수, 이정배, 박종천, 김영민, 김외식, 왕대일 〈도중 자리를 떠남〉)

염필형: 이규철 씨가 양창식이가 통일교인라는 것을 알렸는가?
홍정수: 그런 보고 받았다. 양창식이가 통일교인이라는 것 알았다.
이 사실을 송길섭 학장에게 이야기하였고 또 김정림 씨도 알았다.
이런 사실을 알고 그의 논문심사를 거부했다.
염필형: 양창식의 허위추천서를 왜 깊이 캐지 않았는가?
홍정수: 동회에 알아보았으나, 그런 사람에 대해서 불명이라는 정도의 정보만 들었고, 또 윗분들이 더 이상 관심을 갖지 않는 것 같아 그냥 두었다.
그에 대해 책임이 없다.
구덕관: 학장, 원장보다 課長이 실제로 그런 일들을 처리할 의무가 있는 것으로 알고 있는데 . . .
방석종: 양창식 문제가 있을 당시 선한용 교수가 그를 퇴학시켜야 한다고 했고, 본인도 통일교에 속한 학생을 철저하게 조사해서 조치를 취해야 한다고 했을 때, 홍교수는 그에 대해 문제삼을 증거가 없었다고말 한 것 기억하나?
홍교수: 그렇다.
방석종: 문교부 학칙과 교내 감신대 학칙에 따르면 통일교인에 대한 것은 양면적이나, 학칙에 따르면 사이비종단에 속한 학생이 적발되면 무기정학을 줄 수 있다는 것 대학원 課長으로서 알 수 있었을텐데 . .

〈 〉

〈3〉 위「보고서」가 홍정수의 출교에 미친 영향 분석과 그 증거

1. 본탄원자 홍정수는 1991년 4월 20일경부터 "목사자격심사"를 받아왔으며, 최종적으로 91년 9월 20일에 무혐의가 확인되었습니다(당시 위원장: 김기동 목사/ 당시 감독: 나원용 목사).

2. 1992년 11월 27일, "세계에서 제일 크다"는 금란교회의 김홍도 목사와 실업가 유상열 장로는「교리수호대책위원회」를 결성하여, (변선환 당시 감신대 학장과) 홍정수의 "이단척결" 운동을 대대적으로 준비하였습니다.

3. 이규철(김홍도 목사 교회의 전도사/「교리수호대책위원회」상임간사)의 말에 의하면,「교리수호대책위원회」를 결성하고 곧 바로 교회 당국에 본탄원자 홍정수를 고발하지 않고 있었던 이유는 이미 심사를 마친 홍정수에 대하여 "교리" 문제로는 자신이 없었기 때문이라고 합니다. 바로 그 때 이규철은 수원에서 부흥회에 참석하였다가, 모 목사의 소개로 김홍도 목사를 알게 되어, 그에게 "통일교" 문제를 제보하자, 전격 취직(「교리수호대책위원회」상임간사)되었다 합니다. 즉 "통일교" 사건이 아니었다면, 250년 역사상 유례가 없는 감리교회의 (교리로 인한)「종교재판」은 벌어지지 않았을 것입니다.

4. 나아가 그렇다고 하더라도, 감신대 내의 동료 교수들이 본탄원자에 대한 "極秘의 虛僞報告書"만 작성하여 내지 않았어도, 상황이 이렇게 악화되지는 않았을 것입니다. 나아가 당시 감독직에 있던 나원용 이사장은 "통일교" 사건은 이미 교회법상의 公訴時效(3년)가 지난 사안임에도 불구하고, 이를 묵인하였습니다.

19930601_김영삼 대통령과 교육부 장관님께 삼가 드립니다(탄원서)_홍정수_6(3)번_페이지_2

5. 이 문서가 발견됨으로 인하여, 왜 구덕관 총장을 비롯한 교수들이(이사진들 중의 징계위원들보다 더욱 심도 있게) 동료 교수의 파면을 집요하게 요구하는지 그 비밀이 밝혀졌다고 말할 수 있습니다.

즉 저들은 한번 실수한 자기들의 죄를 덮기 위하여 계속하여 죄를 저질러야만 했던 것입니다. 결국 죄의 노예가 되고 만 것입니다. 겉으로는 저들도 본탄원자를 처단하는 교회 당국자들을 향하여 "불법적인 종교재판의 결과를 수용할 수 없다"고 하는 성명서를 내었었습니다. 그러나 뒤로는 동료를 중상모략하는 다른 짓을 해 왔던 것입니다.

6. 따라서 본탄원자에 대한 "출교"는 물론이며, 교수직 파면은 집단적, 조직적 음모입니다. 이런 비리 사실이 덮어진다면, 이 나라 종교계와 교육계의 장래가 위태롭게 될 것이라고 생각하여 감히 탄원을 올리는 바입니다.

7. 이제는 92년 3월 23일, 첫 공판정에서 처음으로 알게 된, 당시 검사 나정희 씨가 낭독한 기소문의 일부 내용을 보겠습니다. 이 「기소문」에 의하면, 첫째로, 위에 나온 「대학원위원회 보고서」 외에 적어도 「감리교신학대학 조사위원회」의 "보고서"가 별도로 있거나, 본탄원자가 검찰을 통하여 입수한 "한 쪽 짜리" 「대학원위원회 보고서」가 실제로는 "적어도 두 쪽"으로 구성되어 있음이 분명합니다. 그러나 나머지 자료는 아직 秘密의 帳幕(서울연회)에 속에 보관되어 있기에 그 접근이 불가능하나, 다음의 "기소문"을 통하여 능히 그 내용을 충분히 알 수 있습니다.

여기서는 본탄원자가 입수한 「대학원위원회 보고서」라는 자료에 근거하여 말씀을 드리겠습니다만, 그 나머지의 내용도 증거가 공개되면, 그 때에 가서 虛僞임을 다시 입증하겠습니다. ("나머지" 내용이 허위임은 이규철 군과의 전화 녹음을 통하여 확인할 수 있습니다. 즉 "기소문"은 전적인 조작이며, 그 조작은 **감리교신학대학 내의 교수들의 위증**에 근거한 것입니다.)

기 소 문

<이 문서는 1992년 3월 23일, 감리교 본부(서울연회)에서 열린 제1회 공판정에서 「교리수호대책위원회」(대표:김홍도/유상열)가 고발한 홍정수에 대한 소송 사건을 수사한 검사 나정희 목사(「교리수호대책위원회」 소속)의 "기소문"을 녹음하여 푼 것 중 통일교 관련 부문임 :서울연회에 보관>

지난 19회 특별 총회에서 목사직 면직을 결의한 바 있는 위 자(홍정수)에 대하여 성경과 감리교 교리에 완전히 위배되는 이단 사상을 가르친 것과 통일교와 연루되어 통일교 거물급 인사를 5 년 간 비호하며 감리교신학대학원을 졸업시킨 것에 대한 고소 사건에 관하여 아래와 같이 기소합니다.

기소 사실

%%& 위자(홍정수)는 통일교의 거물급 인사 양창식이 과거의 통일교 인물이 아니라, 입학 당시에나 현재나 통일교의 중요한 인물로 활약하고 있으며 이러한 구체적 사실은 이미 양창식 씨가 재학 당시에 이규철 전도사에 의해 폭로되어 학교 당국에 보고되어, 양창식 씨가 통일교인이라는 사실이 **「대학원위원회 보고서」**에 기록된 내용을 통해서도 알 수 있듯이 확실하게 인지되었고 ... 양창식씨가 감리교신학대학에 재적 학생으로 자격 요건을 갖추지 못했는데도 불구하고 그의 내방을 수시로 용인하였고(**「감리교신학대학 조사위원회」** 참조), 또한 그 당시 대학원 學課長으로서 당연히 양창식 씨를 제적시켜야 했음에도 불구하고 게다가 양창식 씨 문제가 있을 당시 감신대 선한용 교수가 그를 퇴학시켜야 한다고 했고, 방석종 교수도 통일교에 속한 학생을 철저하게 조사해서 조치를 취해야 한다고 했을 때, 위자는 양창식 씨가 이미 통일교인임을 인지하였음(**「감리교신학**

19930601_김영삼 대통령과 교육부 장관님께 삼가 드립니다(탄원서)_홍정수_6(3)번_페이지_3

대학 대학원 보고서」 참조 = 이는 「대학원위원회 보고서」와 동일한 것임)에도 그에 대한 문제삼을 증거가 없다고만 하였고 또한 윗분들이 아무런 이야기가 없어서 그냥 두었다라고 말하면서 당시 대학원 學課長으로서 ... 오히려 이규철 전도사가 감리교신학대학 내의 통일교 총책임자로 꺼꾸로 매도되게 하였으며,... 오히려 양창식 씨보다 이규철 전도사가 감신대 통일교 "대빵"(큰 놈)이라는 말을 유포하여, 82년 이후에 이규철 전도사가 통일교 관련 그 어떤 단체에도 가담하거나 협조하지도 않고 완전히 탈퇴하여 순수한 복음주의적 신앙 생활을 하며 충실한 기독교인으로서 살아왔음이 「**감리교신학대학 조사위원회**」에 의해 밝혀졌음. 개인적인 명예에 엄청난 피해를 입혔으며 결국엔 사실상 통일교 거물 인사를 5년이라는 세월 동안 감리교신학대학 내에 암약하며 계속적인 포섭 활동을 할 수 있도록 비호·방조하였으며, 급기야 양창식 씨가 석사논문 제목 '선교과제로서의 민족 분단과 통일 전망'(88년 석사 9886/이것은 誤記임 -- 89년 졸업)의 상당한 부분의 통일교 원리강론이 변증된 사실이 나타나고 있음에도 불구하고, 무사히 졸업하게 함으로써 통일교의 거물급 인사인 양창식 씨를 비호 방조하여 통일교와 연루된 사실이 명백히 입증되고 있으므로 위 모든 사실이 「교리장정」 제99단 8조 4항에 적용됨을 인정하는 바이다.

〈4〉「대학원위원회 보고서」에 대한 외형적 분석

1. 이 "비밀" 문서의 작성자 및 관련자들 ---

    작성 위원들-- 염필형, 이기춘, 방석종(서기) 외 1인(총 4명)

    내용을 정리한 관련자 -- 위 작성 위원들 외에

    구덕관 현 총장, 김홍도 목사, 이규철, 김홍도 교회의 장로 1인

위 작성 및 관련자 정보는 방석종, 이기춘 교수에게서 확인한 것입니다. 그런데 염필형, 이기춘, 방석종 3 인은 본탄원자 홍정수를 파면시킨 감신대 '교원징계위원'들입니다.

2. 모두가 "존재하지 않는다"고 말했던 문서

본탄원자는 이 문서의 존재를 92년 3월 23일, 당시 감리교단의 교회법상의 검사장인 나정희 심사위원장의 기소문 -- 당시의 피고인이었던 본탄원자에게 통보하지도 않은 내용 -- 낭독시에 비로소 전해들었는데, 그 실체를 확인할 방법도 기회도 없이 그 종교재판이 종결되고 말았으며, 그 후 잊고 있었습니다. 이 중요한 殺人文書에 대하여 본탄원자에 심각하게 생각하지 않고, 잊고 있었던 객관적 정황은 다음과 같습니다.

1) 당시 교회법상의 제1 심사위원들(검사)의 심사 보고서를 나중에 입수하여, 그 내용을 보고, 안심했습니다:

> "두 교수의 통일교 관련설은 충분히 조사하였으며, 전 송길섭 학장에게 그 책임이 있음을 확인하였고 ... <「감신대 자체 보고서 첨부하였음」/ 위원: 김광덕, 박시원, 이택선>

이 문서는 본탄원자가 교회재판법상의 「상고」를 준비하는 중에 뒤늦게 입수한 것이었습니다.

2) 이미 極秘 보고서를 서울연회(재판부)에 제출한 지 불과 2 개월 후, 1992년 2월 11일자로 감신대 교수단은

> "일부 신문기사나 광고 혹은 떠도는 소문에서 전해지는 감리교신학대학의 통일교 관계에 관한 내용은 事實無根임을 우선 천명하는 바입니다. 우리가 조사한 바에 의하면 감리교신학대학과 두 교수는 물론 어느 교수도 통일교회와 관련되어 있지 않음을 분명히 말씀드릴 수 있습니다"

라고 공표했기 때문에, 한솥밥을 먹고 10 년씩이나 살아온 "목사님들"(교수들)께

19930601_김영삼 대통령과 교육부 장관님께 삼가 드립니다(탄원서)_홍정수_6(3)번_페이지_4

서 동료 목사(본탄원자)의 생존권을 영원히 강탈하기 위하여, 이렇게 엉뚱한 허위 보고서를 비밀리에 작성하였으리라고는 감히 상상조차 할 수가 없었습니다.

3) 한편, 당시 학교 교수단과 사무직원들 중 아무도 이 문서의 존재를 시인하지 않고 있었으며, 다른 교수들도 이 문서의 존재와 실체를 모르고 있습니다.

92년 3월 23일 직후, 본탄원자는 방석종 교수(이 문서의 작성 서기)와 사무처 직원(공효성)과 대학원 직원(김정림)에게 차례로 물어보았으나, 한사코 "나는 모른다"고 대답했습니다.

3. 이 極秘 「보고서」의 작성 경위와 입수 경위

이 極秘 「보고서」는 91년 12월 2일, 김홍도 목사가 본탄원자를 ("교리와") "통일교 관련"이라는 터무니 없는 혐의로 감리교 법정(서울연회: 당시 대표 -- 나원용)에 고발함에 따라, 교회 당국의 요구에 의하여 교수단이 자체 조사한 결과에 근거해 있습니다.

학교 당국은 91년 12월, 교회의 요구에 따라, 4 인의 위원을 선정하여, 과연 문제의 대학원 학생 양창식 군이 "통일교" 학생이었는지를 "조사"하게 하였습니다. 즉 "교수"를 조사하는 것도 아니며, 이규철 군이 "순수한 신앙"을 지키고 있는지를 조사하는 것도 아니었습니다. 그 후 92년 2월 11일자로, 교수단은 그 조사에 의거하여, "아무도 관련이 없다. 그러나 과거의 조사가 미흡하였다. 앞으로 사실이 밝혀지는 대로 의법조처하겠다"는 내용의 성명서를 신문지상에 공개한 바 있습니다.

그런 한편, 교수단 중 염필형, 방석종, 이기춘 등의 위 4 인들이 구덕관 현 총장과 협의하여, 별도의 이 비밀 「보고서」를 작성, 서울연회에 극비리에 제출한 것입니다. <구덕관 총장과 방석종 교수는 93년 5월 7, 8일에 각각 이충호(서울지검 405호) 검사에게 소환되어, 증인심문을 받은 바 있습니다.

그 후 서울연회(교회 법정)에 보관 중이던 이 極秘 「보고서」는, 본탄원자에 의하여 "(허위사실 적시) 출판물에 의한 명예훼손" 혐의로 형사고소당한 김홍도 목사(이 고소 사건은 아직도 수사 중)가 자기의 주장을 입증하기 위한 자료의 하나로, 서울지방검찰청 북부지청 배기석 검사에게 93년 3월 중(?)에 제출한 것으로 사료됩니다.

본탄원자 홍정수는 93년 4월 중순경, 김홍도 목사 상대의 형사소송 담당 변호사 강대성을 통하여 처음으로 이 문서의 존재와 실체를 확인하였습니다. 그 후 검찰측 사정에 의하여, 93년 5월 27일 오후에야 비로소 이 極秘 「보고서」를 입수할 수 있었습니다. 강대성 변호사는 이 極秘 문서를 서울지검 본청의 이충호 검사(형사소송 사건이 93년 4월 2일자로 다시 본청으로 이송됨)로부터 공식적으로 입수한 후, 본탄원자에게 FAX로 보내왔습니다. 이로써 처음으로 공개되는 문서입니다.

〈5〉 위 「보고서」의 내용 분석

1. 위 「보고서」는 구덕관 (현재) 총장과 염필형, 방석종 교수가 본탄원자를 교수들 앞에서 심문 또는 취조하는 형식을 갖추고 있습니다. 그런데 이런 모임은 절대로 없었습니다. 그 증거는 다음과 같습니다.

1> 위 「보고서」에 의하면, 교수들이 총 15 명이 참석하였습니다. 따라서 이 모임은 그 제목("「대학원위원회」 보고서")와는 달리 「대학원위원회」의 모임이 아니라 전체 「교수회의」 모임을 전제로 하고 있습니다. 따라서 이 문서는 이미 서투른 조작품임을 즉시 알아볼 수 있습니다.

2> 또 감신대의 「대학원위원회」는 8(7)개 분야에 각 1 인씩의 교수와 행정담당 교수들로 구성되며, 위 출석 교수 명단에는 홍정수를 포함, 대학원 위원이 아닌 교수들이 상당수 있습니다. 예컨대, 종교철학과 교수들은 3 인 전원이 참석하고 있습니다. 또 重要한 점은 당시 學長 변선환 박사가 不參하고 있습니다. 이 모임 당시 학교 구내에 있었을 현직 학장이 교수회의를 주재(학장 = 교수회의 의장)하지 아니하는 "아주 특수한 교수회의"가 설혹 열린 적 있다손

19930601_김영삼 대통령과 교육부 장관님께 삼가 드립니다(탄원서)_홍정수_6(3)번_페이지_5

치더라도 본탄원자는 그런 모임에 결코 참석한 적이 없으며, 더욱이 그런 모임에 나아가 審問을 받은 적이 없습니다.

3> 93년 4월 말, 이 문서 작성자(서기)인 방석종 교수의 말에 의하면, 이 문서는 코리아나호텔에서, 작성 위원들이, 김홍도 목사와 그의 교회의 전도사 이규철(본탄원자에게 통일교 사건을 처음 제보한 학생), 그리고 김홍도 목사 교회의 장로 1인 등 3 인을 만나 본 후 작성했다고 말했습니다. 즉 「교수회의」를 거쳐 작성된 문서가 아닙니다. 이 문서가 만일 교수회의를 거쳐서, 공식적으로 작성된 것이라면, 92년 2월 11일자의 교수단 公開聲明書<"일부 신문기사나 광고 혹은 떠도는 소문에서 전해지는 감리교신학대학의 통일교 관계에 관한 내용은 事實無根임을 우선 천명하는 바입니다. 우리가 조사한 바에 의하면 감리교신학대학과 두 교수는 물론 어느 교수도 통일교회와 관련되어 있지 않음을 분명히 말씀드릴 수 있습니다">는 한국 감리교인들 전체를 상대로 낸 集團的 僞證의 罪를 범한 것이 될 수밖에 없습니다. 이는 理致的으로 불가능합니다.

4> 위의 "기소문"에 의하면, 「그(양창식)를 곧바로 제적시키지 않았고 이 사건을 폭로함으로써 순교적 사명을 갖고 학교 당국과 싸웠던 이규철 전도사를 ... 총책임자로 꺼꾸로 매도되게 하였으며, ... 오히려 이규철 전도사가 감신대 통일교 "대빵"(큰 놈)이라는 말을 유포하여, 82년 이후에 이규철 전도사가 통일교 관련 그 어떤 단체에도 가담하거나 협조하지도 않고 완전히 탈퇴하여, 순수한 복음주의적 신앙 생활을 하며 충실한 기독교인으로서 살아왔음이 「**감리교신학대학 조사위원회**」에 의해 밝혀졌음. (이규철 군의) 개인적인 명예에 엄청난 피해를 입혔」다고 되어 있습니다. 따라서 속기사가 교수회의를 일일히 기록한 것처럼 꾸며져 있는 위의 「대학원위원회 보고서」는 너무나 무서운, 그러나 너무나 서투른 조작품임이 확실합니다.

2. 본탄원자가 시인했다고 기록하고 있는 그 內容 또한 全的 虛構입니다.

<소위 '통일교 事件'의 顚末>

1> 88년 이른 봄날에 -- 여기서 사건의 시기는 대단히 중요한 단서가 되는데, 이는 본탄원자의 계산으로나 이규철 군의 인터뷰 기사(「크리스챤신문」 92년 2월 22일자/첨부)로도 확인되고 있음 -- 학부 학생 이규철 군(당시 2학년)이 당시 「학부 학생처장」의 직(「補職經歷證明書」/첨부)에 있던 본탄원자에게 찾아와, "(당시) 송길섭 학장 밑에서 한국교회사로 논문을 쓰는 대학원생의 하나가 전에 나와 함께 통일교 간부로 일한 사람입니다"라고 말했으며, 본탄원자는 「대학원위원회 보고서」가 지적하고 있듯이, 학교 당국(학장)과 그 실무자(김정림)에게 이 사실을 보고하였습니다.

본청구인이 계산한 사건의 시기는, 단서<"양창식 군이 송길섭 학장 밑에서 논문"을 쓰고 있음을 제3자가 확인할 수 있는 시기>와 다음 기록에 의하여, 88년 봄일 수밖에 없습니다. 88년 가을에는 본탄원자가 안식년 휴가 중임.

양창식 입학:	85년 3월 2일
논문개요 심사:	87년 11월 6일
논문작성 통과:	89년 8월 30일

〈2〉 대학원 실무자들은 본탄원자의 "보고"에 따라, 이규철 군의 제보 내용의 진위를 조사하였고, 그 결과가 88년 어느 봄날, **전체 교수회의에서 처리되었습니다**. 그 교수회의에서는, 위 「보고서」에 지적되어 있듯이, 제적하자는 의견도 분명히 개진되었었으나, 본탄원자은 당시 학부 학생처장직을 맡고 있었을 정황과 또 지난 날 성급한 학생 제적이 몰고온 학교 사태 등을 고려하여, 다음과 같은 原則論的 발언을 하였습니다.

19930601_김영삼 대통령과 교육부 장관님께 삼가 드립니다(탄원서)_홍정수_6(3)번_페이지_6

"여기는 학교입니다. 교회가 아닙니다. 미국의 신학대학들에도 다른 종교를 가진 학생들, 심지어는 통일교인들까지도 많이 공부하고 있지 않습니까? 그러니 우리도 학교의 학칙을 준수합시다."

만일, 감리교신학대학의 학칙에 "통일교인은 수학시킬 수 없다"는 규정이 (만일 있다면) 있다고 어느 한 교수가 말했다라면, 사정은 크게 달랐을 것이 분명합니다. 당시에는 단지 위 「보고서」에 지적되어 있는 대로, 방석종 교수가 "더 조사해 보고 처리하자"고 하는 의견을 개진하는 것이 전부였었습니다. 그리하여 결국 교수회의 의결로써, 문제의 양창식 군을 "제적"시키지 않았던 것입니다. 그러므로 본탄원자의 발언은 '하나'의 의견에 불과하였으며, 그 원칙론적 의견 발언이 특정 개인을 비호하는 발언이라는 「대학원위원회 보고서」 작성 교수들의 논리는 적어도 「대학」 사회에서는 통할 수 없는 비논리적 모함인 줄로 압니다. 만일 본탄원자에 특정인을 비호하는 발언을 했는데, 당시의 모든 교수들, 학장, 대학원장, 해당 교무과장 등이 한결같이 구경만하고 있었다는 말은 도대체 무슨 말입니까? 당시 본탄원자는 학장이나 대학원장은 물론 아니었으며, 위 「대학원위원회 보고서」가 당연시하고 있는 것과는 달리, 대학원 "교무과장"의 직에도 있지 않았습니다.

따라서 본탄원자가 전체 교수회의의 결과에 대하여 법률상의 책임을 홀로 져야 한다는 논리는 도저히 용인할 수 없습니다. "교수회의의 결정"에 대한 법률적 책임을 일개 평교수인 본탄원자가 떠맡아야 한다고 주장하는 감리교신학대학의 교수들과 그 이사진 당국의 행정 방식은 가히 集團暴力입니다. 나아가 이 같은 비열한 행위는, 교수단이 자기들에 대한 비판 세력 하나를 제거하기 위하여 집합적으로, 스스로 홍정수 개인의 "허수아비 軍團"으로 전락하고 마는 매우 치졸한 처사라고 사료됩니다.

〈3〉 그 후 1 년이 지나, 곧 89년 봄 학기에 문제의 양창식 군은 졸업논문(석사학위)의 작성을 마쳤으며, 대학원 사무직원 김정림은 본탄원자에게 그의 「논문 부심」을 맡아달라고 요청했습니다. 본탄원자는 다음의 두 가지 이유로 이를 거절하였습니다.

"첫째, 나는 그의 논문 槪要 심사에도 관여하지 않았다. 둘째, 통일교 문제가 미진하게 끝났다고 생각한다. 언젠가는 문제가 될 것이다."

본탄원자가 그의 논문지도를 거절한 사유를 명백히 알고 있었음에도 불구하고, 대학원 당국자들은 (「석사학위 논문 심사위원은 3인으로 한다」는 규칙을 어기면서까지) 송길섭, 변선환 단 두 교수만의 심사로 그의 논문을 합격시켜 주었습니다(「양창식의 학적부 사본」/ 첨부).

〈4〉 이 모든 기간 동안, 문제의 대학원 敎務課長은 (본탄원자가 조사한 바에 의하면) 위 「보고서」에서 가당치도 않은 심문을 한 당사자이면서 징계위원인 염필형 교수였습니다. 위 「대학원위원회 보고서」에서 구덕관 현재 총장은 "학장, (대학)원장보다 課長이 실제로 그런 일들을 처리할 의무가 있는 것으로 알고 있는데"라는 행정방침을 밝히고 있습니다. 그렇다면 과연 누가 (직무태만의 사유로) 교수직을 박탈당해야 하겠습니까?

〈6〉 결 론

본탄원자는 비밀리에 虛僞文書를 작성하여, 본탄원자를 학교에서 "파면"시키려는 음모를 오랫동안 꾸며온 당사자들, 곧 구덕관 총장, 염필형, 방석종, 이기춘 교수, 그리고 나원용 이사장 등의 人事非理는 어떤 형식으로든 處罰되어야 마땅하다고 생각하여, 이에 탄원을 올리는 바입니다.

1993년 6월 1일 탄원자 홍 정 수

19930601_김영삼 대통령과 교육부 장관님께 삼가 드립니다(탄원서)_홍정수_6(3)번_페이지_7

Y-5-015

홍정수 교수에 대한
공의로운 판결을 바라는
감리교신학대학교 일천 재학생의 탄원서

교육부 교원징계 재심위원들께 올립니다.

주은중 귀 회의 평안을 기원합니다.

감리교 신학대학교 일천 재학생은 문민시대의 도덕적 교육정책 집행을 위해 분주히 애쓰시는 귀 회가 본교 홍정수 교수에 대한 징계 재심을 공의롭게 처리해 주시길 간절히 바라며 이를 위해 저희의 한결같은 마음을 모아 아래와 같은 탄원의 진정을 올립니다.

저희 감리교 신학대학교는 올해로 106년의 개교 역사를 자랑하는 한국 신학교육의 본원지로서 학문적 자유와 행정의 도덕적 순결로 이 사회와 기독교의 발전과 부흥에 공헌한 수많은 명민 인재를 배출한 학원입니다. 저희 감신대 일천 재학생은 본교의 이러한 광맥의 전통에 항시 자긍을 아끼지 않으며 어두운 시대에도 '양심의 수호자'이길 주저하지 않았습니다. 그런데 최근 저희 감신대는 본교 전통을 지반부터 흔드는 시대착오적 도전에 직면하고 있습니다. 어떤 이유로도 침해될 수없는 대학의 학문적 자유가 금력과 권력을 확보한 종교계 기득권 집단에 의해 극도의 위기를 맞고 있으며 정언의 강단이 박해받고 있습니다. 이러한 구시대의 고질적 병폐와 악행이 가장 신성해야할 대학 그것도 신학대학에서 버젓이 일어나고 있다는 사실에 저희는 치부를 목격한 수치와 참을 수 없는 분노를 억제할 수 없습니다. 귀 회의 공의로운 판결로 이같은 수치와 분노가 말끔히 씻어지길 바랍니다.

본교 홍정수 교수는 지난해 불법 부당한 마녀적 종교재판으로 교회법상 최고 극형인 '출교'판결을 받았고 이를 일차적 이유로 하여 최근 학교 당국에 의해 '파면' 처분을 받았습니다. 저희 감신대 일천 재학생은 교단의 '출교' 조치와 학교 당국의 '파면' 처분을 금력과 권력의 전형적 폭력으로 규정합니다.

지난해 감리교단은 홍교수의 저작에 있지도 않은 내용을 허위로 날조, 그를 극형에 처했습니다.(대표적인 것이 예수의 피는 개피라는 말입니다. 당시 홍교수를 고소한 장본인인 금란교회 김홍도 목사와 유상렬 장로는 수천만원의 광고를 교회법을 위반하면서까지 일간신문에 게재하였는데 그 내용은 위와같이 날조된 것으로 충만합니다. 이 사건은 현재 사회법정으로 비화, 그 시시비비가 곧 가려질 것으로 보입니다. 저희는 이 법정에서 홍교수의 무죄와 김홍도 목사의 유죄가 드러날 것을 기대하며 그러한 판결을 확신하고 있습니다) 따라서 고의적으로 학자의 저작을 날조, 왜곡한 것을 근거로한 교단의 '출교' 판결은 완전 무효이며 반드시 번복되어야할 판결입니다. 저희들이 지난해 종교재판을 우선적으로 말씀드린 이유는 바로 그 판결의 후속 조치로 학교 당국의 '교수직 파면'이 이루어졌기 때문

19930603_홍정수 교수에 대한 공의로운 판결을 바라는 감신대 일천재학생의 탄원서_11대 총학생회황웅식외 서명자일동_6(3)번_페이지_1

입니다.

저희들을 아연실색한 분노에 휩싸이게 하는 것은 학교당국의 모든 인사가 종교재판 진행 당시에는 홍교수의 '출교'판결에 전적 반대의사를 표했었다는 사실입니다.(물론 홍교수의 종교재판에 반대한 그룹이 교수단과 학생에 한정되었던 것은 아닙니다. 소위 '감리교단을 염려하는 기도모임' 등에 참여한 다수의 목회자가 교수단과 학생들의 뜻을 지지하였습니다) 그런데 이제와서는 교단의 불법 부당한 '출교'를 가장 주된 이유로 그를 '파면'한 것입니다. 따라서 저희 감신대 일천 재학생은 학교 당국의 파면 조치를 결단코 받아들일 수 없습니다.

학교 당국은 홍교수의 징계사유에서 '목사 양성기관의 교수답지 않게 가르쳤다'고 주장합니다. 분명히 밝힐 것은 홍교수의 교수행위에 수용자인 학생들이 한번도 이성적 반발을 일으키지 않았다는 사실입니다. 강의의 수용자인 학생이 우선적으로 문제삼지 않은 홍교수의 '강의'가 왜 정죄의 주요 근거가 되었는지 저희로서는 납득하기 어렵습니다. 또한 홍교수 징계의 직,간접적 요인이 된 '통일교 학생 비호설'은 전적 사실무근임에도 불구하고 끊임없이 그의 주변을 맴돌고 있습니다. (최근, 홍교수가 통일교 학생을 비호한 사실을 담은 '대학원 위원회 보고서'가 공개되었는데 이또한 허위의 가공 문서로 추정됩니다) 이밖에도 4월 26일 홍교수에게 송달된 징계사유서와 5월 14일자 파면장의 내용이 상이한 점, 교단과 학교의 분열과 반목을 조장했다는 등의 지나친 비약과 추상성에 기초한 징계 사유 등 홍교수 파면 결정과정에 여러 가지 중대한 결함이 있는 것으로 저희들은 판단합니다. (특히 문제가 된 홍교수의 교수 방식에 대해선 일시,내용 등 구체적 상황 설명이 전무합니다. 또 불법 재판에 항의하는 학생 시위로 빚어진 학사 일정 손상의 책임을 홍교수에게 묻는 것은 부당합니다.)

재언하는 바, 불법적 교단 출교가 홍교수의 징계사유일 수 없습니다. 더더구나 그의 '출교 판결에 시종 반대했던 교수단'에 의해 그가 징계의 고난을 당하는 것에 대해선 어떠한 변증도 불가합니다.

감신대 일천 재학생은 교육부 교원징계재심위원회가 저희들의 양심적 탄원을 거두어 공정한 심사와 공의로운 판결을 내리길 소망합니다. 이것은 저희들이 갖고 있는 소망의 편린이 아니라 도덕적 교육정책의 실행을 바라는 모든 이의 소망입니다.

귀 회에 하나님이 허락하신 평화가 함께하길 거듭 기원합니다.

일 시 : 1993년 6월 3일
진정인 : 감리교 신학대학교 제 11대 총학생회
회장 황웅식 이하 서명자 일동

저희들의 뜻을 담은 '서명지'를 첨부하였습니다.

19930603_홍정수 교수에 대한 공의로운 판결을 바라는 감신대 일천재학생의 탄원서_11대 총학생회황웅식외 서명자일동_6(3)번_페이지_2

소위 [대학원 위원회 보고서]에 대한 공개질의

수신 : 나원용 전 서울연회 감독 및 92년 서울연회 재판위원회
발신 : 감리교 신학대학교 제 11대 총학생회
일시 : 주후 1993년 6월 3일

최근 홍교수 징계사건과 직·간접적 연관을 갖고 있는 것으로 판단되는 '대학원 위원회 보고서(이하 보고서)'가 홍정수 교수에 의해 공개되었습니다. 91년 12월 19일자 속기록 형태로 작성된 이 '보고서'에는 문제의 통일교 재학생 양창식씨를 처벌하지 않고 무사히 졸업하게 한 중대한 책임이 홍교수에게 있다고 기술되어 있습니다. 홍교수의 주장에 따르면 이 '보고서'는 작성후 종교재판 진행전이나 도중에 서울연회에 '극비리' 전달되어 재판결과에 결정적 악영향을 끼친 것은 물론 사회법정에 제출 김홍도 목사의 변론자료로 사용되었다고 합니다.

그런데 이 '보고서'에 대해 홍정수 교수는 가공의 허위문서일 뿐 아니라 그 내용중 '자신이 대학원 과장으로 표현되어 있는 것은 완전 거짓'이라 주장하고 있습니다.

감리교 신학대학교 제 11대 총학생회는 이 '보고서'가 불법·부당한 종교재판과 교수직 박탈의 중대 자료로 사용되었을 가능성에 주의하며 아래와 같이 '보고서'와 관련해 공개 질의합니다.

하나, 감신대 학교 당국에 변선환, 홍정수 교수의 '통일교 관련'자료를 요구한 사실이 있는가?

하나, 감신대 학교당국으로부터 '대학원위원회 보고서'를 접수할 당시 작성자와 제출 책임자를 확인하였는가? 보고서를 접수한 시기는 언제인가?

하나, '보고서' 내용중 홍교수를 대학원 교무과장으로 위증한 부분이 있다는 사실을 알고 있었는가?

하나, 이 '보고서'가 재판과정과 결과에 미친 영향은 무엇인가? 만일 이 보고서가 허위의 가공문서라면 이를 접수, 활용한 서울연회 재판위원회는 어떤 법적 책임을 감수해야 한다고 보는가?

감리교 신학대학교 제 11대 총학생회는 6월 9일(수요일)까지 우리의 공개 질의에 대한 정확하고 상세한 답변을 바랍니다.

주후 1993년 6월 3일

따앎과 정체을 덮고 일천지성의 냉천재도약
감리교 신학대학교 11대 총학생회

19930603_홍정수 교수에 대한 공의로운 판결을 바라는 감신대 일천재학생의 탄원서_11대 총학생회황웅식외 서명자일동_6(3)번_페이지_3

H-2-069

구덕관 총장님께 드리는 공개서한

1. 91년 12월 19일, 극비에 작성된 소위 「대학원위원회 보고서」가 93년 5월 28일, 비로소 공개되었습니다.

2. 이 문서는 감리교회의 종교재판을 파국으로 이끌어 간 문제의 문서입니다. 그리고 작성자들은 지금까지 들리는 바로는 "4 인 조사위원"들입니다.

3. 조사위원들은 이 문서 외에도 「감리교신학대학 조사위원회」라는 또 다른 허위 문서를 비밀리에 작성하여 연회에 제출한 바 있습니다.

4. 감리교회를 파국으로 이끌어 갔을 뿐 아니라, 본대학의 명예를 땅바닥에 던져 버린 이런 비열한 짓을 과연 어느 목사님, 어느 교수님들께서, 어떤 과정을 거쳐, 어떤 목적으로 행하였는지를 속히 조사하여 시정하여 주시기를 앙망합니다.

5. 만일 저의 이런 충정을 학교 당국이 또 다시 묵살한다면, 저는 본인의 명예 회복은 물론이며 "진리가 살아 숨쉬는 모교"를 속히 보고 싶은 심정으로 동원할 수 있는 모든 방책을 강구하겠습니다.

(1) 93년 6월 14일(월) 12시까지 공정한 「진상조사 위원회의 구성」을 기다리겠습니다.

(2) 법관들의 좌우명 : "10 죄인 처벌하기보다는 1 사람 억울한 희생자가 없도록 유념하라"를 우리도 기억할 때가 되었다고 생각합니다. 그 시각 이후로 "억울한" 제가 자신을 지키기 위하여 행하는 일체의 행동에 대하여, 학교 당국은, 법적 대응 외에는, 일체의 비난을 할 자격을 상실한다는 사실을 공개적으로 천명하는 바입니다.

1993년 6월 9일, '공식 교수회의'의 소식을 전해 듣고
해직되었다가 복직된 후, 또 다시 해직되어 재심 청구 중인 교수 홍정수 드림

19930609_교원징계-구덕관 총장님께 드리는 공개서한_홍정수_6(3)번

"대학원위원회 보고서"에 대한 확인서

1. 1991년 2학기말 무렵 감리교단에서는 1985년 이후 과거 몇년동안 통일교 거물급 인사가 본대학교 대학원에서 암암리에 활동했으며 본대학 모교수가 관련되어 있다는 사실이 문제되기 시작했습니다.

2. 이에 교수단은 대학원 위원회에 그 진상을 밝히도록 일임하였습니다. 대학원 위원회는 염필형, 이기춘, 김득중, 방석종교수(4인)를 조사위원으로 선정하여 조사에 착수하였습니다.

3. 제 1 차 조사는 1991년 12월 17일에 열렸으며 조사대상은 교단측에 정보를 제공한 이규철 전도사였습니다. 조사위원들은 이규철의 증언을 통해 당시 본대학 홍정수교수에게 통일교 간부인 양창식의 허위입학에 대해 제보하였다는 것과 이에 대해 홍교수는, "그것 문제삼을 것 없다. 절차상 하자가 없다"라고 답변하였다는 사실을 확인하였습니다.

4. 4인의 조사위원은 제 1 차 조사결과를 1991년 12월 19일 오후 2시 염필형 당시 교무처장 사회로 열린 임시교수회의석상 (장소: 교수휴게실)에서 보고하였습니다. 조사위원을 포함한 교수들이 홍교수에게 의문점을 질문했습니다. 그때 오고간 대화들은 조사위원회가 기록하여 보존하였습니다. 그것이 바로 1991년 12월 19일자로 된 <대학원위원회 보고서>라는 이름의 기록내용입니다.

따라서 위 <대학원위원회 보고서>는 <대학원 조사위원회 보고서>라고 해야하겠으나 교수회의가 대학원 위원회에 위임하였고, 통상 교수회의 보고는 위원회 이름으로 해왔기 때문에 <대학원위원회 보고서>라고 해도 무방하다고 볼 수 있습니다.

1991년 12월 19일자 소위 <대학원위원회 보고서>의 내용은 대학원 조사위원회가 기록한 회의록에 실려 있습니다.

1993 년 6 월 11 일

확인자 서명 (당시 회의참석 교수들)

19930611_교원징계-대학원위원회 보고서에 대한 확인서 _6(3)번

93-6-13

교수 제위께

우정어린 협조를 구합니다.

그 동안 인내와 기도로써 협력해 주심에 대하여 감사드립니다. 시일은 많이 걸렸지만, 모든 일이 예상대로 잘 진행되어 가고 있기에, 감히 우정어린 협조를 구합니다.

1. 事件 日誌/배경
-- 종교재판에 있어서의 통일교 사건의 비중

1. 1991년 3월 30일자로, 홍정수는 "동작동 기독교와 망월동 기독교"라는 제목의 부활절 설교문을 『크리스챤신문』에 기고.

2. 1991년 4월 12일, 곽 감독은 홍정수 교수를 "목사자격심사"에 회부. 혐의: "동작동 기독교와 망월동 기독교"(『크리스챤신문』, 91년 3월 30일자 기고)가 "이단" 사상이다.

3. 1991년 9월 20일, 홍정수 교수, "목사 자격심사"(위원장: 김기동 목사)를 무사히 마쳤으며, 위원장의 재가를 받아, 홍정수는 "기독교 부활 신앙을 재천명한다"는 해명 기사를 교계 신문(91년 10으 ' 12일)에 기고하였으며, 김기동 위원장은 이에 따라 91년 10월 15일, 「심사보고서」를 서울연회에 제출함.

보고서의 요지: "본 서울연회 자격심사 상임위원회에서는 홍정수 목사가 신문지상에 본인의 신앙고백을 발표한 후에 나타나는 반응을 보아 다루기로 하고, 일단 마루리를 하였기에, 이에 보고드립니다."

4. 1991년, 10월 30일, (그럼에도 불고하고, 정치적 목적 -- 곽 감독은 감신대 재단 이사장의 직과 인사권쟁취를 노리고 있었음/91년 5월 3일, 저녁 7시, 르네상스 호텔 커피숍에서 권** 목사의 증언 -- 을 다분히 지닌) 곽 감독은, 감리교회의 소수(정원의 1/3의 참석) 총대들을 선동하여, "종교다원주의(변선환 박사)와 포스모던신학(홍정수)은 이단이다"라는 '건의안 2호'를 채택하고, 두 교수에 대한 징계를 학교재단측에 '건의'하기로 결의하는 데 성공함(이 자리에서 현재의 구덕관 총장님은 "반대"의사를 밝힌 두 사람 중의 하나였음.)

5. 1991년 11월 21일(목), 김홍도 목사와 유상열 장로는 힐튼호텔에서 『기독교교리수호대책위원회』를 결성함. 그러나 "통일교" 문제는 아직 언급이 없음.

6. 1991년 12월 2일, 김홍도/유상열은 "통일교" 사건에 대한 정보를 마침내 접수하고, "법적 대응"을 시작함. 즉 『교리수호대책위원회』를 결성한 후 **열흘 어간에**, 김홍도 목사는 수원에서 부흥회를 인도하던 중, 이규철 군을 만나, 소위 "통일교 사건"을 제보받고, 그를 전격 채용(『기독교교리수호대책위원회』 상임간사)하고, 12월 2일, 마침내 변선환 박사와 홍정수 교수를 "이단 및 통일교 관련" 혐의로 서울연회에 정식으로 고발(이규철 자신의 증언).

7. 1991년 12월 16일, 홍정수 "신학자가 드리는 목회서신(1)"을 전국에 발송: "통일교와 상관없으며," "양착식은 문제 발생 1 년 후에 졸업하였다."

8. 1991년 12월 19일, 『대학원위원회 보고서』 작성일

『감리교신학대학 조사위원회』 보고서도 동시에 작성 ????

9. 1991년 12월 20일(대학원위원회 보고서 작성 다음 날),

변선환 박사, 홍정수 교회 심사위(김광덕/박시원 목사님 팀)에 소환되어, 심문받음:

통일교 질문에 대한 홍정수의 답변: "당시 나는 대학원 행정을 맡고 있지 않았다."<첨부 자료 참조>

심사위 보고: "통일교 문제에 대하여는 충분히 조사, 그러나 두 교수에는 책임 없음, **감리교신학대학 자체조사 보고서** 참조하라."

10. 1992년 2월 24일 작성한, 심사위원장 나정희 목사의 기소장(자료 첨부)은 **『대학원위원회 보고서』**와 **『감리교신학대학 조사위원회』** 보고서를 인용하

1

19930613_교원징계-교수 제위께 우정어린 협조를 구합니다_홍정수_6(3)번_페이지_1

여, 홍정수를 "통일교 비호자"로 기소하고, 그 후 92년 5월 7일, 이 기소 내용이 그대로 "사실"로 확정됨(사실 확인의 절차 없이).

2. 협조를 구하는 사항

93년 6월 13일(일) 저녁 시간에 모 교수와의 통화를 통하여 다음과 같은 (저에게는) 중대한 사실을 발견하였습니다.

[새로 알아낸 사실] 조사위원회가 작성한 『**대학원위원회 보고서**』는 사건 당시 대학원 교무과장이 홍정수임을 명시적으로 묻지도 않았으며, 또 그 사실을 조사할 목적도 아니었다. 따라서 만일 이 문서가 교회의 법정에서 그런 식으로 사용(이해)되었다면, 그것은 적어도 『**대학원위원회 보고서**』가 의도한 바는 아니다.

1) 그럼에도 불구하고, 교회의 심사위원장 나정희 목사님은 『**대학원위원회 보고서**』라는 문서와 아직 공개되지 않고 있는 또 다른 문서 『**감리교신학대학 조사위원회**』 보고서를 근거하여, "사건 당시 대학원 교무과장('학과장')이 홍정수이며, 따라서 홍정수는 통일교 학생을 비호"하였다는 논리를 이끌어 내고 있습니다(첨부 자료 참조).

그러므로 「적어도 『**대학원위원회 보고서**』가 교회의 심사위원들에 의하여 이렇게 읽혀진 사실에 대하여 유감의 뜻을 표해」 주신다면, 저는 『**대학원위원회 보고서**』에 대한 아무런 불만이 없습니다.

2) 그러나 『**감리교신학대학 조사위원회**』 보고서가 만일, "이규철의 말에 의하면" 양창식이가 홍정수 방을 "수시로 드나들었다" 하더라, "이규철의 말에 의하면," 홍정수가 "양창식을 보호하고 오히려 이규철을 '통일교 대빵'이라는 말을 유포하여, 그의 명예를 훼손하였다" 하더라고 진술되어 있다면, 이 문서에 대한 책임은 이규철에게 있을 것이지만, 만일 "이규철의 말에 의하면"이라는 단서 조항이 없이 단순히 사건을 진술하였다면(즉 나정희 심사위원장의 '기소장'이 진실이라면), 『**감리교신학대학 조사위원회**』 보고서는 역시 허위 사실을 유포한 것이 됩니다. (이에 대하여는 이규철의 증언이 녹음되어 있습니다.) 그러나 현재로서는 이 문서의 진위를 조사할 필요까지는 느끼지 못하고 있습니다.

한편, 저로서는 ***[새로 알아낸 사실]*** 에 대한 중대한 의혹이 하나 있습니다. 1991년 12월 16일자(보고서 작성 *3일 전*) 공개서한(「목회서신」)에서도, 1991년 12월 20일(보고서 *작성 1 일 후*)의 「심사위원회 보고서」에서도 홍정수는 자신이 사건 당시 과장임을 부인하고 있으며(첨부 자료 참조), 사건이 양창식의 "졸업 1 년 전"이라고 못박고 있는데, 왜 1992년 2월 11일자의 교수단 성명서는 사건 시기를 88년이 아니라 87년으로 잘못 지적하고 있는가 하는 점입니다. 즉 제가 ***[새로 알아낸 사실]***이 만일 진실이라면, 다음의 성명서 문구는 단순한 착오일 수 있다고 믿겠습니다.

"일부 신문기사나 광고 혹은 떠도는 소문에서 전해지는 감리교신학대학의 통일교 관계에 관한 내용은 사실 무근임을 우선 천명하는 바입니다. ... 그러나 입학 당시에 입학을 위한 서류상에 하등의 미비점이 없었으므로 입학할 수 있었습니다. 그가 학교를 *졸업할 무렵(87. 6/ 실제 졸업은 89년 봄학기)* 어느 학생에 의해 그가 통일교와 연루되어 있다는 제보를 입수하게 되었고 ..."

학기말이라 몹시 바쁘신 줄 알지만, 부족한 저를 도와 주시면 고맙겠습니다.

1993년 6월 13일 밤 홍정수 드림

2

19930613_교원징계-교수 제위께 우정어린 협조를 구합니다_홍정수_6(3)번_페이지_2

K-2-107

93년 7월 1일 작성

<홍교수/이규철의 확인서>

No.

홍) 1. "홍약고" 제보 당시, 양창식 학생이 송박사님 밑에서 논문을 쓰고 있었다는 사실을 알고 있었는가?

이) 알았습니다. "대학원 과장이 홍교수란 말을 내가 했습니다.

~~2. 이규철 군이 [illegible] "제보했는가?~~

이) 대학원 과장이라고 분명히 말했습니다.

홍) 3. 양창식 학생이 홍교수 방을 자주 드나드는 것 목격했는가?

이) 그런 기억이 없습니다.

홍) 4. 홍교수가 오히려 이규철을 향해 홍약고 대변인이라는 악선전을 했다는데, 그런 말을 직접 들었는가!

이) 졸업생들로부터 [illegible] 되는 운동권 학생들이 악의적으로 [illegible] 했습니다.

홍) 5. 91. 12. 17. 코리아나호텔의 증언은 진실인가? 그 외적인 부분 있는가? 덧붙일 것은 없는가?

이) 감정적인 대립 국면에서 여러 [illegible] 했습니다.

1993. 7. 1 이규철

E-HWA

이 문서는 이규철의 집 앞에서 작성된 것임을 증명함. 홍정수

19930701_교원징계-대학원위원회 보고서 및 홍교수, 이규철의 확인서_홍정수 교수_6(3)번

별 첨 1

홍정수 교수 주장에 대한 대학원 조사위원회의 답변

1. 대학원 조사위원 보고서 작성 경위:

1985년 이후 통일교 거물 인사가 본대학교 대학원에서 암암리에 활동했으며, 본대학 모교수가 관련되었다는 사실이 문제되어 교단으로부터 이런 문제를 조사하도록요청을 받은 대학원 위원회 (참석자: 구덕관, 선한용, 김득중, 염필형, 박창건, 이기춘, 김재은, 방석종)는 학장의 명에 따라 1991년 10월 30일 본대학 졸업자 이규철과 대학원 졸업자 양창식의 통일교 관련 문제를 조사토록 결정하고, 조사위원 4인 (염필형, 김득중, 이기춘, 방석종)을 임명하였다. 조사위원 방석종을 서기로 임명 기록하게 하였다. 조사위원의 1991년 12월 17일 이규철과의 면담 결과는 홍교수가 통일교 관련학생 양창식이를 비호했고, 이단문제를 학칙에 따라 처리하지 않은 사실을 알아냈다. 그후 1991년 12월 19일 오후 2:00에 변선환 학장의 허락을 받고, 염필형 교무처장이 임시교수회의를 교수 휴게실에서 소집하였으며 참석교수는 구덕관, 선한용, 김득중, 박창건, 염필형, 이기춘, 방석종, 장종철, 박익수, 이정배, 박종천, 김영민, 김외식, 왕대일 그리고 홍정수 15명 이었다. 이때 조사위원은 (서기 방석종) 홍정수 교수에게 별지와 같은 질의 대답 형식으로 통일교 문제를 조사하였다.(별지첨부)

2. 홍정수 교수는 대학원 위원 보고서가 조사위원 서기 방석종 교수 개인의 불법 작성이요, 그런 보고서에 본인(홍정수)이 진술한 사실이 전혀 없다고 교내 대자보, 교내 감신대 학보, 한겨레신문 등을 통해 주장해 오다가, 최근 1993년 7월 19일 오후 2시경 감신대 박종천 교수실에서 방석종, 박종천과 함께한 자리에서 홍교수는 방교수가 구두(口頭)로라도 조사위원 보고에서 홍교수가 대학원 과장이 아니라고만 해달라고 요청을 했다. 그때 방교수가 나는 서기로서 기록한것 뿐이고 내용설명은 조사위원들이 모여서 할 일이라고 하면서 홍교수의 요청을 거절하였다. 홍교수는 자신이 양창식에 대한 제보를 들은 교수로서 감신대 교수를 대표해서 말했다고 하면서 지금까지 부인하던 대학원 보고서에서 그가 진술했다는 내용을 시인하였다. 대학원 조사위원 염필형, 김득중, 이기춘, 방석종은 대학원 조사 보고서가 교수회의의 임무를 받아 공적(公的)으로 수행된 것을 밝힌다. 따라서 방교수는 서기로서 이규철, 양창식과 홍정수 교수의 진술을 그대로 기록하였을 뿐이지. 교단이나 어느 부서가 사용한데 대해서 일일이 설명할 이유나 권한이 없으며, 이 문서가 홍교수에게 어떤 영향을 주는 것에 대해서는 책임이 없음을 명시한다.

19930727_홍정수 교수 주장에 대한 대학원 조사위원회의 답변_대학원위원회6(3)번

K-2-184

감 리 교 신 학 대 학 교
METHODIST THEOLOGICAL SEMINARY

Founded in 1887

31 Naing-Chun Dong
Seoul, Korea
(P. O. Box 45, CHUNGJONGND 120-701)

Tel. 392-4090
364-5941~7
Fax. 364-5948

수신: 교육부 교원징계 재심 위원장 귀하

파면처리된 홍정수 교수의 복직가능성에 대하여 다음과 같이 대학교 책임자의 입장을 밝히는 바입니다.

1. 홍정수 교수는 교단적인 차원에서 정식과정을 거쳐 교리문제로 합법적인 절차에 의해서 이단으로 규정, 목사직과 교인자격을 박탈 당한 사람이며,

2. 과거 학생시절서 부터 교수로 재직하고있던 지난 10여년 동안의 그의 언행과 글은 그의 인격형성에 큰 결함이 있음이 입증되었으므로,

3. 그가 교단에 대혼란을 일으키며 교단총회에서 거의 만장일치로 심판을 받고, 연회 재판위원회 전원합의로 출교 처분을 받고, 대학 징계위원의 전원합의로 파면된자가 복권의 가망은 전무하고,

4. 설혹 복권이 되는 경우를 가상한다 하더라도 그런자를 교단 지도자 양성기관의 교원으로 다시 채용할 가능성은 전무하다고 사려됩니다.

1993. 7 . 29.

감리교 신학대학교 총 장 구 덕

19930729_교원징계-교육부 교원징계 재심 위원장 귀하_감리교 신학대학교 총장구덕관_6(3)번

K-2-190

"'93년은 과학교육의 해"

교육부교원징계재심위원회

우110-230 서울시 종로구 삼청동 25-1/ 전화725-0494/ 전송725-4189/ 행전222-1462

문서번호 재심12161-888

시행일자 '93. 8. 26

수　　신 서울특별시 서대문구 충정로 2가 99-19 홍정수

제　　목 재심사건 결정통지

귀하가 1993.5.18 청구한 재심사건에 대하여 우리 위원회에서 1993.8.18 자로 별첨과 같이 결정하였음을 알려드립니다.

첨 부 : 결정문 1부. 끝.

교육부교원징계재심위원회 위원장

19930818_교원징계-재심사건 결정통지_교육부교원징계재심위원회_6(3)번_페이지_1

결 정

사 건 : 93-108 파면처분 취소 청구

청 구 인 : 성 명 : 홍정수 직 명 : 부교수
소 속 : 감리교신학대학

피청구인 : 학교법인 감리교신학대학 이사장

피청구인이 1993.5.14 청구인에게 한 파면처분에 대하여 청구인으로부터 동 처분의 취소를 구하는 재심청구가 있어, 우리 위원회는 심사를 거쳐 다음과 같이 결정한다.

주 문

피청구인이 1993.5.14 청구인에게 한 파면처분은 이를 취소한다.

이 유

1. 청구인은 1981년 2학기부터 서울특별시 소재 감리교신학대학의 교원으로 근무하여 오던 중 '92.10.24 종교재판에서 출교를 당하여 목사자격이 박탈됨으로써 교원으로서의 품위를 크게 손상시킴과 아울러 교수회의에 불참하는등 교수로서의 직무를 태만히 하였고, 직위해제 기간중에 전체교수와 학생 간담회 장소에 나타나 총장과 보직교수들을 비난하면서 학생을 선동하는 발언을 하였다는 등의 사유로 피청구인으로부터 1993.5.14 파면의 징계처분을 받은 바 있다.

2. 청구인의 청구요지는, 징계사유의 일부 항목에 대하여 진술권이 부여되지 않는 등 징계절차상에 하자가 있고, 징계사유에 있어서도 종교재판에서 출교를 당하였다는 이유로 교수신분을 박탈한 것은 부당하므로 이를 취소하여 달라는 것이다.

19930818_교원징계-재심사건 결정통지_교육부교원징계재심위원회_6(3)번_페이지_2

3. 본안심사에 앞서 청구인에 대한 파면처분의 징계의결이 적법하게 이루어졌는지에 대하여 살펴본다.

가. 제척 또는 기피사유의 존재여부에 대하여

청구인은, 종교재판에 청구인을 고발하여 출교를 당하게 한 김홍도 목사, 유상렬 장로가 청구인에 의하여 허위광고등의 출판물에 의한 명예훼손 혐의로 형사고소 되자 자기의 주장을 입증하기 위한 자료의 하나로써 서울지방검찰청 북부지청에 제출된 소위 「대학원위원회 보고서」라는 허위문서에 의하면, 징계위원인 이기춘, 염필형, 방석종 3인은 "청구인이 '88년 봄학기 대학원 교무과장 직에 있으면서 통일교인인 양창식군을 비호하였다"고 위증을 함으로써 청구인이 교단에서 출교를 당하도록 결정적인 단서를 제공하였기에 이들중 방석종 교수(당시 동 보고서 작성자)와 염필형 교수(당시 실제 대학원 교무과장으로서 '89년도 양창식의 부정졸업을 묵인하였으며, 청구인에 대하여 불리한 결론을 마구 말하고 다니는 현 대학원장임)에 대하여 징계위원회에 기피신청을 하였으나 기각되었고, 또한 '93.5.1 정관규정(징계위원회 회의의 비공개)를 어기고 청구인의 진술(학교재정 비리부분) 녹음테이프를 당시 경리과장(현 사무처장)에게 들려줌으로써 청구인에게 부당한 피해(강도높은 항의전화)를 끼친 김외식 징계위원에 대하여 이사장에게 시정을 요하는 진정서를 제출하고 기피신청을 징계위원장에게 하였으나 역시 기각되었다고 하고 있는 반면에,

피청구인은, 청구인의 기피신청에 대하여 정당한 절차를 거쳐 기각결정을 하였으므로 특별한 하자가 없으며, 청구인은 「대학원위원회 보고서」가 종교재판에 결정적인 단서를 제공하였다고 하나 청구인에 대한 종교재판의 주된 이유는 기독교의 중심교리인 육체적 부활을 부인한데서 발단한 것이므로 「대학원위원회 보고서」에 나타난 통일교 학생 비호건은 부차적인 것이고, 또한 청구인은 동 보고서가 가공의 허위문서라고 주장하지만 대학원위원회 보고 모임에 참석한 교수들이 동 보고서가 사실이라는 점을 확인하고 서명을 하였다고 하고 있어 살피건대,

19930818_교원징계-재심사건 결정통지_교육부교원징계재심위원회_6(3)번_페이지_3

(1) 사립학교법 제63조에는 "교원징계위원회 위원은 그 자신에 관한 징계사건을 심리하거나 피징계자와 친족관계가 있을 때에는 당해 징계사건의 심리에 관여하지 못한다"고 하여, 「그 자신에 관한 징계사건」인 경우에는 징계위원으로서 관여하지 못한다는 이른바 제척사유를 규정하고 있는 바, 이 제도의 근본취지가 심사의 공정성 및 신뢰성을 확보하기 위한 제도라는 점과 다른 관련법규(행정심판법, 민사소송법, 형사소송법, 공무원징계령등)와의 형평성을 고려해 볼 때 이는 「그 자신에 관계가 있는 징계사건」의 경우에도 관여할 수 없다는 뜻으로 해석되므로, 징계위원이 피징계자인 경우 뿐만 아니라 징계의 사유가 되는 사안의 당사자 또는 피해자일 경우도 포함된다 할 것이다.

(2) 그런데 이건에 있어서 당사자간에 그 진위여부에 대하여 다툼이 있는 소위 「대학원위원회 보고서」는 청구인이 통일교인의 거물급 인사를 비호하였다는 통일교 연루설의 근거를 제공하고 있는 바, 김홍도 목사와 유상렬 장로가 청구인을 종교재판에 고소한 주된 내용이 "이단사상을 가르치는 것과 통일교 거물급 인사를 5년동안 비호하였다"는 것이고(을증 제11호 : 고소장), 이러한 고소사실에 의하여 청구인이 '92.10.24자로 종교재판에서 출교됨으로써 목사 및 교인신분을 박탈당하였으며 동 출교로 인하여 교수로서의 품위를 크게 손상하였다는 등의 사유로 징계위원회에서 파면처분을 받았음을 알 수 있다(을증 제11호증의 3:징계처분사유설명서)

(3) 통일교 연루설의 단서가 된 동 보고서에 대하여 청구인은, 이 문서를 작성한 방석종 교수(이건과 관련하여 '93.5.8 서울지방검찰청에 참고인 자격으로 출두하여 진술한 사실이 있음)와 염필형 교수는 동 보고서에서 통일교 관련책임자인 대학원 교무과장이 청구인이라고 하고 있으나 청구인은 당시 대학원 교무과장이 아닐 뿐만

19930818_교원징계-재심사건 결정통지_교육부교원징계재심위원회_6(3)번_페이지_4

아니라 오히려 징계위원인 염필형 교수가 당시 대학원 교무과장으로서 통일교인인 양창식의 부정졸업을 묵인하였으므로 교수직을 박탈당할 사람은 청구인이 아닌 염필형 교수이어야 한다는 내용의 기피신청서(을증 제9호증의 1)를 징계위원회에 제출하였는 바, '93.5.7에 개최된 제15차 교원징계위원회는 "대학원 보고서는 염필형 위원이 혼자 작성한 것도 아니고 그것이 허위라는 사실이 증명되지 않았다", "대학원위원회 보고서를 허위라고 할만한 근거가 아직 판명된 것은 아니다"라고 하여 기각한 사실(을증 제9호증의 3 : 제15차 징계위원회 회의록)이 있고, 징계위원회 석상에서 위 당사자들간에 동 보고서와 관련하여 다툼이 있었던 사실(을증 제7호증의 3 : 제13차 교원징계위원회 회의록, 을증 제8호증의 4 :제14차 교원징계위원회 회의록)이 인정되며 또한 동 보고서가 사실이라는 점에 대하여 서명을 하여 확인(「대학원위원회 보고서」에 대한 확인서)하는 등 청구인의 「대학원위원회 보고서」가 허위로 작성되었다는 것과 당시 통일교 관련책임자가 청구인이 아니라는 주장에 대하여 방석종, 염필형 징계위원과 피청구인은 이를 강력히 부인함으로써 위 당사자들간에 동 보고서의 진위 및 위증여부와 동 사건의 책임자가 누군가에 대하여 첨예한 다툼이 있음이 입증된다. 따라서 동 보고서 관련 당사자인 방석종과 염필형은 불공정한 심리 및 의결을 할 우려가 있음에도 불구하고 청구인에 대한 징계에 징계위원회의 위원으로서 관여한 것은 사립학교법 제63조의 규정에 명백히 위배된다 할 것이다.

(4) 설령, 동 보고서와 관련한 당사자간의 다툼이 제척사유에 까지는 이르지 않는다 하더라도 사립학교법 시행령 제24조의 6 제1항은 "징계대상자는 교원징계위원회 위원이 불공정한 의결을 할 우려가 있다고 인정할 만한 사유가 있을 때에는 · · · 기피신청을 할 수 있다"라고 하고, 동조 제2항은 " · · · 기피신청이 있는 때에는 위원회의 의결

19930818_교원징계-재심사건 결정통지_교육부교원징계재심위원회_6(3)번_페이지_5

로 기피여부를 결정하여야 한다. 이 경우 기피신청을 받은 자는 그 의결에 참여하지 못한다"라고 규정하고 있음을 볼때 청구인이 기피신청을 할만한 타당한 사유가 있었음에도 징계위원회가 이를 기각결정한 것은 재량권을 남용한 것이며, 또한 기각결정을 하는 과정에 있어서도 2인의 기피대상 위원이 모두 배제되지 않고 교대로 기각결정에 참여하였음(을증 제9호증의 3 : 제15차 징계위원회 회의록)이 인정되는등 그 절차에 있어서도 중대한 하자가 있다고 할 것이다.

나. 징계사유의 통지와 진술기회의 부여에 대하여

청구인은 '93.4.28자로 송부된 징계요구사유설명서의 징계혐의와 동년 5.14자로 송부된 징계처분사유설명서의 징계사유를 비교해 볼 때 징계처분사유설명서의 징계사유 중 "3항", "4항의 전반부", "5항"은 전혀 통고받지 못한 내용들이라고 하는 반면에,

피청구인은 청구인이 교원징계위원회로부터 '93.4.26자 징계사유설명서를 송달받아 동 징계사유를 바탕으로 동년 4.30에 개최된 징계위원회에 출석하여 청구인의 징계혐의에 대하여 충분히 진술하였고, 청구인이 통고받지 못하였다는 징계처분사유설명서의 사유중 "3항", "4항의 전반부"의 내용을 살펴보면 피청구인인 학교법인 이사장이 청구인에게 송부한 징계사유설명서의 내용을 바탕으로 구체적인 각 항목으로 재정리한 것에 불과한 것이고, 제5항은 징계사유설명서가 송달된 이후 징계위원회의 청구인에 대한 징계의결이 있기 전인 '93.5.3에 발생한 일인 것이므로 징계사유설명서에 그 내용이 없는 것이 당연하다고 하고 있어 살피건대,

(1) 일건기록에 의하면 피청구인은 청구인에 대하여 '93.2.12 징계위원회에 징계의결 요구와 동시에 직위해제를 하고, 징계요구사유설명서의 교부없이 2차에 걸쳐 징계위원회가 개최되었으나 청구인이 불출석 함으로써 연기되었고, 그후 동년 4.23 징계위원회가 열려

19930818_교원징계-재심사건 결정통지_교육부교원징계재심위원회_6(3)번_페이지_6

처음으로 청구인이 출석하여 진술하였으나 징계혐의를 몰라 실질적인 답변을 거부하고 징계요구사유설명서의 송부를 요구하자 동년 4.28에 동 사유설명서가 송달되어, 동년 4.30 징계위원회에서 청구인의 최후진술 후에 동년 5.7 징계위원회가 파면으로 의결하여 동년 5.14자로 징계처분 하였는 바, '93.4.28자로 송달된 징계요구사유설명서의 징계혐의와 동년 5.14자의 징계처분사유설명서의 징계사유를 비교해 볼 때 징계처분사유설명서의 징계사유중 (1)항을 제외한 나머지 징계사유인 (2)~(5)항은 징계위원회 개최('93.4.23 및 4.30)시의 질문시나 동년 4.28자로 송달된 징계요구사유설명서에서 언급이 없었던 새로운 사유임을 알 수 있는 바, (2)항의 출교로 인한 교수자격 상실은 인사내규등의 해석 문제로서 진술권 부여문제와는 관계없다고 볼 수 있으나, (3)항의 교단과 신학대학교 내의 불화 및 반목, 분열을 조장하고, 교단을 향한 투쟁과정에서 학생들이 '92년 5월중 3주간 수업 거부를 하여 학사일정을 크게 손상시켰다는 것과 (5)항 ㉠의 청구인이 직위해제 기간중에 전체교수와 학생간담회 장소에 학교 당국의 허락없이 총장과 보직교수를 비난하면서 학생을 선동하였다는 사유는 징계요구사유설명서나 징계위원회 개최중 질문시에 언급이 없었던 새로운 사유이고, 또한 징계처분사유설명서의 (4)항은 지난 2년간 전체교수회의에 절반가량 불참함으로써 직무를 태만히 하였다고 하고 있으나, '93.4.28자로 송달된 징계요구사유설명서에는 단지 "교수회의 불참등"이라고만 적시하고 구체적인 기간, 시기 등을 특정하지 아니 하였고, 동년 4.23자 징계위원회 석상에서의 질문중 '90년도 교수회의 불참만 언급('90년도는 징계시효가 지났기 때문에 징계사유가 될 수 없음)하고 '91년도 이후에 대해서는 전혀 언급한 바가 없을 뿐만 아니라 '93.4.30자 징계위원회 석상에서도 질문이 없었음을 볼 때 '91년도 이후에 교수회의에 불참하였다는 사유는 새로운 징계사유의 추가라고 볼 수 있을 것이다.

19930818_교원징계-재심사건 결정통지_교육부교원징계재심위원회_6(3)번_페이지_7

(2) 이와 같은 징계사유의 추가에 대하여, 사립학교법 제64조의 2는 "징계의결요구와 동시에 징계대상자에게 징계사유를 기재한 설명서를 송부하여야 한다"라고 하고, 동법 제65조는 "징계의결을 행하기 전에 본인의 진술을 들어야 한다"라고 되어 있는 바 이는 징계대상자가 징계혐의 사실을 사전에 알고 충분히 자기변호를 할 수 있는 기회를 주고자 함에 그 취지가 있다고 할 것인데 위에서 본 바와 같이 징계요구사유설명서나 징계위원회 석상에서의 질문시에 언급이 없었던 징계사유가 추가되고, 이에 대하여 진술권이 부여되지 않은 것은 중대한 하자라고 아니할 수 없으므로 이 부분에 대한 청구인의 주장은 이유있다 할 것이다.

4. 이상에서 살펴본 바와 같이 청구인에 대한 징계에 있어서 제척 또는 기피사유에 해당하는 자가 징계위원회의 위원으로 관여하였고 진술권이 부여되지 않은 새로운 징계사유가 추가되는 등 징계절차상의 중대한 하자가 있다 할 것이므로 이에 주문과 같이 결정한다.

1993. 8. 18

위원장 김정길

위 원 최승린

위 원 서연호

위 원 하죽봉

위 원 백형린

19930818_교원징계-재심사건 결정통지_교육부교원징계재심위원회_6(3)번_페이지_8

K-2-194

학교법인 감리교신학원
감 리 교 신 학 대 학 교
(METHODIST THEOLOGICAL SEMINARY)

Founded in 1887 31 Naing-Chun Dong Seoul, Korea (P. O. Box 45, CHUNGJONGNO 120-701) Tel. 365-5941 364-5941~7 Fax. 364-5948

감법인제100-129 1993. 10. 12.

수신 홍 정 수 교수

제목 징계사유 설명서

1. 1993. 10. 12자로 학교법인 감리교신학원 교원징계위원회에 징계의결 요구서를 제출하였기에 사립학교법 제64조의 2와 정관 제58조의3에 따라 징계사유설명서를 별첨과 같이 통지합니다.

첨부 : 징계사유설명서 1부 끝.

학교법인 감리교신학원 이사장 표 용 은

19931012_교원징계-교원 징계사유설명서 보내는 공문과 징계사유설명서_감리교신학원 이사장 표용은_6(3)번_페이지_1

징 계 사 유 설 명 서

1. 징계대상자는 1977년 기독교대한감리회 중부연회에서 교리와 장정이 정한 바에 따라 목사로 안수받은 후 동 감리회의 목사로서 1981. 9. 1 학교법인 감리교신학원이 설치 경영하는 위 감리교신학대학교 교수로 임명되어 현재까지 재직하고 있는자 인 바 위 학교법인 감리교신학원은 기독교대한 감리교계에 헌신할 교역자를 양성하기 위하여 고등교육을 실시함을 정관 목적사업으로 규정하고 있고(정관 제1조) 동 목적을 달성하기 위해 위 감리교신학대학교를 설치 경영하고 있기 때문에(정관 제3조) 동 대학교의 교수에 임명된 자는 기독교대한감리회 교단의 교리와 장정에 정하여진 교리를 신봉하고 위 정관 목적에 충실하여야 하며 위 학교법인의 교원인사규정이 임용자격으로 규정하고 있는 자격상실이 되지 않도록하고 위 정관목적에 비추어 위 신학대학교의 교수로서의 품위를 유지해야 할 의무가 있다할 것임에도 불구하고 징계대상자는 아래에서 보는 바와 같은 위 교단의 교리에 반하는 행위를 행함으로써 1991.10.30 개최된 기독교대한감리회 제19회 특별총회는 징계대상자를 동 감리회의 교리에 대한 이단자로 단정하여 소속연회에는 목사직 면직을, 위 감리교신학원에는 교수직 파면을 권고하는 결의를 하였고 기독교대한감리회 교리수호위원회로부터 교단의 교리에 대한 이단자로 고소되어 1992. 3. 5. 서울연회재판위원회에 기소된 후 동 재판위원회에서는 동년 5. 12. 아래와 같은 기소사실을 유죄로 인정하여 출교의 판결선고를 하였고 동 판결은 확정되어 1992. 10.24. 위 재판위원회는 위 판결을 공고함으로써 징계대상자는 위 교단에서 출교되고 아울러 목사직이 박탈되었다.

동 유죄확정된 사실은

(1) 피고는(징계대상자:이하 피고라고한다) 기독교 신앙의 근본이 되는 살아계신 하나님의 존재를 부인하여 말하기를 "만일 신은 계신가 하고 누군가가 묻는다면 신은 없다고 잘라 말할 수 있다."(베짜는 하나님 P.56)고 하는 동 무신론적 의사표현을 단언하여 말함으로써, 본 교단의 하나님에 대한 신앙적 입장을 정면으로 거부하였다.

(2) 피고는 기독교신앙의 핵심이 되는 예수의 부활사건을 부정하여 "나는 단연코 육체의 부활을 부정한다"(우먼센스 1991. 12.)고 하였고, "부활신앙은 이교도들의 어리석은 욕망에 불과하다"(크리스챤신문 1991. 3. 30.)라고 하고 예수의 부활사건은 "빈무덤이 아니다."(상동, 1991.6.8.)라고 주장하여 기독교 본래의 부활신앙을 부정하였고 또한 "기독교의 부활 메세지가 아무 소용도 없을 수도 있음을 극명하게 말해준다."(베짜는 하나님, P.185)고 말함으로써 사도시대 이후 오늘에 이르기까지 전하여 내려온 신교 메세지를 거부하였다.

(3) 피고는 골고다 산상에서의 예수십자가의 대속의 죽음과 광주 망월동 민중항쟁으로 죽은 많은 민주 인사들의 죽음을 동일시 하였고 또한 예수 그리스도의 부활사건을 믿는 자를 위한 "부활의 첫열매"로 보지 않고, 정의를 외치다 한을 품고 죽은 이들의 정신적 공헌과 같이 간주함으로써 예수그리스도의 육체의 부활을 부인하는 반성서적인 주장을 하였다.

(4) 피고는 기독교신앙의 중심이 되는 예수그리스도의 대속의 사건을 부정하여 예수의 십자가는 "신의 아들의 죽음이 아니다."(한몸 7권, P.16)라고 했고 "예수의 죽음이 우리를 속량한 것이 아니라, 그의 삶이 우리를 속량하는 것이다."(상동 P.17)라고 주장하였고 피고는 예수의 십자가의 피흘림에 대하여 이르기를 "그의 피가 동물들이 흘리는 피보다는 월등하게 효과가 있다는 이야기가 아니다."(상동 P.18)라고 함으로써 예수 그리스도의 피의 대속을 불신하는 주장을 하였으며 이같은 피고의 주장은 기독교 신앙의 교의와 본 교단의 신앙을 적대하는 반 그리스도적 이단사상이다.

19931012_교원징계-교원 징계사유설명서 보내는 공문과 징계사유설명서_감리교신학원 이사장 표용은_6(3)번_페이지_2

(5) 피고는 본 교단의 감리교신학대학에 재직하면서 통일교의 요직, 현직인사인 양창식이 위 신학대학에 재학중에 있을때 (1986. 3 - 1989. 8) 동 대학의 재학생인 이규철의 제보로 양창식의 본색이 드러났음에도 불구하고 그를 척결하는 일을 주선하기 보다는 오히려 비호한 점을 부정할 수 없으므로 피고는 본 교단 신학대학의 체모를 손상시켰고 기독교 교의를 바르게 가르쳐야 하는 본 직을 거절 내지는 유기한 사실이 있다.

(6) 피고는 공공 출판물에 기고한 논문들과 강연 강의들의 내용에서 기독교신앙의 본질을 위와 같이 파기하였고 웨슬리목사의 "복음적 신앙"을 유산으로 받은 기독교대한감리회의 교리와 장정에 위배되는 사상을 주장해 왔는 바 이는 기독교대한감리회의 발전에 크나큰 저해 요인이 되어 개교회와 범교단적으로 끼친 타격은 공개적 숫자로 입증치 않더라도 너무도 컸음은 주지의 사실로 특히 본 교단의 교인뿐 아니라 타교단에서도 익히 알려져 이같은 사실이 복음선교의 역행임에도 불구하고 피고는 도의적, 신앙적 반성없이 이 일을 계속 자행하여 왔으며, 개전의 정이 없었다. 그러므로 이후에 계속 피고와 같은 주장에 동조, 지지, 옹호 및 선전하는 자는 기독교대한감리회 내에서 동일한 범법자로 간주되어야 한다.

라고 되어있다.

그렇다면

첫째, 징계대상자는 위와 같은 행위로 인하여 목사직 면직을 당하고 출교됨으로써 위 학교법인의 정관에 의하여 제정된 교원인사규정 제11조 제2항 소정의 임용자격(신학전공 교원은 기독교대한감리회 소속목사 또는 이에 준하는 자로서 목회경험 3년이상된 자라야 한다)을 상실함과 동시에 목사면직, 출교재판이 확정된 사실자체가 위 정관 목적사업을 수행하는 위 신학대학교의 교원으로서의 품위를 심히 손상한 것이며

둘째, 유죄확정된 위 행위등은 기독교대한감리회 교리와 장정에서 선언된 교리인

① 성자는 곧 참되시고 영원하신 하나님 아버지의 말씀이요, 성부와 동일하신 본질인데 복받은 동정녀의 태중에서 사람의 성품을 가지셨으므로 순전한 두 성품 곧 하나님의 성품과 사람의 성품이 나누지 못하게 일위안에 합하였다. 그러므로 그는 참으로 하나님이시요, 참으로 사람이신 한분 그리스도이신데 참으로 고난을 당하시고 십자가에 못박히어 죽으시고 매장되시어 우리로 하여금 하나님 아버지와 화목하게 하시고 또한 제물이 되시었다. 이는 사람의 원죄만 위할뿐 아니라 범죄한 것까지 위함이시다.(교리와 장정 제10단, 제2조)

② 그리스도께서 과연 죽은 가운데서 다시 일어나시어 완전한 인성이 붙은 모든것과 육체를 다시 가지시고 천당에 오르시며 마지막 날에 만민을 심판하시려고 재림하실 때까지 거기 앉아 계시다.(교리와 장정 제11단, 제3조)

③ 우리는 하나님이 육신으로 나타나사 우리의 스승이 되시고 모범이 되시며 대속자가 되시고 구세주가 되시는 예수 그리스도를 믿으며(교리와 장정 제35단 제2항)

라는 교리에 반하는 행위인 동시에 교리를 비방하고(교리와 장정 제192단 제1조 제1호) 신앙상 좋지 못한 언어행동을 자행하고(위법조 제7호) 이단 종파에 협조한 혐의가 있는 행동(위법조 제8호)으로서 동 교리와 장정에서 규정하고 있는 범과 행위이기 때문에 위 대학교의 교수로서는 상상할 수도 없는 품위 손상 행위를 범한 것이며

19931012_교원징계-교원 징계사유설명서 보내는 공문과 징계사유설명서_감리교신학원 이사장 표용은_6(3)번_페이지_3

셋째, 위 행위등은 사립학교법과 기타 교육관계법령에 의하여 설립된 위 학교법인 정관의 목적에 반하는 행위인 동시에 동 목적을 수행하기 위하여 설치된 위 신학대학교의 교수 및 보직교수로서의 본분에 위반된 행위이므로 **사립학교법 제61조 제1항 제3호 및 제1호 위반**의 징계사유에 해당하며

2. 위와같은 언동과 행위로 징계대상자가 위 교단의 특별총회에서 목사직 면직, 출교 및 파면의 권고 결의가 있게 되고 연회에서의 목사직이 면직되었으며 다시 기소되어 재판 회부되는등의 사태가 일어남에 따라 교단에서는 위 신학대학교의 다른 교수들까지 이단시 하는 움직임이 있게 되고 동 사태는 감리교신학대학교의 존립마저 위태롭게 하였으며 위 교단에서 교리에 반하는 것으로 문제삼고 있는 발언내용은 위 교단자체의 분열까지도 초래할 수 있는 중대한 사태로 진전될 염려가 있게 되자 이와같은 사태를 수습하기 위해 징계대상자와 같은 비난의 대상이 되어 있던 학장 변선환교수 다음으로 위 대학교의 책임자였던 구덕관교수(당시 대학원장, 현재 총장)는 징계대상자에게 더이상 위 신학대학교의 교수로서의 품위를 손상하는 일이 없도록 하라고 여러번 권고와 주의를 하면서 다시는 신문에 분쟁을 촉발하는 기고를 하여 교단소속 목사들과 교인들을 자극시키고 혐오감을 주는 행위를 삼가하고 교단의 선언된 교리와 감리교 신학사상에 위배되는 글을 쓰지 말라고 권고하였는데도 불구하고 징계대상자는 1992년 6월 7일자 영자 일간지 Korea Times기자와 대담에서 ; When asked about God, Hong.....Said that God is ...an outcome of experience... a projection of desire, or illusion resulting from wishful thinking.
즉, "신에 관하여 질문을 받고 홍은 대답하기를... 신은(인간) 경험의 산물이요...(인간)욕심의 투영이요... 희망적인 관측에서 비롯된 환상이라"고 발언함으로써 그의 저서인 "베짜는 하나님"에서 "만일 신은 계신가 하고 누군가가 우리에게 묻는다면 '신은 없다'고 잘라 말할 수도 있다"고 발언하여 하나님존재 부인, 육체의 부활부인, 예수십자가의 죽음을 격하, 예수 십자가의 피의 대속 불신, 통일교학생 비호와 교수본직 유기등으로 이단단죄를 받고 있는 상태에서 다시 파문을 심화시키는 행위를 하였고 그 결과 출교판결까지 받음으로서 특수목적으로 설립된 위 신학대학교의 교수로서의 품위를 손상시키는 동시에 동 특수목적 대학교의 교수로서의 본분에 반하는 행위를 하였고 이는 **사립학교법 제61조 제1항 제1호, 제3호** 위배의 징계사유에 해당되며

3. 위 신학대학교 학칙 제47조에 의하면 전임강사이상은 교수회 구성요원이며, 교수회는 학사행정 일체, 학생지도 및 교수 및 연구에 관한 중요사항을 다루도록 되어 있는 바 징계대상자는 1991년 9월에서 1992년 7월 사이 있은 16회의 전체 교수회의중 정당한 이유없이 91. 9.10, 10. 1, 10.31, 11.12, 92.1.24, 3. 3, 6.10, 7.15, 7.27, 회의에 9회나 불참하여 교수로서의 직무를 태만히 하였으며 이는 **사립학교법 제61조 제1항 제2호**의 징계사유에 해당되며

4. 징계대상자는 1985년 학생들을 선동하여 자신의 스승이요, 은사인 박봉배학장(현재 목원대 총장)을 축출하는데 가담한 전력이 있는 자 인바,

(1) 위에서 본 사태로 말미암아 1993. 2. 12 임명권자인 이사장으로부터 정관 제44조 2항 1호에 의하여 직위해제를 받았으므로 근신자중해야 함에도 불구하고 1993년 3월 9일 전체교수, 학생간담회 장소에 학교당국의 허락없이 나타나 총장이 하지도 않은 약속과 합의를 깼다며 하나님도 양심도 없이 '거짓

19931012_교원징계-교원 징계사유설명서 보내는 공문과 징계사유설명서_감리교신학원 이사장 표용은_6(3)번_페이지_4

말한다' 라고 학생들을 선동하고 "여러분 여러분 앞에 결단의 시각은 오고 있습니다. 우리는 지금까지 해 온 그것을 지켜야 됩니다. 교단의 압력, 거센줄 압니다. 그러나 우리는 일제때도 살아왔습니다."라고 선동하여 학생들로 하여금 학교당국을 불신하고 투쟁을 하도록 유도하고

(2) 징계대상자는 자신에 대한 징계의결이 있자 불복하여 교육부 재심위원회에 재심청구를 한 후 동 위원회에 제출한 교원징계재심청구서중 이사장 협박문서에 관한 부분은 감추고 자신의 일방적 주장에 관한 자료를 학생들에게 주었으며 1992년 6월 2일 총학생회 대자보를 통하여 동 『대학원위원회 보고서』 가 가공의 허위문서라고 주장하면서 학생들을 선동케하여 학생들로 하여금 학교당국과 교수들을 불신케 하였으며 자신의 교육부 재심청구 판결을 유리하게 하려고 학생들에게 구명 서명운동을 전개시켰고; 대학원원우회 회장 이명신외 원우일동의 명의로 교육부장관 앞으로 허위사실에 기한 민원서류를 제출케 하는등 대학교 교수로서의 품위를 손상하는 행위를 하였고 이는 각 **사립학교법 제61조 제1항 제3호**의 징계사유에 해당되며

5. 징계대상자는 나원용이사장에게 심야에 수차례 전화를 걸어 징계가 부당하다고 항의하기도 했으며, 뜻대로 되지 않자 1993년 5월 3일 나원용이사장이 앞으로 만일 자기를 징계하면 검찰에 고소하겠다는 협박조의 내용이 담긴문서에 동 이사장이 징계대상자를 징계할 목적으로 허위사실을 날조하여 징계요구를 하였다는 내용의 서울지방검찰청 검사장 앞으로 된 고소장을 첨부한 협박문서를 보내어 위 신학대학교 교수로서 품위를 손상하는 행위를 하였고 동 행위는 **사립학교법 제61조 제1항 제3호**의 징계사유 해당행위이며

6. 징계대상자는 1993년 7월 1일 후배 김준우를 대동하고, 자신의 통일교관련 문제에 대해 1991년 12월 17일 대학원조사위원회에서 징계대상자에게 불리하게 진술한 금란교회 소속 이규철전도사를 찾아가 위협한 후 대학원조사위원회에서 진술한 사실을 번복한다는 내용의 징계대상자가 작성한 문서에 강제로 답변 서명시키고 그 내용을 주간지인 새누리신문에 1993년 7월 17일자로 기사화시킴으로써 위에서 본 내용으로 물의를 이르켜, 특별총회의 결의대상이 되고 또 목사직 면직처분을 받고 직위해제를 당한 교수로서 근신하지 못하고 품위를 손상하여 **사립학교법 제61조 제1항 제3호**의 징계사유 해당행위를 하였고

7. 징계대상자는 상기 『대학원위원회보고서』를 가공의 허위날조 문서라고 주장하다가 당시 참석한 교수들 가운데 11명이 동 『대학원위원회보고서』가 사실문서라고 확인서명하자 오히려 서명한 교수들을 비방하다가 마침내 1993년 6월 16일 동 『대학원위원회보고서』 작성자 방석종교수를 출판물에 의한 명예훼손, 무고, 업무방해, 불법문서작성, 직권남용이라는 죄목으로 서울지방검찰청 서부지청에 고발하였으나, 경찰 수사관의 조사결과 무혐의, 불기소로 사건 송치되었는 바(1993. 8.11), 이같은 사실을 인지하고 담당검사에게 제2차로 소견서를 제출했으나(8월15일) 자신에게 불리하게 작용할 것이라고 판단하고서는 8월 30일에 고소를 취하하는 파렴치한 행위를 한 자로 이는 동료교수에 대한 무고 및 명예훼손 행위이며 대학교 교수로서 품위를 손상시킨 행위로서 **사립학교법 제61조 제1항 제3호**의 징계사유에 해당하며

19931012_교원징계-교원 징계사유설명서 보내는 공문과 징계사유설명서_감리교신학원 이사장 표용은_6(3)번_페이지_5

8. 징계대상자는 인도적 법 정신을 악용하여, 종교적 신념으로 사실 그대로인 그의 이단적인 신학을 신문에 광고한 김홍도목사, 유상열장로를 사직당국에 고발, 선배 지도자들은 물론, 주변의 여러사람들, 구덕관총장, 방석종신학대학원장등을 검찰청을 불려다니며 괴로움을 당하게 하였을 뿐 아니라, 지난 1993년 7월 24일 자신의 교육부 재심 판결(93년 7월 27일)을 유리하게 이끌기 위해서 화해라는 명목으로 무조건 고소를 취하하고 서는 이후 김홍도목사로부터 거금 8천만원을 받아 챙겼던 바, 이는 신학대학 교수로서 품위를 손상하여 **사립학교법 제61조 제1항 제3호**의 징계사유에 해당하는 행위를 하였다.

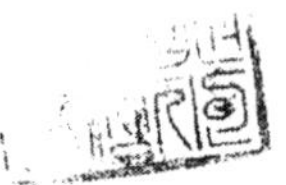

19931012_교원징계-교원 징계사유설명서 보내는 공문과 징계사유설명서_감리교신학원 이사장 표용은_6(3)번_페이지_6

K-2-202

종교재판의 결정적인 위증문서

『대학원위원회 보고서』의 음해조작 과정

김준우 목사
(79년 감신대 졸업, 철학박사,
연세대 및 협성신대 강사)

목차

19931013_종교재판의 결정적인 위증문서대학원위원회 보고서의 음해조작과정_김준우_6(3)번_페이지_01

1. 감리교단의 종교재판은 처음부터 끝까지 조작극이었음이 객관적으로 밝혀졌다.

1992년 5월 7일, 금란교회에서 속개된 감리교 서울연회(당시감독 나원용 목사)의 종교재판은 1200여 명의 목회자와 평신도들의 기도와 호소에도 불구하고, 그 시시비비조차 가리지 않은 채, 시퍼런 칼날을 휘둘러 기어코 두 신학자, 곧 변선환 학장과 홍정수 교수의 목을 내리쳤고, 낭자하게 흐르는 피가 감리교단을, 감리교 신학대학을 적셔 놓은지도 1년 반이 지났다. 그 동안 많은 사람들이 종교재판은 감독님들이나 재판위원들이 알아서 처리할 문제라고 무관심하거나, 아니면 그 신학자들이 실제로 잘못이 많아 징벌을 받아서 하느님께 매맞으며 죽임을 당하는 것이라고 생각해 왔다(사 53:4). 그러나 변선환 학장의 「종교다원주의 신학」이나, 홍정수 교수의 「포스트모던 신학」에 대하여 단 한번의 학문적인 토론과정은 물론 협의사실에 대한 확인과정조차 없이 종결되었다는 점에서, 한국 감리교단의 종교재판은 중세의 종교재판이나 마녀재판보다 더욱 악랄하였으며, 돈과 교권이 결탁하여 진실을 처형하고 약자를 살해하였다는 점이 이 사건의 가장 불행한 면으로 지적되었다. 두 신학자를 고발한 김홍도 목사/유상열 장로는 수억원의 돈을 들여 일간신문에 최소 6회, 교계신문에 최소 11회에 걸쳐 5단광고를 냄으로써, 교회법이 금하고 있는 바 "교회 일을 세상에 악선전"하였으며, 심지어 김홍도 목사는 심사반 위원들을 돈으로 매수하려 했다는 사실이 뒤늦게 밝혀졌을 뿐 아니라, 실제로 재판위원회(위원장 고재영 목사)의 위원들 가운데 누구는 수 천만원에 달하는 거액의 돈을 받아 챙겼다는 것이 공공연한 비밀로 알려지기도 했다.

이 암담하고 할 일 많은 시대에 감리교단의 한심스런 종교재판을 지켜보면서, 국내외의 많은 사람들은 하느님께서 정녕 한국 감리교단을 저버리고 마시는가 하고 염려하며 기도하였다. 그러나 땅에서부터 호소하는 아벨의 핏소리를 들으신(창 3:10) 하느님께서는 감리교단의 종교재판 사건이 처음의 문제제기 과정(특히 신문광고를 통한 흑색선전)에서부터 법정 심사시한(30일/20일 연장 가능, 재판법 12조)과 심사회수("세번 심사는 못한다" 재판법 15조)를 어기고 100일 동안에 걸쳐 "3번씩 심사"한 과정, 재판위원들 15명 가운데 13명이 "고발자" 집단인 「교리수호대책위원회」 사람들로서, 두 차례에 걸친 「법관 기피신청」에 대하여 조차 적법한 심사를 하지 않은채 「기소장」을 작성한 과정, 송달된 「기소장」과는 전혀 다른 「기소장」으로 인해 피고인의 방어권을 박탈한 채, 또한 "범죄의 시일, 장소, 방법을 명시하여 사실을 特定해야 한다"(형사소송법 제254조 3항)는 상식도 어긴채 작성된 「기소장」에 의한 출교구형과 "변론은 10분간 허용"한 이후 15분 만에 내려진 「선고」, 연회감독의 확인도 있기 전에 재판내용이 일간신문에 광고된 사실, 「항소장」의 접수거부와 학생들의 항의로 접수한 후, 「재판비용 미첨부에 의한 서류반송」을 「항소기각」으로 처리한 사실, 그리고 나원용 목사가 감독직에서 물러난지 2주 후에 불법적으로 「출교장」을 작성한 과정까지 모든 것이 불법과 조작극이었다는 사실을 금년 여름 동안에 명명백백하게 밝혀 주셨다. 이것은 감리교단의 목사들은 혹 돈에 매수당할 수 있었는지 모르지만, 교육부와 사법 당국의 평신도들과 비기독교인들은 오히려 돈이나 그 어떤 것으로도 매수될 수 없었기 때문이기도 하다. **이 사실은 감리교단에 대한 세상의 심판뿐 아니라, 하느님의 정의로운 심판이 시작되었음을 뜻한다. 하느님께서는 소년 다윗의 물맷돌 하나로 골리앗 장군을 거꾸러뜨리셨듯이, 교권과 돈이 결탁한 막강한 힘조차도 진실과 도덕성 앞에 무릎꿇게 하셨으며, 어둠이 빛을 이기지 못한다는 진리를 또다시 확증하셨다. 아울러 이번 사건이 누구가, 무슨 목적으로, 어떤 과정을 거쳐 조작하였는지도 상당 부분 만천하에 드러내셨다.**

2

19931013_종교재판의 결정적인 위증문서대학원위원회 보고서의 음해조작과정_김준우_6(3)번_페이지_02

2. 김홍도 목사는 왜 홍정수 교수에게 80,000,000원을 주었는가?

「교리수호 대책위원회」(대표 김홍도/유상열)의 고발로 시작된 홍정수 교수에 대한 종교재판의 혐의는 소위 (1) "예수 피 개/돼지 피설"과 (2) "통일교 비호설"로 문제가 제기되었다. 그러나 첫번째 "예수 피 개/돼지 피설"은 "예수의 피"를 문자적으로 이해하여 "동물의 피"로 이해해서는 "안된다"는 홍정수 교수의 주장(『베짜는 하나님』, 147쪽)을 김홍도 목사가 완전히 정반대로 왜곡하여, 그것도 "어린 양(동물)의 피"가 아니라 악의에 찬 "개/돼지 피설"을 날조한 것이 객관적으로 드러나게 되었을 뿐 아니라, 두번째 "통일교 비호설" 역시 금란교회 전도사이자 「교리수호 대책위원회 상임간사」인 이규철과 감신대 몇몇 교수들이 공모하여 조작한 것임이 입증되어, 이충호 검사가 김홍도 목사/유상열 장로를 명예훼손으로 형사 기소하기 직전, 즉 7월 24일에(* 명예훼손은 3개월 이내에 수사가 끝나는 것이 보통이지만, 이번 사건은 어쩐 일인지 11개월이나 끌어서, 7월 말을 넘길 수 없었다), 이충호 검사와 강대성 변호사, 그리고 "증인"으로 참석했다는 재판위원장 고재영 목사 앞에서, 김홍도 목사와 유상열 장로는 홍 교수에게 자신들의 죄과를 인정하고, "빠져나갈 구멍을 달라"고 1시간 이상이나 간청하여, 감리교단의 가장 큰 교회의 담임목사이자 선배 목사인 김홍도 목사를 기소하여 감리교단이 또다시 손가락질 당하게 만들기 보다는 오히려 "화해와 일치"를 추구하는 것이 신앙적이라는 판단에서 『합의각서』를 작성하기에 이르렀으며, 홍 교수에 대한 "피해보상"으로, 8월 10일 오전 앰배서더 호텔 커피숍에서 금란교회 "재정담당"이라는 정찬도 장로를 통해, 본인을 비롯한 여러 증인들 앞에서 8천만원을 신탁은행발행 수표로 지불하였던 것이다(금란교회 앞으로 영수증 발행하고 그 부본 보관).

목사님들이나 교수님들도 인간인지라 실수할 수도 있고, 죄를 지을 수도 있다. 그러나 잘못이 드러났을 때는, 이를 회개하고, 자신의 행동으로 인해 피해입은 사람에게 용서를 구하고 응분의 피해보상을 하는 법이다. 이것은 용기를 필요로 하지만, 비기독교인들에게 있어서조차 기본적인 윤리이다. 김홍도 목사/유상열 장로가 비록 검사실에서, 객관적 사실을 인정하지 아니하고 홍 교수를 "이단자"나 "통일교 비호자"라고 계속 주장하면 그 자신들이 기소당 할 수밖에 없는 처지였지만, 어쨌건간에 자신들의 죄과를 솔직히 인정했다는 점에서 일단은 용감했다. 또한 그들이 8천만원의 돈을 지불했다는 사실은, 지금에 와서 "위로금"이니 "유학비"니 하며 변명을 한다해도, 형사소송 사건을 통해, 자신이 "가해자"였으며, 홍 교수가 "피해자"였다는 사실을 솔직히 인정하는 물적 증거를 여러 증인들 앞에서 확실하게 남긴 것이다. 그 돈이 정녕 "피해보상"이 아니라, "위로금"이나 "유학비" 명목이었다면, 여전히 김홍도 목사가 "이단 교수"(8월 26일의 「해명서」)로 매도하는 홍교수에게 "위로금"이나 "유학비"를 준 행위는 "이단 협조의 죄"(재판법 제1조 8항)에 해당하는 것이 아닌가? 묻고 싶다.

3. 왜 『대학원위원회 보고서』의 음해조작 과정을 밝히는가?

그러므로 홍정수 교수에 대한 종교재판의 혐의 가운데 첫번째 "예수 피 개/돼지 피설"은 정반대로 왜곡 날조한 것임이 분명히 드러났다. 또한 홍 교수를 고발하였던 「교리수호대책위원회」의 두 대표는 일단 용기 있게 자신들의 가해사실을 인정하고 피해보상까지 했다. 그러나 종교재판의 두번째 혐의였던 "통일교 비호설"을 위증한 결정적인 비밀문서 『대학원위원회 보고서』를 비밀리에 작성한 감신대 교수들은 그 허위성이 객관적으로 드러났음에도 불구하고, 사과

3

19931013_종교재판의 결정적인 위증문서대학원위원회 보고서의 음해조작과정_김준우_6(3)번_페이지_03

하기는커녕, 이 위증문서의 조작사실을 은폐하였으며, 또다시 불법적인 3차 파면을 꾸미고 있다. 특히 한국교회에서 목사나 신학자를 "통일교 관련자"로 모함하는 것은 대한민국 국민을 "빨갱이"로 모함하는 것 이상으로 치명적인 모함이라는 사실을 분명히 인식해야만 한다.

한편 홍 교수는 『보고서』의 실체가 드러났을 때(6월 1일), 이 비밀 『보고서』를 어떤 이유에서건 직접 기록한 방석종 교수를 만나(한인철 박사 동석), 이 허위 『보고서』가 『기소장』에 직접 인용되어 출교라는 극형을 받게 한 결정적인 위증문서이며, 통일교 학생을 처리하지 않은 책임이 직책상 대학원과장에게 있는 것이 아니며, 또한 홍 교수는 "당시 대학원과장"이 아니라는 사실이 서류상으로 증명되었음을 설명하고, 방교수에게 "미안하게 되었다고 사과하고 화해할 것"을 오히려 홍 교수가 제의하였으나, 방 교수는 끝내 이를 거부하였다. 본인 역시 6월 11일 밤 10시경, 방 교수 댁으로 전화를 걸어(방 교수는 본인이 고등부회장 당시 교육전도사였기에) "사과하고 화해할 것"을 간청하였으나, 방교수는 이를 또다시 거부하면서, 6월 8일의 『대학원위원회 보고서에 대한 사실 확인서』에 서명하지 않은 교수들(박창건, 이정배, 김영민 교수)을 "물갈이"시킬 것임을 천명하였다(이 "물갈이"는 이번학기에 "보직 박탈"로 현실화되었다). 이런 상황 속에서 홍 교수는 자신의 문제로 인하여 후배 교수들이 "물갈이" 당하지 않도록 보호하기 위해서라도, 방교수를 『허위문서 작성에 의한 명예훼손혐의』로 고발할 수 밖에 없었다(6월 17일). 그러나 홍 교수가 김홍도 목사와 화해하고 난 이후(7월 24일), "홍 교수가 복직하지 못하는 이유는 홍 교수가 다른 교수들과 화해하지 못하는 사람이기 때문"이라는 악선전이 쓸데없이 나돌아, 방교수에 대한 고소를 일방적으로 취하시켰다(8월 30일).

비밀리에 동료교수의 보직을 허위로 증언하는 문서를 조작하여, "통일교 비호자"로 모함하여 출교 당하게 하고, 그 모함의 장본인들이 구두 사과조차 거부한 채, 또다시 징계위원이 되어 3번씩이나 파면시키려 한다는 사실은 『대학원위원회 보고서』가 "본의 아닌 실수"가 아니라, "고의적인 음해조작"이라는 사실을 더욱 분명히 입증해준다. 그러므로 종교재판은 아직 끝난 사건이 결코 아니다. 이제는 종교재판을 음모하고 그 조작과정에 참여한 불법자들, 자신들의 행동을 반성하며 회개하기는커녕, 여전히 감리교단의 지도자라 자칭하며 또다른 음모를 꾸미고 있는 불한당들을 하느님의 정의와 기독교인의 신앙양심의 재판정에 세움으로써 하느님의 의가 되살아나도록 해야만 하는 미해결의 사건이다.

총학생회는 지난 6월 3일 『대학원위원회 보고서에 대한 공개질의』를 나원용 전 서울연회 감독과 92년 서울연회 재판위원회에 제출한 바 있다. 그러나 아무도 납득할 만 하게 답변하지 않은 채 침묵만 계속되고 있다. 그러나 감리교단과 감신대가 새롭게 태어나느냐, 아니면 계속해서 불법자들의 손아귀에 놀아나느냐 하는 문제는 이 종교재판의 진실이 밝혀지느냐 않느냐에 달려 있는 중차대한 사안이기에, 종교재판 사건의 결정적인 위증문서 『대학원위원회 보고서』의 조작과정을 밝히는 바이다. (참고로 본인 역시 이번 사건이 신앙적으로 해결되도록 하기 위하여, 나원용 목사와 김홍도 목사에게 각각 두차례에 걸쳐 이번 사건이 신앙적으로, 또한 이성적으로 매듭지어 지기를 간곡히 당부한 바 있으며, 지난 4월 27일 감신대 대학원 채플을 통하여 종교재판의 진실을 호소한 바 있음을 밝힌다.)

4. 교육부는 왜 홍정수 교수에 대한 파면을 두번씩이나 취소시켰는가?

홍정수 교수에 대한 종교재판과 출교가 학교 외부의 부흥사들에 의해서만 저질러진 사

19931013_종교재판의 결정적인 위증문서대학원위원회 보고서의 음해조작과정_김준우_6(3)번_페이지_04

건이 아니라, 학교 내부에 있는 교수들, 즉 구덕관, 염필형, 방석종 교수 등이 음해조작한 『대학원위원회 보고서』에 결정적으로 힘입어 저질러진 사건이었다. 또한 홍정수 교수에 대한 파면은 구덕관 교수가 19회 입법총회에서 300여 명의 총대들 앞에서 혼자서 종교재판을 극력 반대하였으며(1991년 10월 30일), 두번의 교수단 성명서를 통해서 학문의 자유를 적극 주장하였음에도 불구하고(1991년 11월 26일, 92년 2월 11일), 학장에 취임하여 「100주년 기념관 건립」을 계획하자마자, 직접 「징계위원회」를 구성하여(1992년 9월 5일), "지금 홍정수 교수가 계속해서 우리 학교에 남아 있어서 학교가 교회에 도움을 받는다는 것은 거의 불가능한 입장이니까 홍정수 교수가 학교를 떠나는 것이 옳은 길이라 생각"하여(감신학보 1992년 9월 10일자), 즉 「100주년 기념관」 건축을 위한 "모금이 안되기 때문에" 홍 교수를 두번씩이나 파면시켰으며(1993년 1월 19일, 5월 14일), 검찰 수사과정에서 그 동안 1년 반이 넘도록 비밀에 가려있던 『대학원위원회 보고서』의 실체가 드러나자(6월 1일), 이 문서의 조작사실을 또다시 은폐하기 위하여 이 위조문서에 대한 "사실 확인" 소동까지 벌여(6월 8일 교수회의, 그러나 『보고서』에 참석했다고 나와있는 14명의 교수들 가운데, 박창건, 이정배, 김영민 교수는 끝까지 양심을 지켜 "사실 확인"을 거부하였다), 교육부에 「대학원위원회 보고서에 대한 사실 확인서」까지 제출하였음에도 불구하고, 또한 김홍도 목사가 홍 교수와 합의하자(7월 24일), 홍 교수의 교단 복권과 교수직 복직을 끝까지 막아볼 셈이었는지, 사흘 만에(7월 27일), 염필형, 이기춘 교수 등이 수원에서 부흥회를 인도하던 김홍도 목사를 찾아가 사흘 전의 『합의각서』를 완전히 부인하는 또 하나의 각서를 작성토록 요구하여 교육부에 제출하였음에도 불구하고, 교육부가 두번 모두 파면 취소의 결정을 내린 이유(절차상 하자)는 실질적으로 (1) 『대학원위원회 보고서』가 홍 교수를 죽이기 위해 터무니없이 "통일교 비호설"을 조작한 위증문서였다는 사실, (2) 「대학원위원회 보고서에 대한 사실 확인서」조차도 거짓을 은폐하기 위하여 11명의 교수들이 합동으로 조작한 또 하나의 허위문서라는 사실, (3) 7월 27일 김홍도 목사가 쓴 『각서』 역시 사흘 전의 『합의각서』를 뒤집으려는 또 하나의 조작이었다는 사실, (4) 이 허위문서들을 직접 조작했던 교수들이 징계위원으로서, 두 차례의 형식적인 최후진술을 통해서조차 단 1초 동안의 진상확인 과정도 없이 홍 교수를 파면시켰다는 사실 등이 객관적인 물적 증거(첫번째 『대학원위원회 보고서』(1) 작성 하루 전날 홍 교수가 전국에 돌린 「신학자가 드리는 목회서신 (1)」, 두번째 『대학원위원회 보고서』(2) 작성 바로 다음날 서울 연회 심사위원 제 1반의 「심사경위 보고서 및 사퇴서」, 다섯 차례에 걸쳐 홍 교수가 제출했던 「징계위원 기피신청서」, 홍정수 교수의 최후진술 기록들, 보직경력 증명서, 통일교 간부 양창식의 학적부 사본과 증언, 통일교 사건 제보자 이규철의 7월 1일자 자백서, 홍 교수와 김홍도/유상열의 『합의각서』 등등)를 통해 입증되었기 때문이다.

5. 『대학원위원회 보고서』는 왜 조작되었으며, 재판에서 무슨 역할을 하였는가?

감리교 250년 역사상 처음으로 발생한 종교재판이란 한마디로 말해서 소위 「교리수호 대책위원회」(대표 김홍도/유상열)라는 부흥사 집단이 감신대 조직신학 교수를 상대로 "교리논쟁"을 하기에는 역부족임을 깨닫게 되었을 뿐 아니라, 서울연회 「목사자격심사 상임위원회」조차 "교리 위배"의 혐의점을 찾지 못하게 되자(1991년 9월 20일), 급기야는 「교리수호대책위원회 간사」 이규철을 시켜 "통일교 비호설"을 조작하기로 작정하였고(12월 초), 김홍도 목사가 참석한 자리에서 이규철이 진술한 증언을 토대로 감신대 교수들이 작성한 두 개의 비밀문서 『대학원위

5

19931013_종교재판의 결정적인 위증문서대학원위원회 보고서의 음해조작과정_김준우_6(3)번_페이지_05

원회 보고서』(12월 17, 19일)를 통해, 그것도 통일교에 대해 비판적인 논문을 두번씩이나 발표한(88년, 89년) 동료교수에 대하여 "통일교 비호자"라는 거짓 누명을 덮어씌워 출교시킨 비열한 사건이었다.

즉 「교리수호대책 위원회」는 서울연회 「목사자격심사 상임위원회」가 이미 두 신학자에 대하여 "교리 위배의 혐의점을 발견할 수 없다"는 「심사 보고서」를 서울연회에 제출한지(1991년 9월 20일) 두 달 이후, 곧 11월 21일에 힐튼호텔에서 결성되었다. 따라서 김홍도 목사가 「대책위원회」를 결성한 후, 이규철을 만나 "통일교 사건"을 듣기 전까지 열흘 동안에는 두 신학자를 고발하지 못하고 있었으나, 이규철의 "통일교 사건"제보를 듣고서야 비로서 12월 2일 두 신학자를 "이단 및 통일교관련" 혐의로 서울 연회에 고발함으로써 종교재판이 시작되었다. 「교리수호대책 위원회」를 거창하게 띄워놓았으나, "교리 위배"로는 고발할 수 없다는 사실이 드러나 궁지에 몰려있던 김홍도 목사에게, 이규철의 "통일교 사건"제보는 김홍도 목사의 체면을 살려주는 결정적인 계기가 된 것이다. 김홍도 목사는 이규철을 만나 궁지에서 빠져나올수 있었던 당시의 심경을 "하나님께서 우리를 도우신 것이다"고 적나라하게 고백하였다(「크리스챤신문 1991년 12월 7일의 인터뷰 기사). 이것은 어느 목사나 신학자를 "통일교 비호자"로 고소할 경우, 가장 확실하게 출교시킬 수 있기 때문이었다.

그러나 김홍도 목사는 통일교 간부(양창식)가 감신대를 졸업한 사건의 책임을 홍정수 교수에게 덮어씌워 출교시키기 위해서는, 이규철의 제보에 대한 감신대 교수들의 뒷받침을 절대적으로 필요로 하였고, 이 과정에 구덕관, 염필형, 방석종 교수가 동원되어, 문제의 위증문서 『대학원위원회 보고서』를 비밀리에 조작하게 되었다.

즉 구덕관, 염필형, 방석종 교수는 통일교 간부(양창식)의 대학원 재학 제보사건 당시(1988년 봄, 「크리스챤신문」 92년 2월 22일자, 이규철의 인터뷰 기사 참조)에 학부 학생처장을 맡고 있었던 홍정수 교수를 "당시 대학원 과장"이었다고 보직경력을 비밀리에 조작함으로써(* 이규철은 결코 "당시 대학원과장이 홍정수 교수라는 말은 하지 않았다"고 자백했으며, 1988년 당시 학부 2학년이었던 이규철이 3년이 지난 1991년 12월에 "당시 대학원과장"이 누구였는지를 기억하여 진술했다는 것은 상식적으로도 불가능한 일이다. 따라서 "당시 대학원과장 홍정수 교수"라는 문구는 당시 실제 대학원과장이었던 염필형 교수가 자기의 책임을 홍 교수에게 덮어 씌우기 위하여 구덕관, 방석종 교수와 공모한 것으로 판단할 수 밖에 없다), 10년씩이나 같이 지낸 동료교수를 "통일교 비호자"로 음해조작한 『대학원위원회 보고서』를 비밀리에, 그것도 두번씩이나 작성함으로써(1991년 12월 17일, 19일), 이 비밀문서를 넘겨받은(12월 20일?) 서울연회 재판위원회 심사반은 이 조작된 문서를 "통일교 비호설"의 결정적 증거물로 삼아 홍 교수에 대한 「기소장」을 작성하였고(1992년 2월 24일), 결국에는 이 비밀문서를 통해 홍 교수를 출교시켰다(1992년 5월 7일). 다음에 인용하는 「기소장」의 통일교 관련 부분은 「기소장」이 전적으로 『대학원위원회 보고서』에 입각한 것임을 보여준다.

....

위자(홍정수)는 통일교의 거물급 인사 양창식이 과거의 통일교 인물이 아니라, 입학 당시에나 현재나 통일교의 중요한 인물로 활약하고 있으며 이러한 구체적 사실은 이미 양창식씨가 재학 당시에 이규철 전도사에 의해 폭로되어 학교 당국에 보고되어, 양창식씨가 통일교인이라는 사실이 『대학원위원회 보고서』에 기록된 내용을 통해서도 알 수 있듯이 확실하게 인지되었고... 양창식씨가 감리교 신학대학에 재적 학생으로 자격요건을 갖추지 못했는데도 불구하고 그의 내방을 수시로 용인하였고(감리교 신학대학 대학원 조사위원회 조사 참조), 또한 그 당시 대학원 학과장으로서 당연히 양창식씨를 제적시켜야 했음에도 불구하고 게다가 양창식 씨 문제가 있을 당시 감신대 선한용 교수가 그를 퇴학시켜야 한다고 했고, 방석종 교수도 통일교에 속한 학생을 철저하게 조사해서 조치를 위해야 한다고 했을 때, 위자는 양창식씨가 이미

6

19931013_종교재판의 결정적인 위증문서대학원위원회 보고서의 음해조작과정_김준우_6(3)번_페이지_06

통일교인임을 인지하였음(『감리교신학대학 대학원보고서』 참조)에도 그에 대한 문제삼을 증거가 없다고만 하였고 또한 윗분들이 아무런 이야기가 없어서 그냥 두었다라고 말하면서 당시 대학원 학과장으로서... 오히려 양창식씨보다 이규철 전도사가 감리교 신학 내의 통일교 총책임자로 거꾸로 매도되게 하였으며...오히려 양창식 씨 보다 이규철 전도사가 감신대 통일교 "대빵"(큰 놈)이라는 말을 유포하여, 82년 이후에 이규철 전도사가 통일교 관련 그 어떤 단체에도 가담하거나 협조하지 않고 완전히 탈퇴하여 순수한 복음주의적 신앙생활을 하며 충실한 기독교인으로서 살아왔음이 『감리교신학대학 조사위원회』에 의해 밝혀졌음. 개인적인 명예에 엄청난 피해를 입혔으며 결국엔 사실상 통일교 거물 인사를 5년이라는 세월동안 감리교신학대학 내에 암약하며 계속적인 포섭 활동을 할 수 있도록 비호, 방조하였으며, 급기야 양창식씨가 석사논문 (제목 「선교과제로서의 민족분단과 통일 전망」 88 석 9886)의 상당한 부분에 통일교 원리강론이 변증된 사실이 나타나고 있음에도 불구하고, 무사히 졸업하게 함으로써 통일교의 거물급 인사인 양창식씨를 비호방조하여 통일교와 연루된 사실이 명백히 입증되고 있으므로 위 모든 사실이 「교리장정」 제 99단 8조 4항에 적용됨을 인정하는 바이다.

....

위의 『기소장』이 증명하는 것처럼, 『대학원위원회 보고서』, 혹은 『감리교신학대학 조사위원회 조사』라는 비밀 위증문서가 없었으면, "통일교 비호설"은 착오이거나 증거없는 모함으로 밝혀졌을 것이며, 그렇다면, 위에서 말한 것처럼 "예수 피 개/돼지 피설"은 김홍도 목사가 홍 교수의 저작을 자세히 읽지 않은 채 정반대로 왜곡, 날조한 것임이 쉽게 증명되기 때문에, "통일교 비호설"에 거의 전적으로 근거한 감리교단의 종교재판은 한 편의 조작극으로 끝맺음 하지는 않았을 것이다.

6. 『대학원위원회 보고서』는 명백히 비밀문서이다.

『대학원위원회 보고서』는 두 개의 문서로서(1991년 12월 17일, 12월 19일), 각각 두 페이지에 불과한 비밀문서이다. 이 두 개의 『보고서』는 소위 「교리수호 대책위원회」(대표 김홍도/유상열)가 조직신학자인 홍정수 교수에 대하여 "교리 위배"로 기소시키기에는 역부족임을 깨닫게되자, 감신대 교수들과 공모하여 그를 "통일교 비호자"로 모함하기 위하여 두차례에 걸쳐 조작한 비밀문서이다. 「기소장」에 공식 인용된 이 『보고서』들이 비밀문서인 이유는 이 문서가 단지 몇 사람에 의하여 비밀리에 작성되어 비밀리에 전달되었기 때문일 뿐 아니라, 「기소장」 낭독 이후, 학교당국조차도 이 문서의 실체를 계속 부인하여 왔으며, 사무처나 대학원에 공식 보관되어 있지 않다고 주장해 왔다는 점에서 비밀문서들이다(이제와서 『보고서』의 작성자인 방석종 교수가 자신이 그 원본을 봉투 속에 보관해 둔 것을 뒤늦게 찾게 되었다고 궁색한 변명을 하고 있다는 것은 이 문서가 공식문서가 아닌 비밀문서임을 증명하는 것이다지난 6월 11일 밤, 방교수는 본인과의 전화통화에서 『보고서』의 전문을 보여줄 수 있다고 하여, 12일 오전 방교수의 연구실로 찾아갔으나, 약속과는 달리 『보고서』의 전문을 보여줄 수 없다고 거부 하였다.) 또한 이 문서들이 어떤 경로를 통하여 서울연회에 문서 접수번호와 접수날짜도 없고, 접수자 서명날인도 없이 서류철에 끼어 있게 되었는지에 관하여 문서접수 담당자조차도 현재까지 모르고 있기 때문에 비밀문서들인 것이다. 그러나 홍 교수에 의하여 명예훼손으로 고발당한 김홍도 목사가 이 『보고서』를 담당검사에게 제출함으로써 1993년 6월 1일, 그 실체가 드러나고, 7월 1일, 즉 작성된지 1년 반이 지나서야 비로소 그 전모가 세상에 알려진 비밀문서이다.

7. 김홍도 목사 앞에서 조작한 『대학원위원회 보고서』(1)

『대학원위원회 보고서』(1)는 1991년 12월 17일, 즉 서울연회 재판위원회 심사반이 홍

7

19931013_종교재판의 결정적인 위증문서대학원위원회 보고서의 음해조작과정_김준우_6(3)번_페이지_07

교수에 대해 심사한 12월 20일의 사흘 전, 코리아나 호텔에서 김홍도 목사가 참석한 자리에서 (별첨자료 1 참조), 이규철의 증언을 토대로, 방석종 교수가 기록한 문서이다.

이 『보고서』(1)의 외형을 자세히 살펴보면 첫째 페이지는 감신대의 공식용지(head-letter)에 방석종 교수가 자필로 적었으며, 둘째 페이지에는 본래 이규철이 서명 날인하였는데, 이 둘째 페이지를 그대로 제출하면, 이규철 개인의 증언이 될 뿐, 감신대 대학원위원회의 공식적인 『보고서』로서의 신빙성이 떨어질 것을 우려하였던지, 첫 페이지의 맨 아래 다섯 줄을 둘째 페이지에 또다시 중복하여 타자로 치고, 본래 있던 이규철의 서명날인 부분을 완전히 삭제시킴으로써, 이규철의 사사로운 증언을 마치 대학원위원회의 공식적인 『보고서』인 것처럼 조작한 문서이다. 즉 『보고서』(1)은 그 외형부터가 재판정에서 증거물로 채택되기에는 해괴하기 이를데 없는 문서이다.

이 『보고서』 (1)의 핵심 내용은 이규철이 통일교 간부(양창식)가 대학원에 재학중이라는 사실을 "그 당시 대학원 과장 홍정수 교수님을 찾아가 이 사실을 고하였(다)"라는 것과, "양창식이 홍 교수의 방에 자주 드나드는 것을 보았으며," 홍 교수는 오히려 "이규철을 통일교 대빵이라고 했다"는 것이다. 이 비밀 『보고서』(1)의 허위성은 『보고서』(2)의 허위성과 함께 아래에서 자세히 입증하겠다.

8. 그들은 왜 두번째의 『대학원위원회 보고서』(2)를 조작해야만 했는가?

『대학원위원회 보고서』(2)의 조작경위는 다음과 같다. 이 두번째 보고서는 첫번째 보고서를 작성하고 바로 이틀 뒤, 즉 1991년 12월 19일 날짜로 되어 있다. 이 날은 홍 교수가 서울연회 심사반에서 심사를 받기 바로 전날이었다. 그렇다면 『대학원 위원회』는 왜 홍 교수의 심사 하루 전날, 서둘러서 두번째의 『보고서』를 조작해야만 했을까? 그 이유는 이틀전에 작성한 『보고서』(1)을 가지고는 홍 교수를 "통일교 비호자"로 확실하게 옭아매기에는 부족하다고 판단한 때문임이 분명하다. 즉 『보고서』(1)은 위에서 언급했듯이, 비록 궁여지책을 써서 이규철의 서명날인을 완전히 삭제하고 중복 타자를 쳐서 공식문서인 것처럼 조작을 했다하더라도, 이 첫번째 『보고서』가 재판과정에서 증거물로 채택되어 법적인 효력을 갖기에는 세가지의 헛점이 발견된다. 우선은 이 『보고서』(1)은 누가 보더라도 이규철의 일방적인 개인 증언으로 되어 있기 때문에, 홍 교수가 심사받는 과정에서 이규철의 증언내용(제보사실)을 순순히 자인(自認)하지 않을 경우, 물적 증거가 되지 못한다는 점이다. 다시 말해서 만일에 홍 교수가 이규철의 증언내용을 부인하고, 이규철과의 대질심문을 요청하면, 첫번째 보고서는 그 법적 효력을 상실하게 될 뿐 아니라, 오히려 비밀리에 조작한 『보고서』(1)의 실체가 드러나게 되어, 문서조작이 들통날 위험성이 있었다. 또한 『보고서』(1)에서 이규철이 통일교 간부의 대학원 재학사실을 "그 당시 대학원 과장 홍정수 교수"에게 제보하였다고까지는 조작하였는데, 여전히 남는 문제는 홍 교수가 "그 당시 대학원 과장"이었다는 사실을 부인할 경우, 보직경력이 밝혀지게되고, 문서조작이 폭로될 위험성이 있었다. 마지막으로 통일교 학생을 처리할 책임이 과연 대학원 원장이나 학장에게 책임이 있는 것이 아니라, 대학원 과장에게 책임이 있다는 사실을 홍 교수가 부인할 경우 (실제로 학생의 입학과 졸업의 책임은 학장에게 있다), 행정적으로 책임소재에 관해 논란의 여지가 생기게 될 뿐 아니라, 비밀문서인 『보고서』(1)의 조작사실이 폭로될 위험성이 있었다. 따라서 대학원위원회는 통일교 간부 재학사건의 책임이 대학원 과장에게 있었다는 점을 분명히 못

8

19931013_종교재판의 결정적인 위증문서대학원위원회 보고서의 음해조작과정_김준우_6(3)번_페이지_08

박아들 필요가 있었던 것이다.

다시 말해서 대학원위원회는 『보고서』(1)의 결정적인 헛점을 충분히 보완시키기 위해서, 『보고서』(2)를 통하여, (가) 홍 교수 자신이 통일교 간부의 대학원 재학 사실을 이규철로부터 제보받아 알고 있었음을 자인하게 만들고, (나) 홍 교수로 하여금 "당시 대학원 과장"이었음을 자인하게 만들고, (다) 홍 교수로 하여금 고의적이었던 직무태만이었든 간에 통일교 학생을 처벌하지 않고 비호하였다는 사실과 그 책임성의 소재를 홍 교수 스스로 자인하도록 만들 필요가 있었던 것이다. 이런 세가지 이유 때문에, 부득이 홍 교수가 심사받기 하루 전날 서둘러서 두번째의 『보고서』를 조작할 수 밖에 없었던 것이다.

9. 『대학원위원회 보고서』(2)를 조작하는 과정에서 드러낸 헛점

『대학원위원회 보고서』(2)는 바로 이런 세가지 목적을 위하여 제법 용의주도하게(?) 조작되었다. 보통 사용하는 16절지 갱지 두 페이지에 타자로 작성한 이 『보고서』의 특이성은 보통의 회의록이 아니라, 대화 내용을 속기한 시나리오식으로 작성되어 있다는 점이다. 즉 누구가 동의안을 내고, 누구가 재청을 하여, 어떻게 결의하였다는 식이 아니라, 속기사가 기록한 것처럼 작성한 이유는 홍 교수에게 직접 자술서를 쓰도록 요청할 수 없는 입장에서, 위의 세가지 사안에 대하여 비밀리에 홍 교수의 자인(自認)을 받아내기 위한 얕은 수작이었음이 분명하다. 따라서 이 『보고서』(2)는 대학원위원회 교수들의 모임이 있었던 것처럼 꾸며, 염필형, 구덕관, 방석종 교수 등 3인의 수사관(?)이 번갈아 가며 홍 교수를 취조하고, 홍 교수는 이에 대하여 자인, 또는 변명하는 형식으로 만들어 진 것이다. (그 원문은 별첨자료 2와 같다).

이 별첨자료가 보여주는 대로, 대학원위원회는 『보고서』(2)를 통하여 달성하고자 했던 목적들 세가지 가운데 (가)는 홍 교수가 본인의 직접적인 말로 자인하도록 만들고, (나)는 구덕관, 방석종 교수의 입을 통해 간접적으로 시인하도록 만들고, (다)는 구덕관 교수의 입을 통해 두번씩이나 강조하여 못을 박아 놓음으로써 기정사실화하였다.

그러나 『대학원 위원회 보고서』 (2)는 제법 용의주도하게 조작하였음에도 불구하고 몇가지 치명적인 헛점을 노출하고 있다. 우선 이 『대학원위원회』의 모임 자체가 완전히 허구임을 드러내는 사실로서, 첫째 그 참석자들의 명단을 보면, 이 보고서가 『대학원위원회』의 위원 7명이 참석한 것이 아니라, 홍정수 교수 외 14명의 교수들이 참석한 『교수회의』였음을 드러낸다. 즉 각 분야에서 1인씩의 교수와 행정담당 교수들로 구성되는 『대학원 위원회』임에도 불구하고, 이 명단에는 대학원위원이 아닌 교수들도 상당수 참석한 것으로 꾸몄으며, 종교철학 분야의 교수들은 3인 모두가 참석했다고 꾸몄다. 또한 교수회의는 학장이 회의를 주재했어야 하는데, 학장은 명단에서 빠져 있다. 심지어 당시 안식년이었던 박익수 교수도 명단에 들어 있다. 도대체 안식년 휴가 중인 교수가 학교의 공적인 회의에 참석하는 경우가 어디에 있는가?

또한 교수회의의 서기는 이정배 교수였는데, 이교수는 이런 회의에 참석한 적도 없고 이런 회의록을 작성한 적도 없다고 하여 끝까지 이 문서의 사실 확인을 거부하였다. 이 문서가 조작되었음을 입증하는 자료는 또 있다. 본래 학교의 모든 회의록은 갱지에 회의록 원본을 기록하고, 나중에 정서(整書)하든가 타자를 쳐서 공식 회의록을 작성하여, 원본과 정서본을 함께 스테이플러(호치키스)로 찍어 보관하는 것이 통례임에도 불구하고, 이 『보고서』(2)에는 스테이플러로 찍은 자국이 없을 뿐 아니라, 그 원본 조차 없음이 교수회의 석상에서 밝혀졌다고 한다.

9

19931013_종교재판의 결정적인 위증문서대학원위원회 보고서의 음해조작과정_김준우_6(3)번_페이지_09

그러나 가장 치명적인 헛점은 홍 교수 자신이 재판위원회의 심사를 하루 앞두고, 위의 문서에 나타난 것처럼 이런 성격의 모임, 즉 자신을 취조하고, 자신의 통일교 관련을 입증하려는 모임이 실제로 있었다면, 그 자리에서 그처럼 순순히 아무 논리적인 반박도 못한 채, 허위사실을 인정하고 변명만 늘어 놓았겠는가 하는 점이다. 홍 교수가 그처럼 멍청한 사람이라면, 그가 교육부에 제출한 재심청구소송에서, 학교 당국은 행정법의 최고 권위자라는 이상규 변호사까지 동원하였고, 홍 교수는 그 반박자료를 혼자 준비하여 제출하였는데, 과연 홍 교수가 논리가 부족한 사람이라면 어떻게 행정법의 최고 권위자를 상대로 싸워 이길 수 있었겠는지를 스스로에게 물어보는 것으로 족하다고 믿는다. 자세한 반박은 아래에서 밝히겠다.

10. 『대학원위원회 보고서』(1)과 (2)의 허위사실에 대한 증명

『대학원 위원회 보고서』(1)과 (2)가 외적으로 보기에도 의문점이 많다는 사실은 둘째치고라도, 그 핵심내용이 되는 다음의 다섯 가지가 모두 허위사실임을 객관적인 문서들을 통해 증명하겠다.

(가) 이규철이 홍 교수에게 통일교 간부의 대학원 재학사실을 제보한 것은 87년이 아니다.

이규철이 홍 교수에게 "송 박사님 밑에서 논문을 쓰고 있는 학생 가운데 통일교 간부(양창식)가 있다"고 제보한 것이 언제였는지가 홍 교수의 "통일교 비호설"의 첫번째 관심사이다. 그것이 "1987년"이었다고 최초로 확실하게 못박은 것은 방석종 교수가 김홍도 목사 앞에서 이규철의 증언을 토대로 기록한 『대학원위원회 보고서 (1)』(1991년 12월 17일)이다.

> 그 후 **1987년도** 감신대에 입학 기숙사에서 양창식을 중심한 모임이 저녁시간을 이용해서 있었다. 이것을 보고 감신대의 위기를 느끼고 그 당시 대학원과장 홍정수 교수님을 찾아가 이 사실을 고하였으나. . .

또한 이 『보고서』보다 2개월 후에 작성된 교수단의 두번째 성명서 「한국감리교회에 드리는 글」(1992년 2월 11일)에도 "**1987년도**"로 되어 있다.

> 그러나 (양창식이) 입학 당시에 입학을 위한 서류상의 하등의 미비점이 없었으므로 입학할 수 있었습니다. 그가 학교를 졸업할 무렵**(87. 6)** 어느 학생에 의해 그가 통일교와 관련되어 있다는 제보를 입수하게 되었고 학교는 취할 수 있는 만큼의 조사를 했으나 그가 통일교와 관련되어 있다는 확실한 근거를 찾지 못했고. . .

그러나 이규철이 홍 교수에게 "송길섭 박사 밑에서 논문을 쓰고 있는 학생 가운데 통일교 간부가 있다"는 사실을 제보한 것은 1987년이 아니라 1988년도이다.

그 첫째 근거는 제보자 이규철이 "**88년** 기도하는 가운데 성령의 음성을 듣고 신대원 학적부에서 단 한번에 양창식이란 이름을 보았다"고 했기 때문이다(「크리스찬신문 92년 2월 22). 이 말은 『보고서』(1)에 나타나고 있듯이, 이규철이 입학한 년도는 1987년이지만, 제보한 것은 그 다음해인 것을 뜻하는 것으로 보는 것이 타당하다.

둘째 근거는 "통일교 제보 당시 양창식 학생이 송 박사님 밑에서 논문을 쓰고 있었다는 사실을 알고 있었다."(그의 자백서, 별첨자료 3 참조). 양창식의 학적부에 따르면, 그의 대학원 입학은 85년 3월이며, 논문개요 심사는 87년 11월 6일이며, 논문작성통과는 89년 8월 30일부로 되어 있다. 따라서 양창식이 논문개요 심사를 받은 이후, 즉 1988년 봄에 제보한 것이다. 양창

10

19931013_종교재판의 결정적인 위증문서대학원위원회 보고서의 음해조작과정_김준우_6(3)번_페이지_10

식이 논문개요 심사도 받기 전에, 이규철이가 "송길섭 박사 밑에서 논문을 쓰고 있는 통일교 간부"라는 말을 할 수는 없었음이 분명하기 때문이다.

셋째 근거로, 교수단 성명서에 나오는 양창식의 "졸업할 무렵"을 87년 6월로 기록한 것은 잘못이라는 사실 때문이다. 그는 실제로 89년에 졸업했기 때문이다.

넷째 근거로, 만일 양창식에 관한 제보가 1987년 봄이었다면, 학교 당국의 조사로 인하여, 그는 1987년 가을학기의 수업, 「논문개요 심사」, 「졸업논문 심사」 등의 여러 과정을 통과하지 못하였을 것이 분명하기 때문이다.

다섯째 근거로, 『보고서』(1)이 작성되기 하루 전 날, 즉 1991년 12월 16일, 홍 교수가 전국에 배포한 문서, 「신학자가 드리는 목회서신(1)」에서, 홍 교수는 통일교 간부 양창식에 대한 제보를 받은 "그 다음 해", 곧 1988년에 제보를 받고, 89년에 그가 졸업하였음을 밝혔기 때문이다. 그러므로 『보고서』와 「교수단 성명서」의 1987년설이 "단순 착오"였는지 아니면 고의적인 "음해조작"이었는지는 다음을 보아야 좀 더 분명히 밝혀질 것이다.

<u>(나) 1987년이건 1988년이건 홍정수 교수는 "대학원과장"이 아니었다.</u>

이규철이 통일교 문제를 제보할 당시에 홍 교수가 "대학원 과장"이었다는 주장은 『보고서』(1)과 (2)에 모두 나오는 것으로, "통일교 비호설"의 핵심이었다. 『보고서』(2)에는 마치 홍 교수가 이 사실을 자인한 것처럼 꾸며졌다. 그러나 이 주장은 전적인 허위였으며 무고였다. 객관적 사실은 이 주장과 전혀 다르다. <u>1987년이건 1988년이건 홍 교수가 대학원과장이 아니었다는 객관적 사실의 첫째 근거는 홍 교수의 「보직경력확인서」이다(별첨자료 4)</u>. 문제가 되는 시기, 즉 1986년 9월 1일 이후 1988년 8월 16일까지의 확인서가 보여주듯, 홍 교수는 그 "당시 대학원 과장"이 결코 아니었다. 『대학원위원회 보고서』(1)과 (2)가 허위라는 사실을 증명하기 위해, 감신대 총장이 발행한 홍 교수의 「보직경력확인서」 이상 무슨 증거가 더 필요한가?

둘째 근거는 홍 교수가 이 사실을 자인했다는 『보고서』(2)가 작성된(1991년 12월 19일) 바로 다음 날, 서울연회 심사위원 제 1반(위원장 김광덕, 서기 이택선)이 심사를 하고 기록으로 남긴 『심사경위 보고서 및 사퇴서』이다. 이 공식 문서에는 다음과 같이 기록되어 있다.

> 두 교수의 통일교 관련설은 충분히 조사하였으며 전 송길섭 학장에게 그 책임이 있음을 확인하였고 감리교 신학대학 자체조사 보고서가 첨부되었습니다.

또한 이 문서에 첨부된 홍 교수의 「심사내용」에는 홍 교수가 자신이 통일교 학생을 처리할 직책에 있지 않음을 밝히고 있다.

> 질문(김광덕 목사): 예수님의 동정녀 탄생, 예수님의 육체부활, 예수님의 죄와 동물의 피 문제, 양창식과 통일교 문제에 관해서 대답하시오.
>
> 답변(홍정수 목사): 목사의 자격에 관해서는 이미 자격심사위원회에서 심사를 받은 바가 있음. 거기에서 예수님의 피에 관한 얘기만 답변이 안되었는데 그 얘기가 「교리와 장정」 어디에 저촉되는지 묻고 싶다. 곽전태 목사, 김홍도 목사의 신앙은 왜곡된 신앙이다. 예수님의 피에 관해서는 조작된 것이다. 예수님의 생물학적 부활에 관해서는 믿을 수 없다. <u>양창식 문제에 관해서는 통일교 관련 제보를 받고 대학원 당국에 보고를 했고 나는 대학원과는 무관한 위치였기 때문에 이 문제에는 전혀 관여할 수 없는 사건이었다.</u> 예수님의 동정녀 탄생에 관해서는 성서대로 믿으며 성서적 재해석이 필요하다고 본다.

다시 말해서, <u>홍 교수는 1991년 12월 20일의 서울연회 심사에서, 그 자신이 "대학원과는 무관한 위치"에 있었음을 분명히 밝혔다. 따라서 그가 심사 바로 전 날, 즉 자신이 신학자로</u>

11

19931013_종교재판의 결정적인 위증문서대학원위원회 보고서의 음해조작과정_김준우_6(3)번_페이지_11

서의 생명과 목회자로서의 생명이 끝나느냐 마느냐하는 순간을 하루 앞두고, 『보고서』(2)가 주장하는 것처럼, 여러 교수들 앞에서 자신이 통일교 학생을 비호한 대학원과장이었다는 사실을 자인했다는 것은 상식적으로 도저히 납득할 수 없다. 즉 비밀 『보고서』(2)(12월 19일)가 주장하는 것처럼, 홍 교수 자신이 "그 당시 대학원과장"이었음을 스스로 자인하였다는 것은 전적으로 음해 조작이었음을 말해준다.

셋째 근거는 이규철의 고백이다. 이규철 자신은 홍정수 교수가 "대학원 과장이라고 한 적은 없습니다"라고 자필로 고백하였다(별첨자료 3 참조). 그렇다면 "그 당시 대학원과장 홍정수 교수"라는 문구는 이규철의 허위증언이었는가, 아니면 방석종 교수의 삽입구였는가? 상식적으로 생각해 보아도 당시 학부 2학년생이었던 이규철이 과연 "대학원 과장"이 누구였는지를 알 수 있었겠는가? 학부 2학년 학생들이 혹시 현재 "대학원장"이 누구인지는 알고 있을 수도 있지만, "대학원 과장"이 누구인지, 그것도 3년 전의 대학원 과장이 누구였는지를 기억하여 말했으리라고는 상식적으로 개연성이 없는 것이다. 『보고서』(1)에 대하여, 이규철은 1991년 12월 17일 코리아나 호텔에서 김홍도 목사 앞에서 자신이 증언을 한 이후에, 자신의 증언을 기록한 방석종 교수의 정직성을 의심치 않아 그 문서를 자세히 읽어보지 않은 채 서명날인하였다고 했다.

결론적으로 홍 교수가 "당시 대학원 과장"이었으며, 홍 교수가 이 사실을 자인하였다는 시나리오 대사는, 이규철의 허위 증언이었든, 방석종 교수와 구덕관 교수의 삽입구였든 간에, 홍 교수의 「보직 경력확인서」와 심사위원 제 1반의 「심사경위보고서 및 사퇴서」를 통하여, 그 허위 조작 사실이 분명해졌다.

(다) 학생의 입학과 졸업의 책임과 의무는 "대학원과장"에게 있는 것이 아니다.

『보고서』(1)과 (2)에는 통일교 학생을 처벌하지 않은 책임과 의무가 "대학원과장"에게 있으며, 홍 교수가 이것을 간접적으로 자인한 것으로 꾸며져 있다. 그러나 이것은 사실과 전혀 다르다. 대학원 학생의 입학하게 되면 행정적으로 「입학허가서」는 학장의 이름으로, 「합격통지서」는 대학원장의 이름으로 나간다. 즉 학교의 대외적인 문서는 「학장」의 이름으로 나가며, 학교내의 행정은 「대학원장」의 이름으로 나간다. 이 사실은 대학원 학생의 입학과 졸업의 책임은 「학장」에게 있음을 말해준다. 따라서, 통일교 간부 양창식의 졸업에 대한 행정적인 책임은 결코 "대학원 과장"에게 있는 것이 아니라, 당시의 학장 송길섭 박사에게 있는 것이다. 이 사실은 분명히 알고 있었던 홍 교수가 『보고서』(1)과 (2)가 주장하는 것처럼, 양창식의 문제를 처리하지 않은 책임이 "그 당시의 대학원과장"(홍 교수 자신)에게 있다고 덮어 씌울 경우, 순순히 자인하였다는 것은 『대학원위원회 보고서』(1)과 (2)의 허위성과 조작을 의미하는 것 이외에 다른 아무것도 아니다.

(라) 홍 교수는 이규철을 통일교 대빵이라고 선전하지 않았다.

『보고서』 (1)에는 "홍 교수는 양창식보다는 이규철이가 통일교의 대빵(큰놈)이라고 선전하여 개인적인 피해를 입었다"고 기록되어 있다. 이것이 사실이 아닌 근거는 "홍 교수가 오히려 이규철을 향해 통일교 대빵이라는 악선전을 했다고 했는데, 그런 말을 직접 들었는가?"라는 홍 교수의 질문에 대하여는 "총학생 후보자로서 상대편되는 운동권 학생들이 악의적으로 선전했던 것입니다"라고 자백하였다는 사실이다(별첨자료 3 참조).

12

19931013_종교재판의 결정적인 위증문서대학원위원회 보고서의 음해조작과정_김준우_6(3)번_페이지_12

(마) 통일교 간부 양창식은 홍 교수의 방을 드나들지 않았다.

『보고서』 (1)에는 "양창식이가 변 교수와 홍정수 교수 방에 자주 드나드는 것을 보고 이를 염려하여 홍 교수에게 양창식의 통일교 문제를 고하였다"고 기록되어 있다. 이규철은 자백서를 통해, "양창식 학생이 홍 교수 방을 자주 드나드는 것을 목격했는가?"라는 홍 교수의 질문에 대해, "그런 기억이 없습니다"고 자백하였다. 또한 양창식 본인 역시 「손바닥으로 하늘을 가릴 수는 없습니다」라는 문건을 통해 "더 더욱이 홍 교수님은 기독교 윤리 수강 외에는 일면식조차 없는 선생님입니다"라고 고백하고 있다. 제보자 이규철은 물론, 당사자인 양창식조차 "수강 외에는 일면식조차 없다"고 고백하였음에도 불구하고, 양창식이 홍 교수의 방을 드나들었다고 주장하는 것은 전적인 허위사실이며 악의에 찬 무고임이 분명하다.

한편 이규철이 지난 7월 1일, 그의 집 안방에서 홍교수와 본인 앞에서 이러한 사실들을 자백하고는, 그의 자백 내용이 신문에 발표될 것을 겁내어, 그 다음 날 즉시, 김홍도 목사에게 가서, "협박에 의한 자백"이라고 둘러대었으나, 이규철의 자백내용은 객관적인 사실과 일치할 뿐 아니라, 이규철이 지난 1월 10일, 홍 교수에게 약 1시간 가량 전화로 통화한 내용과도 일치한다. 또한 홍 교수의 성품이 제자를 협박하여 자백서를 받아낼 만한 위인도 결코 아니다. 그뿐 아니라 "당사자의 집 안방에서 자필로 기록한" 위 자백서는 그 성질상 협박에 의한 문서일 수는 없는 것이다.

(바) 『대학원위원회 보고서』에 나타난 허위사실의 결론

어쨌건 통일교 간부 양창식의 대학원 재학에 관한 제보 당시는 물론, 그의 입학, 종합시험, 논문개요 심사, 논문지도, 졸업 등 어디에서도 홍 교수는 "대학원 과장"을 맡지 않고 있었음에도 불구하고, 홍 교수를 "그 당시 대학원 과장"으로 위증함으로써 "통일교 비호자"로 몰아가기 위하여, 『대학원 위원회』의 동료 교수들이 비밀리에 작성한 『대학원위원회 보고서』(1)과 (2)는 결국 홍 교수를 기소시키는 데 결정적인 증거물로 이용되어 「기소장」에 직접 인용되었고, 홍 교수 출교의 결정적인 원인이 되었다. 통일교에 대하여 오히려 비판적인 논문을 두번씩이나 발표하였던(88년, 89년) 홍정수 교수를 "통일교 비호자"로 몰아 죽이기 위하여 김홍도 목사와 내통하여 비밀문서 『대학원위원회 보고서』를 조작한 구덕관 총장과 염필형, 방석종 교수는 비밀리에 이토록 비열한 문서를 작성하고 나서, <u>공개적으로는 두 달 뒤에 「교수단 성명서」(1992년 2월 11일)를 통하여 감신대의 "어느 교수도 통일교회와 관련되어 있지 않음을 분명히 말씀드릴 수 있습니다"고 속 다르고 겉다른 말을 했다.</u> 따라서 만일 『대학원 위원회 보고서』가 진실이라면, 교수단 성명서 『한국감리교회에 드리는 글』은 감리교단과 재판위원회, 그리고 전국의 감리교인들을 집단적으로 우롱한 허위 성명서였다는 말이 된다.

백 보를 양보하여, 『대학원위원회 보고서』를 두번씩이나 작성한 방석종 교수가 1991년 12월 17일 코리아나호텔에서 김홍도 목사 앞에서 행한 이규철의 증언을 전적으로 신뢰하였으며, 그 자리에서 이규철이 증언한 것으로 되어 있는 문구, 즉 "그 당시 대학원과장 홍정수 교수"라는 문구가 방석종 교수의 삽입구가 아니라, 이규철의 실제 증언이었으며, 19일의 대학원위원회는 실제로는 "임시 교수회의"였으며, 그 자리에서 염필형, 방석종, 구덕관 교수 등이 홍 교수의 통일교 비호사실에 대하여 취조한 것도 사실이었으며, 그 자리에서 방석종 교수가 속기사처럼 이 보고서를 기록한 것도 사실이었으며, 그들이 취조하는 도중에 홍 교수의 보직에 대하여 이틀 전의 이규철의 증언을 전적으로 신뢰한 나머지 "단순 착오"를 일으킨 것이며, 홍 교수조차 "그 당시 대학원 과장"이었음을 자인한 것은 그의 일시적인 정신착란이었으며, 그 다음날은 홍 교수

13

19931013_종교재판의 결정적인 위증문서대학원위원회 보고서의 음해조작과정_김준우_6(3)번_페이지_13

가 제정신이 들어서 "대학원과는 무관한 위치"에 있었다고 증언한 것이었으며, 또한 누군가의 압력으로 인하여 어쩔수 없이, 본의 아니게, 방석종 교수의 말대로 "대학원위원회 서기로서, 쓰라고 해서 쓴 죄 밖에 없는" 것이며, 또한 이 허위 보고서가 재판위원회에 제출되어 "통일교 비호설의 결정적인 위증문서로 사용될 줄은 전혀 모른채 작성하였다"고 치자.

그렇다면 방석종 교수 뿐 아니라, 『대학원위원회 보고서』(2)에 나오는 교수들 14명 전원이 **"그 당시 대학원과장"이 정말로 홍 교수였는지를 확인하지 않았다는 점에서 결국 이규철에게 놀아났다는 사실은 부인할 수 없게 되며, 감신대 교수들이 누군가의 압력에 굴복하여, "위증죄"를 범하였다는 사실도 부인할 수 없게 되며, 허위문서 작성의 "주범"이 아니었다면 적어도 "종범"이었다는 사실 역시 피할 수 없게 된다. 그것도 허위문서 작성의 "결과"를 예측하지 못한채, "이용"을 당했거나, "무지"에 의한 "위증죄"를 범하였다는 사실 역시 부인할 수 없게 된다. 그러나 신학대학의 교수들이 결과적으로 동료교수를 "통일교 비호자"로 위증한 이 사건에 있어서, <u>정말로 구덕관, 염필형, 방석종 교수는 이 허위 보고서 작성에 있어서 "고의성"이 없었던 것으로서, 결코 "음해조작"은 아니었다는 말인가?</u>**

첫째, 문제의 1991년 12월 19일의 교수회의 회의록을 "그 자리에서" 작성했다면, 이것을 시나리오식으로 작성한 이유는 무엇인가? 그 시나리오 대사를 누군가가 불러주어서, 앵무새처럼, 연극배우처럼 대사를 외워서 "대학원 과장 홍정수" 운운한 것이 아니었다면, 또한 홍 교수가 일시적으로 정신착란을 일으켜 "그 당시 대학원과장"이었음을 자인했다면, 그 회의에 참석한 염필형 교수는 자신이 "그 당시의 대학원과장"이었음에도 불구하고 홍 교수를 "그 당시 대학원 과장"으로 생각하고 취조하였다는 말인가? 홍 교수가 "그 당시 대학원과장"이라는 사실을 자인하였다고 치더라도, 염필형 교수는 자기 대신에 멍청하게 십자가를 지고 책임을 떠맡은 홍 교수를 바라보며, 침묵을 지켰다는 말이 되는데, 이것도 "고의성"이 없는 행동이었다는 말인가? 그리고 「기소장」에서 이 『보고서』가 인용되어 홍 교수가 출교되었는데도 계속해서 침묵을 지켰다는 사실 역시도 "고의성"이 없는 행동이었다는 말인가? 그 뿐 아니라, 이 결정적인 위증 문서의 작성자들이 이 허위문서의 실체를 계속하여 숨겨온 것 역시도 "고의성"이 없는 행동이었다는 말인가?

둘째, 1991년 12월 17일과 19일, 『보고서』를 작성할 당시에는 홍 교수는 물론, 방석종, 염필형, 구덕관 교수 등이 모두 집단적인 정신착란을 일으켜 "단순 착오"를 범하였다면, 그 이후에 구덕관 총장은 홍 교수를 징계하는 징계위원을 직접 임명하고, 염필형 교수는 두번씩이나 징계위원이 되었고, 방석종 교수도 한 번 징계위원이 되어, 홍 교수가 징계위원 기피신청서를 통해, 그들이 『대학원위원회 보고서』라는 비밀문서를 작성하여 출교 당하게 만든 장본인이라는 사실을 밝혔는데도, 그들이 계속 징계위원으로서 홍 교수의 파면을 결정하였음에도 불구하고, 이것이 "고의성"이 없는 행동이었다는 말인가?

셋째, 1993년 5월 7일 이충호 검사 앞에서, 구덕관 총장이 "당시에는 대학원 (교무)과장이 없었다"고, 염필형 교수가 대학원과장이었다는 사실이 밝혀졌는데도 불구하고, 검사 앞에서 허위증언한 이유는 무엇을 뜻하는가? 또한 "홍정수 교수가 당시 학생처장으로서 실세였으므로, 대학원행정까지 맡고 있었다"고 허위증언한 이유는 또 무엇인가? 그 다음날, 방석종 교수 역시 이충호 검사 앞에서, 똑같은 허위증언을 한 이유는 무엇인가? 대학원위원회 보고서가 작성된지 1년 반이 지나서도 여전히 홍정수 교수에게 통일교 학생 졸업의 책임을 덮어 씌운 것 역시 "단순 착오"였으며, "고의성"이 없다는 말인가?

결론적으로 감리교단의 종교재판은 허위 사실의 일정 부분을 제공한 이규철의 장난이었다. 1983년 청주 예술대 재학 시절에 과실치사로 인하여 감옥생활까지 하였던 그는(『보고서』(1) 참조) 통일교와 관련을 맺고 있었다가, "1983년도 통일교를 탈퇴"하고, 감신대 졸업 後 금란교회 전도사로서, 「교리수호대책위원회」 상임간사로서 일하면서, 위에서 본 것처럼, 신학대학에서

14

19931013_종교재판의 결정적인 위증문서대학원위원회 보고서의 음해조작과정_김준우_6(3)번_페이지_14

자신이 존경하며 따르던 스승을 "통일교 비호자"로 모함하는 직접적인 원인을 제공하였고, 김홍도 목사와 감신대의 대학원 위원회 교수들은, 이유가 어디에 있었든 간에, 전적으로 그의 진술을 토대로 『보고서』를 비밀리에 작성함으로써, 결국에는 그에게 이용당했으며, 다른 한편 김홍도 목사와 감신대 몇몇 교수들은 개인적인 정치적 야욕을 위하여 이규철을 이용하였음이 분명히 드러났다.

결국 감리교단 전체가 이규철 전도사라는 개인에 의해 어처구니 없이 놀아날 수밖에 없었었던 가장 큰 이유는, 『대학원위원회 보고서』를 비밀리에 작성한 감신대 교수들은 말할 것도 없고, 종교재판에 참여한 심사위원들, 재판위원들이 "통일교 비호설"에 대하여 어떤 이유에서건 "사실 확인 과정"을 거치지 않았다는 점과, 이를 감독할 책임을 지고 있었던 전 서울연회 재판위원회 고재영 위원장 및 전 서울연회 감독 나원용 목사가 종교재판의 과정을 합법적으로 처리하지 않은 직무태만과 직무유기 때문이었던 것으로 볼 수밖에 없다.

지난 30여 년 간의 군사독재 시절에 민주화운동과 생존권 보장운동을 하였던 수많은 학생, 노동자, 재일 교포, 납북어부들이 군사정권을 유지하기 위한 희생제물이 되어, 또한 보안사에 근무하는 장교들의 진급과 고가점수를 높여주기 위한 희생제물이 되어 간첩으로, 불순분자로 조작되어 가지가지 끔찍한 고문을 당하고, 처형당하기도 하였던 것처럼, 감리교단의 종교재판 역시 몇몇 부흥사들과 감신대 몇몇 교수들이 개인적 야욕을 위하여 두 신학자를 "이단"으로, "통일교 비호자"로 조작하였던 것이다.

11. 구덕관 총장은 왜 『대학원위원회 보고서』의 사실 확인을 필요로 하였는가?

그러나 더욱 가증스러운 일은 김홍도 목사/유상열 장로에 대한 형사소송이 진행되는 동안, 1년 반이 넘도록 비밀에 가려있던 문제의 비밀문서 『대학원위원회 보고서』(1), (2)의 전모가 드러나게 되자, 총학생회는 나름대로 대자보를 통하여 『대학원위원회 보고서』의 의문점들을 제기하고, 홍 교수는 나름대로 이 문서들의 허구성을 반박하는 자료를 작성하여 교육부 재심 위원회에 제출하자, 다급해진 구덕관 총장과 징계위원들은 교수회의 석상에서 『대학원위원회 보고서』(2)의 참석자 명단에 나와 있는 교수들을 상대로 『대학원 위원회 보고서에 대한 사실 확인』을 받기에 이르렀다. 그러나 교수회의에서 박창건, 이정배, 김영민 교수등이 이 문서의 진위여부를 문제삼아 서명을 거부하자(1993년 6월 8일), 구덕관 총장은 염필형, 방석종, 이기춘, 김외식 교수 등을 시켜, 참석자 명단에 나와 있는 교수들을 개인적으로 찾아가 서명하도록 종용하였다. 결국 홍 교수 외 참석자 명단에 나타난 14명의 교수들 가운데서 위의 3인을 제외하고는 모두 『대학원보고서』(2)에 사실 확인을 서명하였다. 도대체 어느 대학, 어느 단체에서 회의록이 사실이라는 점을 증명하기 위하여 참석했던 교수들의 서명을 받는단 말인가? 이 문서가 만일에 조작된 문서가 아니라면, 상식적으로 회의록 자체를 보여줌으로써 충분히 사실 확인을 하게 되는 일이지만, 조작된 문서를 사실로 둔갑시키려니, 신학대학의 회의록에 대해서조차 사실 확인의 서명을 요구하게 된 것이다. 박창건, 이정배, 김영민 교수는 여러 차례의 회유와 위협에도 불구하고 끝내 신앙양심을 지켜 이 조작문서에 대한 사실 확인의 서명을 거부하였으며, 이로 인하여, 그후 세 교수님들이 어떤 모욕과 불이익을 당하였는지는 이 자리에서 굳이 밝히지 않아도 소문으로 익히 알고 있을 줄 믿는다. 이에 대한 보복으로 이번학기에 박창건 교수와 함께 보직을 박탈당한 김영민 교수가 지난 3 년 동안 열성적으로 가르치던

15

19931013_종교재판의 결정적인 위증문서대학원위원회 보고서의 음해조작과정_김준우_6(3)번_페이지_15

감신대를 학기 도중에 사표를 써 던지고 떠나게 된 직접적 동기는 이 사건과 결코 무관하지 않음을 기억해야만 한다. 감리교 신학대학교의 치욕과 여러 목사들, 교수님들의 불법을 더이상 차마 눈뜨고 볼 수 없었던 것은 목사나 동문들이 아니라, 평신도였다는 사실이 우리를 더욱 부끄럽게 한다는 말이다.

12. 총장과 교수, 목사님의 불법을 밝힌 것은 평신도들과 비기독교인들이었다.

지성의 전당이며 양심의 최후 보루인 대학 사회에서는 전혀 상상할 수조차 없는 극도의 비열함이 꼬리에 꼬리를 물고 이어진 이번 사건은 감신대 100년 역사상 가장 수치스러운 사건이며, 한국 교회사에는 물론 한국 대학사에도 매우 커다란 오점으로 기록될 것이다. 백 년 전통을 자랑하는 감신대의 총장과 교수들, 진리를 가르치는 박사님들과 존경받는 목사님들이 설마 아니 동료교수의 보직경력까지 비밀리에 조작하였으리라고는, 설마 아니 학적부만 들쳐보아도 금방 들통이 나고 말 짓들을 하였으리라고는 도무지 믿어지지 않고, 설령 그 음해조작이 사실이라면, 하도 어이가 없어 차라리 사실이 아니라고 믿고만 싶은 것은 우리들이 아직 너무나 순진하여, 세상을 너무나 모르는 탓으로 체념하고 말아야 할 일인가?

우리를 더욱 부끄럽게 만드는 것은 구덕관 총장과 염필형, 방석종 교수 등이 비밀리에 조작한 『대학원위원회 보고서』의 조작사실이 재학생들이나 교수단, 혹은 동문들이나 교단에 의해서가 아니라, 사법당국과 교육부 「교원징계 재심위원회」 등 정부기관에 의하여 밝혀졌으며, 또한 목사이자 교수들이 저지른 살인만행과 감신대의 치부가 교회의 평신도들과 비기독교인들에 의하여 객관적으로 밝혀졌다는 사실이다.

13. 학교당국은 왜 또다시 홍정수 교수에 대한 3차 파면을 꾸미는가?

홍정수 교수를 출교시키고 파면시킨 것이 전적으로 동료교수들의 문서조작에 근거한 불법만행이었다는 사실이 만천하에 드러났음에도 불구하고, 구덕관 총장과 염필형, 방석종 교수 등은 자신들의 행동을 부끄러워하거나, 뉘우치기는커녕, 이미 홍 교수를 두번 파면시킨 대가로 두번에 걸쳐 2억원(?)을 준 김홍도 목사 등의 부흥사들로부터 돈을 더 받아내기 위하여 뻔뻔스럽게도 또다시 음모를 꾸미고 있다. 교육부에 의하여 복직이 확정된 교수에 대하여 강의를 맡길 생각은 하지 아니하고, 오히려 "절차상의 하자들을 보완하여 다시 재징계할 경우 별문제 될 것이 없다"는 김외식 교수의 호언장담(9월 10일자 감신학보)과 징계위원의 재구성(선한용, 서현석, 장종철, 박익수 교수. 그러나 선한용, 서현석 교수는 10월 12일 징계위원을 사퇴하였다)이 바로 그 증거이다.

14. 구덕관 총장과 염필형, 방석종 교수는 전체 감신인에게 공개사과하라!

교육부에 의하여 홍정수 교수가 두번째로 복직된 지금, 『대학원위원회 보고서』가 무슨 의미를 지니는지를 다시 한번 따져보자!

『대학원위원회 보고서』의 핵심내용은 (1) 이규철로부터 대학원에 재학중이던 통일교 간부(양창식)에 대한 제보를 받고도 그가 졸업하도록 비호한 "당시의 대학원 과장"이 홍정수 교수

16

19931013_종교재판의 결정적인 위증문서대학원위원회 보고서의 음해조작과정_김준우_6(3)번_페이지_16

였으며, (2) 그 통일교 학생을 처벌하지 않은 책임은 "당시의 대학원 과장"에게 있다는 점을 구덕관, 염필형, 방석종 교수 등이 입을 모아 강조하였다.

그러나 실제로는 제보를 받은 홍정수 교수가 이 사실을 학교 당국에 알림으로써 교수회의가 열리게 되었다는 사실이다. 또한 그 후 홍 교수는 양창식의 문제가 학교당국에 의해 적법하게 처리되지 않자, 그의 졸업논문 심사를 거부함으로써, 그는 학칙을 어기고 교수 두 명의 심사 만으로 대학원을 졸업하였다. 그의 학적부가 이것을 증명한다. 그래도 이것이 홍 교수가 통일교 학생을 졸업하도록 비호한 행동이란 말인가?

<u>보다 중요한 사실은 1988년 봄 이규철의 제보 "당시의 대학원 과장"은 홍정수 교수가 아니라 염필형 교수였다는 사실이 뒤늦게 밝혀졌다. 따라서 『대학원위원회 보고서』의 논리대로 통일교 학생을 처벌하지 않은 책임이 "당시의 대학원 과장"에게 있는 것이라면, 당시의 대학원 과장 염필형 교수는 지금에라도 그 책임을 지고 물러나야만, 문서 조작 당사자들이 "사실 확인" 소동까지 벌였던 『대학원위원회 보고서』의 "사실"과 논리에 끝까지 충실하는 일이다.</u>

<u>그러나 만일에 『대학원위원회 보고서』와 『대학원위원회 보고서에 대한 사실 확인서』가 사실이 아니라, 조작된 문서라는 사실을 이제라도 솔직히 인정한다면, 구덕관 총장과 염필형, 방석종 교수 등은 동료교수를 죽이기 위한 비밀문서, 허위문서들을 조작한 사실에 대하여 전체 감신인에게 즉각 공개사과를 하고, 홍 교수에 대한 3차 파면의 음모를 즉시 중단하는 것이 마땅하다.</u>

광야에 소리치고 굽은 길 곧게 하는 예언자들을 키우고, 어둠을 물리치고 진리로 해방하는 전도자들을 길러내는 감리교 신학대학교. 그 감신대의 치부가 만천하에 드러나, 그 빛나는 백 년 전통이 먹칠을 당했는데도 눈 뜬 장님처럼 태연하며, 선지동산이 돈 몇 억에 정신이 팔린 "강도들의 소굴"이 되어 온갖 불법과 폭력이 난무하는 아수라장이 되었는데도 부끄러워할 줄 모르며, 「100주년 기념관」 건축 모금을 위해서라면 실오라기 하나 걸치지 않은 채 분탕질을 계속하면서도 조금도 뉘우칠 줄을 모르는 가련한 선지동산이여. 목에 칼이 들어와도 진리를 외치라고 가르쳐준 선지동산이여. 부디 강팍한 마음을 돌이키라. 진실을 외면하지 말라.

양의 탈을 쓴 가증스러운 무리들이여. 김홍도 목사와 합세하여 10년씩이나 같이 지낸 동료를 "통일교 비호자"로 팔아 넘기기 위해 비밀문서를 조작함으로써, 교단으로부터 출교당하게 만들고, 두번씩이나 불법적으로 파면시킨 것이 들통이 났음에도 불구하고, 또다시 3차 파면을 꾸미는 불한당들은 하느님의 정의와 신앙양심에도 어긋날 뿐 아니라 감신대의 자랑스러운 백 년 전통과 감신인 전체의 명예를 땅에 떨어뜨린 자들이기에 즉각 공개사과를 하든가, 아니면 선지동산의 거룩한 강단에서 즉각 퇴진할 것을 강력히 촉구하는 바이다!

감신대에 대한 세상의 손가락질 뿐 아니라, 살아계신 하느님의 심판과 공의를 두려워하는 선지동산이 되기를 간절히 기도드리며, 선지동산의 빛나는 백 년 전통이 계속 이어지기를 무릎꿇고 하느님께 간절히 기도드릴 따름이다.

1993년 10월 13일

김 준우 목사

* 별첨자료

1. 『대학원위원회 보고서』(1)
2. 『대학원위원회 보고서』(2)
3. 이규철의 『자백서』
4. 홍 교수의 『보직경력확인서』

17

19931013_종교재판의 결정적인 위증문서대학원위원회 보고서의 음해조작과정_김준우_6(3)번_페이지_17

K-2-111

조직신학 교수 홍정수가 드리는 「목회서신 II」 ---

감리교회 목회자들 및 성도들께 진실의 일부를 밝힙니다

주님의 크신 은총이 귀 교회와 가정의 가을을 더욱 풍성하게 하시옵기를 기도 드립니다.

미숙한 저를 하나님께서 "광야의 시련" 속으로 내몰으셨지만, 저는 그것이 "사랑하는 자에게 주시는 채찍"이라고 성경에서 배웠기에, 그대로 믿고 아픔을 달게 받아 왔습니다. 그러나 아직 감독 선거일이 공포 —법에 의하면, 선거 60 일 전에 선거일이 공포되며, 사전 선거 운동은 엄히 금지되어 있음 — 되기 1 년 전인 시점에서, "감독 선거에의 출마"를 공식 문서로 밝히면서, 교회의 감독과 신학대학의 이사장으로서의 포부를 근사하게 피력하신 김홍도 목사님이 작성하여 전국에 배포한 두 문서(93년 8월 26일자 도착), 「해명서」와 「감리교회를 새롭게」를 보면서, 저는 저와 관련된 '사건' 중 그 진실의 일부를 밝히는 것이 교회의 덕을 세우는 것이라는 결론에 도달하였습니다.

게다가 김홍도 목사님, 고재영 목사님, 그리고 유상열 장로님 3 분께서 저를 "명예훼손 혐의"로 고소(93년 10월 8일자) -- 「기도모임」측에 낸 「보고서」를 근거로 -- 하였다는 소식까지 들으니, 적반하장도 유분수라는 망측한 생각이 듭니다. 은혜를 욕으로 갚다니! 저는 상상할 수가 없습니다. 3 분들이 그렇게 한 것은 전적으로 금란교회의 교우들을 향한 제스처에 불과하다고 믿습니다. 그분들은 제가 「기도모임에 드리는 보고서」에서 한 말이 "사실이 아니다"라는 말을 그렇게 어렵게 하고 있는 것입니다.

한편, 저의 변호사와 이 일로 상의한 결과, 「허위 사실」을 근거로 고소하면 당사자들이 오히려 「무고죄」로 기소당하므로 대응할 필요가 전혀 없다고 합니다. 그러므로 이에 저는 이 문제를 둘러싼 사실들의 일부, 오직 일부만을 공개하기로 마음먹었습니다. 혹 저의 이같은 생각이 모자라는 것이라 하더라도, 목회자님들과 일반 성도님들의 너그러운 용서를 빕니다.

저는 이하에서 다음의 한 가지 사실만을 말씀드리고자 합니다. 즉 김홍도 목사님은 진실을 말하지 않을 뿐 아니라, 그것을 매우 두려워하고 있다고 하는 사실입니다.

1. 93년 7월 24일, 모든 진실은 밝혀졌습니다

제가 지나간 세월 동안 말없이 고통과 수치를 감수하였던 이유는 할 말이 없어서가 아니었습니다. 저를 비난하는 「교리수호대책위」 사람들의 말이 옳아서도 아니었습니다. 속사정은 다른 데 있었지만, 스스로 생각해 봐도 하나님 앞에 여러 가지로 부끄러운 잘못이 저에게 많이 있었기에, 누가 때리는 매든 저는 그것이 "하나님의 징계"라고 믿었습니다. 그러기에 감사한 마음으로 그 아픔을 받으려고 애써 왔습니다.

특히 "목숨을 걸고," "순교를 각오하고" 나선 김홍도 목사님의 용기에 대하여는 내심 깊은 존경심을 간직하고 있었습니다. 남의 뒤에서 말하기는 쉽지만, 앞에서, 자기의 이름과 얼굴을 드러내 놓고 말하기란 쉽지 않은 시대에 우리가 살고 있기 때문입니다. 비록 사실을 잘못 알고 있었다고 할지라도, 자기가 옳다고 생각하는 바를 용기 있게 말하고, 또한 그것에 대하여 목숨까지도 바치겠다고 하는 것이야말로 순교자들의 신앙적 유산이라고 믿습니다.

그러나 이제는 "진실"이 밝혀졌습니다. 김홍도 목사님과 고재영 목사님과 유상열 장로님은 각각 자기들의 실수를 검사 앞에서 공개적으로 시인한 바 있습니다. 왜 그 날, 「합의의 날」, 곧 93년 7월 24일(토) 오전 10시, 검찰청사로 위 3 분들이 나오셨는지 저는 지금 다시금 물어보고 싶습니다. 그 날의 모임이 "고소 취하의 모임"이었다고요?(고재영 목사님의 말) "고소 취하"는 증인이나 다른 이들의 도움 없이 저 혼자서도 능히 할 수 있는 일

1

19931015_조직신학 교수 홍정수가 드리는 목회서신 2_홍정수 교수_6(3)번_페이지_1

이라는 사실을 어떻게 설명할 작정이십니까? 그런데 그 「합의의 자리」에 「교리수호」 사람들, 특별히 "피고소인들"이 왜 출석했을까요? 선배님들, 이제라도 부디 진실을 말하며 살아 주셨으면 하고 저는 바랍니다. 도대체 우리가 지금 서로 싸우는 게, 하나님께 무슨 영광이 된다는 겁니까? 따라서 저는 「교리수호」 사람들은 교회를 사랑하지 않는 이들이 아닌가 하는 생각이 들 정도입니다. 지금은 모두가 힘을 모아, 무너져 내리는 교회의 담장을 수축할 때가 아닐까요?

김홍도 목사님은 온 교회의 총대들에게 다시금 허위 선전을 늘어놓고 있는데, 목숨을 건 사람이 어찌하여 이 후배 앞에서 혹은 검사 앞에서 당당하지 못하였습니까? 공개적으로 묻습니다. 이제부터 김홍도 목사님께서 하시는 일은 더 이상 용기도 아니며 신앙의 유산을 지킴도 아닙니다. 그것은 단지 비겁이요, 무지요, 강팍이요, 철면피일 뿐입니다.

김홍도 목사님은 감독 출마의 변, 『감리교회를 새롭게』라고 하는 문서에서, 저를 두고 이르기를, 예전처럼, "소위 조직신학 교수라는 사람이 '예수의 피가 동물의 피나 같다'고 하고 ... "라고 공언하고 있습니다. 머리가 모자라 글을 잘못 이해하는 것인지, 마음이 비뚤어져 진실을 바로 보지 못하는 것인지 알 수가 없지만, 저는 이런 망언을 용서할 수 없습니다. 왜 검사 앞에서 친필로 작성하고 서명한 문서에서는 "홍정수가 앞으로 목사와 교수로서 (다시) 일할 수 있기를 기대한다"고 적었습니까? 그 때 하신 말 기억 나시죠? "목사와 교수로서 다시 일할 수 있도록 책임진다"라고 적으라는 검사의 말에 대하여, "그렇게 쓰면 건방진 것이 되어, 일이 안 됩니다. 우리는 그걸 책임질 만한 위치에 있지 못합니다." 저는 이렇게 주장하는 3 분의 말씀에 일리가 있다고 생각하여, 즉시 백보 양보하지 않았습니까? 「자료」에 첨부된 그 한심한 듯한 「합의각서」의 문귀들의 뜻은 본디 그런 것이었습니다.

저는 이 일을 통하여 한 가지 사실을 알았습니다. 진실이 그렇게 무섭다는 사실 말입니다. 죽음까지도 각오한 사람 김홍도 목사님, 선배님은 왜 진실을 그렇게 무서워하십니까? 지금이라도 정직하게 밝은 빛으로 나아오십시오. 우리 주님의 넓은 품에 안기십시오. 제발요! 저는 빕니다. 이제 사건의 전말의 지극히 작은 일부만을 밝힙니다.

2. "통일교"와 관련 없다는 사실은 입증되었습니다

93년 1월 10일, 이규철의 전화 고백(녹음되어 있으며, 그 내용은 첨부한 다음 「자료」 "자백서"와 동일함), 7월 1일 이규철의 자백서(이미 공개됨), 그리고 93년 10월 12일에 모인 긴급 '교수회의'에서 다시금 확인되었습니다.

통일교 사건은 어디까지나 이규철 군과 김홍도 목사님, 그리고 「대학원 보고서」를 극비리에 작성한 감신대의 몇몇 동료 교수님들의 조작극이었습니다. 이들은 지금이라도 두 손 높이 들고 하늘을 우러러 보시기 바랍니다.

3. 「합의각서」를 작성한 바 있습니다

「자료」에 첨부된 단 하나의 문장으로 된 「합의각서」(「자료」 별첨」)를 작성하는 데 시간이 얼마나 걸렸는지 아십니까? 무려 2 시간 30 분이었습니다. 그 이유는 저들의 치졸함 때문이었습니다. 김홍도 목사님은 "순교를 각오"한다고 말해 왔지만, "그렇게 하면 -- 곧 「홍정수를 오해하였다/통일교 관련 혐의의 허위성이 밝혀졌다」 라고 쓰면 -- 우리는 죽습니다. 우리도 빠져 나갈 구멍을 줘야 합니다"라고 검사 앞에서, 93년 7월 24일(토), 저 홍정수에게 빌었습니다. 이 사실을 부정하시겠습니까? 묻습니다: "김홍도 목사님, 일년 넘게 목숨걸고 싸워 출교시킨 이단 교수에게 왜 머리 숙였습니까"(8월 26일자의 김홍도 목사 「해명서」 한 귀절)? 어찌하여 신세가 그렇게 변해 버렸습니까? 차라리 "감옥에 가겠다"고, 「합의의 자리」를 거부하시지 않으시고요?

2

19931015_조직신학 교수 홍정수가 드리는 목회서신 2_홍정수 교수_6(3)번_페이지_2

4. 「합의금」은 죄과와 그 무게를 상징합니다

김홍도 목사님은 여러 증인들(당사자들 외 4인) 앞에서, 금란교회의 사무장 정찬도 장로님을 통하여, 8월 10일 오전 10시, 8천만원을 공식적으로 저에게 전해 주고, "금란교회" 앞으로 발행된 영수증을 받으시지 않았습니까? 그 영수증 부본이 제게 있습니다. 그런데 왜 위의 「해명서」에서는 이 사실을 부인하고 있습니까? 이 사실을 부인하신다면, 그것은 뭔가 떳떳하지 못한 국면이 있기 때문이라고 남들이 말하리라는 것쯤은 아셨을텐데요?

김홍도 목사님은 93년 1월 11일부터 사건을 "돈"으로 해결하려고 고재영 목사님을 저에게 보내 왔었습니다. 그리고 김홍도 목사님은 그 다음 날 "어제 말한 것보다 돈을 더 주겠다"고 직접, 그 교회당 집무실에서 저에게 제의했습니다. 물론 저는 "공개 사과" 외에는 아무 것도 소용 없다고 말하였고, 그리하여 그 후 사건은 시간을 물쓰듯 써버리고 말았습니다. 그 후에도 박수일 목사라는 사람(전화 948-7100/이 사람은 자신이 "YS와 김홍도 목사 사이를 다리놓아 준" 장본인이라고 밝혔음)이 검사들에게 찾아가 "YS"의 이름을 팔면서 또 "돈으로 협상"을 제의해 왔음이 뒤늦게 알려졌으며, 저는 저들의 이런 책략에 대하여 지금도 분개하고 있습니다.

따라서 저는 처음부터 -- 그리고 고소 취하 후에도 -- "돈"은 거절하였었습니다. 그러나 법의 전문가인 저의 변호사 강대성 씨의 말을 듣고, 저는 돈을 받게 되었습니다. 그러므로 제가 받은 "합의 각서"와 "돈"은 김홍도 목사님과 유상열 장로님의 죄과 시인 징표이며, 그 돈의 액수는 저들이 생각한 죄과의 무게입니다. 만일 공식적으로 이 사실(피해보상금의 지급)을 부정한다면, 저는 지금이라도 정식으로 손해배상을 청구할 용의가 있습니다. 형사소송을 취하하기는 하였지만, 피해보상을 요구하는 '민사'소송의 권리는 제가 아직 보유하고 있기 때문입니다.

한편, 김홍도 목사님은 "고소 취하 후"인 7월 31일, 제3자를 통하여 6천만원은 현금으로, 2천만원은 할부로 주겠다고 "흥정"을 벌이기도 하였습니다. 저는 물론 "이미 고소는 취하되었습니다. 합의는 없었던 것으로 합시다. 김홍도 목사님이 손해 볼 일은 없습니다. 저는 돈을 흥정할 생각은 추호도 없습니다. 마음대로 하십시오"라고 그 흥정을 거절하였습니다. 결국에는 (1) 합의각서를 받고, (2) 고소를 취하해 준 후, (3) 18일 만에 약속된 합의금을 건네 받았습니다. 따라서 어떤 이들은 "홍정수가 돈에 눈이 멀었다"고 하시는데, 적어도 김홍도 목사님과 고재영 목사님께서는 제가 그렇지 못하다는 사실을 누구보다 잘 알고 계실 것입니다. 돈은 어디까지는 "죄과 시인 그것의 무게의 상징"이었습니다. 즉 저는 선배들의 최소한의 양심과 신의를 믿고 "화해" 아닌 화해를 했던 것입니다. 어떤 이들은 "어떻게 그런 사람들을 믿느냐?"고 아우성들이지만, 저는 믿고 싶었습니다. 저 자신의 자존심이 거기에 달려 있기도 하였기 때문이었습니다.

선배님들, 서로의 자존심을 위하여서라도 부디 93년 7월 24일의 신의를 지켜 주십시오.

이 글을 읽어주신 모든 분들께 깊은 감사를 드립니다.

1993년 10월 15일 금요일
감리교신학대학교 조직신학 교수 홍정수 올림

---------- 자료 별첨

<93년 7월 24일, 검사 앞에서, 김홍도 목사님이 쓰시고, 김홍도 목사님과 유상열 장로님이 서명하신 「합의각서」>

3

19931015_조직신학 교수 홍정수가 드리는 목회서신 2_홍정수 교수_6(3)번_페이지_3

김홍도 목사와 유상현 장로는
홍정수 교수와 상호 대화를 통하여
서로를 깊이 이해하고, 앞으로 훌륭한
교수와 목회자로 일하게 될 ~~것을~~
수 있기를 기대한다

1993. 7. 24.

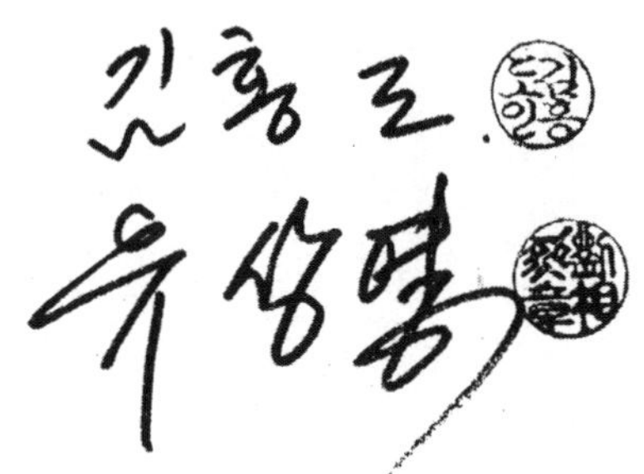

김홍도.

유상현

19931015_조직신학 교수 홍정수가 드리는 목회서신 2_홍정수 교수_6(3)번_페이지_4

K-2-205

"대학원 위원회 보고서" 사태에 따른 비상 교수회의의 입장과 처리방안에 대하여

그간 홍교수 사태와 관련된 "대학원 보고서의 진위여부"와 관련하여 홍교수 및 학생들이 이의 제기 및 해명을 촉구하는 과정에서 학생들이 일방적으로 결정한 중간고사 거부라는 중대한 사안에 직면하여 아래와 같이 학교측은 비상 교수회의를 소집하고 중간고사는 예정대로 실시하되 금번 사태에 대한 입장과 처리 방안을 신중하게 제시하고자 합니다.

1. 교수회가 공청회를 자제하는 이유

1) 교육적 입장에서

본 사안은 감신인 모두의 첨예한 문제이기 때문에 그때마다 입장을 표명함이 교육적인 차원에서 바람직스럽지 않다고 판단되었을 뿐만 아니라 홍교수를 포함한 일부 교수들의 명예와 관련된 문제이기 때문에 보다 신중하게 처리코자 자제하여 왔습니다.

만일 여러분이 의도하는대로 공청회를 개최할 경우 단상에서 자칫 양측 교수들의 논쟁이 벌어지고 심지어 감정 대립 사태가 발생 한다면 이는 마치 자식 앞에서 싸우는 부모 꼴이 되어 바람직하지 않다고 생각했기 때문입니다. 또한 이러한 형태의 공청회는 본래의 의도와는 달리, "교수 청문회"나 "교수 인민재판"식이 되어 학생들이 스승을 심판하는 장이 되는 것을 우려했기 때문입니다. 이것은 교수들이 스스로 품위를 떨어뜨리는 어리석음을 범할 가능성을 가지고 있습니다.

또 이 사건은 형사 고소사건으로 발전되어 검사의 지휘아래 전문 사법 수사관의 수사 결과가 나와 있기 때문에, 다시 꺼낸다는 것은 학생들이 교수들를 심문한다는 인상을 줄 우려가 있습니다.

2) 교육 지도상 - "공청회"란 용어 자체의 문제점

공청회란 어느 안건을 의결하기 전에 폭넓고 전문적인 의견을 수렴하는 과정인 바, 이미 결과로 나타난 사안에 대하여 공청회를 한다는 것은 그 용어나 사리에 비추어 볼 때 적절하지 않습니다. 따라서 본건의 진위여부 및 진행과정을 확인하기 위해서는 양측이 자기입장을 각기 해명하는 "공개설명회"나 "공개변명회"로 대치하는 것이 타당하다고 봅니다.

지금까지 학생들은 홍교수측의 입장을 직.간접적으로 들을 수 있었으나 학교 당국의 해명 기회는 없었기 때문에 교수회에서는 "설명회" 개최를 제안하고 <답변서>를 통해 공고한 바 있습니다. 그럼에도 불구하고 학생들은 일방적으로 이를 거부하고 현금의 사태로 진행시켜 왔습니다.

따라서 비상교수회의는 일차적으로 전체 학생들을 대상으로 공개설명회를 갖기를 제안하기로 결의했으며, 1차 공개설명회로 부족할 경우에는 절차를 거쳐 대학원 조사위원회측과 홍교수가 함께하는 "공동 설명회"(학교, 홍교수, 학생)를 개최하는 것도 고려하고 있습니다.

비상 교수회는 학교측 공개설명회 준비위원으로 학생처장, 신학과장, 기교과장, 종철과장(이상 4명)으로 결정하고 위임 했으며, 학생측에서도 준비위원을 구성할 것을 제안합니다.

2. 공개설명회 순서와 내용

1) 순서

① 경위 설명 - 교수.학생 합동 준비위원회

② [대학원 조사위원회] 측 설명

③ 공개질의 - 응답(질의는 사전에 수집하고 준비위원회가 정리하여 할 수도 있음)

19931018_대학원위원회보고서 사태에 따른 비상교수회의의 입장과 처리방안에 대하여_공개설명회준비위원회_6(3)번_페이지_1

2) 설명될 내용

위에서 말한대로 이미 수사기관의 심문과 조사를 받은 내용들이기에 학교측은 공개를 꺼려할 아무런 이유도 없습니다. 따라서 공개설명될 내용은 대충 아래와 같습니다.

① [대학원 조사위원회] 구성 경위와 입증 자료
  * 교단자료
  * 대학원위원회 회의록
  * 기타자료(변학장 관계자료)

② 소위 「대학원위원회 보고서」 원본 공개

③ 홍교수 「대학원 과장」에 관한 문제와 입증자료

④ 이규철전도사의 진술에 관한 문제와 입증자료

⑤ 「교육부 재심위원회」의 절차상 하자의 내용과 설명

⑥ 「대학원위원회 보고서」에 대한 교수 확인서 작성 이유와 입증자료
  * 총학생회가 대자보 통해 동「보고서」진위에 대한 공개질의 자료
  * 홍교수 탄원서(대통령, 교육부 장관 앞)와 이에 대해 "사실 조사하라"는 교육부 지시 공문 공개

⑦ 서명하지 않는 교수들의 입장(가능하면 직접 진술)

⑧ 교수단의 공개 성명서(92년 2월 11일) 배경과 모순점 설명
  * 홍교수 출교와 징계에 대한 교수단 입장과 그 입증 자료(교수 회의록)
  * 통일교 관련과 통일교 비호와의 차이(통일교 양창식씨의 재적 논의와 관련하여) - 그 입증자료

⑨ 기타사항(사전 학생들의 질문 수렴 가능)

3. 공개설명회 개최에 따른 전제 조건

1) 교육적인 차원에서 양측의 명예와 인격을 존중하며 진위를 가리는 공정한 자리가 되어야 하고
2) 본 사안의 촛점이 흐려지거나 본래의 취지와 다른 방향으로 전개되지 않도록 진행되어야 하며
3) 설명회를 원만히 개최하기 위한 합의서 및 각서(학교, 홍교수, 학생)가 선행되어야 하고
4) 설명회 합동준비위원회(교수, 학생대표)를 구성하여 이에 따른 절차 및 방법을 합의하고 진행토록 함.

이상으로 비상교수회의 결의를 밝히고 공개설명회 취지를 제안하니 총학생회는 이에 대해 성의있게 응해 주기를 바랍니다. 그리하여 여러분이 원하는대로 진실도 규명되고 교수, 학생간의 신뢰회복, 화합이 이루어질 수 있는 계기를 마련하기를 바랍니다.

만일 비상교수회의의 제안에 대해 거부할 경우, 교수측은 일방적인 자료 공개나 공개설명회를 개최할 것을 신중하게 고려할 것이며, 이번 학내 사태에 대한 책임을 엄중하게 물을 것입니다.

학생 여러분! 진실은 한쪽면만 보아서는 쉽게 드러나지 않습니다. 양측 내지 여러 측면에서 봐야 합니다.

진실앞에 용감하게 직면 하십시요 !

물론, 학교측은 상기 「보고서」 내용의 진위 여부와 상관없이 학내문제를 또 다른 각도에서 바라보고 이끌어 갈려는 학생들이 있다는 것을 알고 있으며, 그 학생들의 고뇌와 상처받은 마음을 충분히 이해하려고 합니다.

그러나 문제는 하나하나 풀어 나가야 할 것입니다.

총학생회와 전체 학생들의 성의있는 답변을 기대합니다. 여러분은 지성인인 동시에 정의롭고 자랑스런 감신인이란 긍지를 잊지 마십시오.

1993년 10월 18일

공개설명회 준비위원회 (교수측)

19931018_대학원위원회보고서 사태에 따른 비상교수회의의 입장과 처리방안에 대하여_공개설명회준비위원회_6(3)번_페이지_2

11/22
오후 2시

학교법인 감리교신학원

감 리 교 신 학 대 학 교

(METHODIST THEOLOGICAL SEMINARY)

Founded in 1887

31 Naing-Chun Dong
Seoul, Korea
(P. O. Box 45, CHUNGJONGNO 120-701)

Tel. 365-5941
364-5941~7
Fax. 364-5948

홍 정 수 교수 귀하

징계사유서(추가)를 1993.11.2 발송(원본: 은평구 갈현동 523-75 연립203호로 사본: 서대문구 충정로2가99-19로)하였습니다.

위 건중 원본은 장기폐문으로 반송되어 1993.11.4 재발송하였으나 장기출타로 다시 반송되어 왔으며,

사본은 연구원에서 수령하였다가 수취인 부재중으로 반송되어 왔기에 원본과 사본을 다시 발송하여 드립니다.

* 참고로 1993. 10.12자 징계사유설명서 사본을 보내드립니다.

내용물 : 1. 징계사유서(추가) 사본
2. 징계사유설명서 (1993.10.12) 사본
3. 출석통지서 사본

19931101_징계사유서(추가) 출석통지서_감리교신학원교원징계위원회_6(3)번_페이지_1

학교법인 감리교신학원
감 리 교 신 학 대 학 교
(METHODIST THEOLOGICAL SEMINARY)

Founded in 1887

31 Naing－Chun Dong
Seoul, Korea
(P. O. Box 45, CHUNGJONGNO 120－701)

Tel. 365－5941
364－5941～7
Fax. 364－5948

감법인제100-145

1993. 11. 1.

수신 홍정수교수

제목 징계사유서(추가)

1. 귀하에 대한 1993. 10. 12자 징계사유서에 명시한 징계사유 이외에 추가 징계사유서를 1993. 11. 1자로 제출하였으므로 사립학교법 제64조의2와 정관 제58조의3에 따라 동 징계사유서(추가)를 별첨과 같이 통지합니다.

첨부: 징계사유서(추가) 1부 끝.

학교법인 감리교신학원 이사장 표 용

19931101_징계사유서(추가) 출석통지서_감리교신학원교원징계위원회_6(3)번_페이지_2

[징 계 사 유 서 (추 가)]

지난 1993년 10월 12일자 징계사유에 이어 새로운 징계사유가 발생하였으므로 아래와 같이 추가합니다.

9. 징계대상자는 소위 『대학원위원회 보고서』 작성자 방석종교수를 출판물에 의한 명예훼손, 불법문서 작성동의 혐의로 형사고발 하였다가 수사기관에서 자신에게 불리한 불기소(혐의없음) 의견으로 사건송치가 되자 지난 1993년 8월 30일에 일방적으로 고소를 취소한 바 있음에도 불구하고 1993년 10월 14일 학교운동장에 나타나 학생들에게 『대학원위원회보고서』는 허위날조 문서인데도 서대문경찰서 수사관은 같은 관내 대학의 일이기에 봐주느라고 자신의 고발에 대해 "불기소"(무혐의) 의견을 제출했다고 선동하여 이에 선동된 학생들 약 100여명은 당일 오후2시부터 시작되는 수업을 거부하고 징계대상자의 말을 듣기 위해 즉석 집회를 마련하고, 이어서 총학생회 측이 주최가 되어 이틀날인 15일에는 수업거부운동에 들어 갔으며, 급기야 18일부터 시작되는 중간고사 거부를 단행하고 이에 따라 총학생회가 10월 21일과 22일 두번에 걸친 설명회를 통해 『대학원위원회보고서』에 관한 진실을 규명했음에도 불구하고 징계대상자를 지지하는 투쟁적인 학생들에 의해 총학생회가 총사퇴하는 분열을 겪게하고 이들에 의해 1993년 10월 29일부터 전면 수업거부를 하기에 이르렀다.

이와같이 징계대상자는 학생들을 선동하여, 수업방해, 수업거부에 이르도록 하였는 바 이는 면학분위기를 조성해야 할 교수의 본분을 위배하여 학생과 학생, 교수와 학생간의 분열을 조장하였고, 형사법을 잘 모르는 학생들의 순수 정의감을 이용하여 자신에게 유리하게 영향을 미치려는 무모한 행동으로서 교수로서의 품위를 크게 손상시켰는 바 감리교신학대학교 교수단은 교수회의 의결에 따라 성명서를 발표하여 학내 소요의 원인을 제공한 징계대상자가 사퇴하고 공개사과할 것을 촉구하기에 이르렀다.

결국 징계대상자의 위와 같은 행위는 사립학교법 제61조 제1항 제2호 및 사립학교법 제61조 제1항 제3호를 위배한 행위이다.

19931101_징계사유서(추가) 출석통지서_감리교신학원교원징계위원회_6(3)번_페이지_3

Y-5-027

교수단 성명서

지난 10 월 14일 학내 소요사태 발발이후, 제 7 주째에 접어든 오늘에 이르기까지, 우리 교수단은 기도와 인내로, 대화와 설명으로, 공개설명회와 해명서 등을 통하여 학업의 정상화와 사태의 진정을 위해 노력해 왔다. 그러나 학내 사태 관련 학생들은 끊임없는 소요와 선동으로 마침내는 교수들에게 물리적 힘을 행사하고, 학교의 학사 및 일반 행정 기관을 모두 점거하여, 학교의 모든 활동을 마비시키는 최악의 사태로 몰고 가고야 말았다.

따라서 우리는 최근의 사태 발생과 이에 관련된 문제들에 대해 다음과 같이 우리의 뜻을 밝히고, 학생들은 본연의 자세로 조속히 복귀할 것을 촉구한다.

1. 학생들의 물리적 힘의 행사에 관하여.

지난 11 월 23 일 화요일 오후 4시 이후 6시까지, 같은 날 저녁 11시 이후 다음날 새벽 3 시 사이에 소요학생들은 총장 및 학생처장을 폐쇄공간으로 인도, 총장직 사퇴서명을 강요하고, 이 소동중에 총장의 의복을 손상시켰으며, 이를 만류하는 교수들을 물리적으로 저지하였다. 이에 대한 책임을 묻기에 앞서 우리 교수단은 관련 학생들의 정중한 공개 사과를 바란다.

2. 학사 및 행정 기관 점거에 관하여

11 월 24 일 오전 10 시 이후 소요 학생들은 기왕의 총장실 점거 만이 아니라 학교내의 학생처, 사무처, 교무처, 도서관, 대학원, 경리과, 교환실, 정문 등을 점거하고 학교의 모든 행정을 마비시키고 있다. 이는 단순한 학부 및 대학원의 수업거부 사태를 넘어 학교의 모든 학사 행위와 전반적인 업무를 폐쇄시키는 중차대한 질서 파괴 행위이다. 따라서 우리 교수단은 다음과 같이 경고한다.

"11월 26일 금요일 정오까지 학교의 모든 시설에 대한 불법 점거를 풀고 교육 및 사무행정을 재개할 수 있도록 하라. 만일 이에 응하지 않음으로 인하여 발생하는 이후의 모든 사태에 대한 책임은 소요학생들에게 있음을 명백히 밝힌다."

현재 우리 교수단은 학사의 정상화를 위해 다각적 노력을 기울이고 방안을 모색하고 있다. 그러나 현 사태가 계속될 경우 유급이나 졸업 불가 사태가 발생할 수도 있음을 우려한다. 따라서 소요에 관여않는 학생들도 자체적으로 학사 재개를 위해 스스로 노력해 주기를 당부하며, 사태 수습을 위해 적극적 참여와 기도를 바란다.

1993 년 11 월 25 일
감신 교수단 일동

19931125_교수단 성명서_교수단 일동_6(3)번

사본

학교법인 감 리 교 신 학 원
(3619-114)

감법인제100-191 1993. 11. 29.

수신 홍 정 수 교수

제목 교원 징계처분

1. 1993. 11. 29 학교법인 감리교신학원 교원징계위원회 의결에 따라 별첨과 같이 귀하에 대한 징계처분이 주워졌음으로 통보함.

첨부: 1. 징계처분서 1부

2. 징계처분사유설명서 1부 끝.

학교법인 감리교신학원 이사장 직무대행 이 종 

19931129_교원징계-징계처분서및징계처분사유설명서_감리교신학원이사장직무대행 이종수_6(3)번_페이지_1

감법인제100-172호

징 계 처 분 서

소 속 : 감 리 교 신 학 대 학 교

직 위 (급) : 부 교 수

성 명 : 홍 정 수

위 사람을 해임함.

1993. 11. 29.

학교법인 감리교신학원 이사장 직무대행 이 종 수

19931129_교원징계-징계처분서및징계처분사유설명서_감리교신학원이사장직무대행 이종수_6(3)번_페이지_2

(징 계) 처 분 사 유 설 명 서

1 소 속	2 직 위(급)	3 성 명
감리교신학대학교	부 교 수	홍 정 수

4 주문	위 사람을 해임한다.
5 이유	별첨과 같음

위와 같이 처분하였음을 통지합니다.

1993년 11월 29일

처분권자 : 학교법인 감리교신학원

이사장 직무대행

참고: 교원지위향상을 위한 특별법 제9조 1항

교원이 징계처분 기타 그 의사에 반하는 불리한 처분에 대하여 불복이 있을 때에는 그 처분이 있은 것을 안 날로부터 30일 이내에 재심위원회에 재심을 청구할 수 있다. 이 경우에 재심 청구인은 변호사를 대리인으로 선임할수 있다.

19931129_교원징계-징계처분서및징계처분사유설명서_감리교신학원이사장직무대행 이종수_6(3)번_페이지_3

징 계 의 결 서

징 계 주 문

징계대상자를 해임한다.

징 계 이 유

1. 징계대상자는 1977년 기독교대한감리회 중부연회에서 교리와 장정이 정한 바에 따라 목사로 안수받은 후 동 감리회의 목사로서 1981. 9. 1 학교법인 감리교신학원이 설치 경영하는 위 감리교신학대학교 교수로 임명되어 현재까지 재직하고 있는자 인 바 위 학교법인 감리교신학원은 기독교대한 감리교계에 헌신할 교역자를 양성하기 위하여 고등교육을 실시함을 정관 목적사업으로 규정하고 있고(정관 제1조) 동 목적을 달성하기 위해 위 감리교신학대학교를 설치 경영하고 있기 때문에(정관 제3조) 동 대학교의 교수에 임명된 자는 기독교대한감리회 교단의 교리와 장정에 정하여진 교리를 신봉하고 위 정관 목적에 충실하여야 하며 위 학교법인의 교원인사규정이 임용자격으로 규정하고 있는 자격상실이 되지 않도록하고 위 정관목적에 비추어 위 신학대학교의 교수로서의 품위를 유지해야 할 의무가 있다할 것임에도 불구하고 징계대상자는 아래에서 보는 바와 같은 위 교단의 교리에 반하는 행위를 행함으로써 1991. 10. 30 개최된 기독교대한감리회 제19회 특별총회는 징계대상자를 동 감리회의 교리에 대한 이단자로 단정하여 소속연회에는 목사직 면직을, 위 감리교신학원에는 교수직 파면을 권고하는 결의를 하였고 기독교대한감리회 교리수호위원회로부터 교단의 교리에 대한 이단자로 고소되어 1992. 3. 5. 서울연회재판위원회에 기소된 후 동 재판위원회에서는 동년 5. 12. 아래와 같은 기소사실을 유죄로 인정하여 출교의 판결선고를 하였고 동 판결은 확정되어 1992. 10. 24. 위 재판위원회는 위 판결을 공고함으로써 징계대상자는 위 교단에서 출교되고 아울러 목사직이 박탈되었는바

동 유죄확정된 사실은

(1) 피고는(징계대상자;이하 피고라고한다) 기독교 신앙의 근본이 되는 살아계신 하나님의 존재를 부인하여 말하기를 "만일 신은 계신가 하고 누군가가 묻는다면 신은 없다고 잘라 말할 수 있다." (베짜는 하나님 p. 56)고 하는 동 무신론적 의사표현을 단언하여 말함으로써, 본 교단의 하나님에 대한 신앙적 입장을 정면으로 거부하였다.

(2) 피고는 기독교신앙의 핵심이 되는 예수의 부활사건을 부정하여 "나는 단연코 육체의 부활을 부정한다"(우먼센스 1991. 12.)고 하였고, "부활신앙은 이교도들의 어리석은 욕망에 불과하다"(크리스챤신문 1991. 3. 30.)라고 하고 예수의 부활사건은 "빈무덤이 아니다."(상동, 1991. 6. 8.)라고 주장하여 기독교 본래의 부활신앙을 부정하였고 또한 "기독교의 부활 메세지가 아무 소용도 없을 수도 있음을 극명하게 말해준다. "(베짜는 하나님, P. 185)고 말함으로써 사도시대 이후 오늘에 이르기까지 전하여 내려온 신교 메세지를 거부하였다.

19931129_교원징계-징계처분서및징계처분사유설명서_감리교신학원이사장직무대행 이종수_6(3)번_페이지_4

(3) 피고는 골고다 산상에서의 예수십자가의 대속의 죽음과 광주 망월동 민중 항쟁으로 죽은 많은 민주 인사들의 죽음을 동일시 하였고 또한 예수 그리스도의 부활사건을 믿는 자를 위한 "부활의 첫열매" 로 보지 않고, 정의를 외치다 한을 품고 죽은 이들의 정신적 공헌과 같이 간주함으로써 예수그리스도의 육체의 부활을 부인하는 반성서적인 주장을 하였다.

(4) 피고는 기독교신앙의 중심이 되는 예수그리스도의 대속의 사건을 부정하여 예수의 십자가는 "신의 아들의 죽음이 아니다." (한몸 7권. P. 16)라고 했고 "예수의 죽음이 우리를 속량한 것이 아니라, 그의 삶이 우리를 속량하는 것이다." (상동 P. 17)라고 주장하였고 피고는 예수의 십자가의 피흘림에 대하여 이르기를 "그의 피가 동물들이 흘리는 피보다는 월등하게 효과가 있다는 이야기가 아니다."(상동 P. 18)라고 함으로써 예수 그리스도의 피의 대속을 불신하는 주장을 하였으며 이같은 피고의 주장은 기독교 신앙의 교의와 본 교단의 신앙을 적대하는 반 그리스도적 이단사상이다.'

(5) 피고는 본 교단의 감리교신학대학에 재직하면서 통일교의 요직, 현직인사인 양창식이 위 신학대학에 재학중에 있을때 (1986. 3 - 1989. 8)동 대학의 재학생인 이규철의 제보로 양창식의 본색이 드러났음에도 불구하고 그를 척결하는 일을 주선하기 보다는 오히려 비호한 점을 부정할 수 없으므로 피고는 본 교단 신학대학의 체모를 손상시켰고 기독교 교의를 바르게 가르쳐야 하는 본 직을 거절 내지는 유기한 사실이 있다.

(6) 피고는 공공 출판물에 기고한 논문들과 강연 강의들의 내용에서 기독교신앙의 본질을 위와 같이 파기하였고 웨슬리목사의 "복음적 신앙" 을 유산으로 받은 기독교대한감리회의 교리와 장정에 위배되는 사상을 주장해 왔는 바 이는 기독교대한감리회의 발전에 크나큰 저해 요인이 되어 개교회와 범교단적으로 끼친 타격은 공개적 숫자로 입증치 않더라도 너무도 컷음은 주지의 사실로 특히 본 교단의 교인뿐 아니라 타교단에서도 익히 알려져 이같은 사실이 복음선교의 역행임에도 불구하고 피고는 도의적, 신앙적 반성없이 이 일을 계속 자행하여 왔으며, 개전의 정이 없었다. 그러므로 이후에 계속 피고와 같은 주장에 동조, 지지, 옹호 및 선전하는 자는 기독교대한감리회 내에서 동일한 범법자로 간주되어야 한다. 라고 되어있다.
그렇다면

첫째, 징계대상자는 위와 같은 행위로 인하여 목사직 면직을 당하고 출교됨으로써 위 학교법인의 정관에 의하여 제정된 교원인사규정 제11조 제2항 소정의 임용자격(신학전공 교원은 기독교대한감리회 소속목사 또는 이에 준하는 자로서 목회경험 3년이상된 자라야 한다)을 상실함과 동시에 목사면직, 출교 재판이 확정된 사실자체가 위 정관 목적사업을 수행하는 위 신학대학교의 교원으로서의 품위를 심히 손상한 것이며

둘째, 유죄확정된 위 행위등은 기독교대한감리회 교리와 장정에서 선언된 교리인

① 성자는 곧 참되시고 영원하신 하나님 아버지의 말씀이요, 성부와 동일하신 본질인데 복받은 동정녀의 태중에서 사람의 성품을 가지셨으므로 순전한 두 성품 곧 하나님의 성품과 사람의 성품이 나누지 못하게 일위안에 합하였다. 그러므로 그는 참으로 하나님이시요, 참으로 사람이신 한분 그리스도이신데 참으로 고난을 당하시고 십자가에 못박히어 죽으시고 매장되시어 우리로 하여금 하나님 아버지와 화목하게 하시고 또한 제물이 되시었다. 이는 사람의 원죄만 위할뿐 아니라 범죄한 것까지 위함이시다. (교리와 장정 제 10단, 제2조)

19931129_교원징계-징계처분서및징계처분사유설명서_감리교신학원이사장직무대행 이종수_6(3)번_페이지_5

② 그리스도께서 과연 죽은 가운데서 다시 일어나시어 완전한 인성이 붙은 모든것과 육체를 다시 가지시고 천당에 오르시며 마지막 날에 만민을 심판하시려고 재림하실 때까지 거기 앉아 계시다. (교리와 장정 제11단, 제3조)

③ 우리는 하나님이 육신으로 나타나사 우리의 스승이 되시고 모범이 되시며 대속자가 되시고 구세주가 되시는 예수 그리스도를 믿으며(교리와 장정 제35단 제2항)

라는 교리에 반하는 행위인 동시에 교리를 비방하고(교리와 장정 제 192단 제1조 제1호) 신앙상 좋지 못한 언어행동을 자행하고(위법조 제7호) 이단 종파에 협조한 혐의가 있는 행동(위법조 제8호)으로서 동 교리와 장정에서 규정하고 있는 범과 행위이기 때문에 위 대학교의 교수로서는 상상할 수도 없는 품위 손상 행위를 범한 것이며

셋째, 위 행위등은 사립학교법과 기타 교육관계법령에 의하여 설립된 위 학교법인 정관의 목적에 반하는 행위인 동시에 동 목적을 수행하기 위하여 설치된 위 신학대학교의 교수 및 보직교수로서의 본분에 위반된 행위를 하였고

2. 위와같은 언동과 행위로 징계대상자가 위 교단의 특별총회에서 목사직 면직, 출교 및 파면의 권고 결의가 있게 되고 연회에서의 목사직이 면직되었으며 다시 기소되어 재판 회부되는등의 사태가 일어남에 따라 교단에서는 위 신학대학교의 다른 교수들까지 이단시 하는 움직임이 있게 되고 동 사태는 감리교신학대학교의 존립마저 위태롭게 하였으며 위 교단에서 교리에 반하는 것으로 문제삼고 있는 발언내용은 위 교단자체의 분열까지도 초래할 수 있는 중대한 사태로 진전될 염려가 있게 되자 이와같은 사태를 수습하기 위해 징계대상자와 같은 비난의 대상이 되어 있던 학장 변선환교수 다음으로 위 대학교의 책임자였던 구덕관교수(당시 대학원장, 현재 총장)는 징계대상자에게 더이상 위 신학대학교의 교수로서의 품위를 손상하는 일이 없도록 하라고 여러번 권고와 주의를 하면서 다시는 신문에 분쟁을 촉발하는 기고를 하여 교단소속 목사들과 교인들을 자극시키고 혐오감을 주는 행위를 삼가하고 교단의 선언된 교리와 감리교 신학사상에 위배되는 글을 쓰지 말라고 권고하였는데도 불구하고 징계대상자는 1992년 6월 7일자 영자 일간지 Korea Times 기자와 대담에서 : When asked about God, Hong...Said that God is...an outcome of experience...a projection of desire, or illusion resulting from wishful thinking.
즉, "신에 관하여 질문을 받고 홍은 대답하기를... 신은(인간) 경험의 산물이요...(인간)욕심의 투영이요...희망적인 관측에서 비롯된 환상이라"고 발언함으로써 그의 저서인 "베짜는 하나님"에서 "만일 신은 계신가 하고 누군가가 우리에게 묻는다면 '신은 없다'고 잘라 말할 수도 있다"고 발언하여 하나님존재 부인, 육체의 부활부인, 예수십자가의 죽음을 격하, 예수 십자가의 피의 대속 불신, 통일교학생 비호와 교수본직 유기등으로 이단단죄를 받고 있는 상태에서 다시 파문을 심화시키는 행위를 하였고 그결과 출교판결까지 받음으로서 특수목적으로 설립된 위 신학대학교의 교수로서의 품위를 손상시키는 동시에 동 특수목적 대학교의 교수로서의 본분에 반하는 행위를 하였고

3. 위 신학대학교 학칙 제47조에 의하면 전임강사이상은 교수회 구성요원이며, 교수회는 학사행정 일체, 학생지도 및 교수 및 연구에 관한 중요사항을 다루도록 되어 있는 바 징계대상자는 1991년 9월에서 1992년 7월 사이 있은 16회

19931129_교원징계-징계처분서및징계처분사유설명서_감리교신학원이사장직무대행 이종수_6(3)번_페이지_6

의 전체 교수회의중 정당한 이유없이 91. 9. 10, 10. 1, 10. 31, 11. 12, 92. 1. 24, 3. 3, 6. 10, 7. 15, 7. 27, 회의에서 9회나 불참하여 교수로서의 직무를 태만히 하였으며

4. 징계대상자는 1985년 학생들을 선동하여 자신의 스승이요, 은사인 박봉배 학장(현재 목원대 총장)을 축출하는데 가담한 전력이 있는 자 인바,

(1) 위에서 본 사태로 말미암아 1993. 2. 12 임명권자인 이사장으로부터 정관 제44조 2항 1호에 의하여 직위해제를 받았으므로 근신자중해야 함에도 불구하고 1993년 3월 9일 전체교수, 학생간담회 장소에 학교당국의 허락없이 나타나 총장이 하지도 않은 약속과 합의를 깼다며 하나님도 양심도 없이 '거짓 말한다' 라고 학생들을 선동하고 "여러분 여러분 앞에 결단의 시각은 오고 있습니다. 우리는 지금까지 해 온 그것을 지켜야 됩니다. 교단의 압력, 거센줄 압니다. 그러나 우리는 일제때도 살아왔습니다." 라고 선동하여 학생들로 하여금 학교당국을 불신하고 투쟁을 하도록 유도하고

(2) 징계대상자는 자신에 대한 징계의결이 있자 불복하여 교육부 재심위원회에 재심청구를 한 후 동 위원회에 제출한 교원징계재심청구서중 이사장 협박문서에 관한 부분은 감추고 자신의 일방적 주장에 관한 자료를 학생들에게 주었으며 1992년 6월 2일 총학생회 대자보를 통하여 동 [대학원위원회 보고서] 가 가공의 허위문서라고 주장하면서 학생들을 선동케하여 학생들로 하여금 학교당국과 교수들을 불신케 하였으며 자신의 교육부 재심청구 판결을 유리하게 하려고 학생들에게 구명 서명운동을 전개시켰고, 대학원원우회 회장 이명신외 원우일동의 명의로 교육부장관 앞으로 허위사실에 기한 민원서류를 제출케 하는등 대학교 교수로서의 품위를 손상하는 행위를 하였고

5. 징계대상자는 나원용이사장에게 심야에 수차례 전화를 걸어 징계가 부당하다고 항의하기도 했으며, 뜻대로 되지 않자 1993년 5월 3일 나원용이사장이 앞으로 만일 자기를 징계하면 검찰에 고소하겠다는 협박조의 내용이 담긴문서에 동 이사장이 징계대상자를 징계할 목적으로 허위사실을 날조하여 징계요구를 하였다는 내용의 서울지방검찰청 검사장 앞으로 된 고소장 협박문서를 보내어 위 신학대학교 교수로서 품위를 손상하는 행위를 하였고

6. 징계대상자는 1993년 7월 1일 후배 김준우를 대동하고, 자신의 통일교관련 문제에 대해 1991년 12월 17일 대학원조사위원회에서 징계대상자에게 불리하게 진술한 금란교회 소속 이규철전도사를 찾아가 위협한 후 대학원조사위원회에서 진술한 사실을 번복한다는 내용의 징계대상자가 작성한 문서에 강제로 답변 서명시키고 그 내용을 주간지인 새누리신문에 1993년 7월 17일자로 기사화시킴으로써 위에서 본 내용으로 물의를 일으켜, 특별총회의 결의대상이 되고 또 목사직 면직처분을 받고 직위해제를 당한 교수로서 근신하지 못하고 품위를 손상하는 행위를 하였고

7. 징계대상자는 상기 [대학원위원회보고서]를 가공의 허위날조 문서라고 주장하다가 당시 참석한 교수들 가운데 11명이 동 [대학원위운회보고서]가 사실문서라고 확인서명하자 오히려 서명한 교수들을 비방하다가 마침내 1993년 6월 16일 동 [대학원위원회보고서] 작성자 방석종교수를 출판물에 의한 명예훼손, 무고, 업무방해, 불법문서작성, 직권남용이라는 죄목으로 서울지방검찰청 서부지청에 고발하였으나, 경찰 수사관의 조사결과 무혐의, 불기소로 사건 송치되었는

19931129_교원징계-징계처분서및징계처분사유설명서_감리교신학원이사장직무대행 이종수_6(3)번_페이지_7

바(1993. 8. 11), 이같은 사실을 인지하고 담당검사에게 제2차로 소견서를 제출했으나(8월 15일) 자신에게 불리하게 작용할 것이라고 판단하고서는 8월 30일에 고소를 취하하는 파렴치한 행위를 한 자로 이는 동료교수에 대한 무고 및 명예훼손 행위이며 대학교 교수로서 품위를 손상시키고

8. 징계대상자는 인도적 법 정신을 악용하여, 종교적 신념으로 사실 그대로인 그의 이단적인 신학을 신문에 광고한 김홍도목사, 유상열장로를 사직당국에 고발, 선배 지도자들은 물론, 주변의 여러사람들, 구덕관총장, 방석종신학대학원장등을 검찰청을 불려다니며 괴로움을 당하게 하였을 뿐 아니라, 지난 1993년 7월 24일 자신의 교육부 재심 판결(93년 7월 27일)을 유리하게 이끌기 위해서 화해라는 명목으로 무조건 고소를 취하하고 서는 이후 김홍도목사로부터 거금 8천만원을 받아 챙겨, 신학대학 교수로서 품위를 손상하고

9. 징계대상자는 소위 [대학원위원회 보고서]작성자 방석종교수를 출판물에 의한 명예훼손, 불법문서 작성등의 혐의로 형사고발 하였다가 수사기관에서 자신에게 불리한 불기소(혐의없음) 의견으로 사건송치가 되자 지난 1993년 8월 30일에 일방적으로 고소를 취소한 바 있음에도 불구하고 1993년 10월 14일 학교운동장에 나타나 학생들에게 [대학원위원회보고서]는 허위날조 문서인데도 서대문경찰서 수사관은 같은 관내 대학의 일이기에 봐주느라고 자신의 고발에 대해 '불기소'(무혐의) 의견을 제출했다고 선동하여, 이에 선동된 학생들 약100여명은 당일 오후2시부터 시작되는 수업을 거부하고 징계대상자의 말을 듣기 위해 즉석 집회를 마련하고, 이어서 총학생회 측이 주최가 되어 이튿날인 15일에는 수업거부 운동에 들어 갔으며, 급기야 18일부터 시작되는 중간고사 거부를 단행하고 이에 따라 총학생회가 10월 21일과 22일 두번에 걸친 설명회를 통해[대학원위원회보고서]에 관한 진실을 규명했음에도 불구하고 징계대상자를 지지하는 투쟁적인 학생들에 의해 총학생회가 총사퇴 하는 분열을 겪게하고 이들에 의해 1993년 10월 29일 부터 전면 수업거부를 하기에 이르렀다.

위 징계사실들은 징계요구자가 제출한 별지목록 증거물에 의하여 모두 사실이 인정된다.

위 사실들은 사립학교법 제61조 제1항 제1호(위 (1), (2)) 제2호 (위 (3), (9)) 제3호 (위 (1), (2), (4), (5), (6), (7), (8), (9))에 각 해당되어 주문과 같이 결정한다.

19931129_교원징계-징계처분서및징계처분사유설명서_감리교신학원이사장직무대행 이종수_6(3)번_페이지_8

결 정

사 건 : 93-207 해임처분 취소 청구

청 구 인 : 성 명 : 홍 정 수 직 명 : 교수

소 속 : 감리교 신학대학

피청구인 : 학교법인 감리교신학원 이사장

피청구인이 청구인에게 한 1993.11.29. 해임처분에 대하여 청구인으로부터 동 처분의 취소를 구하는 재심청구가 있어 우리 위원회는 심사를 거쳐 다음과 같이 결정한다.

주 문

청구인의 청구를 기각한다.

이 유

1. 청구인는 1981.9.1.부터 서울특별시 소재 감리교신학대학의 교원으로 근무하던중 종교재판에서 출교당하여 목사직을 박탈당하고 이사장을 협박하는등 신학대학교 교수로서 품위를 손상하였으며, 교수회의에 불참함으로써 직무를 태만하고 학생을 선동하였다는 등의 사유로 피청구인으로 부터 1993.11.29. 해임처분을 받은 바 있다.

2. 청구인의 청구요지는 징계절차상 하자가 있으며 징계사유도 사실과 다르므로 해임처분을 취소하여 달라는 것이다.

3. 청구인이 주장하는 징계절차상 하자에 대하여 살펴본다.

   가. 청구인은 해외여행의 경우는 이사장 직무대행을 지명할 수 있는 경우가 아니고 직무대행자의 권한도 이사장을 선출하는 절차를 밟는 일에 한정

19940228_교원징계_재심사건결정통지_6(3)번_페이지_1

되기 때문에 이사장 직무대행이 시행한 징계는 효력이 없다고 주장하고 있는 바,

학교법인 감리교 신학원의 정관 제24조 제1항에 "이사장이 사고가 있을 때에는 이사장이 지명하는 이사가 이사장의 직무를 대행한다"라고 규정되어 있고 여기서 사고라함은 이사장이 재위하면서도 신병이나 장기간의 해외여행등으로 직무를 수행할 수 없는 경우를 일컫는다 할 것이며 또한 동조 제3항 "제1항 및 제2항의 규정에 의하여 이사장 직무대행자로 지명된 이사는 지체없이 이사장선출의 절차를 밟아야 한다"는 규정은 직무대행자의 권한을 이사장 선출절차에 한정한 것이 아니라 할 것이고 이 건에서 직무대행자를 지정하기 전에 이사장이 1993.10.12. 청구인을 이미 징계의결요구하였고(을증 제3호의 1) 이사장 직무대행자는 그후 계속되는 행위를 한것이므로 청구인의 주장은 이유없다 할 것이다.

나. 청구인은 1993.11.26. 긴급이사회가 이사전원의 신체적 현존에 의한 집합이 아니고 의제의 사전선정과 권한위임이 불가능하기 때문에 불법적 이사회이며 징계위원직은 상임직이므로 후보로 선임되었던 최세웅 위원은 위법이고 임시직교원인 서창원 위원에 대한 기피신청기각은 부당할 뿐 아니라 재징계 법정시한 3개월을 넘겼다고 주장하는 바,

민법 제62조에 "이사는 정관 또는 총회의 의결로 금지하지 아니한 사항에 한하여 타인으로 하여금 특정의 행위를 대리하게 할 수 있다"라고 규정되어 있어 위임장을 제출한 4명을 포함하여 이사전원이 집합하여 그 전원이 이사회의 개최를 요구하여 징계위원 선임을 하고 징계대상자가 계속 기피할 경우를 대비하여 이사장 직무대행이 계속 선임·보충할 수 있도록 위임하였으므로(을증 제10호) 1993.11.26.긴급이사회와 청구외

19940228_교원징계_재심사건결정통지_6(3)번_페이지_2

최세웅 위원에 대한 청구인의 주장은 이유없다 할 것이고 청구외 서창원 위원에 대한 임시교원의 근거로 청구인은 감리교신학대학 인사위원회 내규 제11조 제1항 "교원의 신규 임용은 직위의 구분없이 1년간 기한부로 행한다"를 들고 있으나 이는 임시교원이 아닌 신규임용의 방법을 정한것에 지나지 아니하므로 임시교원 주장은 타당성이 없고 이를 이유로 한 기피신청에 대한 기각 결정은 적법하다 할 것이며, 피청구인이 1993.5.14. 청구인에게 한 파면처분에 대한 재심결정이 1993.8.28. 피청구인에게 도달되었으므로 재징계 법정시한 3개월이 지났다는 청구인의 주장도 이유없다 할 것이다.

4. 청구인에 대한 징계사유에 대하여 살펴본다.

가. 청구인이 목사직 면직을 당하고 출교됨으로써 임용자격을 상실함과 동시에 품위손상하였다는 징계사유에 대하여 청구인은 교원자격유지 조건과 임용자격은 법률상 다른 것이며 위조문서에 의한 출교는 무효이므로 이를 근거로 하는 징계사유는 일체 효력을 상실한다고 주장하고 있는 바,

감리교 신학대학의 교원인사규정 제11조 제2호에 "신학전공 교원은 기독교 대한감리회 소속 목사 또는 이에 준하는 자로서 목회경험 3년 이상된 자라야 한다(단 여자는 예외로 한다)"라고 하고 있으나 부칙 제2항에 "이 규정 시행당시 재직하는 교원은 이 규정에 의하여 임용된 것으로 본다" 라고 되어 있어 출교로 임용자격을 상실하였다고 할 수 없으며 기독교감리회 소속목사가 아니더라도 동 대학에 임용될 수 있으므로 출교로 목사자격을 박탈당한 사유를 가지고 바로 교원으로서 품위를 손상하였다고 할 수 없다 할 것이다.

19940228_교원징계_재심사건결정통지_6(3)번_페이지_3

나. 청구인의 언동으로 교단자체의 분열까지 초래할 수 있는 사태로 진전하자 청구외 구덕관 교수(당시 대학원장)가 청구인에게 교리와 감리교신학사상에 위배되는 글을 쓰지 말라고 권고하였음에도 1992.6.7.코리아타임즈 기자와 대담을 하는 등 파문을 심화시키는 행위를 하여 출교판결까지 받음으로써 교수로서 품위를 손상하였다는 징계사유에 대하여 청구인은 구덕관 교수의 권고 묵살은 죄가 될수 없으며 1992.6.7.일자 신문의 인터뷰기사는 청구인의 주장이 아니라 Feuerbach의 사상임을 명시하고 있다고 주장하고 있는 바,

> 청구인의 행위가 감리교 교리에 반하는지 여부는 차치하더라도 이로인해 감리교신학대학은 물론 교단내에서 심각한 교리 논쟁이 제기되었음에도 자제하지 아니하고 계속 확대시킨 것은 청구인이 기독교 대한감리교계에 헌신할 교역자를 양성하기 위한 신학대학의 교수라는 신분을 감안하면 동 대학의 교수로서 품위를 손상한 것이라 할 것이다.

다. 청구인이 1991. 9월부터 1992. 7월 사이에 교수회를 9회 불참하였다는 징계사유에 대하여 청구인은 교수회의 의제가 종교재판에 대한 학교측 입장 정리인 경우가 많아 학장께서 직접 교수회의 불참권고를 하였기 때문이라고 주장하고 있는 바,

> 동대학 학칙 제47조에 중요한 학사사항을 심의하기 위해 교수회를 두고 있는데 학장의 교수회의 불참권고에 대한 증거가 따로 없고 교수회의록에 의하면 청구인의 주장과는 달리 일반적인 학사사항을 심의한 것으로 되어 있어 교수회를 불참한 것은 직무를 태만히 한 것이라 할 것이다.

19940228_교원징계_재심사건결정통지_6(3)번_페이지_4

라. 청구인이 1993.3.9. 전체교수·학생간담회 장소에서 학생을 선동하고 1992. 6.2. 총학생회 대자보를 통하여 대학원위원회 보고서가 가공의 허위문서라고 주장하면서 학생들을 선동하여 자신의 구명서명 운동을 전개시켰으며 대학원 원우회 명의로 허위사실에 기한 민원서류를 제출하게 하였고, 1993.10.14. 대학원위원회 보고서 건으로 방석종을 고소하였으나 서대문경찰서에서 불기소 의견을 제출했다고 선동하여 학생들이 수업 거부를 하였다는 징계사유에 대하여 청구인은 1993.3.9.에는 사실에 근거한 신상발언이고 구명서명운동은 학생들 스스로 한 것이며, 1993.10.14.에는 학교측 설명회에 대해 청구인도 설명회를 할 준비가 되어 있음을 학생들에게 밝혀 공식설명회에 참석하였던 것이어서 학사마비 책임은 학교측에 있다고 주장하고 있는 바,

1993.3.9. 교수 전체학생 간담회 녹취서에 의하면 청구인이 "여러분 앞에 결단할 시각은 오고 있습니다. 우리는 지금까지 해 온 그것을 지켜야 합니다. 교단의 압력은 거센 줄 압니다. 우리는 일제시대 때에도 살아 났습니다"라고 한 사실 및 1993. 10.14. 청구인 자신의 문제를 학생들에게 설명한 후 학생들이 청구인에 대한 징계철회를 주장한 사실에 비추어 보면 청구인이 학생을 선동시킨 점이 인정된다고 할 것이다. 다만, 총학생회 대자보를 통하여 학생을 선동하고 구명 서명운동을 시켰다거나 민원서류를 제출토록 하였다는 사실에 청구인이 관련되었다는 자료는 없으며, 또한 총학생회가 사퇴하는 등 내부적으로 분열하고 1993.10.29.부터 전면 수업거부를 하게 된 원인은 다른 학내문제에 있다 할 것이므로(학생처장, 학생과장의 문답서) 그 책임을 청구인에게 물을 수 없다 할 것이어서 이들에 관한 청구인의 주장은 이유있다 할 것이다.

19940228_교원징계_재심사건결정통지_6(3)번_페이지_5

마. 1993.5.3. 청구인이 이사장에게 고소장을 보내어 위협하고 1993.7.1. 이규철을 위협한 후 대학원 조사위원회에 진술한 사실을 번복케하여 새누리신문에 기사화 시킴으로써 물의를 일으켰으며 대학원위원회보고서 작성자인 방석종을 명예훼손 등으로 고소하고 김홍도·유상열을 고소하였다가 취하한 후 김홍도로 부터 8천만원을 챙겨 교수로서 품위를 손상하였다는 징계사유에 대하여 청구인은 1993.5.3. 이사장에게 항의편지를 보낸것은 협박이 아니고 이규철에 대한 협박은 전혀 사실무근이며 방석종을 고소한 것은 대학원보고서의 진위를 가리기 위한 것이며 김홍도·유상열에 대한 고소취하는 김홍도를 곤란에 빠트리지 않기 위한 청구인의 배려로 이루어진 것이고 8천만원도 김홍도가 구두 사과후에 피해 변상금으로 제공한 것이라고 주장하고 있는 바,

청구인이 이사장에게 고소장을 첨부한 서신을 보낸 사실, 청구외 이규철과 관련된 사실, 동료교수나 교단의 지도자급 중진등을 형사고소한 사실은 청구인 주장대로 그 이유가 있다고 하더라도, 청구인의 신학적 견해에서 촉발된 교리논쟁에 관련하여 소속교단의 지도자급인 김홍도 등을 고소하여 세속 사법절차에 의뢰한 행위는 종교적 입장에서 볼 때 바람직하지 못하며 나아가 청구인이 중간에 마음을 돌려 고소를 취하하기로 하였다면서 상식적인 수준의 합의금을 훨씬 넘는 고액의 금원을 받았다는 것은 일반 시정인에게서나 볼 수 있는 흉정의 기미가 없지 아니하고 소속 교단의 기본 교리를 둘러싼 분쟁의 와중에서 단순한 피해 변상금이라는 명목으로 거액을 수령한 행위는 납득하기 어렵고 따라서 피청구인에 대하여 교수 해임처분의 효력이 없음을 주장하는 청구인은 여전히 교수로서의 처신을 하여야 할 것임에도 그러하지 아니한 것은 품위를 손상시켰다는 비난을 면하기 어렵다 할 것이다.

19940228_교원징계_재심사건결정통지_6(3)번_페이지_6

이상에서 살펴본 바와 같이 징계사유중 일부가 인정되지 아니하나 이러한 사실이 청구인이 재직하고 있는 감리교신학대학이 학교법인 감리교신학원 정관 제1조에 규정하고 있는 특수목적을 수행하기 위한 것이라는 점과 청구인의 행위로 인해 학내는 물론 교단에서 크게 물의를 야기시켰다는 점 등을 고려하면 원처분에 영향을 미칠만한 것이 아니라고 판단되므로 주문과 같이 결정한다.

1994. 2. 28.

위원장 김 정 길

위 원 최 승 린

위 원 서 연 호

위 원 하 죽 봉

위 원 백 형 린

19940228_교원징계_재심사건결정통지_6(3)번_페이지_7

K-2-256

소 장

원 고 : 홍 정 수
서울 은평구 갈현2동 523 의 75 연립 203 호
소송대리인 변호사 강 대 성
서울 서초구 서초동 1575 의 1 고려빌딩 402 호

피 고 : 교육부 교원 징계 재심위원회
대표자 위원장 김 정 길
서울 종로구 삼청동 25 의 1

재심기각결정취소 청구의 소

청 구 취 지

1. 피고가 원고와 소외 학교법인 감리교신학원 사이의 해임처분취소재심청구 사건에 관하여 1994. 2. 28자로 한 재심기각결정은 이를 취소한다.

2. 소송비용은 피고의 부담으로 한다.

라는 판결을 구합니다.

청 구 이 유

1. 당 사 자

2. 해임 처분의 경위

가. 출교 경위

나. 해임처분 및 재심결정의 경위

1) 소외 신학원에서는 종교재판이 마무리되기 이전부터 원고에게 집요하게 사표를 권유해 오다가 1992. 12 29경에는 총장을 통하여 원고가 학교에 남아 있으면 기부금 모금이 안 된다는 이유로 사표를 종용하는 공식의사를 표시해 왔습니다.

원고는 이에 대해 출교재판의 부당성을 이유로 사표제출을 거부해 왔는데, 소외 신학원은 1993.1. 11.경 출교와 그에 따른 교수자격상실을 이유로 원고를 파면에 처하였습니다. (이하 1차 파면이라고 함)

이에 원고는 1993.1. 20경 피고 위원회에 재심청구를 하였는데, 피고 위원회는 원고에 대한 징계 절차상의 하자가 큰 것으로 드러나자 이를 취소하였고, 그에 따라 소외 신학원도 1993. 2. 12경 원고에 대한 파면을 취소하였습니다.

2) 그런데 소외 신학원의 이사장인 소외 나원용은 위 1993. 2. 12자 파면취소와 같은 날 다시 원고를 1차 파면시와 동일한 이유로 징계위원회에 회부하면서 원고를 직위해제하였는데, 소외 신학원은 1993. 5. 14경 교원징계위원회의 의결을 거쳐 원고를 다시 파면하였습니다. (이하 2차 파면이라고 함) 그리하여 원고는 1993. 5. 18경 피고위원회에 다시 재심청구를 하였고, 같은 해 8. 26경 피고위원회는 또 다시 원고에 대한 소외 신학원의 파면결정을 취소하였으며, 이 때도 징계절차상의 하자가 그 이유였습니다.

3) 한편 소외 신학원은 원고에 대한 파면결정이 2차례나 취소됨

1

19940400_재심기각결정취소청구소송_홍정수_6(3)번_페이지_1

으로써 교계 안팎으로 망신을 당하게 되자 몹시 당황하였고, 이에 더욱 더 물러설 길이 없다고 판단한 탓인지 역시 1,2차 파면시와 거의 동일한 사유로 또다시 원고에 대한 징계절차를 밟아 1993. 11. 29경 원고를 세번째로 해임하기에 이르렀습니다. 소외 신학원으로서도 같은 사유로 세번이나 원고를 파면하는 것이 모양상 좋지 않다고 판단했음인지 징계의 종류를 해임으로 변경함.

원고는 이에 다시 1993. 12. 2경 피고위원회에 재심청구를 하였고, 피고위원회는 1994. 2. 28자로 원고의 재심청구를 기각하기에 이르렀으며, 원고는 이건 재심기각 결정문을 같은 해 3. 12에 송달 받았습니다.

3. 해임 처분의 부당성

가. 절차상의 하자

1) 소외 신학원의 신임 이사장인 소외 표용은은 1993. 10. 14. 자로 교원징계위원회에 원고에 대한 징계의결을 요구하였는데, 징계위원회 위원 7인중 3인(박익수, 장종철, 왕대일)이 원고를 모함하는 내용의 위조문서인 소위 대학원위원회보고서의 작성과 관련되어 있어서 불공정한 의결을 할 것이 명백하였기 때문에 원고는 1993. 11. 22경 이들 3인의 위원에 대하여 기피신청을 하였습니다.

원고의 기피신청이 이유가 있는 것으로 드러나자 소외 신학원 관계자들은 몹시 당황하였는데, 원고가 나중에 확인한 바에 의하면 소외 신학원은 기피당한 징계위원회 위원 3인을 정관에 정한 절차에 의하지 않은 채 1993. 11. 22자로 함부로 교체하였다는 것이었습니다.

원고는 1993. 11. 24경 징계위원회의 진상조사기일에 소환되었는데, 원고는 의견 진술을 하면서 이사장 직무 대행이 이사회의 의결을 전혀 거치지 않은 채 임의로 새로운 징계위원 3인 박충구, 서창원, 이후정을 선임한 것은 정관 제55조 제2항에 위배되어 무효라고 주장하자 소외 신학원 관계자들은 부랴부랴 정관을 읽어본 뒤에 그들의 잘못을 인정하고 징계위원회 위원 구성을 다시 할 요량으로 회의를 연기하였습니다.

2) 소외 신학원은 1993. 11. 26. 13:30경 코리아나호텔에서 징계위원회위원 임명절차를 밟는다며 긴급 이사회를 개최하여 징계위원회 위원들을 임명하였고, 당일 16:00경 새로 구성된 징계위원회 위원들은 원고에 대하여 1차 징계 심의를 하였고, 같은 달 29. 원고에 대하여 징계해임을 의결하였습니다.

그러나 새로운 징계위원 임명절차를 밟은 1993. 11. 26.자 긴급 이사회는 정관 규정에 의한 적법한 소집 절차를 거치지 않았으므로 그 긴급이사회의 결의는 부존재라고 할 것이고, 가사 그 결의가 존재한다고 하더라도 무효입니다.

소외 신학원 정관 제30조 제2항은 이사회 소집절차에 대하여 '이사회를 소집하고자 할 때에는 적어도 회의 7일전에 회의의 목적을 명시하여 각 이사에게 통지하여야 한다. 다만, 이사 전원이 집합되고 또 그 전원이 이사회의 개최를 요구한 때에는 예외로 한다' 라고 규정하고 있는 바 원칙적으로 적법한 사전 절차를 요구하는 외에 긴급시에도 엄격한 방식에 의한 소집절차를 규정함으로써 이사회가 자의적으로 운영되는 것을 방지하고 있습니다.

그런데 소외 신학원은 위 긴급 이사회가 이사 중 3인이 전화로, 1인은 팩스로 출석 및 결의를 위임하여 소집되었다고 자인하는 바 정관의 명문규정에

2

19940400_재심기각결정취소청구소송_홍정수_6(3)번_페이지_2

비추어 출석의 대리는 인정될 수가 없고, 따라서 이사가 타인에게 출석과 의결권을 위임할 수가 없는 것이므로 그에 위배된 위 긴급이사회의 결의는 존재한다고 볼 수 없고, 존재한다고 하더라도 당연히 무효라고 할 것입니다. (대법원 1982. 7. 13. 판결 80다2441 참조.)

나. 내용상의 하자

소외 신학원은 1993. 11. 29자로 원고를 징계 해임하면서 9개항의 사유를 들고 있는 바, 그 사유가 문면상 명확하게 특정되어 있지 않고, 어떤 것은 중복 또는 상호모순되어 있기도 하나 정리하면 크게 4가지로 나누어 볼 수 있겠습니다.

이하에서는 내용 상의 순서대로 그 잘못을 지적하고자 합니다.

1) 교리위배 와 임용자격상실 주장에 대하여

소외 신학원은 원고가 저서 등을 통하여 하나님에 대한 감리교단의 신앙적 입장을 거부하고, 예수가 십자가상에서 피흘려 죽음으로 인한 죄의 대속을 부인하였으며, 부활신앙을 거부함으로써 교리에 반하는 행위를 하였고 그러한 이단적 행위로 인하여 감리교단에서 출교되었으며, 목사직을 면직당하였기 때문에 소외 신학원 정관에 의한 교원인사규정 제11조 제2항 소정의 임용자격을 상실하였다고 주장합니다.

그러나 감리교단에는 신도들의 신앙이 정통이냐 이단이냐를 판가름할 수 있는 공식적인 교리가 없고, 따라서 감리교단 창시 200여년 동안 전세계에서 교리위배를 이유로 하는 종교재판이 단 한건도 없었습니다. 그것은 감리교의 출발 자체가 17세기 전반기에 전유럽을 휩쓸었던 30년 종교전쟁(1618 - 1648)에 대한 반성으로 신앙의 자유를 공식적으로 인정하게 된 터전 위에, 그 때까지도 장로교, 카톨릭 및 성공회가 치열한 교리 투쟁을 벌임으로써 사회 불안을 만연시키고 있던 18세기 영국에서 특정 교리는 신앙의 본질이 될 수 없으며, 신앙의 실천이 본질적인 것이다 라는 인식 위에 태동되었고, 감리교의 가장 큰 특징은 교리적인 독선을 공식적으로 거부하고 개인에게 신앙의 자유를 완전히 보장한다는 데에 있기 때문입니다.

그러므로 감리교회에는 신자들에게 신앙생활의 길잡이가 될 수 있는 일종의 신앙지침은 있을 수 있어도 공식적인 교리는 전혀 없으며, 그 신앙지침도 타인의 신앙을 판단할 수 있는 잣대로는 결코 사용될 수 없는 것이고, 한국감리교회도 그 교리적 선언에서 [사람들에게 아무런 교리적 시험을 강요하지 않는다], [신자의 충분한 신앙자유를 옳게 인정한다]라고 선언하고 있는 것입니다.

한편 원고는 신학자로서 미래의 종교지도자들인 신학생들을 올바른 길로 양성하여야 한다는 신념을 가지고 있었는 바 오늘날 자기 비판 능력을 상실하고 기성화되어 버린 교회의 모습과 전세계적으로 이미 사양길에 접어 들기 시작한 기독교회의 실상을 직시하고, 기독교의 부흥을 위하여는 교회가 성서의 가르침에 충실하여야 한다는 입장을 견지하였습니다.

그것은 오늘날의 한국교회가 성서의 가르침에서 멀리 벗어나 있고, 교회에서 실제로 이야기하는 신앙이라는 것은 사실상 신자들을 올바로 신앙으로 인도하는 것이 아니라, 기독교 신앙을 인간적 탐욕의 해결책으로 오해하고 있는 신자들의 미신적인 기복 신앙에 영합해 있는 면이 많다는 뼈아픈 반성에서 출발한 것인 바 원고는 그 동안 각종 저술을 통하여 성서의 가르침이 인간적 욕망에 가리워져 얼마나 왜곡되고 있으며 성서는 우리들에게 실제로 어떻게 말하

3

19940400_재심기각결정취소청구소송_홍정수_6(3)번_페이지_3

고 있는가 하는 문제를 거론해 왔고, 참 신앙을 위하여는 우리들이 어떻게 노력해야 하는가 하는 방법들을 제시해왔습니다.

물론 성서의 가르침으로 돌아가야 한다는 원고의 주장은 교회의 입장에서 보면 많은 것의 포기를 뜻하기 때문에 기성화된 교회의 일부 지도자들에게는 참기 어려운 고통이었을 것입니다.

그런데 소외 신학원은 원고의 저술 중에서 극히 일부분의 문구를 발췌하여 원고의 참뜻을 호도하고, 마치 원고가 기독교신앙의 파괴자인 것처럼 여론을 조작하다가 마침내 원고를 일방적인 종교재판을 통하여 출교시켜 버렸던 것입니다.

한편 소외 신학원은 원고가 출교되었기 때문에 교원임용자격을 상실하였다고 주장합니다. 그러나 소외 신학원의 교원인사규정은 1990. 3.경 개정되면서 비로소 신학전공 교원에 대한 기독교대한감리회 소속 목사 등의 자격기준을 신설하였는바 원고는 이미 1981. 9경 교원으로 임용되었기 때문에 원고에게는 위 조항이 해당되지 않는다고 할 것입니다.

2) 통일교 관련 학생 비호 주장에 대하여

소외 신학원은 원고가 통일교 인사인 소외 양창식이 대학원에 재학시(1986. 3- 1989. 8) 동인을 비호한 점을 부정할 수 없어서 교수로서의 직무를 유기하였다고 주장합니다. 그러나 위 양창식은 1986. 3경이 아닌 1985. 3경 입학하여1989. 8경 졸업한 학생으로 위 양창식이 입학하였을 당시학적을 관할하는 대학원 교무과장은 소외 윤계병이었고, 졸업당시 논문지도교수는 소외 변선환, 송길섭 교수 등이었는 바 원고는 보직상으로나 실제적으로도 위 양창식과는 아무런 관련이 없을 뿐만 아니라 당시 학장, 대학원장 등에 대하여도 아무런 문제를 삼지 않는 터에 왜 원고에게 터무니 없이 위 양창식을 비호하였다는 혐의를 씌우는지 도저히 이해할 길이 없다고 할 것입니다.

3) 직무태만 주장에 대하여

소외 신학원은 1991. 7-1992. 7경까지 있었던 16회의 전체교수회의중 원고가 정당한 이유없이 9회나 불참하여 직무를 태만히 하였다고 주장합니다. 소외 신학원은 원고에 대한 제2차 파면시에는1990-1991경에 있었던 교수회의 불참을 징계 사유의 하나로 삼았다가, 원고가 1991. 9. 1경 정교수로 진급한 사실을 뒤늦게 알게 되자 3차 징계에서는 원고가 정교수로 진급한 이후의 교수회의 불참만을 문제삼았는 바 이는 소외 신학원의 인사관행이 교수회의 참석여부를 특별히 진급 및 징계 사유로 삼지 않아왔다는 점을 명백히 하고 있다고 할 것입니다.

또한 1991. 10경부터는 감리교단내에서 원고에 대한 종교재판 움직임이 가시화되기 시작하였으며, 학교에서도 이에 대한 대응을 위하여 공식, 비공식 교수회의가 자주 열리게 되었는 바 원고로서도 소외 김홍도 등의 선동 모략에 대하여진실을 밝히기 위하여 가급적 교수회의에 참석하여 신상발언을 해야 할 입장이었습니다.

그러나 당시 학장인 소외 변선환은 원고에게 교수회의 석상에서는 늘 원고에 대한 종교재판의 추이 및 그에 대한 대응 등이 의제로 상정될 가능성이 높기 때문에 가급적 참석하지 말아달라고 요구해 왔는 바 원고로서는 교수회의에 출석하여 해명하고 싶은 때가 많았음에도 다른 교수들에게 부담을 주게 될 것을 염려하여 회의에 참석을 못해왔는데, 이것을 징계 해임사유로 삼았다는 것은 너

4

19940400_재심기각결정취소청구소송_홍정수_6(3)번_페이지_4

무나 터무니없이 부당하다고 하지 않을 수 없습니다.

그리고 교수회의는 매월 첫째 화요일에 열리는 정기교수회의와 임시교수회의가 있는데, 일반적으로 다른 교수들도 보직교수가 아닌 경우 특별한 사정이 있으면 교수 회의에 불참하는 경우가 더러 있었고, 그러한 때에도 지금까지 아무런 문제를 삼지 않아온 관행이 있는 터에 유독 원고에 대해서만 징계사유로 삼은 것은 형평에 어긋난다고 할 것입니다.

4) 품위손상 주장에 대하여

소외 신학원은 원고가 저질렀다는 품위손상 항목을 아래와 같이 들고 있습니다.

첫째- 신앙상 좋지 못한 언어 행동을 자행함.

둘째- 이단 종파에 협조한 혐의가 있는 행동을 함.

셋째- 기자와의 대담시 종교적 파문을 심화 시키는 행위를 함.

넷째- 학생들을 선동하여 학내 사태를 야기시킴.

다섯째- 소외 이규철을 협박하여 자술서를 작성하게 함.

여섯째- 소외 나원용을 협박하고, 소외 방석종을 출판물에의한명예훼손죄 등으로 고소함.

일곱째- 소외 김홍도 등을 출판물에의한명예훼손죄로 고소하고, 고소 취하시 합의금 명목으로 금8천만원을 받음.

이하에서는 순서대로 반박하고자 합니다.

가) 첫째, 둘째의 사유에 대하여는 앞서 다룬 내용을 원용합니다.

나)셋째 사유에 대하여 원고는 1992. 5. 7.경 감리교단으로부터 종교재판을 받은 후 코리아타임즈 기자로부터 인터뷰 요청을 받고 기자와 대담을 한 일이 있는데, 피고 신학원은"신은 경험의 산물이요,...욕심의 투영이요...희망적인 관측에서 비롯된 환상이다."라는 기사 내용을 마치 원고가 지어내서 진술한 말인 것처럼 주장하였으나, 그 말은 원고가 독일 철학자 포이에르바하의 저서인 [기독교의본질]이라는 책에서 그 사상을 인용한 것에 불과합니다. 따라서 소외 신학원의 주장은 그 자체로 채용할 것이 못된다고 할 것입니다. 또한 이 기사는 감리교단내에서는 종교재판 중이나 그 이후에도 전혀 문제가 된바 없으므로 파문을 심화시켰다는 소외 신학원의 주장은 어불성설이라고 하겠습니다.

또한 위 인용문의 내용을 살펴보더라도 그러한 철학적인 내용의 신관이 과연 파문을 일으킬 만한 내용이라고 볼 수 있는지 매우 의심스럽다고 하겠습니다.

다)넷째 사유에 대하여

소외 신학원은 원고가 1993.3.9경과 1993.10.14경 학생들의 집회에 임의 참석하여 학생들을 선동함으로써 학생들로 하여금 학교 당국을 불신하고 투쟁하도록 유도하고, 급기야 전면적 수업거부사태까지 야기시켰다고 주장합니다.

원고는 1993.3.9경 - 당시는 원고에 대한 1차 파면이 취소되어 원고는 교수 자격으로 학교에 정상출근하고 있었음 - 총장을 포함한 교수들이 참석하여 양해한 가운데 총학생회의 공식 요청에 따라 15분 정도 신상 발언을 한 일이 있는 바, 학교당국자의 사전 설명이 있은 후에 발언한 것으로서 있는 사실을 그대로 이야기 한 것이지 결코 학생들을 선동한 일은 없으며, 또한 원고에 대한 구명운동은 학교 교수들도 이미 여러 차례 한 바 있는데 당시 학생들이 자발적으로

5

19940400_재심기각결정취소청구소송_홍정수_6(3)번_페이지_5

한 것이지 원고의 의사에 기인했던 것은 결코 아니고 원고가 자신의 문제 해결을 위해 학생들을 동원할 수 있는 능력이 있었던 것도 아닙니다.

또한 같은 해 10. 14.경도 원고에 대한 2차 파면이 취소되어 원고는 정교수 자격으로 학교에 정상출근을 하고 있었는데, 당일은 원고가 우연히 출근하였다가 원고에 대한 학교당국의 해명 대자보가 게시되어 있는 것을 보고, 학생 집회시 신상발언을 하게 된 것입니다.

당일 집회의 주된 논점은 학교당국의 파행적인 행정과 위조 작성된 소위 대학원 위원회 보고서에 대한 해명 요구였던 바 원고는 이 때도 교수자격으로 학생들의 요청에 의해 알고 있는 내용에 대하여 발언한 것일 뿐 결코 학생들을 선동한 바는 없습니다.

학생들이 그후 "징계철회" 주장을 한 것은 사실이나, 그것은 어디까지나 부당하게 제적된 학생 11인의 징계를 철회하라는 것이었고, 원고에 대한 징계철회를 요구한 것이 아니었습니다.

라)다섯째, 여섯째 사유에 대하여

소외 신학원은 원고가 소외 신학원의 이사장 나원용에게 항의 편지를 하고, 소외 이규철을 설득하여 자술서를 작성하게 하였으며, 소외 방석종을 고소한 점을 모두 품위 손상으로 처리하였으나 이는 원고가 시민으로서의 정당한 권리행사를 한 것에 불과하므로 더 다툴 필요도 없다고 하겠습니다.

마)일곱째 사유에 대하여

소외 신학원은 원고가 소외 김홍도 등을 고소한 것이 인도적 법 정신을 악용한 것이라고 비난하였으나 이에 대하여는 위에서 본 바와 같이 더 이상 다툴 필요를 느끼지 않고 있으며, 원고가 소외 김홍도로부터 금원을 받게 된 경위는 원고가 소외 김홍도와 화해하여 그에 대한 고소를 취소한 후에 위 소외인이 피해변상조로 금8천만원을 교부하였기 때문인 바, 그 금원도 원고가 위 소외인으로 인하여 받은 현실적 피해에 비해 결코 많은 액수가 아니며 또한 그 금원의 수령 시기도 원고가 고소를 취하한 때로부터 약17일 정도 경과한 시점이었고, 위 소외인이 자발적으로 교부한 것이기 때문에 결코 물의를 빚었다고 할 수는 없을 것입니다.

이에 대하여는 차후 상세히 진술하고자 합니다.

4. 피고 위원회의 재심기각결정의 부당성

가) 소외 신학원이 원고에 대한 징계 사유로 삼은 항목은 모두 9개항인 바, 그중 제3항 교수 회의의 불참만이 종교적 성격을 띄지 않는 것이고, 나머지는 직,간접적으로 모두 종교적 성격을 띄고 있습니다. 그런데 피고 위원회는 소외 신학원의 징계 항목 중 제1항,제5항,제6항,제7항에 대하여는 원고의 이의를 받아들였고, 제2항,제3항,제4항,제8항 및 제9항의 일부에 대하여는 소외 신학원의 주장을 인정하였습니다. 그러나 원고에 대한 소외 신학원의 징계 항목 중 가장 본질적인 것은 제1항이라고 할 것이고, 소외 신학원의 원고에 대한 1,2차 파면 사유도 동일한 바 피고 위원회가 소외 신학원이 결정한 징계사유 중 결정적인 항목을 배척한 마당에 주변적인 사유를 들어 원고의 재심청구를 기각한 것은 부당하다고 할 것입니다.

더구나 소외 신학원의 징계사유 9개항 중 반정도의 사유에 대하여 원고의 주장을 받아들였으면서도 해임처분이라는 무거운 징계 처분을 유지한다는 것

6

19940400_재심기각결정취소청구소송_홍정수_6(3)번_페이지_6

은 매우 부당하다고 판단됩니다.

나) 또한 피고 위원회가 한 재심 결정의 논리전개를 살펴보면 전후 모순되는 것을 알 수 있습니다. 즉 피고 위원회는 소외 신학원이 가장 큰 징계사유로 삼고 있는 징계 사유 제1항에 대하여 직접적인 언급을 하고 있지는 않으나 고심 끝에 종교재판과 그 결과는 징계사유가 될 수 없다는 결정을 내린 것은 분명합니다. 그럼에도 불구하고, 징계 사유 제2항의 판단에서는 원고가 코리아타임즈와 인터뷰한 것을 "심각한 교리 논쟁을 확대시킨 행위"라고 판단하였고, 나아가 교리논쟁과 관련하여 소외 김홍도 등을 고소하여 세속사법 절차에 의뢰한 행위는 종교적 입장에서 볼 때 바람직하지 못하다고 판단함으로써 스스로 종교적 입장에 서 버렸는 바 이는 피고 위원회가 이 건 재심결정에 있어서 판단의 기준이 흔들리고있는 증좌라고 할 것입니다.

또한 원고가 소외 김홍도로부터 합의금을 지급 받은 행위에 대하여 고소 경위, 그 고소로 인하여 원고가 받게 된 피해의 내역, 합의에 이르게 된 경위, 당사자의 자력 등 특수한 사정 및 금원 지급 경위 등에 대하여는 전혀 심리하지 않은 채 막연히 상식적인 수준을 넘는다는 이유를 들어 품위 손상이라고 판단하였는 바 그 결론 도출 과정에 전혀 합리성을 찾아볼 수 없다고 할 것입니다.

다) 즉 피고 위원회는 징계 사유 제1항에 대한 판단에서는 원고가 교리 문제를 야기시킬 수 있는 저술 등을 하여 종교재판을 받고 그 결과로 출교된 사유로는 징계 사유에 해당하지 않는다고 하여, 어느 정도 학문의 자율성을 인정한 후, 징계 사유 제2항에 대한 판단에서는 영문판 인터뷰기사에 불과하여 실제로는 아무런 물의나 시빗거리를 만들지 않았음에도 그것이 소위 이단적 발언이라고 하는 소외 신학원의 주장을 받아들여 '교리 논쟁을 자제하지 않았다. 또는 종교적 입장에서 볼 때 바람직하지 못하다'고 판단한 것은 논리상 앞뒤가 맞지 않고, 피고 위원회가 현실적으로 종교적인 입장에 서서 판단을 내린 것이어서 그 권한의 한계를 넘었다고 할 것입니다.

라) 또한 피고 위원회는 소외 신학원의 징계 사유 제3항에 대한 판단에서 원고의 교수 회의 불참을 직무태만으로 인정하였는 바 원고는 교수 회의에 불참하게 된 경위가 당시 학장인 소외 변선환의 요청에 의해서였고, 또 보직교수가 아닌 자들은 어느 정도 교수 회의에 불참한 사례가 있어 왔으며, 교원이 교수 회의에 불참하였다는 이유로 진급에서 불리한 처분을 받거나 징계를 받은 전례가 없다는 주장을 하였음에도 위 소외 변선환에게 사실 확인을 한다거나, 교수회의록 등을 조사하는 등의 조사를 전혀 하지 않은 채 만연히 소외 신학원의 주장을 받아들임으로써 심리를 다하지 않아 판단을 그르친 잘못을 저질렀습니다.

5. 그렇다면 피고의 이 사건 재심기각결정은 위법, 부당하여 마땅히 파기되어야 마땅할 것인 바 원고는 청구 취지와 같은 재판을 구하고자 이 건 소송에 이르렀습니다.

1994. 4. /위원고 소송대리인/ 변호사 강 대 성
서울고등법원 특별부 귀중

7

19940400_재심기각결정취소청구소송_홍정수_6(3)번_페이지_7

J-2-003

1994. 9. 7. 판결선고	인
1994. 9. 7. 원본영수	

서울민사지방법원

제 19 부

판 결

사 건 93 가합 69955 출교판결무효확인등

원 고 홍 정 수

서울 서대문구 충정로 2가 99의19.

소송대리인 변호사 강 대 성

피 고 1. 기독교 대한감리회 총회

서울 중구 태평로 1가 64의8 감리회관 20층.

대표자 감독회장 표 용 은

2. 기독교 대한감리회 서울연회

위 같은 회관 13층.

대표자 감독 표 용 은

피고들 소송대리인 변호사 최 종 백, 민 병 일, 김 석 보.

안 원 모

- 1 -

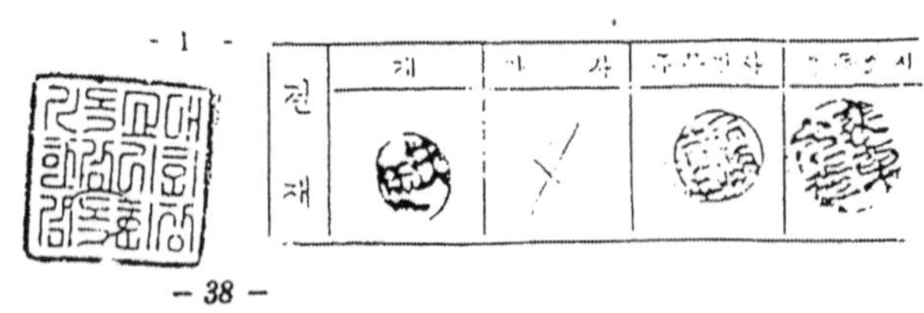

– 38 –

19940921_출교판결무효확인등 민사소송 판결문_서울민사지방법원_6(3)번_페이지_1

변론종결　　1994. 7. 13.

주　　문　　1. 이 사건 소를 모두 각하한다.

2. 소송비용은 원고의 부담으로 한다.

청구취지　　피고 기독교 대한감리회 총회(이하 피고 대한감리회 총회라고만 한다)가 1992.10.19. 서울 중구 태평로 1가 64의8 소재 본부 회의실에서 총회재판위원회를 통하여 한 '서울연회 재판위원회가 송부한 상소장 기감서 제92-110호 및 기감서 제92-111호 건에 관하여는 교리와 장정 제3편 제11장 제19절 제47조에 의거 재판에 소요되는 경비와 함께 일건 서류가 접수되어야 함으로 반송함'이라는 결의는 무효임을 확인한다. 피고 기독교 대한감리회 서울연회(이하 피고 서울연회라고만 한다)가 1992.5.12. 원고에 대하여 한 '피고인 홍정수를 출교에 처한다. 소송비용은 피고의 부담으로 한다'라는 판결 및 1992.10.26.에 한 출교확정처분은 각 무효임을 확인한다.

이　　유　　이 사건 소의 적법여부에 관하여 본다.

1. 기초 사실

갑제2호증(고소장), 갑제6호증의 1(기소장), 갑제15호증(총회상소장반송결의서), 갑제17호증(판결공고)의 각 기재에 변론의 전취지를 종합하면 다음 사실을 인정할 수 있

- 2 -

- 39 -

19940921_출교판결무효확인등 민사소송 판결문_서울민사지방법원_6(3)번_페이지_2

변론종결 1994. 7. 13.

주 문 1. 이 사건 소를 모두 각하한다.

2. 소송비용은 원고의 부담으로 한다.

청구취지 피고 기독교 대한감리회 총회(이하 피고 대한감리회 총회라고만 한다)가 1992.10.19. 서울 중구 태평로 1가 64의8 소재 본부 회의실에서 총회재판위원회를 통하여 한 서울연회 재판위원회가 송부한 상소장 기감서 제92-110호 및 기감서 제92-111호 건에 관하여는 교리와 장정 제3편 제11장 제19절 제47조에 의거 재판에 소요되는 경비와 함께 일건 서류가 접수되어야 함으로 반송함'이라는 결의는 무효임을 확인한다. 피고 기독교 대한감리회 서울연회(이하 피고 서울연회라고만 한다)가 1992.5.12. 원고에 대하여 한 '피고인 홍정수를 출교에 처한다. 소송비용은 피고의 부담으로 한다'라는 판결 및 1992.10.26.에 한 출교확정처분은 각 무효임을 확인한다.

이 유 이 사건 소의 적법여부에 관하여 본다.

1. 기초 사실

갑제2호증(고소장), 갑제6호증의 1(기소장), 갑제15호증(총회상소장반송결의서), 갑제17호증(판결공고)의 각 기재에 변론의 전취지를 종합하면 다음 사실을 인정할 수 있

- 2 -

– 40 –

19940921_출교판결무효확인등 민사소송 판결문_서울민사지방법원_6(3)번_페이지_3

고. 반증은 없다.

가. 원고는 1977. 기독교대한감리회 중부연회에서 목사로 안수받은 후 1981.9.1.경부터 소외 학교법인 감리교 신학원(이하 학교법인이라고만 한다)의 감리교 신학대학교 조직신학 담당 부교수로 근무해 왔다.

나. 그런데 소외 김홍도, 유상열 등이 조직한 교리수호대책위원회는 1991.12.2. 원고가 성경과 감리교 교리에 완전히 위배되는 이단사상을 가르치고 통일교와 연루되었다는 혐의로 원고를 피고 서울연회에 고소하였고, 위 고소장을 접수한 피고 서울연회의 심사위원회는 1992.3.4.경 원고를 피고 서울연회의 재판위원회에 기소하였다.

다. 이에 따라 진행된 재판에서, 피고 서울연회의 재판위원회는 같은해 5.12. 원고를 출교에 처한다는 재판을 하였고, 원고로부터 상고장을 접수한 피고 대한감리회 총회의 총회재판위원회는 같은해 10.19. 원고가 상고비용을 예납하지 않았다는 이유로 상고장을 피고 서울연회의 재판위원회에 반송하였는 바, 이에 따라 피고 서울연회의 재판위원회는 위 출교판결이 확정되었다고 보고, 같은해 10.26. 위 판결을 공고함으로써 위 출교재판의 확정처분을 하였다(위 출교재판, 반송 및 확정처분을 통틀어 이하 출교재판이라고만 한다).

2. 원고의 주장과 이에 대한 판단

- 3 -

가. 원고의 주장

원고는, 위 출교재판에는 절차상의 하자가 있고 재판의 내용인 징계사유에 관한 사실인정이 잘못되었으며, 이러한 하자가 중대하고도 명백하므로 이 사건 소로 위 출교재판의 무효확인을 구한다고 주장한다. ① 원고가 주장하는 절차상의 하자는 다음과 같다. 고소인인 위 교리수호대책위원회의 위원들이 원고를 기소한 위 심사위원회 위원 3인 중 2인을 차지하고 있었음에도 위 심사위원회는 이에 대한 원고의 기피신청을 기각하였고 심사기간을 정한 재판법 제12조 제1호와 세번 심사를 할 수 없다는 재판법 제15조의 각 규정에 위반하여 원고를 기소하였다. 또한 피고 서울연회의 재판위원회도 그 위원 15인 중 13인이 위 교리수호대책위원회의 위원이었고, 원고에게 송달된 기소장에 혐의사실이 특정되지 아니하였다는 원고의 주장에도 불구하고 원고에게 충분한 방어의 기회를 주지 아니한 채 절차를 종결하고 기소되지도 않은 조항까지 적용하여 원고를 출교에 처한다는 재판을 하였다. 피고 대한감리회 총회의 총회재판위원회는 사건에 소요되는 모든 경비는 고소인이 예치하여야 한다고 규정한 재판법 제47조의 취지를 곡해하여 상고인인 원고가 상고비용을 예납하지 않았다는 이유로 상고장을 반송하였다. ② 원고가 주장하는 판결의 실체상의 하자는 다음과 같다. 감리교회에는 종교재판이 허용되지 않고, 확립된 교리가 없어 종교강령이나 교리적선언 조차도 종교재판의 기준이 될 수 없을 뿐만

19940921_출교판결무효확인등 민사소송 판결문_서울민사지방법원_6(3)번_페이지_5

아니라 원고가 그 언동으로 하나님 신앙이나 예수의 부활 사건 및 예수의 대속등을 부정한 사실이 없으며, 또한 통일교에 관련된 사실이 없음에도 불구하고 원고를 교리 및 성경 위배, 통일교 관련을 이유로 하여 유죄로 단정한 잘못이 있다.

나. 판단

살피건대 위에서 인정한 출교재판과 같은 종교단체의 징계처분은, 종교단체가 교리를 확립하고 단체 및 신앙상의 질서를 유지하기 위하여 교인 중 종교법을 위반한 자에게 종교법에 따라 징계제재하는 종교단체 내부의 결정이며, 이는 헌법이 보장하는 종교의 자유 특히 그로부터 파생되는 종교단체의 자율성의 존중이라는 관점에서 볼 때 사법적인 판단의 대상으로 삼을 수 없고, 더 나아가 교인의 특정한 권리의무에 관계되는 법률관계를 규율하는 것이 아니어서 법률상의 쟁송의 대상이 되지 아니하므로 징계처분의 무효확인을 구하는 소는 부적법하다.

원고는, 원고가 교수로 있는 위 학교법인의 인사내규 제11조 제2호는 신학 전공 교원의 임용자격으로, 기독교 대한감리회의 소속 목사 또는 이에 준하는 자로서 목회경험 3년 이상된 자라야 한다고 규정하고 있고, 원고를 출교에 처한다는 위 재판이 확정.공고되자 위 학교법인은 원고의 교수자격 상실을 주된 이유로 하여 원고를 그 교수직에서 해임한다는 처분을 하였는 바, 피고들이 한 위 출교재판으로 말미암아 원고는 지금까지

- 5 -

공직하던 사립학교 교원으로서의 지위를 상실하는 법적인 불안 또는 위험에 처하게 되었으므로 위 출교재판의 효력은 원고의 구체적인 권리관계에 관한 것으로서 법률상 쟁송이 된다고 주장한다.

그러나 위 학교법인의 교수직 해임처분은 별개의 독립된 처분이고, 위 출교재판이 해임처분에 영향을 미쳤다고 하더라도 그것이 출교재판의 성격을 좌우할 수 있는 것은 아니다.

3. 결 론

그렇다면 원고가 피고들을 상대로 제기한 이 사건 소는 부적법하므로 모두 각하하고, 소송비용의 부담에 관하여는 민사소송법 제89조를 적용하여 주문과 같이 판결한다.

1994. 9. 7.

재 판 장 판 사 이 영 애 ---------------------------

판 사 변 동 열 ---------------------------

판 사 정 상 철 ---------------------------

19940921_출교판결무효확인등 민사소송 판결문_서울민사지방법원_6(3)번_페이지_7

정본입니다.

199 1994. 9. 2. 1

서울민사지방법원

법원 법원주사 전 등 녀

민소 151 ② 2 — 139

주 : 이 정본에는 법원의 인을 찍을 것.

– 45 –

19940921_출교판결무효확인등 민사소송 판결문_서울민사지방법원_6(3)번_페이지_8

J-2-005

1995. 5. 16. 원본영수	인
199 . . . 판결송달	인

대 법 원

제 2 부

판 결

사 건 95다12712 출교판결무효확인

원고, 상고인 홍 정 수(洪 丁 洙)

광명시 소하동 34의 22

소송대리인 일신법무법인

담당변호사 김충진, 강대성

피고, 피상고인 1. 기독교대한감리회총회

서울 중구 태평로 1가 64의 8 감리회관 20층

대표자 감독회장 표 용 은

2. 기독교대한감리회서울연회

위 같은 회관 13층

대표자 감독 표 용 은

피고들 소송대리인 변호사 최 종 백

원 심 판 결 서울고등법원 1995. 2. 10. 선고, 94나35970 판결

- 1 -

– 50 –

기독교대한감리회감독회장

19950516_공판기록물- 대법원 제2부 판결문_대법원_6(3)번_페이지_1

주　　문　　상고를 기각한다.

상고비용은 원고의 부담으로 한다.

이　　유　　상고인의 상고이유에 관한 주장은 상고심절차에관한특례법 제4조 소정의 심리불속행사유에 해당하므로 위 법 제5조에 의하여 관여 법관들의 일치된 의견으로 주문과 같이 판결한다.

1995. 5. 16.

재판장　대법관　박만호

대법관　박준서

주심　대법관　김형선

- 51 -

19950516_공판기록물- 대법원 제2부 판결문_대법원_6(3)번_페이지_2

정본입니다.

199

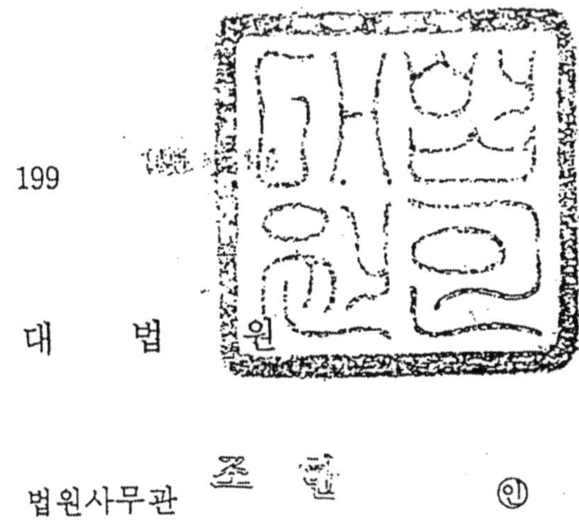

대 법 원

법원사무관 조 [illegible] ㊞

민소 151 ② 2-139

주 : 이 정본에는 법원의 인을 찍을 것.

19950516_공판기록물- 대법원 제2부 판결문_대법원_6(3)번_페이지_3

IV.

새로운 감리회 신앙고백의 채택

〈별지 5〉

"기독교대한감리회 선교에 대한 우리의 천명서"

기독교 대한감리회는 하나님의 사랑의 섭리와 예수 그리스도의 화해의 은혜와 성령의 역사하심으로 미국 선교부를 통하여 1884년 선교가 시작된 이래 세계 감리교회 선교 역사상 가장 큰 교회로 성장하여 왔다.

1930년에는 세계에서 최초의 자치 교회로 선언하는 동시에 교리적 선언을 제정한 것은 세계 감리교회에 자랑이라 생각하여 먼저 하나님께 감사드리며 미국 연합 감리회에 감사한다.

선교의 지상 과업을 자랑스럽게 수행해온 기독교 대한감리회는 선교 100주년을 앞에 놓고 금번 제13회 총회에서 그간 의견을 달리했던 형제들과 감격스러운 합동총회를 갖게 되었음은 이를 주시하고 있던 60만 한국 감리교인과 함께 기뻐하는 바이다.

이제는 그간의 불행스러웠던 분열에 종지부를 찍는 동시에 대내외 선교관계에서도 미 선교부에 의존하던 지금까지의 관계를 지양하고 명실공히 독립교회의 자세를 찾아 기독교 대한감리회 2,200교회와 60만 교인을 대표하는 제13회 총회원 일동의 명의로 다음과 같이 천명한다.

1. 우리는 국제사회에 있어서 보다 효율적인 선교를 위하여 대내외 교회 연합사업에 자주적으로 적극 참여한다.
2. 미 연합감리회와는 지금까지의 선교관계를 지양하고 새로운 관계를 수립하여 선교 동역자로서 상호 대등한 관계에서 선교를 위한 협의체를 구성하고 모든 선교정책을 협의하여 수행한다.

1978년 12월 1일

기독교대한감리회 제13회 총회
의 장 **김 창 회**
서 기 **이 창 근**
외 회원 일동

1978_"교리적 선언 제정에 대한 역사적 평가", 기독교대한감리회 13회 총회록 별지

홍보부—부장 : 강치안 차장 : 호병선
부원 : 박춘화 정영관 고용봉 이상호 최기순 박문종
강원재 이회재 엄문용 여상대 조임술 김창록
정선욱 지익표

섭외부—부장 : 김준영 차장 : 이필용
부원 : 장영근 도진일 서기택 전대진 이영종 박철규
송성준 김옥라 김효규 이종록 허 석 유재욱
강석진 서동훈

출판부—부장 : 라사행 차장 : 윤의병
부원 : 서병주 서형선 이기덕 임석구 곽철영 유중경
박기섭 정순모 김학수(장로) 이영환 이용하
여선동 김진수 구연도

행사부—부장 : 김학수 차장 : 김희도
부원 : 성기백 천영주 김완균 고홍배 김재규 김규해
김기벽 김태연 고성구 이화춘 정상찬 육재홍
박봉산 이복규

3. 100주년 기념사업 개요

가. 선교운동 분야(5천교회 100만신도 선교운동)

(1) 신학백서, 선교백서 정립(1982년)

관계 신학자들에게 위촉하여 세미나 등을 개최하여 기독교대한감리회 100주년 선교백서와 신학백서를 작성케하며, 이에 따라서 장정에 있는 총칙 종교강령, 교리적 선언, 사회신경을 재 검토하게 한다.

(2) 훈련교재 발간(1982~1983년)

웨슬레 성서 연구(교역자와 평신도 훈련을 위한) 교재 발간

(3) 100주년 기념교회 설립(1985년)

연회마다 100주념 기념교회를 설립하되 설립비는 한 교회당 1—2억원 정도의 교회를 설립한다.

(4) 100주년 기념 개척교회 설립(1982년—1985년)

전국 읍단위 이상 감리교회가 없는 지역에 한 교회를 개척하되 개척교회설립 후보지는 100주년 기념사업위원회에 접수된 곳으로 하며 개척교회 설립 방법은 5개 연회안에 있는 교회중에서 예산 순위대로 한곳씩 책임제로 한다.

1982_종교강령, 교리적선언, 사회신경에 대한 재검토 언급_기독교대한감리회 15회총회록

Ⅲ. 교 회 교 육 부

1. 교육교재

1) 감리교 계단공과 공급내역

'85~'86년도의 각부 계단공과를 매년, 매학기마다 철저한 성서교육 중심의 계단공과가 되도록 교과과정과 내용을 수정하였으며, 표지도 계속하여 새롭게 싸주었고, 전 감리교회가 하나의 교재를 사용할 수 있도록 아래와 같이 출판하여 보급하였읍니다.

부별 \ 년도 구분	1985		1986	
	학 생 용	교 사 용	학 생 용	교 사 용
유 년 부	25,000	5,500	30,000	5,600
초 등 부	29,000	5,500	37,500	6,000
중 등 부	17,000	2,000	16,000	2,500
고 등 부	12,000	2,000	12,500	2,500

2) 어린이 여름성경학교 및 겨울성경학교 교본 공급내역 현재 여름성경학교 교재는 1982년도부터 감리교 교리적 선언을 매년 한 조항씩 구체적으로 공부할 수 있도록 교과과정이 편성되어 출판, 보급되고 있읍니다.

(1) 여름성경학교

ㄱ. 1985년도

- 주 제 : 하나님의 은혜
- 보 급 : 16,188부(그외 명찰과 포스타 보급)
- 부교재 : 학생용 44,800부

ㄴ. 1986년도

- 주 제 : 믿고 따라야 할 하나님의 말씀
- 보 급 : 16,000부(그외 포스타 보급)
- 부교재 : 학생용 82,000부

(2) 겨울성경학교

ㄱ. 1985년도

- 주 제 : 복음을 땅끝까지
- 보 급 : 300부

123

1986_"교리적선언 교육 강화 언급"_기독교대한감리회 17회총회록

교사수는 1410명이나 됩니다.

(8) 감리교 계통학교의 교육목회와 학원 선교를 위해 교사 수련회와 학생회 임원 수련회를 해마다 시행했읍니다.

학교 교사들도 교목활동을 도와 교육선교에 헌신토록 도웁는 교사 수련회가 2회 시행 되었으며 학생회 임원들도 선교적 사명을 다하게 하고 능력있는 기독학생 지도자로 훈련하는 연수회가 2회 시행 되였읍니다.

(9) 전국 연회내 지역적 또는 지방적으로 교육대회를 활발히 시행 했읍니다.

교회학교 교사들을 위한 교사대학, 속회 지도자들을 위한 속회교육대회, 교회 임원 훈련을 위한 임원교육대회를 시행하여 커다란 교육 효과를 얻었읍니다.

1987년 10월에 시행된 전국 임원교육대회에는 3000명이 참가했으며 대전지역에는 1000여명이 참석했읍니다. 인천지역, 부산지역, 논산. 강경. 연무지방, 강릉지역, 청양지방 에서도 성공적인 대회를 가졌읍니다.

(10) 여름 성경학교 교재는 1983년도 부터 감리교"교리적 선언"의 내용과 해석으로 감리교적 신앙과 교리로 교육하도록 하였으며 따라서 1987년도는 제6항의 내용으로 "하나님의 교회", 1988년도는 제7항의 내용으로 "하나님 나라와 그 형제들" 이었읍니다. 전국적인 전달 강습회도 가졌읍니다.

(11) 속회교육 대학의 과정을 제공하고 그 전문과정의 교육을 시행했읍니다.

속히 지도자들의 2.3일의 연수과정이 아니라 더 깊은 전문과정으로 철저히 교육시킨다는 목적아래 성서신학, 조직신학, 역사신학 실천신학등 각 분야별 20과정을 마련 하고 작년과 금년 2회에 걸쳐 속회교육대학을 시행했읍니다.

(12) 목회자 연수교육, 청년 지도자 연수교육, 청년 성서대학과 목회계획 세미나등 여러 형태의 교육 프로그램을 가졌읍니다.

(13) 영국 감리교회와의 청년 교환 훈련 계획에 의해 작년에 감리교회 청년 7명이 내한하여 훈련과 우의를 갖인바 있고 금년 여름에는 한국 감리교회 청년 12명이 영국에 초청되여 3주간의 수련회를 갖었으며 이 교환 프로그램은 앞으로도 계속되며 다른 감리교 국

1988_"교리적선언 교육 강화 언급"_기독교대한감리회 18회총회록

〈건의안 제 12 호〉

제목 : 각종 이단 종파에 대한 규제조치 건의안

하나님의 크신 은혜가 우리 감리교단위에 크게 함께 하시기를 기원합니다. 우리 주변에 각종 이단 종파가 우후죽순처럼 난무하고 있는 이때 교리적으로 바른 신학의 정립이 되지 못한 우리교단 내 교역자들이 있는바 이로 인하여 교회가 순수한 성서적 신앙을 잃고 혼란이 야기되고 있는 실정입니다.

본 건의자들은 남부연회에 2년전 건의한 바 있었으나 이는 교단적인 차원에서 조사하여 대책이 강구되어야 되겠다 사료되어 간절한 마음으로 건의하는 바입니다.

Ⅰ. 베뢰아 귀신론 (성락침례교회 김기동)을 1년~2년 공부하고 돌아와 성서를 왜곡해석하여 감리교 전통신앙을 뒤흔들어 놓고 있는 일이 있는바 이는 각지방별 연회별로 즉시 조사토록 하여 대책을 총회적 차원에서 강구하여 혼란을 방지할 것을 건의합니다. (지난번 통일교 문제해결을 위해 대책을 강구했듯이)

Ⅱ. 통일교에 대한 문제

1. 통일교 새로운 침투 전략 : 개교회, 교인, 목회자, 상품 유통 과정 등등 1동 1교회 통일교 침투계획에 대한 경고
2. 세계 일보 문제 (2월 1일 창간됨)
   이 신문에 대한 기독교인의 구독하지 않는 면의 계속 홍보
3. 통일교 제품
   사거나 팔거나하여 간접직접으로 통일교 이단에 도움 주는일에 대하여 교단차원에서, 범기독교차원에서 대책 강구할 것을 건의합니다.

Ⅲ. 사이비 이단 종교에 대한 대책

신학교 재학생중 이단종파에 실습하는 학생 (이단종파에서 감리교단 산하신학에 공부토록 하지만 결국 졸업후 이단에서 일하는 사례) 및 추천을 받고 들어와 공부하는 학생이 있는바 다른학생에 악영향을 끼칠 뿐 아니라 감리교단에 큰 악영향을 줄 것이 당연한 사실입니다.

이를 묵과하는 신학교, 이는 감리교 신학교육의 부재의 소산인 것

1988_"이단 규제 건의안" - 신학문제도 언급_기독교대한감리회 18회총회록 - 01

으로 막대한 선교에 지장을 주고 있는 실정입니다.

감독회장님./

우리 감리교단의 장래를 생각하여 우리회원 모두들 남의일이 아닌 나의 일이라 생각하고 신학교학생 실습파송을 학교마다 파송실습위원의 심의를 거쳐 개교회 실습을 철저 강화하여 책임있는 건전한 목회자로 길러야 되지 않겠읍니까?

우리교단의 앞날이 심히 염려됩니다. 우리교단의 바른 신학 교리정립이 되어야 되겠읍니다. 우선 각신학교마다 철저조사하고 차제에 이단사이비 종교 종파에 대한 교단적인 차원의 대책을 강구해 줄것을 건의합니다.

1988년 10월 27일

건의자 : 강병진 박원찬 박진원 이내강 배선극 김영웅

1988_"이단 규제 건의안" - 신학문제도 언급_기독교대한감리회 18회총회록 - 02

4. 교역자 양성건

총회 안에 교역자 양성을 위한 장학기금을 마련하여 지원하도록 건의합니다.

1990년 10월 30일
위 원 장　　이 상 호 목사
서　　기　　전 병 수 장로

제1분과 헌법과 본 교회와 관계되는 문제 연구위원 보고(별지 20호)

(조직)

위 원 장　　김 우 영 목사
서　　기　　김 익 수 목사

1. 토의안

기독교 대한감리회 교리적 선언을 연구위원에게 위탁하여 수정보완하도록 한다.

(참고) 예 : 5항에 「…하나님의 말씀이 신앙과 실행의 "충분한 표준" 이 됨」에서 '충분한'이란 언어가 석연치 않다.

2. 총회 대표제의 건

현행 총회대표제를 재검토할 필요가 있어 교단 발전을 위한 개선책을 장정개정 연구위원회에 넘겨 연구케 한다.

1990년 10월 30일
위 원 회　　김 우 영 목사
서　　기　　김 익 수 목사

—513—

19901030_교리적선언개정연구위원보고_기독교대한감리회19회총회록_6(4)번

(2) 민족역사 및 문화전통을 강조하도록 하며 (기도문 등)

(3) 교회력에 한국인의 절기, 기념일등을 삽입토록 하며

(4) 교단의 특별주일을 교회력에 삽입하며

(5) 교회 및 교단의 특별 주일 예배를 위한 기도문을 집필토록 하며

(6) 예문의 문구와 문장을 현대어에 맞게 고치도록 작업을 하였습니다.

2) 교리와 장정에 나오는 서문의 역사편과, 교리적 선언 및 사회신경을 오늘의 현실에 맞는 것으로 새로 제정하는 모임을 몇차례 개최하여, 금년 총회에 상정되도록 연구 검토 작업을 하였습니다.

3) 감리교 교역자 예복 및 복장 제정을 위하여 다음과 같이 진행하고 있습니다.

(1) 선교국에 감리교예복 및 복장소위원회를 조직하였습니다.
위 원 : 서형선 백구영 김홍도 이우균 윤병상 김영운 윤주봉

(2) 관계서적과 견본 일부를 구입하여 분담연구중에 있습니다.

(3) 감리교 예복 제정을 위한 공개세미나를 89년 2월 23일 정동제일 교회에서 개최하였습니다.
강연 1 : 예배학과 예복 (박은규박사)
강연 2 : 예전과 예복 (정철범신부)
강연을 듣고 토의와 의견을 종합하였습니다.

7. 선교지원 협력사업

1) 남선교회 전국연합회 주최 제 11 회 전국 평신도 지도자 동계수련회 (90.1.18 ~ 20. 온양)에 지원을 하였습니다.

2) 청장년회 전국연합회 주최 89년 여름수련 (89.8.1 ~ 4 삼척) 에 총무 특강 및 지원을 하였습니다.

3) 평신도국 주최 5개연회 평신도 임원세미나 (89.6.22 ~ 7.11) 에 총무특강 및 지원을 하였습니다.

4) 감리교 목사 합창단 순회 선교 공연시 (89.8.21 ~ 24) 협조를 하였습니다.

19901030_교리적선언과 사회신경에 대한 언급_기독교대한감리회19회총회록_6(4)

복음신문 9월6일자
김홍만기자

통권 1565호 1966년 4월 18일 제3종 우편물(가)급인가

복음주의식 교리개정 움직임

기감웨슬리복음주의협 제12회 신학강좌 抄

종교다원주의 감리교 신학전통 위배 주장
자유주의적 신학풍토 쐐기박는 계기 될 듯

1884년 매클레이선교사의 선교활동으로부터 시작된 감리교는 그 신학적 풍토를 개혁적 자유주의 신학으로 삼아왔고 이는 감리교 교리에도 그대로 적용돼 왔다. 감리교의 자유주의신학 전통은 다양성속의 일치라는 형태로 존속해 왔던 것이 사실이다. 그러나 감리교 선교 1백주년을 지나온 현실상황은 과연 감리교 신학전통은 무엇인가?라는 질문을 낳을 수 밖에 없게 만들었다. 특히 감리교 신학 정체성에 대한 질문에 도화점이 된 것은 종교다원주의와 포스트모던신학을 주상해 온 변선환학장과 홍정수교수의 이단논쟁 사건에서 비롯되었다.

감리교는 두신학자의 신학사상이 감리교교리에 위배된다고 결론을 내림으로서 이 결론을 뒷받침해 줄만한 신학 이데올로기를 만들 수밖에 없게 되었다. 이러한 의미에서 지난달 31일 광림교회에서 열린 기감 웨슬리복음주의협의회(회장=김선도목사) 제12회 신학강좌 "웨슬리 복음주의 운동과 한국 감리교회의 개혁방안"은 감리교 신학의 변화를 예고해 주는 관심거리 였다.

감리교회의 신학적 방향, 교리적 방향, 제도적 방향으로 구분돼 진행된 이날 신학강좌는 지금까지의 감리교내에서 유행되어온 자유주의 신학적 풍토를 비난하고 복음주의의 기치아래 감리교가 다시 재건되야한다는 우익적 발로에서 기인한다.

먼저 감리교회의 신학적 방향의 주제로 강사에 나선 박봉배학장(목원대)은 감리교 신학

◇기감 웨슬리복음주의협의회의 제11회 신학강좌 중

에 대해 폭넓게 취급하면서 "종교다원주의는 감리교 신학전통에 위배"된다는 뜻을 피력해 변·홍교수의 신학에 반대함을 간접적으로 표현했다.

이어 감리교회의 교리적 방향에 대해 발표한 김문희목사(대신교회)는 "웨슬리는 종교경험과 선교정신을 강조한 복음주의자 였다"며 "이런 웨슬리 전통이 자유주의 신학으로 변질돼 그것이 마치 감리교 신학인 것처럼 대변되는 것은 큰 오류"라고 밝혀 복음주의적 감리교신학 창출을 주장했다. 또 김목사는 감리교 교리에 대해서는 "성경의 무오성, 동정녀탄생, 예수의 십자가 사건과 부활, 재림등에 대한 내용이 없을뿐아니라 이단에 대한 아무런 규정도 되어 있지 않다"며 "결국 이러한 내용의 교리는 종교다원주의와 같은 이단사상을 낳을 수 밖에 없다"고 밝혔다. 이어 김목사는 "칼빈신학이나 루터신학과 웨슬리신학은 모두 같다"며 비웨슬리적 내용으로 가득찬 감리교 교리를 개정 복음주의로 되돌아 갈 것을 주장했다.

한편 감리교회의 제도적 방향에 대해 발표한 정영관목사(중앙교회)는 발표문에서 △감리교 신앙의 개혁 △정책입안 기구로서의 교단 본부의 개혁 △교권의 지방화 △신학교육제도의 개선 △준회원제철폐와 최저생계비의 보장을 통한 교직자제도의 개선 △구역회철폐와 여성, 청년회원등의 의회가입을 통한 의회 개혁등 제도적 개혁방안을 제시했다.

이날 기감웨슬리복음주의협의회의 신학강좌에 참가한 한 참가자는 "감리교신학의 정체성을 찾기위한 학문적 모임이라기 보다는 변·홍교수의 신학을 반대하는 정치성이 다분히 강연내용을 차지하고 있다"며 불만을 토로해 진정한 감리교 신학이 무엇인가라는 '찾음'의 길은 아직도 요원하다.

19920906_복음주의식 교리개정 움직임_복음신문_6(4)번

4. 건의안 10호

*건의안10호

건 의 안

수 신 : 제20회 총회 건의안심사위원회 귀중

제 목 : 21세기를 향한 기독교대한감리회의 명백한 교리적 표명을 건의함.

(웨슬리복음주의협회가 이미제출한 장정 제35단에 대한 개정안이 총회 본회의에 상정되었다면 본 건의안은 보류해주시기 바랍니다)

제 안 설 명

우리 기독교 대한감리회는 제19회 총회 이후 교리문제로 전 한국교계는 물론 세계 기독교계에 교리문제로 부끄러운 논쟁에 휘말려왔습니다. 다행히 지난 10월 24일을 기하여 사건의 종결은 보았스나 우리의 '교리적 선언'에 대한 본의 아닌 엇갈린 주장은 상존해 있는것이 사실입니다. 이로인하여 21 세기를 향한 복음선교에 지대한 혼란을 초래할 여지가 노출되었음으로 차제에 감리회 전통교리에 부응하며, 한국감리회가 전적으로 수용할 수 있는 가칭 "감리회 신조"를 선포하도록 그 연구위원을 위촉하여 제21차 총회에서 총회가 이를 채택하여 선포함으로 21세기를 향한 복음선교에 힘찬 발돋움이 되도록 함이 옳다고 사료되어 아래와 같은 이유를 들어, 이를 총회에 건의합니다.

************ 아 래 *************

1. 우리의 교리적 선언 8개항은 너무 포괄적이므로 명료한 신조가 되지못하고 있슴이 입증되었다. 특히 복음의 핵심인 기본적인 기독교 교리에까지 모호한 것이 노출되어 교역자들도 시시비비 논란을 일으킨 점을 감안하여 평신도 누구에게도 분명한 "감리회 신조"가 표명되어야 한다.

2. 장정 제9단 ~ 35단의 "종교의 강령"을 우리 한국 감리회가 1930년까지 45년동안 사용(남감리회는 33년)하였슴에도 불구하고 미국것으로 도외시하여 본 교단 교리의 모법에 대한 인식이 혼란된 점을 바로잡아야 한다.

3. 우리의 교리적 선언"은 엄밀하게 말하면 한미 합동전권위원회의 소산으로 웰치 감독이 준비한 것을 양주삼목사가 번역하여 전권위원회이름으로 합동총회에 상정 통과한 것임으로 독립된 기독교 대한감리회의 "교리적 선언" 이기에는 떳떳치 못한 점이 있다.

4. 본 총회는 21명의 가칭 감리회 신조" 연구위원을 위촉하여 제21회 총회에 그 준비된 안을 제출토록 한다.

1992년 10월 28일

제안자 : 웨슬리 복음주의협의회

김 선 도	정 의 겸	김 문 희
안 혁	박 정 수	윤 주 봉
서 형 선	전 재	고 수 철
임 준 택	최 홍 석	

-24-

19921028_건의안10호(21세기를 향한 기독교대한감리회의 명백한 교리적 표명을 건의함_웨슬리복음주의협의회_총회록_교리사건 재판자료_6(4)번

지에 의하여 투표하다.
[투표내용]
총투표인수 828 표용은 433 이종수 261 고용봉 15 최기순 69 박철규 50
4) 당선자 공포: 표용은 목사가 총유효 투표수 828표 중 과반수인 433표를 얻어 감독회장에 당선되고, 이에 의장이 당선자를 공포하다.

3. 분과위원회 보고
1) 제6분과 교회경제와 은급에 관한 문제 연구위원회 보고: 서기 이우정 장로가 별지 제10호와 같이 보고하니 정대진 회원의 접수 동의가 가결되다.
2) 제11분과 연합기관과 다른 단체와의 관계 및 교회계통 학교, 병원, 기타 기관의 관리연구위원 보고: 서기 임정무 목사가 별지 제11호와 같이 보고하니 김종수 회원의 접수 동의가 가결되다.
3) 제4분과 각 의회와 연회경계에 관한 연구위원회 보고: 서기 이태린 장로가 별지 제12호와 같이 보고하니 임덕순 회원의 접수 동의가 가결되다.

4. 입법 건의안 처리에 관한 긴급동의
제4차 회집 휴회 기간에 감신협 학생들과의 대화를 통하여 교리수호대책협의회가 제출한 교리수호를 위한 특별조치법 제정 건의안을 일단 유보시키기로 약속하고 70명의 학생들에게 방청을 허락하였는데, 현재 건의안심사위원회의 보고가 지연되고 있어 학생들이 돌아가지 못하고 있는 상황이나, 건의안심사위원회 보고 이전이라도 건의안 중에서 상기 특별조치법 제정건의안을 포함한 제반 입법에 관한 건의안은 일단 본 회의에서 다루지 말고 차기 총회실행위원회에 넘겨서 처리하도록 하자는 박봉배 회원의 긴급동의가 다수회원의 재청으로 만장일치 가결되다. (별지 제20호 건의안 원안참조)

5. 분과위원회 보고(계속)

19921028_제20회 총회(교리수호를 위한 특별조치법 제정건의안)_감리회 총회록_6(4)번

Ⅱ. 총회실행부위원회 주요결의사항

1. 제1차 위원회 (1990. 11. 9)

1) 총회 위임인선
2) 특별총회 (장정개정을 위한)를 1991년 10월중에 개최키로 하다.

2. 제2차 위원회 (1990. 12.13)

1) 90년도 추가경정 예산 및 91년도 본부예산안 통과
2) 총회 위임사항 처리 (예문, 예배서, 건의안 등)
3) 7천 교회 2백만 신도 운동본부 설치승인

3. 제3차위원회(1991. 4. 12)

(1) 한미감리교회 협의회 안건 : 지난 뉴욕 스토니 포인트 회의 결과 보고와 8년간 중단된 동협의회를 2년마다 시행키로 하였으며 구체적인 사항들은 협의시마다 구체적으로 다루기로 함
(2) 광화문 감리회관 입주 : 본부각국과 함께 서울·서울남·중부·경기연회도 사무실을 이전키로 하고 세부사항은 실무자들에게 일임키로 함.
(3) 1990년 본부감사 및 결산보고 : 결산보고는 받았고, 본부감사보고는 각 연회추천을 받은 조사처리위원(7명)을 구성하여 조사, 처리키로 함(김회도, 임덕순, 김기돈, 강성표, 이종복, 홍기준, 신완철).
(4) 본부회계 단일화 : 은급과 재단, 본부회계를 단일화하기로 결의.
(5) 교리적선언| 사회신경, 장정역사서문 정리작업 : 장정개정위원회로 이관
(6) 기구와 제도 개선작업 : 장정개정위원회로 이관
(7) 사회국 설치의 건 : 감독 회장이 자벽하여 7명 중 평신도국

19921028_제20회 총회(교리적 선언, 사회신경 정리작업 언급)_감리회 총회록

K-4-064

감리교 교리선언 보수회귀?

복음신문 93/8/15.

오는 10월25일 특별총회에서 최종결정

기독교대한감리회(감독회장=표용은목사) 제20회 총회 특별총회가 오는 10월25일부터 27일까지 2박3일동안 광림교회에서 개최된다.

이번 20회 특별총회는 예년과는 달리 각국 보고 및 분과위원회는 생략하고 장정개정안만 주로 취급될 예정이다. 장정개정안으로는 지난 20회 총회에 상정된 장정 제150단 42조 10항의 개정의결 정족수에 대한 사항외에 최저생계비를 목회지원비로 전환, 기감교리수호를 위한 특별조치법, 교리적선언·사회신경개정 등 많은 안건들이 처리될 전망이다.

특히 교리적선언과 사회신경은 지금까지 감리교의 신앙 노선을 표명한 것이어서 이것의 개정을 놓고 파란이 예상된다.

교리적선언 개정 초안은 총6항으로 기존 교리적 선언 제1항 하나님을 한 하나님으로 바꾸었으며 제2항 예수그리스도에 대해서는 기존의 스승과 모범의 어구를 빼고 부활을 강조했다. 또한 개정초안은 기존의 성신을 성령으로 변침 했으며 성서, 교회, 하나님 나라와 영생을 강조했다. 특히 개정초안은 기존의 교리적 선언 제8항중 '의의 최후 승리'를 삭제했으며 제7항중 '하나님의 뜻이 실현된 인류사회가 천국임을 믿으며를 하나님 나라의 도래'로 개정함으로서 상당히 보수적 측면을 띄었다. 한편 이 초안은 목원대 박봉배학장이 작성한 것으로 알려졌다.

93교리적선언(초안)

1. 우리는 만물을 아름답게 창조하시고 선하게 섭리하시며 정의로 심판하시고 흠없이 온전케 하시는 거룩하시고 자비하신 한 하나님을 믿으며

2. 우리는 하나님이 인간의 몸으로 세상에 오시어 우리의 고난과 죄를 담당하시고 십자가에 죽으시고 부활하심으로 우리를 구속하시고 화목케 하시는 하나님의 아들이신 예수 그리스도를 믿으며

3. 우리는 지금도 우리와 함께 하시어 우리를 거듭나게 하시고 거룩하게 하시며 완전케 하심으로 하나님의 진리가 다스리는 세상이 되도록 역사하시는 성령을 믿으며

4. 우리는 성서에 계시된 하나님의 말씀이 그리스도인의 신앙의 표준과 신앙적 경험의 거울과 실천적 생활의 규범이 됨을 믿으며

5. 우리는 구원받은 하나님의 자녀들이 예배와 교육과 선교와 봉사를 위해 하나가 되어 온 인류를 한 형제 자매로 삼고 온 세계를 화평케 하는 사명을 받은 그리스도의 몸된 교회를 믿으며

6. 우리는 하나님의 뜻을 따라 선교적 사명을 다함으로 온 땅에 하나님의 정의와 평화가 성취되며, 최후에 창조와 역사가 완성되는 하나님 나라의 도래와 우리의 부활과 영생을 믿노라.

19930815_감리교 교리선언 보수회귀_복음신문_6(4)번

교단 특별총회, 「새 교리적선언」 제정심의 예정

자유주의적 신학사조 수정한 복음주의적 교리 강화

▲교리적선언 개정안이 최초로 건의됐던 제20회 교단총회

기독교대한감리회 「제20회 총회 특별총회」가 10월25(월)-27일(수)까지 광림교회에서 열릴 예정인 가운데, 주요 회무처리안으로 장정개정 및 교리적선언의 제정심의가 다루어질 것으로 알려져 지난 60여 년간 감리교의 전통적인 신앙의 지침으로 고백되어진 「교리적선언」이 새롭게 논의된다는 점에서 교계 전반의 논란이 예상되고 있다.

먼저 장정개정 심의의 주요사항을 살펴보면 △총회 등록회원 과반수 이상 출석에, 재석 과반수 이상 찬성으로 의결 △총회에서 통과된 사항은 연회를 통해 재의결한다는 사항 삭제 △교회 모든 재산이 재단에 편입, 등기되지 않은 모든 회원은 피선거권 자격불허 등인 것으로 밝혀졌다.

특히 작년 총회시 재적인원이 과반수에도 못미쳐 15항목의 장정건의안의 대다수가 논의조차 되지 못한점을 반영, 헌법개정에 관한 기본조항 「재적과반수 출석에-」가 「등록회원 과반수 출석에-」로 건의된 점 등을 보아 이번 장정개정은 법개정의 효율성에 초점이 맞춰진 것으로 나타났다.

한편 이번 총회의 관심사로 떠오르고 있는 새 교리적선언 제정논의는 지난해 10월28일 제20회 교단 총회때 웨슬리복음주의협의회(회장 김선도 목사, 광림교회)가 기존의 교리적선언에 대해 「성경의 무오성, 동정녀 탄생, 예수의 십자가 사건과 부활 및 재림 등에 대한 내용과 이단에 관한 규정이 비명시되어져 있다」라고 지적하면서, 새 교리적선언 개정건의안을 제출한 것이 발단이 되었다.

이 건의안은 바로 총회실행부위원회로 이관, 논의되어 기존의 교리적선언은 역사적인 것으로 수정이 불가, 새로운 교리적선언을 작성하기로 결의하고 지난 93년 1월8일(금) 총회실행부 및 감독회 심의·결의로 한국감리교회의 새로운 교리적선언과 사회신경 제정을 결정한 것으로 나타났다.

그후 이러한 결정의 실무작업으로 교리적선언 제정위원회(위원장 이종수 감독, 서울남연회)가 조직되었으며 박봉배 목원대 총장이 초안을 작성, 지난 8월28일(토) 교계인사 및 신학자들을 대상으로 우리학교에서 열린 1차 공청회와 9월21일(화) 평신도, 목회자들을 대상으로 광림교회에서 열린 2차 공청회를 거쳐 이번 특별총회에 상정하게 된 것이다.

두차례의 공청회를 거쳐 공식표명된 이번 교리적선언 초안의 주안점은 △창조의 통전성 반영을 통한 신론의 보강 △십자가와 부활의 명시를 통한 기독론 강화 △교회론상의 교회 선교적 사명 강조 등인 것으로 알려졌으며, 사회신경 초안에 있어서는 △삼위일체의 하나님 △생태계의 위기 △분배정의의 실현 △조국통일에 대한 민족적 염원 등에 강조점을 두어 기존에 비해 많은 사항들이 세부적으로 상세해진 것이 특징이다.

이와관련 새 교리적선언의 초안 작성자 박봉배 총장은 「이번 교리적선언 제정의 근본적인 원인은 변선환, 홍정수 교수의 출교과정에서도 나타났듯이 오래전부터 목회자들 사이에서 기존 교리적선언의 제정 당시 자유주의의 신학적 조류가 강하게 반영된 점에 대한 문제가 끊임없이 지적되어 왔기 때문」이라며 「감리교 전통의 개방성과 포괄성을 고려할때 문자적인 고백보다는 실제적인 실천이 중요하다고 생각되며, 이번 새 교리적선언은 자유주의를 다소 수정하는 중도적인 성격의 것으로 감리교 전통적인 신앙을 확실히 한 것뿐」이라고 말했다.

그러나 이번 교리적선언 제정은 건의자인 웨슬리복음주의협의회측 입장이 교리에 있어 근본주의적 입장을 표방하고 있다는 점과 유상렬 장로 외 1천2백명의 복음주의자들에 의해 제기된 「교리수호를 위한 특별조치법」 제정 건의안이 이단사상의 척결이라는 취지로 같은 회기내에 제출된 점, 한편으로 우리대학 변·홍교수의 출교판정이 내려진 시기와 동일한 점, 그리고 새로 제정되는 교리적선언의 초안해설에서 현 교리적선언의 진보성을 비판한 점 등을 고려할때, 교계의 일각에서는 이번 새 교리적선언 제정의 근본취지가 현재 대두되고 있는 다각적인 신학적 논의를 교리로써 제한시키고 감리교의 신앙지침을 단순히 복음주의에 국한시키려는 의도가 아니냐는 우려를 나타내고 있는 것으로 알려졌다.

실례로 지난해 웨슬리복음주의협의회가 교리적선언의 수정 등을 주장할 당시 이와 관련해 감리교목회자협의회 건설추진위원회(당시 위원장 조화순, 달월교회)에서는 「변·홍교수를 교리상의 문제로 출교시킨 장본인들이 그 교리를 다시 문제삼아 수정하려는 것은 현 교리와 장정체계상으로 다원주의 신학을 비롯 진보적 신학이 문제될 것이 없다는 것과 종교재판의 부당성을 스스로 자인하는 격」이라고 주장, 그 수정진의를 의심케 했었다.

한편 우리대학의 교수들은 10월5일(화) 전체 교수회의에서 「기존 교리적선언은 제정될 당시 총회에서 충분한 토의와 심의를 거쳐 정경옥 박사가 실무작업을 맡아 제정했으며, 세계적으로도 감리교 교리적선언으로서 전혀 손색이 없기 때문에 새 교리적선언의 제정은 동조하지 못한다」라는 주장과, 「교리적선언 제정위원회가 발표한 제정안은 교리적선언이라기 보다 신앙선언이라고 명명하는 것이 좋을 것 이다」라는 입장을 밝혀, 대체적으로 부정적인 견해를 나타내고 있는 것으로 드러났다.

일반적으로 한 교단의 교리적선언이라는 것은 전체 목회자와 성도들의 신앙고백이 되고 교단신학의 기조를 좌우하게 되는 하나의 역사적인 전통으로 그 절차와 기간에 신중한 성찰이 요청되며, 또한 21세기의 신학적, 사회적 상황을 고려하여 교리적선언이 편협한 신앙교리로 변질되지 않도록 하기 위해 제정안에 대한 면밀한 재검토와 감리교 전반의 다각적인 심의가 요구되어지고 있다.

취 재 부

고재영 목사, 지난 학보기사에 이의 제기

홍교수 고소취하 모임 성격에 대한 해석차이 커

10월4일(월) 고재영 서울연회 재관위원장(신내제일교회)은 지난 7월24일(토) 홍정수 교수와 김홍도 목사, 유상렬 장로간에 있었던 고소취하모임에 대한 기사를 게재한 우리대학 학보(9월10일자)의 내용에 대해 이의를 제기, 「출판물에 의한 명예훼손에 대한 해명 및 회복 요청서한」을 학교당국에 전달하고, 학보의 발행인 구덕관 총장과 기사작성자 고세진 기자(신2)에 대해 정정 및 사과기사를 요구, 이에 불응할 시 필요에 따라 법적조치할 것임을 시사했다.

고목사가 이의를 제기한 기사내용은 취재부 기획 '교육부 재심위, 홍교수 관면취소주문 결정」의 전반부에 게재된 '고소취하합의모임은 … 홍교수의 명예회복 및 피해보상 등의 안건을 가지고 합의해 나간 것으로 알려졌다」, 「이날 김홍도, 유상렬 피고소인들은친필로 작성한 합의서를 통해 …」, 「생활적, 정신적 피해보상액 8천만원을 전달한 것으로 밝혀 졌으나 …」 등인 것으로 나타났는데, 이에대해 고목사는 「7월24일 모임은 김홍도 목사가 홍교수의 무조건인 고소취하를 받아들이고 이해하는 차원의 이해모임이었음에도 불구하고 기사는 마치 그 자리에서 명예회복 및 보상액에 관한 논의가 오갔던 것처럼 기술하고, 어떤 조건도 제시되지 못한 이해문서를 합의서로 호도함으로써 당시 서울연회재판위원장으로서 입회한 본인의 법적 공신력을 실추시켰다」라고 주장했다.

이와같은 지적에 따라 이의가 제기된 기사의 내용 및 취재원을 면밀히 조사해본 결과 일정부분 사건해석상의 착오로 인한 오해의 소지가 있는 내용이 게재되었음을 확인했으며, 8천만원이 수수된 것은 7·24 모임 당시가 아닌 8월10일(화) 금란교회의 장찬도 사무장을 통해서 이루어진 것으로 밝혀졌다.

고목사가 제기해 온 문제들 가운데 모임의 공식적 명칭과 성격에 대해서 7·24 모임의 중재자인 이송호 검사는 「이번 모임은 양측의 화해를 위한 비공식적 모임이었기 때문에 그 성격은 해석하기 나름이다」라고 밝혔으며, 고목사가 주장하고 있는 「이해모임」이라는 명칭도 사실상 객관적으로 입증될 수 있는 기록 및 증인이 부재한 것으로 나타났다.

마지막으로 보상액 지급과 명예회복 논의에 대해서 고목사는 「8천만원은 김목사측이 홍교수를 측은히 여겨 전달한 유학자금일 뿐, 고소취하 및 명예회복의 조건이 될 수 없다」라고 주장했으며, 반면 홍교수는 「8천만원은 가해자인 김목사의 죄과를 객관적으로 확인할 수 있는 명백한 실물증거이며, 김목사가 굳이 합의사실을 부인한다면, 민사소송을 통해 진실을 밝힐 수도 있다」라고 밝혀, 양측이 상이한 견해차이를 보이고 있는 것으로 나타났다.

아울러 이번 「교육부-결정」이라는 제목의 기사는 모호한 사건정황 속에서 보다 명백한 객관성을 담지해 내고자 홍교수와의 인터뷰, 김홍도 목사측의 8·26 해명서 참고 및 인터뷰 시도, 교계신문 참고 등의 취재를 거쳐 작성됐으며, 전체문맥 및 관점을 살펴보았을 때 양측의 입장을 균등하게 배치해 크게 문제될 점이 없는 것으로 밝혀졌다.

박 혜 경 기자

19931014_교단특별총회 새교리적선언 제정심의 예정_감신대학보_6(4)번

● 사무처리

1. 러시아 선교헌금 전달

표용은 감독회장이 제4차 회집시에 헌금된 선교헌금 6,000,000원을 러시아 우스리스크 황성익 선교사에게 전달하고, 선교활동을 격려하다.

2. 감리교 신조위원회 보고와 토론

금번 특별총회에 [별지 제1호]와 같이 보고된 '감리교 교리적선언'의 초안과 '감리교 사회신경' 초안을 작성한 감리교 신조위원회 위원장 이종수 감독이 제20회 총회의 위임에 의해 초안을 작성한 절차와 경위에 대하여 보고하고, 이어서 초안 작성의 실무작업을 담당한 박봉배 목사가 그 신학적 배경과 교리적, 신앙적 의미를 설명한 다음, 1시간 20분 동안 회원들과의 질의, 응답의 방식으로 토론을 진행하다. 토론을 종결한 후 "이 두가지 선언 문건에 대하여 1년간 다양한 의견을 더욱 수렴하고 깊이 연구하여 완벽한 내용의 문안을 작성한 다음 장정개정위원회를 거쳐 내년 제21회 총회에 정식 상정케 하도록 하는 것이 좋겠다."는 조만형 회원의 동의가 만장일치로 결의되다.

● 정회

의장이 "현재 시간, 장정개정을 위한 의결정족수가 부족하므로 일단 정회를 하고, 미처리된 장정개정안은 내일 제6차 회집에서 회원들이 협력하여 정족수를 채운 후에 다루기로 하고 정회하겠다"고 선언한 다음, 김평우 목사가 기도한 후, 오후 8시 45분 제5차 회집의 정회를 선언하다.

제3일 1993년 10월 27일(수)

제6차 회집

● 아침기도회

19931025_제20회 특별총회 감리교 신조위원회 보고와 토론_20회 총회록_6(4)번

4. 회순채택
회의자료에 준비된 순서의 원안대로 받되 의장이 필요시에는 적절히 조정하여 진행하도록 하자는 임덕순 회원의 동의가 성립되고, "장정개정위원회의 보고를 받은 다음 지난해 제20회 총회시 특별총회에 넘겨서 처리키로 결의한 '장정 제150단 제42조 총회의 직무 제10항' 에 관한 사항을 우선 먼저 다루도록 하고 그 결과를 적용하여 제반 장정개정을 심의, 의결하도록 하는 것이 좋겠다" 는 박춘화 회원의 첨부의견이 동의집에 의하여 수락된 후, 의장이 가부를 물으니 동의가 만장일치로 가결되다.

● 회무처리

1. 장정개정위원회 보고
장정개정위원회 위원장 김수연 감독이 [별지 제1호]와 같이 1) 헌법과 법률에 관한 사항 개정안과 2) 교리적 선언 및 사회신경 초안 등으로 구성된 '제20회 총회 특별총회 장정 개정안(1993)' 을 상정하고 제안 설명하니, 문제부문은 추후 심의할 때 다루기로 하고 일단 상정된 개정안을 접수하자는 이필용 회원의 동의가 만장일치로 가결되다.

2. 시간연장
"제1차 회집의 정회시간이 되었으나, 우선적으로 긴급히 처리하여야 할 장정 제150단 제42조 10항을 처리할 때까지 시간을 연장하도록 하자" 는 임덕순 회원의 시간연장 동의가 만장일치로 가결되다.

3. 장정개정안 심의(제150단 제42조 10항 처리)
김수연 장정개정위원장이 제20회 총회에서 위임된 법률과 규칙의 제정 및 개정의 의결정족수에 관한 '장정 제150단 제42조 10항' 개정안의 의의와 내용을 설명하고, 이 조항에 대하여 충분한 토론이 있은 후, 의장이 이를 표결에 붙이기 위하여 재석위원을 점검하니 오후 5시 50분 현재 총 753명이 출석함으로써 재적 1,904명 중 의결정족

19931025_제20회 특별총회 회의록(교리적선언 논의)_감리교총회록_6(4)번

* 회무처리(2)

1. 장정개정안 심의(1)
장정개정위원회 이종수 위원장이 교리적 선언 초안을 낭독한 후 초안 전문에 대한 토론이 있은 후 감리교신조연구위원회에 의장이 추가로 3~5명을 자벽하여 국문학자의 자문을 받아 수정해서 사회신경도 포함하여 차기 행정총회에 넘기도록 하자는 안광수 의원의 동의와 이승훈 의원의 재청에 만장일치 가결되다.

2. 헌법개정(안) 축조심의
이종수 위원장이 장별로 낭독한 후 조별로 축조심의 하자는 이필용 의원의 동의와 김광원 의원의 재청으로 가결되다.

* 헌법(전문)
헌법 전문은 초안대로 받되 역사성을 살려서 받기로 김형기 의원의 동의와 김관식 의원의 재청에 만장일치로 통과되다.

제1장 총칙
장정 개정안을 1장씩 조별로 낭독하고 축조심의하여 가결하자는 홍종선 의원의 동의와 다수의 재청에 1장씩 결의할 것을 만장일치로 가결하다.

제1조(목적)
제2조(교단의 명칭) '우리 교단' 을 '우리 감리회' 로 수정
제3조(교리)는 ' - 복음주의다' 에 이어 '이 교리는 요한 웨슬리의 설교와 찬송집과 우리 감리회가 채택한 교리적 선언에 설명되어 있다' 고 수정
제4조(사회신경) (연구위원으로 연구토록 한다.)
제5조(예문)
제6조(교단의 정치체제) '민주공화제' 를 '의회제도에 의한 감독제이다' 로 수정하다.

19951024_제21회 입법총회 회의록(개정안 심사와 교리수정)_감리회 총회록 _6번

있어 임시 입법 총회를 3개월 이내에 열도록 건의하자는 임덕순 회원의 동의가 가결되다.

6. 공천위원 보고

입법총회의 명칭문제, 감독선거규정의 의회법과 교역자 인사법 사이의 차이점 등을 극복하고 넘어가야 한다는 박봉배 회원 성기백 회원의 제안이 있었으나, 먼저 공천위원의 보고를 받아 총회 조직을 마친 뒤 회무처리 시간에 다루자는 이필용 회원의 동의가 가납되어, 공천위원장 길영규 회원이 별지(*)와 같이 보고하니, 오자나 탈자는 연회감독의 보고를 받아 서기부에서 정정하기로 하자는 임덕순 회원의 동의가 가납되어 박수를 받다.

● 감독회장의 말씀

회장 김선도 감독이 별지(*)와 같이 말씀하니 회원 모두는 일어서서 박수하다.

● 내빈소개(1)

1. 의장이 한국기독교 장로회 총회장 백형기 목사를 소개하니 백형기 총회장이 인사의 말씀을 하자 회원 모두는 일어서서 박수로 환영하다.
2. 의장이 재일대한기독교총회 총회장 이대경 목사를 소개하니 이대경 총회장이 인사의 말씀을 하자 회원 모두는 일어서서 박수로 환영하다.
3. 의장이 기독교방송국 사장 권호경 목사를 소개하니 권호경 사장이 인사의 말씀을 하자 회원 모두 일어서서 환영하다.
4. 의장이 재일대한기독교총회 강영일 총무와 기독교가정생활위원회 최은영 총무를 소개하니 박수로 환영하다.
5. 의장이 기독교텔레비젼 사장 이필용 장로를 소개하니 이필용 사장이 인사의 말씀을 하자 회원 모두는 일어서서 박수로 환영하다.

● 장정문제처리(1)

19961029_제22회 행정총회 회의록(장정개정)_감리교총회록_6(4)번_페이지_1

1. 장정문제를 먼저 처리하자는 박기창 회원, 김창기 회원 등의 제안이 있었으나 이에 대하여 장정개정연구위원장 이종수 감독이, 지난해 10월의 입법총회에서 장정의 전편개편이라는 큰 전제아래 개정작업을 하였으나 워낙 방대한 분량에 비해 시간부족으로 서론, 과정, 부칙 등 손 못 댄 부분이 있고 통과시키는 과정에서도 시간부족으로 뒷부분은 큰제목만 읽고 처리한 부분이 있으며, 또 개정원안은 4년 전임감독제와 4의회제도였으나 이것이 부결되었기에 이의 보완을 위하여 총회가 닫힌 뒤 각 연회에서 1명씩의 자구수정위원을 뽑아 자구를 수정하였고, 총회의 위임에 따라 장정개정연구위원 가운데 위원장을 비롯 3명으로 소위원회를 구성하여 이를 조정하였다. 그러나 그 뒤 임시입법총회를 열어 미진한 부분들을 보완했어야 했는데 그렇게 하지 못한 채 장정을 편찬하게 되니 현재의 장정에는 옛 법과 새 법이 공존하게 된 것이며 따라서 수정 및 보완은 필요하다고 설명하다.

2. 입법총회의 명칭에 대한 안광수 회원의 질의가 있었으나 이에 대하여 입법총회의 명칭은 문제가 되지 않으며 행정총회에서 헌법개정을 입법총회에 위임한 이상 입법총회에서의 장정개정은 합법적이라는 이필용 회원의 설명이 있었다.

3. 유지재단 이사가 28명인데 재적과반수의 출석으로 이사회를 개회하고 재적이사 3분의2이상의 찬성으로 감리회의 모든 재산을 처리할 수 있도록 한 것은 지난 입법총회에서 결의된 바 없다는 권중길 회원의 주장과 이에 대한 답변을 요구하던 중 제1차 회집 종료시간인 17시 30분이 되다.

● 시간연장

권중길 회원의 유지재단정관에 관한 질의에 답변하는데 까지만 시간연장하자는 임덕순 회원의 동의와, 이 안건이 종료될 때까지 시간 연장하자는 박봉배 회원의 개의와, 30분만 연장하자는 김석순 회원의 재개의가 있어 개의자가 재개의를 받아들여 표결하니 개의

19961029_제22회 행정총회 회의록(장정개정)_감리교총회록_6(4)번_페이지_2

하여 만장일치로 통과하다.

* 개정된 입법의회 회원은 자동적으로 제22회 행정총회에서 선출된 입법총회 회원이 회원이 된다는 것을 부칙에 두자는 서기산 회원의 제안 동의에 다수 회원의 재청을 거수 가결하여 만장일치로 통과하다.

3. 현행 장정의 상치되고 모순된 내용보고
장정개정위원회 위원장 박봉배 회원이 별지 6호와 같이 현재 장정의 상치되고 모순된 내용을 보고하니 안광수 회원이 보충설명을 하다. 장정개정위원회에 상정하여 연구케 하고 정기 입법총회에서 다루자는 배동윤 회원의 동의와 김광이 회원의 재청으로 거수가결하니 만장일치로 통과하다.

* 감독들이 제안한 장정개정의 방향을 장정개정위원회에서 연구하여 별지 7호와 같이 박봉배 회원이 보고하니 정기 입법총회에서 다루기로 하고 장정개정위원회에 넘기자는 김종수 회원의 동의와 송용원 회원의 재청으로 거수 가부하여 만장일치로 통과하다.

4. 분과위원회

1) 제14분과 장정해석위원회 보고
서기 백남석 회원이 별지 8호와 같이 보고하니 박수로 받다.
2) 제8분과 교회재산관리제도 연구위원회 보고
서기 임광원 회원이 별지 9호와 같이 보고하니 박수로 받다.
3) 제1분과 헌법연구위원회 보고
서기 이기덕 회원이 별지 10호와 같이 보고하니 박수로 받다.
4) 제2분과 교리적선언 연구위원회 보고
서기 반만동 회원이 별지 11호와 같이 보고하니 박수로 받다.
5) 제6분과 의회제도 연구위원회 보고
서기 김소운 회원이 별지 12호와 같이 보고하니 박수로 받다.
6) 제7분과 교회치리법 연구위원회 보고

19970127_제22회 입법총회 회의록(장정개정안논의)_감리교총회 회의록_6(4)번

는 지혜로 잘 처리했듯이 이번 총회가 감리교회를 사랑하는 마음으로 은혜스럽게 잘 처리하도록 지혜를 모아 주시기를 바란다" 는 부탁의 말씀이 있었다.

■ 개회 및 조직

▣ 입법 총회 합법성에 대한 논의

전 윤 회원이 입법총회의 명칭과 입법총회 임기 그리고 안건 10일 전 공고에 대한 이의를 제기하고 송원영 회원이 이에 동조하여 총회실행부위원회를 거치지 않았다는 문제 제기가 있었으나 여기에 대하여 안광수 회원은 지난번 입법총회가 소집되었다는 것과 조사위원회를 조직하여 제21회 총회 입법회의록을 철저히 조사하자는 동의가 있었고, 이필용 회원이 재청을 하였으나 의장이 장정개정연구 위원장 박봉배 회원에게 합법성에 대한 설명을 요구하니 박봉배 회원이 이 문제에 대해서는 그 동안 지면을 통해 여러번 논의되었고 감독회장과 7개 연회 감독들이 서면으로 이에 대한 충분한 해답을 하였으며 이를 충분히 이해하여 입법총회 총대들이 이미 등록을 마쳤으니 논의할 여지가 없다는 것과 개정안은 공천위원회가 총회에 보고한 후 정식 조직된 후에 공식적으로 개정안을 통과시킨 후 입법총회에 제안하겠다고 설명하다. 권중길 회원이 제22회 행정총회시 입법총회 소집을 결정할 때는 아무 이의가 없다가 또 이번 입법총회를 위해 자신들도 등록하고 나서 불법과 모순이라고 하는 것은 이치에 맞지 아니하다는 지적을 하자 김봉출 회원이 이를 가부로 결정하자는 의견이 있었으나, 김홍도 감독회장이 충분한 논의가 있었으므로 회원 자신들의 양식에 맡기고 회의를 진행하니 396명의 등록회원이 그대로 따르다.

1. 서기선택

정서기는 의장이 자벽하고 부서기는 정서기가 자벽하도록 하자는 김재민 회원의 동의가 만장일치로 가결되어 의장이 윤연수 목사를 정서기로 자벽하고, 이어서 정서기가 이영호 장로를 부서기로 자벽하다.

19970127_제22회 입법총회 회의록_6(4)

순서는 원안대로 받기로 하되 변경이 필요할 때는 의장이 융통성 있게 진행하도록 하자는 전일성 회원의 동의와 박우상 회원의 재청으로 만장일치 가결되다.

5. 감독회장 말씀
김홍도 감독회장이 *별지 1호와 같이 말씀하니 전회원이 박수로 받다.

● 회무처리(1)

1) 장정개정연구위원회 보고
감독회장 김홍도 의장이 장정개정연구위원회 박봉배 위원장을 소개하다. 위원장이 「교리와 장정」 개정안을 제안하면서 전문을 낭독하니 자구 수정 후 받자는 서기산 회원의 동의와 김창기 회원의 재청으로 전회원이 박수로 받아 상정하다.

2) 장정개정안 목적과 목차
박봉배 위원장이 「교리와 장정」 개정안 목적과 목차를 낭독하니 김상돈 회원의 동의와 임무용 회원의 재청으로 만장일치 가결하다.

3) 제1편 역사와 교리, 제1장 한국감리교회 역사
박봉배 위원장 제1장 내용을 낭독하니, "한국감리회"를 "기독교대한감리회"로 외국인의 이름은 Full name으로 표기하고, 제1절 2항 7행으로 "청장년회"를 "청장년선교회"로 수정하고, "해외"란 말은 "국외"로, 이름 다음에는 목사 혹은 전도사의 직분을 표기하고, "웨슬리"는 "존 웨슬리"로 수정하고 띄어쓰기 문법, 콤마, 철자법은 회의록 검사 위원들이 수정하기로 하고 받자는 조명호 회원의 동의와 송원영 회원의 재청으로 만장일치 가결하다.

4) 제2장 교리
박봉배 위원장이 제1절, 제2절을 낭독하니 제1절 2항 2행 "사하시고"를 "용서하시고"로 수정하고, 제3절 우리의 신앙고백 1행

19971027_제22회 입법총회 회의록(신앙고백문구수정)_감리교총회 회의록_6(4)번_페이지_1

의 "합동총회"를 "제1회 총회"로 수정하고, "성서"는 "성경"으로 "성신"은 "성령"으로 통일하는 것으로 하고 받자는 송원영 회원의 동의와 고재영 회원의 재청으로 만장일치 가결하다.

● 시간연장
제2장 제3편 우리의 신앙고백에 대한 논의가 끝날때까지 시간을 연장하자는 안광수 회원의 동의와 다수의 재청으로 만장일치 가결하다.

5) 제3편 우리의 신앙고백
박봉배 위원장이 제3편을 낭독하니 교리적선언연구위원회에 넘겨 검토하여 본 회의에 상정 가결하자는 김광원 회원의 동의와 김원용 회원의 재청으로 만장일치 가결하다.

● 광고
서기가 접수된 건의안을 건의안연구위원회에서 찾아갈 것을 광고하다.

● 정회
오후 5시 55분 배동윤 회원이 기도한 후 의장이 제1차 회집의 정회를 선언하다.

제2차 회집

● 속회
오후 7시 30분 찬송가 405장을 부르고, 박철호 회원이 기도한 후 의장이 제2차 회집의 속회를 선언하다.

● 회무처리(2)

1. 장정개정안 심의(2)
1) 제4절 사회신경
박봉배 위원장이 제4절을 낭독하니, 사회신경연구위원회에 넘겨 검토한 후 회의에 상정할 것을 배동윤 회원의 동의와 박우상 회원의 재청으로 만장일치 가결하다.

● 광고
서기가 각 분과위원회 장소(회의자료 p. 68)를 광고하다.

● 정회
오후 8시 15분 안광수 회원이 기도한 후 의장이 분과위원회별로 회집하도록 하고 제2차 회집의 정회를 선언하다.

제2일 1997년 10월 28일(화)

제3차 회집

● 아침기도회
오전 9시 30분 이주익 서울연회 총무의 사회로 아침기도회를 드리다.

● 속회
오전 10시 25분 강병훈 회원이 기도한 후 의장이 제3차 회집의 속회를 선언하다.

● 회무처리

1. 회의록 낭독
서기 윤연수 회원이 회의록을 낭독하니, "한국감리회"를 "기독교대한감리회"로 "합동총회"를 "제1차 총회"로 "목사"는 "회원"으로 수정하여 받자는 김석순 회원의 동의와 김규옥 회원에 재청으로 만장일치 가결하다.

2. 장정개정안 심의(3)
1) 제2편 헌법(전문)

박봉배 위원장이 헌법 전문을 낭독하니, "1885년"을 "1884년"으로 수정하고, "110여년 역사"를 삭제하고, "전면"과 "다시 전면"을 삭제하여 받자는 조명호 회원의 동의와 송원영 회원의 재청으로 만장일치 가결하다.

2) 제1장 총칙

박봉배 위원장이 제1장 총칙을 낭독하니, 제3조 강연을 강론으로 "찬양집"을 "찬양시집"으로 제6조 "행정체제"를 "기본체제"로 수정하여 받자는 함영환 회원의 동의와 이경진 회원의 재청으로 만장일치 가결하다.

3) 감리회 신앙고백(교리적선언)

제1차 회집에서 가결한 2장 제3절 우리의 신앙고백 내용을 교리적 선언연구위원회에서 검토하여 감리교 신앙고백이라는 제목으로 수정하여 상정한 *별지 2호 내용 중 1항 "오직 하나이신"을 "한 분이신"으로, 3항 완전하게 "하시어"를 "하시며"로 8항 "우리의 몸"을 "우리몸"으로 수정하고 맨 끝에 "아멘"을 붙여 받자는 금성대 회원의 동의와 장석구 회원의 재청으로 만장일치 가결하다.

4) 제2장 회원

박봉배 위원장이 제2장 내용을 낭독하니, 제9조 일반교인 다음 "평신도 임원 및 사역자"로 수정하고 제11조 개체교회 "평신도 사역자"를 "평신도"를 삭제하고, 제12조 준회원 다음 "협동회원"을 삽입하여 받자는 김석순 회원의 동의와 김광원 회원의 재청으로 만장일치 가결하다.

5) 제3장 회의

박봉배 위원장이 제3장을 낭독하니, 제14조 2항 "총회실행부위원회가 재정하여 이를 시행한다."를 "총회실행부위원회가 재정한다"로 수정하여 받자는 한정식 회원의 동의와 김창기 회원의 재정으로 만장일치 가결되다.

3. 분과위원 보고

1) 교회재산관리제도연구위원회 서기가 *별지 3호와 같이 보고하니 만장일치로 받다.

19971027_제22회 입법총회 회의록(신앙고백문구수정)_감리교총회 회의록_6(4)번_페이지_4

기독교조선감리회「교리적 선언」(1930년/1차 총회)

그리스도교회 근본적 원리가 시대를 따라 여러 가지 형식으로 교회 역사적 신조에 표명되었고 웨슬리 선생의「종교강령」과「설교집」과「신약주석」에 해석되었다. 이 복음적 신앙은 우리의 기업이요 영광스러운 소유이다.

우리 교회의 회원이 되어 우리와 단합하고자 하는 사람들에게 아무 교리적 시험을 강요하지 않는다. 우리의 중요한 요구는 예수 그리스도께 충성함과 그를 따르려고 결심하는 것이다. 웨슬리 선생이 연합속회 총칙에 요구한 바와 같이 우리의 입회 조건은 신학적보다 도덕적이요 신령적이다. 누구든지 그의 품격과 행위가 참된 경건과 부합되기만 하면 개인 신자의 충분한 신앙 자유를 옳게 인정한다. 동시에 우리가 확실히 믿어 오는 교리를 아래와 같이 선언한다.

1. 우리는 만물의 창조자시오 섭리자시며 온 인류의 아버지시오 모든 선과 미와 애와 진의 근원이 되시는 오직 하나이신 하나님을 믿으며

2. 우리는 하나님이 육신으로 나타나사 우리의 스승이 되시고 모범이 되시며 대속자가 되시고 구세주가 되시는 예수 그리스도를 믿으며

3. 우리는 하나님이 우리와 같이 계시사 우리의 지도자와 위안과 힘이 되시는 성신을 믿으며

4. 우리는 사랑과 기도의 생활을 믿으며 죄를 용서하심과 모든 요구에 넉넉하신 은혜를 믿으며

5. 우리는 구약과 신약에 있는 하나님의 말씀이 신앙과 실행의 충분한 표준이 됨을 믿으며

6. 우리는 살아 계신 주 안에서 하나가 된 모든 사람들이 예배와 봉사를 목적하여 단결한 교회를 믿으며

7. 우리는 하나님의 뜻이 실현된 인류 사회가 천국임을 믿으며 하나님 아버지 앞에 모든 사람이 형제됨을 믿으며

8. 우리는 의의 최후 승리와 영생을 믿노라. 아멘.

기독교대한감리회 「신앙고백」(1997년/22차 총회)

1. 우리는 우주만물을 창조하시고 섭리하시며 주관하시는 거룩하시고 자비하시며 오직 하나이신 아버지 하나님을 믿습니다.

2. 우리는 말씀이 육신이 되어 우리 가운데 오셔서 하나님의 나라를 선포하시고 십자가에 달려 죽으셨다가 부활 승천하심으로 대속자가 되시고 구세주가 되시는 예수 그리스도를 믿습니다.

3. 우리는 우리와 함께 계셔서 우리를 거듭나게 하시고 거룩하게 하시며 완전하게 하시어 위안과 힘이 되시는 성령을 믿습니다.

4. 우리는 성령의 감동으로 기록된 하나님의 말씀인 성경이 구원에 이르는 도리와 신앙생활에 충분한 표준이 됨을 믿습니다.

5. 우리는 하나님의 은혜로 믿음을 통해 죄 사함 받아 거룩해지며 하나님의 구원의 역사에 동참하도록 부름 받음을 믿습니다.

6. 우리는 예배와 친교, 교육과 봉사, 전도와 선교를 위해 하나가 된 그리스도의 몸인 교회를 믿습니다.

7. 우리는 만민에게 복음을 전파함으로 하나님의 정의와 사랑을 나누고 평화의 세계를 이루는 모든 사람들이 하나님 앞에 형제 됨을 믿습니다.

8. 우리는 예수 그리스도의 재림과 심판, 우리의 몸의 부활과 영생 그리고 의의 최후 승리와 영원한 하나님 나라를 믿습니다.

(1997. 10. 29. 제22회 총회 입법의회에서 규정)

V.

사료 목록

사료 목록

생산년도	제목	생산자	출처
19301100	남북감리합동전권위원과 특별위원제씨감상담	〈청년〉 YMCA	
19301205	기독교조선감리회교리	조선감리회 제1회 총회록	
19301205	기독교조선감리회 제1회 총회록(성신잉태, 십자가 유혈, 속죄와 부활승천과 최후승리 부결)	기독교조선감리회 총리원	기독교조선감리회 제1회 총회록
19540318	제3회 정기총회회록(해방후) 교리적 선언	기독교대한감리회 총리원	기독교대한감리회 총리원
19630715	교리적 선언 해설1	홍현설	감리교생활
19630801	교리적 선언 해설2	홍현설	감리교생활
19630815	교리적 선언 해설3	홍현설	감리교생활
19630901	교리적 선언 해설4	홍현설	감리교생활
19630915	교리적 선언 해설5	홍현설	감리교생활
19631001	교리적 선언 해설6 우리의 스승이 되시고	홍현설	감리교생활
19631101	교리적 선언 해설7 모범이 되시며	홍현설	감리교생활
19631115	교리적 선언 해설8 제2조 대속자가 되시고 구세주가 되시는 예수 그리스도를 믿으며	홍현설	감리교생활
19631130	교리적 선언 해설9 제3조 우리는 하나님이 우리와 같이 계시사 우리의 지도와 위안과 힘이 되시는 성신을 믿으며	홍현설	감리교생활
19631215	교리적 선언 해설10 제3조 우리는 하나님이 우리와 같이 계시사 우리의 지도와 위안과 힘이 되시는 성신을 믿으며	홍현설	감리교생활
19640201	교리적 선언 해설11 제3조 우리는 하나님이 우리와 같이 계시사 우리의 지도와 위안과 힘이 되시는 성신을 믿으며	홍현설	감리교생활
19640215	교리적 선언 해설12 제3조 우리는 하나님이 우리와 같이 계시사 우리의 지도와 위안과 힘이 되시는 성신을 믿으며	홍현설	감리교생활
19640301	교리적 선언 해설13 제3조 "우리는 사랑과 기도의 생활을 믿으며 죄를 용서하심과 모든 요구에 넉넉하신 은혜를 믿으며"	홍현설	감리교생활
19640315	교리적 선언 해설14 제3조 "우리는 사랑과 기도의 생활을 믿으며 죄를 용서하심과 모든 요구에 넉넉하신 은혜를 믿으며"	홍현설	감리교생활
19640415	교리적 선언 해설 15 제4조 "우리는 사랑과 기도의 생활을 믿으며 죄를 용서하심과 모든 요구에 넉넉하신 은혜를 믿으며"	홍현설	감리교생활
19640501	교리적 선언 해설 16 제4조 "우리는 사랑과 기도의 생활을 믿으며 죄를 용서하심과 모든 요구에 넉넉하신 은혜를 믿으며"	홍현설	감리교생활
19640515	교리적 선언 해설 17 제5조 "우리는 구약과 신약에 있는 하나님의 말씀이 실행에 충분한 표준이 됨을 믿으며"	홍현설	감리교생활
19640615	교리적 선언 해설 18 제5조 "우리는 구약과 신약에	홍현설	감리교생활

	있는 하나님의 말씀이 신앙과 실행에 충분한 표준이 됨을 믿으며"		
19640701	교리적 선언 해설 19 제5조 "우리는 구약과 신약에 있는 하나님의 말씀이 신앙과 실행에 충분한 표준이 됨을 믿으며"	홍현설	감리교생활
19640715	교리적 선언 해설 20 제5조 "우리는 구약과 신약에 있는 하나님의 말씀이 신앙과 실행에 충분한 표준이 됨을 믿으며"	홍현설	감리교생활
19640801	교리적 선언 해설 21 제6조 "우리는 살아계신 주 안에서 하나가 된 모든 사람들이 예배와 봉사를 목적하여 단결한 교회를 믿으며"	홍현설	감리교생활
19640901	교리적 선언 해설 22회 제6조 "우리는 살아계신 주 안에서 하나가 된 모든 사람들이 예배와 봉사를 목적하여 단결한 교회를 믿으며"	홍현설	감리교생활
19641001	교리적 선언 해설 23회 제6조 "우리는 살아 계신 주안에서 하나가 된 모든 사람들이 예배와 봉사를 목적하여 단결한 교회를 믿으며"	홍현설	감리교생활
19641015	교리적 선언 해설 24회 제6조 "우리는 살아계신 주 안에서 하나가 된 모든 사람들이 예배와 봉사를 목적하여 단결한 교회를 믿으며"	홍현설	감리교생활
19641101	교리적 선언 해설 25회 제6조 "우리는 살아 계신 주 안에서 하나가 된 모든 사람들이 예배와 봉사를 목적하여 단결한 교회를 믿으며"	홍현설	감리교생활
19641115	교리적 선언 해설 26회 제6조 "우리는 하나님의 뜻이 실현된 인류 사회가 천국임을 믿으며 하나님 아버지 앞에 모든 사람이 형제됨을 믿으며"	홍현설	감리교생활
19641225	교리적 선언 해설 27회 제7조 "우리는 하나님의 뜻이 실현된인류 사회가 천국임을 믿으며 하나님 아버지 앞에 모든 사람이 형제됨을 믿으며"	홍현설	감리교생활
19810102	기독교대한감리회의 교리적 선언과 한국교회	홍현설	기독교사상
19650619	신을상실한세계에	변선환	기독교세계
19651030	대담하게죄를범하라	변선환	기독교세계
19660122	허공속에존재를	변선환	기독교세계
19660407	실존대지사회	변선환	기독교세계
19680410	부활의현대적의의	변선환	기독교세계
19681026	세계10대	변선환	크리스찬신문
19690104	소망의신학자	변선환	크리스찬신문
19690329	슈버트오그덴	변선환	크리스찬신문
19690628	갸브리엘바하니안	변선환	크리스찬신문
19690809	삐엘떼야르	변선환	크리스찬신문
19691115	60년대의결산	변선환	기독교세계
19700510	요한웨슬레의해석학적신학	변선환	기독교세계
19701010	이것이감리교회다	변선환	기독교세계
19710510	한국교회와정치신학	변선환	기독교세계
19750720	쥬나루스카의 교리적 선언(선고공판 증거자료2)		교리사건 재판자료 : 정리 서술집
19760831	선교의대상으로서의청년_	변선환	기독교세계
19761231	크리스마스의현대적의의	변선환	기독교세계

19770705	한국전통 문화와 기독교	변선환	한국일보
19770710	교회밖에도 구원이 있다.	변선환교수	월간목회 77년 7-10월호/교리사건 재판자료 : 정리 서술집
19770710	교회밖에도 구원이 없다.	박아론교수	월간목회 77년 7-10월호 /교리사건 재판자료 : 정리 서술집
19770710	기독교외에도 구원이 있다니 그럴수가,,,	박아론교수	월간목회 77년 7-10월호/교리사건 재판자료 : 정리 서술집
19771001	자랑스런감리교도	변선환	기독교세계
19771016	자랑스런 감리교도	변선환	교회연합신보
19781010	오늘의그리스도	변선환	기독교세계
19781022	한국교회와자유주의	변선환	기독교세계
19810301	부활의현대적의미	변선환	기독교세계
19811201	감리교100주년과신학적반성	변선환	기독교세계
19820629	독선과 한계 서로 충고	동아일보	
19820718	한국선교와 타종교와의 대화	변선환교수	교회연합신보
19820718	감신대 변교수 발언 말썽	교회연합신보	
19820728	파문 교회 밖에도 구원있다	한국일보	
19820730	종교의 빛과 그늘	김몽은(양화진 성당 주임신부)	조선일보
19820807	한국선교와 타종교와의 대화	크리스찬신문	
19820809	종경하는 감독회장님께 드리는글	감리교신학대학 학도호국단 학보다 대학원 원우회 일동	
19820809	존경하는 감리교신학대학 교수님께 드리는 글	감리교신학대학 학도호국단 학보다 대학원 원우회 일동	
19820814	학문의 자유 수호해야	크리스찬신문	
19820821	타종교와 대화냐 성서왜곡이냐	크리스찬신문	
19820821	파고 높아지는 변선환 교수의 신학적발언	크리스찬신문	
19820822	소란한 타종교와의 대화	변선환	교회연합신보
19820823	전국신학대학협의회	성명 학도호국단 학보다 대학원 원우회 일동서	
19820825	성명서	감리교신학대학 학도호국단 학보다 대학원 원우회 일동	
19820827	한국 옷 입은 선교신학을	조선일보	
19820829	변교수 파동확대 조짐	교회연합신보	
19820829	학문과 교리, 교권과 교회정치	교회연합신보	
19820901	호소문	감리교부흥단	감리교부흥단 소식지〈부흥단소식〉
19820905	교회밖에 구원있다를 읽고	서정완	교회연합신보
19820905	구원은십자가를	변선환	기독교세계

19820905	해명서	감리교부흥단지도위원 부산서지방 시온중앙교회 정영문	교회연합신보
19820907	변선환 교수 발언에 대한 교수들의 입장	감리교신학대학 교수일동	
19820907	존경하는 감리교신학대학 교수님께 드리는 글	감리교신학대학 학도호국단 학보다 대학원 원우회 일동	
19820910	한국감리교의 신학적 유산	송길섭	감신대학보
19820910	복음은 인격의 결단신앙, 우주적 구속사건이 구원을	유동식	감신대학보
19820911	학문의 자유 보장돼야	크리스챤신문	
19820917	감신인들에게	4학년일동	
19820925	나는 삼위일체 하나님을 믿습니다	크리스챤신문	
19820928	변선환 목사 해명서	변선환	기독교세계
19821001	교리적 선언의 초안자는?	한준석	기독교세계
19821002	나는 삼위일체 하나님을 믿습니다	크리스챤신문	
19821003	그리스도를 구세주로 믿습니다	변선환	교회연합신보
19821003	한국기독교의 신학적 과제	주재용	교회연합신보
19821003	한국교회와 다원신학	박영규	교회연합신보
19821003	변교수 1년간 정직 징계키로	교회연합신보	
19821012	변선환 목사의 발언 문제에 대한 처리에 대하여	기독교세계	
19821017	교리적 선언 부인한 증거없다	교회연합신보	
19821101	교리적 선언의 초안자는?2	한준석	기독교세계
19830400	아시아 교회의 신학적 과제	변선환	기독교사상
19830424	오늘의 선교적 상황과 타종교문제	유동식	교회연합신보
19830500	동양종교의 부흥과 토착화 신학	변선환	기독교사상
19841100	변선환박사의 '토착화 신학'의 문제점	이동주	신학정론
19841201	감리교 교리의 표준 자료와 그 역사성	홍정수	기독교세계
19850101	감리교회의 독특한 교리1	홍정수	기독교세계
19850201	감리교회의 독특한 교리2	홍정수	기독교세계
19850301	감리교교리연구5_	홍정수	기독교세계
19850401	감리교교리연구6	홍정수	기독교세계
19850407	한국의 마음과 만나는 신학(변선환교수 종교신학)	변선환	교회연합신보
19850901	감리교 신학의 4대규범	홍정수	기독교세계
19851103	웨슬리와 한국감리교신학	변선환 유동식	교회연합신보
19851103	웨슬리와한국감리교	변선환	기독교세계
19870101	웨슬리와성찬식	홍정수	기독교세계
19871101	신학적측면에서본 기감성의 문제	홍정수	기독교세계
19880501	웨슬리해석의 최근동향	홍정수	기독교세계
19880901	감리교 신학과 교리	변선환	기독교세계
19881200	혼합주의의 특징과 발생원인	이동주	신학정론
19890101	교회정치와신학	홍정수	기독교세계
19890701	감리교교리와신학	홍정수	기독교세계
19900401	세계는나의교구	홍정수	기독교세계
19900601	교회의본질과공교회성	홍정수	기독교세계
19901030	교리적 선언개정연구위원보고	기독교대한감리회	

		19회총회록	
19901030	교리적선언과 사회신경에 대한 언급	기독교대한감리회 19회 총회록	
19901117	포스트모던 신학 한국에서 첫선보여 감신대 홍정수 교수 "포스트모던신학과 한국신학의 가능성" 발표	최문성기자	크리스챤신문/교리사건 재판자료 : 정리 서술집
19901201	한국감리교회의 미래	변선환	기독교세계
19901201	한국감리교회의 어제	유동식	기독교세계
19901201	한국감리교회의 현재	박봉배	기독교세계
19901208	기독교 배타적 사고서 벗어나야	한대식 기자	크리스챤신문/교리사건 재판자료 : 정리 서술집
19910101	다종교와기독론	기독교세계	
19910119	변홍교수 사건 2회전 돌입	복음신문	복음신문
19910301	전형적감리교도	기독교세계	
19910310	종교다원주의에 공헌한 신학자들	김영선(신대원4/6)	감신대학보
19910310	변선환 학장 입학식 설교 요약	감신대학보	
19910323	새누리 논단 "망월동 사도신경"	홍정수교수	새누리신문
19910330	변선환 학장 강연과 관련 총회신학심의회 설치 촉구	크리스챤신문	
19910330	부활의 메시지를 다시 조명한다(부활은 하나님의 정의로운 심판의 시작)	홍정수교수	크리스챤신문
19910330	변선환 학장 강연과 관련 총회 신학심의회 설치 촉구	새누리신문	
19910330	부활 그 놀라움이여 기쁨이여	조남기	크리스챤신문
19910330	부활은 항상 고난이 전제	강원용 목사	크리스찬신문
19910400	공판기록물- (공문)감독회의 결의 사항 서울연회 통보	감독회장 곽전태	서울연회
19910408	감리교회 신학적 전통은 결코 정치적 이용물이 될수 없습니다.	감신 81동기회	동문회
19910413	누가 심판할 것인가?	새누리신문	
19910421	새로운복음화의개념을세워나가자	기독교신문	
19910428	다원주의 신학은 반기독교적	이동주교수	기독교연합신문/교리사건 재판자료 : 정리 서술집
19910500	성경 신학 신조 교리	곽전태 감독	기독교세계
19910501	감리교교리의개정수칙	기독교세계	
19910504	이단자를 위한 한국신학 "베짜는 하나님"(광고)	크리스챤신문	
19910510	종교다원주의와 종교신학수립에 관한 고찰	이동주	오메가〈세계선교〉
19910510	토착화신학을 통해 종교갈등 극복	이원규교수	감신대학보/교리사건 재판자료 : 정리 서술집
19910518	교회 위한 '신학' 새 과제로	새누리신문	
19910519	이 책은 왜 이단시비를 받고 있는가? 베짜는 하나님	기독교신문	
19910523	복음주의협 그리스도 유일성 강좌	국민일보 제750호	국민일보/교리사건 재판자료 : 정리 서술집
19910525	함께 생각해 봅시다	크리스챤신문	
19910526	5월의 죽음이 남긴 교훈	복음신문	

19910528	종교다원주의와 웨슬레 신학	이종찬	
19910601	이단자를 위한 베짜는 하나님(신간안내)	크리스챤저널	
19910601	십자가와 부활통한 구원의 길 막는 범죄(홍정수 교수의 부활신학에 대한 성서적 비판)	크리스챤신문	
19910605	변선환,홍정수,이원규교수에 대한 성명서 및 공개질의서	서울남연회 송파지방 실행위원 일동	크리스챤 신문
19910608	이동주 교수의 비판에 답함(신학은 낱말 맞추기 놀이가 아니다)	홍정수교수	크리스챤신문
19910609	하나님 이해 (신학쟁점) 종교다원주의	기독교연합신문	
19910610	교단 보수측, 또 본교교수 종교재판 시도해	감신대학보	
19910610	변선환, 홍정수 종교재판시도에 대한 교단내의 분석	감신대학보	
19910615	홍정수 교수의 신학에 답함(홍정수 교수 그는 감리교인인가?)	이동주 교수	크리스챤신문
19910615	교권에 시달리는 '종교다원주의'	새누리신문	
19910616	홍정수교수 출교처분 파장	김은심 기자	기독교연합신문
19910616	감신대 홍정수 교수 연회자격심사위에 회부돼	복음신문	
19910618	변선환교수의 주장에 대한 반론(서울남연회 목원동문회에 배포한 글)	김익원(목원대교수)	목회와신학
19910622	기자의 눈 "감신대 1백년 전통에 대한 도전"	크리스챤신문	
19910622	감신대 홍정수 교수 '출교설' 학생들 긴장	크리스챤신문	
19910622	감신대, 학보 배포금지	새누리신문	
19910623	사설 "홍정수 교수 사건을 보며"	기독교연합신문	
19910623	교권, 종교다원주의의 반발	복음신문	
19910623	목회자들의 질문에 답한다	홍정수	복음신문
19910628	감신대 교수 기고문 파문	국민일보	
19910628	신학대 교수가 예수부활 부인	스포츠조선	
19910629	예수는 과연 육체부활 했는가	중앙일보	
19910629	사랑방 신학-사도신경을 고백하는 이유	새누리신문	
19910630	감리교 홍정수 교수 출교 추진	한겨레신문	
19910630	새로운 성경해석 기독교단이 술렁	스포츠서울	
19910703	한국의 1천만 기독교도들과 120만 감리교도들에게 드리는 호소문	홍정수	
19910703	기독교대한감리회 감독님들께	홍정수	
19910706	잠 못이루는 설교자	홍정수	새누리신문
19910710	감신학문성 도전 시험 연기로 대응	감신대학보	
19910725	홍정수 교수의 부활신학 비판	오메가선교회/오메가〈세계선교〉 제11호	오메가선교회
19910821	91감리교선교사 세계대회 선언문	감리교세계선교사참가자 일동	
19910823	(성명서)감리교신학대학 홍정수 교수가 예수 그리스도의 부활부인 사건과의 관계되는 3대 사건에 대한 성명서	기독교대한감리회 원로목사회와 원로 장로회 특별위원	교리사건 재판 자료 : 정리 서술집
19910827	(건의서)감리교신학대학 홍정수 교수가 예수 그리스도의 부활부인 사건과의 관계되는 3대 사건에 대한 건의서	기독교대한감리회 원로목사회와 원로 장로회 특별위원	교리사건 재판 자료 : 정리 서술집
19910827	교원징계-교수승진 및 교,직원 호봉승급 (공문)	감리교신학대학 학장	
19910901	교원징계-인사발령통지서	감리교신학대학 학장	

19910902	상임위원회참석	자격심사위원회	
19910910	교리사수 서명운동	박기창	
19910916	감신대의 학사 및 학사 행정의 민주화를 촉구하는 우리의 첫번째 견해	교수 평의회	
19910920	자격상임위원회 참석 2차소환	서울연회 자격상임위원회	
19910929	예수밖 구원운운은 이단적 교리라며 반발	복음신문	
19911000	존경하는 총회원 그리고 동역자 여러분	감신대학보(김지길외 28명의 성명서)	
19911008	홍정수 교수님 귀하	송파지방실행위원장 박기창 감리사	서울남연회송파지방
19911010	신학자와 목회자의 대화2-어떻게 할 것인가	감신대학보	
19911012	기독교 부활신앙을 재천명한다	홍정수교수	크리스찬신문
19911012	성서의 부활은 신앙인들만 경험한 실제사건	홍정수교수	크리스찬신문
19911013	기독교 부활신앙을 재천명한다	홍정수 교수	기독교연합신문
19911013	홍정수 교수 부활신앙 천명	복음신문	
19911013	홍정수 교수에게 묻는다 파문	한국교회신문	
19911013	부활논쟁과 관련 홍정수 교수 특별기고	복음신문	
19911015	공판기록물- (공문)홍정수 목사에 대한 심의 결과보고	서울연회 자격심사 상임위원회	
19911015	기감원로목사회 원로장로회 3교수관계사건 10월 총회전 해결촉구건의서	기독교대한감리회 원로목사회 원로장로회 특별위원	
19911019	진보 보수 갈등 재현	중앙일보	
19911019	감리교단 '신학논쟁' 진정기미	새누리신문	
19911020	존경하는 총회원 그리고 동역자 여러분	김지길 장기천 이춘직 등 중견목회자	
19911026	기독교 '안'에는 무엇이 있는가	홍정수교수	새누리신문
19911030	3가지 안건	대학원 위원	
19911031	회의록-제13차 입법총회 회의록(수기록)	감리교총회록	
19911031	총대님들에게 드리는 호소문	감리교신학대학 총학생회	교리사건 재판자료 : 정리 서술집
19911102	감리교 다원주의론 파문 확산	동아일보	동아일보/교리사건 재판자료 : 정리 서술집
19911102	타종교 인정에 인색한 〈어른들〉	중앙일보	
19911103	감리교 진보교수 종교재판 파문	한겨레신문	
19911106	감리교〈종교재판〉 파문 확산	국민일보	
19911109	감리교 두 신학자 징계결의 파문	새누리신문(천홍철 기자)	
19911109	유명무실한 총회 비난 여론	새누리신문	
19911110	변선환 홍정수 교수 면직 권고	기독교신문	
19911110	감리교 보혁갈등으로 내홍	세계일보	
19911110	감리교총회, 다원주의 일격	복음신문	
19911110	학문에 대한 교권의 〈사형선고〉	기독교연합신문	
19911110	변선환, 홍정수교수 파면권고	복음신문	
19911110	감리교총회, 다원주의에 일격	복음신문	
19911110	교단내 이단세력을 몰아내자	김홍도/불기둥	
19911110	기독교 파괴행위로 용납할 수 없어	감신대학보	
19911110	총회서 변학장 홍교수 징계 결의	감신대학보	

19911110	특별인터뷰(총회의 결의를 바라보며)	감신대학보	
19911110	사설 "신학적 배타주의와 감리교회의 위기"	감신대학보	
19911110	감신 학문 전통 새로운 국면 열려	감신대학보	
19911110	2학기냉천학당 진행〈포스트모더니즘시대의 기독교〉	감신대학보	
19911110	문화시론 - 포스트모더니즘 예술에 대한 고찰3	감신대학보	
19911110	교단총회 쟁점 분석	감신대학보	
19911110	총회 이후 예상되는 법적 처리 절차를 알아본다	감신대학보	
19911110	유동식 이정배 교수도 문제 있다 언급	감신대학보	
19911110	왜곡된 주장 일방적 종교재판 낳아	감신대학보	
19911110	제19회 교단특별 총회	감신대학보	
19911110	신학논쟁시비와 관련된 사건경과	감신대학보	
19911110	19회 교단 특별총회를 되돌아보며	감신 9대 총학생회	감신대학보
19911110	변선환홍정수교수면직권고(감리교특별총회폐회)	기독교신문	
19911110	웨슬리 복음주의와 다원주의	웨슬리복음주의협의회	
19911111	감신, 변홍교수 면직 파문	교회복음신문	
19911111	사설〈학문의 자유와 교단의 신앙〉	교회복음신문	
19911113	성직자와 공개토론 요구	국민일보	한국기독교연구소 기증자료 김경환
19911113	진보신학교수 징계파문	종교신문	
19911113	사설〈구원론시비 그만하자〉	종교신문	
19911115	감리교 19차 특별총회 권고결의안에 대한 일천 감리교 신학 대학생들의 입장	감리교 신학대학학생 일동	
19911116	기독교계 종교다원주의 파문확산	경향신문	
19911118	만물상(萬物相)	서울연회	조선일보/교리사건 재판자료 : 정리 서술집
19911119	공판기록물- 서울연회 심사위원회/감독회장의 심사의뢰 공문하달	감독회장	교리사건 재판자료 : 정리 서술집
19911121	교리수호대책위원회 결의문(예배순서지포함)	교리수호대책위원회	
19911121	감리교 신학대학 변선환홍정수교수사건	기독교대한감리회원로목사회	
19911121	신학의 자유를 옹호하는 신학자 성명	안병무 외 44명	〈감리교회와 감리교신학대학의 어제와 오늘〉
19911121	녹음녹취록(강연자: 김홍도목사 장소: 힐튼호텔) 인증서	속기사이미정사무소	
19911122	감리교 전통 및 감신 학문성 수호를 위한 대책위원회 구성을 알리며	감리교 전통 및 감신 학문성 수호를 위한 대책위원회	
19911122	종교다원주의 찬반논쟁 본격화	동아일보	동아일보/교리사건 재판자료 : 정리 서술집
19911122	감신대 교수 파면결의 항의	조선일보	조선일보/교리사건 재판자료 : 정리 서술집
19911123	성서적으로 믿자는 것이 죄가 되는가/120만 감리교도들에게 드리는 공개 탄원서	홍정수 교수	크리스챤신문

19911123	개신교 타교인정 논란 가열	조선일보 남상균 기자	조선일보/교리 사건 재판자료 : 정리 서술집
19911123	감리교 100년 전통 어디로 가나	제10대총학생회	크리스챤 신문/변홍교수 자료모음집/무지는 죄가 아니다?
19911123	징계결의 철회요구 확산	새누리신문	
19911123	사설-기독교교리수호와학문의자유한계	기독신보	
19911124	감신대 교수 징계는 불법	기독교연합신문	
19911124	감신대생 공개 질의서 전달	10대총학생회	크리스챤라이프 / 92학번 신입생을 위한 교단문제 제기, 참고자료집
19911126	결의문	전국감리사 및선교부총무 교회개척추진 협의회등	
19911126	기독교대한감리회 총회실행위원회에게 요청하는 글	감리교신학대학 교수회	
19911126	결의안	총회의 변학장 홍교수 목사 및 교수직 박탈 권고 결의안 무효와선언대회 참가자일동	
19911126	변선환 학장 홍정수 교수의 목사직 및 교수직 박탈 권고결의안의 철회를 촉구하며	감신의 학문성 사수를 위한 대학원대책위원회	
19911128	감리교단 신학논쟁, 개신교 전체로 비화	한국일보	
19911129	서울연회 결의	서울연회 자격심사 위원회/최홍석목사	교리사건 재판 자료 : 정리 서술집
19911130	공판기록물- (고소장) 서울연회 고소장	교리수호대책위원회	
19911130	성명서	장로회전국연합회	
19911130	교리냐! 학문이냐!	교회연합신문 제3호	교회연합신문/교리사건 재판자료 정리 서술집
19911130	긴몸살속신학교육표류계속-감신진보신학교수징계파문	기독신보	
19911200	기독교 대한감리회 수원 남지방 성명서	수원남지방 일동	수원남지방
19911200	금란감리교회 김홍도 목사에게 편지		
19911201	종교다원주의 변선환 박사 포스트모던신학 홍정수 교수	우먼센스 1991년 송년특대호	
19911201	교단분열도 불사	한국교회신문	한국교회신문
19911201	교수징계파문, 교단 분리 불사	기독교연합신문	
19911201	감리교단 최대 위기 맞아	복음신문	
19911201	사설 〈감신대 두 교수 파문〉	한국교회신문	
19911201	두교수 징계는 현대판 종교재판	한국교회신문	
19911202	감리교 안에서 일어나고 있는 부활문제와 포스트모더니즘에 관한 나의 입장	홍정수	
19911202	신학의 자유를 옹호하는 신학자 성명에 서명한 학자들에게 묻습니다	기독교 교리수호대책위원회	교리사건 재판 자료 정리 서술집
19911202	성명서	교리수호대책위원회	
19911204	"교회밖 구원론"은 이단	국민일보	
19911207	두 교수 신학은 사탄 반드시 추방해야	크리스찬신문 최운	

		성기자	
19911207	감리교단 신학문제로 진통	크리스챤신문	
19911207	현대성 다원성에의 기독교적 응답	새누리신문	
19911208	교단내 이단세력을 몰아내자	미주복음신문	
19911209	공판기록물- (공문)심사위원회 참석 1차공문	서울연회재판위원회 심사위원장	
19911209	신학 논쟁 교권 싸움 비화	복음신문	
19911209	학문의 자유와 학자의 양심	김원식	기독교복음신문
19911210	총회의 두 교수 징계는 무효	감신대학보	
19911210	기획특집 "신학의 포스트모더니즘에 대하여"	홍정수교수	
19911210	교리논쟁, 대립양상 첨예화될 듯	감신대학보	
19911211	공판기록물- (공문)심사위원회 참석 2차공문	서울연회재판위원회 심사위원장	
19911212	성명서, 종교다원주의와 포스트 모더니즘 신학의 목회적 적용에 대한 우리의 입장	청목회(76년입학/80년 졸업동창회)	
19911212	기획특집 신학의 포스트모더니즘에 대하여 성서 언어의 위력 회복운동	홍정수교수	
19911212	기쁜 성탄을 맞이하시기 바랍니다(광고)	미주세계신학연구원	감신대학보
19911213	〈다원주의〉 법정비화 조짐	국민일보	
19911214	감리교단 다원주의 파문 두동강 위기	경향신문	
19911214	다원주의 논쟁 유감	김상일 교수(한신대 종교철학)	크리스찬신문/교리사건 재판자료 정리 서술집
19911214	종교다원주의 신학 "기독교의 성숙함 드러내"	정진홍	새누리신문
19911214	보수화, 물신숭배풍조 노골화	새누리신문	
19911214	'콜럼버스 신화는 허구다'	새누리신문	
19911215	변선환 교수 홍정수 교수를 감리교단 총회 결의대로 면직하라	교회개척추진협의회, 교리수호대책위원회, 장로회 전국연합회	감리교단을 염려하는 기도모임 자료집(1)
19911215	감신대 두 교수 면직 촉구 신문광고 파문	한겨레신문	
19911215	감리교 3개단체 연합 성명	기독교연합신문	
19911215	신학논단 "성서언어의 고유한 문법"	기독교연합신문	
19911215	감리교 3개 단체 연합성명 변홍교수 면직촉구	기독교연합신문	
19911215	변홍 두교수 옹호 성명에 대한 공개질의	한국교회신문	
19911215	감리교두교수처벌촉구	기독교신문	
19911215	두 교수 통일교 관련 새 쟁점	한국교회신문	
19911216	신학자가 드리는 '목회서신' (1)	홍정수 교수	
19911217	감리교 복음주의 신앙과 신학의 전통성을 지키기 위한 우리의 주장	기독교대한감리회 웨슬리 복음주의 협의회 전국 420명 회원을 대표한 임원들	
19911217	성명서(감리교목회자대책위원회)	기독교대한감리회 제19회 특별총회사건 전국목회자대책위원회	
19911219	교원징계-대학원위원회 보고서	감리교신학대학	
19911219	교원징계-조사보고서	이건희	
19911219	조사 보고서	이건희	
19911219	강태국이 김홍도목사에게 보낸 편지		
19911220	공판기록물- (심사 보고서)변선환 목사 홍정수목사 심사내용	서울연회 제2반 심사위원회	
19911221	토착화 신학과 통일신학 권위의 수난 "91년 한국교회 신학을 결산한다"	이화여대 종교철학과 서광선교수	크리스찬신문

19911222	포스트모던 신학을 비판한다	최순직목사(총회 신학교 학장)	기독교연합신문
19911222	예수탄생이 주는 의미	홍정수 고환규	복음신문
19911222	교리수호 대책위 활동 제동 걸려	복음신문	
19911223	곽전태 감독께	Donald E. Messer(아이리프 신학대학)	
19911226	편지 교수님 안녕하십니까	부산소망감리교회 문일동 목사	
19911228	공판기록물- 심사경위 보고서 및 사퇴서	서울연회 제1반 심사위원회	
19911229	종교계소식〈오늘의 웨슬리 통해〉	장기천목사	조선일보
19911229	급변했던 한해를 보낸다.	장기천 목사	기독교신문
19911229	다사다난했던한해를돌아본다	종교다원주의, 포스트모던신학논쟁을 언급	기독교신문
19911229	존경하옵는 홍정수 교수님께	채호병목사	
19911229	종교계소식 오늘의 웨슬리 통해	조선일보	
19920000	제안의 글(감리교회와 신학의 과제와 전망)	이화식 목사	감리교신학대화모임 자료집
19920000	선교100년 역사 속에 나타난 감리교신학의 위상	이정배 교수	감리교신학대화모임 자료집
19920000	기독교대한감리회의 교리와 신학		감리교신학대화모임 자료집
19920000	한국 감리교회의 전통과 다원주의	유동식	감리교단을 염려하는 기도모임 자료집(2)
19920000	감신 1992 서른세번째 "기자가 본 감리교사태" (권혁률)	감리교신학대학 감신편집위원회	
19920000	알고 계십니까? 2(돈으로 수호되는 감리교 교리)	감리교회 수호를 위한 대학원 비상대책회의	감리교신학대학 대학원 비상대책회의
19920000	출교처분 올바른 해결촉구	새누리신문	감리교단을 염려하는 기도모임 자료집(1)
19920000	두 교수 출교 재판 반발	기독교신문	감리교단을 염려하는 기도모임 자료집(1)
19920000	출교 선고의 근거가 된 교리장정의 조항들	감리교신학대화모임	감리교신학대화모임 자료집
19920000	두 교수의 통일교 관련설을 유포한 이규철을 폭로한다(선고공판 증거자료3)	감리교신학대화모임	감리교신학대화모임 자료집
19920000	변선환 학장 홍정수 교수 재판 참관기	박홍규 목사	감리교단을 염려하는 기도모임 자료집(2)
19920000	변홍사건의 주요 쟁점, 진실은 이렇습니다	감리교단을 염려하는 기도모임	감리교단을 염려하는 기도모임 자료집(4)
19920000	서울연회의 재판은 적법성 결여로 무효화될 것이다	감리교단을 염려하는 기도모임	감리교단을 염려하는 기도모임 자료집(4,5)
19920000	선한데 지혜롭고, 악한 데 미련하라	김지길 감독	
19920000	변선환 학장과 홍정수 관련 사태의 경과와 재판일지	감리교신학대화모임	감리교신학대화모임 자료집(감

			리교의 오늘과 내일, 그 신학적 조명)
19920000	현 사태를 어떻게 볼 것인가	감리교신학대화모임	감리교신학대화모임 자료집
19920000	감리교의 교리를 수호하기 위하여 순교를 각오한 자들의 기독교는 어떠한 모습의 기독교인가?	김영호 박사	감리교신학대화모임 자료집
19920000	참고: 미국 연합감리교회의 교리와 신학		감리교신학대화모임 자료집
19920000	최근 감리교 신학논쟁에 대한 비평적 검토	심광섭 박사	감리교신학대화모임 자료집
19920000	이상한 뜨거움(1992년 웨슬리 회심기념주일 표준설교문)	감리교신학대화모임 준비위원회	감리교신학대화모임 자료집
19920000	기독교 대한감리회의 신학적 노선에 대한 우리의 견해	감리교 신학자협의회	감리교신학대화모임 자료집
19920000	진실을 은폐시킬 수 있는 힘은 없다!	감리교신학대화모임	감리교신학대화모임 자료집
19920000	기독교 공동체에 대한 도전	마크 테일러 박사(프린스턴 대학)	감리교단을 염려하는 기도모임 자료집(2)
19920000	교원징계-학교법인 감리교신학원 정관	감리교신학원	
19920000	변홍재판전단계들	기독교대연감	
19920000	알고 계십니까? 1(이동주 그녀는 누구인가)	감리교회 수호를 위한 대학원 비상대책회의	
19920000	현대신학 시리즈〈과정신학5〉	크리스찬신문	
19920104	변홍교수 징계관련 대책위 결성	새누리신문	
19920106	곽 감독께	존 캅(미 클레어몬대학)	
19920110	배타적 심판은 비성서적	감신대학보	
19920110	심사위 사퇴로 기소여부 결정 지연	감신대학보	
19920110	인터뷰〈우삼열 총학생회장〉	감신대학보	
19920111	감신대 교수일동 탄원서 기각	새누리신문	
19920115	곽전태 감독님 귀하	김찬희 김신행 박승호(클레어몬트)	
19920115	School of theology at claremont	슈버트 오그덴	클레어몬트 신학교
19920116	곽 감독께	Schubert M. Ogden(미남감리교대학)	
19920117	곽감독님께	Charies M. Wood	
19920124	공판기록물- (심사경위보고서 및 심사위원 사퇴서)	서울연회 제2반 심사위원회	
19920126	기독교대한감리회 교리수호대책위원회 임원조직표	교리수호대책위원회/조선일보	
19920126	변선환 홍정수 교수의 이단사상및 통일교 연루사실을 폭로한다	조선일보	
19920130	곽전태 감독 나원용 감독 귀하	Robert C. Neville(보스턴 대학 신학대학)	
19920130	홍정수 교수님께(종교재판과정에서 평신도가 홍정수 교수에게 쓴 편지)	김청구	
19920201	변선환 홍정수 교수의 이단사상및 통일교 연루사실을 폭로한다1	동아일보	
19920201	감리교 복음주의 신앙과 신학의 전통성을 지키기 위한 우리의 주장	크리스찬신문	
19920202	변홍교수 심사2반도 전원사퇴	복음신문	

19920203	곽 감독께	S. Wesley Ariarajah(세계교회협의회)	
19920205	곽 감독께	Allen J. Moore(클레아몬트 대학 부학장)	
19920206	공판기록물- (공문) 심사위원회 참석 3차공문	서울연회재판위원회 심사위원장	
19920206	감리교단의 화합과 진보적 감리교정신 회복을 위한 우리의 입장	감신대학우일동	
19920206	감리교단의 화합과 진보적 감리교정신 회복을 위한 방학 중 감신인 기도회	제10대총학생회	
19920208	100년 전통 감리교 양분위기	중앙일보	
19920211	한국 감리교회에 드리는 글	변선환 홍정수	감리교단을 염려하는 기도모임 자료집
19920211	감리교신학대학 신학지침	변선환	무지는 죄가 아니다 자료집
19920211	한국감리교회에 드리는 글	감리교신학대학 교수단	
19920211	성명서	무지는죄가 아니다 자료집	제10대총학생회/변홍교수사건 자료모음
19920212	공판기록물- (영수증)김홍도목사고소 공탁금 영수증	서울연회본부	
19920214	공판기록물-심사위원회-제4차 회의록	서울연회 제3반심사위원회	
19920214	감리교단의 화합과 진보적 감리교정신 회복을 위한 방학중 전 감신인 기도회	제10대 총학생회 교단문제 대책위원회 방학중 감신인 기도회 준비위원회	
19920216	자유주의신학은 사탄의 가장 큰 도구	김홍도	〈불기둥〉
19920217	공판기록물- (공문)심사위원회 참석 4차공문	서울연회재판위원회 심사위원장	
19920217	감리교, 이게 뭡니까?	김원식(편집국장)	교회복음신문
19920219	고소장 반송의 건	곽전태감독	
19920221	공판기록물- (기피신청 기각 결정서)	서울연회재판위원회 심사위원장	
19920222	곽전태 김홍도 목사 서울연회에 고소	크리스챤신문	
19920222	감신대통일교연루설 비호방조 사실무근	크리스챤신문	
19920224	공판기록물- 기소장(변선환)	서울연회심사위원회	
19920224	공판기록물-기소장(홍정수)	서울연회심사위원회	
19920224	교리수호대책위원회 임원회 및 변선환 홍정수교수에 대한 이단척결 축구대회개최	기독교교리수호대책위원회	
19920224	이의신청서	홍정수	
19920226	이의신청서	홍정수	
19920229	감리교 총회, 감신대 두교수 면직권고 결의관련 해외 신학자들 곽감독회장에 탄원서	크리스챤신문	
19920229	홍정수교수 불기소처분 조장 서울연회심사위에 이의신청	크리스챤신문	
19920300	무지는 죄가 아니다. 정말?	제10대 총학생회	
19920300	바아르 선언문(세계교회협의회의 종교간의 대화에 대한 공식 입장)	세계교회협의회	
19920300	반기독교적 이단학설에 대해 논고한다	이동주	신앙세계

19920300	〈동작동 기독교와 망월동 기독교〉	홍정수교수	〈한몸〉
19920300	구원 죽임의 죽임	홍정수	계간 연세 진리 자유
19920303	감신대 변선환 학장 홍정수 교수 목사자격정지	문화일보	
19920303	감리교회 전통 보수 신앙 수호를 위하여	미주한인감리회 신앙수호협	교리사건 재판자료 : 정리 서술집
19920305	공판기록물- 변선환학장 기소장	서울연회재판위원회	
19920305	공판기록물- 홍정수교수 기소장	서울연회재판위원회	
19920305	종교다원론 주장 교수 교단서 목사자격정지	동아일보	
19920306	공판기록물- 직임정지 통보 (공문)	서울연회 감독 나원용	
19920306	변선환 학장, 홍정수교수 재판위 회부에 즈음한 우리의 요구	제10대 총학생회	
19920307	공판기록물- 재판위원회 소집공문	서울연회	
19920307	공판기록물- 제1차 서울연회 재판위원회(재판 경과 기록문)	위원장 홍형순 서기 김문희	교리사건 재판자료 : 정리 서술집
19920307	성명서	한국기독교단체총협의회	교회연합신문
19920307	감신대 변선환 학장 홍정수교수 목사자격정이 교리파문확산	문화일보	
19920308	감신대 사태 새 파문	조선일보(남상균 기자)	조선일보/교리사건 재판자료 : 정리 서술집
19920308	감리교신학대학 신학지침서 발표	복음신문	
19920308	오직하나	김홍도	〈불기둥〉
19920309	감리교 기독교교리수호 대책위원회 임원회 및 변선환 교수 홍정수 교수에 대한 이단척결촉구대회	기독교교리수호대책위원회	
19920309	감리교 기독교교리수호 대책위원회 (성명서)	기독교 대한 감리회 기독교교리수호 대책위원회 특별기도회 참석자 일동	
19920310	공판기록물- 통지문	서울연회 심사위원회	
19920311	공판기록물- 서류의 등사권 청구성	홍정수	
19920312	감리교회전통보수 신앙 수호를 위하여	국민일보	
19920314	〈사설〉신학을 죽이려는가	새누리신문	
19920314	감리교 서울연회, 변선환 홍정수 교수 기소	크리스찬신문	
19920314	변홍교수 목사자격 정지	새누리신문	
19920314	우리의 결의 감신대 변선환교수 홍정수교수를 규탄한다	기독교대한감리회 기독교교리수호대책위원회 특별기도회 참석회원 일동	교회연합신문
19920315	인터뷰 〈목사자격 정지 감신대 홍정수 교수〉	한겨레신문	
19920315	감신대두교수목사직정지	크리스찬신문	
19920315	유일신부활 부정 여부가 촛점	기독교신문	
19920316	공판기록물- 제2차 서울연회 재판위원회(재판 경과 기록문)	위원장 홍형순 서기 김문희	교리사건 재판자료 : 정리 서술집
19920316	재미 감리교 교역자 136인 공개서한	재미 감리교 교역자 136인	감리교신학대화모임 자료집
19920316	해도 너무하지 않습니까?	연합 감리교회 한인 목회자 일동	
19920316	존경하는 감독님께 드리는 글	서명 목회자 132명	

19920316	재미 감리교 교역자 136인 공개서한		
19920317	공판기록물- 기피신청에 관하여	서울연회재판위원회 재판위원장	
19920317	공판기록물- 재판위원회 방청에 대한 공문	서울연회재판위원회 재판위원장	
19920320	존경하는 나원용 감독님	이창순	
19920321	여론재판중단촉구	새누리신문	
19920326	공판기록물- 재판위원기피신청	홍정수	
19920328	변홍교수 분리재판	새누리신문	
19920328	미 감리교목회자 132명 서한 보내와	새누리신문	
19920328	중세로 돌아가려나	김윤정 뉴욕한인교회장로	새누리신문
19920329	영적 싸움에서 승리하는 길	김홍도	〈불기둥〉
19920330	공판기록물- 김홍도 목사 고소 심사결과통보	서울연회 감독 나원용	
19920330	서류등사 청구에 대해서	서울연회 감독 나원용	
19920330	이단시비	김경수제주남부교회 목사	교회복음신문
19920331	재미교역자 탄원서 보내(곽전태 감독회장에게)	교회복음신문	
19920331	해외에서 보는 눈	교회복음신문	
19920400	현대신학 시리즈〈과정신학2〉	크리스챤신문	
19920401	특별기고문 감리교회를 염려하며	박영모목사	감신대학보
19920404	교단의 신학대학 "탄압" 공통지적	크리스챤신문	
19920406	공판기록물- 재판위원회 출석요구서	서울연회재판위원회 재판위원장	
19920410	목회자가 바라본 변홍교수 사건, 신앙과 신학의 자유 서로 인정합시다	제10대총학생회/변홍교수사건자료모음	감신대학보/조승혁목사
19920410	변홍교수 재판열려	감신대학보	
19920412	십자가 복음의 진수	김홍도	〈불기둥〉
19920413	공판기록물- 재판위원 기피신청	홍정수	
19920415	공판기록물- 재판위원회 참석시간 변경	서울연회재판위원회 재판위원장	
19920418	현대신학 시리즈〈과정신학3〉	크리스챤신문	
19920422	공판기록물- 기소장에 대한 해명의 글(3차 재판시 제출한 해명서)	변선환	
19920423	기독교대한감리회 서울연회 재판위원회가 변선환 학장과 홍정수교수에게 내린 출교 구형에 대한 우리의 입장	감리교신학대학 교수일동	
19920424	교리위반 두 교수 교회서 추방	한국일보	
19920425	현대신학 시리즈〈과정신학4〉	크리스챤신문	
19920426	종교다원주의 신학적논쟁 가열	한겨레신문	
19920426	종교다원주의 주장관련 감신대두교수 출교구형	한국일보	
19920427	재판위원회 참석에 대하여	재판위원회 위원장 고재	
19920428	대학원화요예배	변선환 홍정수 교수 사태해결 및 감리교회와 신학의 거듭남을 위한 대학원 대책위	

19920429	공판기록물- 판결문(변선환, 홍정수)		교리사건 재판자료 : 정리 서술집
19920429	감신대 홍정수 교수님께 드리는 편지	젊은 크리스챤	
19920430	감리교신학대학 총동문회에 드리는 글	감리교신학대학을 사랑하는 동문일동	
19920500	공판기록물-상고장(피고인 홍정수)	홍정수	
19920500	임시 총회에 부쳐 총학생회가 드리는 보고문	제 10대 총학생회	
19920500	후배들에게-우리는 지지 않는다	감신수호를 위한 신학과4학년 일동	
19920500	성명서 모음1.2	감리교신학대학교 교수회, 감리교회를 염려하는 삼남연회 속한 75인 담임목회자 일동	
19920501	재판위원회 참석	재판위원회 위원장	
19920501	코페르니쿠스적 전환이라는 종교다원주의 신학비판	오메가 세계선교	
19920501	감리교신학대화모임(설명회 자료)	감리교신학대화모임	감리교신학대화모임
19920501	교원징계-보직경력확인서 (공문)	감리교신학대학장	
19920501	재직증명서	감리교신학대학장	
19920501	평신도를 위한 신학강좌(코페르니쿠스적 전환이라는 종교다원주의의 신학비판)	이동주	합성교회교육국
19920502	교리다원주의 종교재판 진통	경향신문	
19920502	감리교 종교재판 반발 확산	한겨레신문	
19920502	기독교대한감리회 서울연회 재판위원회가 변선환 학장과 홍정수 교수에게 내린 출교구형에 대한 우리의 입장	감리교신학대학 교수 일동	크리스천신문
19920502	변선환 학장 홍정수 교수 선고공판 연기	새누리신문	
19920502	신학 문제 관련 최초 출교 구형	크리스천 신문	
19920504	공판기록물- 재판위원회 출석요구서	서울연회재판위원회 재판위원장	
19920506	교원징계-손바닥으로 하늘을 가릴 수는 없습니다. -변선환학장, 홍정수 교수의 통일교회 연루설에 대한 사실증언	양창식	
19920507	공판기록물- 제5차 선고공판(녹취록) 판결문	서울연회 재판위원회	교리사건 재판자료 : 정리 서술집
19920507	공판기록물- 선고판결	재판 종결문	교리사건 재판자료 : 정리 서술집
19920507	비상 학생 총회 안건 제안서	비상 학생 총회	
19920507	변론의 요지		
19920508	감리교종교재판 〈출교선고〉 파문	문화일보	
19920508	감신대 두교수 출교선고	문화일보	
19920508	국내 감리교 첫 종교재판	조선일보	
19920508	종교재판 두 교수 "출교선고"	경향신문	
19920509	종교재판 양측주장(고재영/홍정수)	박혜규	경향신문
19920509	종교재판	이규태코너	조선일보/교리사건 재판자료 정리 서술집
19920509	변,홍교수 '출교' 강행 큰 파문	한계레신문	
19920509	변선환. 홍정수 출교구형까지	교회연합신문	
19920509	괘씸죄냐 교리위반이냐	교회연합신문	
19920509	감리교 변홍교구 출교처분	새누리신문	

19920510	(감신대) 변선환,홍정수 두 교수는 감리교에서 출교되었습니다(광고)	김홍도 유상열	조선일보
19920511	해방신학자 보프신부 성직 떠나	크리스챤신문	
19920512	전국 감리교회와 성도들에게 성명합니다	감리교회를 염려하는 삼남연회에 속한 75인의 담임목회자 일동	감리교단을 염려하는 기도모임 자료집
19920512	협신 총학 성명서 발표 〈종교재판을 바라보며〉	감신대학보	
19920512	협신서 〈감신협〉 발대식 가져	감신대학보	
19920512	변 홍 교수 사건 장기화 조짐	감신대학보	
19920512	표류하는 한국 감리교회	감신대학보	
19920512	비상학생 총회를 열면서	감리교 신학대학 대학원 대책위원회	
19920513	교단항의 방문에 부쳐	감리교신학대학대학원비상대책위원회	
19920513	무기한 수업거부를 결의하며	감리교신학대학 대학원 비상대책위원회	감리교단을 염려하는 기도모임 자료집(1)
19920513	감신대 변선환 홍정수 두교수는 감리교에서 출교되었습니다	국민일보,조선일보,교회연합신문	
19920513	공판기록물- 변선환, 홍정수 피고에 대한 재판결과 통보 (공문)	서울연회 감독 나원용	
19920513	성명서	감리교신학대학 85년도 입학생 일동	
19920515	아참으로아깝구나아까워	감리회보	
19920515	감리교회와 신학은 어디로? 되살아난 망령 불법과 독선의 중세적 종교재판	감리회보	
19920515	종교재판 방청기	감리회보	
19920515	현대세계에서 종교는 상호인정 협력해야-변학장은 모든 것을 박탈당한 것인가?	감리회보,김덕순원로목사글	
19920515	변홍교수 출교선고 강행 큰 파문	감리회보	
19920515	문답으로 알아보는 감목협추진위원호	감리회보	
19920515	감리교회와 신학의 과제와 전망	이화식 목사	감리회보
19920515	변홍교수 '출교'선고 강행 큰 파문	감리회보	
19920515	감리교신학운동 위해 대화모임 예정	감리회보	
19920515	특별기고	한성수목사(뉴욕겨자씨교회)	감리회보
19920516	감리교 교리재판 두 당사자에게 듣는다	새누리신문/고재영	
19920516	감신대 두교수 선고문 전문	교회연합신문	
19920516	종교개혁과 부활논쟁	강성도	크리스천 신문
19920516	종교재판의현장	크리스챤신문	
19920516	변홍교수 재판을 보고	감리교단을 염려하는 기도모임	새누리신문
19920516	변홍교수 출교처분 반발확산	새누리신문	
19920516	감신대 변선환 홍정수 두 교수는 감리교에서 출교되었습니다	기독교대한감리회 기독교교리수호대책위원회	
19920517	변선환 홍정수 목사 종교재판에 부쳐	한겨레신문	
19920517	세계는 나의 교구 팽개친 일방적 여론재판	고진하 / 한겨레신문	
19920518	보도자료(창립이전)	감리교를 염려하는 기도모임	

19920518	변선환 학장, 홍정수 교수의 서울연회 재판위원회 선고에 대한 우리의 입장	감리교신학대학 선교대학원생 일동	감리교단을 염려하는 기도모임 자료집(1)
19920518	감리교회의 화해를 위하여(서울연회 재판위원회의 출교선고를 보고)	감리교단을 염려하는 기도모임	
19920518	공판기록물- 변선환 홍정수 피고에 대한 재판결과 통보(공문)	기독교대한감리회 서울연회	
19920518	공판기록물- 연회 사무직원께 (편지) -재편결과 통보에 대한 시정 요구.	홍정수 교수	
19920520	결의문	감리교목회자협의회 추진위, 감리교신학대학 교수, 총학생회, 대학원대책위	감리교단을 염려하는 기도모임 자료집(1)
19920520	변홍교수 출교 처분 관련 교단화해 촉구	국민일보	감리교단을 염려하는 기도모임 자료집(1)
19920520	1992년도 장로회 전국연합회 하계수련회 개최안내	유상열	
19920520	김영주 목사님귀하	기독교 교리수호 대책 위원회, 장로회전국연합회	
19920521	감리교 종교재판 새국면	세계일보	
19920523	교단내 반발거세다	일간스포츠	
19920523	출교무효 운동벌이다	중앙일보	
19920523	신학 재판으로 단죄못한다	동아일보	
19920523	감리교 〈출교후유증〉 증폭	경향신문	감리교단을 염려하는 기도모임 자료집(1)
19920523	감리교단 〈종교재판〉 싸고 갈등	문화일보	감리교단을 염려하는 기도모임 자료집(1)
19920523	포스트모던 신학 "세계적 기류로 등장"	크리스챤신문	크리스챤신문(1513호)/교리사건 재판자료 : 정리서술집
19920523	한국신학의재조명(변홍사건언급)	1994년 변홍교수 종교재판 관련 기사	기독신보
19920524	성명서(서울연회 도봉지방)	서울연회 도봉지방 교역자 일동	감리교단을 염려하는 기도모임 자료집(2)
19920524	감리교단 내부 〈두교수출교〉 거센 반대	한국일보	감리교단을 염려하는 기도모임 자료집(1)
19920524	감리교 '종교재판' 반발 확산	한겨레신문	
19920524	감리교단파문 갈수록 확산	〈주간한국〉	
19920524	감리교를 염려하는 모임	기독교연합신문	
19920524	한국기독교학회춘계강연회	종교간 대화 문제 및 변홍사건 언급	기독교신문
19920524	한국기독교부흥협의회부흥사연수원연수생모집		기독교신문
19920525	공동의 입장	감리교신학대화모임 참석자 일동	

19920525	〈감리교 종교재판〉 새국면	검경일보	
19920525	공판기록물- 확인서(소송비용)	서울연회재판위원회 재판위원장	
19920525	감리교신학대화모임(순서지)	감리교신학대화모임	
19920526	나원용 서울연회 감독께 드리는 공개질의	(가칭) 전국감리교목회자협의회 건설추진위원회 변홍교수 출교사태 대책위원회	
19920526	감리교회와 신학의 거듭남을 위한 제안	5/12 공청회	
19920527	공판기록물- 상고장	홍정수 교수	
19920527	기독교대한감리회 서울연회 재판위원회가 변선환 학장과 홍정수교수에게 내린 출교선고에 대한 우리의 입장	감리교신학대학교 교수단	
19920527	교수님께 드리는 글	대학원 학우 일동	
19920527	교단 농성에 들어가며	제4대 감리교신학대학 대학원 학생회 변선환 학장 홍정수 교수 사태 해결 및 감리교회와 신학의 거듭남을 위한 대학원 대책위원회	
19920527	기존가치 뛰어넘는 의식변화	동아일보	
19920527	학교정상화를 위한 호소문	교수일동	
19920528	기독교 공동체에 대한 도전	마브 테일러(프린스턴박사)	감리교단을 염려하는 기도모임
19920528	나원용 감독의 죄를 논함!	감리교신학대학 대학원 대책위원회	감리교단을 염려하는 기도모임 자료집(1)
19920528	목자에 쫓겨난 신학자 교회 밖에도 구원있다.	시사저널	
19920528	변선환학장 홍정수 교수 종교재판 왜? 불법인가!	(가칭) 전국감리교목회자협의회건설추진위원회 변,홍교수 출교사태 대책위원회	
19920528	감리교단을 염려하는 기도모임 발족에 즈음하여	기도모임 참가자 일동	윤병상 문서철
19920528	감리교단을 염려하는 기도회(순서지)	감리교단을 염려하는 기도모임	감리교단을 염려하는 기도모임 자료집(1)
19920528	입장을 밝힙니다(감리교신학대학을 사랑하는 분들에게 드리는 편지)	변선환 학장	감리교단을 염려하는기도모임 자료집(1)
19920528	공개상소문	홍정수 교수	감리교단을 염려하는 기도모임 자료집(1)
19920528	경과보고(감리교단을 염려하는 기도모임)	감리교단을 염려하는 기도모임	감리교단을 염려하는 기도모임 자료집(1)
19920529	공판기록물- 상소장 송부에 관한 일, 상고장	서울연회	
19920529	공판기록물- 접수증 (공문)	서울연회 재판위원회 위원장 고재영	
19920530	출교무효의 소리확산	문화일보	감리교단을 염려하는 기도모임 자료집(2,4)
19920531	상고소송비요 1천6백여만원	복음신문	
19920531	이대로 방치되어선 안된다	장기천 / 복음신문	
19920600	정세분석과 향후 투쟁방향	제10대 총학생회	
19920601	감신대21세기 종교재판	길을 찾는 사람들	
19920601	보도자료(창립이후)	감리교를 염려하는 기도모임	
19920606	다원주의 종교신학 요구된다.	유동식 교수 / 크리	크리스찬신문/

		스찬신문	교리사건 재판자료 : 정리 서술집
19920606	변.홍교수 총회재판위에 상고	새누리신문	교리사건 재판자료 : 정리 서술집
19920606	진리는 '교리'로 감금할 수 없다	박철	새누리신문
19920607	신학의 자유에대한 영문기사	코리아타임즈	
19920608	호남지역 감리교단을 염려하며 기도하는 모임 공청회 준비위원회(편지봉투)	호남지역 감리교단을 염려하며 기도하는 모임 공청회 준비위원회	감리교단을 염려하는 기도모임
19920608	공청회 패널 발제 연사 요청 권유 서한-호남지역 감리교를 염려하며 기도하는 모임 주쳐	벌교원동교회 이필완목사외/호남지역 감리교단을 염려하며 기도하는 모임 공청회 준비위원회	교리사건 재판자료 : 정리 서술집
19920609	비상 학생회를 열며	제 10대 총학생회	
19920610	두 교수 사건 관련 대학원 수업거부 투쟁	감신대학보	
19920610	학부, 시험거부 단식농성 돌입	감신대학보	
19920610	윤병상 목사 인터뷰	감신대학보	감신대학보/교리사건 재판자료 : 정리 서술집
19920611	우리의 요구	감리교 신학대학 10대 총학생회	
19920613	감리교회에서 출교당하지 않으려면	김영호박사	새누리신문/교리사건 재판자료 : 정리 서술집
19920613	재판위 판결을 분석한다	김영호(새누리신문 1992.6.13)	교리사건 재판자료 : 정리 서술집
19920615	김홍도 목사님과 교리수호대책위에 보내는 공개해명 요구서	감리교 신학대학 총학생회	
19920616	감신대 일천예언자들이 130만 감리교 성도들에게 보내는 긴급서신	감리교신학대학 총학생회	
19920616	감신대 일천 예언자들이 130만 감리교 성도들에게 보내는 긴급서신	감신대 총학생회	
19920617	편지	감리교단정화추진위원회	
19920617	곽전태 감독회장님 이춘직 총회재판위원장님 재판위원 여러분께 드리는 글	감리교 신학대학 대학원 비상대책위원회 10대 총학생회	
19920617	돈으로 수호되는 감리교 교리	감리교회 수호를 위한 대학원 비상대책회의	김영명 기증 자료 김경환
19920617	공동결의문	총회공정재판을 촉구하는 범감리교인 결의대회 참가자 일동	
19920617	공정재판에 대한 의견서	감리교단을 염려하는 기도모임	감리교단을 염려하는 기도모임 자료집(3)
19920617	변홍교수 재판 관련 규칙 해석 요청	감리교단을 염려하는 기도모임	감리교단을 염려하는 기도모임 자료집(3)

19920618	감리교신학과 선교정책	이계준	감리교단을 염려하는 기도모임 자료집(3)
19920618	한국 감리교회의 전통과 다원주의	유동식 교수	감리교단을 염려하는 기도모임 자료집
19920618	기독교 공동체에 대한 도전(다원주의와 포스트 모더니즘 신학)	마크 테일러(프린스턴 대학)	감리교단을 염려하는 기도모임 자료집
19920618	처음 사랑의 터 위에	장기천	감리교단을 염려하는 기도모임 자료집(3)
19920618	감리 교단을 바로 세우는 운동을 위한 정책협의회(감리교단을 염려하는 기도모임 경과보고)	감리교를 염려하는 기도모임	감리교단을 바로세우는 운동을 위한 정책협의회
19920618	감리교단을 염려하는 기도모임 발족에 즈음하여	감리교단을 염려하는 기도모임	감리교단을 염려하는 기도모임 자료집
19920618	감리교단을 염려하는 기도모임 공동의장단과 임원진	감리교단을 염려하는 기도모임	감리교단을 염려하는 기도모임 자료집
19920618	감리교윤리의 정체성 확립	박원기	감리교단을 염려하는 기도모임 자료집(3)
19920618	감리교단을 염려하는 기도모임 경과보고	감리교단을 염려하는 기도모임	감리교단을 염려하는 기도모임 자료집
19920618	선한 데 지혜롭고, 악한 데 미련하라	김지길	감리교단을 염려하는 기도모임 자료집
19920618	이대로 방치되어선 안된다	장기천	감리교단을 염려하는 기도모임 자료집
19920618	감리교단을 염려하는 기도모임 자료집(3)	감리교단을 염려하는 기도모임	감리교단을 염려하는 기도모임
19920618	감리교단을 바로 세우는 정책협의회 예배 순서	감리교단을 염려하는 기도모임	감리교단을 염려하는 기도모임 자료집(3)
19920618	감리교단을 바로 세우는 정책협의회 순서	감리교단을 염려하는 기도모임	감리교단을 염려하는 기도모임 자료집(3)
19920618	감리교단을 염려하는 기도모임 자료집	감리교단을 염려하는 기도모임	감리교단을 염려하는 기도모임
19920619	공판기록물- 총회 재판위원회 이송(판결이후 행정절차) 상소예치의 건(변선환, 홍정수), 상소장 송부에 대한 처리(변선환, 홍정수)판결공고(변선환 출교),	19회 총회 재판위원회(재판위원장 이춘식	교리사건 재판자료 : 정리 서술집
19920619	공판기록물- (공문)상소비용 예치의 건(변선환)	총회재판위원장 이춘직	한국기독교연구소 기증 김경환
19920619	공판기록물- (공문)상소비용 예치의 건(홍정수)	총회재판위원장 이춘직	

19920620	한국교회 신학에 대한 역사적 고찰 "복음자체까지 토착화해선 안돼"	이종성박사(전 장신대 학장)	크리스챤신문 1517/교리사건 재판자료 : 정리 서술집
19920620	감신대생 무기한 단식농성 돌입	새누리신문	
19920622	변홍교수 출교 선고 과정을 깊게 우려하며	인천부천지역 감리교를 염려하는 기도모임	
19920625	감리교단을 염려하는 기도모임 연회별 모임 알리는 편지	윤병상 김동완 정지강 정명기	감리교단을 염려하는 기도모임
19920625	공판기록물- 이의신청서	홍정수	
19920625	꼭 오시옵소서(감리교단을 염려하는 기도모임)	윤병상 외 3명	감리교단을 염려하는 기도모임
19920627	감리교 기도모임 각 연회로 확산	새누리신문	
19920628	변선환 홍정수 교수가 출교된 이유와 결과보고(광고)	김홍도 유상열(기독교교리수호대책위원회)	동아일보
19920701	변선환 학장 홍정수 교수에 대한 서울연회재판위원회 판결과 상소문제	기독교세계	기독교세계 92년 7-8월호
19920701	뉴스촛점 : 변선환 학장·홍정수 교수에 대한 서울연회 재판위원회 판결과 상소문제	1992년 변홍교수 종교재판 관련 보도	기독교세계
19920704	내용증명서(서울연회 재판위원회에 대한 무고적 행위에 대하여 증명원)	서울연회 재판위원회	
19920704	감리교 밀실회의	크리스챤신문 정영진차장	크리스챤신문/교리사건 재판자료 : 정리 서술집
19920704	"사회법으론 감리교단 패소"	새누리신문	
19920706	뜨거운 감자 감리교단 출교-변홍교수 출교 선교의 파장	감리교선교신문	교리사건 재판자료 : 정리 서술집
19920706	공판기록물- 고소장	홍정수	
19920707	Looking for Freedom of Theological Study	Tne Korea Times	
19920707	해명서(변홍교수 재판에 관하여)	서울연회 재판위원회	
19920707	서울연회 재판위원회 해명서 기사협조건(복음신문사)	서울연회 재판위원회	
19920707	우편물반송의 건	서초지방감리사	
19920707	이동주 교수에 대한 수기록	윤병상	
19920707	이동주 교수	윤병상수기록	
19920708	뉴스초점 : 변선환 학장·홍정수 교수에 대한 서울연회 재판위원회 판결과 상소문제		
19920709	감리회의 신앙과 신학의 정화를 위한 성명서	웨슬리 복음주의협의회	
19920709	문인환 목사가 아내 박용길 장로와 변선환 학장에게 보낸 서신(1)	문익환 목사	한국역사정보시스템
19920709	감리교단을 염려하여 기도하는 모임(평신도들과 더불어) - 기도회 및 모임 순서지	감리교단을 염려하는 기도모임	
19920710	포스트모던 예수-감리교회 종교재판의 진상 (표지, 목차,교수성명서)	홍정수 교수	
19920711	유상열 장로 명예훼손으로 고소	새누리신문	
19920711	문익환 목사가 아내 박용길 장로와 변선환 학장에게 보낸 서신(2)	문익환 목사	한국역사정보시스템

19920711	변선환 홍정수 교수가 출교된 이유와 결과보고	기독교교리수호대책위원회	
19920711	편지봉투	금란교회	
19920712	유상렬 장로 고소	기독교연합신문	교리사건 재판 자료 : 정리 서술집
19920712	감리교단을 염려하는 기도회(순서지)	중부연회 김포지방	
19920713	보도자료(감리교단을 염려하는 기도모임 임원회)와 경과보고	감리교단을 염려하는 기도모임	
19920713	문익환 목사가 아내 박용길 장로와 변선환 학장에게 보낸 서신(3)	문익환 목사	한국역사정보 시스템
19920714	신앙고백서, 예수 재림의 올바른 의미	신4 정태진	
19920714	문익환 목사가 아내 박용길 장로와 변선환 학장에게 보낸 서신(4)	문익환 목사	한국역사정보 시스템
19920715	결의문	국민일보	
19920715	기감 장로회 전국연합회 92하계수련회 참석장로 1,200명의 결의문	기독교대한 감리회 장로회 전국연합회	기독교대한감리회 장로회 전국 연합회
19920715	건의안(기독교대한감리회 교리수호를 위한 특별조치법 제정 건의안)	기독교대한감리회 제20회 총회 평신도 대표 유상열 외	
19920715	문익환 목사가 아내 박용길 장로와 변선환 학장에게 보낸 서신(5)	문익환 목사	한국역사정보 시스템
19920718	감리교 염려… 평신도 모임 발족	새누리신문	
19920719	종교다원주의 포스트모던 신학교수 출교선고는 교리에 위배된 결정	〈피플〉	
19920720	출교처분 마땅	기독교선교신문	교리사건 재판 자료 : 정리 서술집
19920720	1992년 7월 4일자 내용증명서에 대한 회신	윤병상	
19920720	이사회회의록		
19920721	감리교 문제의 바른 이해와 감리교 신학과 신앙의 올바른 확립을 위한 기도	기독교대한감리회 웨슬리복음주의협의회	
19920725	2차 서명자 명단(7월 25일 현재)	감리교단을 염려하는 기도모임	감리교단을 염려하는 기도모임
19920726	변.홍 교수 옹호세력 척결촉구	기독교연합신문	기독교연합신문/교리사건 재판 자료 정리 서술집
19920726	다원주의 신학은 실패작이다.	전준식 목사(예장 은총교회)	기독교연합신문/교리사건 재판 자료 정리 서술집
19920726	감리회의신앙과 신학의 정화를 위한 성명서	기독교대한감리회 웨슬리복음주의협의회의 성명서	기독교신문
19920727	보도자료(임원회의)	감리교단을 염려하는 기도모임	
19920800	변선환 학장 홍정수 교수에 대한 서울연회재판위원회 판결과 상소문제	기독교세계	
19920809	한국에 유입된 포스트 모던 신학비판	이동주교수, 〈교리사건 재판자료 : 정리 서술집〉	교리사건 재판 자료 : 정리 서술집
19920814	교원징계-(공문) 교육부	교육부 장관	대학 행정 심의관
19920814	위원회 위원장 및 위원 임명	구덕관 학장	

19920814	보직 발령	구덕관 학장	감리교신학대학
19920815	전국 감리교인들께 드리는 글	홍정수 교수	감리교단을 염려하는 기도모임 자료집(5)
19920821	교원징계-휴직원	홍정수 교수	
19920824	공판기록물- 고소장	홍정수 교수	
19920825	감신대 출교파문 법정비화	동아일보	
19920829	변홍교수출교파문 사회법정 비화	새누리신문	
19920829	홍정수교수 김홍도목사 유상열장로 고소	크리스챤신문	
19920829	변홍교수 출교파문 사회법정 비화	새누리신문	
19920830	NCC교문사 연감 교세 큰 차	복음신문	
19920831	감리교단 파동 홍교수 고소로 법정비화	중앙일보	
19920901	곽전태 감독회장	인터뷰_감독회장직을마치며	기독교세계
19920901	고소,고발사건에 대한 수사지휘통지서	서울지방검찰청	
19920902	교원징계-홍정수 교수 휴직발령 (공문)	감리교신학대학	
19920906	복음주의식 교리개정 움직임	복음신문	
19920907	공판기록물- 출석요구서	서초경찰서장	
19920910	이사회의 교수인사권 강탈과 홍정수 교수의 징계위회부에 대한 우리의 입장	제10대 총학생회	〈홍정수 교수 징계사건과 관련한 자료모음집〉
19920910	낙후된 감신재건 당면과제	감신대학보	
19920910	취임사(구덕관)	감신대학보	
19920910	전국감리교인들께 드리는 글	감신대학보	
19920910	감독 선거 앞둔 총회 긴장고조	감신대학보	
19920920	한기총 9개월만에 각위원장 선임	복음신문	
19920921	보도자료(확대임원회의)	감리교단을 염려하는 기도모임	
19920923	홍정수교수 징계위원회 교수님들께 드리는 공개질의서	총학생회	
19920924	자술서원고	홍정수	
19920924	교단문제 상황 분석문	교단혁신의 힘찬 깃발 제 10대 총학생회	
19920924	총회 장소는 변경되어야 합니다	감리교단을 염려하는 기도모임	감리교단을 염려하는 기도모임 자료집(5)
19920924	신속한 재판의 진행을 요청합니다	감리교단을 염려하는 기도모임	감리교단을 염려하는 기도모임 자료집(5)
19920924	교단문제 상황 분석문	교단혁신의 힘찬 깃발 제 10대 총학생회	제 10대 총학생회
19920926	종교다원주의포스트모던신학의실상을파헤친다01	1995년 변홍교수 종교재판 관련 기사	기독신보
19920929	감리교단을 염려하는 기도모임 경과보고	감리교단을 염려하는 기도모임	감리교단을 염려하는 기도모임
19920929	감리교단을 염려하는 기도모임 경과보고	감리교단을 염려하는 기도모임	
19920930	고소장 사본(교리수호대책위 상임간사 이규철이 기	교리수호대책위 상임간사 이규철	

	독교신학대화모임 준비위원장 윤병상 목사를 고소)		
19921001	박종천-평화통일과희년에관한교회론적반성과전망	」1992년 변홍교수 종교재판 관련 보도;내용 중에 감리회 종교재판에 대한 비판적 진술이 확인됨.	교회와세계
19921001	고소사실 내용증명 확인서	망우1동 우체국장	윤병상 문서철
19921007	귀하	감리교단을 염려하는 기도모임	
19921012	120만 감리교인에게 알립니다	감리교단을 염려하는 기도모임	감리교단을 염려하는 기도모임
19921012	120만 감리교인에게 알립니다	감리교단을 염려하는 기도모임	
19921015	변선환 박사 이임 송별 예배	감리교신학대학	
19921016	수사촉구서	홍정수 교수	
19921018	120만 감리교인에게 알립니다	기독교신문	
19921018	변홍교수 문제 다시 불붙어	복음신문	
19921018	성장 변화 변혁의 종교로 기독교 이해	복음신문, 한인철	
19921018	종교다원주의와한국신학고찰	변선환의 저서 소개	기독교신문
19921018	변학장 은퇴기념 출판회	복음신문	한국기독교연구소 기증자료 김경환
19921019	고소장 사본 발송에 따른 공문(이규철이 윤병상을 고소한 고소장)	서울연회심사위원회 나정희	서울연회
19921019	윤병상 목사 심사위원회 참석 요청서	서울연회 1반 심사위원회 나정희	
19921019	김홍도목사, 유상열장로에 대한 홍정수교수의 "명예훼손"고소사건 경위		
19921019	출판감사예배 및 증정식	감리교신학대학 대학원 동문회	
19921019	공판기록물- 상소장 송부에대한처리	총회재판위원회	
19921019	감리교단을 염려하는 기도모임 경과보고	감리교단을 염려하는 기도모임	감리교단을 염려하는 기도모임 자료집(5)
19921019	한국감리교회의 '교리'를 아십니까?	감리교단을 염려하는 기도모임	감리교단을 염려하는 기도모임 자료집(5)
19921019	우리로 하나되게 하소서	감리교단을 염려하는 기도모임	감리교단을 염려하는 기도모임 자료집(5)
19921019	감리교회는 거짓증거로 감리교인을 이단으로 정죄하고 출교해도 되는가	감리교단을 염려하는 기도모임	
19921020	교원징계-홍정수 교수 징계사유 설명 (공문)	학교법인 감리교신학원	
19921020	감리교신학대학 자체 평가 연구보고회 결과의 후속 토론에 따른 연구 과제 부여에 관한건	감리교신학대학교	
19921023	윤병상 목사 심사결과 통보서	서울연회 감독 나원용	
19921023	공판기록물- 규칙해석 청원서	홍정수 교수	
19921023	윤병상 목사에 대한 고소 기각에 따른 참석 취소통보서	재판위원회 나정희	윤병상 문서철
19921024	공판기록물- 기감종제 92-1 처리결과	서울연회 재판위원회(공문)	

19921024	김홍도 목사님 또는 그 사모님께	홍정수	
19921025	변선환목사출교에대한시온교회의입장	기독교대한감리회 시온교회 교우일동	기독교신문
19921025	김홍도목사가 홍정수 박사에게 보낸 팩스	김홍도목사	
19921026	공판기록물- 판결공고(변선환 홍정수)	서울연회 감독 나원용	
19921026	기독교대한감리회변선환 홍정수 사건의 종결에 즈음한 성명	국민일보	
19921026	사건 종결에 대한 성명	교리수호대책위원회	교리사건 재판자료 : 정리 서술집
19921027	공판기록물- 총회재판처리에대하여	서울연회감독 나원용	
19921027	화해와 일치의 감리교 총회를 바라는 인천 예언자의 결의와 입장	감신대 학생 일동	
19921028	공판기록물- 건의안(교리수호를 위한 특별조치법 제정)	제20회 총회	교리사건 재판자료 : 정리 서술집
19921028	제20회 총회(교리수호를 위한 특별조치법 제정건의안)	감리회 총회록	
19921028	공판기록물- 건의안(21세기를 향한 명백한 교리적 표명)	웨슬리 복음주의 협의회	교리사건 재판자료 : 정리 서술집
19921030	제20회 총회 선언문	기독교대한감리회 제20회 총회 총대 일동	
19921031	교리수호 특조법 실행위로 넘겨	새누리신문	
19921101	판결공고-변선환홍정수출교	기독교세계	
19921103	공판기록물- 진정서(기독교대한감리회 감독회장 표용은 감독님께)	홍정수 교수	
19921105	교원징계-홍정수 교수 진술청취의 건 (공문)	학교법인 감리교신학원	
19921107	변홍재판 '종결' 처리싸고 논란	새누리신문	
19921108	공판기록물- 건의안	홍정수 교수	교리사건 재판자료 : 정리 서술집
19921108	존경하는 징계위원장 박성로 감독님께	홍정수 교수	
19921119	주요위법사항	홍정수	
19921120	교원징계-홍정수 교수 진술청취의 건 (공문)	학교법인 감리교신학원	
19921124	공판기록물- 민원사건처리 결과통지	서초경찰서장	
19921127	진정서	감리교를 염려하는 기도모임	
19921128	평신도가 목회자에게 보내는 편지(종교재판, 예수님도 종교재판 희생자)	새누리신문	새누리신문
19921128	보충진술서	홍정수 교수	
19921130	정관변경 인가의 건	사무처장 최정식	감리교 신학원
19921201	교원징계-민원에 대한 회신 (공문)	교육부장관	
19921201	교원징계-신학대학원 졸업 부정을 보고합니다 (증거물-양창식 학적부사본)	홍정수 교수	홍정수 문서철 H-1
19921204	교원징계-홍정수 교수 직위해제 (공문)	학교법인 감리교신학원	
19921205	격동의92년을점검한다	1996년 변홍교수 종교재판 관련 기사	기독신보

19921205	비성경적 신학을 단호히 배격한다	기독신보	
19921210	교원징계-교육부 질의에 대한 회신의 건 (공문)	학교법인 감리교신학원 이사장	
19921224	학장님 및 교수님들께 드립니다	홍정수	
19921226	아쉬움에지는한해-92년10대뉴스-감리교사태변홍교수출교	1997년 변홍교수 종교재판 관련 기사	기독신보
19921226	_올해교계현장	1998년 변홍교수 종교재판 관련 기사	기독신보
19921226	홍정수 교수님께	국립중앙도서관장 정희철	
19921925	종교다원주의와 한국신학고찰	기독교신문	
19930000	한국의 개벽 사상의 빛에서 본 기독교의 부활 신앙	홍정수	성곡학술문화재단
19930000	공동설명회 합의서	염필형, 홍정수	홍정수 문서철 H-1
19930000	1991-1992종교계일지	한국종교연감	
19930000	학원 민주화 촉구를 위한 자료집	제 11대 총학생회	
19930104	피의자 유상열에 대한 고소고발사건처분결과통지	서울지방검찰청 검사 이충호	
19930104	피의자 김홍도에 대한 고소고발사건처분결과통지	서울지방검찰청 검사 이충호	
19930110	감리교신학대학의 소위 통일교 문제에 관하여	이규철, 홍정수	
19930117	홍정수 교수 출교이어 파면	한겨레신문	
19930119	(파면)처분 사유 설명서	학교법인 감리교신학원 이사장 나원용	
19930119	교원징계-징계의결 통보 (공문)	학교법인 감리교신학원 이사장 나원용	
19930120	교원징계-교원징계재심 청구서	홍정수 교수	
19930125	수사촉구 청원서	홍정수	
19930200	교원징계-답변서 (공문) -파면 취소 청구에 대한	변호사 이상규법률 사무소	
19930208	교원징계-소장	홍정수 교수	
19930210	홍교수 파면 징계 결의 법적 타당성 여부 논란	감신대학보	
19930210	교권징계위, 홍교수 파면징계 결의	감신대학보	
19930210	감신 유감	한인철	감신대학보
19930212	교원징계-교원징계 "파면결의 취소" (공문)	학교법인 감리교신학원 이사장 나원용	
19930212	교원징계-직위해제 (공문)	학교법인 감리교신학원 이사장 나원용	
19930212	교원징계-징계사유 설명 (공문)	학교법인 감리교신학원 교원징계위원회 위원장 박성로	
19930212	교원징계-출석통지서 (공문)	학교법인 감리교신학원	
19930212	교원징계-특수 우편물 수령증		
19930214	교원징계-진정서	홍정수 교수	
19930214	교원징계-제1차 교원징계위원 기피신청서	홍정수 교수	
19930214	교원징계-교원징계위원회의 출석 통보에 대한 서면 응답	홍정수 교수	
19930215	교원징계위원회 회의록	박성로 이내강 김득연 염필형 이기춘 방석종 김외식	
19930215	교원징계-질의 및 보고서	홍정수 교수	
19930216	교원징계-최후진술 요구 (공문)	학교법인 감리교신학원	
19930220	홍교수 파면 조처 철회	새누리신문	

19930222	교원징계-질의에 대한 회신 (공문)	교육부교원징계재심위원회위원장	
19930222	교원징계-제2차 교원징계위원 기피신청서	홍정수 교수	
19930224	감신대, 홍정수 교수 징계위 내일 다시열어	한겨레신문	
19930227	홍정수 교수 파면 재의결	한겨레신문	
19930300	감리교신학대학교를 위한 호소	감리교신학대학교 총장 구덕관	
19930305	교원징계-교원징계재심 청구 취하서 (공문)	홍정수 교수	
19930305	교원징계-제3차 교원징계위원 기피신청서	홍정수 교수	
19930305	수사촉구 및 출국금지 탄원서	홍정수	
19930306	우편물배달증명서	우체국	
19930310	학생 지도 위원회	학생처	
19930311	진정에 대한 회신 (공문)	법무부장관	
19930315	진정사건처분결과통지 (공문)	서울지방검찰청	
19930329	채무변제촉구	대한보증보험주식회사	
19930330	진정사건처분통지 (공문)	서울지방검찰청북부지청	
19930413	교원징계-감리교신학대학 보고	구덕관 교수	
19930414	존경하는 이충호 검사님께 삼가드립니다	홍정수 교수	
19930415	학내문제에 대한 총학생회 정책 방향 및 투쟁지침(안)	제 11대 총학생회	
19930417	교원징계-출석통지서 (공문)	학교법인 감리교신학원	
19930420	감사보고서	학교법인감리교신학원	
19930420	파멸의 순간이 다가오고 있습니다.	신학 정책 위원회	신학 정책 위원회
19930421	홍정수(갑)이 "통일교"와 관련되어 있다는 김/유의 주장 및 〈대학원보고서〉 반박	홍정수	
19930423	교원징계-징계위원회 출석	홍정수 교수	
19930423	교원징계위원회 1차 진술서		〈홍정수 교수 징계사건과 관련한 자료모음집〉
19930426	징계사유 설명서	학교법인 감리교신학원 이사장 나원용	〈홍정수 교수 징계사건과 관련한 자료모음집〉
19930427	Dear Dr. Hong	Theodore Runyon	
19930427	교원징계-출석통지서 (공문)	학교법인 감리교신학원 교원징계위원회	
19930427	역사의 파수꾼	김준우	
19930428	교원징계-휴직 기간의 종료와 그 기간 중의 활동 보고 및 배상청구	홍정수 교수	
19930429	〈새 삶의 지평을 여는 학문〉 냉천학당	홍정수 교수	
19930430	홍교수의 2차 진술서		〈홍정수 교수 징계사건과 관련한 자료모음집〉
19930430	교원징계-징계위원회 답변서	홍정수 교수	
19930500	교원징계-고소장	홍정수 교수	
19930501	교원징계-진정서	홍정수 교수	

19930501	교원징계-교원징계위원 기피신청서	홍정수 교수	
19930503	신학대학원 졸업 부정을 보고합니다	홍정수	
19930505	교원징계-교원징계위원 기피신청서	홍정수 교수	
19930507	진술조서 구덕관 방석종		
19930508	교원징계-교육부 장관님께 드리는 진정서	홍정수 교수	
19930512	감리교회와 신학의 거듭남을 위한 제안	홍정수 교수	
19930513	해명서-진정서에 대한 회신	감리교신학원 이사장	
19930514	교원징계-홍정수 교수 징계처분서	학교법인 감리교신학원	
19930518	종교계의 부정/비리의 전형	감신학문성 사수와 홍정수 교수의 복직을 간절히 바라는 모임	
19930518	감리교회의 "5.7"폭거에 대한 교수단의 성명서의요점	제11대 총학생회	〈홍정수 교수 징계사건과 관련한 자료모음집〉
19930518	〈자료집을 내면서〉 논리와 상식, 객관과 양심의 실종을 경계하는 마음으로!	감신대 제11대 총학생회	
19930518	홍정수 교수 징계사건과 관련한 자료모음	제11대 총학생회	〈홍정수 교수 징계사건과 관련한 자료모음집〉
19930518	사건일지	제11대 총학생회	〈홍정수 교수 징계사건과 관련한 자료모음집〉
19930518	교원징계재심 청구서	홍정수 교수	〈홍정수 교수 징계사건과 관련한 자료모음집〉
19930519	한국인의 경험의 빛에서 본 기독교 부활신앙	홍정수 교수	
19930520	홍정수 교수에 대한 2차 파면은 1차 파면과 마찬가지로 무효입니다.	함신 학문성 사수와 홍정수 교수의 복직을 간절히 기다리는 모임	
19930521	존경하는 이충호 검사님께 제2차로 삼가드립니다	홍정수 교수	
19930527	감리교회/감신대의 신학적 맥:전통의 비판적 계승	홍정수 교수	
19930531	교원징계-교원징계재심 청구 보충진술서	홍정수 교수	
19930600	답변서(교원징계재심위원회)	변호사 이상규	
19930601	김영삼 대통령과 교육부 장관님께 삼가 드립니다(탄원서)	홍정수 교수	
19930601	제7차감독회의회의록(서울남연회후원)		
19930603	홍정수 교수에 대한 공의로운 판결을 바라는 감신대 일천재학생의 탄원서	11대 총학생회/황웅식외 서명자일동	11대 총학생회
19930603	소위 〈대학원 위원회 보고서〉에 대한 공개질의	감신대 제11대 총학생회	
19930603	구덕관 총장과 허위문서 관련자들은 퇴진하라	감신대 정화와 명예회복을 위한 동문모임	
19930606	교수직 파면은 무효	기독교연합신문	한국기독교연구소 기증자료 김경환
19930606	오순절 성령강림의 참된 의미	김홍도/불기둥	
19930609	교원징계-구덕관 총장님께 드리는 공개서한	홍정수 교수	
19930611	교원징계-"대학원위원회 보고서"에 대한 확인서	회의 참석 교수들 11명	

19930613	교원징계-교수 제위께 우정어린 협조를 구합니다.	홍정수 교수	
19930613	순종과 성령충만	김홍도/불기둥	
19930615	교원징계-고소장	홍정수 교수	
19930625	다른신앙도 존중하자 종교다원주의 주장	동아일보	
19930629	첫단추를 잘못 낀 사람들의 행적을 봅니다	홍정수 교수	
19930630	고소인 보충진술서	홍정수 교수	
19930701	교원징계-대학원위원회 보고서 및 홍교수,이규철의 확인서	홍정수 교수	
19930707	재심청구에 대한 피청구인 변명자료 송부	교육부교원징계재심위원회	
19930710	대학원위원회 보고서 진위성 여부 논란	감신대학보	
19930712	교원징계-변명서('답변서')에 대한 반박서 〈수사기록 및 자료 송부촉탁〉요청서	홍정수 교수	
19930714	고소인 보충진술서	홍정수 교수	
19930719	교원징계-보직경력확인서 (공문)	감신대 총장	
19930719	교육부교원징계재심위원회	교육부교원징계재심위원회위원장	
19930721	기독교〈부활〉-민족종교〈개벽〉은 일치	세계일보	
19930724	김홍도 목사와 유상열 장로는	김홍도 목사와 유상열 장로는	
19930725	믿음을실현하는 5단계	김홍도/불기둥	
19930727	교원징계-홍정수교수 주장에 대한 조사위원의 입장(견해)	감리교신학대학 대학원 조사위원(염필형, 김득중, 이기춘, 방석종)	교리사건 재판자료 : 정리 서술집
19930729	교원징계-교육부 교원징계 재심 위원장 귀하	감리교 신학대학교 총장구덕관	
19930729	사무관 전희두 님께 드립니다. 수사기로 송부촉탁 요청서	홍정수 교수	
19930800	소장 (출교판결 무효 확인)	홍정수 교수	
19930801	홍정수 교수, 고소취하	한겨레신문	
19930806	중재합의서	언론중재위원회	
19930808	말씀의능력	김홍도/불기둥	
19930809	민원사건처리결과통지서 (공문)	서대문경찰서장	
19930811	방석종 교수 불기소및 의견서	서대문경찰서	재심답변서 증거목록/한국기독교연구소 기증 김경환
19930815	감리교 교리선언 보수회귀?	복음신문	
19930815	존경하는 정진국 검사님께 제2차로 소견서를 올립니다	홍정수 교수	
19930818	교원징계-재결서 정본 송부(재심사건 결정통지)	교육부교원징계재심위원회	재심답변서 증거목록
19930820	교원징계-이사회 회의록	감리교신학원 이사회	재심답변서 증거목록/한국기독교연구소 기증 김경환
19930826	교원징계-재심사건 결정통지	교육부교원징계재심위원회	한국기독교연구소 기증 김경환
19930828	〈다원주의〉신학논쟁으로 출교된 교수 감신대 파면 취소 결정	동아일보	
19930828	교원징계-교원징계위원 임명통지	감리교신학원 이사장	재심답변서 증

			거목록/한국기독교연구소 기증 김경환
19930830	정진국 검사님께	홍정수 교수	
19930901	교원징계-학교 규정개정 공고	감신대 총장	
19930903	교원징계-이규철 진술서	이규철	재심답변서 증거목록/한국기독교연구소 기증 김경환
19930905	감리교회를 염려하는 기도모임께 삼가 보고 드립니다	홍정수 교수	
19930910	교육부 재심위 홍교수 파면취소주문 결정	감신대학보	
19930917	공판기록물- 출교판결무효확인등 민사소송	서울민사지방법원	한국기독교연구소 기증 김경환
19930917	사랑하는 홍종수 목사님	이창순	월서연합감리교회
19931004	공판기록물- 출판물에의한 명예훼손에 대한 해명 및 회복요청 서한	서울연회재판위원회, 신내제일교회	
19931006	교원징계-이사회회의록	감리교신학원 이사회	재심답변서 증거목록/한국기독교연구소 기증 김경환
19931006	교수님들께 드리는 공개질의	제11대총학생회	한국기독교연구소 기증 김경환
19931009	학교당국에보내는 공개 질의서	제7대대학원학생회	한국기독교연구소 기증 김경환
19931011	교원징계-교원징계위원 임명통지	감리교신학원 이사장	재심답변서 증거목록/한국기독교연구소 기증 김경환
19931012	교원징계-교원 징계사유설명서 보내는 공문과 징계사유설명서	감리교신학원 이사장 표용은	
19931013	종교재판의 결정적인 위증문서〈대학원위원회 보고서〉의 음해조작과정	김준우	
19931014	교단특별총회 새교리적 선언 제정 심의 예정	감신대학보	
19931014	홍교수 출교무효소송 제기 감신인 성토대회 열려	감신대학보	
19931014	홍교수 사건 설명 및 감신인 성토대회	홍정수, 김준우, 총학생회	재심답변서 증거목록/한국기독교연구소 기증 김경환
19931015	조직신학 교수 홍정수가 드리는 목회서신 2	홍정수 교수	
19931018	대학원위원회보고서 사태에 따른 비상교수회의의입장과 처리방안에 대하여	공개설명회준비위원회(교수측	
19931018	교원징계-교원징계위원 임명통지	감리교신학원 이사장	재심답변서 증거목록/한국기독교연구소 기증 김경환
19931019	염필형 대학원장님	양창식	
19931019	대학원 위원회 보고서 사태에 따른 비상 교수회의에 입장과 처리 방안에 대하여	공개 설명회 준비위원회	공개 설명회 준비위원회

19931022	3자 공청회 결과	조사위원회, 홍정수, 학생, 교수단	
19931022	3자 공청회 결과에 대하여 책임을 지라		한국기독교연구소 기증 김경환
19931022	공동설명회 합의서	염필형 홍정수	
19931024	부흥사등 보수교단이 감리교사태 근본원인	한겨레신문	
19931025	공판기록물- 고소장(무고 및 출판물에 의한 명예훼손)	홍정수 교수	
19931025	대학원 조사위원이 교수회의에 드리는 보고서들	조사위원 교수회/ 현 감신대 학내사태의 진상은 이렇습니다.	조사위원 교수회
19931025	제20회 특별총회 감리교 신조위원회 보고와 토론	20회 총회 회의록	6(4)
19931025	제20회 특별총회 회의록(교리적 선언 논의)	감리교 총회회의록	
19931025	감신대 교수단에 드리는 학생들의 결의문	대학원 위원회	
19931025	학생총회에 11대 총학생회가 드리는 글	11대 총학생회	
19931026	제21회 감리교총회에 인천 감신대 재학생이 드리는 글	제 11대 총학생회	
19931027	기도합니다.	홍정수 교수	
19931028	공개질의에 대한 답변	감신대 교수단	
19931028	제 11대 총학생회 사퇴의 변	제 11대 총학생회 임원 일동	
19931028	공개질의에 대한 교수단성명서	감리교신학대학 교수단	재심답변서 증거목록/한국기독교연구소 기증 김경환
19931028	제11대총학생회 사퇴의변	11대 총학생회	재심답변서 증거목록/한국기독교연구소 기증 김경환
19931101	신학정책위원회		
19931101	징계사유서(추가) & 출석통지서	학교법인 감리교신학원	
19931103	1, 2차 면담결과 보고	비상대책위원회	
19931103	교원징계-출석통지서	감리교신학원 이사장	
19931104	총장님께 드리는 학생들의요구사항	비상대책위원회대학원비상대책위원회	
19931104	징계청원	감신대 총장	학생처장
19931104	민주적 양심적 교수님들의 동참을 호소합니다	감신세상 한마음, 민족 예수 애국 감신 대학원 비대위	
19931108	구덕관총장이 퇴진해야만 하는 이유	비상대책위원회	
19931108	정관개정의음모를 파헤치며	비상대책위원회	
19931109	광야 제1호	감신대제7대대학원학생회	
19931110	사태초점 구총장 퇴진운동으로 번져	감신대학보	
19931110	김홍도 목사측과 홍교수 맞고소한판	감신대 학보	
19931110	감신공동체 최대의 위기맞아	감신대학보	
19931110	학내사태 어떻게 진행되어 왔는가	감신대학보	
19931111	광야 제2호	감신대대학원비상대책위원회	
19931111	교원징계-이사장 직무대행자지정	법인 사무처	
19931111	징계결의 절차에 관한 질의	감리교 신학원	재심답변서 증거목록/한국기독교연구소 기증 김경환

19931111	민주대학 목요예배	감리교신학대학	
19931112	출교와 관련된 감신대 재직 교수로서 홍정수의 통일교 학생 비호건과 보직 문제	조사 위원 일동/현 감신대 학내사태의 진상은 이렇습니다.	조사 위원 일동/별첨자료
19931112	세계신학원 출석통지서전달시대화내용	민경완,김준우	재심답변서 증거목록/한국기독교연구소 기증 김경환
19931112	최근 감신대 학내 사태에 대한 보고서	감리교신학대학교 조사위원	교리사건 재판자료 : 정리 서술집
19931113	감신대생 총장실 점거 농성 교수임면권 교수회의로 환원요구	새누리신문	
19931114	교회법 사회법에 잇단 저울질	주일신문	
19931115	3일 간의 금식기도를 결의 하며	85학번 동기회	85학번 동기회
19931116	광야 제3호	감신대대학원비상대책위원회	
19931116	현 감신대 학내사태의 "진상은 이렇습니다"	감리교신학대학교 교수단	
19931117	권고문	학교법인 감리교신학원 이사 일동	법인 이사 일동
19931118	민주대학목요예배		
19931118	광야 제4호 감신동문 구총장퇴진 결의		
19931118	현 학원 사태에 대한 우리의 입장	감신대 교수단	감신대 교수단
19931120	감신대생 구덕관 총장 퇴진 농성	크리스챤신문	
19931122	교원징계기피신청서1차	홍정수 교수	
19931122	교원징계-교원징계위원 임명 통지	감리교신학원 이사장	재심답변서 증거목록/한국기독교연구소 기증 김경환
19931122	교원징계-소환에 대한 이의서	홍정수 교수	재심답변서 증거목록/한국기독교연구소 기증 김경환
19931122	교원징계-문서수령증	교원징계위원회	
19931123	감신대 농성-징계-출교 시태 악화	한겨례신문	
19931123	교원징계-출석통지서	감리교신학원교원징계위원회	
19931123	광야 제5호	감신대대학원비상대책위원회	
19931123	교원징계-20차 교원징계위원회 회의록	교원징계위	재심답변서 증거목록/한국기독교연구소 기증 김경환
19931123	교원징계-결정문	교원징계위	재심답변서 증거목록/한국기독교연구소 기증 김경환
19931124	교원징계-교원징계기피신청서2차	홍정수 교수	
19931124	진통하는 감신대의 학문성: 보수화인가, 거듭나기인가?	감신대 교수단	
19931124	최근 감신대 학내사태에 대한 보고서	감리교신학대학 교수단	

19931125	교수단 성명서	교수단 일동	
19931125	교원징계-최근 모교 학내사태를 바라보는 동문들의 입장	감리교 신학대학교의 사태를염려하는 동문 모임	
19931125	광야 제6호	감신대대학원비상대책위원회	
19931126	교원징계-교원징계기피신청서4차	홍정수 교수	
19931126	교원징계-교원징계기피신청서5차	홍정수 교수	
19931126	교원징계-교원징계기피신청서6차	홍정수 교수	
19931126	교원징계-교원징계기피신청서3차	홍정수 교수	
19931126	교원징계-교원징계기피신청서3차-2	홍정수 교수	
19931126	교원징계-22차 교원징계위원회회의록	교원징계위	재심답변서 증거목록/한국기독교연구소 기증 김경환
19931126	교원징계-교원징계위원 임명통지	감리교신학원 이사장	
19931126	교원징계-이사회회의록	감리교신학원 이사장	재심답변서 증거목록/한국기독교연구소 기증 김경환
19931126	교원징계-징계 결의절차에 대한 회신	교육부교원징계 재심위원회	재심답변서 증거목록/한국기독교연구소 기증 김경환
19931129	교원징계-교원징계처분(해임)	감리교신학원 이사장	
19931129	교원징계-기각결정문	교원징계위	재심답변서 증거목록/한국기독교연구소 기증 김경환
19931129	교원징계-징계처분서및징계처분사유설명서	감리교신학원이사장직무대행 이종수	
19931129	교원징계-교원징계기피신청서7차	홍정수 교수	
19931129	교원징계-23차 교원징계위원회 회의록	교원징계위	재심답변서 증거목록/한국기독교연구소 기증 김경환
19931129	교원징계-교원징계기피신청서8차	홍정수 교수	재심답변서 증거목록/한국기독교연구소 기증 김경환
19931129	교원징계-교원징계기피신청서9차	홍정수 교수	재심답변서 증거목록/한국기독교연구소 기증 김경환
19931129	교원징계-징계의결서	감리교신학원 교원징계위원회	재심답변서 증거목록/한국기독교연구소 기증 김경환
19931130	광야 제7호	감신대대학원비상대책위원회	
19931130	더 이상 우리는 물러 날 수 없습니다	학부-대학원 비대위	
19931130	공청회에 관하여 학생들에게 알림	감신대 교수단	
19931130	감리교회와 감신대를 아끼는 목사님들에게 알립니다	감신대를 염려하는 동문 모임	

19931201	교원징계-교원징계 재심 청구서	홍정수 교수	
19931202	광야 제8호	감신대대학원비상대책위원회	
19931207	광야 제9호	감신대대학원비상대책위원회	
19931207	교수단 공개 설명회 개최하면서	감신대 교수단	
19931209	광야 제10호	감신대대학원비상대책위원회	
19931213	외부 수업 강행에 분노을 금치 못하며	감신 사랑 한마음	
19931214	유급 상태의 본질	감신 사랑 한마음	
19931214	광야 제11호	감신대대학원비상대책위원회	
19931216	광야 제12호	감신대대학원비상대책위원회	
19931216	비상 학생 총회 제안 설명	감신 사랑 한마음	
19931220	무책임한 교수님들을 규탄하며	감신 사랑 한마음 비대위	
19931221	광야 제13호	감신대대학원비상대책위원회	
19931223	정관개정에 대한 진상을 밝히며	감신대 학생처	
19931227	감리교신학대학교 지원한 학우들에게 알려드립니다	감신 사랑 한마음	
19931228	교원징계-답변서	홍정수 교수	
19931230	친애하는 학생들에게 알려드립니다	교무처장	
19931231	광야 제14호	감신대대학원비상대책위원회	
19940000	종교간 대화에 바친 삶 기려	조선일보	
19940000	1993년 기독교 동향에서 변홍사건 후속대응언급	한국종교연감	
19940104	감신백서3감신역사의주체감신대의주인으로-일천학우여감신역사의승리를위해투쟁합시다	감신사랑한마음 비상대책위원회	
19940106	교원징계-재심청구에 대한 피 청구인 변명자료 송부	교육부 교원징계재심위원회	
19940106	광야 제15호	감신대대학원비상대책위원회	
19940111	성명서	감리교신학대학교 교수단	
19940111	광야 제16호	감신대대학원비상대책위원회	
19940121	재학생 여러분께	감신대 교무처장	감신대
19940126	광야 제19호	감신대대학원비상대책위원회	
19940131	교원징계-징계사유서의 내용에 대한 정밀 반박-보충진술및재 진술서	홍정수 교수	
19940200	우리는 더 이상 웅크릴 수 없다	생활관 사생회	
19940210	중재안 과연 진정한 감신의 구원인가	감신대학보	
19940228	교원징계-재심사건 결정통지	교육부교원징계재심위원회	
19940400	재심기각결정취소청구소송	서울고등법원	
19940509	교권을 업은 김종일 목사 결코 교수로 받아들일수 없다	8대 대학원학생회,12대 총학생회	감신대
19940610	성명서	비상총학생회	학생회
19940907	출교판결무효확인등 민사소송	서울민사지방법원	
19940907	공판기록물- 서울민사지방법원 제19부 판결문	서울민사지방법원	〈호소문〉 기독교성경진리수호운동본부 자료집
19940915	총장보고	구덕관	〈감리교회와 감리교신학대학의 어제와 오늘〉
19940921	출교무효확인등 민사소송 판결문	서울민사지방법원	

19941004	구덕관 총장님께 드리는 공개질의서(교수단)	감신 교수단	〈감리교회와 감리교신학대학의 어제와 오늘〉
19941102	이종수감독 총장서리 결정에 대하여(교수단)	감신 교수단	〈감리교회와 감리교신학대학의 어제와 오늘〉
19941202	시위중지와 수업재개를 촉구하는 최후통첩	표용은 이종수	〈감리교회와 감리교신학대학의 어제와 오늘〉
19950117	총장초빙	감신 이사장 표용은	〈감리교회와 감리교신학대학의 어제와 오늘〉
19950210	공판기록물- 서울고등법원 제1민사부 판결문	서울고등법원	
19950222	오늘의 감리교신학대학교의 현실에 직면하여	감신 김득중 외 11명 교수	〈감리교회와 감리교신학대학의 어제와 오늘〉
19950301	졸업식장, 종장 경찰서 대피소동	조선일보	
19950301	감리교신학대학교 졸업사태에 대한 총학생회의 보도자료	감신 제12대 총학생회	〈감리교회와 감리교신학대학의 어제와 오늘〉
19950308	이제는 감신대에 평화를 주십시오	감신대 교수협의회	
19950314	감리교신학대학교 사태의 해결을 위한 결의안	기독교대한감리회 중부연회	〈감리교회와 감리교신학대학의 어제와 오늘〉
19950320	감리교신학대학교 사태에 대한 학부모들의 입장	감신 정상화를 위한 학부모 대책위원회	〈감리교회와 감리교신학대학의 어제와 오늘〉
19950328	감리교 신학대학의 정상화를 촉구하는 건의안	기독교대한감리회 서울연회	〈감리교회와 감리교신학대학의 어제와 오늘〉
19950404	감리교신학대학교 학내 사태의 해결을 위하 학생들의 청원	감신 13대 총학생회	〈감리교회와 감리교신학대학의 어제와 오늘〉
19950500	교수징계사유 설명서(첨부1) 포함	감신 이사장 표용은	〈감리교회와 감리교신학대학의 어제와 오늘〉
19950504	감리교신학대학교의 위기에 대한 교수협의회의 입장	교수협의회	
19950511	이제는 더 이상 침묵할 수 없습니다	감리교신학대학교 교수들	
19950512	침묵할 때와 침묵하지 말아야 할 때	제13대 총학생회	
19950516	공판기록물- 대법원 제2부 판결문	대법원	
19950524	최근 학내 현황에 대한 대학원 학생회의 입장	제10대 양대학원 학생회	
19950525	단식장에서 드리는 글(교수협의회)	감신대교수협의회	〈감리교회와 감리교신학대학의 어제와 오늘〉
19950530	금식기도에 들어가며 학생들이 교회에 드리는 글	제13대 총학생회	〈감리교회와 감리교신학대학의 어제와 오늘〉

19950607	〈감리교회와 감리교신학대학의 어제와 오늘〉	감리교신학대학교대학원학생회	
19950622	소송비용액확정	서울지방법원	
19950712	전국감리교회 135만 성도와 교역자님 자로님께 드리는 호소문	기독교성경진리수호운동본부	
19950820	폭넓은사고기초한	변선환	기독교세계
19950820	고 변선환 박사의 신학세계	기독교신문	
19951013	전국감리교회 135만성도와 교역자님 장로님께 드리는 호소문	기독교성경진리수호운동본부	〈호소문〉 기독교성경진리수호운동본부 자료집
19951013	특강(감리교 21세기의 전망)	김광원 목사	〈호소문〉 기독교성경진리수호운동본부 자료집
19951013	특강(감리교 과거와 현재)	안광수 목사	〈호소문〉 기독교성경진리수호운동본부 자료집
19951013	특강(감리교의 미래)	박상혁 목사	〈호소문〉 기독교성경진리수호운동본부 자료집
19951013	특강(감리교 제도적인 개혁)	김형재 장로	〈호소문〉 기독교성경진리수호운동본부 자료집
19951013	설교(사탄의 가장 큰 도구)	김홍도 목사	〈호소문〉 기독교성경진리수호운동본부 자료집
19951013	호소문	기독교성경진리수호운동본부	기독교성경진리수호운동본부
19951024	제21회 입법총회 회의록(개정안 심사와 교리수정)	감리교 총회록	
19961029	제22회 행정총회 회의록(장정개정)	감리교총회록	
19970127	제22회 입법총회 회의록	감리교총회록	
19970127	제22회 입법총회 회의록(장정개정안논의)	감리교총회록	
19971027	제22회 입법총회 회의록(신앙고백문구수정)	감리교총회록	
19990610	한국교회의 신앙유형 역사적 고찰	이정배 교수	감신대학보/교리사건 재판자료 : 정리 서술집
20050901	변선환 박사 10주기 종교간 화해에 일생 바친 뜻 기립니다	한겨레신문	조현
20051226	교리사건 재판자료: 정리/서술집(변선환/홍정수의)	서울연회 재판위원회	각종 문건 및 논문 수집 정리
20060000	20006년 하반기 변선환아키브 정기학술모임		
20070000	2007 봄 변선환 아키브 정기 학술모임		
20100900	올꾼이선생님	변선환 약력 및 저서	
20101122	감리교 종교재판의 전말 동작동 기독교와 망월동 기독교	한국기독교연구소	
20221028	변선환 종교재판 30년-교회권력에게 묻다		
	교회 밖 구원 가능	종교계소식	교리사건 재판자료 : 정리 서술집
	기독교밖에는 구원이 없다. - 변선환교수의 기독교와 타종교와의 대화를 읽고	김행식목사	교리사건 재판자료 : 정리 서술집

	육체의 부활에 대한 믿음은 성서해석의 오류에서 나온 것이다.	홍정수교수	교리사건 재판자료 : 정리 서술집
	포스트모던 신학과 한국신학의 가능성	홍정수 교수	
	한국신학과 탈자유주의(포스트모던)신학	서광선(이화여대)	교리사건 재판자료 : 정리 서술집
	공판기록물- 변선환 홍정수의 재판에 대한 의도적 오도에 대하여 천명한다	서울연회 재판위원회	교리사건 재판자료 : 정리 서술집
	공판기록물- 변홍 두 목사의 고소사건에 대한 재판위원의 입장을 천명함(재판위원회 반박의 글)	최홍석목사(대명교회)	교리사건 재판자료 : 정리 서술집
	공판기록물- 서울연회 심사위원회 심의	나정희, 조창식, 이동우	교리사건 재판자료 : 정리 서술집
	공판기록물- 제3차 서울연회 재판위원회 공판(재판심의문)		교리사건 재판자료 : 정리 서술집
	공판기록물- 제4차 서울연회 재판위원회(재판기록)		교리사건 재판자료 : 정리 서술집
	회의록-제19호 특별총회의 소집공고 및 속기록	〈교리사건 재판자료 : 정리 서술집〉	교리사건 재판자료 : 정리 서술집
	회의록-제19호 특별총회의 회의록/교리수호운동	〈교리사건 재판자료 : 정리 서술집〉	교리사건 재판자료 : 정리 서술집
	감리교신학대학의 변선환 학장, 홍정수 교수 사건		
	다원주의 신학에 교계 발끈	복음신문	김영명교수기증 자료
	변선환,홍정수 교수 문제 첨예화	크리스찬신문 제1492호	크리스찬신문/교리사건 재판자료 : 정리 서술집
	이단 홍정수 교수 파면처분에 대한 재심위원회 취소결정에 대한 진정서		
	변홍 두교수의 재판과정에 대한 답변		
	변홍교수의 출교재판에 관하여(기도모임 전국조직, 1995년 복권운동포함)	윤병상수기록	
	변홍사건의 주요 쟁점, 진실은 이렇습니다	감리교단을 염려하는 기도모임	
	제20회 총회대책 및 감리교단 기도모임 계획서	감리교단을 염려하는 기도모임	
	출교판결문의 허위와 두 교수 글의 원문대조	기도모임 신학위원회	감리교단을 염려하는 기도모임
	고 변선환 선생님 아키브 활동정리	변선환 아키브	
	김광현 박사 변선환 아키브 출판 기념회 정리	변선환 아키브	
	동서종교신학연구소 정기 학술심포지엄 약사	변선환 아키브	
	변선환 아키브 소개 및 10년 약사	변선환 아키브	
	변선환 아키브 창립 이후 출판물	변선환 아키브	
	변선환 아키브	변선환 아키브	
	올꾼이선생님-변선환(약력-저서)	신앙과지성사	
	감리교회의 오늘과 내일, 그 신학적 조명	감리교신학 대화모임 준비자료집	
	미국신학과 탈자유주의(포스트모던)신학	마크 클라인테일러(프린스턴대)	교리사건 재판자료 : 정리 서술집
	부활은 무엇에 답하는가	홍정수교수	교리사건 재판자료 : 정리 서술집
	서울연회 심사위원장이던 나정희목사의 소회	나정희목사	교리사건 재판자료 : 정리 서술집

	웨슬리가 제시한 감리교 신학의 과제	김영호	
	좌우분열 속의 치유신앙 (표지, 차례)	세계신학연구원	
	현대판 사탄의 속임수-감리교단 변선환 홍정수 사건을 보면서	손택구 목사(성결교 신학대학원 교수 신학박사)	교리사건 재판자료 : 정리 서술집
	변선환 학장 홍정수 교수 이단시비 관련 자료연표	조이제	
	감리교회를 새롭게	김홍도	
	감신대 학내사태의 과정과 문제점들		
	감신백서, 감리교신학대학교의 거듭남을 위하여	제7대대학원학생회	민족 예수 애국 감신 제7대 대학원 학생회
	과제:양창식과 이규철 관련 메모		
	교원징계-11. 사립학교법	감리교신학원	
	교원징계-사건경과	홍정수 교수	
	교원징계-학생처장 명단(1985~1989)	감리교신학원	
	나의 사랑하는 동녘 가족들에게	홍정수 교수	
	대학원 위원회 보고서 사태를 당하면서	민족예수애국감신 제7대 대학원학생회	
	때가 되면 돌들도 말을 할 겝니다	홍정수	
	법을 빙자한 폭력 정통신앙을 빙자한 지식과 신앙의 혼동	홍정수 교수	
	비상 총회에 임하며	제11대총학생회	
	소위 통일교 관련설의 진상과 검찰 수사의 늑장 현실	홍정수 교수	
	감리교회 교인의 교리위반은 출교에 해당되는 죄가 되는가?	감리교단을 염려하는 기도모임	
	교단을 바로 세우는 정책협의회	감리교단을 염려하는 기도모임 자료집	교리사건 재판자료 : 정리 서술집
	서명자 명단(1차)	감리교단을 염려하는 기도모임	
	서명자 명단(2차)	감리교단을 염려하는 기도모임	
	감리교를 염려하는 기도모임 후원금 발송	만우회 이영인 임순만 장혜원 등	
	감리교신학대학 약사와 정관		
	기도모임 경과보고 및 향후 모색을 위한 모임	감리교단을 염려하는 기도모임	
	변홍교수 이단시비(년도별 기사목록)	조이제 목사	
	변홍사건 쟁점, 그 진실에 대한 토론회(순서지)	아산지방 온양동지방 최홍석 윤병상 토론자	
	삼남연회 김종수 감독 이필완 이계원 감리사 징계	윤병상수기록	
	총회(10월)에 대한 감신협에 대한 투쟁 사업보고	제8대 신학과 학생회	
	감리교교리수호대책위원회 결성을 지지합니다	무명인이 김홍도목사에게 편지	
	감리교단을 염려하는 기도모임 자료집2	감리교단을 바로 세우는 정책협의회	
	감리교단을 염려하는 기도모임 자료집3	감리교단을 바로 세우는 정책협의회	
	감리교단을 염려하는 기도모임 자료집4	감리교단을 바로 세우는 정책협의회	
	감리교단을 염려하는 기도모임 자료집5	감리교단을 바로 세우는 정책협의회	
	감리교단을 염려하는 기도회(기도회 및 모임 순서지)	감리교단을 염려하는 기도모임	
	감리교단을 염려하는 기도회(순서지)	중부연회 김포지방	
	감리교신학 대화모임 준비자료집	감리교신학 대화모임 준비위원회	
	감리교신학대화모임 준비 일정 규모 예산 모금공문 등	감리교신학대화모임 준비위원회	

	감리교신학대화모임(설명회 자료)	감리교신학대화모임 준비위원회	
	감리교의 오늘과 내일, 그 신학적 조명	감리교신학대화모임준비자료집	
	감리교회에서 출교당하지 않으려면?		
	감신 학문성 사수를 위해 구덕관 총장이 퇴진 해야 하는 이유	민족 예수 애국 감신 비상 대책 위원회	
	감신백서3	감신사랑한마음	한국기독교연구소 기증 김경환
	경과보고	변선환 홍정수 교수 사태해결 및 감리교회와 신학의 거듭남을 위한 감리교신학대학 대학원대책위원회	
	교수님들께 호소합니다	감신 사랑 한마음 비대위	감신 사랑 한마음 비대위
	김홍도 목사 그는 과연 누구인가?		
	김홍도 목사님께 드립니다(편지)		
	대학원 위원회의 공개답변서에 대한 대학원 학생화의 입장	민족예수애국감신 제7대 대학원학생회	한국기독교연구소 기증 김경환
	대학원 학생회 보고서	제7대 대학원학생회	
	민주와 하나됨을 위한 과정으로 임합시다	윤상호	윤상호
	방석종 교수에게 공개 질문함		
	변선환 홍정수 교수 종교재판에 붙여	고진하 목사	
	변선환 홍정수 교수 사태해결 및 감리교회와 신학의 거듭남을 위한 대학원 대책위원회 발족식 선언문	감리교신학대학 대학원 학생회	
	변홍교수 사건 자료 모음집	감리교신학대학 제11대 총학생회	
	성명서 채택과 이후 투쟁 방안에 관한 제안서	12대 총학생회	
	신학		
	심사위원회 기소 처분에 분노한다	감신 총학생회	교리사건 재판자료 : 정리 서술집
	언론중재위원회 중재 신청 내용		
	얼어붙은 공안정국 감신 제7공화국		
	예수 탄생의 신학적 조명	홍정수 교수	
	온양토론회 토론자료	윤병상문서철	
	이단 사상에 대한 비판의 글	기독교대한감리회 화도면교회협의회	교리사건 재판자료 : 정리 서술집
	자료분석	홍정수 교수	
	정족수 미달 오점 남긴 총회	1991년 총회	
	종교재판 일지 수기기록	조이제 목사	
	중재신청이유	홍정수 교수	
	특수 우편물 수령증		
	판결문 요약 (홍정수)	윤병상수기록	
	하느님이여 우리를 부끄러워 마소서		
	학교법인 감리교신학원 정관	감리교신학대학	
	학교법인 감리교신학원 정관개정안	감리교신학대학	
	학생들에게 호소합니다	감신대 교수	
	학자적 탐구자세에 징계라니		
	한 사람의 열걸음보다 열 사람의 한걸음을 기대하며	신학과92학번 대책위	

	한몸인 감신인 대오속에 감신학문성 사수와 감신민주화 투쟁을 위하여		
	해명서	김홍도 목사	금란교회
	현재 교단 문제는 어떻게 진행되고 있는가	제10대 총학생회	
	형사소송 답변서	홍정수	
	홍정수 교수 주장에 대한 대학원 조사위원회의 답변	대학원위원회	
	홍정수 교수 징계사건과 관련한 자료모음 자료집	감리교신학대학교 제11대 총학생회	
	홍정수교수 징계관련 일지		
	홍정수교수 징계사건의 공정한 심사 및 판결 탄원을 위한 일천 감신인 서명	제11대 총학생회, 제6대 대학원원우회